신채식 저작집 ❶

宋代官僚制研究

신채식 저작집 **❶**

宋代官僚制研究

申採湜 著

한국학술정보㈜

宋代관료제연구의 회상

『宋代官僚制硏究』를 출간하고 어언 25년이 지났다. 그 간을 회상하면 어제의 일처럼 머리 속을 스쳐간다.

1960년대에 東洋史를 공부하기 위해 대학원에 들어가 宋代史를 전공으로 선택할 때만 해도 광활한 중국대륙의 역사를 연구하는 일이 학문적으로 쉬운 일이 아니라고 생각하였다. 특히 60년대는 6·25 한국전쟁의 영향으로 韓·中관계가 냉전상태였으므로 중국의 역사를 전공한다는 것을 쉽게 결정할 수 있는 사회분위기는 아니었다. 하지만 장차 한·중 관계가 잘 풀려 나가리라는 막연한 기대감을 가지고 있었다. 그러한 생각의 배경에는 한·중 관계의 오랜 역사과정을 살펴볼 때 양국은 때로는 전쟁이 없지 않았으나 그것은 잠간이고 정치적으로나 문화적으로 오랜 교류가 계속되어 왔다는 사실에서 양국관계는 호전되리라 생각하였다.

한국사와 밀접한 관계가 있는 중국사의 연구는 우리 시대의 필수적인 연구분야라는 확신을 가지고 도전적인 용기를 앞세워 중국사전공에 뛰어든 것이다. 그런데 중국사 중에서도 宋代官僚制를 택하게 된 것은 日本에서 연구하게 된 것이 계기가 되었다.

대학원을 마치고 東京大學에서 공부할 기회가 있어 宋代官僚制를 깊이 생각하게 되었다. 東京生活은 나에게는 새로운 도전이 아닐 수 없었다. 당시 日本學界의 연구성과나 宋代史전공자의 두터운 연구인력, 그리고 지금까지 접하지 못한 방대한 연구자료가 주는 중압감에 마음속으로 무거운 압박감을 느꼈고 그런 중압감이 한때는 나를 방황하게 하였다.

그 당시 日本의 東洋史學界의 연구 중심 主題는 社會經濟史분야에 쏠려 있었고 東洋의 近代化문제를 다루면서 時代區分論爭이 학계의 활력소가 되고 있었으며 특히 宋代近世論을 가지고 京都大學과 東京大學 연구자 간의 論爭이 치열하였다.

이러한 일본학계의 연구분위기에 젖어들면서 宋代官僚制연구에 대한 확실한 마음의 가닥을 잡게 되었다. 본인은 日本으로 나가기 전에 宋代史에 대한 나름대로의 생각은 있었고 관료제연구의 필요성을 인식하였으며, 東京生活을 하면서 宋代官僚制연구를 진행하겠다는 확신을 갖게 되었다.

본인의 宋代관료제연구에 대한 문제의식은 다음과 같은 몇 가지 점으로 정리할 수 있다.

먼저 중국의 역사에서 관료제가 차지하는 중요성이다. 중국의 역사를 이해하는데 官僚制는 빼놓을 수 없고 관료제에 대한 이해 없이 중국의 사회·경제·문화 분야의 접근은 불가능하다는 생각이다. 중국의 관료제는 거대한 중국역사의 구조물로써 이 구조물을 통해서만 중국사 내부의 총체적 실상을 파악할 수 있고 확실한 그 내면을 살필 수 있다. 중국의 역사는 皇帝를 정점으로 하고 그 아래 무수한 관료에 의해 정치는 물론 사회·경제·문화적 활동이 전개되면서 역동적으로 중국사회를 움직여 나갔다. 중국의 관료제는 秦·漢시대에 이미 근간이 마련되었다. 이는 世界史에서 그 유례를 찾을 수 없는 중국만의 특색이며 중국사의 전개에 따라 관료제도 시대상에 맞추어 새로운 요소를 추가하면서 관료제도의 구조적인 골간이 갖추어져 왔다. 중국사를 이해하기 위해서는 관료제 연구는 필수적인 것이다.

다음으로 이러한 관료제는 그 제도적 내용과 함께 관료제를 뒷받침하고 있는 정치적 이념이 중국인의 정신세계를 지배해 내려왔다는 사실에 주목한다. 唐의 3省 6部體制를 기반으로 하는 律令국가체제는 이미 周代에 비롯된 儒敎的 理念 위에 漢代 이후의 儒敎主義的 통치이념이 자리를 잡으면서 마련된 정치체제의 총체적 완성구조이다. 이는 비단 관료체제에 국한하지 않고 중국인의 정신세계에 깊숙이 침투하였다. 이에 따라 관료제는 정치사적인 중요성과 함께 중국사회의 관료적 지배체제하에 있는 일반민중의 現實的 思考와 정신세계를 살펴보는데도 그 중요성을 갖는다고 판단한다.

宋代의 관료제는 唐·宋 변혁기를 거쳐 그 성격이 달라졌다는 점도 연구주제로써 흥미를 갖게 하였다. 秦·漢의 중앙집권적 황제지배체제는 제도에 의한 것이라기보다는 황제의 개인능력에 의해 마련된 황제독재체제로써 무능하고 용렬한 皇帝가 나타나면 황제독재체제는 곧

바로 외척이나 환관에 의해 농단되었다. 한편 隋·唐의 中央集權的 황제독재체제는 이 시대가 貴族社會의 성격이 강하여 皇帝자신도 귀족들에 의해 그 권력이 제한되면서 皇帝權은 한계를 들어 낸 것이 사실이다. 그리하여 지방에 세력을 형성하던 절도사(군벌)에 의한 지방분권적인 지배형태가 장기화되면서 唐末·五代의 혼란과 함께 唐宋變革을 가져 왔다.

이러한 변혁기를 극복한 宋代의 中央集權的 文臣官僚體制는 종래에는 볼 수 없는 宋代的 지배구조이며 따라서 제도가 황제권을 뒷받침하였기 때문에 외척이나 환관, 군벌이 득세할 수 있는 길은 완전히 봉쇄되었다.

唐 의 安·史亂(755) 이후 3백년 가까이 계속된 軍閥體制(절도사체제)의 막을 내리고 文治主義官僚體制로 中國을 재통일한 宋은 文臣官僚체제를 완성하였고 이는 다시 元·明·淸에 계승되어 皇帝獨裁體制와 中央集權的 文臣官僚體制를 확립시켜 나갔다. 이렇게 10세기 초에 시작하여 20세기 초기(1912)에 이르기까지 계승된 중국의 士大夫관료제도는 宋代에서 출발하여 각 시대를 거쳐 발전되어 내려왔다는 사실도 각 시대의 특성과 함께 宋代관료제를 통한 비교연구의 매력을 더하였다.

本人은 대학강단에서 강의를 하면서 宋代의 관료제연구를 진행하였고 이를 정리하여 학위논문으로 제출하고 그 결과로 본서를 간행 한 것이다. 본서가 절판된 것은 오래전의 일이다. 그 동안 同學들의 再版 권유가 없지 않았으나 선뜻 받아들이기 어려운 것은 재판간행을 어떤 방향으로 할 것인가에 대한 마음의 결정을 하지 못한데 있었다. 그간 의 학계의 연구업적을 반영하여 수정보완을 할 것인지 아니면 원판형 의 모습을 그대로 살린 것인지에 대한 결심이 선뜻 서지 못한데 있었 다. 그 위에 한국출판계의 사정이 여의치 못한 것도 중요한 요인이었 다. 사실 우리나라의 출판계 사정을 감안할 때 학술서적의 간행은 여 간 어려운 일이 아니다.

다행이 이번에 본서의 간행을 선뜻 응락해준 한국학술정보 채종준 사장님의 결정에 깊은 감사의 뜻을 드린다. 그 위에 本書뿐만 아니고 그동안 본인이 여러 학술지에 발표한 논문을 모아 저작총서(1책~4책) 로 묶어 발간하게 된 것은 본인으로서는 여간 기쁜 일이 아닐 수 없 다. 거듭 한국학술정보사에 감사의 뜻을 전한다.

이번의 개정판에서는 다음과 같은 몇 가지 점을 보완하였다.

먼저 출판 당시의 내용을 가급적 원형 그대로 살려두기로 하였다. 이 책은 본인의 학위논문의 일부분이기도 하지만 지금 읽어 보아도 미숙하기는 해도 나름대로의 뚜렷한 문제의식을 가지고 연구되었기 때문에 출판 당시의 원형을 보존하는 것이 옳다고 생각하였다. 다만 史料의 원문은 우리말로 번역하여 독자들이 쉽게 읽을 수 있게 하였 고 중요한 原史料는 註에 옮겨 놓았다.

본서의 개정판 간행에는 여러분의 도움을 받았다. 특히 부산 경성 대학교 金俊權교수의 도움이 없었으면 본서출간은 힘들었을 것이다. 활판인쇄의 원본을 전산화하는 일은 힘든 작업이 아닐 수 없고 金교수의 희생적 도움이 이 책의 간행을 가능하게 하였다. 또한 본서의 원문번역과 원고교정에 雲南大學의 연구교수로 나가있는 裴淑姬교수의 도움 또한 적지 않았다. 고마움을 표한다.

2007년 12월 7일
仁昌書齋에서
申 採 湜 씀

|머리말|

　宋代史를 연구하는 데 있어서는 정치·경제·사회·문화 등 여러 면에 걸쳐 접근할 수가 있으나, 本人은 송대사 가운데서도 특히 官僚制에 관하여 관심을 가지게 되었다. 그것은 막스 베버(Max Weber)가 그의 연구중심을 지배사회학의 영역에다 두고 관료제조직의 발달에 관하여 탁월한 역사적 분석을 추진한 실례에 따라서 송대사를 전반적으로 파악하는 데는 관료제의 조직과 그 운영과정을 통하여 접근하는 것도 하나의 적절한 방법이라고 생각되었기 때문이다.

　송대사에 관한 종래의 연구는 주로 사회경제사분야에 치중된 감이 있고 또한 선학들의 치밀한 연구노력에도 불구하고 이직도 연구의 전체적인 분위기는 확실한 定說을 마련하지 못하고 방황하는 형편에 있음도 부인할 수 없는 실정이다. 이러한 사회경제사 중심의 개별적인 연구는 송대 사회를 바라보는 시야를 흐리게 할 요소가 작용하고 있다. 따라서 본인은 송대사에 관하여 개별적인 하나하나의 나무를 보기보다는 나무들이 모여 있는 숲을 보기 위하여 선학들의 연구를 토대로 官僚制研究를 추진하였다. 그 결과 이미 발표한 몇 편의 논문을 재구성하여 학위논문으로 제출하였으며, 여기에 새로운 논문을 추가하여 『宋代官僚制研究』를 발간하게 되었다.

　본서는 주로 宋史의 열전을 집중적으로 분석함에 의하여 10세기 중엽의 관료집단에 대한 제반 사실을 파악하려고 노력하였고, 송대의 중앙집권체제가 확립되는 과정과 문신관료체제성립 이후의 관료조직을 추구하면서 士大夫官僚體制가 유지되어 나아가는 과정에 있어서의 관료의 승진과 黜降을 살펴나갔으며, 또한 관료제 내부의 구조적인 성격을 파악하기 위한 시도로서 蔭補制度 전반에 걸친 문제를 검토하고 이에 대한 몇 가지의 개혁에 관하여 살펴봄으로써 송대 사회에 내재하고 있는 문제를 분석하였다.

이와 같은 본인의 연구가 숲을 보기는 고사하고 나무도 제대로 보지 못하는 愚를 범하지 아니하였는지 저윽이 염려되며 선배·동학 여러분의 기탄없는 敎示를 바랄 뿐이다.

송대사연구는 외국의 학자들에게는 상당한 매력을 갖게 하는 주제가 되어 왔고 이 방면의 연구는 다른 시대에 비하여 매우 높은 수준에 올라와 있으나, 한국에 있어서의 이 방면의 연구는 참으로 저조한 감이 없지 아니하다. 본인은 일본의 동경대학에 나갈 기회가 있어 약 2년여에 길지 연구 하였고 자유중국에도 몇 번 들러 그곳 학자들과도 토론할 기회가 있었는데 항상 부럽게 느끼는 것은 송대사연구의 활발함과 다수의 연구진용을 갖추어 서로의 연구 활동을 상호 보완하고 있다는 점이다. 한국에 있어서도 좀 더 많은 동양사연구진용이 갖추어질 수 있는 제도적인 장치가 마련되었으면 하는 마음이 간절하다.

끝으로 본서가 간행되기까지 본인을 격려하여 주신 은사님과 선배·동학 여러분께 감사를 드리며 특히 이 책을 맡아서 출판하여 주신 三英社 高德煥·趙良熙 사장님께 충심으로 고마운 마음을 드리는 바입니다.

1981년 11월 11일

著者 씀

|목 차|

제3장 송초 관료의 분석과 성격

제4장 宋代의 官僚組織

제5장 송대 관료의 승진과 출강

제6장 宋代의 官僚와 蔭補制度

제7장 송대 관료제의 모순과 개혁운동

제8장 결 론

- 宋代관료제의 역사성 -

제 1 장
서   론

I. 宋代 官僚制 연구의 목적

중국의 역사를 움직여 내려온 일관된 요소 가운데 관료제라고 하는 특수하면서도 보편성을 지니는 공통분모를 결코 **빼놓고** 생각할 수는 없다. 그것이 막스 베버가 말하는 이른바 家産(가산)관료제의 성격을 지니고 있건 혹은 封建(봉건)관료제이건, 아니면 중앙집권적인 專制 (전제)관료체제의 특성을 지니고 있건 간에 天子를 정점으로 하고 官 人에 의하여 사회가 지배되고 儒敎 국가의 통치 원리를 기본으로 하면서 국가체제가 일관성을 지니고 운영되어 내려왔다고 하는 것은 확실히 중국의 역사만이 지니고 있는 특수성에 속하는 사실로 파악될 수 있다. 이와 같은 관료제는 단순히 중국의 정치체제에만 국한시켜 고려할 문제는 아니며 사회 · 경제 · 문화 전반에 미친 영향은 큰 바가 있고, 따라서 관료제에 대한 올바른 이해 없이는 중국사의 어느 분야에 대해서도 쉽사리 접근하기는 어려운 일이다.

그런데 중국사에 있어서 이와 같은 관료제의 문제가 특히 주목을 끌게 되는 것은 官人에 의한 전제지배체제의 연속성에 있다고 보겠다. 즉 秦 · 漢의 통일 제국이 성립된 이후에 신해혁명에 이르기까지 거의 2천여 년에 걸쳐 황제를 정점으로 하는 관료체제의 행정기구가 지속성을 유지하여 내려왔다는 사실이다. 중국 사회가 이와 같이 관료체제를 역사적 필연성으로 지속시킨 원인이 어디에 있는 것인가라는 문제의식에 대해 그동안 학자들의 관심과 노력은 중국 사회의 정체론과 이에 대한 비판으로서 발전론으로 전개되었고, 그것은 다시 역사발전이론의 중요한 과제로서 불꽃 튀는 학술논쟁이 되어 왔음은 주지의 사실이다. 따라서 중국 사회의 올바른 이해라고 하는 면에서 생각할 때에 중국사를 일관하고 있는 관료제 문제를 도외시하고서는 중국사의 그 어느 분야의 역사적 인식도 벽에 부딪히게 된다. 관료제 문제가 역사 연구의 중요한 문제의식으로 제기되는 원인도 바로 이러한 면에서 찾을 수가 있겠다.

그런데 중국의 관료제를 논함에 있어서 宋代가 특히 문제가 되는 것은 다음과 같은 몇 가지 이유에서 찾을 수가 있다.

먼저 唐왕조의 귀족적 관료체제가 붕괴되면서 새로운 정치권력의 담당자로 등장한 五代의 武人들은 지방분권적인 권력체제를 지향하였고 전통 중국의 사회 기반이나 관료체제를 파괴하였다. 그러나 이들 武人들은 그들 고유의 정치 질서나 武人지배체제를 확립하지 못한 채 결국에 가서는 유교주의원리를 기반으로 한 宋代의 중앙집권적 文臣 官僚體制로 정권을 넘겨주지 않을 수 없었다. 이와 같은 현상은 세계 사적 법칙성으로 볼 때에 분명히 특수성에 속하는 것이고 중국의 역사에서 본다면 보편성에 해당하는 문제로서 연구되어야 할 문제를 안고 있는 것이다.

다음으로 중국사에 있어서 唐・宋의 변혁기를 어떻게 이해하여야 할 것인가에 대해서는 아직까지 확실한 정설이 없다. 이는 이 시대 성격을 변혁기로서의 사회 구조상에서 고려할 때 그만큼 다양성을 내포하고 있다는 증거이다. 따라서 이 시대의 다양한 정치와 사회의 제반 구조는 간단하게 설명할 수 없는 복잡성을 지니고 있다는 것을 의미하는 것이다. 특히 宋代 사회의 성격에 대한 학계의 이론은 그 주장하는 바가 다르며 연구의 관심도 주로 토지제도나 佃戶制에 초점이 놓여 왔다. 이에 비하면 宋代의 관료제 문제는 그것이 지니는 사회전체적인 관련성에도 불구하고 학계의 관심에서 소외당한 감이 없지 않으며 사회경제사의 연구 업적에 비하면 부진한 감이 있다. 그러나 地主・佃戶・土地제도에 대한 의욕적인 연구 노력에도 불구하고 이에 대한 성격구명에 있어서 결정론을 정립하지 못하고 있는 것도 송대사 연구의 현실이라 하겠다. 뿐만 아니라 연구의 초점을 토지제도나 지주·전호 문제에 두고 있는 한 그 상부구조로서의 관료조직에 대한 설명은 자연히 관심 밖으로 밀려나는 결과를 나타내고 있으며, 이와 같은 연구의 경향은 지금까지의 宋代史 연구에 內在하는 문제로서 반성하여야 할 과제로 생각된다. 왜냐하면 唐·宋變革期에 대한 학계의 정설이 마련되지 못하고 있는 것도, 또한 송대의 시대적 성격을 구명하기 위한 학계의 의욕적인 연구 업적에도 불구하고 학실한 결론을 마련하지 못하고 있는 것도 문제의 초점을 지나치게 地主·佃戶制에다 국한하여 종합적으로 宋代 사회의 구조를 파악하려 들지 않고 있기 때문이라 생각된다. 뿐만 아니라 송대 이후의 군주독재체제나 중앙집권적 관료 구조가 秦·漢 통일제국 이래의 전제지배체제와 본질적으로 연속되는 것인지 또는 唐末 五代 이래의 武人체제에 의한 새로운 권력구조가 宋代의 文臣官僚體制로 이행되는 과정에 있어서의 권력구조의 변형을 초래하여 송대 사회의 기반을 형성하게 된 것인지에 대한 구체적인 문제의 파악이 되지 못한 형편이다.

변혁기를 걸쳐 새로 나타난 송대의 시대적 성격을 이해함에 있어서는 연구의 방향이나 문제의식을 지나치게 세분할 수 없는 어려움이 따르게 마련이다. 왜냐하면 사회가 이미 안정되어 있는 상태에서는 그 사회의 성격을 어떤 방향에서 관조하여도 무리 없이 파악할 수 있지만 사회구조가 본원적으로 변혁되어 새로운 사회로 전개되어 가는 시대변화에 관한 연구에 있어서는 보다 종합적이고 거시적인 연구 자세는 절대로 필요한 것이기 때문이다. 물론 송대의 사회를 전체적으로 바라보기 위해서는 구체적인 사실에 대한 치밀한 규명의 결과를 바탕으로 가능한 것임에는 재론의 여지가 없다. 따라서 종래의 연구 성과

위에 宋代史에 대한 새로운 연구와 관조가 진행되어야 할 시점에 도
달한 것으로 간주된다.

거듭 말하지만 종래, 역사학계, 특히 송대사 연구는 사회 경제사 분
야에 있어서 괄목할 만한 연구 성과를 보인 데 반하여 官僚制에 대한
연구는 문제의 중요성을 일반론으로 거론한 이외에는 뚜렷한 바가 없
다. 그러나 최근에 와서는 학계의 관심도 관료제에 대한 연구를 추진
하려는 경향이 나타나고 있다. 그것은 宋代 사회를 전체적으로 파악하
고 사회의 구조를 종합적으로 규명하는 데 여러 가지 방법이 있겠으
나 官僚制도 이러한 방법의 범주 속에 포함시킬 수 있는 충분한 조건
으로 부각되기 때문이다. 송대 관료제에 대한 연구를 어떤 방향으로
접근시킬 것인가에 대해서는 어려움이 많으나 본인은 중앙집권적 文
臣官僚體制의 성립 배경, 宋初 관료의 성격, 송대 관료의 조직 그리
고 관료 사회의 유지와 모순성의 파악이란 각도에서 연구를 진행하
려 한다.

Ⅱ. 宋代 관료제 연구의 범위와 방법

본인의 문제의식은 관료제라고 하는 종합적인 거울을 가지고 송대
사회의 전체를 다음과 같은 방향에서 관조하고자 하였다.

첫째, 五代의 지방 분권적인 節度使체제에서 宋의 중앙집권적인 文
臣관료체제로 넘어오는 과정에 대한 문제를 추구하기 위하여 五代 武
人의 권력 기반을 이루는 節度使와 중앙의 황제와의 관계와, 절도사와
그 막료와의 인적 주종 관계를 살펴보았다. 그리하여 이들 무인의 권
력 구조가 지속성을 가지고 안정을 이룩하지 못한 채 무인체제와는

전혀 다른 성격을 달리하는 宋代의 文臣관료체제로 방향을 바꾸지 않으면 안 된 제반의 과정을 검토하여 보았다.

둘째, 『宋史』의 列傳을 통하여 宋初의 고위관료를 분석하여 보겠다. 흔히 五代와 宋代는 여러 가지 면에서 대조적인 성격을 지니고 있음으로 해서 단절된 시대로 파악하기 쉽다. 그러나 宋初(태조·태종대)의 고위관료를 분석해 봄으로써 五代에 활약하던 인물들이 어떻게 송이라고 하는 새로운 시대에 흡수되고 있고 宋初의 국정이 이들 五代의 관료에 의하여 중앙집권체제로 기틀을 마련하여 나갔느냐의 사실을 알 수 있다.

셋째, 武人체제에서 文臣관료체제로의 진행 과정을 통하여 확립된 宋代의 관료 조직의 특성을 검토하여 보겠다. 宋代의 관료는 文臣과 武臣으로 양분되며 문치주의에 의하여 문신이 우위에서 국정을 운영하였다. 그런데 송대 관료의 성격은 이와 같은 문신 우위라고 하는 면이외에 가문이나 문벌을 배경으로 하지 아니하였다는데 그 특성을 찾을 수 있다. 즉 사회적으로 볼 때 위진남북조 이래 발달하여 唐代에까지 사회의 지배 계층으로 군림하던 문벌 귀족은 唐末·五代의 무인지배를 거치는 동안에 사라지고 새로운 士大夫 계층이 등장하여 이들이 송대의 관료층으로 지배 계층이 되었다는데 송대 관료의 성격을 찾을 수 있다.

또한 경제적인 면에도 당대의 균전제적 경제기반은 安·史의 난을 전후하여 붕괴되고, 이에 대신하여 지방에서 발달한 莊園制的 대토지 사유제가 출현하였고, 따라서 지방의 세력가는 토지를 기반으로 形勢 戶로서 지주층이 되었다. 송대의 형세호는 그들의 子弟에게 독서를 장려하여 讀書人이 되게 하였으며 이들 讀書人은 과거를 통하여 관인으로 起家하고 다시 蔭補제도를 통하여 관인의 신분을 계속 유지하여 사대부계층을 형성하게 되었다. 송대에서 시작된 사대부계층은 명·청대에까지 그대로 유지되어 나갔다. 이와 같이 송대의 사대부계층은 경제적으로는 지주층인 形勢戶이고 문화적으로는 讀書人이라는 데 특성이 있고 과거를 통하여 관료로서 지배자가 되었다. 따라서 송대의 사회구조는 形勢戶와 독서인 출신의 士大夫 관료에 의하여 지배되었고 이들 관료는 출생을 원리로 하는 폐쇄적 신분이 아니라 능력을 본위로 한 개방 신분이라는데 또 하나의 성격을 찾을 수 있겠다.

송대는 황제권의 제도적인 강화에 의하여 관료의 입장은 약화되었다. 일반적으로 중국사에 있어서의 관료의 입장은 백성을 다스리는 지배자의 입장과 황제에게 충성을 바치는 충성스러운 피지배자의 입장이 있다. 송대는 후자의 성격이 강하고 이것이 관료의 성격을 규정하고 있다.

넷째, 송대 관료의 구조를 이해하기 위하여 관료의 승진에 대하여 검토하여 보겠다. 관료가 지배하는 전통 사회에 있어서 官人이 되려는 것은 일반민의 한결같은 염원이지만 일단 관료가 된 후에 그들의 관심은 승진에 쏠리는 것은 당연한 일이라 하겠다. 따라서 관료에게 승진처럼 매력적인 관심사는 없고 이는 관료의 의식구조를 항상 지배하는 출세주의를 형성하게 되었다. 이 때문에 중국 사회를 지위 지향성 (Status Orientation)으로 파악하려는 노력이 학계에 대두되기까지 하였다. 여기에서는 특히 관료의 승진이라고 하는 데 초점을 맞추어 다음과 같은 관료의 구조를 분석하여 보았다. 즉 관료의 출발이 되는 初任을 검토하는 데 필요한 選人의 신분과 선인 7계를 분석하고 이들이 京官으로 승진하여 나아가는 과정을 정리하여 보겠다. 또 이러한 승진 과정에 있어서 補任과 추천 관계를 『宋史』의 列傳을 분석함으로써 그 구체적인 내용을 파악할 수가 있다. 또한, 관료의 승진에 있어서 가장 기본이 되는 관위 서천을 『宋史』의 직관지를 통하여 살펴 나가겠다. 송대의 관제는 元豊의 개혁 이전에는 외형적으로 唐制를 많이 모방하고 있는데 실제를 보면 당제와는 차이가 많다. 이러한 면을 밝히기 위하여 官·職에 대한 내용과 특수성을 알아보고 이것이 관료의 승진에 어떠한 작용을 하게 되는가를 구체적으로 살펴 나아갔다. 또한 송대 관료의 승진에서 간과할 수 없는 것이 補任制인데 우선 보임에 대한 제도적인 면을 정리하여 보겠다.

『宋史』의 列傳은 중국 정사의 열전 가운데 분량으로 보나 사료적 가치로 보나 활용해야 할 귀중한 자료이다. 본인은 『송사』열전을 먼저 관료의 승진각도에서 분석하였고 다음에는 蔭補官을 여기에서 가려내어 정리하겠다. 그런데 『송사』열전은 관료의 경력 증명서와 같은 성격을 지니고 있기 때문에 이를 이용하여 송대 관료의 승진 과정을 대략이나마 찾아보았고 관료 상호간의 추천 관계를 알아보았다. 이러한 과정을 통하여 송대 관료의 인맥 관계를 짐작할 수가 있겠다.

다섯째, 송대의 관료제를 형성하고 이를 발전시킨 데에는 과거제도의 역할이 절대적이라고 할 수 있다. 그러나 과거의 그늘에 덮여 빛을 보지 못한 것이 蔭補制度이다. 음보제도는 관료의 家系를 유지하고 방대한 관료 집단을 계승시키는 데 매우 중요한 작용을 하고 있다. 또한 가문이나 문벌이 官界 진출에 큰 작용을 하고 있던 송이전의 사회와는 달리 능력 위주로 官人이 되고 관인이 된 관료가 官戶의 지위를 유지하는 데 이 제도를 이용하고 있기 때문에 宋이전의 음보제도보다는 그 의의가 매우 중요하다. 宋人은 음보제도의 내용을 여러 각도에서 분석하였다. 송대의 음보시기는 국가의 대행사 시 행하는 황제 즉위, 탄성절, 南郊大祀 등을 들 수 있으며, 이때에 다수의 인원을 음보하였으며 시대가 내려감에 따라서 증가 추세를 보이고 이것이 冗官

(용관) 문제를 가져오는 계기가 되었다. 음보의 해당 관직은 文臣음보, 武臣음보, 그리고 皇族음보의 셋으로 구분할 수 있다.

송대의 음보는 품계를 기반으로 행한 唐代와는 달리 대부분 관·직을 중심으로 授官하고 있기 때문에 복잡하고 다양하다.『宋史』열전에 실려 있는 음보관을 분석하였다. 송사열전의 특징은 북송의 초기에는 五代의 무신으로 송의 개국 공신이 된 武人들이 많이 실려 있고 음보 출신자도 상당수에 이르고 있다. 그러나 북송의 중기 이후에 들어서면 과거 출신자가 다수 열전에 등재되고 있다. 그러나 과거제가 발달한 중기 이후에도 열전에는 많은 음보관을 찾을 수가 있다. 이는 과거제가 발달한 중기에도 여전히 음보가 관료의 家系를 유지하는 데 중요한 역할을 하였음을 입증하는 동시에 음보를 이용하여 관계에 나간 인물들도 그들의 관위가 열전에 실릴 만큼 높은 지위에 올라갈 수 있었다는 것을 증명하고 있는 것이다. 이러한 현상은 북송의 후기나 남송대에 가서도 그대로 계속되고 있다.

여섯째, 五代의 武人체제를 극복한 송의 문신관료체제는 자체적으로 여러 가지 모순을 지니고 있고, 이러한 모순을 극복하기 위한 개혁 논의는 이미 眞宗·仁宗代에 제기 되었던 문제들로서 논의의 중심은 재정의 개혁과 문교제도의 혁신, 그리고 군제의 쇄신을 들 수가 있겠다. 여기에서는 이와 같은 개혁 운동의 정신을 살펴보고 아울러 그것이 문치주의 관료체제의 모순을 극복하기 위한 정치 사회적 혁신운동의 성격을 검토하고 이를 다시 송의 중앙집권적 문신관료체제에 내재하는 개혁문제로 파악하여 王安石新法의 개혁정신과의 연계성을 검토하여 보겠다.

송대의 국가체제를 중앙집권적 문신관료제라고 볼 때에 국가체제에 내재하는 통치 이념은 유교주의에 있고 모든 사회·문화적인 활동은 이와 같은 관료제나 유교 주의에 의하여 영향을 받는 것은 당연한 원리로 파악되어야 할 것이다. 그런데 송대의 유교주의적 국가체제가 전통 중국의 그것과 본질적으로 다를 바가 없다. 유교 국가의 기본적 요소를 국가권력과 유교주의적 통치 원리에다 둔다고 할 때에 국가권력이란 절대 군주와 지배 권력의 유지 또는 행사를 기본적인 사명으로 하는 관료체제를 포함하는 독재주의적 통치 원리의 실체를 말하는 것이다. 그런데 국가권력과 유교주의적 통치 원리는 복합적 상관성 위에 긴밀한 상호작용을 유지하면서 重層的으로 전개되고 있다.

본인은 국가의 중핵적 요소인 황제와 관료의 종적 관계나 송대 문신관료체제의 역사적인 전개 과정, 그리고 관료 사회의 내부적 구조의 파악과 관료 상호간의 횡적 역학 관계의 규명 없이는 이와 같은 유교 국가를 지탱하는 사회경제적 배경의 설명만으로 송대 사회의 본질적 파악은 사실상 곤란한 일이라 생각한다.

앞에서도 언급하였지만 송대사 연구는 그 연구 성과에도 불구하고 아직도 미해결의 분야가 상당히 많이 놓여 있고 특히 宋代 官僚制에 관한 문제는 여러 면에서 계속 연구되어야 할 문제들이 많다. 이러한 관점에서 볼 때에 관료제연구라고 하는 특수적이고도 보편성의 문제는 송대 사회의 성격을 이해함에 있어서 절대로 필요한 방법론적인 문제의식이라 하겠다.

제 2 장
宋代 중앙집권적 文臣官僚制의 성립

唐王朝는 均田制와 府兵制를 기반으로 하고 그 위에 귀족적인 관료
집단에 의하여 국가체제가 운영되어 나갔다. 그러나 唐末·五代의 무
인체제를 거치는 동안에 唐王朝의 기반은 완전히 붕괴되고 문벌사회
는 자취를 감추게 되었다. 그런데 중국을 재통일한 宋朝의 성격을 흔
히들 중앙집권적 문신관료제국가라고 말하며 士大夫사회라고 부르고
있다. 唐朝의 귀족사회에서 宋代의 士大夫 관료사회로 넘어오는 과정
에는 약 2세기에 걸친 唐末·五代의 武人지배시대가 자리를 잡고 있
다. 이 시대의 특징적인 현상은 唐王朝의 정치질서는 물론이고 전통적
인 중국의 사회구조가 송두리째 붕괴되고 인간의 윤리적 가치 기준마
저 방향을 잡지 못하고 방황하는 양상을 보여주고 있다. 그런데 우리
의 관심은 이 시대의 무인들이 전통중국의 정치·경제·사회·문화적
인 질서를 파괴 내지는 부인하면서도 어째서 무인지배체제의 새로운
원리를 수립하지 못하고 있는가 하는 점에 있다.

唐王朝의 균전제적 지배체제의 붕괴과정에서 새로운 권력의 담당자
로 등장한 五代의 節度使나 刺史 등의 武人들은 그들의 독자적인 武
人체제를 확립하지 못한 채 결국에는 宋代의 文臣관료에게 그의 지배
권력을 이양하지 않을 수 없었던 것이다. 즉 五代의 節度使에 의한 武
人지배가 지방분권적인 방향을 지향하면서 결국에 가서는 宋朝의 문
신관료에 의해서 중앙집권체제로 궤도가 바뀌고 문신관료에게 정권을
넘겨주지 않으면 안 되었던 것은 중국적인 특성이라 하겠다. 따라서
武人체제를 수립하지 못한 五代가 서양 고대의 로마적 사회질서를 파
괴한 게르만 사회에서 나타나고 있는 새로운 사회원리나 일본의 武家
사회에 보이는 사회문화적 가치질서와 같은 武人독자적인 정치구조를

수립할 수 없었던 원인은 어디에 기인하는 것인가, 이는 세계사에 있어서의 법칙성을 중국의 역사에서 찾으려 할 때에 중국사의 보편성과 특수성에 관련되는 문제로서 쉽사리 그 해답을 구하기란 어려운 것이며, 따라서 학계의 중요한 관심사로 아직도 많은 의문점과 문제를 남기고 있고 시대구분론과 관련지어 서로 엇갈린 주장이 제기되고 있는 실정이다. 특히 宋王朝 文臣관료의 등장을 사회경제적인 방향에서 그 배경을 찾으려 하여 莊園制의 성립에 관련시켜 고찰하고 다시 국가의 향촌지배가 戶等制에 의하여 일관성을 지니고 있다는 데 관심을 갖고 문제를 풀어 나가려고 하고 있다.[1]

제1절 武人체제에서 文臣官僚체제로

宋代의 국가체제, 즉 중앙집권적 문신관료체제의 확립은 송이 건국한 후 南唐征服에 의한 풍부한 재원의 획득과 이와 관련하여 太宗의 太平興國2년(977) 이후에 정책적으로 進士及第者를 다수 등용함으로써 문신관료제적 지배기구의 확대와 강화를 꾀하였고, 太祖·太宗에 의한 禁軍의 증강과 禁軍指揮使·節度使의 兵權回收 등의 세 가지를 유력한 요인으로 인정하고 있다.[2]

---

1) 柳田節子, 「宋代中央集權的 文臣官僚支配の 成立をめぐつて」, 『歷史學硏究』 288, 2-5쪽 및 同, 「宋代地主制と權力」, 『東洋文化』55, 同, 「中國近代社會における 專制支配と農民運動」, 『歷史評論』300, 133-148쪽, 堂前敏昭, 「宋朝 權力と農民問題に關する 學說史的檢討」, 『史叢』22, 20-27쪽, 島居一康 「宋 朝專制支配の基礎と その構造 ─地主佃戶制の展開と小農經營との關聯を中心として─」, 『新しい歷史のために』143, 1-9쪽, 참조.
2) 堀敏一, 「五代 宋初に 於ける 禁軍の發展」, 『東洋文化硏究所紀要』4, 1953,

이와 같은 여러 가지 요인은 宋의 통일제국 형성과정에서 나타나고 있는 현상이지만 이보다 앞서 이미 五代의 武人체제에서 宋의 文臣체제로 이행되는 단계에서 중앙집권화의 경향과 문신관료체제의 대두가 서서히 진행되고 있다는 사실에 주목을 하여야 하겠다. 즉 송의 중앙집권적 文治主義는 宋太祖의 문치주의정책에 의하여 돌연히 형성된 것이 아니라 五代의 武人체제하에서 이미 발전되고 있음에 주목하여야 한다. 따라서 宋代의 관료체제형성의 배경을 이해하기 위해서는 五代史에서 宋代史에로의 전개과정에 대한 충분한 비교검토가 수반되어야 한다.

I. 五代와 宋代史의 연속성

五代의 무인집권체제와 宋의 문신관료체제는 정치·사회구조상에 있어서 상이할 뿐만 아니라 天子를 섬기는 관료의 윤리관에 있어서도 서로 다른 차이를 느낄 수가 있다. 이러한 연유로 해서 五代와 宋代는 마치 시대적으로 커다란 단층이 있는 것처럼 인식되기가 쉽고, 또 五代史와 宋代史는 처음부터 본질적으로 서로 다른 이질성을 지니고 있는 것처럼 단정하기 쉽다. 그러나 五代와 宋代가 시간적으로 바로 연속되어 있고 공간적으로도 화북 지방을 역사무대로 출발하였다는 점 이외에 인간에 있어서도 宋初의 역사를 이끌어 나간 대부분의 人物이 五代에서 활약하던 관료들이라고 하는 면에서 人間·空間·時間적인 연속성을 부인할 수 없다. 그럼에도 불구하고 五代와 宋代가 전혀 다른 이질적인 역사로 인식되고 특히 五代를 부정적인 입장에서 평가하려는 것은 宋人, 특히「五代史」편찬에 참여하였던 薛居正, 歐陽修 등 유교주

137-147쪽, 참조.

의적 士大夫 官僚의 五代史 평가에 기인하는 바가 크다고 하겠다.[3]

이를 미루어 볼 때 시간과 공간 그리고 인간이 서로 밀접한 연계성을 가지고 있는 五代와 宋代를 전혀 동떨어진 역사적 상황으로 단정할 수는 없을 것이다. 다시 말해서 宋의 유교주의적 사상의 전개, 중앙집권적 문신관료체제나 도덕적 윤리관의 발전이 五代的 사회상황과 극단적으로 다른 방향으로 전개되었다고 해서 두 시대가 전혀 상관성이 없는 단절된 것으로 평가할 수는 없다는 점이다. 오히려 五代的 역사사실에 대한 깊은 반성과 이에 대한 문제해결의 의식적 전개가 宋代의 정치·사회·문화적인 새로운 역사발전의 추진력이 되었다고 보아야 옳을 것이다. 이러한 관점에서 생각하여 볼 때에 五代 武人의 도덕적 윤리관은 이 시대를 지배하는 시대정신이며, 五代的 상황을 연출시킨 원동력이라 하겠다. 아울러 이러한 시대정신이 그 후에 오는 송대에 어떻게 정리되면서 昇華되어 나갔는가를 살피는 것은 五代史와 宋代史를 단절된 역사로서가 아니라 계속성으로 평가하고 나아가 역사발전의 원동력으로 파악하여야 할 것이다. 왜냐하면 五代的 역사 전개는 결코 五代史에 국한되는 문제가 아니라 그것은 宋代史의 역사적인 발전에 중요한 계기를 마련하여 주었다는 데에 五代의 역사적 의의를 새롭게 부여할 수 있기 때문이다.

Ⅱ. 五代 武人에 의한 天子옹립의 정치·사회적 의의

趙翼은 그의 『二十二史箚記』에서 "五代의 諸帝가 모두 군사들의 옹립에 의하여 황제위에 으르고 있다"[4]는 사실을 고증하고 있다. 이와

---

3) 劉子健 著, 『歐陽修的 治學與從政』(新亞研究所, 1963), 47쪽, 참조.

같은 하극상의 풍조를 지배하는 사회적 윤리관의 기본은 어디에 근거를 두고 있는 것인가를 살피는 것은 宋朝의 건국과 직접 관계가 있는 문제이다. 왜냐하면 宋의 건국 자체가 五代에서 유행하고 있던 정변의 방식을 본떠서 趙匡胤(太祖)집단의 군사적 쿠데타에 의하여 달성되었기 때문이다. 따라서 太祖의 건국방식을 보아도 그의 독자성에 의한 것이 아니라 五代의 일반화된 통례를 그대로 답습하고 있다. 따라서 宋朝의 출발은 결코 五代의 사회상과 동떨어진 특수한 역사적 전개에 의한 것이 아니라 五代의 일반화된 방법을 그대로 채택한 연속으로 전개된 것이다. 그러므로 趙翼(조익)은 唐中期에 軍士가 天子를 옹립하는 제도적 淵源(연원)에 대해서 「新·舊唐書」의 藩鎭傳을 참조하여

> 그 시작을 推原하면 대체로 唐 중엽 이후부터 河朔의 여러 藩鎭이 각자 分據하여 매번 한 명의 절도사가 죽으면 조정에서 반드시 使臣을 파견하여 軍情을 살피게 했으며 절도사로 옹립하고자 하는 바의 사람은 旋節을 주었다.[5]

라고 고증하고 있다. 즉 唐의 중기 이후 河朔諸鎭이 각각 지방에서 할거하면서 절도사가 사망하면 조정에서 반드시 中使를 파견하여 그 지방의 군정을 살펴 軍士들이 옹립하고자 하는 자를 旋節節度使로 임명한 데 있다고 하였다. 이와 같은 군사에 의한 절도사의 옹립풍조는 五代에 이르러 더욱 일반화하여 마침내 군사에 의한 폐립권이 마음대로 자행되어 절도사를 廢立함이 어린아이 장난처럼 되었다.[6] 따라서 조

---

4) 『二十二史箚記』卷 21, 五代諸帝 多由軍士擁立條
5) 『二十二史箚記』卷 21.
6) 軍士에 의한 節度使擁立은 『新·舊唐書』의 藩鎭傳에 散見되며 대표적 예는 다음과 같다.
　① 黃巢의 亂時 武寧節度使 支詳이 時溥을 파견하여 赴亂할 때 軍士들이

정에서 군사의 눈치를 보아 임명한 자는 10명 중 5, 6명이며 軍中에서 마음대로 옹립한 자가 10명 중 3, 4명의 상태가 되어,[7] 군졸이 藩鎭 (절도사)을 옹립하는 풍조는 마침내 帝王옹립에까지 확대된 것은 당연한 추세가 되었던 것이다.

五代에 군졸에 옹립되어 황제가 된 인물은 後唐의 明宗(李嗣源), 廢帝(李從珂), 後周의 太祖(郭威), 宋 太祖(趙匡胤) 등을 꼽을 수가 있고, 친히 전 왕조를 찬탈한 것은 後梁의 太祖(朱全忠), 後唐의 莊宗(李存勗), 後晉의 高祖(石敬瑭), 後漢의 高祖(劉知遠)가 있다. 이들은 옹립과 찬탈에 성공한 경우이나 쿠데타가 不發로 그친 예도 적지 아니하였으나[8] 下剋上의 황제옹립풍조는 오대의 일반화된 시대조류라고 하겠다.

陳橋驛 政變時에 將士의 옹립으로 제위에 오른 趙匡胤은 무장들에게

> 너희들은 자신의 부귀를 탐하여 나를 天子로 옹립하려 한다.[9]

支詳을 廢하고 時溥을 擁立하여 留後로 삼음(新・舊唐書 時溥傳)
② 靑州의 王敬武 卒하자 三軍이 그 子 師範을 옹립하여 留後로 함(王師範傳). 夏州의 李思諫이 卒하자 軍中에서 그 子(彝)를 留後로 옹립함. 義務 節度使 王處存이 卒하자 軍中에서 그 子 郜를 옹립하여 留後로 함.
③ 李克用은 康君立 등이 大同軍防禦使로 옹립하고 朱瑄은 本州留後에 옹립됨.
④ 天雄軍절도사 樂彦貞과 그 子 從訓은 軍士에게 살해되고 羅宏信이 옹립되어 留後가 됨(羅宏信傳).
⑤ 軍將 楊仁晸이 옹립에 반대하다 살해되자 趙在禮 할 수 없이 軍士에 옹립됨.

7) 『二十二史箚記』卷 21에 "計諸鎭由朝命 徐拜禮 十之五六 由軍中推戴者 十之三四 藩鎭旣由兵士擁立 其勢遂及於帝王 亦風會所必至也"라 있다.

8) 擁立이 성공하지 못한 예로 楊光遠(『新五代史』 51 禭傳, 『舊五代史』 97 晉書) 符彦饒(『舊五代史』 91, 『新五代史』 25 符彦饒傳) 등이 있다.

9) 『宋史』卷 1, 太祖本紀 및 『二十二史箚記』卷 22, 五代諸帝 多由軍士擁立條에 도 "此軍士至利於擁立也王政不綱 權反在下 下凌上替 禍亂相尋藩鎭旣蔑視朝廷 軍士亦脅制主帥 古來僭亂之極 未有如五代者 開闢以來 一大劫運也"라고 고증하고 있고, 이어서 "擁立天子則 將校皆得超遷 軍士又得賞賜剽掠"이라 고 그 구체적인 實例를 열거하고 있다.

고 무장들을 힐난한 것은 바로 五代 이래 자행되어 온 천자옹립이 정
치적 대의명분이나 도덕적인 윤리성을 결여한 채 武將들의 이해관계
만이 깊이 작용하고 있는 五代의 악순환을 太祖 스스로가 깊이 인식
하고 있는 데서 내뱉은 탄식이라 하겠다.

  이상과 같은 옹립자행의 武力 기반은 어디에 있으며 황제폐립의 윤
리적 기초는 어디에서 찾을 수 있는가. 그것은 오대 무인의 군사력과
이를 배경으로 한 인적 결합관계에서 추구할 수 있겠다. 唐왕조의 기
반이었던 귀족관료를 정권의 중추에서 몰아내고 자립한 節度使의 무
력의 기초를 이루는 것은 牙軍 또는 親軍이다. 이들은 절도사의 元從
兵士 또는 임지의 군사에서 선발되었거나 각지에서 모집된 자들로서
사병적 집단을 형성하여 절도사병력의 중핵을 이루게 되었다.[10] 이들
牙軍의 출신은 牙校・牙吏・鄕豪・農民・商人・罪人・群盜・廝養・傭
保・從僕 등 다양하며 이들 牙軍에서 中門使 이하 都虞侯와 鎭將이
출현하고 다시 그로부터 절도사와 중앙정부의 고관으로 출세하고 이
들 가운데서 천자가 나오게 되었다.[11] 따라서 출세한 무인들은 권력
을 획득하고 이를 유지하기 위해서는 새로운 인적 관계를 모색하지
않을 수 없으며, 여기에서 새로 모색된 것이 바로 私的 결합관계라 하
겠다. 절도사를 정점으로 하고 重層的으로 형성되는 무인집단을 유지
하기 위한 사적 결합관계의 가장 안정적인 인간관계가 바로 혈연에
의한 것이다. 그러나 혈연에만 의존할 경우 그 범위는 극히 제한적이
며 소규모에 그치는 것이기 때문에 절도사들은 이를 확대하기 위하여
혈연관계를 擬制하였다. 즉 주종관계를 보다 긴밀히 연결시키는 방안

---

10) 周藤吉之, 「五代節度使の支配體制」, 『宋代經濟史硏究』 (東京大學出版會, 1962),
   567쪽, 참조.
11) 周藤吉之, 「五代節度使の 牙軍に 關する 一考察」, 『東洋文化硏究所紀要』2
   참조.

으로 혈연관계를 의제함으로써 家父長權을 발휘하게 되고 지배자로서
의 입장을 강화하려 한 것이다. 다시 말하면 절도사 자신이 의제적 父
(假父)가 되고 유능한 인물을 뽑아서 의제적 子(假子)로 하는 假父子
關係에 의한 혈연적 결합을 모색하기에 이른 것이다.[12)]

後梁의 朱全忠을 비롯하여 華北五代 왕조의 절도사 출신의 제왕들
은 다수의 假子를 거느리고 있었으니 李克用의 假子는 100여 명에 달
하고, 李存勗, 李嗣源은 물론이고 前蜀의 王建도 120명의 假子를 거느
리고 있었다.[13)] 뿐만 아니라 지방의 절도사인 鳳翔節度使 李茂貞, 許
州節度使 馮行襲 등도 모두 假子를 다수 거느림으로써 혈연관계에 의
한 가부장권을 확대하여 자신의 권력체제를 유지하는 중추를 만들어
놓았다.[14)]

假父子關係와 같은 擬制的 혈연관계의 설정은 黃巢의 반란으로 당
의 지배질서가 붕괴되는 시점에서 假父로서의 절도사나 황제가 권력
의 확대와 강화 및 안정을 꾀하기 위하여 配下의 뛰어난 인물을 인위
적으로 자기에게 밀착시켜 수족과 같이 사용하려는 데서 나타난 결합
형태이다. 이 형태는 假父인 자신이 사망한 후 假子가 實子의 의제적
형제로서 그의 지위를 안정시켜 줄 수 있는 藩屛이 될 것을 기대하였
기 때문에 假孫까지 두고 있는 자가 있다. 이러한 假父子, 假父孫關係
의 설정은 혈연적 관계가 없는 인적 관계를 인위적으로 혈연을 빌어
서 개인 간의 사적 결합관계를 家와 家外의 결합관계에로까지 정착시

12) 栗原益男, 「唐五代の 假父子的 結合の 性格 —藩帥的 支配權力との 關聯
において—」, 『史學雜誌』62-6, 同 「唐末五代における 姓名と 年令」, 『東洋
學報』38-4 참조.
13) 『舊五代史』 및 『新五代史』 義兒傳.
14) 『舊五代史』卷 132, 『新五代史』卷 40, 李茂貞傳 및 『舊五代史』卷 15, 『新五
代史』卷 42, 馮行襲傳.

키려고 꾀한 것이다.

그러나 假子(義兒)의 假父에 대한 의리는 一代에 限하고 假父가 죽고 나서 假父의 實子가 제위를 계승하면 義兒的인 의무는 사라지고 무력을 배경으로 권력의 中核에 접근하게 된다. 이와 함께 절도사는 지금까지의 假子的 성격을 벗어나서 새로이 자신의 假子를 강화하는 방향으로 권력체계를 개편하게 된다. 이렇게 되면 황제위를 넘보게 되며 義兒의 추대라는 형식을 빌어 제위에 오르게 되니 五代정변의 순환적 반복성이 여기에서 유래하고 있다. 오대의 假子의 假父에 대한 의리나 信義는 왕가에 대한 것이라기보다는 假父個人에 대한 것이기 때문에 假父의 사망은 곧 假子의 의리나 의무를 상실하는 결과를 가져오게 되고 이것이 바로 五代政變의 반복과 밀접한 관계를 갖게 되는 것이다. 그 구체적인 실례를 보면 後梁을 넘어트린 李克用·李存勖 부자집단의 후당왕조는 後梁의 朱全忠과는 밀접한 사적 관계에 있었고, 後晋의 石敬瑭, 後漢의 劉知遠, 後周의 郭威 등은 모두가 서로 긴밀한 私的 관계에 있었다. 이들 왕조창건자의 상호관계를 보면 後唐의 명종인 李嗣源은 李克用 부자와는 주종관계에 있었고, 다시 석경당은 李嗣源과, 劉知遠은 석경당과, 그리고 郭威는 劉知遠과, 趙匡胤은 郭威, 柴榮과 私的인 주종관계에 있었다. 이렇게 보면 李克用 부자에서 宋의 太祖 趙匡胤에 이르기까지 五代 화북왕조의 왕조교체에 나타나는 특징적인 사실은 私的으로 결합된 주종관계가 系譜的으로 관통하고 있고, 이러한 계보적 주종관계를 이어가고 있는 元從家臣集團으로부터 왕조건설자가 등장하고 있다는 사실이 이를 증명하고 있다. 이러한 실례는 後周의 世宗 밑에서 散指揮都虞侯로 충성을 바쳤던 羅彦瓖이 陳橋驛政變에 가담하고 太祖(조광윤)를 옹위하여 還都한 후 後周의 재상 范質을 위협하여,

우리들은 지금까지 主人이 없었으니 오늘에야 天子를 얻게 되었다.[15]

라고 하여 范質로 하여금 階下에 내려서서 조광윤을 새로운 황제로 받들게 하여 정변을 성공시킨 사실에서도 뚜렷이 알 수가 있다. 羅彦 瓌의 이와 같은 행동은 後周와 宋朝에 대해서는 그 정치적 의미가 정 반대의 결과를 초래하는 것이다. 『宋史』의 史論에서도

　彦瓌이 혁명 당일에 먼저 칼을 뽑아들고 范質에게 말한 것은, 宋 에 있어서 그 공로는 앞서지만 後周에게는 그 過가 남에게 뒤지지 않는다.[16]

라는 史評은 비록 무인집단에 의하여 宋朝가 건국되기는 하였으나 五 代의 무인들의 윤리관을 신랄하게 비판하고 있는 것이다. 따라서 이러 한 정치의 원리 위에 행해지는 천자옹립의 정치·군사적 행위는 오대 에 있어서의 천자폐립의 악순환을 반복할 뿐이었다. 또한 이와 같은 유교주의적인 도덕성의 결여는 바로 宋朝의 새로운 정치윤리관의 탄 생을 가져오는 역사적 배경이 된 것이다. 이러한 면에서 五代와 宋代 는 시대정신적인 차원에서 극단적인 상이한 면을 지니고 있으나 반면 에 이러한 상이함의 반작용의 결과 宋의 새로운 時代相을 탄생시켰다.

　五代의 유교적 도덕적 가치가 결여된 무인집단의 윤리관이 바로 唐 末 이래로 국가권력의 중심부에서 활약하면서 武人시대를 전개시켰다. 그러나 五代의 武人체제는 西洋中世의 봉건적 武士道나 日本의 德川 時代의 武士道와 같은 사회안정의 도덕적 가치기준을 설정하는 시대 정신으로 정착시키지 못하고 끝내 방황하다가 마침내는 문인관료집단

---

15) 『宋史』卷 250, 列傳 9 羅彦瓌
16) 『宋史』末尾의 史論.

에게 정치의 주도권을 양보하지 않을 수 없는 역사적 배경이라 하겠고, 이의 반대적 현상으로 나타난 것이 바로 유교주의원리를 바탕으로 한 宋의 중앙집권적 문신관료제라 하겠다.

Ⅲ. 五代 武人지배하의 文臣관료

武人上下의 義兒的 결합은 비단 무인에만 국한된 것은 아니고 武人과 그들의 屬僚문신과의 관계에 있어서도 적용되고 있다. 節度使의 지배체제는 그들의 소재지인 使府에 中門使·都押衙·馬步都指揮使·指揮使·孔目官·客將·都虞侯 등을 두고 무인정치를 행하였으며, 여기에는 다수의 문신관료를 막료로 기용하여 수족과 같이 사용하였다. 문신막료는 節度判官·觀察判官·推官·掌書記·支使·錄事參軍 등으로서 민정을 보좌하고 있다. 이들 문신막료는 그들의 主將이 승진됨에 따라 지위도 향상되고 主將이 皇帝위에 오르면 중앙의 요직에 발탁되어 황제 측근에서 문신관료로서의 능력을 발휘하게 된다. 이러한 例는 五代에 흔히 있는 일로서 石敬瑭시대의 문관 桑維翰·後漢의 高祖(劉知遠)와 문관 王峻 그리고 後周의 태조 郭威와 魏仁浦, 세종(柴榮)과 文官 王朴·魏仁浦와의 관계는 절도사황제와 문신관료와의 사적 관계가 공적으로 확대된 가장 좋은 예이다. 따라서 오대 각 왕조의 건국자에게는 이들 文官의 행정능력이 그들의 국가경영에 중요한 작용을 하였다고 보아야 하겠다. 이와 같은 예는 宋太祖 趙匡胤과 문관 趙普와의 관계에서도 그대로 재현되고 있다. 절도사출신 황제와 屬吏 출신의 文臣官僚의 결합관계 면에 있어서도 宋朝는 五代의 전통을 그대로 계속하고 있다.

비록 五代가 무인통치시대라고 하지만 중앙과 지방의 행정기구상에 있어서 文官의 역할은 결코 무시될 수 없으며 무인들의 능력으로서는 처리할 수 없는 민정·재정·외교·사법 등은 문신관리에게 맡기지 않을 수 없다.[17) 여기에 五代 무인 지배하에서의 문신관료의 위치설정이 가능한 것이며, 이렇게 볼 때에 五代에 있어서의 문신관료의 행정상의 위치는 종래의 정상적으로 보장된 위치라기보다는 武人들의 필요에 따라 주어진 것이다. 그러므로 종래의 안이한 문신관료의 능력으로서는 도저히 자기위치를 유지할 수가 없고 거기에는 문인으로서의 소양과 함께 재정과 행정을 처리할 수 있는 능력을 수반해야 하며 그 위에 난세를 살아갈 수 있는 치밀한 성격의 소유자여야 한다.[18)

五代의 문신관료와 武官의 상관성은 여러 면에서 주목되는 바가 있다.

五代의 武人은 그들의 행동양식이나 신분윤리성에서 볼 때에 두 가지의 유형으로 나누어진다.

그 하나는 무장 스스로가 儒者(文人)를 크게 예우하고 그들과 교류하며 經書를 가까이 하고 예의바른 행동을 취함으로써 자신의 권위를 높이고 지배자로서 자처할 수 있는 인물, 즉 君子로서의 사회적 평가를 받으려고 노력하는 부류가 있다.[19) 五代의 대표적 문신으로 자처

---

17) 周藤吉之, 『五代節度使の 支配體制』, 前揭 576쪽에 의하면 節度使體制下에서 中門使는 軍政을 맡고, 都押衙·押衙 등의 衙前은 軍事·財政·民政을, 馬步都指揮使·諸軍指軍使는 軍士指揮를, 都孔目官·孔目官·糧料使 등의 人使는 軍事·財政上의 庶務를 담당하였다. 또 監徵軍將은 租稅徵收의 감독, 回圖軍將은 貿易을 취급하고, 客將·通引官은 外交關係를 담당하고, 馬步都虞候는 裁判刑獄을, 牽攏·散從·承符·步奏官등은 縣의 公務를 追督하고 鎭將은 地方의 警察·軍事·徵稅를 담당하고 있는데 여기에는 文吏的 能力을 필요로 하고 있다.

18) 이와 같은 類型의 代表的인 人物로 馮道를 들 수 있다. 『新·舊五代史』 馮道列傳 참조.

하는 馮道는 後唐의 明宗(李嗣源)과 閔帝(李從厚), 後晉(石敬瑭)과 出帝(石重貴) 그리고 後周의 太祖(郭威)시대에까지 문신관료로서 계속하여 재상을 역임하고 있고 그는 당시에 있어서 군자로서 또한 유덕한 仁者로 절도사출신의 황제들로부터 신임과 존경을 받을 수 있었으며, 이는 문신관료에 대한 무인의 깊은 이해와 신임을 보여준 것이다. 이와 같은 문신에 대한 우대는 중앙의 고위관료에 국한되지 않고 지방의 문관(縣令)에 있어서도 찾아볼 수가 있다. 송대에 와서 문관인 현령의 위치를 중요하게 취급한 것은 五代로부터 내려오는 전통에 기인하는 것인바 五代에 있어서도 縣令의 사회적 평가는 높았다. 後唐 明宗代의 天成연간에 현령 顔衎을 구타한 天平節度使 符習이 세상의 비난을 받고 후회한 나머지 顔衎을 관찰판관으로 발탁하여 惡評을 지우려 하였고,[20] 魏州 元城人 馬全節은 後晉 開運원년에 鄴業留守로 임명되었을 때에 元城縣令을 친히 찾아가서 인사를 드렸고,[21] 後梁의 태조는 현령을 民의 부모로서 鎭將의 상위에 놓은 것은 무인들의 문신우 대책으로 볼 수 있는 것이다.[22]

이와는 대조적으로 무장들 자신이 유교적 윤리나 문신관료의 교양에 대해 냉소를 하고 유교원리와는 거리가 먼 윤리외적인 존재, 이를 유교주의 입장에서 보면 小人視되는 존재로서, 자신의 출신신분에 어울리는 천민근성을 그대로 발휘하면서, 행동양식이나 군사지휘를 폭력에 호소하여 지배권을 유지하려는 부류가 있다. 이들의 대표적인 예를 드면 後晉의 出帝時의 李彦韜는

---

19) 이러한 例는 符彦卿(宋史 卷 251)이나 安守忠(同 275)과 같은 武將에서 볼 수 있다.
20) 『宋史』卷 270, 顔衎傳.
21) 『舊五代史』卷 90, 馬全節傳.
22) 『舊五代史』卷 1, 梁本紀.

조정이 왜 文臣을 두고 우대하는지 이해할 수 없다. 이러한 부류는 모두 도태하여 버리는 것이 좋다.[23]

라고 文人을 부정하고 있고, 禁軍總帥인 史弘肇는

화란을 막고 국가를 安泰하게 하는 데는 長槍大劍이 있으면 되는 것이지 長錐(筆) 즉 행정사무는 아무런 필요도 없다. 문신이란 경박한 인종으로 믿을 수가 없으며, 나를 병졸출신이라고 얕보고 있다.[24]

고 비난하고 있고, 王章도

이(문관) 무리들은 계산을 좀 시켜보려 해도 만족스럽게 하지 못하며 아무런 쓸모가 없다.[25]

라고 문관 특히 고급문신관료의 無用論을 내세우고 있다. 왕장이 말하는 문관은 과거에 합격한 고위문신을 말하는 것으로 그는 실무에 종사하는 文吏까지 부정한 것은 아니었으니, 그것은

長槍大劍이 있어도 毛錐(實務吏屬)가 없으면 어떻게 국가의 재정을 운영하고 군비를 조달하겠는가[26]

라고 반문한 사실로 보아 고위문관의 무용론을 주장하면서도 하위문신의 필요성은 역설하고 있다. 그러나 楊邠은 유교적 교양이나 문장(詩賦)과 禮樂을 지닌 書生까지도 미워하여,

---

23) 『舊五代史』卷 88, 李彦韜傳
24) 『舊五代史』卷 107, 『新五代史』卷 30, 史弘肇傳.
25) 『舊五代史』卷 107, 『新五代史』卷 30, 王章傳.
26) 『舊五代史』卷 107, 『新五代史』卷 30, 王章傳.

국가의 급무는 재정을 풍부히 하고 군비를 충분히 갖추는 데 있는
것이지 文章禮樂과 같은 일에 마음을 쓸 필요는 없다.[27]

라고 주장하여 유교적 교양과 문장에 능한 문신관료를 부정하고 있다.
그러나 武人의 이와 같은 문신관료의 부정에도 불구하고 당시의 통
념으로 볼 때에 文職이 武職에 비해서 천대받은 것은 아니며 오히려
유교적 교양을 지니고 있는 자가 武職就任을 기피하고 있었다. 예컨대
後梁의 태조 朱全忠을 섬겨 후에 後唐의 재상이 된 敬翔는 이미 唐朝
말기의 군웅난립의 무인 지배시대에 武職에 임용됨을 싫어하고 文吏
로 보임되기를 희망하여 文職을 갖고 있고,[28] 또한 魏丕는 後周의 世
宗으로부터 문관인 현령에서 무관인 右班殿直으로 改官되었을 때에
자신은 儒者로 仕官하여 왔으므로 그대로 문관직에 있을 것을 세종에
게 간청하고 있다., 이와 같은 자세는 宋의 태종대에 이르러서도 武職
보다는 文臣職을 계속해서 원하고 있다.
太宗도 이와 같은 魏丕의 행동에 대해서

淸望의 官(文官)이 봉급은 刺史(武官)보다 적은데도 불구하고 유자
로서의 신분윤리를 지니고 있었던 魏丕는 武臣職에 보임되는 것을 싫
어하였다.[29]

고 호평하고 있다. 이와 같이 유교의 교양을 지니고 있는 문신관료가
무직에 나아가는 것을 기피한 예는 宋初의 陳若拙,[30] 劉琮[31]의 열전

---

27) 『舊五代史』卷 107, 『新五代史』卷 30, 楊邠傳.
28) 『新五代史』卷 18, 敬翔傳.
29) 『宋史』卷 270, 魏丕傳.
30) 『宋史』卷 261, 陳若拙傳.
31) 『宋史』卷 277, 劉琮傳.

에서도 찾을 수가 있다. 이상과 같은 유교적 교양과 문신관료의 긍지
는 五代의 무인체제하에서 이미 유지되었으니, 後唐末期에 거란의 난
을 피하여 薊州로부터 남하하여 汴洛間에서 상업에 종사하던 許唐은
後晋 高祖 때의 進士合格者의 행렬을 보고 生子當令如此라고 감탄하
고 마침내 상업을 그만두고 그의 아들(許驤)에게 유학을 가르치고 家
財를 털어 許驤을 위하여 당시의 俊才들과 교제하도록 하여 北宋의
太宗때 進士科에 합격시켜 소원을 성취하였다.[32] 따라서 오대의 무인
정치시대에 있어서도 유교적 교양을 바탕으로 하는 문신의 사회적 예
우는 무인에 비하여 결코 떨어지는 것은 아니며, 때에 따라서는 무인
의 폭력에 학대되기는 하였으나 그것이 오대의 일반적인 경향이라고
보기는 어렵다. 무인집단의 이와 같은 2대유형으로 볼 때에 비록 그들
이 유교적 교양을 지니고 있는 군자풍의 무인이든 아니면 유교적 교
양을 완전히 무시하는 이른바 소인풍의 무인이든 간에 양자 모두가
오대의 무인천시의 사회적 통념을 극복하지는 못하고 있으며, 儒者(文
人)에 대신하는 새로운 지배자로서 합당한 무인고유의 행동양식이나
신분윤리를 창조하지는 못하였다. 이것이 바로 오대의 무인체제가 영
속성을 지니지 못한 채 정변이 계속되고 마침내는 송대의 문치주의체
제로 전환하지 않을 수 없는 사상적 배경이 되는 것이다.

Ⅳ. 중앙집권적 皇帝權강화와 文臣관료

五代에 황제권의 강화에 文臣이 어떤 작용을 하였으며 그것이 宋
代의 중앙집권적 문신관료체제에 어떻게 발전되어 나아갔는가를 살

---

32) 『宋史』卷 277, 許驤傳.

펴보자.

五代의 화북 왕조를 창건한 節度使들도 왕조를 수립하기까지에는 그들의 무인집단을 최대한으로 동원하지만 일단 제위에 오르면 국내의 질서는 문신관료의 힘을 빌리지 않으면 안 되게 되었고 이러한 점에 있어서는 오대도 다른 시대와 큰 차이가 없다. 『資治通鑑』에

> 난을 진압하는 데는 武臣이지만 (국가의) 原理들을 다스리는 데는 文吏를 선발한다.[33]

란 말은 天復 2년 3월에 河東節度使 李克用에게 올린 그의 掌書記 李襲吉의 獻議略文으로서, 유교주의적인 통치이념으로 널리 인용되는

> 馬上에서 천하를 얻을 수 있으나 馬上에서 천하를 다스리지 못한다.[34]

라는 陸賈의 이론과 유사하다. 이는 漢代 이래 유교주의에 의한 문신관료체제의 필연성을 강조한 것이며 五代의 武人體制下에서도 그대로 적용된 것으로서 文臣官僚制가 존재하게 되는 근거를 마련한 것이다. 즉 이는 질서의 합리주의로 불리는 유교의 행동양식으로서의 일상적인 예를 전투라고 하는 비일상적인 세계에 그대로 적용하지 않을 수 없는 자기모순을 오대의 무인은 지니고 있었고, 끝내 이와 같은 모순을 극복하지 못하고 무인의 행동윤리를 찾지 못한 채 방황하다가, 결국에 가서는 문인의 유교윤리로 환원하게 되었으니, 여기에 황제와 문신관료의 지배체제가 마련되는 역사적 배경이 설명되는 것이다. 宋 太

---

33) 『資治通鑑』卷 263, 天復 2年 3月 丁卯條
34) 『漢書』卷 43, 列傳 13 陸賈傳(前略) 賈時前說稱詩書 高祖罵之曰 乃公居馬 上得之 安事詩書 賈曰馬上得之 寧可以馬 上治之乎

祖는 문치주의가 추진되는 과정에서 어느 날 趙普에게

> 五代에는 藩鎭이 잔혹하여 인민은 그 화를 입었다. 지금 儒臣(文臣) 백여 명을 임용하여 지방(大藩)을 분담시켜 통치하고 있는데 가령 이들이 탐욕한 인간이라 해도 무신들에 비하면 그 해는 10분의 1에도 미지시 않는다.[35]

라고 五代의 무인탐욕함을 宋初 문관에게 비유하면서 자신의 문치주의정책의 정당성을 역설하였다.

　황제의 위치가 불안한 五代에 있어서 황제의 지위를 영속적으로 안정시키고 중앙집권화를 추진하려면 節度使를 정점으로 하는 藩鎭기구를 해체하든가 그것이 불가능하면 그들을 황제의 권한 속에 직속시키는 강력한 장치가 요구된다. 이와 병행하여 황제권력의 중앙집권화를 위한 支柱로서 황제 직속의 禁軍을 정비 강화하여 이들로 하여금 藩鎭 군사력을 약화시킬 것이 요구된다. 따라서 번진의 해체작업은 後唐시대로부터 서서히 시도되었다. 즉 치안과 捕盜를 목적으로 중앙에서 巡檢使를 파견하고 파견된 순검사는 대부분이 황제 측근의 인물로 임명하였다. 이와 같은 순검사의 파견은 藩鎭 내부에 중앙의 치안경찰권이 지방으로 침투 되고 이에 따라서 황제권의 지방 확대가 가능하게 되었으니 이는 바로 중앙집권화를 추진하는 기초가 되었다.[36]

　한편 五代의 文官은 武人과는 아주 대조적인 면을 지니고 있다. 大勢순응이라든가 二轉, 三轉의 무절조함에 있어서는 武人의 태도와 다를 바가 없으나 황제권의 강화라고 하는 면에 있어서는 무인과는 정반대의 입장을 취하였다. 즉 五代의 무신은 황제권에 대하여 遠心的

---

35) 『宋史』 卷 1, 太祖本紀.
36) 羽生建一, 「五代 巡檢使に ついて」, 『東方學』 29, 51-68쪽, 참조.

경향이 강하게 작용한 것에 대하여 華北五代의 文臣은 무신에 비하여 황제권력에 대한 求心的 경향이 강하였다.[37] 또 그들은 법전통의 수호자로서 행동함에 의하여 무신의 폭력을 견제하고, 자기의 지위를 공고히 하려고 하였다. 황제는 이와 같은 문신을 비호함으로써 有德者로 인정받고 이에 의하여 황제의 위치를 공고히 할 수가 있었다. 이와 함께 문신관료는 황제권에 대한 원심적 경향을 보이고 있는 무신을 억제하고 황제권을 강화하려고 노력하는 천자의 입장과 이해관계가 일치하고 있으므로 자연히 천자의 비호를 받아서 문신의 지위는 점차 강화되었다. 이러한 상황 아래에서 다음과 같은 주목할 사태가 오대에 이미 전개되고 있다. 즉 당조말기 이래로 거의 무신에 의하여 독점되어 왔던 節度使, 防禦使, 團練使, 刺史 등의 무신직에 후당의 明宗 이후에 문신으로 간주될 수 있는 인물이 임명되고 있는 사례를 『新·舊五代史』에서 24명, 『宋史』의 열전에서 52명을 찾아볼 수가 있다.[38] 이와 함께 북송의 초기에 등장하는 문신 중에서도 당조 및 화북오대의 문신, 즉 절도사의 막직관, 현령, 主簿 등 지방문신의 자손이 압도적으로 많이 실려 있는데, 이는 오대의 절도사체제 아래에서도 문신들이 그들의 정치 사회적 기반을 유지하고 있음을 증명하여 주고 있는 분명한 사실로 간주된다. 이와 같은 사실은 비록 그들의 지위가 고위직은 아니라 해도 무인지배하에서의 행정실무는 역시 문신관료에 의하여 운영되고 있음을 실증하여 주는 것이다. 이러한 오대적 현상은 송대의 문치주의를 열어주는 중요한 배경이 되고 있으며, 이에 대한 자세한 설명은 제3장 송초 관료의 분석에서 다루겠다.

---

37) 四川正夫, 「華北五代王朝の 文臣官僚」, 『東洋文化硏究所紀要』 27, 224쪽, 및 同, 「華北五代王朝の 文臣と 武臣」, 『仁井田陞博士追悼論文集』1卷, 「前近代アジアの法と社會」 所收 참조.

38) 四川正夫, 『華北五代王朝の 文臣官僚』, 224쪽 참조.

제2절 陳橋驛政變과 文臣관료체제의 성립

宋의 건국은 960년에 태조 집단의 진교역 정변에서 그 막을 열게
되었다. 이 정변의 성격은 五代에 흔히 자행되면 武士들에 의한 절도
사의 황제옹립 양상과 같은 것이지만 정변이 후세에 준 영향은 혁명적
인 의의를 부여할 만한 가치가 있다. 그것은 첫째로 唐末 · 五代의 군
벌체제를 종식시키고 사대부에 의한 文臣관료체제를 여는 계기가 되었
고, 이에 따라 개인의 능력이 평가받는 사대부계층사회를 가져오게 되
었으며, 둘째로 五代十國으로 불리는 분열시대를 수습하여 통일제국을
달성하고 중앙집권체제를 구축하는 기반을 마련하게 되었다는 점이며,
셋째로 10세기 초기에서 시작된 거란족의 남침과 연운 16주의 할양으
로 漢民族의 고난과 수세의 시대가 극복되고 민족의식을 고취하여 宋
代의 국수주의문화형성의 단서를 마련하였다는 점을 들 수 있다.

따라서 진교역의 정변은 종래의 중국사에 흔한 易姓革命의 차원을
넘어서 정치 · 사회 · 문화 전반에 걸친 새로운 장을 여는 역사발전의
중요한 계기가 되었다. 이와 같은 관점에서 볼 때에 이를 혁명으로 평
가하여도 결코 과장된 것은 아니다.[39] 그러나 조광윤 집단에 의한 진
교역 정변에 관해서는 몇 가지 석연치 않은 사실이 아직도 남아 있
다. 이를 좀 더 분명히 밝히면서 정변의 전개과정을 살펴보자.

---

39) 『宋史』 卷 439, 列傳 198, 文苑 1의 序文에서 "自古創業華統之君 卽其一時
之好尙 而一代之規撫 可以豫知矣 藝祖革命 首用文吏而 奪武臣之權 宋之尙
文 端本乎此"라고 革命이란 用語를 사용하고 同 卷 290, 列傳 49의 史論에
서도 革命으로 부르고 있다.

Ⅰ. 陳橋驛政變의 疑案

宋의 건국은 太祖집단의 진교역정변에서 그 막을 열게 되었다. 이 政變은 五代에 흔히 자행되던 무사들에 의한 節度使와 皇帝옹립의 양 상과 같은 것이지마는 政變이 후세에 준 영향은 혁명적인 의의를 부 여할 만한 가치가 있는 것이다. 그것은 당말·오대의 軍閥體制를 종식 시키고 사대부에 의한 文臣官僚體制를 여는 계기가 되었고, 이에 따라 개인의 능력이 평가받는 士大夫階層社會를 가져오게 되었으며, 다음으 로 오대십국으로 불리우는 分裂時代를 수습하여 통일제국을 달성하고 中央集權體制를 구축하는 기반을 마련하게 되었다는 점이며, 그러므로 10세기 초기에서 시작된 계단국의 남침과 燕雲 16주의 割讓으로 표현 되는 한민족의 고난과 수세의 자세가 극복되고 민족의식을 고취하여 宋代의 國粹主義 문화형성의 端緒를 마련하였다는 점을 들 수 있다.

따라서 陳橋驛의 政變은 종래의 중국사에 흔한 易姓革命의 차원을 넘어서 정치·사회·문화 전반에 걸친 새로운 장을 여는 역사발전의 중요한 계기가 되었다. 이와 같은 관점에서 볼 때에 이를 혁명으로 평 가하여도 결코 과장된 것은 아니다.[40] 그러나 趙匡胤集團에 의한 陳 橋驛政變에 관해서는 몇 가지 석연치 않은 사실이 아직도 남아 있다. 이를 좀 더 분명히 밝히면서 政變의 의안(疑案)을 살펴보자

---

40) 『宋史』 卷 439, 列傳 198, 文苑 1의 序文에서 "自古創業華統之君 卽其一時 之好尙 而一代之規橅 可以豫知矣 藝祖革命 首用文史而 奪武臣之權 宋之尙 文 端本乎此"라고 革命이란 용어를 사용하고 同 卷 290, 列傳 49의 史論에 서도 革命이라고 부르고 있다.

1. 陳橋驛政變

宋太祖 趙匡胤集團에 의해 단행된 陳橋驛41) 政變에 대해서는 일반론으로 서술되어 있으나 이에 대한 많은 의문점이 아직도 남아 있다. 우선 이 政變에 성격 규명이 뚜렷하지 못하고 다음으로 政變의 전개과정에 대한 많은 의문점이 그것이다. 특히 陳橋驛政變으로 皇帝位에 오른 太祖와 이 政變에 직접 가담한 趙匡義(太宗) 등에 의하여 政變의 전개과정에 대한 서술상에 여러가지 의문을 남기고 있다. 康熙시대의 擧人(賜進士)이며 淸朝六家의 一人으로 詩文에 뛰어난 査愼行(號 初白)42)의 詩에

　　　　千秋疑案陳橋驛, 一著黃袍便罷兵43)

이라 하여 陳橋驛의 정변은 千秋의 疑案으로 내려오지마는 趙匡胤이 黃袍(天子服)를 한번 걸침으로써 영원히 무인의 專橫을 종식시키게 되었다고 陳橋驛政變을 千秋의 疑案으로 보고 있는데, 趙翼은 이와 같은 査初白의 詩에 대하여 평하기를

　　　　蓋以爲世所稀有之異事也 不知五代諸帝由軍士擁立44)

---

41) 陳橋驛은 陳橋라고도 하며 開封 東北 10Km 지점의 1日 거리로 唐代에는 板橋라 하여 白居易의 板橋路, 李義山의 板橋曉別이 있고 王安石의 古詩 陳橋에 "走馬黃昏渡河水 夜爭歸路春風裏 指點韋城太白高 投鞭日午陳橋 市…"(『臨川集』 6)라고 읊고 있다.

42) 『淸史稿』 卷 489, 『淸史列傳』 卷 71, 査愼行.

43) 『二十二史箚記』 卷 21, 五代諸王多 由軍士擁立條 참조.

44) 『同上書』

이라 하여 陣橋驛政變은 千秋의 疑案으로 볼 수 있는 異事라고 하는
것은 五代의 諸帝가 모두 군사에 의해서 擁立되고 있다는 사실을 알
지 못한 데서 나온 것이라고 論하고, 이어 宋太祖의 陣橋驛政變까지 4
회에 걸친 皇帝擁立의 실례와 절도사 擁立에 관한 사실을 고증하고
있다.

그런데 陣橋驛政變이 趙翼의 考證처럼 五代 皇帝가 군사들에 擁立
되어 皇帝位에 오른 일반적인 현상은 그 전개과정이 비슷하고 宋代의
사료에도 이 부분이 특히 강조되고 있으나 査初白의 시에 表現한 바
와 같은 疑案은 남아있다. 종래 陣橋驛의 政變을 後周의 高祖(郭威)의
壇州政變과 유사하게 보고 있는데 그 내막을 보면 전개과정은 서로
다른 면이 있음을 알 수 있다. 그것은 이 政變이 壇州政變과는 달리
太祖의 주변 인물에 의하여 사전에 치밀하게 계획되어 추진된 政變이
라고 하는 사실이다. 宋代의 사료에 의하면 이 政變도 五代에 흔히 있
어 왔던 군사의 擁立에 의한 것으로 강조되어 내려오고 있으나 군사
에 의하여 추대되어 제위에 오른 형식은 그 전의 예와 비슷하지만 사
전에 계획되어 추진되었다는 면이 그 이전과는 다르다. 이 事前計劃說
은 太祖나 太宗에 의하여 강력히 부인되고 있다. 두 政變의 전개과정
을 검토하여 보자.

우선 太祖가 北漢의 토벌을 나가게 된 직접동기가 契丹의 남침에
원인하는데 契丹南侵과 관련하여 政變의 사전계획이 있었던가에 주목
이 간다. 後周의 太祖 郭威가 壇州의 政變을 일으키어 後周를 건국하
게 되는 직접 동기가 바로 契丹의 남침을 저지하기 위한 군사동원에
기인한다. 宋太祖 역시 契丹의 남침을 막고 北漢을 토벌하러 나아가다
가 陣橋驛에서 政變이 일어난 것으로 군사동원의 직접 동기면에서 볼
때에 이 두 역사적 사건은 매우 흡사한 면이있다. 澶州政變과 관련되

는 契丹南侵의 기사와 陣橋驛政變에 관계되는 기록을 보면

(1) 鎭定州馳奏 契丹入寇 河北諸州告急

(2) 太后命帝北征

(3) 是日旭旦日邊柴氣來 當帝之馬首

(4) 諸軍將士 大諜趣驛 如牆而進 帝閉門拒之 軍士登牆越屋而入 請
帝爲天子…或有裂黃旗以被帝體 以代赭袍 山呼震地 帝在萬象之中 聲沮
喪 悶絶數四(『舊五代史』 卷 110, 周太祖本紀 1.)

라고 하는 것이 周太祖 郭威가 壇州의 政變을 일으키는 전후의 기록
이다.

이와 비슷한 내용이 陳橋驛정변에서도 나타난다 즉,

(1) 鎭定二州言 契丹入寇 北漢兵自土門東下與契丹合

(2) 周恭帝命太祖 領宿衛諸將禦之

(3) 軍校河中苗訓者 號知天文 是日下復有一日 黑光久相磨盪 指謂太
祖親吏宋城楚昭輔曰 此天命也

(4) 甲辰黎明 四面叫呼而起 聲震原野 普與光義入白太祖…諸將無主
願策太祖天子 太祖警起披衣 未及酬應 則相與扶出廳事 或以黃袍加太祖
身 且羅拜庭下 稱萬歲(『續資治通鑑長編』 卷 1)

라고 하는 것이 宋太祖 趙匡胤의 陣橋驛의 政變에서도 보이고 있다
(숫자는 기사의 성격 내용이 서로 비슷함을 표시한 것임). 두 기사를
비교하면서 혁명의 사전계획을 살펴보자.

첫째 (1)은 鎭州·定州·郭崇에 의하여 契丹南侵의 急報가 조정에
알려지고[45] 이에 의하여 周太祖 때와 같이 宋太祖(당시 都點檢)의 군

---

45) 『宋史』 卷 255, 列傳 14 郭崇傳에 "會契丹南侵 周祖北征 次于澶州 爲六軍

사동원이 단행되고 있는데 당시의 군사동원령과 趙匡胤의 군사적 지위, 그리고 혁명의 가능성 등에 대해 「長編」에서는 권두에 다음과 같이 기록하고 있다. 즉,

> 乾隆元年 春正月辛丑朔 鎭定二州言 契丹入寇 北漢兵自土門東下與契
> 丹合 周恭帝命太祖 領宿衛諸將禦之(『長編』卷 1)[46]

라 하여 鎭·定二州로부터 契丹의 남침이 있고 北漢兵이 契丹과 연합하여 土門東方으로부터 침입하고 있는 사실을 보고하였고, 이에 따라 周帝가 太祖(趙匡胤)에게 宿衛諸將을 이끌고 이를 방위토록 하는 군사동원령이 내려지고 있음을 밝히고 있는데, 당시의 趙匡胤의 禁軍上의 지위에 관하여는

> 太祖自殿前都虞候 再遷都點檢 掌軍政凡六年 士卒服其恩威 數從世宗
> 征伐洊立大功 人望固已歸之 於是主少 國疑中外始有推戴之議(同上)

라 하여 太祖는 殿前都虞候에서 禁軍의 總師인 都點檢으로 승진하고 禁軍을 장악한지 6년간에 그의 隸下 사졸이 그의 恩威에 감복하여 사졸의 인망이 그에 쏠리고 있고 이와는 대조적으로 主上(恭帝)은 年少

推戴"라고 契丹南侵 사실이 인정되고 있으나, 乾隆元年의 契丹兵南侵에 대한 기록은 없다. 또 『遼史』의 穆宗本紀에도 應歷 10年(960) 正月에 用兵한 기사는 없고 『遼史』卷 78, 列傳 8, 蕭思溫傳에는 "周主復北侵 與其將傳元卿 李崇進等分道竝進(中略) 陷易瀛莫等州 京畿人 皆震駭 往往遁入西山是年聞周喪 燕民始安"이라 하여 周世宗의 北侵과 世宗崩御로 燕民이 비로소 안심하게 되었다는 상반되는 기사를 전하고 있다.

46) 『皇宋十朝綱要』卷 1, 乾隆元年 正月 辛丑朔條에도 동일한 記事가 있다. 『宋史』卷 1, 太祖本紀에는 周 顯德 7年 春條에 "北漢結 契丹入寇 命出師禦之"라고 간략하게 언급하고 있다.

하여 禁軍內外에서는 趙匡胤을 皇帝로 추대하려는 논의가 시작되고 있는 풍문이 떠돌아다닐 정도에 이르고 있다. 이 記事를 가지고서는 혁명이 사전에 모의되었는지는 확실하지 않으나 혁명가능성에 대한 여건은 郭威때보다 더 성숙되어 있다. 즉, 契丹南侵에 의한 군사동원, 年少한 皇帝, 禁軍總師로서이 위치, 그 위에 禁軍군사들이 인기 등 趙匡胤의 皇帝추대의 여건조성은 충분하다고 볼 수 있다. 실제로 正月 壬寅 (2일)에 殿前司 副都點檢 慕容延釗 가 선발대로 京師로 출발할 때의 사정은

將前軍先發時 都下讙言 將以出軍之日 策點檢爲天子 士民恐怖 爭爲 逃匿之計 惟內庭晏然不知 (同上)

라 하여 趙匡胤이 출군하는 날에 政變이 일어나 天子位에 오를 곳이라는 유언비어가 떠돌고 도하의 사민이 다투어 피난 갈 준비를 하고 있으나, 오직 宮庭內에서 만은 이러한 사정을 전혀 알지 못하고 있다고 하였다. 이러한 「長編」의 기록으로서 京師에 있어서의 政變의 소문은 상당히 널리 퍼져 있음을 알 수 가 있고, 따라서 혁명의 가능성은 충분하다고 보여 진다. 그런데 宋初의 기록은 대부분이 陳橋驛政變이 太祖 및 太宗集團에 의하여 자연발생적으로 勃發한 우연한 사건으로 기록하고 있다, 따라서 이는 太祖와 太宗集團에 의하여 시작되어진 가능성이 충분한 것으로서 여기에 많은 疑案이 있다. 그것은 우선 太祖가 혁명이 발발하기 직전까지도 전혀 그 사실을 알지 못하고 군사에 擁立되어 할 수 없이 제위에 오르게 되었다는 사실이 믿기 어렵다. 司馬光은 이에 대해

> 京師間詼言 出軍之日 當立點檢爲天子 當室或挈家逃匿于外州 獨宮中
> 不之知 太祖懼 密以告家人 曰外間洶洶若此 將始之何 太祖姉(或云卽魏
> 氏長公主)面如鐵色 方在廚引麪杖逐太祖擊之曰 丈夫臨大事 可否當自胸
> 懷 乃來家間恐怖婦女何爲耶 太祖墨然而出 (『湅水記聞』 1)

이라 하였다. 즉, 太祖의 北征출발일에 都點檢(太祖)이 天子로 추대된
다는 소문이 京師에 퍼져 있고 都下의 富民이 피난을 서두르는 사실
을 趙匡胤은 알고 있었으며, 이에 당황하여 가인과 대책을 논의하고자
하였는데 이에 대해 그이 姉가 丈夫라면 大事를 자기 혼자 결단을 내
려 胸中에 간직하여야 할 일이라고 격려하고 있는 사실로 보아 北征
출발 전에 아마도 政變의 가능성은 알고 있었고 이에 대한 太祖의 결
심은 서 있었던 것이 아닌가 생각된다. 이를 뒷받침하는 근거로는 北
征에 앞서 太祖는 母后와 가족들을 定力院이란 사원으로 疎開하고 있
는 사실로 추론할 수 있다. 『宋人秩事彙編』 卷1

　그 위에 契丹南侵을 저지하기 위해 타部隊를 제쳐놓고 趙匡胤部隊
가 출동명령을 받게 된 점도 혁명의 사전계획가능성과 깊은 관계가
있다. 즉, 鎭州로부터의 契丹南侵 정보가 960년 正月 1일에 있었고 2
일에는 殿前軍의 선봉部隊가 출발하고 3일에는 趙匡胤部隊(殿前都指
揮司)에게 출동령이 내려지고 있는데 여기에 바로 疑案이 있다. 당시
後周待衛軍의 總師는 李重進이었으며 그는 契丹戰에 勇名을 떨치고
後周왕조와는 혈연관계로 연결되어 있는데 그의 휘하 部隊를 제쳐놓
고 殿前軍이 出陳하게 된 이면에는 趙匡胤集團의 사전 공작이 작용하
였을 가능성은 충분한데 이에 대한 내용은 전하지 않고 있다. 단지 政
變의 소식을 전해들은 재상 范質이 王溥의 손을 잡고 趙匡胤部隊를
성급히 판견한데 대해

倉卒遣 吾輩之罪也 (『長編』1)

라고 군사동원의 성급함과 경솔함을 뉘우치고 있음에 주목이 간다.

둘째 (2)의 기사는 파병의 명령이 태후와 恭帝로부터 나오고 있음도 서로 비교가 되며, (3)에서는 政變 당일에 瑞氣가 비치고 있다는데 주목이 간다. 특히 宋太祖의 경우에는 당일에 천문을 본 軍校 苗訓과 門吏 楚昭輔가 태양 아래 또 하나의 태양이 있다고 하고, 이는 천명이라고 한 사실은 政變을 천명으로 합리화시키려는 의도가 깊히 숨어 있음을 알 수가 있다.

셋째 (4)는 군사가 政變을 일으키어 군중이 集團的으로 天子를 擁立한 것도 비슷하나 宋太祖의 경우에는 郭威의 경우보다 훨씬 질서정연하고 그 위에 親弟 趙匡義(太宗)과 掌書記 趙普가 그 사실을 太祖에게 고하고 있고, 郭威때는 황기를 찢어서 天子의 龍衣로 입혔으나 宋太祖의 경우에 있어서는 미리 마련된 皇帝服(黃袍)을 입히고 있다. 따라서 黃袍는 사전에 이미 마련되어 있는 것으로서 政變은 계획적인 것으로 볼 수 있다. 그것은 政變을 추진한 首腦部의 구성을 보면 殿前軍의 副都點檢은, 慕容延釗殿前都指揮使는 石守信, 殿前都虞候는 王審琦로 이들과 趙匡胤과의 인간관계는 친밀하며 그 친속관계는 太祖 즉위 후에도 계속되고 있기 때문이다. 또한 太祖의 弟 匡義(太宗)는 內殿祗侯供奉官都知의 지위에 있었고 宋朝의 謀臣으로 유명한 趙普는 歸德軍節度掌書記로서 활약하였다. 이와 같은 혁명모의에 참가한 인물들이 政變을 추진한 과정에 대해서

會太祖出征 駐軍陳橋 處耘見軍中謀欲推戴 遽白太宗 與王彦昇謀 召馬仁瑀 李漢超等定議 如入白太祖[47]

라 하여 군중에서 太祖擁立의 모의를 발견한 것은 장군 李處耘이고, 그기 이 사실을 太宗에게 알려 장군 王彦昇과 모의하고 다시 馬仁禹, 李漢超 등의 무장을 불러들여 熟議 끝에 결정하고 이 사실을 太祖에게 통고한 것으로 되어있다. 이와 같이 계획된 陳橋驛 政變의 전후사정을 太祖는 전혀 알지 못하는 초연한 위치로 기술하고 있는 사실도 의심되는 바다. 따라서 陳橋驛政變은 契丹南侵의 제보에 疑案이 있고 殿前軍 출동에서부터 皇帝擁立에 이르기까지 사전에 충분한 모의가 진행된 것으로 보는 것이 타당하며, 단지 이것이 五代에 흔히 행하여진 군사에 의한 政變의 성격을 갖추고 있으나 趙翼의 말처럼 郭威에 의한 壇州政變과는 사전 개혁이나 전개과정 속에 숨어 있는 양상은 근본적으로 차이가 있음을 알 수 있다. 그럼에도 불구하고 이와 같은 疑案을 충분히 입증할 구체적인 사료를 찾아볼 수 없는 것은 宋初에 이르러 이를 고의적으로 삭제한 것이 아닐까하는 의구심이 든다. 「續資治通鑑長篇」에서도

> 太祖受命之際 固非謀盧所及 昔曹操司馬仲達 皆數十年 窺伺神器 先邀九錫 至于易世 方有傳禪之事 太祖盡力周室 中外皆知 及登大寶 非有意也 當時本末 史官所記殊闕然 宜令至等別加綴輯(『長編』 263, 熙寧 8年, 閏 4月 壬子條)

이라 하여 陳橋驛政變의 本末은 後代(太宗代)의 史官에 의하여 闕然됨이 많고, 이는 太宗의 命에 의하여 조작되었을 가능성이 충분히 있다고 논평하고 있는데, 이러한 기록으로 보아 政變에 대한 疑案을 살필 수가 있다.

---

47) 『宋史』 卷 257, 列傳 16 李處耘

Ⅱ. 太祖의 武人제거와 文治主義

(1) 武人집단의 제거

진교역혁명이 성공한 후 京師에 回軍한 太祖의 受禪場面을 司馬光은 다음과 같이 의미 깊게 묘사하고 있다. 즉,

> 태조가 선양을 받으려고 하는데 禪文이 없었다. 이때 翰林學士 承旨 陶穀이 곁에 있다가 품속에서 꺼내 바치면서 말하기를 이미 완성되어 있습니다 하니, 태조가 이로 말미암아 陶穀의 사람됨이 치밀하다고 여겼다.[48]

이라고 있다. 즉 太祖가 군사에 옹립되어 황제위에 오르고 京師에 회군하였으나 절차상의 受禪儀式을 행하는 자리에 禪文이 마련되지 않고 있는 다급한 상태에서 문신관료인 翰林學士 承旨 陶穀이 품속에서 禪文이 마련되어 있다고 바치면서 침착하게 대답하자 太祖가 그의 인간됨을 마음속에 새기게 되었다는 이 장면은 宋朝 300년의 文臣官僚와 황제와의 관계를 암시하여 주는 극적인 단면도가 아닌가 생각된다.

그런데 태조의 문치주의가 그의 掌書記인 趙普에 의하여 추진된 것으로 인식되어 왔으나 사실은 그렇지 않다. 왜냐하면 태조 자신이 五代의 병란의 원인이 무인의 전횡에 있음을 趙普의 문치주의 獻策 이전에 절감하고 있고,[49] 진교역혁명 당시에 자기를 옹립한 군사에게

---

48) 『涑水記聞』1
49) 『續資治通鑑長編』(이하 長編이라고 略함) 卷 2, 및 『宋史』卷 1, 太祖本紀 建隆2年 7月條에 "天下自唐季以來 數十年間 帝王凡易八姓 戰鬪不息 生民塗地 其故何也"라 한 데 대해 趙普가 藩鎭跋扈함에 原因이 있다 하니 吾已諭矣라 한 사실로 알 수 있다.

이르기를

> 너희들은 스스로 부귀를 탐하여 自意로 나를 옹립하여 천자로 내세
> 웠다.[50]

라고 힐책하고 있는 사실로 미루어 藩鎭에 대한 수술은 태조의 강력
한 의지의 표현이며 그 역사적 배경은 五代에까지 소급될 수 있기 때
문이다. 그러므로 宋初의 중앙집권적 문신관료제의 확립을 가져온 직
접적인 기반은 五代의 무신체제의 모순과 이에 반대 입장에 있는 문
신관료에 의한 武臣의 제거를 들 수 있고, 이와 같은 文臣官僚의 입장
과 이해를 같이 한 것이 바로 황제라 하겠다. 태조의 이른바 杯酒釋兵
權의 전설에서 상징되는 바와 같이 이미 北宋의 초기에 단기간에 걸
쳐 禁軍指揮使, 節度使 등 武臣의 병권회수가 원활히 진행된 사실로
보아 거기에는 무신권력의 약체화와 문신관료의 세력기반이 조성되었
고, 이러한 사회적 배경 아래 太祖의 문치주의적 중앙집권정책이 추진
될 수 있었던 것이다. 또한 後唐 이래 이민족 황제에 대한 漢民族의
민족적 자각과 거란의 남침에 시달려 온 중화민족의 민족의식이 강력
한 통일제국의 출현을 가능하게 한 역사적 배경이라 하겠다.

趙普獻策 이전의 문치주의 추진 상황을 구체적으로 살펴보면 다음
과 같다. 즉 建隆 원년(960) 正月 4일에 즉위한 太祖는 이튿날 建隆으
로 改號하고 宋으로 국호를 정하였고,[51] 이어 同 11日(辛亥)에 翊戴
의 功을 논하여 무신집단에 대한 일차적 조처를 단행하였다.[52] 이 翊

---

50) 『涑水記聞』 1.
51) 宋의 國號는 조광윤이 주둔하고 있던 歸德軍節度使 地域이 春秋時代의 宋
　　國이었던 것에 由來한다.
52) 『宋史』卷 1, 太祖本紀 및 『長編』卷 1, 建隆元年 春正月 辛亥 (11日)條에

戴의 논공행상은 외면상으로 볼 때에는 단순한 논공행상적 성격을 지
니고 있으나 宋의 문치주의실행 과정으로 볼 때에는 중요한 의의가
있다. 즉 節度使의 기반이 되는 지역을 서로 바꾸거나 자리를 옮기고
있으니 이는 五代에서도 황제가 유력한 절도사의 세력을 억제하려는
수단으로 사용되어 오던 방법으로서 이를 논공에 적용시키고 있는 것
은 武臣집단에 대한 새로운 조처의 의미가 숨어 있는 것이다.

이와 아울러 중앙에 있는 무신들의 직위의 변화를 살필 수가 있다.
즉 石守信을 殿前都指揮使에서 侍衛親馬步軍副都指揮使로 옮기고 高
懷德을 侍衛親軍馬軍都指揮使에서 殿前副都點檢으로, 張令鐸을 侍衛親
軍步軍都指揮使에서 馬步軍都虞侯로 각각 이동시키고 있는 것은 이들
을 禁軍의 中核部長자리에서 강등시켜 副長으로 좌천시켰다는데 그
의의는 크고 이는 논공이라기보다는 새로운 왕조체제의 구축을 향한
구시대 인물의 제거로 풀이하는 것이 타당할 것이다.[53] 이와 같은 무
신의 정리는 특히 後周정권에 밀착되어 있던 符彦卿, 王景, 李彝殷, 高
保融 등을 進爵의 명분으로 후퇴시키는 조처에서 더한층 뚜렷이 나타
나고 있다.[54]

의하면 後周의 義成軍節度使이며 殿前都指揮使인 石守臣은 歸德軍節度使
侍衛親軍馬步軍副都指揮使로, 江寧軍節度使 侍衛親軍馬步軍都指揮使인 高
懷德을 義成軍節度使 殿前副都點檢으로, 武信軍節度使 侍衛親軍步軍都指
揮使인 張令釋을 鎭安軍節度使侍衛親軍馬步軍都虞候로, 殿前都虞候인 王
審琦를 泰寧軍節度使殿前指揮使로, 虎捷右廂都虞候張光翰을 江寧軍節度使
斜位親軍馬軍都指揮使로, 그리고 龍捷右廂都指揮使 條彦徵를 武信軍節度
使步軍都指揮使로 각각 자리를 옮기고 있다.

53) 翊戴의 論功보다는 18日에 있는 慕容延釗을 殿前都點檢 昭化節度使同中書
門下二品으로, 韓令坤을 侍衛馬步都指揮使天平節度使 同平章事로 임용한
것이 관직상으로 볼 때에 승진의 의미가 강하다. (長編 卷 1) 특히 韓令
坤의 경우에는 "與太祖同事周室 情好親密"(『宋史』太祖本紀)라 하여 太祖
와는 가까운 친구 사이었다.

54) 『宋史』太祖本紀 및 『長編』卷 1, 建隆元年 正月癸亥(23日)條에 後周의 天雄

이상과 같은 무인집단제거에 대항하여 나선 것이 4월 24일 昭義軍
節度使 李筠의 반란이다. 당시 後周의 영내에는 40人의 절도사가 각지
에서 세력을 지니고 있었고 그중에서도 潞州의 李筠, 揚州의 李重進,
定州의 孫行友 등은 정면으로 송태조 정권에 도전한 인물이다. 李筠
은 郭威시대에 潞州 번진으로 부임하여 8년간에 걸쳐 세력기반을 구
축하였다. 潞州는 거란과 北漢의 침입 시의 전장이 되는 곳이어서 장
병들은 歷戰의 용사들이 많았으므로 북한과 연합하여 조광윤타도를
기도하였으나 연합은 여의치 못하고 太祖의 친정으로 焚死하였다. 그
리고 9월 11일에는 淮南節度使 李重進을 平盧節度使로 옮기었다. 李重
進은 郭威의 조카로 後周왕조와는 혈연관계가 깊고 侍衛軍總帥의 지
위에 있었으나 진교역정변 시에는 시위군의 지휘권을 韓通에 넘기고
겸임지인 회남번진으로 있었기 때문에 중앙정계에서 소외당한 상태였
다. 그러나 李重進은 太祖에 대항하여 왔으므로 역시 親征하여 타도하
였다. 이듬해는 定州에 부임하고 있던 孫行友의 관작을 삭탈하고 유폐
하였다.

태조 즉위와 함께 단행된 이와 같은 조처와 승리는 중요한 의의를
지닌다. 그것은 태조에게 확고한 정치·군사적 자신을 부여함과 아울
러 각 곳에 산재하고 있던 그 밖의 절도사로 하여금 태조에게 반항함
이 불가능하다고 하는 사실을 인식시켜 순순히 태조의 번진 이전에
따르고 있으며,55) 반란에 동원된 태조의 추종자들로 하여금 그들의
충성심을 측정할 수 있는 기회로 삼아56) 아직도 기회주의적 입장에

軍節度事 魏王符彦卿을 守太師로, 雄武軍節度事 王景을 守太保로, 西平王
李彝殷을 守太尉로 荊南王節度事高保融을 守太博로 형식상 우대함에서 살
필 수 있다.
55) 『宋史』卷 1, 太祖本紀.
56) 『宋史』卷 1, 太祖本紀.

있던 무장들을 태조의 휘하에 집결시킬 수 있는 계기를 마련하였
다.[57] 뿐만 아니라 진교역정변의 공으로 殿前都點檢으로 승진되었던
高懷德을 建隆원년 8월에 皇妹 燕國長公主와 결혼시키면서 忠武절도
사 副馬都尉로 강등하고 다시 건륭 2년 윤 3월에는 慕容延釗를 殿前
都點檢으로부터 山南西道節度使로, 韓令坤을 成德節度使로 추방함과
아울러 병권을 해제하여 금군내의 위험인물을 깨끗이 청소하고 殿前
都點檢을 다시는 임명하지 않았다.[58] 이보다 앞서 건륭원년 8월 15일
에는 親弟인 光義(太宗)을 泰寧節度使에 임명한 후 殿前都虞侯를 겸
하게 하여 금군의 실권을 장악토록 하였다.[59] 따라서 지금까지 일반
적으로 알려져 내려오는 태조의 무인집단의 제거가 건륭2년 7월[60]에
조보의 헌책에 의하여 단행된 것처럼 인식되어 왔으나 위 사실로 미
루어 볼 때 태조의 무인제거는 그 이전에 추진되고 있다. 뿐만 아니라
태조는 이미 절도사 시대에 장서가이며 독서애호가였으니, 그것은

　　上(조광윤)의 성품이 嚴重 寡言하고 독서를 좋아하셨다. 비록 軍中
에 있을지라도 손에서 책을 놓지 않으셨다. 顯德 중에 世宗을 좇아 淮
甸을 평정할 때 어떤 가가 참제를 讚하여 말하길 趙某기 壽州에 있을
때 여러 수레에 중요 보물을 갖추어 놓았다고 하였다. 세종이 사신을
보내 확인하였는데 오직 책이 있을 뿐 다른 물건은 없었다. 세종이 불
러서 말하길 卿이 朕의 장수가 되어 어떤 책으로 짐을 보좌 할 것인
가고 하니 上이 머리를 조아리면서 臣은 기이한 계책은 없습니다고 하
였다. 上께서는 聖德을 찬양하시고 많은 책을 모은 것은 見聞을 넓히
시고 智慮를 넓히기 위함이었다.[61]

57)『宋史』卷 1, 太祖本紀.
58)『長編』卷 2, 建隆2年 閏 3月.
59)『宋史』卷 1, 太祖本紀.
60)『宋史』卷 1, 建隆2年 7月條 및『皇宋十朝綱要』卷 1, 建隆2年 7月庚午條.
61)『皇宋編年綱目備要』卷 1, 乾德4年 5月收燭圖書條.

라는 일화가 이를 말하여 주고 있다. 이와 같은 독서애호는 개국 후에
도 계속되어 近臣들에게 독서를 권하였다.. 이에 대해서는

> 일찍이 近臣들에게 이르기을 지금 武臣들은 다 되었다 독서를 귀하
> 게 여겨 다스리는 道로 삼으려고 한다고 말씀하니 근신들이 대답할 바
> 가 없었다.[62]

라 하여 讀書하여 아는 것을 귀하게 여겨 이를 治道의 근본으로 권장
하고 있는 사실로 알 수가 있다. 근신에게 독서를 권한 위의 사실은
태조의 도서수집이나 독서애호와 관련이 있고 宋初의 문치주의와 관
계가 있는 것이다.

독서인을 재상에 기용하려 한 태조의 방침은 이미 乾德 4년 5월도
확실히 보이고 있다. 즉,

> 上(太祖)이 재상에게 명하여 前代에 없는 연호를 撰하게 하였다. 蜀
> 을 평정하고 蜀의 宮人이 掖廷에 들어와 奩具를 바쳤는데 鑑의 뒷면에
> 乾德 4年鑄라고 되어 있다. 上이 놀라 鑑을 꺼내어 宰相에게 보이면서
> 말하길 어찌해서 이미 4년에 주조한 것이 있는가라고 묻자 모두 대답
> 을 못하였다.. 이때 學士 陶穀, 寶儀를 불러 묻자, 儀가 말하길 이것은
> 반드시 蜀物이다. 옛날에 僞蜀王 衍이 이 年號를 사용하여 이것을 주
> 조한 것입니다 하니, 上이 깨닫고 말하길 宰相은 모름지기 讀書人(文
> 臣)을 등용해야 하겠다고 하시니, 이로 말미암아 더욱 儒臣을 중시하
> 게 되었다..[63]

---

62) 同上 『備要』 그러나 同上 『長編』에는 近臣을 趙普로 기록하여 "趙普初以
   吏道聞寡學術 上每勸以讀書 普遂手不釋勸"이라고 약간의 차이는 있으나
   臣下에게 讀書를 권장한 점은 일치한다.
63) 『長編』卷 7, 이와 같은 내용은 『皇朝編年綱目備要』卷 1, 乾德4年 5月 收蜀
   圖書條에도 실려 있다.

라 한 사실로 살필 수 있다. 이는 시간적으로 趙普의 문치주의헌책 이후의 사실이기는 하나 독서인을 재상에 임명하려는 것은 문치주의 정책의 기본방향을 제시한 주목할 만한 내용으로서 이와 같은 일련의 조치가 이미 宋의 건국초기에서부터 추진되었음을 알 수 있다.

(2) 文臣관료체제의 확립

藩鎭(절도사)세력을 제거하는 데 성공한 태조는 다음 단계로 문치주의 관료체제를 기본으로 한 중앙집권체제를 마련하였다. 즉 번진에 대신하는 知州의 임명이 건륭원년 7월에 실시되고 있다. 즉

> 文臣呂居潤으로 鎭州를 權知하게 하여 처음으로 知州로써 方鎭을 대신하게 하였다.[64]

사실에 주목이 간다. 『宋史』의 太祖本紀나 「續資治通鑑長編」에는 위의 사실이 누락되어 있고 「皇宋十朝綱要」에는 建德원년 4월에 처음으로 通判을 諸州에 두어 節度使의 권한을 나누고 節度나 刺史가 闕하면 文臣으로 知州를 임명한다[65]는 내용이 있다. 乾德원년의 通判 설치기사는 많이 인용하는 것이지만 건륭원년에 呂居潤을 權知鎭州로 임명하여 처음으로 藩鎭을 知州로 대치하였다는 사실은 趙普獻策 이전의 사실로, 武人절도사를 文臣知州로 대치하는 역사적 의의를 갖는 사실이다. 『宋史』 呂居潤傳에도

---

64) 『皇朝編年綱目備要』卷 1.
65) 『皇宋十朝綱要』卷 1, 乾德元年 夏 4月條, 『長編』(卷 4)에는 通判設置에 대한 내용은 없고 단지 夏 4月 乙酉條에 처음으로 刑部郎中賈玭 등을 湖南諸州의 通判으로 任命한 사실이 있어서 위 綱要의 내용을 뒷받침하고 있다.

太祖가 즉위하여 檢校太尉를 加하고 澤潞를 정벌함에 澶州의 巡警
에 명하였다. 정벌 끝난 후 權知鎭州와 左領軍衛上將軍으로 加하였고,
乾隆 2년에 는 다시 權知澶州로 임명하였다.[66]

라고 있다. 즉 태조가 藩鎭移置에 강력히 대항하는 澤州 절도사 李筠
을 친정하여 澤州와 潞州를 함락시킨 것이 6월[67]이며 7월에 還師하였
다.[68] 이는 태조의 절도사 세력제거와 중앙집권화를 위한 제일보의
진전이라고 평가할 수 있다.[69] 이리하여 건륭원년 7월에 呂居潤을 權
知鎭州로 임명하여 知州로 하여금 節度使에 대신하는 조처를 단행하
게 된 것으로 볼 수 있다. 呂居潤을 權知鎭州로 임명한 태조의 조처
가 갖는 의미는 鎭州의 지역성과 구거윤의 인물의 비중에서 충분히
알 수가 있다. 鎭州와 澶州는 五代 이래로 거란 방어의 중요한 위치
에 놓여 있고 이 지역 절도사의 비중은 타 지역에 비하여 높다. 後周
의 곽위와 송태조 옹립의 동기가 된 것이 바로 鎭州로부터의 거란남
침 보고에 따라 출병이 단행된 곳이다. 따라서 鎭州의 知州를 文臣으
로 임명하여 方鎭의 권한을 대신하는 최초의 사실로 한 것은 결코
우연한 일은 아닌 것이다. 다음 呂居潤이란 인물의 중요성을 들 수가

---

66) 『宋史』 卷 262 列傳 21.
67) 『長編』 卷 1, 建隆元年 6月辛巳條 同 6月 丁亥條
68) 『長編』 卷 1, 建隆元年 秋 7月戊申條.
69) 澤州와 潞州의 平定은 太祖의 정치적 입지를 확립하여 주었으니 『長編』卷
1에 의하면 建隆元年 7月 20日 成德軍節度史 郭崇이 來朝하고, 8月 9日에
保義軍節度使 袁彦이 來朝하자 이들 彰州節度使로 이전하였고, 忠正節度
使 楊承信을 護國節度使로 바꾸고 忠武節度使 張求德을 武勝節度使로 옮
기었다가 10月에는 建雄節度使에 재배치하였다. 8月 14日에는 周武勝節度
使侯章을 太子太師로 하였다.. 또한 同年 10月 3日에는 建隆節度使 楊庭璋
을 靜難節度使로 옮기고 있다. 建隆2年 2月 辛亥에는 雄武節度使 王景을
鳳翔猶節度使로 옮기었다.

있다. 그는 전형적인 五代의 能吏로 後唐 長興 중에 추밀원의 小吏를 시작으로 곳곳의 절도사 밑에서 재무와 군무의 요직을 맡아 그의 행정수완을 발휘하였다.[70] 그와 宋太祖와의 인간관계는 각별한 바가 있었으니,

> 居潤이 태조(조광윤)와 함께 世宗을 섬길 때 友宜가 돈독하였다. 일찍이 沈義倫을 태조에게 천거하니 純謹하여 쓸만하다고 생각하였다. 후에 (심윤)이 재상에 이르니 세상 사람들이 그(구거윤)이가 사람을 알아봤다고 칭송하였다.[71]

그는 태조와 함께 후주의 세종을 섬길 때 서로의 인정이 아주 두터웠고 태조에게 沈義倫을 천거하여 후에 재상에까지 오르게 한 점을 볼 때 태조의 구거윤에 대한 신임을 알 수 있다. 이와 같은 咎居潤을 절도사에 대신하여 처음으로 權知州로 임명한 것은 건륭원년에 이미 절도사의 권한을 知州에게 옮기는 정책이 시작되었다고 보는 것이 옳다. 또 건륭원년 10월에는 다음과 같은 특별한 정책이 단행되었다. 즉,

> 전에는 兩京의 運巡 및 諸州의 馬步軍判官을 절도사의 屬吏로 임용하던 것을 바꾸어 이때에 비로소 吏部의 流內銓에게 詔하여 選人으로 注擬하게 하였다.[72]

---

70) 『宋史』卷 262, 列傳 21에 의하면 "咎居潤 博州高唐仁 善書計 後唐長興中 棣樞密院爲小吏 以謹愿稱晋初出掌滑州廩庾 遂補牙職 會景延留守西洛 署爲右職 延廣卒 居潤往依陝帥白門珂 門河致仕 乃表薦居潤於州祖 (下略)"이라고 있다.

71) 『宋史』262, 咎居潤傳.

72) 『長編』卷 1, 建隆元年 10月條.

란 사실이다. 종래(五代)까지 西京의 運巡·諸州의 馬步軍判官은 모두 절도사의 心服文吏로 임용된 것을 이때 와서 吏部의 流內銓으로 하여금 選人에서 뽑아 쓰도록 하였다. 이것도 節度使가 지니고 있던 屬吏의 인사권이 중앙의 吏部로 넘어갔음을 의미한다. 따라서 建隆원년에 절도사 제거와 세력약화를 위한 移置, 知州로 하여금 절도사를 대신하는 정책, 그리고 절도사의 屬吏 인사권의 중앙회수가 추진되어 문치주의적 중앙집권화가 제도적으로 마련되고 있음을 살필 수가 있다.

다시 建隆 2년에는 문치주의적 중앙집권화 정책은 보다 구체적으로 제도화되어 宋의 기본국책으로 확정되었다. 이른바 杯酒釋兵權으로서 이는 趙普의 헌책에 의하여 단행된 것이다.[73]

趙普는 五代의 後周시대에 태조의 掌書記로 太祖의 두터운 신임을 받고 있었다. 趙普도 五代 文吏의 일반적인 출세코스[74]를 따라서 조광윤 일족과의 宗分關係를[75] 맺게 되었다. 앞에서 살핀 바와 같이 태조는 李筠, 李重進 등 반대세력을 평정하고 절도사의 移置를 단행하면서 중앙집권적 문신관료체제로써 국정의 방향을 잡고 나아갔다. 그리하여 建隆 2년 7월 자신의 이와 같은 뜻을 재확인한 것이 그의 謀臣

---

73) 『建炎以來繫年要錄』卷 61, 紹興2年 12月癸巳條에 "呂頤浩洗言 (中略) 臣嘗見太祖皇帝與趙普論事數百通 其一有云 朕與卿平禍亂以取天下 所創法度 子孫若能謹守 雖百世可也 上曰唐末五季藩鎭之亂 普能消於談笑間 如國初十節度 非普謀亦孰能制 輔佐太祖 可謂社稷助臣矣"라고 있다.

74) 『宋史』卷 256, 列傳 15 趙普에 의하면 그는 典型的인 五代의 文吏로 출세 코스를 밟아 왔다.. 즉 "趙普字則平 幽州薊人 後唐幽帥趙德均 連年用兵 民力疲弊 普父廻舉族徙常山 又徙河南洛陽 普沈亨寡言라 있다. 五代華北民이 민란에 쫓겨 피난가는 경우가 많은데 趙普의 一家도 예외는 아니었다. 周顯德初에 永興軍 節度使 劉詞 에게 종사하고 劉詞가 죽자 世宗에게 천거되고 다시 조광윤이 滁州를 정벌할 때 재상 范質의 추천으로 조광윤의 軍事判官이 되어 출세길을 걷게되었다..

75) 『위의 책』에 "宣祖(太祖의 父)臥疾滁州 普朝夕奉餌 宣祖由是待以宗分"이라 있다.

趙普와의 정치문답이다. 즉 태조는

> 천하는 唐末 이후 수십 년간 제왕이 八姓으로 교체되었고 전투가
> 그치지 않으니 그 까닭은 무엇인가 내가 천하의 兵亂을 종식시키고 국
> 가의 장구한 國策을 세우려하니 그 방법은 무엇인가[76]

라고 趙普에게 武人의 전횡의 종식 方策을 묻자 이에 대해

> 普가 말하길 (中略) 方鎭이 너무 강하여 君弱臣强이 원인입니다.
> 국가를 다스리는 道에 奇巧한 것은 없고 오직 그 권한에 맞게 그 錢
> 穀을 규제하고, 지방의 精兵을 거두어들이면 천하가 저절로 안정될 것
> 입니다.[77]

이라 하여 君弱臣强을 고쳐 지방절도사의 정치·재정·군사권을 중앙
으로 회수하여 强君弱臣(强幹弱枝)정책으로 바꾸어 중앙집권제를 수
립하는 일이라고 하였다. 그런데 이와 같은 趙普 헌책은 태조가 평상
시도 깊히 생각하고

> (조보의)말이 끝나기 전에 황제께서 말씀하시길 그대는 더 이상 말
> 하지 말라. 내가 이미 잘 알고 있다.[78]

라고 한 태조의 반응으로 충분히 알 수가 있다. 따라서 앞서 살펴본
건륭원년의 절도사 제거와 문신관료의 기용은 이미 趙普와의 이와 같
은 문답 이전에 太祖가 國策으로 생각하고 있던 바로 이때에 다시 확

---

76) 『長編』卷 2, 建隆2年 7月條 및 『宋史』卷 1, 太祖本紀 建隆2年 7月.
77) 『앞의 책』
78) 『長編』卷 2, 建隆2年 7月條 및 『宋史』卷 1, 太祖本紀 建隆2年 7月.

인된 것이다. 그러나 태조는 중앙집권체제와 문치주의를 국정의 기본
으로 정하면서도 宋 의 건국에 동조한 옛 친구들의 제거를 주장하는
趙普의 의견에 대해서는

　　황제께서 말씀하시길, 나를 배반하지 않을 것이니, 무엇이 근심스러
　운가[79)]

라 하여 그들(開國功臣)이 나(태조)를 결코 배반하지 않을 것이라 하
였다. 이에 대해

　　普가 말하길, 신도 또한 배반을 염려하지 않습니다. 다만 그들의 아
　래 사람을 통제하지 못하면 결국 그 아랫사람을 制伏하지 못할까 두렵
　습니다. 진실로 그 아랫사람을 制伏하지 못하면 軍伍들이 만일 추대하
　는 사람이 있으면 함부로 이를 통제할 없을 것입니다라 하니. 上이 깨
　달았다.[80)]

고 하였다. 즉 태조나 조보의 보는 바로서는 무장들이 절대로 반란을
획책하리라 생각하지는 않으나 무장들이 그들의 부하를 통제할 능력이
없는 자가 있기 때문에 軍中에서 모반을 꾀하여 주인을 옹립하는 자가
있을 경우 무장들은 그것을 막을 능력이 없음을 조보는 염려하였고 이
에 태조도 크게 깨달은 것이다. 이리하여 유명한 杯酒釋兵權이 단행되
었다.[81)] 즉 태조는 石守信 등 禁軍의 장수들을 酒宴에 초대하여

───────────────

79) 『長編』卷 2, 建隆2年 7月條 및 『宋史』卷 1, 太祖本紀 建隆2年 7月.
80) 『長編』卷 2, 建隆2年 7月條 및 『宋史』卷 1, 太祖本紀 建隆2年 7月.
81) 太祖의 杯酒釋兵權에 대한 내용은 『長編』卷 2, 建隆2年 秋 7月條에 자세
　　하거니와 原文의 注에 "此事最大而 正史實錄皆略之 甚可惜也"라고 하여
　　杯注釋兵權의 역사적 사실은 「長編」을 저술한 李燾와 같은 위대한 역사가
　　의 입장에서 볼 때에도 최대의 사건으로 보고 있다.

나는 경들의 도움이 없었다면 천자위에 오르지 못하였을 것이다. 경들의 공이 크다는 것을 항상 느끼고 있다. 그러나 천자라는 지위는 어렵고 절도사의 안락함에 미치지 못한다. 나는 천자가 된 이후 하루도 편히 잠을 자지 못하였다.[82]

고 하니, 石守信이 그 까닭을 묻자 태조는

모든 사람들이 천자의 자리를 노리기 때문이다.[83]

하니 자리에 같이 있던 절도사들이 모두 頓首하여 말하기를,

폐하는 어찌하여 그런 말씀을 하십니까. 지금 천명은 이미 정하여져 있는데 누가 감히 다른 마음을 갖겠습니까.[84]

라 하니 太祖는 五代 이래의 私的인 主從관계를 들어

그렇지 않다. 경들은 비록 다른 마음이 없다 해도, 만약 휘하에 부귀를 탐하는 자가 하루아침에 (天子의)黃袍로써 경의 몸에 덮어 줄 때 비록 경들이 싫어도 이를 뿌리칠 수 없을 것이다.[85]

라 하여 경들에게는 異心이 없는 것을 잘 알고 있으나 경들의 부하가 부귀를 탐내어 돌연히 황포(천자의 옷)를 경들에게 입히면 천자가 안 될 수 없지 않겠는가 하였다. 이는 앞서 말한 趙普의 의견을 그대로

반복한 것이다. 이에 武臣一同은 涕泣하여 황제의 지시를 간청하니 이에 태조는 이들에게 이르기를

> 인생은 白駒의 過隙과 같다. 富貴를 좋아하는 사람은 金錢을 많이 쌓고 娛樂을 厚하게 하고 자손으로 하여금 빈핍함이 없게 할 따름이다. 경들은 어찌하여 兵權을 버리고 大藩을 떠나 便好한 田宅을 사서 子孫들을 위하여 영원한 業을 마련하고 歌兒舞女를 거느리고 飲酒하면서 서로 즐기고 天年을 마치려고 하지 않는가 짐이 卿 등과 더불어 혼인을 맺어 君臣 간에 틈이 없고 서로 의심하고 시기하는 마음이 없으니 上下가 서로 편안할 지니 또한 좋은 일이 아니겠는가[86]

라 하였다. 여기에는 태조의 인생론이 담겨져 있을 뿐만 아니라 새로운 문신관료의 평화시대를 예고하는 새 時代論이 담겨져 있다. 태조의 중앙집권적 문신관료체제의 방침은 이미 宋의 건국과 함께 마련되었고 여기에 다시 조보의 의견이 첨가된 것이다. 그리하여 杯酒釋兵權, 즉 술을 마시면서 절도사의 兵權을 해제하게 된 태조의 무인제거 개혁은 이와 같이 평화적으로 단행되었다.[87] 武德 3년에는 趙普의 헌책에 따라 번진이 지니고 있는 재정권과 병권을 중앙에 회수하였다. 즉 乾德 3년 3월에는 唐 天寶 이래 절도사의 경제적 기반이 되어온 지방의 재정수입[88]을 과감하게 혁신하였다. 이에 대해서는

---

86) 『宋史』卷 1, 太祖本紀. 및 『長編』卷 2.
87) 『宋史』卷 2, 太祖本紀 및 『長編』卷 2, 建隆2年 7月 庚午條에 의하면 衛都指揮使 歸德軍節度使인 石守信을 天平節度使로, 殿前副都點檢 忠武節度使 高懷德을 歸德節度使로 옮기고 殿前都指揮使겸 義成節度使인 王審琦를 忠正節度使로, 侍衛都虞候 晋安節度使 張令鐸은 鎭安節度使로 옮기고 그들의 軍職을 모두 파하였다. 단 石守信만은 侍衛都指를 兼하게 하였으나 사실 兵權은 주지 아니하였고 殿前副都點檢은 이후 임명하지 아니하였다.
88) 『長編』卷 6, 乾德 3年 3月條에 "自唐天寶以來 方鎭屯重兵 多以賦入自瞻

趙普가 재상이 되어 上에게 그 폐단을 혁파하라고 권하였다. 이에 諸州에 명하여 지방에서 쓰는 度支經費 외에 모두 중앙으로 올려 보내고 지방에서 占留함이 없도록 하였다.[89]

이에 따라 諸州의 度支經費 이외의 賦租金帛을 모두 중앙으로 운송함으로써 번진이 지니고 있던 재정권의 회수를 단행함과 아울러 문신관료체제를 유지하기 위한 재정기반을 마련하였다. 同年 5月에는 중앙으로부터 常參官 18명을 諸道에 파견하여 民租를 직접 수납하도록 하여 문신관료의 재정적 중앙집권화를 완성하였고[90] 이어 같은 해 8월에는 조보의 謀策에 의하여 지방군국의 용맹한 병사를 중앙의 禁軍에 편입시키는 조처가 단행됨으로써 절도사의 병권이 사실상 중지되어 정치 · 경제 · 사회 · 군사상에 있어서 명실상부한 중앙집권체제를 달성하게 되었다.[91]

名曰留使留州其上供殊鮮 五代方鎭益强 率令部曲主場院 厚斂以自利 其屬三司者 補大吏臨之 輸額之外 輒入已或私納貨賂 名曰貢奉 用冀恩賞"이라 하였다.

89) 『長編』卷 6.
90) 『長編』卷 6, 5月條에 "遣常參官十八人 分往諸道 受民租 慮州縣官吏 搯斂之害也"라 있다.
91) 『長編』卷 6, 8月 戊戌朔條에 "令天下長吏 擇本道驍勇者 籍其名送都下 以補禁旅之闕 又選强壯卒 定爲兵樣分送諸道 其後又以木梃爲高下之等 給散諸州軍 委長吏都監等 召募敎習俟其精練卽 送都下 上每御便殿親臨試之 用趙普之謀也"라고 있다.

제 3 장
송초 관료의 분석과 성격

宋代, 특히 太祖·太宗 양대의 고위직관료가 지니는 정치·사회사적 의의는 중요하다. 그것은 五代的 잔재를 청산하고 새로운 문치주의를 추진하는 데 있어서 이들이 주도적인 역할을 담당하고 있다는 정치적 의의와 함께 새로이 등장하는 문신관료들이 정상의 위치에서 士大夫 관료사회의 기반을 마련하는 중추적인 작용을 담당한 사회사적 의의를 간과할 수 없기 때문이다. 五代에서 宋代 사회로 전개되는 변혁기에 대부분의 관료가 생활하였기 때문에 이들에 대한 정확한 분석 없이는 변혁기의 역사적 전개과정을 파악하기란 사실상 곤란한 일이다.

그러므로 중국사의 새로운 장을 여는 10세기의 초반에서부터 후반에 걸치는 변혁기에 정치 사회적으로 중요한 위치에 놓여 있던 고위관료에 대하여 그들의 출신지, 생존기간, 家系, 出仕 등 경력 전반을 『宋史』列傳을 중심으로 분석하는 일은 이 시대의 시대상을 파악하는 데 매우 필요한 일이다. 여기에서 말하는 宋初의 관료의 범위는 「皇宋十朝綱要」[1]의 태조·태종대의 권두에 표시된 재상, 參知政事, 추밀원의 관료(使·副·知院事·同知院事·簽書院事), 三司使, 學士, 中書舍人에 한정하였다. 그것은 『宋史』列傳에 실려 있는 인물의 대부분이 이들을 중심으로 수록하였고 실제로 송초의 정치를 담당한 자가 이들이기 때문이다. 물론 『宋史』의 列傳을 중심으로[2] 이들에 대한 분석을 진행하였기 때문에 官撰書가 갖는 제한성이 없지 않으나 송대 관료의 인적 사항을 파악하는 데 있어 문집을 제외하고 列傳만큼 종합적인 기록을 전해주는 史書가 없기 때문이다.

---

1) 『皇宋十朝綱要』卷 1, 太祖 및 卷 2, 太宗.
2) 『宋史』列傳 이외에 『東都事略』, 『宋史新編』의 列傳 및 『續資治通鑑長編』(이하 長編이라 略함)을 사용하였다. 王德毅 등이 편찬한 『宋人傳記資料索引』(鼎文書局印行 1974년판 全 6册)을 편리하게 이용하였다.

제1절 太祖代 고위관료의 분석

「皇宋十朝綱要」(권1)에 의하면 태조 일대(960~976)의 고위관료는
宰相 6명, 參知政事 4명, 樞密使 5명, 추밀부사 5명, 三司使 8명, 學士
8명, 中書舍人 10명, 御史中丞 3명 등 모두 49명으로 나타나고 있다.
그러나 동일인물이 중복되면서 관직을 거치고 있기 때문에 중복되는
인물 13명을 한 사람으로 잡으면 실제의 인물은 모두 36명이다. 이들
36명을 태조대의 중심적 고위관료로 보고 「皇宋十朝綱要」에 나타난
관위순서에 따라서 분석하여 보겠다. 단 武人이 중심을 이루고 있는
使相 33명은 제외하였다.

Ⅰ. 太祖代의 宰相과 參知政事

(1) 宰相과 參知政事의 성격

宋代의 宰相에[3] 대한 설명을 보면

宰相의 職은 天子를 돕고 百官을 총괄하고 庶政을 평정하며 국무를
통제한다. 宋은 唐制를 이어받아 同平章事로서 眞相의 임무로 삼았는
데 定員은 없었다. 두 사람이 있으면 分日知印하였다. 丞郞 이상 三師
에 이르기까지 삼는다. 그 上相은 昭文館大學士監修國史로 하고 그 아
래 集賢殿大學士로 임용하고 그밖에 三相을 두면 昭文・集賢의 두 學
士가 監修國史가 된다.[4]

---

3) 宋代의 宰相에 대한 연구는 衣川强, 「宋代宰相考—北宋前期의 場合—」『東
洋史研究』24-4, 1996, 39-76쪽이 있다. 여기에서는 北宋前期 5朝의 宰相에
대하여 系譜와 淵源 및 昇進을 중심으로 다루고 있는 데 이를 참조하였다.

고 있다. 송대의 재상제가 唐制를 계승하였다고는 하나 그것은 외형상
에 있어서뿐이며 실제로는 唐의 中書省과 門下省을 합하여 중서성을
이루고 그 장관을 同中書門下平章事(略하여 同平章事)라 하였는데 이
것이 宋代의 재상이며 정원이 없고 2명 내지 3명을 두고 있어.5) 이
재상 밑에 執政이라 불리는 참지정사가 있어6) 재상을 보좌하고 있으
며 부재상의 역할을 담당하여 국정을 운영한다.

(2) 宰相과 參知政事의 분석

太祖代의 재상은 范質, 王溥, 魏仁浦, 趙普, 薛居正, 沈義倫 등 6명이
며 참지정사는 (薛居正), 呂餘慶, 劉熙古, 盧多遜 등 4명이다[(   ) 속
의 인물은 중복된 자]. 태조 일대(960~976) 16년 동안에 관료의 정상
에서 국정을 처리한 이들 9명에 대해서 그들의 家系, 出仕動機, 重要
經歷, 官職出發을 분석하겠다.

먼저 그 가계를 열전에서 정리하여 보면 다음과 같다.7)

---

4) 『宋史』 職官志 宰相條 및 『文獻通考』 卷 49, 職官考 3 宰相條에도 비슷한
   내용이 있다.
5) 宰相 3人을 同時에 임명한 例는 宋初에서부터 시작되고 있다. 『宋史』卷
   161, 職官志 宰相之職條에 "國初 范質昭文學士 王溥監修國史 魏仁浦集賢學
   士 此爲三相例也"라 있다.
6) 『宋史』卷 161, 職官志 宰相之職條, 參知政事條에 "掌副宰 毗大政 參庶務"라
   고 하였다.
7) 靑山定雄博士는 官僚의 系譜를 추적하여 宋代의 新興官僚를 전체적으로 파
   악하려고 하였는데 다음 論文을 참조하였다.
   「宋代に 於ける 四川官僚의 系譜に ついての 一考察」(『和田博士古稀記念論』
   1961년)
   「宋代に 於ける 華北官僚의 系譜に ついて(一), (二), (三)」(『聖心女子大學
   論叢』21, 25, 1963년, 1965년)및 『中央大學校文學部紀要』12, 1967년.
   「宋代に 於ける 華南官僚의 系譜に ついて」(『中央大學校文學部紀要』13, 1969년)

范　質, 父守遇 鄭州防禦判官(宋史249 列傳8)

王　溥, 父祚爲郡小吏 有心計 從晋祖入洛 掌鹽鐵案.....漢祖卽位 擢爲
　　　　三 司副使 歷周爲隨州刺史 …… 歷鄭州團練使(同上)

魏仁浦, 幼孤貧 (母爲假黃縑製署服)(同上)

趙　普, 父廻 擧族徒常山 又徒河南洛陽(宋史 256 列傳 15)

薛居正, 父仁謙 周太子賓客(宋史 264 列傳 23)

沈義倫, 少習三禮於嵩洛間 以講學自給 漢乾祐中 白文珂鎭陝 倫往依
　　　　之(同上)

呂餘慶, 祖兌 橫海軍節度判官 父(琦)晋兵部侍郎(宋史 263 列傳 22)

劉熙古, 唐左僕射仁軌十一世孫, 祖實進 汝陰令(同上)

盧多遜, 曾祖得一 祖眞啓 皆爲邑宰 父(億)擧明經 復試進士 校書郎
　　　　晋天福中 著作佐郎 觀察支事 漢初 員外郎 周初 侍御史 弘文
　　　　館直學士 (宋史 264 列傳 23)

이상 9명 가운데 부친의 이름이 열전에 보이지 않는 것은 위인포와
심의윤뿐으로 이들은 父·祖가 관직과는 관련이 없는 가계의 출신자
로 보아야 할 것이며, 조보의 경우에는 父의 이름이 있고 幽州에서 거
란의 남침을 피하여 남쪽으로 피난을 한 일가로서 오대의 난시에 화
북지방에서 흔히 볼 수 있는 피난가족이다. 이상의 3명을 제외한 그
밖의 부친은 모두가 관직에 있었으니 范質의 父는 五代 (鄭州)防禦判
官, 王溥의 父는 郡의 小吏에서 출발하여 특히 재정관료로 後晋代 鹽
鐵官, 後漢代에 三司副使, 後周의 刺史와 團鍊使에까지 승진하여 宋初
에 左領軍衛上將軍으로 致仕하고 있다. 薛居正은 父가 後周의 태자빈
객이며, 呂餘慶은 祖父가 절도판관이고 父는 後晋의 병부시랑이다. 劉
熙古는 唐의 左僕射 劉仁軌의 11世孫으로 조부는 오대의 현령이나 아
버지는 不明하다. 盧多遜은 曾祖·祖·父가 모두 邑宰를 지냈고 父는
오대에 명경·진사에 합격하여 校書郎·著作佐郎·觀察支使·弘文館

直學士 등 문신관료로서의 顯職을 역임하고 있다. 그런데 이들 9人의
系譜에서 특히 주목되는 것은

첫째, 父·祖 등 선대에 대하여 전혀 언급이 없는 자는 2명(魏仁浦,
沈義倫)뿐이다. 『宋史』列傳의 서술형식으로 보아 先祖에 대한 기술은
필수적인데 祖上에 대한 아무런 언급이 없는 것은 家格으로 보면 내
세울 만한 것이 못 되는 것으로 이들 2人은 극빈한 布衣가정 출신이
아닌가 생각된다.[8] 또 趙普의 경우 父의 성명이 있는 것으로 보아 위
두 사람의 家보다는 위라고 볼 수 있으나[9] 父가 관직에 나가지 못하
고 있다. 이들 3人을 제외하면 모두가 五代의 관료로서 祖나 父가 하
위문신관료(방어판관, 절도판관, 현령 邑宰 太子賓客)인 경우가 3人,
중위 및 상위직관료를 父·祖로 지니고 있는 자가 3人(王溥, 呂餘慶,
盧多遜)으로 되어 있다. 따라서 위인포, 조보, 심의윤은 일가의 도움
없이 자력으로 起家 解褐한 인물로 볼 수가 있다.[10] 이 밖의 6명은
모두 그의 집이 비록 고위직은 아니라 하더라도 자손들에게 독서를
시킬 수 있는 교양과 재력을 지니고 있던 形勢戶 가문으로 볼 수 있

---

8) 陳義彦, 「北宋統治階層社會流動之硏究」(嘉新水泥公司文化基金會, 1977), 19
   쪽 表 3의 北宋輔祉社會成份統計表에서 社會階層을 高官家庭, 中官家庭, 低官
   家庭, 布衣家庭으로 4等分하여 宋代宰相의 出身別을 列傳에 의하여 分類하
   고 있는데 列傳上에 父·祖의 官職名이 없는 경우를 布衣家庭에다 넣고 있
   다. 이는 列傳의 전체적인 構成이나 家系로 보면 合當한 分類方法이라 하겠
   다. 단 低官·中官家庭의 分類方法에는 문제가 있다.
9) 『宋史』의 趙普列傳에 "普沈厚寡言 鎭陽豪族魏氏以女妻之"라 있으니 비록
   피난 중이나 鎭陽의 豪族女를 그의 妻로 맞이할 만큼 인정을 받고 있었다.
10) 『宋史』魏仁浦傳에 "仁浦年十三 嘆曰 爲人子不克供養 乃使慈母求貸以衣我
   我能安乎 因慷慨泣下 辭母詣洛陽 濟河況衣中流 誓曰 不遺達 不得渡此"라
   고 自手成家의 결의를 하고 있고 『同上揭書』沈義論傳에 "少習三體於嵩洛
   間以講學自給 漢乾祐中 白文珂鎭陝 倫往依之"라 하여 自力으로 노력하고
   있다. 趙普도 앞서의 註 7)에 보이듯이 避亂家族으로서 鎭陽豪族 魏氏가
   그를 사위로 맞이한 것은 그의 人物 됨에 원인하는 것으로 보아야 하겠다.

겠다.

　둘째로 조부가 관인출신이 아닌 3명을 제외한 나머지 6명의 가계가 한결같이 무관출신이 아닌 문신관료라는 점에 주목이 간다. 이것은 결코 우연한 사실이 아니다. 왜냐하면 오대에서 出仕하여 그대로 宋代 초기(태조·태종)에까지 관직을 유지하면서 고위직에 승진되어 『宋史』열전에 실려 있는 인물을 보면 그들의 父·祖의 관료로서의 경력은 武人은 극히 드물고 절도사의 判官·推官, 특히 幕職官으로 지방의 縣令, 縣尉, 主簿職을 갖고 있는 자가 다수를 차지하고 있는 사실과 밀접한 관련을 갖고 있기 때문이다.[11] 따라서 宋代 문신관료를 배출한 주체는 五代로부터 이미 자리를 잡고 뿌리를 내려 온 문신관료의 가계로서 그들의 사회적 위치는 形勢戶 집단으로 보아야 하겠다. 왜냐하면 이들의 기반이 五代, 특히 화북 다섯 왕조의 武臣이 아니라 비록 그 지위는 낮다 하더라도 문신으로 出仕한 자들이라는 사실에 주목이 가기 때문이다. 이러한 사실은 宋初문신관료의 성격상에 나타나는 특징이라 하겠다.

　다음에는 이들의 出仕動機를 보자.

　9人 가운데 과거에 합격한 자가 5人이나 된다. 즉 范質은 後唐 長興 4년(933)에 23세로 進士에 합격하였고, 王溥는 後漢 乾祐 중(948~950)에 27세경에 進士甲과에 합격하였다. 또 薛居正은 後唐 淸泰初(934~935)에 23세경에 登第, 劉熙古는 後唐 長興中(930~933)에 19세로 進士급제, 盧多遜은 後周 顯德初(954)에 21세로 진사에 합격하였다. 그리고 趙普와 沈義倫은 절도사의 從事出身 魏仁浦는 추밀원의 小吏出身 呂餘慶은 蔭補出身이다.

---

11) 申採湜, 「宋代文臣官僚의 昇進에 관하여」『東洋史學研究』8·9合輯 및 同 「北宋의 蔭補制度研究」『歷史學報』42輯 참조.

이와 같은 出仕 이력에 의하면 태조대의 재상은 五代 중에 進士科에 합격한 자가 절반이 넘고 있으며 그들의 진사과의 합격연령도 20대임을 알 수가 있다. 이는 五代의 무인체제하에 있어서도 진사과합격자의 관료로서의 지위는 우대되었음을 알 수 있고, 문관으로서의 출세는 과거에 합격하는 것이 유리하다는 사실을 입증하고 있다. 또 20대에 進士科에 합격한다는 것은 그들의 知能이 비상하다는 것을 의미하지만 20대에 진사과에 합격하는 데는 독서인으로 성장할 수 있는 가정적인 뒷받침이 수반되어야 하는데 이들 5명의 계보는 앞에서 살핀바대로 그 父·祖가 관료로서의 기반을 지니고 있고 形勢戶로서의 기반을 마련하였다는 점과 일치하고 있다. 家系가 극빈하거나 관료가 아닌 자의 자제는 과거에 합격하지 못하고 樞密院小吏나 節度從事에서 출발하여 실력을 무인에게 인정받아서 출세하는 自手成家型으로 볼 수 있다. 또한 이들 9명의 출신지역을 보면 모두가 화북출신자로서[12] 이것은 태조가 화북지방을 평정하고 이어서 강남과 사천을 정복하고 있으므로 태조대의 고급관료는 화북인으로 독점된 것은 당연한 추세라고 보아야 하겠다.[13]

다음에는 이들의 중요경력을 보면 다음 表와 같다.

---

12) 范質(大名府 宋城) 王溥(幷州 祁) 魏因浦(衛州 汲) 趙普(幽州 薊) 薛居正(開封 浚儀) 沈義倫(開封 太康) 呂餘慶(幽州 安次) 劉熙古(宋州 寧陵) 盧多遜(懷州 河內)

13) 周藤吉之,「宋代官僚制と 大土地所有」『社會構成史體系』第8回, 日本評論社 1950, 11쪽 참조.

宋初參知政事의 경력

范 質	(後唐)	進士 節度推官·封丘令
	(後晉)	監察御史 直史舘 翰林學士 知制誥
	(後周)	兵部侍郎 樞密副使 中書侍郎 參知樞密院事 門下侍郎平章事 監修國史 (加)司徒弘文館大學士
	(宋初)	(加)兼侍中
王 溥,	(後漢)	進士 秘書郎 節度從事(周祖幕下)
	(後周)	樞密直學士 翰林學士 中書侍郎平章事 禮部尙書監修國史 參知樞密院事
	(宋初)	(加) 兼禮部尙書
魏仁浦,	(後晉)	樞密院小吏 牙職(周祖幕下)
	(後周)	樞密副承旨 承旨 樞密副使 樞密使 中書侍郎平章事 集賢殿大學士兼樞密使
	(宋初)	(加)尙書右僕射
趙 普,	(後周)	節度從事 軍事判官 節度推官 掌書記(太祖幕下)
	(宋初)	樞密直學士 樞密副使 樞密使 門下侍郎平章事 集賢殿大學士 (加)監修國史
薛居正,	(後晉)	進士 節度從事 塩鐵度支判官 開封府判官 三司推官 知制誥 弘文館學士
	(宋初)	知州 樞密直學士 參知政事 發揮使 門下侍郎平章事
沈義倫	(後周)	節度從事(太祖幕下) 觀察判官
	(宋初)	轉運使 樞密副使 中書侍郎平章事 集賢殿大學士
呂餘慶	(後周)	蔭補千牛備身 開封府參軍 戶曹掾 節度從事(太祖) 掌書記 給事中 端明殿學士
	(宋初)	戶部侍郎 參知政事
劉熙古	(後唐)	擢第 防禦從事 (後周) 節度判官(太祖幕下)
	(宋初)	左諫議大夫知靑州 端明殿學士 參知政事
盧多遜	(後周)	進士秘書郎 集賢校理 集賢殿修撰
	(宋初)	史舘修撰判官事 知府使 權知州 直學士院 翰林學士 參知政事

이들 9명의 경력에 보이는 중요한 사실은 이들이 한결같이 五代에 문관직을 얻어 관료생활을 시작하고 있다는 점이다. 이로써 송초의 고

위관료의 대부분이 五代 이래의 관료직에 있던 자라고 하는 사실을 재확인할 수가 있다. 이 가운데 4대에 걸쳐 관직을 역임한 자가 1명 (범질), 3대가 4명(왕부, 위인포, 설거정, 유희고), 나머지 4명은 2대에 걸쳐 관료생활을 하고 있는데, 이와 같은 사실도 오대의 관료가 三轉 四轉하는 일반적인 현상과 일치한다.

그런데 이들의 관직출발을 검토하여 보면 後周의 진사출신인 노다손의 경우를 제외한다면 과거에 합격하였거나 그렇지 않거나를 막론하고 모두가 節度使의 추관이나 從事·牙職·判官을 출발점으로 하고 있다. 특히 節度從事가 가장 많이 나타나고 있고 그들이 節度從事 때의 절도사가 후에 황제위에 오르게 된 예가 많은데, 이는 이들이 청년기에 절도사에 그 능력을 인정받아 자신의 직접 상관인 절도사의 출세에 따라서 그들의 지위도 향상되었을 것이 분명하다. 또한 이들의 五代末의 관직을 보면 後周의 재상이 3명(범질, 왕부, 위인포) 學士職이 3명(설거정, 심의윤, 여여경)이 있으며, 이 밖에 集賢殿修撰 1명(노다손), 절도사의 判官 掌書記가 각각 1명이다. 이로 볼 때에 태조대의 재상의 3분의 2가 五代에 이미 문신관료로서의 기반을 구축하고 있었음을 알 수가 있다.

II. 樞密院·三司의 관료

(1) 樞密院과 三司의 성격

추밀원은 唐代에 환관이 실권을 장악하여 중앙정부와 天子와의 중간 역할을 담당한 기관이나 「唐六典」에 등재되지 않은 것을 보면 중요한 직책이 아니다. 그러나 五代에 들어와서 군벌이 실권을 장악하면서 환관의 손을 떠나 국정의 樞要機關으로 마치 참모본부와 같은 의미를 갖게 되었다.[14] 그리하여 군정을 담당하는 기관으로서 민정을 맡은 중서와 함께 東府·西府로 병립하여 이를 兩府라고 칭하고 송대에까지 존속되면서 국무기관으로 확고한 위치를 유지하게 되었다.

樞密院에는 장관으로 樞密使가 있고 부장관으로 樞密副使가 있어서 參知政事와 함께 執政이라고 하였다. 그런데 추밀원의 장관을 知樞密院事라 칭할 경우 그 副는 同知樞密院事라 하고 그 밑에 簽書樞密院事, 同簽書樞密院事가 설치되기도 한다. 太祖代에 추밀사와 추밀부사만이 설치되었으나, 太宗代에 이르면 추밀원의 기구가 확대되고 복잡하여짐에 따라 위와 같은 여러 가지 직위가 나타나게 되었다. 추밀원의 중요한 업무는 고위무관에 대한 인사를 담당이었다.

三司는 국가재정을 총괄하는 기관으로서 민정을 주재하는 中書省, 군정을 장악한 樞密院과 함께 宋初에 중요 국가기관이었으니

> 대체로 조정은 재상으로서 民을 주관 하고 樞府는 兵을 주관하며 三司는 財를 主하게 하였다. 국가의 중요한 임무는 이들 세곳보다 중한 것이 없고 따라서 그 직은 專問 하지 않을 수 없었다.[15]

라고 한 사실로 알 수가 있다. 三司의 장관을 三司使라 하고 차관을 三司副使라고 하였는데 三司는 唐末에서 五代에 걸친 추밀원과 함께 발달한 기관으로 三司使가 처음으로 설치된 것은 後唐 明宗朝로 보고 있다.[16] 宋은 五代의 三司制度를 계승하였으니

---

14) 宮崎市定, 「宋代官制序說 ―宋史職官志를 いかに讀むべきか―(佐伯富編, 『宋史職官志索引』)」 (東洋史研究會 1963) 5쪽 참조.
15) 『古今源流至論』後集 卷 2, 三司條
16) 周藤吉之 著, 『宋代史研究』 (東洋文庫 1969) 29쪽, 「北宋における 三司의 興廢」참조.

三司의 職은 국초에는 五代의 제도를 따라 使를 두어 國計를 총괄
하여 四方의 貢賦를 전담하고 조정에서는 간여하지 않았다. 三司의 재
정은 다시 鹽鐵 度支, 戶部로써 通管하고 이를 計省이라고 하였다. 직
위는 執政 다음이고 또 計相이 되고 그 恩數와 廩祿은 參樞와 같다.[17]

이라 하였으니 三司使가 국가회계를 총괄하고 지방에서 올라오는 貢
賦는 三司에서 주관하였고, 鹽鐵 · 度支 · 戶部를 총괄하여 計省이라 하
였다. 三司使의 위치는 집정, 즉 參知政事 · 樞密使 · 樞密副使와 知樞
密院事 · 同知樞密院事의 다음으로 計相으로서 그 관직의 중요함을 알
수가 있다. 三司의 직무는 唐末 · 五代에 걸쳐 중요성을 더하고 거기에
소속되는 기관도 점차 확대되었고, 宋初의 太祖 · 太宗代에 이를 정비
하여 방대한 재정기관으로 발전하였다. 그리하여 모든 경제업무는 三
司에서 처리하게 되었고 三司는 중앙정부의 중핵적 위치를 차지하였
다. 따라서 三司使의 지위는 宰相이나 參知政事, 樞密使副使 등 집정
에 다음가는 요직으로서 宋代의 宰相은 대부분 三司使를 거쳐야 할
정도로 중요하게 인식되었다.[18] 그런데 三司使에 임명되는 관료는

使一人은 兩省 5품 이상 및 知制誥, 雜學士, 學士로써 충당하였다.
또한 輔臣이 정치를 罷하여 나가는 사람이 있으면 소환하여 使者에 충
당되기도 하였다. 使에 결원이 있으면 權使事를 두고 또 闕하면 權發
遣公事를 둔다.[19]

고 하여 三司使는 兩省 5품 이상 및 知制誥 · 雜學士 · 學士로 충원하
고 使가 闕하면 權三司使를 두었고[20] 權三使도 없을 경우는 權發遣三

---

17) 『宋史』 卷 115, 職官志, 三司條.
18) 衣川强, 「宋代宰相考」 참조.
19) 『宋史職官志』 三司條.

司使를 설치하였다.

(2) 樞密使·副使 三司使의 분석

太祖代의 樞密使는 (魏仁浦), 吳延祚, (趙普), 李崇矩, 曹彬 등 5명이며 同副使는 (趙普), 李處耘, 王仁瞻, (沈義倫), 楚昭輔 등 5명이며 三司使는 張美(薛居正), (李崇矩), 趙玭, (沈義倫), (楚昭輔), (呂餘慶), 張澹, (王仁瞻) 등 9명이다.[21] [( ) 속의 인물은 앞서의 宰相·參政 또는 다른 관직과 중복되는 자로 그의 최고관직에서만 다루었다.] 따라서 중복된 자를 제외하고 여기서는 9명만을 분석한다. 이들의 계보와 출신을 보면 父의 성명과 관직이 보이는 것은 무인출신의 曹彬과 李處耘뿐으로 다 같이 부친이 무인출신이다.[22] 趙玭은 晋 天福 중에 納粟으로 集賢小使가 되었고 가정이 비교적 부유한 출신이다.[23] 이 3人을 제외하면 列傳에 그들의 父·祖의 명칭이 보이지 않는다. 科擧의 進士에 합격한 것은 張澹뿐이고[24] 吳延祚, 王仁瞻, 李崇矩, 楚昭輔, 張美 등은 五代의 관료에서 흔히 볼 수 있는 바와 같이 家門의 도움 없이 자신의 才幹에 의하여 출세한 인물들이다. 즉 오연조는 周祖 郭威

---

20) 『長編』卷 57, 景德元年 八月條에 樞密學士工部郎中 劉師道를 權三司使公事에 임명된 것이 시초이다.

21) 『皇宋十朝綱要』卷 1에는 8人으로 되어 있으나 『長編』卷 17 開寶9年 3月朝 及 『宋史』王仁瞻傳에 의하면 權判留司三司 兼知開封府王仁瞻으로 兼職하고 있어서 三司使 1人을 추가하였다.

22) 『宋史』卷 257, 李處耘傳에 "父肇 仕後唐 歷軍校 至檢校司徒"라고 있고 『宋史』卷 258, 曹彬傳에 "父藝 成德軍節度都知兵馬使"로 되어 있어 武家出身이다.

23) 『宋史』卷 257 曹玭傳에 "澶州人 家富於財 晉天福中 以納粟助邊用 補集賢小吏"라고 있다.

24) 『宋史』卷 269, 張澹傳 "幼而好學 有才藻 晉開運初進士 宰相桑維翰器之妻以女 解褐校書郎"

의 신임을 받아 親校로 출발하였고,[25] 왕인섬은 절도사 劉詞의 신임을 받았고 후에 유사가 사망할 때에 중앙에 추천하고 다시 조광윤이 그들 帳下에 초청하였다.[26] 이숭구는 都校 史弘肇에게 인정받아 親吏로 출발하였다.[27] 張美와 楚昭輔는 다 같이 재정관료의 소질을 인정받아 출세한 인물이다.[28] 五代의 무장들 가운데는 특히 이와 같은 군사·재정방면에 뛰어난 인물을 그들의 帳下에 두어 정무처리에 도움을 받고자 한 것은 흔히 있는 예이다.

그런데 태조대의 추밀사와 부사는 문신·무신관료의 비율이 1:2로 나타나고 있다. 문신은 위인포, 조보, 심의윤이며, 무신은 오연조, 이숭구, 조빈, 이처운, 왕인섬, 초소보로 분류할 수 있고, 이는 평화가 아직 정착되지 못한 송초의 특수한 형편을 반영한 것이다. 또한 과거관료가 1명뿐이라는 것과 그들의 가게가 뚜렷하지 못한 사실이 서로 밀접한 상관성을 지닌다. 왜냐하면 앞서의 재상·참지정사의 분석에서는 진사 출신자가 많고 그들의 家系도 父·祖의 列傳에 보이고 있어 形勢戶로서의 기반을 다져 그 자손을 과거에 합격시키는 사회적 기반을 마련하고 있다고 보았기 때문이다. 따라서 樞密使, 三司使 중에 父·祖의 성명이 列傳에 나타나지 않는 것과 과거출신자가 1명에 불과한 사실과는 상관성이 있다고 볼 수 있기 때문이다. 또 과거에 합격하지 않고

---

25) 『宋史』 卷 257, 吳延祚傳에 "幷州太原人 少頗讀書 事周祖爲親校"라 하였다.
26) 『宋史』 卷 257, 王仁瞻傳에 "唐州方城仁 少個儻 不事生産 委質刺史劉詞 詞遷永興節度 署牙校詞將卒 遺表薦仁瞻材可用 太祖素知其名 請於世宗 以 隸帳下"라고 있다.
27) 『宋史』 卷 257, 李崇矩傳에 "潞州上黨人 幼孤貧 鄕里推服 漢祖起보晋陽 以上黨 史弘肇時爲先鋒都校 聞崇矩名 召署親吏"라 하였다.
28) 『宋史』 卷 257 楚昭輔傳 "宗州宗城人 少事華師劉詞 詞卒事太祖 隸麾下以 才幹稱甚信任之"『宋史』 卷 259 張美傳 "少善書計 初爲左藏小吏 以强幹聞 三司薦奏 特補本庫專如 出爲澶州糧料使."

서는 재상직에 승진하는 것은 어렵다고 하는 사실이 태조대에도 나타나고 있다. 三司使나 樞密使를 경유하여 재상에 올라간 앞서의 예를 보면 송초에 이미 과거관료의 재상 진출현상이 나타나고 있다는 사실이 확인되었다.

태조대의 樞密使·副使와 三司使도 가계는 뚜렷하지 않은 자가 그들의 재간에 의하여 五代무관의 휘하에서 실력을 인정받아 출세한 자가 많고 父가 武職에 있으면 그 아들의 경우에도 武職을 그대로 계승하고 있다. 또 三司使는 그의 직책상 재정을 담당하여야 함에도 불구하고 三司使 9명 중 5명(張美, 李崇矩, 趙玭, 楚昭輔, 王仁贍)이 武職出身임을 감안하면 五代에서 武人이 三司使를 역임한 체제를 그대로 답습하고 있다. 이는 통일이 완성되지 못한 戰時에 武官의 활약이 필요한 일면을 반영한 것으로 해석할 수 있다. 다음 태종대의 三司使 22명 중 武官이 6명으로 줄어든 것과는 아주 대조적이다.

Ⅲ. 學士院·舍人院의 관료

(1) 學士院과 舍人院

宰相·參知政事와 樞密使·三司使는 宋代의 국정운영에 중추적 역할을 담당하였다. 중앙정부의 관료 가운데 특히 學才가 뛰어난 사람에게는 宮中에 근무한다는 의미로 職을 帶하는데 天章閣待制 이상을 侍從이라 하여 天子의 자문역을 맡는 자격이 있다. 그런데 재상의 비서관으로 재상을 경유하는 황제의 명령을 기초하는 자를 翰林學士라 하는데 이를 합하여 兩制라 칭하였다. 이 밖에 諫官 御史도 중앙관료의 중심을 이루고 있었다. 이들은 문신관료의 가장 淸顯한 꽃이며 재상직

으로 나아가는 要路라 하겠다. 따라서 고위관료 가운데서 學士나 中書
舍人, 御史中丞 등은 宋初의 문치주의적 중앙집권체제를 마련하는 문
필의 업무를 담당한 중요관료이며 宋代는 이와 같은 문필에 종사하여
고위직에 나간 예가 많다. 그런데 翰林과 中書가 內制와 外制를 分掌
하고 이를 兩制라 한 데 대해서는29)

　　翰林學士를 內制라고 하며 天子의 말씀 大制誥, 詔令과 赦文 등을
　　담당하였고, 中書舍人은 外制라 하며 天子의 말씀 誥詞를 담당한다.30)

라 하였으니 학사원과 사인원은 황제측근에서 制誥, 詔令, 赦文, 誥詞
의 문필을 담당하고 있다.31)

　　學士院에 관하여 보면 宋代의 관제는 외형적으로 당제를 계승하고
있으나 실제는 변형된 면이 많고 명칭만 남아 있는 것도 있다. 그러나
학사원 제도만은 宋初에도 唐制를 그대로 존속시키고 있다.32) 宋代
學士院의 기구에 대해서는

　　翰林學士承旨, 翰林學士, 知制誥, 直學士院, 翰林權直, 學士院權直은
　　制誥나 詔令을 찬술하는 일을 맡고(중략) 承旨는 常置 하지 않고 學士
　　의 久次者로 임용하였다. 또 他官의 入院은 學士를 제수 받지 않으면

---

29) 山本隆義 著,『中國政治制度の 研究』(東洋史學會, 1968) 298－346쪽 참조.
30)『朝野類要』2 兩制條
31)『文獻通考』卷 54, 學士院條에 學士가 담당하는 內制에 대해 다음과 같이
　　자세하다. 즉 "宋翰林學士掌內制 制誥 赦勅 國書及宮禁所用之文辭 凡皇后
　　親王 公主 宰相 節度使除拜則 學士草詞授待詔 書記以進 赦降德音則先進草
　　大詔命及外國書則具其本稟奏得畵亦如之 凡拜宰相或事重者宣召面諭旨則給筆札
　　書所得旨稟奏 歸院具辭以進 餘院具辭以進 餘遣內侍授 中書省熟狀亦如之"
32)『宋史』卷 162, 職官志 2 翰林學士院條에 "自國初至元豐官制行 百司事失其
　　實 多所釐正 獨學士院承唐典不改"라고 서술하고 있다.

直院이라고 하였다. 學士가 모두 闕하면 他官이 임시로 院의 文書를 장악는데 이를 權直이라고 하였다.[33)

이에 의하면 承旨는 항상 두지 않고 學士를 제수 받지 않은 他官을 直院이라 하며 權直은 학사가 결원되었을 때 잠정적으로 설치하는 임시직으로 양자의 신분상의 차이가 있다. 그런데 학사직에 이와 같이 특별대우를 하는 것은 학사의 지위가 극히 淸顯하고 조정에서 함부로 學士를 임명하는 것을 주저하여 다른 관직에 있는 자로 학사직을 대행시킨 데 기인하는 것이다.[34) 또한 학사에 임용되는 자의 본관은 直學士院의 경우에는 中書舍人, 給事中, 禮部侍郎, 起居郎 등이 많고 그 가운데에도 중서사인이 다수를 차지하고 있어서 直學士院이 학사직을 대행하는 正官 역할을 하는 것과 서로 對應하고 있다. 이에 대해 權直은 校書郎, 尙書諸曹의 郎中, 將作監, 舍人, 給事中 등이 혼용되고 있는데 이는 權直의 성격이 잠정적인 것에 원인하는 것이다.[35)

宋代 學士의 인원은 일정하지는 않으나 6명의 정원이 있었던 것 같다.[36) 학사에 임명되는 자는 거의 進士출신이었으니 이는 문치주의를 그대로 반영한 것으로 볼 수 있다. 宋初에는 처음에 관직에 들어가고 다시 여기에서 修注官(起居郎과 起居舍人)에 오르고 修注官을 경유하

---

33) 『宋史』 卷 162 職官志 2.
34) 山本隆義 『위의 책』 참조.
35) 『建炎以來朝野雜記』 卷 10, 直學士院條, "國朝故事 率以從官兼直院 若左右史 少卿監之 類則止稱權直院"이라 하여 直學士院의 權直學士院의 官보다 직위가 높다. 또 『建炎以來朝野雜記』 卷 10에 "直學士院 自開寶二年 盧丞相遜始 權直學士院 自開寶舍人人澹始"이라고 그 시작연력을 설명하고 있다.
36) 『文獻通考』 卷 54 翰林學士條에 "宋翰林學士 無定員"이라 한 데 대하여 『宋會要輯稿』 第63册 翰林院條에서는 按故事學士止六員 至和元年王洙爲學士係第七員 當時號員外學士 此言無常員誤也라고 반박하고 있으며 『容齋三筆』 卷 12. 侍從兩制條에도 "翰林本以六員爲額"이라 있다.

여 知制誥에 임명되는 것이 일반적인 출세코스인데, 知制誥가 되려면 원칙적으로 召試(자격시험)에 합격하여야 한다. 학사는 이상과 같은 어려운 관문을 통과한 지제고에서 발탁하는 것으로서,[37] 이는 문치주의체제하에서의 학사의 위치가 중요하다는 것을 입증하는 것이다.[38]

學士의 淸要한 지위는 內制起草의 重職과 정치상 皇帝의 고문관으로서의 侍從官의 지위 그리고 학사가 천자에 직속되어 있는 近侍의 신분이라고 하는 세 가지 면에서 그의 위치는 문치주의 중앙집권체제를 구성하는 宋初의 국가정책과 밀접한 관련을 갖는 것이다. 이와 같은 內制를 담당하는 學士院에 대하여 外制를 맡은 舍人院을 보면, 사인원은 宋代 중서성의 部局으로 元豊官制改革 후에는 中書後省으로 개정되었다. 舍人院의 장관으로는 中書舍人이 있고 그 밖에 直舍人院, 權中書舍人院이 설치되었다. 이에 대해서는

> 舍人은 4명인데 전에는 6명이었다(중략) 국초에는 遷官은 있어도 바가 실제로 맡은 직은 없었다. 후에 知制誥 및 直舍人院을 두어 주로 詞命을 행하였고 學士와 더불어 內外制를 장악하였다.[39]

따라서 중서사인은 국초에는 결원이 생기면 그 직을 대행하기 위해서 지제고와 直舍人院이 설치되었다. 중서사인은 지제고와 같이 임용할 때에는 원칙적으로 召試를 부과하였다.[40] 그런데 『宋史』의 職官志에 의하면 지제고는 학사원과 사인원의 兩院에 소속된 것으로 기록되

---

37) 『長編』卷 373, 元祐元年 3月條

38) 『文獻通考』卷 54, 翰林學士條에도 至宋則始定制 資淺者爲直院 暫行者爲權直於是眞爲翰林學士者 職始顯貴 可以比肩豪長 擧武政路矣""이라고 있다.

39) 『宋史』卷 161, 職官志 中書舍人條

40) 『宋會要輯稿』第60册 舍人院條 "故事入西閣皆中書召識制誥三篇各二百字篇百字"

어 있으나 실제로 지제고는 학사원의 관직이 아니라 사인원에 소속된 것으로 보는 것이 옳다.

(2) 太祖代의 學士와 舍人

태조대의 학사는 陶穀, 竇儼, 竇儀, 工著, 李昉, 扈蒙, 歐陽迥 (盧多遜) 등 8명이며, 중서사인은 (扈蒙), 趙逢, 王瑩, (盧多遜), (張澹), 高錫, (王著), 王祐, (李昉), 李穆 등 10명이다[( ) 속의 인명은 중복된 자].

[表 1] 太祖代의 學士와 舍人

事項 姓名	出身地	家 系	登仕	五代의 重要經歷	生存 年代	宋史 列傳
陶 穀	邠州 新平	祖彦謙 州刺史 有詩名 父渙 州刺史	起家 校書郎	軍事判官, 監察 御史, 知制誥, 翰 林承旨	903~970	269
竇 儀	薊州 漁陽	曾祖孫 玉田令 祖思恭 州司馬 父禹鈞州支使判 官 右諫議大夫	天福中 進士	節度記室, 從事 禮部員外郎, 知制 誥, 翰林學士	914~966	263
竇 儼	薊州 漁陽	竇儀의 弟	天福6 年進士	從事, 集賢校理 翰林學士 集賢殿 學士		263
王 著	單州 單父		乾祐中 進士	觀察支使,殿中丞, 翰林學士	928~969	269
李 昉	深州 饒陽	父超 晉工部郎中 集賢殿直學士	蔭補齊 郎乾祐 中進士	教書郎, 集賢殿 修撰, 知制誥,翰 林學士	925~996	265
扈 蒙	幽州 安次	曾祖洋 涿州別駕, 祖智周節度推官, 父曾內園使	天福中 進士	縣主簿, 直史舘, 知制誥,翰林學士	915~986	269

事項 姓名	出身地	家　系	登仕	五代의 重要經歷	生存 年代	宋史 列傳
歐陽迴	益州 華陽	父班 通泉令	乾祐中 進士	(蜀) 中書舍人, 翰林學士, 門下 侍郎平章事	896~971	479-21
趙　逢	嬀州 懷戎	父崇　事劉守光 爲牙校	乾祐中 進士	秘書郎 直史館史 館修撰, 知制誥		270
高　錫	虞鄉	家世業儒	乾祐中 進士	掌書記 推官, 著 作佐郎 監察御使, 知制誥	? ~983	269
王　祐	大名 莘	祖言 仕唐黎陽令 父徹 擧後唐進士 至左拾遺	篤志詞 學辟召	觀察支使, 縣令		
李　穆	開封 陽武	父咸秩 陝州大都 督府司	顯德 初進士	從事, 右拾遺	928~984	

註) 王瑩은 宋史列傳에는 登載되어 있지 않다.

　　우선 이들에 대한 인적 사항을 정리하여 보면 다음 [表 1]과 같다.
이 표에 의하면 태조대의 학사와 중서사인은 陶穀과 王祐 그리고 列
傳에 없는 王瑩을 제외하면 모두 五代의 進士科 합격자라는 사실이다.
그런데 도곡의 경우에는 10살에 屬文할 수 있었고 起家하여 校書郎에
임명되고 있는 사실로 보아 진사과에 합격할 수 있는 능력을 갖추고
있는 것으로 보아야 할 것이며,[41) 王祐는 詞章과 문학으로 이름을 얻
고 辟召되어 觀察支使가 되어 이미 五代에 文名을 떨치고 있었다.[42)
태조대의 학사나 중서사인이 대부분 오대의 진사과 합격자라고 하는
사실은 중요한 의미를 갖는다. 이는 송대의 문치주의적 기반을 형성하
는 데 있어서 五代의 進士出身을 기용하고 있다는 사실은 문치주의적

---

41) 『宋史』 卷 269, 列傳 28 陶穀傳.
42) 『宋史』 卷 269, 列傳 28, 王祐傳.

기반이 五代의 문신관료에 의하여 기틀이 마련되었음을 직접적으로
나타내주고 있다. 이것은 宋의 문신관료체제의 뿌리는 이미 五代 後晋
의 天福연간(936~943)이나 後漢의 乾祐연간(948~950)에 그 기반이
마련되고 있는 것으로 볼 수가 있다. 왜냐하면 이들의 進士합격시기가
대부분 이때에 집중되어 있기 때문이다. 따라서 五代의 절도사체제에
서 宋代의 문신관료체제로의 전환은 결코 宋太祖의 중앙집권적 문신
관료체제의 채택으로 갑자기 성립된 것은 아니며 이는 五代에서 서서
히 기반조성이 시작되어 宋代에 와서 열매를 맺은 것이다. 이를 더욱
확실하게 뒷받침하여 주는 것이 위 표에 보이는 이들의 중요경력이다.
즉 진사과에 합격하여 解褐하는 초기의 관직은 절도사나 관찰사의 從
事나 判官, 支使 등 幕職에 나가고 있지만 이들이 문신관료로서의 능
력을 인정받아 중앙의 요직에 임용되어 御史中丞・知制誥・翰林學士
등 문신관료로서는 五代에 있어서도 顯貴하게 여기는 館職과 學士職
을 거치고 있음을 살필 수가 있다.

  五代 제왕조의 詔勅을 기초하는 것은 學士와 舍人이 하였고 後晋
이후에는 주로 知制誥가 이를 담당하였다. 후진시대에 學士가 폐지된
시기를 제외하면 內制는 學士에 의하여, 外制는 舍人과 知制誥에 의하
여 분담되었다. 그러나 五代 군벌의 할거와 항쟁 그리고 거란의 남침
은 화북지방을 병난으로 몰아넣었고 武人天子는 重武輕文의 정책을
취하였으므로 국정은 樞密院에 의하여 전단되고 문신출신의 재상은
경시되었다.[43] 따라서 문신관료인 학사가 국정에 깊이 관여하는 일은
드물었다. 그러나 학사는 博學能文으로 발탁되어 貢擧나 撰述의 업무
에 종사하였고 군벌시대라고 하나 문신관료의 활동은 사회 각 방면에

---

43) 『資治通鑑』卷 282 後晋 天福4年 4月條에 "梁太祖以來 軍團大政 天子多與
崇政樞密使議 宰相受成命 行制救典故 治文事而已라고 하였다.

걸쳐 폭넓게 전개되었으며 학사에서 재상에 제수된 문신관료는 많이
보이고 있다.44) 따라서 문신관료는 그들의 관직의 고하에 불구하고
군벌과 밀착되어 중앙과 지방의 행정관료로서의 능력을 발휘하면서
그 기반을 다져 나갔다.

따라서 五代에 이미 관료의 출사경향은 무관보다는 문관을 택하는
경향이 두드러지게 나타나고 있는데 趙逢의 경우에는 그의 父가 절도
사인 劉秀光의 牙校로서 무직을 지니고 있었고 趙逢도 처음에는 巡檢
官으로 武職에 나아갔으나 이를 싫어하고 진사과에 응시하여 文職을
택하고 있으며,45) 竇儀·竇儼 형제가 후주의 廣順初에 함께 한림학사
로 拜命된 데 대하여 당시의 사람들이 이를 영광이라고 부러워하고46)
있는 것을 볼 때 절도사체제하에서 문신관료의 사회적 위치는 확고한
자리를 잡고 있었다.

그런데 태조대의 학사나 중서사인을 五代의 진사합격자로 임용하고
있는 것은 이후의 宋代 문신관료제의 운영상에 있어서도 영향을 주었
다. 즉 五代에 있어서는 학사는 반드시 진사출신자로 임명한 것은 아
니나,47) 태조대에 와서 학사나 중서사인은 대부분 오대의 진사출신자
로 채우고 있는 것은 태조의 독서인우대책의 시작으로 보아야 하며
이는 송대의 문신관료체제의 기본임을 알 수 있다. 『宋史』列傳에서도

---

44) 『新·舊五代史』 및 『宋史』의 列傳에 學士에서 宰相에 除授된 자를 보면
   다음과 같다. 馮道(後唐 天成2年), 趙鳳(天成4年), 劉昫(後唐 長興4年), 姚
   顗(後唐 淸泰元年), 馬胤孫(淸泰3年), 桑維翰(後晋 天福元年), 李崧(天福2
   年), 張礪(後晋 開運4年), 竇貞固(後漢 天福12年), 李濤(天福12年), 范質
   (後周 廣順元年), 王溥(後周 顯德元年).
45) 『宋史』卷 270, 列傳 29, 趙逢
46) 『宋史』卷 270, 列傳 22, 竇儼
47) 山本隆義 『앞의 책』, 297쪽 註 20)에 의하면 五代의 草制擔當者 75名 중
   登第者는 36名이라 하였다.

五代 진사합격자를 송대에 와서 학사로 등용한 것은 송의 문신관료
제 형성에 있어서 올바른 인물기용이었다고 다음과 같이 논하고 있
다. 즉,

> 唐代 이래 翰林直學士와 中書舍人은 訓辭를 관장하면서 功德을 頌
> 宣하며 闕失을 箴諫하였으나 文墨의 職에 전념하지는 않았다. 宋이 일
> 어나 또한 詞藻를 뽑는 것으로서 그 선발을 준비하였다. 이를테면 (陶)
> 穀의 才雋과 (王)著의 敏達함과 (張)澹의 治績과 (高)錫의 策慮와 (高)
> 冕의 敦質은 볼만하다.[48]

라 하여 五代의 학사출신인 陶穀의 재주와 王著의 민첩함과 張澹의
정치적 수완, 高錫의 政策思慮, 그리고 高冕의 敦質함을 인정하여 宋
初에 이들을 기용한 것은 宋朝人物 등용이 볼만 하다고 논평하였다.
宋의 문치주의는 이와 같이 五代의 문관에 의하여 그 기틀이 마련되
었다고 볼 수 있다.

제2절 太宗代 고위관료의 분석

「皇宋十朝綱要」(권2)에 의하면 太宗일대(976~997) 21년간의 고위관
료는 宰相이 9명, 參知政事 23명, 樞密使 4명, 樞密副使 12명, 知樞密
院事 3명, 同知樞密院事 7명, 簽書樞密院事 5명이고 三司使 22명, 學士
院 17명, 舍人院 33명 등 모두 135명으로 되어 있다. 이 중에서 태조
대에서 이미 관료생활을 거친 7명과 태종대에 중복된 관직을 지니고

---

48) 『宋史』卷 269, 列傳 28 史論.

있는 34명을 제외하면 새로이 등장하는 인물은 94명에 이른다. 이들을
태종대의 고위관료로 보고 그들의 출신지와 家系, 出仕경위, 중요경력
을 분석하여 太宗일대의 관료의 성격을 파악하여 보겠다.

Ⅰ. 太宗代의 宰相과 參知政事

태종대의 재상은 9명[49]으로서 이 중에서 薛居正, 沈(義)倫, 趙普는
太祖代에 이미 재상을 지냈고 다시 태종대에 와서도 계속하여 재상직
을 맡아서 2대에 걸쳐 최고위관직을 차지한 관료이다. 盧多遜은 太祖
代에 참지정사에 올랐고 다시 태종대에 재상이 되었으며, 李昉은 태조
대에 한림학사를 역임하고, 태종대에 와서 재상위에 오르니 태종대의
재상 9명 가운데 태조대의 재상이 3명, 참지정사 1명, 학사 1명 등 모
두 5명이다. 이 밖에 고위직에 오르지는 못했으나 宋琪는 五代의 天福
6년에 進士에 합격하여 節度從事·記室, 觀察推官을 거쳐 다시 태조대
의 節度從事 開封府推官·知州·節度判官을 역임하였고,[50] 呂端도 後
晉時에 父蔭에 의하여 千牛備身으로 출발하여 다시 國子主簿·太僕寺
丞·秘書郎·直史館을 거쳐 태조대에는 知州·侍御史·右諫議大夫를
역임하였다.[51] 이렇게 볼 때에 태종의 재상 9명 중 7명은 태조대의 관
료이며 그들은 모두 五代에 이미 仕官하였고, 다시 태조대에 들어와서
고위직에 이른 과도기적 인물로서 태종대의 관료구성에는 태조대의 인
물이 계속하여 기용되고 있음을 알 수 있다. 이는 비단 고위관료에 국

---

49) 『皇宋十朝綱要』 卷 2, 太宗宰相條에 薛居正, 沈(義)倫(909~987), 盧多遜
  (934~985), 趙普(922~992), 宋琪 李昉(925~996), 呂蒙正(946~1011), 張
  齊賢, 呂端 등으로 되어 있다.
50) 『宋史』卷 264, 列傳 23 宋琪.
51) 『宋史』卷 281, 列傳 40 呂端.

한하는 것은 아니고 中·下位官僚들도 대부분이 五代·太祖代를 거쳐서 태종대에까지 내려오고 있는 것이 송초의 관료구성 성격이다.[52]

태종대에 와서 처음으로 解褐한 인물은 呂蒙正과 張齊賢 두 사람뿐으로 이들과 呂端, 宋琪에 대해 분석해 보자.

먼저 이들의 家系와 五代에서의 경력을 보면 다음과 같다.

宋琪는 幽州 薊人으로 어려서 학문을 좋아하였다. 晉朝가 燕地를 거란에 할양하니 거란은 해마다 貢部(貢擧)를 실시할 때 琪는 進士에 급제하여 壽安王의 侍讀에 임명되었는데 때는 天福 6년이다.[53]

呂端은 幽州의 安次人으로 父는 琦이고 晉의 병부시랑이었다. 端이 어려서 敏悟하고 학문을 좋아하였다. 蔭으로써 千牛備身에 補任되어 國子主簿, 太僕寺丞, 秘書郎, 直弘文館을 거쳐 著作佐郎, 直史館으로 승진하였다.[54]

呂蒙正은 河南人으로 祖는 夢奇이며 戶部侍郎이었다. 父는 龜圖 起居郎이었다. 몽정은 太平興國2년에 진사시험에서 1등으로 선발되었다.[55]

張齊賢은 曹州 冤句人으로 태어난 지 3년에 晉의 난을 만나 낙양으로 이사하였다. 고아로 가난하였으나 열심히 공부했고 원대한 뜻이 있어 학문을 열심히 익히고 唐의 李大亮의 인물됨을 사모하였다. 태조가 西都로 행차할 때 齊賢이 布衣로써 馬前에서 헌책하였다. 소환되어 行宮에 이르러, 齊賢이 땅위에서 손으로 十事를 아뢰니 …… 태종이 진사로 발탁하였다.[56]

---

52) 『宋史』 列傳의 初半部에 실려 있는 官僚의 經歷을 보면, 文·武臣을 막론하고 대부분이 五代에서 官職生活을 시작하여 太祖代에 그대로 仕官하고, 다시 太宗代까지 계속하고 있다.

53) 『宋史』, 宋琪傳.

54) 『宋史』, 呂端傳.

55) 『宋史』 卷 265, 列傳 24 呂蒙正.

56) 『宋史』 卷 265, 列傳 24 張齊賢

이에 의하면 呂端은 그의 부친이 後晉의 병부시랑에 이르고 있으므로 五代에 관호로서의 기반을 마련하였고, 父蔭에 의하여 관직에 나갔다. 呂蒙正도 祖·父의 성명이 분명하고 그 가계는 오대에 확고한 기반을 지니고 있었으니 祖는 호부시랑, 父는 기거랑으로서 문신의 가계임이 뚜렷하다. 여몽정(946~1011)은 송의 문치주의적 관료체제가 궤도에 올라서는 태종의 太平興國 2년에 진사과 제일등으로 합격하여 불과 10여 년에 참지정사와 재상의 지위에 올라갔으니 그는 송대 문신관료의 가장 엘리트 코스를 밟은 인물이다.

이에 반해 宋琪와 張齊賢은 父·祖가 어떤 인물인지 분명하지 않지만 그들의 出仕경로는 특이하다. 송기는 後晉의 천복 6년에 거란의 영내에서 진사에 합격하여 壽安王의 侍讀으로 발탁되었고, 장제현은 五代에 흔히 있는 피난가계로서 孤貧力學으로 그 뜻을 펴려고 노력한 자수성가형이다. 태조가 西都로 幸行할 때 布衣로서 獻策10조한 것을 보면 그의 인물됨이 뛰어남을 알 수 있고[57] 태조대에는 관직을 얻지 못하였으나 태종대에 進士에 합격하였다.

宋琪를 제외한 3명(呂端, 呂蒙正, 張齊賢)은 眞宗代에도 재상직을 역임하여 송대의 문치주의체제를 완성하는 데 큰 역할을 하였다.

다음 太宗代의 참지정사는 23인[58]으로 이 중에 재상에 오른 6명(盧多遜, 宋琪, 李昉, 呂蒙正, 張齊賢, 呂端)과 태조대의 학사를 지낸 李穆에 관해서는 고찰하였기 때문에 이를 제외한 16명에 대하여 정리

---

57) 『同上揭書』에 太祖가 太宗에게 張齊賢의 人物을 評하여 "짐이 辛西에 도읍하여 張齊賢을 얻었을 따름이다. 짐이 官으로서 爵하고자 하지 않고 후에 재상으로 삼아 보필하게끔 할 것이다"라고 宰相器로 보고 있다.

58) 『皇宋十朝綱要』卷 2, 太宗 參知政事條에 盧多遜, 竇偁, 郭贄, 宋琪, 李昉, 李穆, 呂蒙正, 李至, 辛仲甫, 王沔, 張齊賢, 陳恕, 賈黃中, 李沆, 呂端, 蘇易簡, 趙昌言, 寇準, 何敏中, 張洎, 李昌齡, 溫仲舒, 王化基 등 23人을 들고 있다.

하여 보면 다음 [표 2]와 같다.

[표 2] 太宗代의 參知政事

姓名 \ 사항	出身地	家 系	登 仕	重要經歷	宋史列傳
竇 偁	薊州漁陽	竇儀·竇儼의 弟	後漢乾祐 2進士	後周廣順初軍事防禦判官 宋初掌書記·知州·樞密直學士·左諫	266-22
郭 贄	開封襄邑		乾德中進士首	太宗·尹京·因事藩邸·興國初著作佐郎, 知貢擧	266-25
李 至		七歲而孤	擧進士	著作佐郎·直史館 知制誥 翰林學士 右諫議大夫	266-25
辛仲甫	汾州孝義	曾祖實石州推官 祖廻壽陽令 父藩節度判官	節度掌書記	後周觀察判官, 節度判官 宋初右補闕 知州 御史中丞給事中	266-25
王 沔			太平興國初進士	著作郎 直史館 知州同知貢擧 樞密直學士 簽書樞密院事樞密副使	266-25
陳 恕	洪州南昌		太平興國2年進士	同判三司勾院 工部郎中 知府 右諫議大夫知州 給事中	267-26
賈黃中	滄州南皮	唐相 耽四世孫 父玭 晉天福3年進士	五代進士	宋初 刑部郎中	265-24
李 沆	洺州肥鄕	曾祖豐 泰陵令 祖滔團練判官 父炳殿中侍御史知州	太平興國5進士	著作郎 知制誥 翰林學士 同知貢擧 給事中	282-41
蘇易簡	梓州銅山	父協 蜀進士 歸宋知縣	太平興國5進士	右拾遺 知制誥 翰林學士 給事中	266-25

사항\姓名	出身地	家 系	登 仕	重要經歷	宋史列傳
趙昌言	汾州孝義	父叡 太宗尹開封選爲縣令	太平興國3年進士	直史舘, 知州 知制誥 同知貢擧御史中丞樞密副使	267-26
寇 準	華州下邽	父相 魏王府記室參軍	太平興國3年進士	殿中丞 右正言 直史舘 鹽鐵判官 樞密直學士 給事中	281-40
向敏中	開封	父瑀 仕漢 符離令	太平興國5年進士	著作郎, 戶部推官 轉運副使 左司諫 知制誥 樞密直學士 給事中	282-41
張 泊	滁州全椒	曾祖旼 澄城尉 祖蘊 轉運巡官 父煦州司法掾	南唐進士	監察御使 知制誥學士 歸宋 太子中允 判刑部直舍人院 同知貢擧 史舘修撰 中書舍人 翰林學士	267-26
李昌齡	宋州楚丘	曾祖確 膠水令 祖譚邯鄲令 父運太常卿	太平興國3年進士	右拾遺直史舘 知州 樞密直學史御史中丞	287-46
溫仲舒	河南		太平興國2年進士	秘書丞 知州 直史舘 樞密直學士 · 樞密副使 · 戶部侍郎	266-25
王化基	眞定		太平興國2年進士	知州 著作郎 知制誥 御史中丞 工部侍郎	266-25

이 [표 2]에 의하여 먼저 출신지를 보면 열전에 출신지가 기재되어 있지 않은 자가 2명(李至, 王焉)이다. 또 그들의 父·祖에 대해서도 언급이 없기 때문에 출신지나 家系가 뚜렷하지 못한 하층 인물로 보아야 할 것이다. 또 張泊은 화북오대의 출신이 아닌 南唐의 인물로서 이는 송의 南唐 정복에 따라 南唐 출신인물의 송대 관료로의 흡수를 의미한다. 蘇易簡은 蜀출신으로 그의 父代에 宋에 귀순하고 있으므로 화북 출신이 아니다. 이 밖의 인물은 화북출신이므로 태종대 고위관료의 출신지역은 아직도 화북 지방이 주류를 이루고 있다.

다음 이들의 家系를 보면 3대에 걸쳐 관료출신 가문인 자가 5명(竇
儼, 辛仲甫, 李沆, 張洎, 李昌齡)이다. 3대에 걸쳐 관위를 유지하고 있
는 자의 家系를 문벌의 의미에서가 아니라 송대 문신관료체제로 넘어
오는 과도기로 볼 때에 그 관위의 고하에 불구하고 확실한 지배계층
으로 有力戶나 形勢戶에 소속될 수가 있다. 더구나 이들의 가계에서
주목되는 사실은 曾祖·祖·父의 관위가 비록 지방의 추관이나 판관·
현령의 하급관료라 하더라도 문관적 성격을 지니고 있다는 사실이다.
이로써 태종대의 고위관료의 가계가 오대에서 3대에 걸쳐 관인으로서
出仕하고 있는 자가 결코 적은 수가 아님을 알 수 있다. 다음 이들의
열전에 父의 성명과 관직이 밝혀져 있는 자가 5명(賈黃中, 蘇易簡, 趙
昌言, 寇準, 向敏中)이다. 이 가운데 가황중은 당의 재상 賈眈의 4世孫
으로 그의 가문은 뚜렷하고 앞에서 설명한 竇儀의 가계와 함께 비교
적 명가에 속한다. 그런데 가황중은 父·子 2대에 걸쳐 五代에 진사과
에 합격한 것으로 봐서 문신관료가계가 분명하다. 단지 賈眈의 관직에
대해서는 이렇다 할 설명이 없으므로 그의 관위가 대단한 것은 아닌
듯하다. 소역간도 父가 蜀 진사출신이기 때문에 부자 2대에 진사에 합
격한 문신관료가계이다. 그 밖의 인물의 父의 관직은 현령(趙昌言, 向
敏中), 記室參軍(寇準)이며 여기에 소역간의 父(지현)를 추가하면 지
방의 현령이나 무장의 말단관료로서 관위는 낮으나 문신관료가계임은
분명하다. 따라서 앞서의 3대에 걸친 관료출신자의 예에 있어서도 그
들의 曾祖·祖·父의 관위는 낮고 관직의 성격은 문신관료가 뚜렷한
점을 감안하면 태종대 참지정사를 역임한 자의 가문은 五代의 하위문
신관료 계통에서 대부분이 나왔다는 결론에 도달할 수가 있다. 이렇게
볼 때에 宋初(太祖·太宗)의 고위관료의 家系의 성격은 五代 하위문
신관료와 밀접한 관련을 지니고 있다. 따라서 송의 문치주의적 관료체

제의 기반은 五代의 문신관료와 직접적인 연관을 지니고 있다.

이와는 대조적으로 출신지나 父·祖에 대한 내용이 기재되지 않은 자가 5명(郭贄, 王沔, 陳恕, 溫仲舒, 王他基)이 있다. 이들은 『宋史』列傳의 편찬체제상에서 볼 때에 父·祖의 관직이 없는 자로 단정할 수가 있다. 왜냐하면 『宋史』의 열전에 대부분이 그들의 선조에 대한 출신지, 성명, 관직에 대한 기술은 통례화되어 있기 때문이다. 따라서 이들은 그 父·祖가 관직에 없었던 것이 거의 확실하다. 그런데 그들의 사회 경제적인 실력은 어떠하였는지 단정하기는 어려우나 李至의 예와 같이 무失父母하여 고아가 되었거나 태조대의 재상 위인포[59]의 경우와 같이 片母 슬하에서 극빈하게 생활을 한 인물의 예에서 볼 수 있듯이 극빈고아 출신가계는 列傳에 父·祖의 기사가 거의 없다. 따라서 이들도 그 가세가 경제적인 지배층이 아니라, 빈곤한 가정환경에서 노력하여 과거에 합격한 自手成家型으로 보아야 할 것이다. 물론 거기에는 그들의 천재성[60]이 반드시 수반되어야 한다. 이는 송대 사대부의 超家解褐에 있어서 가문이 거의 고려되지 않고 개인의 실력에 따라 인물을 선발하려는 능력주의를 반영한 것이다. 가문에 관계없이 능력에 따라 최상위 관료직에 나아갈 수 있는 송대 사대부 사회의 기반이 이미 宋初에 마련되었음을 알 수 있다.

다음 태종대의 참지정사의 登仕동기를 보면 節度掌書記 출신 1명(辛仲甫)을 제외하면 거의 전원이 과거의 進士科 출신자이다. 이 중에 五代 진사 2명(竇偁, 賈黃中), 南唐진사 1명(張洎)을 제외하면 모두가 송대에 들어와서 진사에 합격하였으며 태조대의 郭贄, 그리고 시기가

---

59) 『宋史』卷 249, 列傳8 魏仁浦傳.

60) 『宋史』의 列傳에 보면 進士科에 합격한 자의 대부분이 天才型으로 기술되어 있다. 이는 물론 列傳편찬에 있어 個人傳記를 과장하거나 美化하려는 뜻도 있으나 실제에 天才的인 재주를 지니고 있었던 例가 많이 보인다.

불분명한 李至를 제외하면 전원이 태종대 초기인 太平興國初에 합격하고 있음에 주목이 간다. 이는 태종의 태평흥국 연간(976~983)이 송의 문치주의적 관료체제가 궤도에 들어서는 시기로 보는 것과[61] 밀접한 관련이 있다. 이와 함께 태종 초에 起家한 인물이 태종 후기에 참지정사와 재상직에 승진하고 있다는 사실도 송대 관료체계상에서 진사출신 관료의 확고한 위치설정이 태종대에 마련되었다고 보아야 하겠다.[62]

끝으로 이들의 중요경력과 승진과정을 보면 추밀원 관료의 승진에 있어서 나타나는 특징은 참지정사나 재상직에 오른 자의 경력은 태조대나 태종대를 막론하고 추밀원 계통을 거쳐서 발탁되는 경우가 많다. 이는 송초에 추밀원의 위치가 중요하고 樞密院에서 관료로서의 능력을 발휘하여 참정이나 재상에 올라가게 되었음을 알 수가 있겠다. 이와 함께 태종대의 재상과 참지정사의 경력에서 나타나는 또 하나의 특징은 학사원이나 사인원을 거쳐서 올라오는 예가 많다는 사실이다. 이는 宋代 문신관료의 꽃이라고 할 수 있는 학사직이 문치주의체제하에서 점차로 그의 기반을 공고히 다져 나가고 있다는 증거이다.

II. 太宗代의 樞密院관료

태종대 추밀원의 관료로는 樞密使 4명,[63] 樞密副使 12명,[64] 知樞密

---

61) 宋의 統一이 完成된 것이 太宗初이고 국가운영상 新進官僚가 必要함에 따라 太平興國年間을 시작으로 進士合格者가 크게 증가하고 있다.

62) 申採湜, 「宋代 文臣官僚의 陞進에 관하여」, 『東洋史學硏究』 8·9합집, 1975,참조.

63) 『皇宋十朝綱要』 卷 2, 太宗 樞密使條 曹彬, 楚昭輔, 石熙載, 王顯.

64) 『皇宋十朝綱要』, 卷 2, 樞密副使條 楚昭輔, 石熙載, 柴禹錫, 王顯, 弭德超,

院事 3명,65) 同知樞密院事 7명,66) 簽書樞密院事 5명67)이다.

추밀사 曹彬은 五代 후주의 절도사로 태조대에 추밀사를 역임하였고, 楚昭輔는 태조의 陳橋驛정변에 가담하여 태조·태종 2대의 추밀부사를 지냈다. 추밀부사 王沔, 趙昌言, 張齊賢, 寇準은 참지정사에 오르고 장제현은 다시 재상에 승진하였다. 知樞密院事 張遜, 柴禹錫은 추밀부사로, 同知樞密院事 溫仲舒, 寇準, 趙鎔은 知樞密院事·樞密副使에 向敏中은 참지정사로 승진하였다. 簽書樞密院事 石熙載는 추밀사에, 張齊賢은 재상에, 王沔는 참지정사에, 張遜은 추밀부사로, 같은 계통을 승진하고 있다. 이들 중복되는 자를 제외하고 처음 보이는 추밀원의 고위직을 정리하면 다음 [표 3]과 같다.

王沔, 張宏, 趙昌言, 張齊賢, 張遜, 溫仲舒, 寇準.

65) 『皇宋十朝綱要』卷, 2, 知樞密院事條, 張遜, 柴禹錫, 趙鎔.

66) 『皇宋十朝綱要』, 卷 2, 同知樞密院事條, 溫仲舒, 寇準, 劉昌言, 李惟清, 趙鎔, 何敏中, 錢若水.

67) 『皇宋十朝綱要』, 卷 2, 簽書樞密院事條, 石熙載, 張齊賢, 王沔, 楊守一, 張遜등이다. 太祖代는 樞密院의 長을 樞密使 그 副를 樞密副使라 하였다. 그러나 太宗代는 樞密院의 기구가 확대됨에 따라 樞密使·副使가 長이 되기도 하나 知樞密院事가 長이 되는 경우도 있다. 이 경우 副는 同知樞密院事라 하고 그 밑에 簽書樞密院事, 同簽書樞密院事가 설치되어 이들을 補佐하고 있다.

[표 3] 太宗代 樞密院官僚

사항 姓名	出身地	家系	登仕	重要經歷	宋史 列傳
石熙載	河南 洛陽		周顯德中 進士 太宗辟爲 掌書記	開封府推官, 右拾遺右補闕同知貢擧, 知州, 樞密直學士, 樞密副使	263-42
王顯	開封		初殿前小吏 太宗居藩 給事左右	殿直 供奉官 軍器庫使 樞密副使	268-27
柴禹錫	大名		太宗居晉邸 以善應對 獲給事焉	供奉官, 翰林副使, 宣徽北院使, 知州, 觀察使, 知樞密院事	268-27
弭德超	滄州 淸池		給事太宗晉邸	供奉官 酒坊使, 兵馬都監	470-229
張宏	靑州 益都	高祖茂昭 節度使 曾祖玄 刺史 祖持 縣令 父岇平制令	太平興國 2年 進士	太子中允 直史館 著作郎, 轉運副使 史館修撰, 樞密直學士, (副使)	267-26
張遜	博州 高唐	數歲喪父	太宗 在晉邸 召隸帳下	在班殿直 香藥庫使 刺史鹽鐵使, 簽書樞密院使, 三司使	268-27
趙鎔	滄州 樂陵		以刀筆 事太宗於藩邸	東頭供奉官 六宅使 東上閤門使 知州 樞密都承旨 同知樞密院事	268-27
劉昌言	泉州 安南		太平興國 5年 進士	鎭判官 左司諫 工部郎中 樞密直學士 同知貢擧 右諫議大夫 同知樞密院事	268-27
李惟淸	下邑	父仲行 縣主簿	開寶中 以三史解褐尉	大理寺丞 轉運判官・副使, 監察御史 度支副使・使, 右諫議大夫, 給事中 同知樞院事	267-26
錢若水	河南 新安	父文敏 殿中丞知州	雍熙中 進士	秘書丞 直史館 右正言, 知制誥 右諫議大夫 同知樞密院事	266-25
楊守一	河南 洛陽		稱通周易及左氏春秋 事太宗於晉邸	右班殿直 西頭供奉官 翰林學士, 樞密都承旨 簽書樞密院使	268-27

먼저, 이들의 출신지를 보면 泉州 安南人 劉昌言을 제외하면 전부
가 華北五代 지역 출신이다. 따라서 추밀원의 고위관료도 太祖代와 같
이 화북 지역인이 주도권을 장악하고 있다.

다음, 이들의 가계를 보면 張宏의 경우 고조(절도사)·증조(자사)·
조(현령)·부(현령)의 관직과 성명이 있고 고조나 증조의 세대에는 고
위무직을 역임하고 祖·父의 세대에는 지방하위문직으로 바뀌고 있어
뚜렷한 가계를 이어 오고 있다. 송초의 고위관료의 家系가 五代의 고
위무신을 祖·父로 두고 있는 예는 드물다고 하는 앞서의 태조·태종
대의 재상·참지정사의 가계와 일치하고 있음을 알 수가 있다. 또 錢
若水의 父는 殿中丞, 知州를 역임한 비교적 중위 문신관료이고 李惟淸
의 父는 현의 주부로 하위문신관료이다. 이로써 태종대 추밀원의 고위
관료의 父·祖는 列傳에 있는 자는 모두 五代의 문신관료라 사실을
알 수가 있다. 이 밖의 8명은 列傳에 그들의 가계에 대한 기록이 없
다. 이들도 父·祖가 관직이 없는 가계로서 그들의 사회·경제적인 지
위는 내놓고 자랑할 만한 존재가 아니라고 할 것이다.

다음, 이들의 관계진출의 出仕동기를 보면 進士出身 4명 중에 五代
후주시대가 1명(石熙載), 태종대 합격자가 3명(張宏, 劉昌言, 錢若水)으
로 태종대의 진출이 돋보이고 있다. 이 밖에 이유청은 三史로서 開寶
中에 解褐하고 있다. 태종대 추밀원 고위관료의 출사동기에 나타나는
현상은 태종이 아직 황제에 즉위하기 이전의 藩邸(晉邸) 시대에 태종
을 섬기던 인물들이 다수 기용되고 있다는 것이다. 太宗(趙匡義)은 太
祖(趙匡胤)의 동생으로 그의 황제계승권은 태조재위 시대에는 그리
확실하지 못하였다. 태조의 돌연한 사망으로 태조의 直系를 제치고 황
제위에 오른 인물로서[68] 그의 형 태조와 함께 진교역 혁명의 주체로

---

68) 宮崎市定,「宋の太祖 被弑說に ついて」,『アジア史硏究』第3, pp.126~143 참조.

송의 건국에 중요한 역할을 하였다. 太宗의 皇位계승은 五代의 유력군주의 사망 후 幼帝의 계위가 政情의 불안요인이라는 사실을 경험하였기 때문에 그의 皇位에 대한 야심은 결코 무시할 수 없는 것이다. 어린 皇太子 보다 실력있는 皇弟가 皇位를 계승하는 것은 宋初의 정국안정을 가져온 요인이 되었다. 그의 晉邸에 출입한 인물은 비록 괴기에 합격하지는 못하였으나 진사출신에 못지 않는 행정능력과 정세변화에 대처할 수 있는 수완을 지니고 있었던 인물이며 그 위에 역사적 지식과 文才에 뛰어난 재능을 갖추고 있었다는 사실을 위의 [표 3]의 登仕條에서 엿볼 수가 있다. 뿐만 아니라 태종의 번저는 宋의 문치주의발전의 요람이라 할 수 있으니, 이에 대해서는

> 藝祖의 혁명은 먼저 文吏를 써서 무신의 권한을 박탈하였다. 宋이 文을 숭상한 것은 여기에 근본하고 있다. 태종, 진종이 번저에 있을 때 이미 학문을 좋아한다고 이름이 나 있었고, 즉위하여서는 한층 더 文을 숭상하니 이때부터 자손들이 崇文을 이어 나갔다. 위로는 임금으로부터 아래로는 신하들에 이르기까지 그리고 재상으로부터 令錄에 이르기까지 과거에 발탁되지 않음이 없었으니 海內에 文士들이 융성하게 배출되었다.[69]

고 적고 있다. 태종의 번저에 文士가 많이 모여들었고 즉위 후에는 이들에 의하여 문치주의적 중앙집권정책이 강력하게 추진되었다.

다음, 이들의 경력의 특징은 진사출신자의 경우에는 秘書丞이나 直史館, 著作郎, 知制誥, 樞密直學士 등 館職과 學士 경력을 지니고 있다. 이는 황제와 직접적으로 정무를 처리하는 요로직이기 때문에 그들의 영향력은 다른 문신관료보다 컸을 것으로 생각된다. 또 태종의 晉

---

69) 『宋史』卷 439, 列傳198 文苑 1 序文

邸 출신들은 태종의 즉위 후에도 황제의 측근에서 태종을 보필하고 있다. 그들의 初任은 대부분 殿直·供奉官으로 이는 태종이 즉위 후에도 번저의 인물로 주변을 강화할 뜻이 있는 것으로 풀이된다. 태종이 중앙집권화를 추진하는데 선택한 인물은 먼저 그의 번저시대 인물과 그리고 새로 기용된 진사출신자, 이 밖에 태조 이래의 고위관료 등으로 삼위일체를 이루어 조화롭게 운영하였으니 태종의 정치적 수완능력의 뛰어남을 알 수 있다.

Ⅲ. 太宗代의 三司使

태종대의 삼사사는 모두 22명[70]이다. 태조대의 9명에 비하면 그 수가 증가하였는데 이는 태종대에 들어와 통일의 완성과 국토 확장에 따르는 三司使의 업무의 확대에 원인하는 것이지만, 다른 한편으로는 태종대의 삼사사 官制의 변천에도 원인이 있다. 즉 태종의 태평흥국 8년 3월에는 삼사사를 일단 파하여 鹽鐵·度支·戶部의 各使로 分置하였고, 淳化 4년 10월에는 전국을 10道로 나누어 左計·右計의 兩使가 설치되었다. 同年 閏 10월에는 左右計를 통합하는 總計使를 설치하였다가 다시 同 5년 12월에 總計使·左計·右計使는 폐지되고, 다시 염철·탁지·호부의 副使를 각각 두었다. 이후 신종대에 들어가서 元豊官制개혁이 단행될 때까지 三司使는 존속되었다.[71] 따라서 태종대의

---

70) 『皇宋十朝綱要』卷 2, 太宗三司使條에 의하면 三司使는 다음과 같다.
　　王仁瞻 侯陟 王明 宋琪 陳從信 都正 許仲宣 張卓(平) 張遜 魏丕 郭贄 李惟清 徐體復 陳恕 樊知古 魏羽 李昌齡 張擁 魏庠 董儼 王延德 張鑑.

71) 周藤吉之,「北宋の三司使の性格─節度使體制と關聯させて─」,『宋代史硏究』(東洋文庫, 1969), 82쪽 '三司使の變遷' 참조.

삼사사의 명칭은 위와 같은 변천에 따라 각각 달리 표현되고 있으나 그 성격은 비슷하고 태종대의 변천에도 불구하고 일반적으로 이를 三司使라 하였다.

그럼 이들 22인 중에서 王仁瞻(태조대 삼사사), 宋琪(태종대 재상), 郭贄, 李昌齡, 陳恕(태종대 참지정사), 張遜(태종대 추밀부사), 李惟淸(태종대 동지추밀원사) 등 중복된 자 7명을 제외하고 15人을 정리하면 다음 [표 4]와 같다.[72]

먼저 이들의 출신지를 보면 南唐출신의 魏羽를 예외로 화북오대지역이 대부분을 차지하고 있어서 이는 태조·태종 양대의 관료의 출신지역의 일반적인 경향과 일치하고 있음을 알 수가 있다.

다음 이들의 家系의 특징은 樊知古와 張鑑을 제외하면 그의 父나 祖에 대한 성명이나 이력이 보이지 않는다. 이는 태종대의 삼사사의 가계가 분명하지 못하다는 점과 함께 三司使의 위치가 가계와는 관계 없이 본인의 능력에 의존하는 바가 많기 때문에 가계가 뚜렷해도 家系보다는 능력을 중시하는 宋初의 능력주의 관료기용 방침이 그대로 반영되고 있다.

---

72) 張卓은 『宋史』卷 276, 列傳 35에 의하면 張平으로 되어 있어서 列傳에 따랐다. 郝正과 魏庠은 列傳에 없어 생략하였다.

[표 4] 太宗代의 三司使

사항 성명	출신지	가 계	登 仕	중요경력	송사열전
侯 陟	淄州 長山		後漢末 擧明經	周廣順初 試校書郎 防禦判官 縣令 宋初左拾遺 轉運使 同知貢擧 權御史中丞判三司	270-29
王 明	大名 成安		後晉天福中進士 不第刺史從事	周 廣順初 防禦判官 縣令 宋初 節度掌書記 左拾遺 秘書少監 三司副使 給事中	270-29
陳從信	亳州 永城		太宗在晉邸令典 財用王宮事無大 小悉委	右知客押衙 東上閤門使 樞密都承旨 度支使	276-35
許仲宣	靑州		漢乾祐中進士	周顯德初主簿, 團練判官 宋初 太子中允 知軍 轉運使 權度支 給事中	270-29
張 平	靑州 臨朐		太宗尹京兆置其邸	右班殿直 供奉官 都木務兼造船場 客省使 鹽鐵使	276-35
魏 丕	相州		頗涉學問 周世宗 辟司法參軍	縣令 右班殿直 供備庫副使 宋初 作坊使 刺史 度支使 知州	270-29
徐休復	濮州 鄄城		太平興國初進士	著作郎,直史館 左拾遺 轉運副使 知制誥 樞密直學士 戶部使 給事中	276-35
樊知古	京兆 長安		進士不第,開寶3上 書賜本科及第	軍事推官 太子右贊善大夫,侍御史 轉運使, 知州 鹽鐵判官, 給事中	276-35
魏 羽	婺源		上書李煜弘文館 校書郎	宋初太子中允 知州 太常博士,轉運使 度支使, 判三司	276-35
張 雍	德州 安德縣		開寶6年 中第	太子右贊善大夫,秘書丞 鹽鐵判官 轉運使知審刑院,戶部使	307-66
董 儼	河南 洛陽		太平興國3, 進士	著作佐郎,左拾遺, 直史館,轉運副使 轉運使,給事中	307-66
王延德	大名		少給事晉邸	殿前承旨供奉官,知州 樞密都承旨, 度支使	309-68
張 鑑	范陽		太平興國 3年 進士	著作郎 監察御史 殿中侍御史 判三司度支 樞密直學士, 戶部使	277-36

다음 이들이 出仕하게 되는 동기를 보면 五代에 과거에 합격한 사람이 2명(侯陟, 許仲宣), 進士시험 실패자가 2명(王明, 樊知古), 太祖代의 합격자 1명(張雍), 태종의 태평흥국초에 진사합격자가 3명(徐休復, 董儼, 張鑑)을 꼽을 수 있다. 따라서 16명 가운데 진사 및 명경에 합격한 인원은 6명, 進士에 응시한 자가 2명 등 과거와 관련된 문신관료가 8명으로 전체의 반을 차지하고 있다. 이 밖에 태종대의 추밀원의 고위관료에서도 나타나고 있는 바와 같이 三司使의 경우에도 태종이 즉위하기 이전에 그의 번저에서 태종을 섬기고 있던 인물 4명(王明, 陳從信, 張平, 王延德)을 들 수가 있다. 이는 太宗관료의 구성원이 번저출신과 밀접한 관계가 있다. 태종대 삼사사 22명 중에서 무인출신은 6명(王仁瞻, 陳從信, 郝正, 張平, 魏丕, 王延德)으로 이들은 태종의 번저에서 신임을 받고 그 능력이 인정되어 출세한 인물이다. 太祖代 삼사사 9명 중 5명이 무관인 데 비하여 태종대에는 22명 중 6명만이 무인이고 나머지 16명은 문신관료라고 하는 사실은 문관우위성이 태종대에 와서 확고한 자리를 잡고 있음을 반영한 것이다.[73]

또한 이들의 중요경력을 보면 태종의 번저에 종사하고 있던 자들은 태종의 즉위와 함께 殿直이나 供奉官, 閤門使를 겸임하고 다시 지방관으로 나아가서 재무관료의 능력을 발휘하고 있다. 진사합격자들은 著作郎, 直史館, 殿中侍御史 등 황제 측근의 館閣職을 거치고 다시 지방의 轉運副使, 轉運使, 知州 등의 재정관료로서의 능력을 발휘하다가 중앙의 지제고나 추밀원의 都承旨와 樞密直學士에 등용되어 문신관료로서의 확고한 기반을 마련하고 三司使로 임용되고 있다. 이에 대해서는

---

73) 眞宗代에는 三司使 21人 중 武官은 1人(王延德)뿐으로 그 中期에 이르면 文臣官僚로 모두 임용되고 있다.

> 국초에 三司使는 諸衛장군 혹은 諸司使로써 임명하였다.. 判官은 朝
> 士 중에 錢穀에 능통한 사람으로 임용하였으니 반드시 文辭의 士로 등
> 용할 필요는 없었다.[74]

고 하여 宋初에 三司使에는 諸衛將軍과 諸司使(宣徽北院使, 如京使, 客
省使, 東上閤門使)가 발탁되었고 그 아래의 判官에는 錢穀에 능통한 재
무관료가 임용되고 있다 하였는데, 國初란 태조, 태종대를 의미한다. 따
라서 太宗代는 諸衛將軍, 諸司使는 태종의 번저시대의 무인이 대부분
이고 이들 이외에는 진사 관료가 三司使에 나가고 있다. 이에 대해서는

> 國朝에 執政은 대체로 三司使, 翰林學士, 知開封府, 御史中丞에서 임명
> 하였는데 통속적으로 이들을 四人頭라고 호칭하였다..[75]

고 있다. 송대의 執政(參知政事, 樞密使, 副使, 知樞密院事, 同知樞密院
事)은 대부분 三司使, 翰林學士, 知開封府, 御史中丞에서 기용되기 때
문에 이를 四人頭라고 하였다. 三司使는 바로 집정으로 승진하는 요로
임을 알 수 있고, 이는 삼사사가 송대 관료체제하에서의 중요한 직책
이며 동시에 詩賦중심의 과거시험, 특히 進士科 합격자에게는 재무행
정의 능력을 발휘할 수 있는 좋은 기회이다.

Ⅳ. 太宗代의 翰林學士와 中書舍人

송대에는 한림학사와 중서사인이 內制와 外制를 장악하여 兩制라
하였다. 太宗 일대의 학사는 17명[76] 중서사인은 33명[77]으로 기록되어

---

74) 『長編』卷 196, 嘉祐7年 5月丁未條
75) 『容齊隨筆續筆』卷 3, 執政四人頭條

있다. 이는 太祖代의 한림학사 8명과 중서사인 10명에 비하면 거의 2
배 이상 증가하고 있는데 문치주의의 진척에 따라 문신관료의 꽃이라
고 할 수 있는 한림학사나 중서사인의 증가는 당연한 추세라고 보아
야 하겠다. 한림학사 17명 중에 태종대의 재상이 2명(李昉, 呂蒙正),
참지정사가 6명이며(李穆, 賈黃中, 李至, 蘇易簡, 李沆, 張洎) 同知樞密
院事(錢若水)와 삼사사(韓丕)가 각각 1명씩 중복되고 있음을 볼 때
한림학사직이 바로 재상과 집정으로 나가는 요로임을 입증하고 있다.
이들에 대해서는 이미 앞에서 언급하였으니 나머지 5명에 관하여 검
토해 보겠다.[78]

먼저 中書舍人 33명 가운데 태종대의 재상이 1명(呂蒙正), 參知政
事가 16명(蘇易簡, 王化基, 李沆, 向敏中, 呂蒙正, 郭贊, 李穆, 李至, 賈
黃中, 李沆, 蘇易簡, 趙昌言, 向敏中, 張洎, 王化基)으로 앞서의 翰林學
士에서 參知政事로 승진한 6명을 제외한다 하여도 中書舍人에서 參知
政事로 승진한 인물은 10명에 달하고 있다. 이로써 舍人院도 학사원과
함께 집정에 나가는 要路임을 알 수 있다. 문신관료로서 집정이나 재
상에 나가려면 반드시 이곳을 거쳐야 하며 이는 송대 문신관료 사회
의 구조적 특징으로 파악된다. 이 밖에 태종대의 三司使에 오른 2명
(韓丕, 徐休復), 그리고 학사에 나간 2명(宋白, 宋湜)이 있고 이미 태

---

76) 『皇宋十朝綱要』卷 2, 太宗 學士院條의 翰林學士 17人은 다음과 같다.
　　李昉 湯悅 徐鉉 扈蒙 李穆 宋白 賈黃中 呂蒙正 李至 蘇易簡 李抗 韓丕 畢
　　士安 錢若水 張洎 宋湜.
77) 『皇宋十朝綱要』卷 2, 舍人院條 中書舍人 33人은 다음과 같다.
　　扈蒙 李穆 張洎 王克正 郭贊 宋白 錢隣幾 賈黃中 呂蒙正 李至 王祐 高冕
　　趙昌言 韓丕 徐休復 蘇易簡 宋準 范果 宋湜 王化基 李抗 田錫 胡旦 王禹
　　偁 何敏中 畢士安 柴成務 呂祐之 王旦 錢若水 馮起 和嶸張秉.
78) 扈蒙은 太祖代의 舍人院에서 언급하였고 湯悅은 列傳에 보이지 않으므로
　　생략하였다.

조대의 중서사인을 지낸 王祐가 중복된다. 이를 제외한 인물을 정리하
여 보면 다음 [표 5]와 같다.[79)]

[표 5] 太宗代의 學士院·舍人院官僚

事項 人名	出身地	家系	登仕	重要經歷(太宗代)	宋史 列傳
徐鉉	揚州 廣陵		吳의 校書郎	南唐 試知制誥,翰林 學士吏部尙書,宋太 宗時 直學士院 給 事中	441-200
宋白	大名		建隆 2年 進士甲科	著作佐郎 知縣 左 拾遺 中書舍人 同 知貢擧 史館修撰 翰 林學士	439-198
韓丕	華州 鄭	父 果晉은 曲 陽主簿로 死, 幼孤貧	太平興國 3年 進士	著作佐郎 直史館, 左拾遺知制誥 同知 貢擧 知州 右諫議 大夫 翰林學士	296-55
畢士安	代州 雲中	曾祖宗昱縣 令,祖球本州 別駕, 父又林 縣令	乾德 4年 進士	團練推官 大理寺丞 殿中丞 監察御史 知 制誥 翰林學士 同 知貢擧	281-40
宋湜	京兆 長安	曾祖 擇, 祖 贊 縣令, 父 溫故晉天福中 進士左補闕	太平興國 5年 進士	著作郎 右補闕知制 誥 翰林學士 知審 官院兼修國史	287-46
高冕	河中 虞鄕	高錫從子	周顯德中 詣闕上書 擢爲將作郎	右補闕, 宋初 膳部 郎中 知州	269-28
宋準	河中 虞鄕	高錫從子	周 顯德中 詣闕 上書擢爲將仕郎	右補闕, 宋初膳部郎 中, 知州	440-199

79) 『宋史』의 列傳에 기재되어 있지 않은 湯悅·王克正·錢隣幾·馮起는 생략
하였다.

人名 事項	出身地	家　系	登　仕	重要經歷(太宗代)	宋史 列傳
范　果	開封 雍丘	祖彥升庫部員 外郎　父鵬秘 書郎	開寶中進士	秘書省 校書郎 直史 館 著作郎 同知貢擧 轉運使 知制誥	249－8
田　錫	嘉州 洪雅		太平興國 3年 進士	著作郎 左拾遺　直 史館 轉運副使 工 部員外郎 知州　直 集賢院	293－52
胡　旦	濱州 渤海		太平興國 3年 進士제1	左拾遺　直史館　轉 運副使 知制誥 史 館修撰	432－191
王禹偁	濟州 鉅野	世爲農家	太平興國 8年 進士	右拾遺　直史館　轉 運副使 知制誥 史 館修撰	293－52
柴成務	曹州 濟陰	父自牧擧進士	乾德中 太宗 首 薦進士甲科	推官, 大理寺丞, 轉 運副使,　殿中侍御 史, 轉運使 戶部判 官, 知制誥, 給事中	306－65
呂祐之	濟州 鉅野	父 文贊 錄事 參軍	太平興國初 進士	判官, 殿中侍御史 直 史館 起居舍人 知制 誥 同知貢擧 知審官 院 知州	296－55
王　旦	大名 莘	曾祖言黎陽令 祖 徹 左拾遺 父祐兵部侍郎	太平興國 5年 進士	縣令 著作佐郎 殿 中丞 轉運使 右正 言 知制誥 知貢擧	282－41
和　㠓	開封 浚儀	父凝後晉宰相	太平興國 8年 進士	大理評事 直史館 直 集賢院 右正言	439－198
張　秉	歙州 新安	父諤　南唐秘 書丞宋初茶鹽 副使	太宗代 進士	監察御史 直昭文館 鹽鐵判官 知制誥 知 審官院	301－60

이 표에 의하면 학사원과 사인원 관료의 출신지도 揚州의 廣陵人
徐鉉을 제외하면 모두가 화북오대 왕조가 근거지로 하였던 화북 지역
출신이다. 송조의 중국통일이 물론 오대의 후주를 계승하고 화북을 근
거지로 하여 점차로 확대되어 나갔기 때문에 宋初에는 화북 지방의
인물이 국정에 다수 참여한다는 것은 별로 이상한 일이 되지 않으나,
태종대에 들어와서도 계속해서 화북지역인이 중앙정계의 중심을 이루
고 있는 것은 五代의 체제가 지속되고 있음을 의미하는 것으로 풀이
할 수 있다.

다음에 이들의 家系를 보면 列傳에 3대에 걸쳐서 관직과 성명이 보
이는 3명(畢士安, 宋湜, 王旦)이 있다. 필사안의 증조(宗昱)는 현령, 조
(球)는 본주 別駕, 父(又林)는 무관이 辟召에 의하여 觀城현령으로 起
家하고 있다. 송식의 증조(擇) 조(贊)는 모두 현령이며, 父(溫故)는 後
晋의 천복 중에 진사에 합격하여 左拾遺에까지 이른 것을 보면 그의
가계는 문신관료임이 분명하다. 왕단의 경우에도 증조(言)는 黎陽令,
祖(徹)는 左拾遺, 父(祐)는 상서병부시랑으로 오대의 後漢, 後周 시대
에 문장으로 이름을 떨치던 문신관료가계임이 뚜렷하다.[80] 열전에서
증조까지 그 성명이 보이고 그들의 관직이 분명한 것은 가계가 오대
의 난시에도 관료로서의 지위를 유지하고 있음을 의미하며, 특히 주목
되는 것은 가계가 이미 五代에도 문신관료(필사안의 祖만은 본주 別
駕로 예외이다)로서의 위치를 계속해서 확보하고 있으며, 거기에서 宋
代의 문신관료를 배출하고 있다는 사실이다. 祖·父의 성명과 관직이
기록되어 있는 자는 7명으로 이 가운데 文臣의 가계가 뚜렷한 자는
宋準, 范杲, 柴成務, 呂祐之, 和㠥, 張秉이다. 이들 7명과 앞서 3대에

---

80) 『宋史』282, 列傳 41에 文臣家系 "王旦字子明 大名莘人 曾祖言 黎陽令 祖撤左
拾遺 父祐 尙書兵部侍郞 以文章顯於漢周際 事太祖太宗爲名臣"이라고 있다.

걸쳐 文臣家系를 유지한 자 3명을 합하면 모두 10명에 달하며 이미
학사원과 사인원을 거쳐 집정과 재상으로 승진하여 여기에서는 제외
시킨 30명 중에 문신가계가 분명한 자 22명을 합하면 태종대의 학사
와 사인은 대부분이 五代 이래의 문신관료가 다수를 점하고 있다는
사실을 알 수가 있고, 이들 문신가계에서 그 자손을 진사에 합격시키
고 있다. 따라서 가계와 登仕관계는 서로 밀접한 관련을 지니고 있으
니 宋初의 進士合格者는 그들의 오대에서의 가계는 문신관료가계가
대부분이고 무신 쪽은 아주 드물다. 또한 무신의 가계가 소수라고 하
나 그들 역시 자손은 무신으로 출세시키기보다는 문신 쪽을 원하고
있고 가능하면 진사에 응시하여 문신관료로 나가기를 희망하고 있다.
이로 볼 때 송대 문신관료체제의 근원은 五代의 문관에 연원하며 그
것도 지방에 있어서의 현령이나 주부 등 하위문신이며 무인의 掌書記,
錄事參軍, 節度從事 등 하위문신 출신가계의 자제가 과거를 통하여 登
仕하고 이들이 다시 문치주의 정책에 부응하여 송조의 국체를 운영한
고위문신관료라고 보겠다. 이와 함께 그들의 가계에 대해 전혀 언급됨
이 없는 자를 그들의 父·祖가 관직에 등용되지 못한 자로 볼 때에
이러한 선조를 둔 자들도 상당수에 이르고 있는 사실은 이들의 천재
성이 진사과 시험과 연결되어 기가하는 예로 흔히 볼 수 있는데, 이것
도 송대적 특색이라 하겠다.

　　다음 이들의 登仕경위를 보면 徐鉉은 강남의 吳에서 교서랑에 임용
되었으나 진사합격 여부는 분명하지 않고 나머지는 태조, 태종 양대의
진사 출신이며 중서사인의 경우 高冕이 周 顯德 때에 詣闕上書하여
右補闕에 발탁되었고 范杲는 음보로 太廟齊郎에 기용되고 있는데 이
들 3명의 예를 제외하면 모두가 진사출신이며 그 가운데도 태조대의
진사가 4명, 태종대가 9명이다. 이로 볼 때 태종대의 학사나 사인은

1:2의 비율로 태종대의 진사합격자가 우세함을 알 수가 있고 특히 학사는 진사합격자로 임용하고 있음은 태조대의 정책과 같다.

　송대의 학사는 진사출신이 아니고서는 임용되지 아니하였으니

　　　國朝에 進士출신자가 아니고 학사를 제수받은 사람은 林彦振이 처음이다.[81]

라 하여 進士출신이 아닌 자가 학사에 임용된 것은 북송후기의 휘종대에 학사 林彦振[82]에서 비롯되었다고 한다. 이는 진사가 아니면 학사직에 나갈 수 없다고 하는 宋代의 원칙론을 말하는 것으로 문치주의 송조에 있어서 학사의 위치가 進士와 밀접하게 결부되고 학사에서 다시 집정과 재상으로 나간다고 볼 때에 진사는 바로 학사로 들어서는 출입증이라 하겠다. 당대의 학사가 반드시 진사출신만은 아닌 것과 비교하여 볼 때에 송대에 와서 문벌에 관계없이 진사출신으로 학사에 기용한 것은 당송 간에 있어서의 사회적 변혁을 의미하는 동시에 송조의 국시인 문치주의에 원인하는 것으로 진사출신의 학사제수 원칙은 이미 태조대에서부터 시작되어 태종대에도 이를 계승한 것이다.[83]

　끝으로 이들의 경력은 진사에 합격하여 해갈하는 초임관직은 將作監丞, 通判으로 나가는 것은 상위합격자이고 大理評事, 知縣으로 나가는 것은 중위합격자의 경우인데, 太宗代는 아직 관직의 부족현상으로

---

81) 『建炎以來朝野雜記』甲集 卷 9, 非進士除內外制臺諫經筵史館事始條.
82) 『宋史』卷 351, 林攄傳에 의하면 그의 字는 彦振이다.
83) 進士에 合格하지 않고 制科出身者를 學士로 任用한 例도 있으니 夏竦은 賢良方正科(宋史283), 張觀은 服勤辭學科(同 292), 丁度(同上) 錢明逸은 科目不明(同 317), 張方平은 茂材異等科(同 318)하였다. 學士院에서 試하고 進士出身을 賜하여 學士로 任命한 자는 宋綬(宋史 291)李淑 (同上), 王欽臣(同 94), 楊億(同 305), 楊偉(同上) 등이 이에 해당한다.

진사합격자는 將作監丞, 通判에 다수 임용되고 있다.[84] 특히 학사직에 임명된 자의 열전상의 초임은 장작감승, 통판의 예가 많고 이를 기점으로 하여 관직에 승진하고 있다. 이들의 중요경력은 대체로 비슷하여, 著作佐郎, 著作郎, 直史館, 左(右)拾遺, 同知貢擧, 左·右司諫, 知制誥 등의 경력을 거치면서 승진하고 있다. 이들 관직의 특색은 문신관료로서는 중추적 능력을 발휘할 수 있는 요직이며, 이와 같은 요직을 거쳐 승진하면서 지방의 轉運使나 知州를 거쳐 자신의 관료로서의 능력을 발휘하고 다시 중앙으로 복귀하여 館職을 맡고 있다.

제3절 宋初, 고위관료의 성격

이상에서 太祖·太宗代의 고위관료에 대한 몇 가지 사항을 『宋史』의 列傳을 통하여 분석해 보았다. 이를 정리하면 다음과 같은 宋初 관료의 성격을 파악할 수 있다.

I. 宋初의 관료와 五代 관료와의 관계

宋初 고위관료 분석에서 주목되는 사실은 五代와의 연속성이다. 태조대의 고위관료는 한 사람의 예외도 없이 모두가 五代에서 仕官하여 관료로서의 경력을 지니고 있고 다시 宋初에 들어와서도 고위관료로서 활약하고 있다는 사실 때문이다.

---

84) 申採湜, 「宋代文臣官僚의 陞進에 관하여」 참조.

종래의 역사적 인식으로서는 五代와 宋代는 그 시대적 성격으로 인하여 이질적인 단절시대로 파악되어 왔으나, 태조·태종대의 고위관료의 분석을 통하여 宋初의 문치주의적 중앙집권체제의 구축은 새로운 인물에 의하여 추진된 것이 아니라 五代의 관료에 의하여 달성되었음을 알 수 있다. 따라서 오대와 송대는 時代性의 상이함에도 불구하고 뚜렷한 연속성을 지니는 것으로 볼 수 있다. 이들 오대관료가 그대로 송초의 관료집단을 형성하고 있다는 사실은 중요한 의미를 갖는다. 왜냐하면 宋朝는 관료체제상에서 볼 때에 오대의 계속이라는 사실을 입증할 수가 있고 또한 宋朝의 중앙집권적 문신관료체제의 형성은 宋初에 갑자기 이루어진 것이 아니라 이미 그전에 서서히 형성되어 내려온 연속성으로 파악할 수 있기 때문이다.

『宋史』열전의 卷 249에서 卷 275까지 실린 인물을 宋初의 관료로 파악한다면 이 부분은 『宋史』열전의 초반부에 해당하며 이곳에 실려 있는 인물의 이력상의 공통점은 화북오대왕조의 관료 경력을 지니고 있다는 사실이다. 이를 총괄적으로 파악하기 위하여 太祖代의 고위관료와 태종대의 집정이상을 정리하여 다음과 같은 [표 6]을 작성하여 보았다. 이 표에서도 살필 수 있는 바와 같이 태조대의 관료(고딕으로 된 인명)는 전원이 五代 이래의 관인이고 태종대의 관료 중에서도 그들의 관료경력을 볼 때에 五代에까지 거슬러 올라가는 인물이 많다. 따라서 宋初의 관료는 五代에서 출발하여 관료생활을 하였고, 다시 宋初에까지 계속하고 있다는 사실이다. 그런데 이와 같은 사실은 宋初의 고위관료에 국한하는 사실만은 아니다. 宋史列傳의 초반부에 실려 있는 송초의 관료들의 경력을 보면 무관이나 무관을 가릴 것 없이 모두가 五代로부터 관직을 지니고 내려 왔다.

宋史의 일반열전에 실려 있는 인물은 송대의 국정에 중요한 작용을 한 관료가 대부분이고 있고, 따라서 그들의 송대사에 미친 영향은 중요하다고 간주되는데 이들의 관료로서의 출발지점이 오대에서 비롯되고 있다는 사실은 宋初의 관료의 성격을 파악하는 데 중요한 의미를 갖게 하는 것이다. 더구나 이들의 出仕 시기를 보면 後唐 明宗의 長興年間, 혹은 後晉의 高祖 天福연간과 出帝의 開運연가, 後漢의 隱帝 乾祐연간 등의 進士 출신자가 많고 이를 기점으로 하여 왕조의 교체에 구애됨이 없이 시대에 편승하여 관직을 맡고 있고 송초에 와서도 고위직에 계속하여 승진하고 있음을 알 수가 있다. 따라서 북송조 초기의 문신에는 화북오대 왕조에 出仕하고 계속하여 북송조에 관료가 된 자가 많은데 그들 가운데는 五代의 진사출신자가 많고 그들의 대부분은 唐代의 고관과는 관계가 없는 신흥계층 출신자이다. 이와 같이 신흥계층 출신자가 다수 오대의 進士科에 합격하고 있는 것은 五代를 전란의 시대 또는 文臣無力의 시대라고 단정하는 통설에 비하면 상당한 차이가 있다. 특히 중앙의 행정요직을 담당한 자는 文臣官僚로서 이들이 그대로 宋初의 中央集權的 문신관료체제를 구축하는 中心세력이란 것이다.

[表 6] 宋初 高位官僚의 要職分析

시대 관직 인명	太祖代							太宗代											眞宗代				
	宰相	參知政	樞密使	樞副使	三司使	學士	舍人院	宰相	參知政	樞密使	樞副使	知樞院	同知樞	簽書樞	三司使	學士	舍人院	太宗代官僚	宰相	參知政	樞密使	樞副使	三司使
范 質	○							△	△							△		**宋 琪**					
王 簿	○							△	△								△	呂蒙正					
魏仁浦	○		○															呂 端					
趙 普	○	○	○	○	○			○△	△				△			△		張齊賢					
薛居正	○				○													**竇 偁**					
沈(義)倫	○		○		○												△	郭 贄					
呂餘慶		○	○														△	李 至		△			
劉熙古		○																**辛仲甫**					
盧多遜						○	○	○△	△				△					王 沔					
吳延祚			○		○													陳 恕					
李崇矩			○														△	**賈黃中**					
曹 彬			○														△	李 沆	△	△	○		
李處耘				○	○											△		蘇易簡					
王仁贍				○	○								△					趙昌言		△		△	
楚昭輔				○						○			△					寇 準				△	
張 美				○	○													向敏中					
趙 玭					○											△	△	**張 洎**					
張 澹							○											李昌令					
陶 穀						○	○											溫仲舒		△			
竇 儀						○	○											王化基					
竇 儀						○							△				△	**石熙載**					
王 著							○											王 顯					
李 昉							○											柴禹錫					
扈 蒙							○											弭德超					
歐陽迥							○											張 宏					
趙 逢							○							△				張 遜					△
王 瑩							○											趙 鎔					
高 錫							○							△				錢若水					
王 祐							○											楊守一					
李 穆							○									△	△	侯 陟					
합 계	6	4	5	5	8	4	10	9	23	4	12	3	6		5	22	17	33					

※ 고딕은 五代以後 仕官한 官僚, ○표는 太祖朝, △표는 太宗代官僚의 官職

Ⅱ. 宋初 관료의 출신지

太祖·太宗대의 고위관료의 출신지를 보면 화북오대 지역의 인물이 다수를 차지하고 있다. 太祖 자신이 화북지방(洛陽)이 고향이며 五代 後周출신이므로 그를 둘러싼 인물노 사연히 화북오대의 인물이 많은 것은 당연한 것이다. 太祖는 화북을 평정하고 그 후에 강남과 사천을 정복하였고 아직 화북에는 北漢과 江南에서는 吳越·閩이 잔존하고 있었으므로 당시의 재상과 집정은 화북인만으로 구성될 수밖에 없었다. 그러나 통일이 완성된 태종대에 와서도 재상은 모두 화북인이다. 執政 21명 중에 19명이 화북인이며, 江南人과 사천(蜀)인이 각각 1명으로 구성되어 있어서 태종대의 고위관료도 역시 화북인으로 독점되어 있음을 알 수 있다. 이는 眞宗시대에 王欽若(臨江軍 출신)을 필두로 華南지방 인이 진사에 많이 합격하여 고위관료로 등장하는 것과는 아주 대조적이다. 북송의 중기 이후가 되면 강남인이 화북인을 제치고 政界의 중심세력으로 부상하게 되는데 王安石(臨川)은 그 대표적인 예라 하겠다. 이에 대해 南宋의 洪邁는

> 宋 이전의 옛날에는 江南이 中土(華北)와는 동등할 수 없었는데 宋이 天命을 받고 그 후 七閩(福建), 二浙(兩浙)과 江東西에서는 詩書를 冠帶하고 翕然히 크게 인재의 성장을 마음껏 하여 드디어는 천하에 甲이 되었다.[85]

고 지적하고 있는 바와 같이 송 이전에는 江南은 화북과는 맞설 수가 없었고 이와 같은 경향은 太祖·太宗代에도 예외는 아니었다. 그러나

---

85) 『容齊隨筆 四筆』 卷 5.

眞宗代 이후에 이르러 福建·兩浙·江東西路로부터 인재가 배출되어 드디어 천하에 甲이 되었다고 강남관료의 진출에 주의를 기울이고 있다. 이와 같은 변화는 송대에 강남지방의 개발과 이에 따른 산업의 발전과도 밀접한 관계가 있는 것이다.

Ⅲ. 宋初 관료의 家系

宋初 관료들의 家系에서 나타나는 특징적 현상은 進士科 출신자의 가계는 거의가 五代의 문신관료의 가계라고 하는 사실이다. 그들의 父·祖·曾祖의 성명이나 관직이 列傳에 기재되어 있는 경우를 보면 오대에서 고위직에 오른 자도 보이나 그 숫자는 많지 않고 대부분 下位 文官으로서 判官·推官·掌書記·縣令·主簿 등 지방의 문신이거나 중앙의 文官職을 역임하고 있다. 따라서 송초의 고위문신관료의 선조의 관직은 문신이 많고 이에 의하여 문신관료적인 기반은 오대에서 이미 형성되고 있다. 이를 뒷받침하는 중요한 사실로 『宋史』의 一般列傳에 송초의 문신관료의 계보를 보아도 父·祖의 오대에서의 관직은 역시 문신관료 쪽이 다수를 점하고 있고 선조가 오대의 실권직인 高位武官(節度使·防禦使·禁軍指揮使)을 역임하고 있는 예는 극히 드물다. 뿐만 아니라 문신관료의 가계가 武官系라 하더라도 후손이 武職을 계승하는 일은 드물고 文職으로 出仕하는 경향이 명백하다 이는 五代의 무인지배 시대에 문신관료로서의 出仕가 사회적으로 우대되었기 때문이다.

또한 송초 관료의 가계에서는 그들의 父·祖에 대한 성명이나 관직에 대한 기록이 없는 예가 있는데 이들을 布衣家門으로 보았고, 家의 도움 없이 자수성가를 한 인물들로서 그들의 출세에는 본인의 뛰어난 능력이 중요한 작용을 한 것이다.

唐末 五代의 문관에는 세 가지 유형이 있다.

唐代에까지 번영하던 귀족 출신의 관료로서 이들은 가문을 배경으로 하여 신분은 높지만 정치적인 수완이나 재정의 운영에는 별다른 능력이 없기 때문에 오대의 난세에 자연히 도태된 부류이다. 다른 하나는 가문은 보잘것없으나 사무능력에 뛰어난 屬吏출신의 官僚型을 들 수 있다. 軍事와 재정관리에 뛰어난 文官型 관료를 들 수 있다. 이들은 절도사의 幕職으로 출세하여 天子에 중용되었으니 五代에 이미 이와 같은 屬吏出身과 문신관료들이 활약하였고 이를 계승하여 송초의 태조 때는 이러한 유형의 能吏가 송의 문치주의체제를 형성하는 기반을 다져 나갔다.

통일이 완성된 태종대에 들어오면 사회의 안정으로 능력을 활용할 필요가 점차 줄어들어 屬吏出身의 관료는 밀려나고 새로이 진사출신의 관료가 중시됨에 따라 너도나도 진사과를 통하여 관계에 진출하게 되었다. 따라서 太宗의 太平興國 이후에는 진사출신관료가 송대 관료의 주류를 이루게 되었다. 그런데 누구나 과거에 의한 관계진출을 꿈꾸지만 과거 합격은 용이하지 않기 때문에 蔭補에 의하여 관계에 나가는 경우가 많고 관료의 가계는 이 음보에 의하여 계속 유지되었으니, 蔭補制度는 가문이나 문벌이 사라진 송대에 있어서 관료의 가계형성과 유지에 중요한 작용을 하였다.

제 4 장

宋代의 官僚組織

律令체제를 기반으로 하고 있는 唐의 3省6部체제는 五代의 節度使 지배체제하에서 변형되고 다시 宋代에 와서 변천되었다. 宋代의 관료 조직은 복잡하고 제도상의 官名과 행정상의 실직이 서로 다르고 唐代 의 제도가 외형상 남아 있으나 실제로는 아무런 작용을 하지 못하는 경우가 많다. 그래서 송대의 관제를 史料上에 보이는 내용만으로는 그 實相을 파악하기가 매우 힘들는 것이 宋代史硏究者의 공통된 의견이 다. 송대의 관제가 이와 같이 명칭과 내용이 서로 맞지 아니한 이유는 唐·宋의 변혁기에 사회의 변천이 격심하였다는 데 그 원인을 찾을 수 있다. 또한 문신관료체제를 주축으로 하는 황제의 독재체제를 수립 하여 나가는 과정에 제도적 변형에도 원인이 있다.

그러나 송대의 관제를 이해하는 데는 唐代의 제도를 반드시 이해할 필요가 있고 그 위에 거슬러 올라가, 五代의 관제가 직접적으로 宋에 영향을 주고 있기 때문에 이에 대해서도 그 변천과정을 살펴야한다. 송대의 제도사를 연구하는 대부분의 학자들은 송대적인 관제를 규명 하는 전제로서 五代나 唐代의 그것과 서로 비교 연구하는 것이 일반 화되어 있다. 뿐만 아니라 송대의 관제를 추구하는 일은 단지 딱딱한 제도사 연구의 범위를 벗어나서 관제의 변천과정을 통하여 唐·宋 사 회의 변혁과정을 파악할 수가 있다.

본 연구에서는 五代의 武人體制에서 宋代의 文人體制로 들어서는 과정에 제도적인 변천은 시대의 전환과 직결되는 것이므로 관료제도 와 시대성을 연관시켜 보았다. 이와 같은 입장에서 송대의 중앙관제 와 지방관제, 그리고 元豊新官制의 내용을 통하여 변혁을 추구하여 보겠다.

제1절 宋代 官僚조직의 성립배경

송대사의 특징적인 현상은 사대부 관료의 출현을 들 수 있다. 이들 사대부 관료의 활동 무대는 정치분야에서 뿐만 아니라 학문·예술 등 문화방면은 말할 것도 없고 사회·경제 등 넓은 분야에까지 미치고 있다. 이와 같은 사대부 관료는 발달에 따라 탄생한 것이다. 그들은 사회적으로는 독서인으로서 지식계급을 형성하고 官界에서는 과거출신자로서 관료사회의 주도권을 장악하고 있다. 이들 사대부 관료들이 여러 분야에서 그 세력을 확고히 하면서 宋代 이전의 사회와는 다른 관료구조를 형성하였다. 여기서는 송대 관료조직의 특색을 살펴보고 다시 五代의 절도사체제에서 宋의 문신체제로 넘어가는 과정을 주로 관료조직의 제도적 변천과정을 중심으로 검토하여 보겠다.

Ⅰ. 唐·宋 官制의 성격

송대는 정치·사회·경제의 구조에서 학술, 사상의 성격에 이르기까지 중국의 역사에서 중요한 변혁기에 해당한다. 먼저 정치형태로는 신흥지주관료를 중심으로 중앙집권적 군주독재체제가 성립되었고, 경제상에 있어서는 산업의 발달에 따라 상업이 발전하여 화폐경제가 도시·상인계층에서뿐만 아니라 향촌·농민층에 이르기까지 침투되었다. 사회면에는 佃戶制에 의한 대토지사유제의 확대가 형성되고 이에 따라 향촌 사회의 분화 현상이 두드러지게 나타나고 있다. 또 학술·사상 면에도 전통적 문화와 관습에 대한 비판적 정신과 과학적 연구사

조가 발흥하였다.[1]

宋朝의 관료제적 중앙집권체제는 화폐경제의 침투와 대토지사유제의 확대, 그리고 과거제의 발달에 따른 士大夫계층의 형성을 기반으로 성립된 것이다. 唐·宋시대의 변혁과정에 대해서는 많은 문제가 아직도 제기되고 있으며 관료조직에도 차이를 보이고 있다.

唐代의 정치조직은 귀족의 여론을 대변하는 門下省을 중심으로 하는 귀족정치였다. 唐왕조의 권력구조는 귀족의 특권을 황제가 공인하는 바탕 위에서 운영되는 일종의 協議制政體로서 황제만이 절대권을 행사할 수는 없다.[2] 天子는 재상을 통하여 정치문제를 청취할 뿐으로 일반관료기구로부터 정치문제 전반을 청취하여 정책을 수립하는 일은 제도적으로 불가능하였다. 그 결과 궁중과 官府와의 연락은 재상을 통해서만 가능하였으므로 天子의 업무는 한가하여 일상생활은 사치와 타락으로 흐르기 쉽고 재상이나 환관 가운데서 정치적 야심을 지니고 있으면 권력의 전횡은 쉽게 달성될 수 있었다.[3]

唐代의 중앙정부조직의 특징은 三省 가운데 中書省은 承旨官으로 天子의 명령을 承受하는 기관이다. 그러나 皇帝의 令도 門下省의 동의를 얻지 못하면 公布할 수 없다. 문하성의 장관인 侍中은 唐代의 유력귀족이 임명되었으므로 아무리 天子의 명령이라 해도 귀족의 이해와 상반되면 반대의견을 내세워 封駁할 권리가 있었다. 이와 같은 門下省의 존재에 의하여 천자의 권력은 제한되었다.

---

1) 宮崎市定, 「東洋的ルネッサンスと西洋のルネッサンス」, 『アジア史研究』第2 (同朋舍 1963), 336-387쪽 참조.
2) 宮崎市定, 「宋代官制序說」, 『宋史職官志索引』所收 (東洋史研究會, 1963), 2쪽 참조.
3) 佐伯富, 「宋代の皇城司について—君主獨裁權研究の一齣—」, 『中國史研究』1, (東洋史研究會 1966), 1-42쪽 참조.

또 천자를 보좌하는 관리의 임명에 있어서도 귀족의 天子에 대한 발언권은 강하였다. 과거제도로 進士에 급제하여도 쉽게 관리가 될 수 없었으니 禮部의 시험에는 개인의 재능과 學識에 따라 합격할 수 있어도 이는 관리로서의 자격만을 부여하는 것이지 실제로 관료로 임명 받기 위해서는 吏部試에 합격하여야 한다. 吏部試는 身言書判 등의 구술시험으로 시험관인 吏部尙書는 門下侍中과 함께 유력귀족으로 권익을 대표하고 있으므로 귀족들의 이익을 침해하는 인사가 있으면 반대의견을 갖추어 봉박할 권리가 있었다.4) 당은 이와같이 귀족계층을 대변하는 문하성의 존재로 天子의 권력은 크게 제한되었다.

이 밖에 천자를 보필하는 관리의 지위도 귀족사회이기 때문에 세습이 가능하였다. 이와 같은 귀족의 사회적 지위는 그들의 경제력을 바탕으로 하고 있다. 귀족의 경제적 기반이 된 것은 토지로서 당대의 귀족은 지방에는 광대한 토지를 소유하고 있었으므로 경제력에 의하여 중앙에서 관료 위치가 확립되었다. 그들은 재산을 세습할 뿐만 아니라 중앙정부의 지위까지도 대부분 세습하는 경향이 있었다. 오랫동안 중앙정부의 고관의 지위에 있으면 사회로부터도 존경을 받게 되고 그것이 家門의 格에 영향을 주었다. 이리하여 귀족의 경제력과 정치권력의 강약에 따라서 가문에도 등급이 붙게 되었다. 그리하여 자손들도 선조의 家格에 따라서 각각 나아갈 수 있는 관직이 정해지게 되었으므로 정권과 밀착되어 그들의 경제적인 地盤을 보전할 수가 있었다. 위로는 중앙의 고관으로부터 아래는 지방의 州縣官에 이르기까지 귀족관료체제가 확립되고 이를 배경으로 唐朝는 유지되었다.

그러나 唐末 五代의 혼란한 시대에는 가문만 높고 무능한 실무에 어두운 귀족은 복잡한 정치·군사문제를 처리하기가 곤란했다. 五代의

---

4) 內藤乾吉, 「唐の三省」, 『史林』15卷—4號 참조.

後唐은 唐을 계승하는 것을 표방하여 唐代 名家의 자손을 재상으로 기용하였다. 그러나 그들은 지위만 높을 뿐 난세에 쓸모가 없어서 免職되었고 이에 대신하여 가문은 보잘것없으나 실무에 밝은 관료가 등용되니 이것이 屬吏出身 관료로 재정 사무에 능하여 중용되었다. 그리하여 唐代의 귀족관료는 唐末 五代에 정계에서 밀려나가게 됨과 동시에 그들의 권력도 쇠퇴하였다. 사회가 혼란에 빠지자 귀족들이 지방에 소유하고 있던 광대한 토지도 정치권력의 상실과 병행하여 莊園도 상실하게 되니 경제적 기반도 자연히 붕괴되었다..

唐末五代의 혼란을 수습하여 통일제국을 완성한 송대는 사회의 변화와 경제적 발전에 따라서 정치조직도 변천되었다. 정치상의 문제는 재상만이 上奏하는 것이 아니라 唐代의 六部 위에 審官院, 三司, 禮院, 樞密院, 審刑院, 文思院과 같은 특수기관이 天子에 직속되어 있어서 궁중과 행정부와의 연락을 빈번하게 취할 수가 있었다. 따라서 宋代는 환관이나 재상의 횡포는 불가능하게 되고 天子는 많은 관료로부터 上奏를 받아 이를 친히 결재하게 됨으로써 중앙집권체제가 가능하게 되었다.

宋의 중앙집권체제의 정치형태는 이미 五代 後周의 世宗代에서 그 싹이 나타났다. 중앙집권화의 방향으로서는 절도사의 移鎭으로 시작되었고, 관료제이행의 싹으로서는 지방의 유력한 토착호족을 중앙관직에 임명하는 것 등을 들 수가 있다. 또 均稅法의 시행에 의하여 재정 면에서 황제의 독재권을 확립하려는 움직임이 나타나고 있었다.

그러나 後周는 단기간으로 끝났기 때문에 중앙집권적 군주독재체제를 확립하여 중국의 전통적 정치형태로써 완성시킨 것은 宋의 太祖와 그 아우 太宗에 의하여 官制·兵制·科擧制의 개혁과 差役法 등의 시행으로 달성된 것이다. 절도사 출신인 태조 趙匡胤은 唐末·五代의 무인

정치의 弊를 누구보다도 잘 알고 있었으므로 건국의 기본방침을 문관에 의한 문치주의 국가수립에 두었으며 文臣의 채용은 과거제에 의하였다. 과거제는 宋에 이르러 그 중요성이 재인식되고 태조는 특히 進士科 시험을 엄격히 하였을 뿐만 아니라 인원수도 소수정예를 취하였다. 그러나 문관의 필요가 많아짐에 따라 합격자 수도 점차 증가하였으나 심사의 엄격성에는 변함이 없었다. 宋代의 과거시험제도는 州試(解試), 省試(禮部試)를 거쳐 天子가 친히 시험을 보는 殿試制度의 3단계로 완성되었다. 이와 같은 3단계의 과거제에 합격된 자는 천자에 의하여 관료로 임명되어 중앙과 지방의 행정을 담당하였으므로 송대의 문신관료제적 중앙집권체제가 확립되었다.[5]

宋朝의 군주독재체제는 과거제에 의하여 수립되고 官制와 兵制에 의하여 다져졌고 다시 향촌을 장악하는 差役法에 의하여 완성되었다. 과거응시자가 관리로 채용되는 데는 天子 친히 행하는 전시를 거쳐야 하므로 殿試의 합격자는 천자의 門生을 자처하게 되었다. 황제와 관료 사이에는 唐代처럼 황제와 귀족관료의 연합관계가 아니다. 宋代는 君臣關係는 절대적 명령을 따르는 主從關係로 여기에 과거제에 의한 문신관료제적 군주독재체제가 성립을 보게 되었다.[6]

宋代 중앙집권체제에 의한 황제권의 강화는 臣權의 약화를 가져오게 되었다. 또한 宋代의 관료는 皇帝가 직접 임명하였을 뿐만 아니라 관료 상호간을 견제하였다. 그 실례로 중앙의 정치·군사·재정은 각기 中書·樞密·三司로 분립시켜 삼권분립구조를 채용하였다. 또 중서문하성도 재상인 同中書門下平章事와 그 아래 副宰相인 參知政事는 數名을 두는 復數制를 취하였다. 그리하여 정치운영은 이들의 合議制

---

5) 和田 淸 編著,『支那官制發達史』, (汲古書院 1942) 171쪽 참조.
6) 荒木敏一 著,『宋代科擧制度硏究』, (東洋史硏究會 1969) 참조.

로 하고 재상이나 집정은 단지 국무를 논의하기만 하고 최종적인 결정은 황제만이 하였다.

지방의 최고행정구역인 路의 장관으로 전운사를 두었으나 중요한 路에는 安撫使를 두어 병권을 맡게 하고 다시 提點刑獄으로 하여금 司法을 관장케 하고 관리의 按察도 행하였다. 路 아래의 府, 州에는 通判을 두었으나 路州의 장관에 예속되지 않고 직접 중앙에서 파견하여 장관을 감시하고 견제하는 사명을 띠고 있었다. 이 밖에도 皇城司와 走馬承受 등의 첩보기관을 설치하여 수시로 관료와 군대를 감시하도록 하였다. 이러한 관제에 의하여 중앙집권적 군주독재체제가 효과적인 기능을 발휘하게 되었다.

태조는 兵制도 개혁을 하여 독재권을 확립하였다. 병제개혁의 중요한 것은 禁軍의 總司令官인 殿前都點檢을 폐지하여 3衙로 편성하고 그들을 천자의 指揮下에 두었으며 별도로 樞密院을 설치하였다. 3衙는 군대의 指揮權을 갖고 樞密院은 군대의 統帥權을 장악하게 함으로써 병권을 지휘권과 통수권으로 양분하여 皇帝가 이를 직접 統括함으로써 군대의 횡포를 막고 皇帝의 독재권을 공고히 하였다. 또 중앙의 금군을 강화하여 천자측근을 튼튼하게 하고 지방의 병권은 약화시킴으로써 強幹弱枝政策을 兵制에서도 적용하여 皇帝의 권한을 강력하게 만들었다.[7]

중앙집권적 군주독재체제를 확립하기 위해서는 국가권력의 기초가 되는 재원을 확보하지 않으면 안 되었다. 이를 위하여 茶·鹽·酒 등의 전매제도를 실시하였고 또 양세법에 의한 稅收의 확보를 꾀하였으니 이것이 差役法이다. 이는 모든 民戶를 재산에 의하여 등급을 나누

---

7) 蔣復得璁, 「宋代一個國策的檢討」, 『宋史硏究集』1, (中華叢書委員會 1958), 407~449쪽 참조.

고 戶等에 따라서 稅額을 정하고 職役을 의무적으로 과하였다. 이와 같은 방법으로 稅收의 확보와 治安維持를 꾀하려 한 것이다. 특히 鄕村을 장악하기 위하여 差役法의 운영에 면밀한 노력을 기울이며 差役法에 의하여 宋朝의 국가구조가 보다 조직화되는 기본으로 삼았다.

Ⅱ. 讀書人과 士大夫 관료의 구조

宋의 중앙집권적 문신관료체제가 제도적으로 정비되는 과정에서 특기할 일은 讀書人을 고위관료로 등용하려는 조처에서 문신관료제의 성격과 내용을 알 수가 있다. 독서인을 宋代 관료의 기반으로 삼으려 한 정책은 太祖代에 이미 그 자리가 잡혔음을 알 수가 있다. 讀書人에 대한 기록은 태조의 乾德4년(966) 5月條에

> 宰相은 반드시 讀書人으로 기용한다.. 이로써 儒臣을 더욱 중용하게 되었다..[8]

란 내용에서 비롯된다. 이는 太祖가 재상 趙普의 무식함을 개탄하고 그 대책으로

> 일찍이 近臣에게 말하길 지금 武臣을 모두 정리 하였으니 讀書하고 아는 것을 귀하게 여기는 것을 정치의 근본으로 하겠다.[9]

고 하여 武臣에 대신하여 讀書人(文人)을 귀하게 여기고 이들을 治道

---

8) 『皇朝編年綱目備要』卷 1, 乾德4年 5月 收蜀圖書條
9) 『皇朝編年綱目備要』卷 1.

의 本으로 삼을 뜻을 분명히 하였다. 이에 대해서는 『長編』에 다음과
같이 기록하고 있다. 즉,

> 上이 말하기를 宰相은 모름지기 讀書人을 써야 한다. 이로 말미암아
> 더욱 儒臣을 중용하였다. 趙普가 처음에 治道가 되어 學術이 부족하다
> 는 것을 듣고 上이 매번 독서로서 권장하여 普가 드디어 책을 손에서
> 놓지 않았다.[10]

太祖 趙匡胤은 典型的인 武人型으로서 豪酒家이며 酒癖이 심한 인
물로 인식되어 왔으나[11] 한편으로 讀書를 즐겨 하고[12] 奇書를 구입
하는 데 인색하지 아니하였다. 武人이면서도 陳中에 상당히 많은 서적
을 수집하고[13] 신하들에게 항상 독서를 장려하며 문인에 대한 깊은
이해를 지니고 있었다.

재상은 반드시 독서인으로 기용하겠다고 한 태조의 위와 같은 말은
무인시대의 종막을 고하는 것이며 송의 社稷基盤인 문치주의 관료체
제의 기본방향을 설정하여 문신우위, 儒臣尊重의 사회, 이른바 독서인
시대를 약속하는 선언이라 하겠다. 독서를 통하여 과거에 급제하고 승
진하여 재상에까지 오르는 것이 인생의 궁극적 목적처럼 생각하는[14]
宋代人의 사고의 기틀이 여기에서 마련된 것이다.

이와 같은 讀書人의 기용을 제도적으로 뒷받침하기 위하여 절도사

---

10) 『長編』卷 7, 乾德4年 5月條.
11) 宮崎市定,「宋の太祖被弑説に ついて」,『アジア史研究』第 3, 126 – 142쪽 참조.
12) 『長編』卷 7, 乾德4年 5月條.
13) 『長編』卷 7, 乾德4年 5月條.
14) 『涑水燕談錄』卷 4, 秀才 胡旦의 말에 "應擧하여 壯元이 못되고 仕宦하여
　　宰相이 되지 않으면 곧 虛生한 것이다"고 한 것은 宋代 讀書人의 生活哲
　　學을 단적으로 표현한 말이다.

의 지배하에 있는 지방행정조직을 정비하는 일이 먼저 추진되었고, 이
러한 지방조직의 개편에 따라서 지방의 요직을 중앙의 문신관료로 임
용하는 조처가 취해졌다. 먼저 州·縣의 행정조직을 정비하였는데 乾
隆元年 10월에는 현의 조직을 望·緊·上·中·下縣으로 나누어 제정
비하고[15] 乾德 원년 7월에는 州縣官의 當直人數를 정하였다.[16] 또한
乾德 4년 7월에는 州縣官의 俸戶를 給하였으며[17] 이와 아울러 州에
防禦·團鍊·刺史州의 都督府號를 중지하고 이를 上州에 編籍시킴으
로써 州·縣의 행정조직을 문신관료체제로 전환하였다.

武人체제에서 文臣관료체제에로의 전환은 중앙 및 지방의 관료를
문관으로 바꾸는 일이 급선무이다. 특히 藩鎭의 제거에서 오는 공백을
문관으로 메우는 일이 중요한 것이다. 우선 지방관료 가운데 중요한
知州와 知縣을 文官으로 대처하였으니, 建隆원년 7월에 文吏 출신이며
後周 世宗代에 행정능력을 인정받고 있던 笞居潤을 權知鎭州로 임명
하여[18] 처음으로 문관 知州를 임용하여 업무를 담당케 하였다.[19]

송초의 연호에서도 살필 수 있듯이 建隆(960~962)은 宋의 건국과 융
성을 바라는 것이라면 이 건륭시대에 이어 建德(963~967)의 시대는 문
치주의적인 바탕 위에 유교적 통치이념을 기반으로 한 德治主義를 실현
하는 시기로서의 의미가 엿보인다. 즉 乾德원년 4월에는 처음으로 문관

---

15) 『長編』 卷 1, 乾隆元年 10月條
16) 『長編』 卷 1, 乾德元年 7月條
17) 『長編』 卷 3, 乾德4年 7月條
18) 『宋史』 卷 262, 列傳 21 笞居潤傳에 "善書計 後唐長興中 隸樞密院小吏"라
　　사실을 보면 그의 출신이 屬吏이다. 그 후 周世宗에게 능력을 인정받아
　　軍器庫使, 客省使, 知州 등을 역임하여 행정력을 발휘하고 있다. 太祖卽位
　　初에는 澶州巡檢의 요직을 맡았다. 權知鎭州로 임명하는 데 손색이 없는
　　人物이다.
19) 『皇朝編年綱目備要』 卷 2.

으로 通判을 諸州에 설치하여 節度使와 刺史의 권한을 축소하고 州의 行政을 감독하도록 하였다.[20] 또 절도사나 刺史의 결원이 생겼을 때에는 文臣으로 知州를 임명하고 武官을 지방에서 제거하였다.

> 처음에 通判을 두어 節度, 刺史의 권한을 나누었고 節度史, 刺史가 闕함이 있으면 文臣으로써 諸州를 權知하게 하였다.[21]

라 한 사실로 武官에 대신하여 文官임용을 알 수 있다. 이때 처음으로 임명된 通判이나 知州는 후에 재상에 오른 자가 나올 정도로 유능한 문신관료였다. 그 예로 刑部郞中 賈玭 등을 湖南諸州의 通判으로[22] 給事中 李昉은 權知衡州로,[23] 樞密直學士 戶部侍郞 薛居正은 權知郞州,[24] 樞密直學士 尙書左丞 高防은 權知鳳翔府로,[25] 王仁瞻은 權知刑南軍府事[26]로 각각 임명되었고 이들은 후에 軍相으로 나아갔다.

乾德 원년 정월에는 諸道의 獄訟을 중앙의 大理寺와 刑部에서 檢詳

---

20) 通判의 지방행정상 權限이 강대하여져서 그 결과 지방의 文臣장관과 분쟁이 생기게 되니 乾德 4年 11月에는 다시 通判의 專權을 억제하였다. 즉 『長編』卷 7, 11月 乙未條에 의하면 "自平湖南諸州 皆置通判 旣非剖貳 又非屬官 多與長吏忿爭 常曰我監州也 朝廷使我來 監汝長吏擧動必爲所制 或言其太甚 宜稍抑損之 乙未詔諸道州通判 無得怙權徇私 須與長吏 連署文移 方許行下"라 한 사실이 이를 입증하고 있다.

21) 『皇宋十朝綱要』卷 1, 乾德元年 3月條 및 『長編』卷 6, 乾德3年 3月條에도 "時方鎭闕 守師稍命文臣權知所在場完間 遣京朝官廷臣監臨 又置轉運使爲之 條禁文簿 漸爲精密 由是利歸公 上而外權削矣"라 하여 方鎭의 缺員을 文官의 京朝官으로 메우고 있다.

22) 『長編』卷 4, 乾德元年 夏 4月 乙酉條에 "始命 刑部郭中賈枇等 通判湖南諸州"라고 있다.

23) 『長編』卷 4.

24) 『長編』卷 4, 夏 4月 丙午條

25) 『長編』卷 4, 夏 4月 辛酉條

26) 『長編』卷 4, 6月 丁酉條

토록 함으로써[27] 사법권의 중앙회수가 실시되었다. 同 6月에는 知縣을 문관의 常參官으로 임명하는 특별조처를 취하였다.[28] 文臣 常參官의 知縣 임용은 宋의 문치주의 중앙집권체제에 상당히 중요한 의미를 지니는 것이니 이는 知縣의 관료로서의 격이 종래보다 월등하게 올라갔다는 것을 의미하게 된다. 知縣의 格을 높임으로써 지방행정관으로서의 知縣의 지위가 확고하여졌음을 의미하고 그와 함께 황제가 친히 常參官을 知縣으로 임용함으로써 황제권이 지방의 말단에까지 침투되는 제도적인 기반이 형성되었다. 이와 아울러 知縣으로 임명된 관료들도 그만큼 우월성을 가지고 일선행정을 담당할 수가 있었으니 송대의 관료가 승진하는 데 지현으로 재직하고 있던 기간의 행정능력이 중요하게 평가되는데 이와 같은 知縣 우대책은 이미 송초에 마련된 것이다. 또한 常參官 지현을 문관으로 임용한 것은 무관의 잔존세력을 문관으로 대처하려는 의도와 함께 무관에 의한 지방행정의 전횡을 才氣 있고 청렴한 문신관료를 임용함으로써 효과적인 행정력을 발휘시키려는 뜻이 있었다. 이에 대하여

이 때에 符彦卿이 大名府의 절도사로 不法을 자행하고 屬邑은 자못 다스려지지 않았다. 그런고로 強幹한 사람을 뽑아서 임용 하였다. 그 후에 右贊善大夫 周渭를 知永濟縣를 맡겼다. 彦卿이 郊外에서 渭를 맞이할 때 馬上에서 읍하고 館에 나가 비로소 彦卿과 상견할 때 결코 降하지 않았다.[29]

---

27) 『宋史』卷 2, 太祖本紀.
28) 『長編』卷 4, 乾德元年 6月 庚戌條에 大理正 奚嶼는 知館陶縣에, 監察御使 王祐는 知魏縣에, 楊應夢은 知永齊縣에, 屯田員外郎 于繼徵는 知臨淸縣에 任用하여 常參知縣은 이때에 시작되었다.
29) 『長編』卷 4, 乾德元年 6月 庚戌條

라 하였으니 당시에 막강한 세력을 지니고 있던 절도사 符彦卿[30]의 불법전횡으로 屬邑의 행정이 마비된 것을 시정하기 위하여 强幹한 문관 楊應夢을 特選하여 知永濟縣으로 임용하였고, 그 후 周渭를 다시 知永濟縣으로 나가게 하였는데 새로 부임하는 지현을 大名府의 武人 절도사 符彦卿이 馬上에서 영접한 후 다시 公館에서 상견할 때 문신 관료 周渭가 결코 武官 符彦卿에게 굴하지 않았다. 절도사에게 일개 지현이 머리를 숙이지 않을 정도로 문신 지현의 입장은 황제의 강력한 뒷받침을 받고 있는 것으로 그들의 지위가 보장되고 있음을 알 수 있고 시세의 커다란 변화를 절도사 符彦卿과 지현 周渭[31]의 대면에서 역력히 읽을 수가 있다.

송대의 지현은 관료로서의 지위는 높은 편이 아니나 친민관으로서 일선행정을 담당하고 있으므로 행정가로서의 능력을 발휘할 수 있는 좋은 기회이다. 따라서 지현으로서의 치적[32]은 그의 앞으로의 관료생활에 지대한 영향을 주고 특히 승진에 직접적으로 반영되는 것인데[33] 태조 때에 이미 지현을 중시하는 제도적 기틀이 마련되었다. 이와 아울러 藩鎭의 掌書記를 초임관으로 임명하는 것을 금하고 兩任의 경력

---

30) 『宋史』 卷 151, 列傳 10, 符彦卿傳에 의하면 父인 符存審은 後唐의 宣武軍 節度使 馬步軍都總管兼中書令으로 武家를 이루고 彦卿도 晋天福中에 節度 使로 後代에 淮陽王에 봉하고 守大尉를 역임하였으며 그의 딸은 世宗의 皇后(宣懿皇后)가 되었으니 그의 武人으로서의 세력은 막강하였다.

31) 『長編』 卷 4, 乾德元年 6月 庚戌條에 周渭恭順人也 先是爲白馬主簿 縣大 吏犯法 渭卽斬之 上奇其才 故擢贊善大夫"라 한 사실을 보면 太祖는 특히 그의 과단성 있는 강직한 才能을 인정하였다.

32) 『宋史』 卷 2, 太祖本紀 및 『長編』 卷 3, 建隆3年 11月條에 "至是有司上言 自 今請以減損戶口一分 科納係欠一分巳上 郊降考一等 如以公事曠遺有制殿罰 者 赤降一等生"이라 하여 縣令의 考課에 戶口의 增減으로 黜陟의 기준으로 하였다.

33) 申採湜, 「宋代文臣官僚의 陞進에 관하여」, 『東洋史學研究』8・9合輯(1975), 131-181쪽 참조.

이 있고 문학의 교양을 갖추고 있는 자를 임명하게 하였다.[34]

이상은 唐末 五代에 지방에 할거하고 있던 절도사의 세력을 제거하고 이에 대신하여 문신관료로서 지방행정을 담당케 하는 새로운 제도의 변화이거나 이와 같은 제도는 중앙행정조직에 있어서도 마련되었으니 문신관료의 공급원이 되는 과거제도의 정비와 특히 전시제도의 마련과[35] 參知政事制의 신설이다. 宋代의 재상은 同中書門下平章事이지만 실제로 국정을 운영하는 운영권은 參知政事도 지니고 있었는데 乾德2年 4月에는 참지정사를 처음으로 설치하여 薛居正과 呂餘慶을 임명하였다.[36] 參知政事를 새로 설치하게 된 경위에 대해서는

上이 趙普를 위하여 副를 두고자 하였으나 그 名稱이 어려워, 翰林學士承旨 陶穀을 불러서 丞相을 한 등급 낮추면 무슨 官이냐고 물었다. 대답하기를 唐代에 參知機務에는 參知政事가 있었다고 대답하였다.[37]

라고 한 사실로 알 수가 있다. 이 참지정사는 宋代에 樞密使, 三司使와 함께 중앙행정기구의 요직이 되었다. 그런데 송의 문신관료에 의한 중앙집권체제가 완성된 것은 태종의 태평흥국 2년(977)으로 보아야 한다. 왜냐하면 北漢을 제외한 전국토가 통일되고 문신지배체제의 기본이 되는 과거제의 확대와 함께 지금까지 명맥을 유지하고 있던 절도사체제가 수정되게 된 것이 이때 와서이기 때문이다. 절도사가 支郡을 지니고 있었으나 이를 중앙에 반환시켜 지방의 州를 중앙에 직속시키고 절도사는 道를 관할하지 못하고 형식상 一州의 장관에 불과하

---

34) 『長編』 卷 5, 乾德2年 7月 甲午條 "令藩鎭無以初官爲장서기 수역양임유문학자 내허진벽.
35) 荒木敏一, 『宋代科擧制度硏究』 참조.
36) 『長編』 卷 5, 乾德2年 夏4月條
37) 『長編』 卷 5, 乾德2年 夏4月條

게 되고 또 절도사의 결원이 있으면 후임을 두지 아니하였으므로 唐末 五代 이래로 지방에서 할거하던 절도사체제는 무너졌기 때문이다. 이리하여 당말 오대에 세력이 막강하던 절도사·방어사·단련사·자사 등의 무관들은 단순한 무관의 계급을 표시하거나 府州의 등급을 정하는 칭호에 불과하게 되었다. 절도사의 통치권이 완전히 중앙으로 이양되고 지방을 路로 나누어 문신관료인 轉運使를 파견함으로써 송조의 중앙집권적 문신관료체제의 완성을 보게 되었다.

이상과 같은 정치·군사적인 중앙집권체제와 아울러 재정 면에 있어서의 중앙집권체제도 마련되었다. 唐의 중기 이후에 지방의 財賦는 上供·留使·留州로 나누어져 있었으나 절도사의 발호 이래 중앙으로 보내는 上供의 액수는 적고 지방에 留置되는 留使·留州의 액은 많아서 절도사가 이를 마음대로 이용하여 자신의 권력신장의 경제적인 기반으로 삼고 있었다. 그러나 宋初에 이를 모두 중앙으로 옮겨 州府의 재정은 중앙에서 파견된 문관인 知州와 通判이, 路의 재정은 전운사로 하여금 관리토록 하였다. 그리고 東南의 여러 路 米穀生産의 要地이므로 이를 중앙으로 수송하는 데는 漕運이 중요하므로 발운사를 두어 관리하게 하였다. 지방에 있던 이들 재정관료는 중앙의 三司에서 통할하였으므로 삼사의 권한은 크게 확장되었다.

이와 같이 민정·재정·병제상에 중앙집권을 꾀함과 아울러 이를 장악하는 관료는 과거에 합격한 독서인으로 충당함으로써 송대의 士大夫 官僚 社會가 확립되었다.

제2절 宋代 官制의 성격

宋代의 官制는 宋史의 職官志나 選擧志에 나타나고 있는 내용과 실제로 운영된 실상과는 상당한 차이가 있다. 특히 官과 職이 분리되어 있을 뿐만 아니라 帶職(館職)이 따로 있어서 관료조직상에 있어서 혼란을 일으키는 경우가 많고, 이로 인하여 宋代의 官制를 이해하는 데 상당한 어려움이 있다. 여기에서는 宋代의 官制를 唐의 律令體制와 비교하면서 중앙 및 지방조직에 어떠한 특성이 있는가를 살펴보고 다시 元豐官制改革의 내용과 人事機構에 대하여 검토하고, 또한 宋代의 班制가 지니는 특성과 의미를 찾아보았다.

I. 中央官制의 특성

宋代 중앙행정조직의 최고기관으로서는 政務機關으로 中書가 있고 軍事機關으로 樞密院이 있으며 財政機關으로 三司가 있어서 정치·군사·재정을 총괄하였다.[38] 中書의 長官을 同中書門下平章事(略하여 同平章事)라 하는데 1명을 두지 않고 2명 내지 3명을 두었다. 宋의 中書는 唐代의 三省 가운데 中書省과 門下省을 통합하여 궁중에다 설치

---

38) 『宋史』卷 161, 志114, 職官 1(以下『宋史』職官志라 略함)에 中央官制의 대략을 다음과 같이 설명하고 있다. "宋承唐制抑又甚言 三師三公不常置 宰相不專任三省長官 尙書門下並列于外 又別置中書禁中 是爲政事堂 與樞密 對掌大政 天下財賦 內庭諸司 中外筦庫 悉隷三司中書省但掌册文 覆奏 考帳 門下省主乘輿八寶 朝會板位 流外考較 諸司附奏狹名而已 壹省寺監 官無定員 無專職 悉皆出入分泣庶務 故三省六曹二十四司 類以他官主判 雖有正官 非別敕不 治本司事 事之所寄 十亡二三"이라 있다.

한 것으로 唐代와는 비교도 안 될 정도로 中書의 지위는 낮아졌고 담당하는 政務 권한이 축소되고 있다. 同平章事 아래 執政으로서 副宰相에 해당하는 參知政事를 乾德2년(964)에 처음으로 설치하여 副相의 임무를 맡기었고 開寶6년에 가서 宰相과 같이 國務를 논의할 수 있게 하였는데, 參知政事의 업무는 정치 전반에 걸쳐 폭이 넓다. 이는 宋代의 행정기구상의 특색이기도 하며 參知政事 역시 2명 내지 3명의 복수제를 채택하고 있는데, 이와 같은 행정의 최고관료를 복수제로 한 것은 행정권의 분산을 꾀하여 臣權이 약화시키고 皇帝權을 강화하련느데 있다. 또한 同中書門下平章事나 參知政事 知樞密院事와 같이 官職의 명칭에 事를 붙이는 것은 관료의 格을 낮추어 國務長官이나 政務官僚라기보다는 事務官僚로서의 성격을 의미하는 것이다. 이는 관료로서의 格이 떨어짐을 나타내는 것이며, 이 점도 皇帝權의 강화와 밀접한 관련을 갖는 것으로 宋代 官制의 성격을 엿볼 수가 있다.

宋代의 宰相은 백성을 다스리는 治者의 입장이라기보다는 皇帝에 의한 被治者의 입장이 강하고 國務의 결정권은 황제에 의하여 左右되었으니 이는 君主獨裁體制의 강화를 의미하는 것이다. 이와 아울러 관료, 특히 중앙의 고위관료가 담당하는 업무는 唐代에 비하면 크게 줄어들고 이에 반비례하여 皇帝의 권력은 크게 강화되었다. 宋史의 職官志에서는 "宋承唐制"라는 구절이 여러 번 반복되기는 하지만 唐制를 계승한 것은 外形的인 명칭뿐이고 實職은 반드시 그렇지 않은 경우가 많다.[39] 또

---

39) 『宋史』 卷 161.에 "故中書令 侍中 尙書令不預朝政 侍郎 給事不預省職 諫議無言責 起居不記注 中書常闕舍人 門下罕除常侍 司諫正言 非特旨供職亦不任諫諍"이라 한 사실을 들 수 있다.

그 官에 있으면서 그 職을 알지 못하는 사람이 10명중 8, 9명이다.[40]

라고 하였다. 官은 있으나 자기가 맡은 實職을 갖지 못한 사람이 10中 8, 9라 하였다. 宋代 中書省의 예를 보면 中書의 건물은 政事堂이라 하고 堂 뒤에는 制勅院이란 사무실을 두고 5房으로 나누어 사무를 관장하였는데[41] 堂後官 혹은 堂吏라고 하는 胥吏가 근무하였다. 그런데 宮城內의 中書와는 별도로 본래의 中書省과 門下省은 皇城外에 설치하고 있었으나 업무는 별로 없고 이곳에도 약간의 胥吏가 있으며 이를 감독하기 위하여 判中書省事·判門下省事와 같은 직무를 맡는 관료가 있다. 이로써 唐代 행정의 최고기관으로서의 三省은 宋代에 오면 그 지위도 낮아졌을 뿐만 아니라 관료조직상의 업무도 축소되었음을 알 수가 있다.

中書가 이와 같이 그 기능이 축소된 데 반하여 중앙행정조직상의 樞密院과 三司의 기능은 강화되었다.

樞密院은 唐代에는 宦官이 實職을 장악하고 있었으나 唐六典에는 오르지 못할 정도의 미미한 기구였다. 그러나 五代의 武人時代에 宦官으로부터 독립하여 參謀本部와 같은 성격을 띠면서 政務機關으로서 中央政府와 天子와의 사이에 개재하게 되었다.[42] 五代의 樞密院은 주로 軍政을 맡았고 民政을 장악하는 中書와 양립하여 東府와 西府로서 兩制라 불리고 宋初에 이르면 二府로 호칭되었다.[43]

---

40) 『宋史』 職官志 序.
41) 五房에 대해서는 同上揭書 門下省條에 "國初循舊制 以中書門下平章事爲宰相之職(中略) 先是中書人吏分掌五房, 曰孔目房, 吏房, 戶房, 兵禮房, 刑房" 이라 있고, 다시 兵房, 禮房을 독립시켜 6房으로 하였다.
42) 『二十二史箚記』 卷 22, 五代樞密之權最重條
43) 『宋史』 職官志, 樞密院條 "宋初循唐吳代之制 置樞密院 與中書對持文武二板 號爲二府院 在中書之北"라고 되어 있다.

　　樞密院의 장관을 樞密使, 차관을 樞密副使라 하여 執政이라 하였다.
太祖 때에는 樞密使와 副使만이 있었으나 太宗 때에 이르면 樞密院의
기구가 확대되면서 장관을 知樞密院事라 하기도 하였는데 이러할 경
우 차관을 同知樞密院事라 칭하고 다시 그 아래 簽書樞密院事·同簽
書樞密院事가 설치되었다.[44] 그런데 樞密院의 장관이나 차관은 太祖
代의 부분적인 예를 제외하면 거의가 文臣官僚로 임명하고 있는데 軍
政의 중추부에 해당하는 樞密院의 관료를 文臣으로 임용하였다는 사
실도 文治主義 官僚體制의 특징이라 하겠다.

　　宋代에 財政을 장악하는 三司의 기능이 강화되고 있는 것도 관료체
제의 특성으로 볼 수 있다. 三司의 장관을 三司使, 차관은 三司副使라
하는데 三司는 外的으로 부르는 명칭으로서 司內에서는 三部라 하고
鹽鐵·度支·戶部의 3부로 나누어지고 각 部에 副使 1명, 判官 3명을
두었다. 본래 三司는 唐代 6部中의 戶部의 支店과 같이 여겨지고 度支
部와 戶部는 6部의 한 부서인 戶部尙書 밑에 소속되는 分局의 명칭이
나 여기에 鹽鐵이 추가되어 三司가 된 것이다. 唐末·五代에 樞密使와
함께 三司의 업무는 중요시되고 그 지위는 執政에 준할 수 있으며 이
에 소속되는 기관도 증설되어 宋初에 이르면 방대한 기구로 확대되고
경제문제는 거의 三司에서 처리할 정도로 발전되었다.[45]

　　宋代의 三司는 그 행정의 기능으로 본다면 唐代의 尙書省에 비교될
정도로 그 권한과 업무가 확대되었다.[46] 이는 산업의 발전에 따른 경

---

44) 『宋史』 職官志, 樞密使條.
45) 『宋史』 職官志, 三司使條. 樞密使條에 “樞密使 知院事 佐天子執兵政 而同
　　知 副使 簽書爲之貳(中略) 國初 官無定員 有使則置副 有知院則置同知院
　　資淺則用直學士簽書院事”라고 있다.
46) 周藤吉之 「北宋における 三司の興廢」, 『宋代史研究』(東洋文庫 1969)所收
　　27-38쪽 참조.

제규모의 확대로 인하여 이를 관할하는 三司의 업무도 강화되었고 군주독재체제도 경제력을 배경으로 운영이 가능하였다. 따라서 중앙정부 기구 가운데서 三司의 위치는 중심적인 역할을 담당하게 되었고 그 밖의 기관은 그 비중이 약화되었다. 3部 가운데 鹽鐵部는 專賣業을 담당하였으니 唐의 중기 이후 소금을 전매하고 鑛業과 茶를 통제하였으므로 상품에 소비세를 부과하여 그 수입에 의하여 국가재정을 유지하게 되었다. 그리하여 재정지출에는 軍費가 가장 중대하였기 때문에 武器의 제조까지도 이곳에서 관장하였다. 度支部는 정부의 지출 중에서 文武官僚에 대한 봉급으로서 錢穀衣料와 交通機關의 정비업무 등을 맡았으며, 戶部는 주로 兩稅法 및 술의 專賣利益金 등의 收入面을 장악하였다.[47]

경제가 三司에 집중되자 이에 대한 감독문제가 생기게 되었다. 감찰기관으로 御史臺가 있었으나 이는 전통적인 舊式機關으로서 복잡한 三司를 감독한다는 것은 불가능하였으므로 三司의 부속기관으로서 帳司, 勾院, 磨勘司를 설치하게 되었다. 宋初에는 三司의 各部마다 개별적으로 회계검사를 실시하기 위하여 磨勘司를 두었으며 또 三司의 회계장부를 帳庫에 보관하는 것이 帳司의 업무이다. 후에 이를 통합하여 帳勾磨勘司라 하여 회계검사 사무를 하나로 하였다. 또 三司에 납입하는 재물이 들어오지 않을 때에 강제로 납입시키는 명령을 내리는 局을 理欠司라 하였고 三司관리의 부정을 적발하고 피해자의 신고를 접수하는 기구로 推勘司를 설치하였다.[48] 三司의 이와 같은 업무를 집행하는 데는 많은 인원이 필요하였으니 下級將校나 軍籍에 실려 있는 勞役夫가 漕運이나 倉庫業에 종사하고 있었으므로 그 名簿를 관장하

---

47) 周藤吉之, 「北宋の三司の性格 ―節度使體制と關聯させて―」참조.
48) 周藤吉之, 「北宋の三司の性格 ―節度使體制と關聯させて―」참조.

는 兵案, 勞役에 따라서 人夫를 차출하는 衙司와 인사관리나 건설사업을 관장하는 修造案까지도 모두가 三司가 관장하였다.

宋代의 三司는 唐代의 6部가 담당하였던 제반업무의 많은 부분을 관장하게 되었으니 이와 같은 三司의 확대는 宋代 官制의 중요한 특징으로 꼽을 수 있다. 중요한 國務가 새로운 기관으로 흡수되면서 唐代의 三省六部는 형태가 달라졌다. 즉 3省6部는 완전히 없어진 것은 아니고 그 명칭은 남아 있었으나 실제의 政務는 거의 없고 3省 6部의 事務室을 지키는 判事가 임명되고 있을 뿐이다. 唐의 3省 6部의 조직이 宋初의 新體制로 크게 변형된 것을 정리하면 다음 [표 1]과 같다.[49] 그러므로 唐의 官制가 五代를 거쳐 宋初에 이르는 동안에 달라졌음을 알 수 있고 唐代의 중앙행정조직으로서의 3省 6部는 宋代에오면 그 명칭만이 형식적으로 남아 있었으니 이것이 宋代官制의 특색이라 하겠다. 宋代의 官制上에 또 다른 특징은 皇帝獨裁體制에 따라 制誥를 담당하는 草制의 府로서의 學士院의 기구가 강화되고 있다는 사실이다. 學士院의 기구강화는 중앙집권체제와 아울러 文治主義 宋朝의 시대적인 흐름을 반영한 것이며 文臣官僚體制下에서 學士職을 맡는다는 것은 宋代의 관료로서는 최고의 영광이다.[50]

---

49) 宮崎市定, 『宋代官制史序說』 12쪽 表 참조.
50) 山本隆義 『中國政治制度の研究 ―內閣制度の起原と發展―』(東洋史學研究會, 1968), 298-346쪽 참조.

[표 1] 唐·宋의 中央行政組織변천

	唐 制	宋初의 殘留機關	宋初의 新機關
三 省	中書令	判中書省事	同中書門下平章事
	門下侍中	判門下省事	
	尙書令·僕射	權判尙書都省事	參知政事
六 部	吏部尙書	判吏部事	知審官院事·判流內銓事
	戶部尙書	判戶部事	三司使
	禮部尙書	判禮部事	知禮儀院事
	兵部尙書	判兵部事	樞密使·勾當三班院事
	刑部尙書	判刑部事	知審刑院事
	工部尙書	判工部事	判三司修造案事

　宋代의 翰林學士는 皇帝의 詔誥를 起草하며 그 직무는 唐代의 中書
省의 업무를 나누어 가진 감이 있다. 翰林院은 唐代에 이미 발달하였
으니 그것은 詔勅을 起草하는 文筆에 뛰어난 學士로 임명하였기 때문
에 앞의 皇帝의 顧問에 응하여 皇帝의 顧問役을 맡아 정치에 영향력
을 발휘하기도 하였다. 그런데 宋初에는 翰林學士의 지위가 더욱 강화
되어 內相이라고까지 부르게 되고 先任學士는 承旨라 하여 宰執에 승
진하는 후보자로서 장래의 줄세가 보장되었다. 또 翰林學士는 淸貴한
지위로서 三司使보다 일반적으로 존경되었다.

　그런데 翰林學士는 內制, 즉 皇帝로부터 직접 命을 받아 詔勅을 起
草하는 職인 데 대하여 같은 詔勅을 起草하면서도 皇帝로부터 직접
命을 받지 않고 宰相의 命에 의하여 詔勅을 기초하는 知制誥를 外制
라 하였다. 知制誥의 임무는 본래 中書舍人이 장악하고 있었으나 宋初
에는 翰林院에 소속된 知制誥가 이를 맡게 되었다. 內制와 外制를 합
하여 이를 兩制라 하였고 知制誥 아래 지위가 낮은 直學士院, 翰林權
直, 學士院權直 등이 있다.

翰林學士와 知制誥는 天子의 書記官이며 이 밖에도 皇帝에게 經書를 강의하는 翰林侍讀學士·翰林侍講學士가 설치되고 있고 이들의 자격이 學士가 되기에 충분하지 못하면 崇政殿說書라고 하였다. 宋代의 學士院의 기구를 정리하면 다음 [표 2]와 같다.[51]

[표 2] 宋代 學士院의 機構

	官 名	品 秩	定 員		官 名	定 員
本 官	翰林學士承旨	正3品		屬 官	待 詔	10
	翰林學士	正3品			錄 事	1
	直學士院				孔目官	6
	翰林權直				表奏官	6
	學士院權直				驅使官	20

이상 同中書門下平章事에서 兩制까지의 諸機關은 唐六典에 실려 있지 않은 律令體制外的인 臨時機關이다. 그러나 이는 宋代에 비롯된 기관은 아니고 唐代에 성립되어 내려왔으며 宋初에 와서 기관의 역할이 확대되어 正式機構가 된 것으로 이들의 法的 地位는 애매하였다.

唐代에는 3省 6部에 이어 九寺·五監 등 특수임무를 띠고 있던 관청이 있었으나 宋代에 오면 寺·監의 조직은 해체되지 않고 거의 그대로 존속되었다. 다만 그 長官은 判寺事 또는 判監事로서 寺卿·監으로는 부르지 아니하였다. 그런데 ○寺卿, ○寺少卿 등과 같은 官은 별도로 임명하고 있으나 이들은 그 직무를 수행하는 것은 아니다. 이러한 것은 卿·監에 한하지 않고 3省의 長官, 次官, 令, 侍中, 侍郎에서부터 6部尙書, 侍郎, 郎中, 員外郎과 下位官에 이르기까지 대부분이 唐代의 官名에 나타나고 있는 것은 宋代에서도 거의 설치하고는 있으나

---

51) 山本隆義『앞의 책』307쪽, 宋代學士院の 機構表 참조.

그 官名에 맞는 實職은 지니지 못한 채 이름뿐인 官名을 갖고 있고
임시로 임명되는 判事, 知事가 실제의 업무를 담당하였다. 이것이 宋
初官制의 특색으로서 이름뿐인 官名을 官이라 칭하고 그 實職을 差遣
이라 하였다.52) 宋初의 官僚機構上에 있어서 職과 差遣은 중요한 데
반하여 官은 대단치 않게 여겼으니, 『宋史』職官志에

> 仕人이 臺閣에 올라 禁從으로 顯官이 되었다. 일반적으로 官의 승
> 진이 늦고 빠른 것을 가지고 榮滯로 삼지 않고 差遣의 要劇으로써 遣
> 途로 삼았다.53)

라 한 사실이 이를 말해 준다. 이는 官品의 高卑보다는 文筆에 뛰어나
皇帝의 측근에서 皇帝를 보필하는 文臣官僚를 우대하고 實職(差遣)의
능력에 따라 관료를 임의로 등용할 수 있는 皇帝의 人事權의 확대를
의미하며 宋代 文治主義的 中央集權體制가 官制上에 뚜렷하게 반영된
것이다. 그런데 皇帝權의 강화에 따라 御史臺나 諫官의 기능은 宋代에
오면 현저히 약화되었다. 諫官은 본래 中書·門下 兩省에 속해 있고
諫議大夫, 司諫, 正言 등의 官이 있으나 宋初에는 이러한 官은 有名無
實해지고 단지 知諫院이 설치되어 있을 뿐이다. 御史臺 계통의 官만은
唐代 이래의 제도가 거의 그대로 존속되고 있었으나 長官인 御史大夫
를 두지 않고 御史中丞이 長官을 代理하였으니 官職의 格이 보면 저
하된 것이다.
　다음 實務機關으로서의 寺·監은 宋初에는 그대로 존속되었고 判○

---

52) 『宋史』職官志 序에도 "其官人受授之別 則有官 有職 有差遣 官以寓祿秩
　　叔位著 職以待文學之選 而別爲差遣以治內外之事"라 하여 官과 職, 그리고
　　差遣을 뚜렷이 구분하고 있다.
53) 『宋史』職官志, 序.

寺事 · 判○監事라는 事가 官職名에 붙는 것이 특징이나 元豊新官制에 의하여 다시 唐代의 명칭으로 환원되었다.

이상과 같은 宋代의 관료조직의 頂上에서 친히 이를 움직여 나가는 것은 皇帝이다. 皇帝權의 확대와 더불어 天子의 일상은 唐代와는 비교가 되지 않을 정도로 분주하였다. 皇帝의 일상생활에 대해

太平興國 9년에 太宗이 재상들에게 말하길 짐은 매일 스스로 절도 있고 부지런하게 일을 살핀다. 일이 끝나고 나서도 책을 보고 밤늦게야 잠자리에 든다. 북을 다섯 번 치면 일어나 무더운 날에도 해가 다 지도록 있고 일찍 잠자리에 들지 않고 음식을 먹는 데도 또한 度行에 불과하며 깊이 깨닫게 힘을 얻을 수 있다.[54]

이라 하여 太宗의 日課가 분주하고 그의 생활이 간소함을 말해주고 있고 眞宗도 國務處理에 친히 임하고 있었다.

眞宗이 즉위하여 매일 아침 御前殿, 中書, 樞密院, 三司, 開封府, 審刑院에서 對官하기를 청하니 辰時가 된 이후에야 宮에서 식사를 한다. 때로는 외출하여 後殿에 앉아서 武事를 살피셨다. 해가 중천에 이르러서야 일을 끝내고 밤에는 侍讀, 侍講, 學士들에게 政事를 물어보시거나 혹은 밤이 되어서야 궁으로 돌아오셨다. 그 후에도 항상 이와 같이 하였다.[55]

眞宗이 즉위하여 매일 아침에 前殿에 임하여 中書 樞密院 三司 開封府 審刑院及 請對官의 순서로 奏事에 임하고 辰後宮에 들어가서 食尙하였고 後殿에 않아 武事를 査閱하고 日中에 이르러 罷하였다. 밤에

---

54) 『宋朝事實』卷 3, 聖學條
55) 『宋朝事實』卷 3, 聖學條

는 侍讀·侍講學士에게 政事를 詢問하고 밤중에 환궁하는 일상생활을
알 수 있다. 또한

> 上이 近臣들에게 일러 말하길 (중략) 어제 侍讀 侍講學士를 두었다.
> 지금부터 秘閣으로 하여금 매일 밤마다 이름을 갖추어 아뢰게 하고
> (황제가) 召見하여 訪問할 수도 있었다. 그 후에 매번 당직할 때 혹 召
> 對하기도 했는데 대체로 2, 3鼓가 되어서야 바야흐로 물러갔다.[56]

이에 의하면 侍讀, 侍講學士를 두고 秘閣官으로 하여금 매일 저녁
에 具名奏文하도록 하고 皇帝가 친히 召見探問하였으며 當直을 召對
하여 2, 3鼓에 이르러서야 물러갔으니 皇帝의 政事에 대한 의욕적인
궁중생활을 알 수가 있다. 請對官은 皇帝에게 謁見을 하고 政事를 上
奏하는 여러 종류의 관료를 말하는 것이니, 侍從官 즉 天章閣待制 이
상의 帶職官, 知制誥 이상의 兩制는 次對라 칭하고 그 밖의 百官도 轉
對라 하여 순서에 따라 皇帝에 謁見할 의무가 있고, 皇帝에 직속하는
기관의 堂官은 召對 또는 上奏의 권리가 있다. 지방의 監司·知州도
皇帝에게 직속되어 있는 입장이므로 부임 전에 召見하고 부임 후에도
지방정치에 대하여 上奏할 권리가 있고 宰相이나 그 밖의 高官이 이
를 방해하지 못하였다. 選人과 같은 下位官도 改官하기 앞서 引對하여
비로소 京官으로 승진되었다.[57] 唐代와는 달리 皇帝는 多方面의 관료
와 직접 접촉할 수 있는 것이 宋代 天子의 특권으로 皇帝의 獨裁權도
필연적으로 여기에서 발생하고 완성되었다고 볼 수 있다. 이와 같은
정신은 元豊新官制 실시 이후에 있어서도 그대로 유지되었고 이러한
상황하에서 宰相은 자신의 의견을 다른 관료에게 강요할 수 없고 단

---

56) 『宋朝事實』 卷 3, 聖學條
57) 『長編』 卷 108, 天聖7年 5月 庚辰條

지 皇帝의 측근에서 顧問에 임하고 勅制에 의해서만 비로소 다른 관료에게 皇帝의 뜻을 말할 수 있다.

Ⅱ. 地方官制의 성격

宋의 中央集權體制의 운영은 地方行政組織에도 효과적으로 진행되어 皇帝權의 침투가 뚜렷하게 나타나고 있다. 宋代의 地方行政組織은 복잡하나 이를 정리해 보면 다음과 같다.[58]

地方行政組織의 최고단위는 路인데 太祖代는 아직 전국이 통일되지 못하였기 때문에 지방조직도 완비되지 못하였다. 그 후 太宗의 志道3년(997)에 비로소 전국을 15路로 정비하였으니, 이에 대해서는

> 國初에 節鎭을 罷하고 支郡을 통일하여 轉運使가 諸路의 일을 맡아 보게 하였다. 지방을 分合함에는 정해진 제도가 있지 않으나 이 해에 비로소 정하여 15路가 되었다.[59]

---

58) 和田 淸 編著, 『中國地方自治發達史』(汲古書院, 1975), 16쪽 참조.
59) 『長編』 卷 42, 至道3年 12月條15路를 "一曰京東路 二曰京西路 三曰河北路 四曰河東路 五曰陝西路 六曰淮南路 七曰江南路 八曰荊湖南路 九曰湖北路 十曰兩浙路 十一曰福建路 十二曰陝路 十四曰廣南東路 十五曰廣南西路"로 표시하였다.

라 한 바와 같이 節度使에 대신하여 전국 15路가 확정되고 행정은 轉運使가 수행하였다. 그 후 天聖연간에 18路로 늘어나고 元豊의 官制改革에 의하여 23路로 崇寧 4년에 24路, 大觀元年에 25路로 확대되었다가 같은 해 3년에 26路로 증가되었다.[60] 南宋代에는 국토의 축소에 의하여 15路로 축소되었다.

宋代의 지방행정조직의 특색은 路가 지방의 행정구분이라기보다는 監督區分의 성격을 띠고 있다는 점이다. 이는 路를 담당하고 있는 地方官의 조직에서 뚜렷하게 나타나고 있다. 中央官의 권력구조와 병행하여 地方官도 그들의 권한을 분산시켜 皇帝에 직속시킴으로써 中央集權體制를 강화하려는 정신이 그대로 반영되고 있다. 路가 지방행정조직의 監督區分의 성격을 띠게 된 중요한 원인이 여기에 있으며 路官의 조직에서 나타난 宋代 지방조직상의 특색이라 하겠다. 또한 路의 아래 府와 州가 있는데 이는 중앙에 직속되고 그 장관인 知府·知州는 皇帝에게 직속되어 있어서 皇帝權의 자유로운 지방 침투가 가능하게 되었다. 따라서 路에는 독립된 장관이 없고 地方官을 감독하는 路官이 설치되어 있는데 이를 監司라 하였다. 이를 정리하면 다음과 같다.

```
(路官) ──┬── 帥 ──── (經略安撫使 馬步軍都總管 兵馬鈐轄路分都監)
         ├── 漕 ──── (轉運使)
         ├── 憲 ──── (提點刑獄)
         └── 倉 ──── (提擧常平茶鹽司)
```

60) 『宋史』卷 85, 地理志에 "至道三年分天下爲十五路 天聖析爲十八 元豊又析爲二十三 曰京東東·西 曰京西南·北 曰河北東·西 曰永興 曰秦鳳 曰河東 曰淮南東·西 曰兩浙 曰江南東·西 曰荊湖南·北 曰成都 梓 利 夔 曰福建 曰廣南東·西(中略) 崇寧四年 復置京畿路 大觀元年 別置黔南路 三年幷黔南入廣西 以廣西黔南爲名 四年仍舊爲廣南西路"라 하였다.

經略安撫使는 帥司라 하며 一路의 兵事와 民事를 장악하고 중앙의 直秘閣 이상의 文官으로 임용하는 경우가 많다. 이는 路官 가운데 要職에 속하며[61] 知州가 겸하는 경우로 있다. 이에 대해서는

> 舊制에 安撫가 一路의 兵政을 총괄하는 데 知州로서 겸하였다. 太中大夫 이상은 侍從을 거쳐야만 按撫使에 임명되었다. 品이 낮은 사람은 단지 某路의 安撫司의 公事를 주관하도록 했다. 中興 이후로 職의 명칭이 높은 사람은 出守라 하여 모두 兼使할 수 있게 했다. 만약 2품 이상의 高官이면 安撫大使라고 칭하였다.[62]

란 사실로 중앙의 太中大夫나 侍從이 파견되어 이를 맡았음을 알 수 있다. 그런데 知州가 文官이 아니고 武官의 경우에는 都總管을 겸하지만 文臣인 경우에 있어서는 經略安撫使와 都總管을 겸한다. 이 都總管 職務가 바로 帥司로서 처음에는 都部署라 하였으나 英宗의 諱를 피하여 개명한 것이다. 北宋의 중기 이후 文治主義의 발전으로 武臣出身으로서 큰 州의 知州가 된 자는 거의 없고 安撫使가 帥使로 여겨질 정도가 되었다. 그런데 文官出身의 知州가 都總管을 겸하여도 軍事에 대해서는 아는 바가 없기 때문에 별도로 武官의 副總管을 두었고 鈐轄이나 路分都監이 다시 이들을 보좌하였다.

다음 轉運使는 漕司라고도 하며 漕運뿐만이 아니고 地方의 財政과 民政 전반에 걸쳐 州를 감독하므로 그 업무는 폭이 넓다.[63]

---

61) 『宋史』 卷 167, 職官志 經略安撫司條에 "經略按撫使一人 以直秘閣以上充 掌一路兵民之事 皆師其屬而聽其獄訟 頒其禁令 定其賞罰 稽其錢穀 甲械出 納之地籍而行以法"이라 있다.

62) 『宋史』 卷 167, 職官志 經略安撫司條.

63) 『宋史』 卷 167, 職官志 經略安撫司條 "都轉運使 轉運使條 掌經度一路財賦 而察其登耗有無 以足上供及郡縣之費 歲行所部檢察儲積 稽考帳籍 凡吏蠹民 瘼 悉條以上達 及專擧刺官吏之事"라고 있다.

提點刑獄은 憲司라고 하며 一路의 刑獄을 관장하였다. 宋初에는 주로 武官으로 任用하였으나 직무를 감당하기 어려우므로 神宗의 熙寧初에 중지하였다. 開封府는 路에 준하므로 이곳의 刑獄은 提點開封府界諸縣鎭公事라 하였다. 이는 開封府의 위에 서는 것이 아님이 분명하기 때문에 특히 관직에 諸縣鎭을 첨가한 것이다.

提擧常平은 倉司라고도 하였다. 王安石의 新法實施로 青苗・免役 등의 新法을 위하여 먼저 河西・陝西路에 提擧常平司를 두고 이어 전국에 提擧官을 두었으며 그 후 변천을 거듭하였다.[64] 轉運使가 장악하는 재정은 주로 국가재정이고 중앙의 三司에 속하지만 提擧常平이 장악하는 것은 지방재정으로서 본래 중앙의 재정과는 관계가 없는 것이다. 지방재원이 중앙재정에 침해당하지 않게 하기 위하여 이를 三司에 소속시키지 않고 특별히 司農寺에 소속시키고 있다.

이 밖에 徽宗時代에 蔡京이 정권을 잡으면서 지방의 학교를 세우게 되자 이를 감독하기 위하여 提擧學事司를 설치하였으나 宣和 3년에 罷하였다.

宋 이전의 州・府制度를 보면 郡이 모여 州가 되었으나 六朝時代에 州가 많아짐에 따라 州와 郡의 범위가 비슷하게 되므로 隋・唐代에 와서 이를 통일하여 때로는 郡名으로 부르고 때로는 州名을 사용하였다. 唐代에는 일반적으로 州名을 사용하게 되고 州는 중앙정부에 직속되었다. 宋初에도 이러한 제도를 계승하였으나 各州는 아직 郡名을 지니고 있었다. 그런데 州는 거기에 國都가 있으면 府名을 취하는 것은 唐代에 서부터 시작되고 최초로 西京을 京兆府, 東都를 河南府로 칭하게 되었

---

64) 『宋史』 卷 167, 職官志 提擧常平司條 "熙寧初 先遣官提擧河北・陝西路常平 未幾 諸路悉置提擧官 元祐罷之 倂其職于提檢刑獄司紹興初復置 元符以後因之"라 하였다.

으나 그 후에 陪都를 세우는 것에 따라서 그 州를 승격시켜 府라고 칭하고 다음에는 都가 아닌 곳이라 하더라도 州를 府로 승격하는 것이 행하여졌다. 宋도 이러한 制를 이어받아 州 가운데 중요한 곳을 府라고 칭하고 더 중요한 곳을 陪京이라 하고 東都開封府 이외에 西京河南府, 北京大名府, 南京應天府가 있었다. 陪京의 知府는 同事에 留守司의 관직을 겸하고 宋初로부터 皇帝를 위하여 陪京의 留守司를 맡게 되었다.[65] 宋代의 州·府·縣은 太祖 이래로 국토의 확대와 함께 증가되고 있다. 그리하여 太宗의 太平興國7년에까지 증가되어 至道3년에 이르러 지방의 행정구역이 일단락을 보게 된 것이다.[66]

또한 北宋代의 地方官 중에 특색이 있는 관직으로서는 發運使를 들 수가 있다. 이는 三司 또는 戶部의 江南支局長과 같은 성격을 띠고 있다. 發運使는 東南地方의 6路와 때로는 9路의 轉運使를 지휘하여 경제개발과 漕運上拱의 업무를 수행하였는데[67] 중앙에서 파견되고 있으므로 그 성격은 中央官으로 볼 수 있으나 지방에서 임무를 수행하는 고로 地方官의 성격도 동시에 지니고 있다. 가령 發運使를 지방관으로

---

65) 『宋史』 卷 167, 職官志 留守條에 "舊制天子巡守親征 則命親王或大臣總留守事 建隆元年 親征澤潞 以樞密使吳延祚爲東京留守 其西南北京留守各一人 以知府兼之'라 하였다.

66) 『宋史』 卷 85 地理志에 의하면 宋의 建國 당시에는 111州 638縣이던 것이 建隆4年에 荊南을 평정하여 3州 3府 17縣이 증가하고 湖南을 평정하여 15州 1監 66縣이 증가하였다.(총 129州 3府, 1監, 721縣이 되었다). 乾德3年에는 蜀을 평정하여 46州府 198縣을, 開寶4年에는 廣南을 정벌하여 60州 214縣을, 同 8年에는 江南을 평정하여 19州, 3軍 108縣을 추가하니 '計其末年 凡有州二百九十七 縣一千八十六'에 이르고 다시 太宗의 太平興國 3年에 15州 1軍 86縣을 同 4年에 太原을 평정하여 10州 1軍 40縣, 同 7年에 李繼捧의 來朝로 4州 8縣을 얻어 마침내 "至是天下旣一 疆理幾復漢唐之舊"의 상태가 되었다.

67) 青山定雄 著, 『唐宋時代의 交通と地誌地圖の硏究』, (吉川弘文館 1963), 295쪽. 「唐宋時代の轉運使及び 發運使」참조.

간주한다면 그의 권한은 상당히 큰 것이다.

　이 밖에도 地方官職名으로서 藩鎭의 使名인 節度使·承宣使(節度觀察留後) 觀察使·防禦使·團練使 및 勅史의 이름이 나오나 宋代에 있어서 이들의 官名은 實職이 아닌 단순한 武官의 官位를 표시함에 불과하였다.[68]

　宋代 지방의 府·州·軍·監의 官職을 정리하면 다음과 같다.

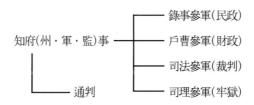

　그런데 府는 州 가운데 특별히 중요한 곳이며 軍은 軍事上의 필요에 따라 州로부터 일부분을 독립시킨 것이다. 監은 多數의 노동자가 모이는 광산, 공장 등 중앙에 직속시키는 것이 편리하다고 인정되는 지역의 명칭이다. 軍은 1~2縣을 과할하나 監은 縣을 갖지 않고 있는 점에 그 차이가 있다. 州의 큰 것은 都督府州이고 都督 혹은 都督長史가 임명되고 있으나 이도 실직이 아닌 空名에 불과하다. 큰 州는 府의 위에 있는데 여기에는 몇 단계가 있다.

　宋代의 州制에 특징적인 것이 幕職官이다. 예컨대 揚州는 淮南節度使의 관할임에도 불구하고 淮南節度使는 조금도 揚州의 일에는 관여하지 않고 揚州를 통치하는 것은 知揚州이다. 그러나 知揚州 아래의 州院과 使院에는 淮南節度使의 役所이면서 節度使는 없고 節度使의

---

68) 『宋史』 職官志 節度使條에 "宋初無所掌 其事務悉歸本州知州 通判兼總之"라 하였다.

막료인 節度判官 등이 임명되고 그들은 知揚州의 幕僚로서 근무하도
록 명령되고 있다. 이를 보면 節度使는 이미 有名無實化하였으나 節度
使의 幕僚는 그대로 남아 있고 節度使의 官名稱을 겸하는 知州를 보
좌하고 있다.[69]

다음 宋代 지방행정조직의 一線에 해당하는 縣의 長官은 종래 縣令
이라 하였으나 北宋代의 縣令은 아직 京官으로 改官하기 전의 選人이
임명되는 지위로 동시에 그것이 選人 중의 한 계급을 의미하는 것이
되었다. 그리하여 縣令이 임명되는 縣은 小縣이며 중요한 縣에는 京朝
官이 知縣으로 임명되었다. 選人 중에서도 上位의 幕職官이 임명될 때
에는 縣令이라 하지 않고 知縣이라 하였으며, 縣丞, 主簿, 縣尉 등의
屬官이 있다.

宋初인 建隆3년에 縣의 조직정비를 단행한 것을 보면

> 中書門下에 詔하기를 每縣에 다시 縣尉 한 사람을 둔다. 主簿의 아
> 래이며 봉록은 主簿와 같다. 무릇 盜賊, 鬪訟은 먼저 鎭將에게 위임하
> 라고 詔하였다. 縣令 및 尉가 다시 그 일을 통솔하였다.[70]

라 하여 縣에 縣尉 1인을 부활시켜 治安(盜賊)과 司法(鬪訟)을 맡기
게 함으로써 지금까지 鎭將의 권한에 속하고 있던 縣行政을 縣令과
縣尉로 하여금 관장하게 하였다. 뿐만 아니라 乾德元年에는 常參官을
重要縣에 知縣으로 파견함으로써[71] 중앙행정권의 縣에로의 침투와 縣

---

69) 宮崎市定, 「宋代州縣制度の由來とその特色」, 『アジア史硏究』第4. 53-86쪽,
   참조.
70) 『長編』 卷 3, 建隆3年 12月 癸巳條
71) 『長編』 卷 4, 乾德元年 6月 戊戌條에 "命大理正奚嶼知館陶縣 監察御史王
   祐知魏縣 楊應蒙知永濟縣 屯田員外郎于繼徽知臨淸縣 常參官知縣 自嶼等始
   也"라 하였다.

行政의 강화를 꾀하였다. 이로부터 宋代의 知縣은 皇帝의 注視하는 바가 되었고 문신관료에는 그들의 행정능력의 시험장으로 知縣在職時의 업적, 특히 戶口의 증가와 墾田의 확대가 관료로서의 출세에 커다란 영향을 주게 되었다.

開寶 5년에 鎭將의 임기를 3년으로 정하여 交代原則을 정하였다.[72] 그런데 北宋初에 五代의 行政區域이었던 鎭은 점진적으로 정비되면서 중앙집권 체제와 文治主義 정책의 수행에 병행하여 一般民政系統으로 흡수되어 縣의 하부 조직을 구성하기에 이르렀으나 鎭將의 權力 回收는 쉽게 이루어지지 못하였고 지역에 따라 차이가 나타나고 있다.[73] 그러나 北宋의 중기에 이르면 점진적으로 폐지되면서 縣의 下部 경제기관으로 되어 중소 상업 도시화하였다. 이리하여 鎭將은 중앙에서 幕職州縣官이나 使臣이 임용되었고 그들의 업무는 鎭內의 稅의 管理, 煙火盜賊의 취체를 주로 하게 되고 그 명칭도 監鎭官으로 통칭되었다.[74] 宋朝는 중앙집권적 통일 과정에서 五代의 제반 제도를 취사선택하였는데 특히 南唐의 通判制度를 채용함으로써 藩鎭의 횡포를 억제함과 아울러 州縣制度의 재건에 이바지함이 컸다. 그러나 南唐이 효과적인 통치를 위해 설치한 制置使의 縣은 이를 폐지하였다.[75] 따라서 北宋初期에 唐中期 이래 鎭에 의하여 침식된 縣의 행정 기능은 軍에 의하여 회복되었고 鎭은 領內의 치안 유지, 稅의 관리 임무만을 장악하는 기관이 되었다.

---

72) 『長編』 卷 13, 開寶5年 冬10月 乙酉條에 "詔 諸州場院官 糧料使 鎭將並以 三周年爲任"라 있다.
73) 梅原 郁, 「宋代地方小都市の一面 ― 鎭の變遷を 中心とじて―」, 『史林』卷 41, 6號 참조.
74) 梅原 郁, 「위의 논문」 참조.
75) 畑地正憲, 「吳·南唐の制置使を 論じて 宋代の軍事兼知縣事に及ぶ」, 『九州 大學 東洋史論集』1 참조.

軍은 至道3년(977)의 路制度가 성립될 때까지에 州路의 행정기관으로 정착되었다. 軍은 州와 같은 계열의 행정기관이었으나 軍事州(勅史州)이며 동시에 下州(同下州)이기도 하였다. 軍의 대부분은 禁軍의 주둔지에 설치되어 있었고 관할하는 지역은 州에 비하면 협소하였다.[76] 그러나 邊防과 치안 유지, 漕運 등에 있어서의 軍의 역할은 州에 뒤지지 않는 중요한 바가 있었고 軍의 설치에 의하여 지역적인 특수 상황을 행정에 반영할 수가 있었다.

이 밖에도 산업의 발달에 따라서 茶·鹽·酒·商稅 등의 수입이 많은 지방에 州에서 특히 監當官을 파견하여 재정을 맡기고 동시에 烟火公事, 즉 警察 事務를 담당케 하였다. 그러나 이들은 知縣과 같이 직접 백성을 지배하는 親民官은 아니고 釐務官이라 하여 親民官보다는 한층 낮은 지위에 속하였다. 그리고 太祖 이래로 지방의 치안 유지를 위하여 巡檢制度를 강화하고 있는데 巡檢은 순찰자로서 그들이 巡廻하는 범위는 數州 내지 數縣에 걸치기도 하고 혹은 一州·一縣內에 그치는 경우도 있다. 순찰하는 巡檢은 경찰이 아니라 軍隊이며 이에 대하여 縣의 警察官인 縣尉는 役法에 의하여 징발되는 민간인이라는 것이 서로 다른 점이다.

宋初에는 縣의 아래에 행정상의 단위로 小都市의 鎭과 아울러 農村에는 鄕이 있었다. 鄕은 唐의 제도를 답습한 것으로 唐과 같이 500家를 단위로 한 것은 아니고 그보다 훨씬 큰 규모였는데 이는 지방행정구역이라기보다도 단순히 지방의 區域과 같은 성격을 지니고 있었다. 그리고 이러한 鄕 아래에 다시 里가 있었으니 里는 稅役 부과의 단위이며 自治的인 村落의 기준이었다.

---

76) 畑地正憲, 「宋代行政機關としての 軍について ―その州格化を めぐって―」,
　　『史淵』112號 참조.

이상과 같은 북송의 지방관제는 남송시대에 와서는 영토의 축소에 따라 변화를 나타내고 있다. 즉 路 州 府 縣制는 그대로 존속하였으나 그 위에 북송 시대 초기의의 藩鎭이라 할 수 있는 강력한 상부 기구가 설치되었으니 制置使·宣諭使·宣撫使·統制·總領 등이 그것이다.[77]

北宋이 망한 후 金軍의 남하를 저지시킨 것은 자연발생적인 규인집단으로 조정에서는 이들 將領에 대하여 統制라는 명칭을 주었고 統制의 上位에 있는 大軍閥을 制置使에 임명하여 管下의 安撫使 이하의 路官과 監司를 그의 지배하에 소속시켰다. 따라서 종래까지 임시적인 官名이었던 制置使는 南宋에 와서는 정규적인 제도가 되었다. 制置使는 金과의 국경에 배치되어 지형상으로 각기 분담지역이 정하여져 서쪽으로부터 四川制置使, 京湖制置使, 淮西制置使, 淮東制置使가 있었고 淮西·淮東을 합하여 兩淮라고 하였으며 별도로 沿江制置使가 설치되기도 하였다.

그런데 중앙으로부터 文官을 파견하여 制置使의 職務를 맡기는 경우에는 특히 宣撫使, 宣撫大使로 임명하고 武臣出身의 制置使의 고참자를 우대할 때에는 이들을 宣撫副使로 임명하였다. 그러나 宣撫副使의 상위에 文臣을 파견하여 임명하려 할 때나, 혹은 宣撫使로 임용하기에는 그의 貫祿이 부족할 경우에는 制置大使란 명칭을 사용하여 宣撫副使의 위에 두었다. 따라서 실제에 있어서는 같은 내용이지마는 宣撫大使, 宣撫使, 制置大使, 宣撫副使, 制置使라는 5段階의 새로운 軍閥의 명칭이 성립되었다. 宣諭使는 특별한 경우에만 임명되는 非常設機關이다.[78] 制置使가 임명되면 그 휘하의 軍馬兵貝에 俸糧을 공급하기 위해 總領財賦라는 새로운 관직을 두게 되고 制置使와 같이 4인으로 성립되며 四川, 湖廣, 淮西, 淮東의 네 곳에 설치하였다.

---

77) 『建炎以來朝野雜記』甲集, 卷 11.
78) 『建炎以來朝野雜記』甲集, 卷 11.

Ⅲ. 元豐의 관제개혁

唐의 三省六部 組織은 唐末・五代를 거치는 동안에 변형되었고 宋
初에 이르러 거의 붕괴되었다. 외형만 남은 三省六部體制를 대신하여
새로운 관제가 출현하여 皇帝가 직접 정부조직을 장악하면서 政務가
처리되었다. 그런데 이와 같은 宋初의 관제는 神宗의 元豐 3년에서 5
년 사이에 唐制로 復歸시키는 대개혁이 수행되면서 一新되었다.[79] 神
宗의 신임을 얻어 新法을 실시한 王安石은 元豐年間에 은퇴하였고 元
豐新官制는 神宗의 決斷으로 추진되었다. 일반적으로 王安石(字는 介
甫)은 이에 반대의견을 지니고 있었던 것처럼 생각되고 있으나[80] 사
실은 그런 것 같지는 않다. 왜냐하면 王安石집권 시절인 熙寧年間에
宋初의 관제는 점차로 정비되면서 唐代의 三省六部組織으로 복원이
진행되고 있었기 때문이다. 王安石은 熙寧2년에 參知政事로 임명되면
서 制置三司條例司를 설치하여 三司에 대한 정비를 시작하였다. 이 條
例司는 新法을 실시하기 위하여 설치되었다고 생각되고 있으나 사실
은 三司에 대한 전반적인 검토를 하기 위해서였다. 그 결과로 熙寧 3
년에 王安石은 三司로 하여금 경제적인 업무만을 담당케 하고 그 이
외의 업무는 모두 다른 기관으로 이관하였다. 즉 常平免役農田水利案
은 新法 실시 후 司農에 귀속시키고 鐵部冑案은 軍器監으로, 戶部修造
案을 將作監으로, 推勘公司를 大理寺에, 帳司・理欠司를 刑部의 比部

---

79) 元豐의 新官制에 대해서는 王安石의 新法과 관련시켜 論한 것이 있고 이
   를 개괄적으로 서술한 것은 和田 淸 編著, 『支那官制發達史』 및 宮崎市定
   '宋代官制序說'이 있는데 이를 참조하였다.

80) 『朱子語類』 卷 128 本朝 2 法制에 "神宗用唐六典 改官制頒行之 介甫時居金
   陵 見之大驚曰 上平日許多事 無不商量來 只有此一大事 却不曾商量 蓋神宗
   因見唐六典 遂斷自宸衷銳意 改之平日而定 初不曾與臣下商量也"라고 있다.

에, 衙司를 刑部의 都官에, 坑冶(鹽鐵部鐵案)를 虞部로 각각 귀속시키고 있다. 이리하여 三司의 권한은 분산되고 다시 元豊官制가 실시되면서 三司는 戶部의 左右曹에 귀속되면서 三司가 폐지되고 있음을 볼 때에[81] 宋初로부터 그 직무가 방대한 三司는 이미 元豊官制개혁 이전의 王安石집권시대에 해체되고 있음이 분명하다.

元豊官制의 특징은 관리의 人事機構에 대한 과감한 정리이다. 文武官의 人事는, 다음의 人事機構에서 설명하겠으나, 宋初以來 審官院·流內銓·三班院으로 나누어져 있었고 中書·樞密院에서부터 이와 같은 전문기구로 옮겨져 갔다. 武官 가운데 小使臣으로부터 上位에 있는 中堅階級은 이를 大使臣이라 칭하였는데 이들에 대한 人事는 樞密院에서 그대로 맡고 있었다. 그런데 熙寧 3년에는 이와 같은 사소한 사무는 執政인 樞密使가 취급할 업무가 아니라는 이유로 審官西院을 독립시켜 知審官西院事를 임명하여 大使臣의 人事를 장악하게 하였다. 이로써 文武官에 대한 人事機構는 넷으로 정리되었는데 元豊의 官制改革에 의하여 모두 吏部에 귀속시켰다. 즉 吏部에 四選을 두어 尙書左選은 審官東院을, 尙書右選은 審官西院을, 侍郎左選은 流內銓을, 侍郎右選은 三班院을 그대로 흡수하고 있다. 그러나 上級文武官의 人事問題는 그대로 中書와 樞密院에서 담당하고 있었다.

그런데 中書가 장악하는 人事範圍는 대단히 광범위하여 文官은 省·臺·寺·監의 長次官以上(『宋史』에는 以下로 되어 있다) 및 侍從의 職事官, 外任은 監司·節鎭으로부터 知州軍 通判까지, 그리고 武官의 遙郡 橫行(從6品) 이상의 除授를 담당하였다. 樞密院은 단순히 武官의

---

81) 『宋史』권 163 職官志 戶部條에 "熙寧中以知樞密院陳勝之 參知政事王安石制置條例 建官設屬取三司條例看詳 具所行事付之 三年 罷歸中書 以常平 免役 農田 水利新法歸司農 以冑案歸軍器監 修造歸將作監 推勘公事歸大理寺 帳司 理欠 司歸比部 衙司歸都官 坑冶歸虞部 而三司之權始分矣"이라 하였다.

將領, 武官으로서 知州軍에 임명된 자 및 路分都監, 緣邊의 都巡檢使
이상의 인사문제를 장악하였다. 따라서 樞密院은 武官의 신분에 관한
人事權을 中書에 빼앗기고 단지 武官의 作戰的인 것에만 발언을 하게
되었고 武官이 공적에 의하여 知州軍에 나아갈 때 그 권리를 옹호하
는 역할이 부여되었을 뿐이다.

元豊의 新官制는 中書와 樞密院의 기구에도 변화를 가져오고 있었
다. 개혁 당시 일부에서는 樞密院은 唐令에 존재하지 않는 기구이므로
폐지하여야 한다는 의견도 있었으나 神宗은 그것이 祖法이므로 존속
하여야 한다고 명하고 다만 그 권한을 축소하였다. 宋初 이래의 中書
는 唐의 실제는 中書와 門下를 합병한 것으로 그 長官을 同中書門下
平章事라 하였다. 그런데 元豊官制改革에는 여기에다 尙書省까지 합병
하였다. 중앙정부의 중추는 門下省, 中書省, 尙書省의 三省을 세워 그
장관을 門下侍中, 中書令, 尙書令이라 하여 실제로는 長官을 임명하지
는 아니하고 尙書左僕射가 門下侍郎을 겸하고, 尙書右僕射로 하여 中
書侍郎을 겸하게 하여 이 두 사람으로 하여금 宰相으로서 종래의 同
平章事의 직무를 수행하게 하였다. 또 종래의 參知政事를 폐지하여 尙
書左右丞을 두고 그 업무를 맡게 하였다. 이를 정리하여 보면 다음
[표 3]과 같다.[82] 이 표에 의하면 樞密院이 존속하는 것을 예외로 하
면 唐代의 三省六部의 조직이 거의 그대로 복원되었다.

개혁된 원풍관제는 형식적으로는 잘 정돈되고 내용이 조직적으로
정비되었으나 각부에서 분담하는 사무가 기구처럼 잘 균형을 지니고
있지는 못하였다. 개혁된 관제의 불균형이 6部에서 나타나고 있다. 唐
의 三省六部가 붕괴된 데에는 그만한 이유가 있었다. 그것은 唐中期
이후 사회적 변화에 唐制는 아무런 대응이 없었고 또 專賣制度의 실

---

82) 宮崎市定, 「宋代官制序說」18쪽 표 참조.

[표 3] 元豊의 官制改革內容

元豊以前	元豊新官制		
同平章事	尙書左僕射兼門下侍郎		
判門下省事	尙書右僕射兼中書侍郎		兩
判中書省事		三 省	
判尙書都省事	尙書左丞		府
參知政事	尙書右丞		
知樞密院事	知樞密院事	樞密院	
判吏部事	吏部尙書		
審官東院	吏部尙書左選		
審官西院	吏部尙書右選	吏 部	
流 內 銓	吏部侍郎左選		六
三 班 院	吏部侍郎右選		
判戶部事・三司	戶部尙書	戶 部	
判禮部事・禮院	禮部尙書	禮 部	部
判兵部事	兵部尙書	兵 部	
判刑部事・審刑院 三司帳司・理欠司衙司	刑部尙書	刑 部	
判工部事・三司修造案	工部尙書	工 部	

시 등에 따르는 복잡한 문제가 제기되었다. 六部의 업무 분담의 불균형이 唐初부터 있었다. 그런데 元豊의 관제는 이와 같은 사정을 고려함이 없이 唐의 원형을 이상적인 것으로 복원한 것이므로 거기에는 처음부터 불균형이 있었다. 6部 가운데 가장 복잡한 것은 吏部, 戶部, 刑部인데 이를 禮部, 兵部, 工部와 같은 극히 閑暇한 관청과 동등하게 취급한 것은 균형이 맞지 않는 개혁이다. 그런데도 이와 같은 불균형한 조직이 元豊 이후로부터 淸朝末까지 계속된 것은 관제상으로 볼 때에 문제가 아닐 수 없다. 元豊官制는 형식적으로 唐制를 그대로 모방하고 있으나 그 내용에는 상당한 차이가 있는데 몇 가지 중요한 사

실을 지적하면 다음과 같다.

우선 三省이 사실상 합치되었다는 점이다. 건물은 門下省, 中書省, 尙書都省이 각각 있고 특히 門下·中書兩省에는 後省이라 부르는 사무실이 부속하고 있으며 門下省은 門下侍郞, 中書省에는 中書侍郞, 尙書省은 左右僕射가 각기 장관으로서 업무를 장악하고 있었으나 실제에는 左僕射가 門下를, 右僕射가 中書를 겸하고 있으므로 門下와 中書는 尙書에 합병된 것이다. 그리하여 이 두 사람이 宰相으로서 皇帝의 顧問을 맡고 있다.

여기에서 문제가 되는 것은 中書侍郞의 권한이 門下侍郞에 비하여 우월한 지위를 차지하고 있다는 점이다. 中書의 職務는 皇帝의 特旨를 立案의 府인 데 대하여 門下는 審駁이라 하여 立案에 대하여 비판을 하는 것을 직무로 하고 있기 때문이다. 다만, 中書侍郞은 右僕射로 門下侍郞을 겸하는 左僕射의 下位에 서야 되고, 國務를 처리함에 있어서는 서로 합의를 해야 하므로 이런 면에서 양자의 세력균형이 유지된 것이다. 그러나 이와 같은 방법은 불안정하므로 또 다시 제도의 改廢가 실시되어 徽宗時代에는 左右僕射를 大宰 小宰로 고치고 南宋에서는 同平章事·參知政事가 다시 부활하여 결국 左右丞 아래 參知政事를 두게 되었다.

Ⅳ. 송대의 人事기구

宋代官僚의 人事機構는 官制의 變遷에 따라 變形되었고 官僚組織의 확대와 함께 개편되어 나갔다. 따라서 관료에 대한 人事處理는 매우 복잡하다. 人事機構는 주로 관료의 發令狀을 발급하는 역할을 담당한 곳으로 辭令狀을 쓰기 이전에 여러 가지 복잡한 절차와 조건을 갖추어야 하며, 이러한 조건들이 구비되었을 경우 최종적인 법적 절차를 취하는 곳이 바로 人事機構라고 하겠다. 관료의 人事問題는 五等入官法에 의하여 初任된 후에 승진하는 과정에 대한 전체적인 내용이 상호 유기적으로 다루어져야 하며 官品과 實職의 人事問題가 또한 복합적으로 얽혀 있어서 人事機構만으로서는 갑자히 宋代官僚의 人事行政을 논할 수는 없다. 여기에서는 주로 제도적인 면만을 살펴 나갈 것이다.[83]

宋代官僚의 人事制度는 크게 3期로 구분할 수가 있다. 즉 宋初로부터 英宗代까지와, 神宗代의 新法實施에서 元豊年間의 官制改革까지, 그리고 北宋末에서 南宋까지로 구분할 수가 있다.

(1) 宋初의 人事기구

太祖는 五代의 人事行政을 고쳐 새로운 시대에 맞추어 능률적으로 개편하였다. 즉 五代의 人事方針인 "歲月敍遷之制"에 대하여

> 宋初에는 舊制를 따라서 文武의 常參官이 각기 曹務閑劇을 月限으로 삼고 考滿하면 옮겼다. 太祖가 循名을 옳지 않다하여 責實의 道로써 歲月 敍遷의 제도를 비仃였다.[84]

라 하였으니 太祖는 능력에 따른 業績主義로 개혁하였다. 이에 대한 새로운 대책을 보면

> 審官院에 考課를 두어 中外의 職事를 受代하고 京朝官이 引對 磨勘하여 勞績이 있지 않으면 進秩하지 않았다.[85]

---

83) 관료의 任免에 대해서는 『宋史』 職官志, 吏部條 및 『宋史』選擧志, 銓法 考課條에 자세히 기록되어 있다.
84) 『宋史』 卷 160, 選擧志 考課條

라는 바와 같이 審官院을 설치하여 이곳에서 考課를 하여 內外의 職事官을 受代하고 아울러 京官과 朝官에 대한 磨勘年限을 勞績의 有無에 따라 평가하였다.

그러나 太祖 때의 審官院은 아직 人事 機構로서의 성격이 뚜렷하지 못하며 審官院의 기능이 자리를 잡은 것은 太宗의 淳化4년으로 보아야 한다. 왜냐하면 太祖代의 인사 기구는 文官의 高官은 中書에서 맡았고 下位官은 流內銓에서 이를 담당하였으며, 武官의 高位官은 樞密院에서 담당하고 三班 이하는 三班院에서 이를 처리하였기 때문이다. 따라서 太祖 때 설치된 審官院은 관료의 任免을 위한 인사기구라기보다는 五代의 歲月銍遷의 制를 개혁하고 실적위주의 승진을 위한 관료의 능력과 실적을 심사하는 문자 그대로 審官의 성격이 강하게 보인다.

審官院이 고위관료에 대한 人事를 취급한 데 대하여 州縣의 幕職官에 대한 人事問題는 流內銓에서 맡아 처리하였다.[86] 流內銓은 五代로부터 계승된 제도로 選人에 대한 人事를 담당하였다. 五代에는 藩鎭이 그들의 下級 文官의 人事權을 독자적으로 처리하기 위하여 屬僚와 地方官을 중앙의 허락 없이 임용한 후에 중앙의 동의를 받아 처리하는 것이 流行하였다. 그런데 宋初에 있어서도 流內銓은 그대로 계속되어 選人의 人事를 이곳에서 처리하였다.

人事機構가 확대된 것은 太宗代에 들어와서이다. 이때는 宋의 統一 事業이 완성되고 관직의 증가에 따라 관료의 증원이 불가피하여짐에 따라 人事機構도 복잡성을 띠게 되었다. 人事機構의 변동에 대하여

太平興國6년에 郭贄로 하여금 京朝官을 考課하게 하였다. 淳化 3년에 京朝官院에 磨勘을 두고 또 興國 중에 설치한 차견원은 磨勘 差遣

85) 『宋史』160, 選擧志 考課條
86) 『宋史』권 163, 職官志 3, 吏部條

院이라 하였고 考課院이라고 하였다. 淳化4년에 實錄에 京朝官院을 考
課하는 것을 審官院이라고 하였다.[87]

이에 의하면 ① 淳化3년(992)에 磨勘京朝官院이 설치되고, ② 太平
興中(976~983)에 설치되었던 差遣院이 磨勘差遣院으로 병합되었다가
그 명칭이 考課院으로 바뀌어졌고, 淳化4년에 磨勘京朝官院이 審官院
으로 개편되었음을 알 수 있다. 따라서 太宗의 淳化4년에는 人事機構
가 變轉을 거듭하다가 考課院과 審官院으로 兩分되었다. 審官院을 설
치하게 된 경위에 대해서는

> 淳化4년 2월에 審官院을 설치하였다. 황제가 中外의 官吏에 淸濁이
> 섞일까 염려하여 官으로 하여금 考牒을 두어 磨勘院이라고 하였다. 이
> 때 梁鼎이 上言하길 (中略) 지금의 知州는 옛날의 刺史입니다.. 治狀이
> 현저한 사람도 조정에서 알지 못하고 方略이 들어볼 만한 것이 없는
> 사람도 임용되는 것은 대체로 권선징악의 실체를 잃어버린 때문입니다.
> 바라건대 폐하께서 有司에게 詔하셔서 考績의 法을 밝히셔서 모든 官
> 에서 그 사람을 얻어 백성들이 그 사람을 받들기를 바랍니다 하였다.
> 이에 磨勘院을 審官院으로 고치고 京朝官을 관장하게 하고 그 이괘의
> 幕職 州縣官은 별도로 考課院을 두어 이를 관장하게 되었다.[88]

앞서 淳化 3년에 설치된 磨勘京朝官院과 磨勘差遣院으로 관리의 淸
濁을 가리려 하였으나 여의치 않아 동 4년에 梁鼎의 인사 쇄신 주장
에 의하여 審官院을 설치하였다. 그러나 이는 표면적인 이유이고 이면
에 있는 설치 동기를 涑水記聞

---

87) 『山堂先生群書考索』(이하 『群書考索』이라 略함) 後集, 卷 7, 官制門 吏部
　　尙書條
88) 『宋史紀事本末』 卷 17, 太宗 致治條

速水記聞에서는 太宗이 中書의 권한이 너무 큰 것을 염려하였다. 諫
官 向敏中이 中書吏房을 나누어 審官院을 두기를 청하였다.[89]

이에 의하면 審官院은 太宗이 諫官인 何敏中의 말을 받아들여 中書
의 權限이 비대하여질 것을 염려한 나머지 이를 억제하기 위한 방안
으로서 中書門下의 五房中의 吏房을 갈라서 설치한 것이다. 이들 두
기관의 인사 업무를 보면 考課院은 주로 幕職州縣官의 인사 문제를
담당하였고,[90] 審官院은 京朝官에 대한 인사를 취급하였다.[91] 따라서
審官院은 太祖 때 설치된 기구가 좀더 구체화한 것이고 考課院은 太
祖 때의 流內銓을 계승한 것이다.[92] 審官院과 考課院의 長官을 知審
官院事 知考課院事라 하였는데 황제측근의 中書와 兩制(翰林學士, 知
制誥)로 임명하였다. 이에 대해서는

國朝의 盛時에 京朝官의 考課와 幕職 州縣官의 考課가 있었다. 그
후에 審官院과 考課院은 모두 中書 또는 兩制의 臣僚들의 그 能否를
살펴서 賞罰을 시행하였다.[93]

이라고 한 사실로 이를 알 수 있다. 그런데 여기에서 문제가 되는 것
은 京朝官의 인사를 관장하는 審官院은 관료 수가 많지 않기 때문에
그 업무가 수월하지만 방대한 지방의 幕職州縣官에 대한 인사를 맡고

---

89) 『群書考索』後集, 卷 7, 官制門 吏部尙書條 및 『宋史』卷 294, 蘇紳傳에 "太
   宗皇帝始用趙普議置考課院以分中書之權"이라고 약간의 내용차이가 있지만
   中書의 권한을 삭감하기 위한 조처임이 분명하다.
90) 『宋史』卷 163, 職官志 "淳化中又置考課院磨勘幕府州縣功過引對黜陟"
91) 『文獻通考』選擧考 12. "磨勘京朝官之司審官院幕職州縣官曰考課院"
92) 『宋會要輯稿』66冊, 職官 11에 의하면 考課院의 업무는 志道3년(997)에 다
   시 流內銓으로 귀속하였다.
93) 『宋史』選擧志 考課條.

있는 考課院은 인사 처리가 간단하지 않다. 이를 해결하기 위하여 지방의 監司로 하여금 인사 처리를 하게 하였다. 즉,

> 조정에서는 殿最 3等으로서 監司를 살피게 하였다. 監司는 3科로서 郡守이하를 고과하고 그 직책을 분별하여 이를 進退하였다.[94]

朝廷에서는 監司에게 인사를 3等으로 나누어 처리시켰고 監司는 地方官에 대한 인사를 3科로 考課하였다. 이 監司가 결정한 3科에 의하여 다시 考課院은 幕職州縣官에 대한 인사문제를 다루게 되었는데, 이에 대해서는

> 考課院은 전적으로 監司로서 等級한 바를 순서로 하여 이를 근거로 삼았다.[95]

고 한 사실로 알 수가 있다. 이 밖에 武臣의 人事機構는 宋初에 있어서 大使臣 이상의 高官은 樞密院에서 담당하였고 三班 즉 供奉官, 殿直, 承旨 등 小使臣의 인사는 宣徽院에서 처리하였으나 太宗의 太平興國 6년(981)에서 雍熙 4년(987) 사이에 三班院이 설치되어 이곳에서 供奉官 이하 三班借職까지의 下級武官에 대한 人事權을 장악하게 되었다.

(2) 神宗代의 인사기구개편

神宗의 熙寧代에 王安石의 新法實施로 官僚의 人事機構도 改編되었고 다시 元豊年間에 官制의 전면적인 개혁과 아울러 또 한 번 人事機構의 변화를 가져오게 되었다. 먼저 審官院에 대한 개편을 보면

---

94) 『文獻通考』 選擧 12.
95) 『宋史』 選擧考 考課條

熙寧간에 별도로 審西院을 두어 武選을 주로 담당하게 하였다. 이때
審官院을 고쳐 審官東院이라 하였다.96)

이에 의하면 審官院을 東西로 分院하여 西院은 주로 武選을 전담하
여 武官의 閤門祗侯(종 8품) 이상의 諸司使에 대한 人事處理를 하게
하였고 종래의 審官院은 審官東院으로 개칭하여 文臣官僚의 人事權을
관장케 하였다.97) 따라서 文官의 人事機構가 축소되고 그 대신 武官
에 대한 人事權이 樞密院에서부터 審官西院으로 넘어오게 되었다.

이상 宋代의 복잡한 人事기구의 변천을 정리하면 다음 [표4]와 같다.

[표 4] 宋代人事機構의 변천

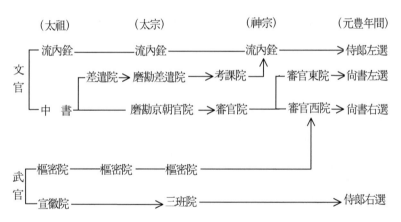

(3) 元豊시대의 인사기구

元豊시대의 官制改革은 宋初로부터 내려오던 官制 전반에 걸친 문
제를 일거에 해결하려는 혁신적인 조처였다. 인사기구의 개혁내용을

---

96) 『群書考索』後集 권 7, 官制門 吏部尙書條
97) 『宋會要輯稿』職官 11, 審官西院條에 의하면 熙寧3년 5월 28일에 개편되었다.

보면 우선 전체 인사기구를 吏部로 통합하였다. 즉 종래의 審官東院은 尙書左選이 되었고 流內銓은 侍郞左選으로 바뀌었으며 審官西院은 尙書右選으로 三班院은 侍郞右選으로 개혁되었다. 이를 통틀어서 吏部四選이라 한다. 그러므로 元豊의 관제개혁 이후 文臣의 경우에는 寄祿官은 朝議大夫(正 6품) 이하의 京朝官을, 職事官의 경우에는 大理正(從 7品) 이하이면서 中書省의 勅援에 해당하지 않는 자는 모두 尙書左選에서 人事를 맡았고, 科擧나 蔭補 등에 의하여 初任되고 州縣幕職官에 이르는 選人은 侍郞左選에서 이를 담당하였다. 한편 武臣의 경우에는 昇朝官의 皇城使(正 7品)로부터 이하 內殿崇班(正 8品)까지, 그리고 職事官은 金吾衛杖司 이하 樞密院의 宣授에 해당되지 않는 자는 모두 尙書左選에서 관장하고 從義郞(從 8品) 이하 副尉(無品官)까지는 侍郞右選에서 이들 인사를 취급하였다. 또 고위직의 文官은 中散大夫(從 5品), 武官은 閤門使(正 6品) 이상의 選叙狀을 列擧하여 이를 中書省 또는 樞密院에 올리면 天子의 決裁를 얻어서 告身을 지급하였다. 따라서 省·臺·寺·監의 長官과 副長 이하 侍從[98]까지의 職事官, 監司知州·軍 등은 中書省에서 除授를 하였다. 그리고 通判, 寺·監의 政丞, 博士 등은 中書省의 差授에 의함이 많았는데 이들을 堂選이라 하였다. 이에 대해서는

> 국초 官人의 法은 文臣은 中書에 속하고 武臣은 樞密에 속하였다. 太宗이 中書의 권한을 나누어 審官院을 두었다. 神宗은 樞密의 권한을 나누어 審官西院을 두니 마침내 文臣의 審官은 東院이 되었다. 후에 東西의 審官의 권한이 합하여 졌다. 左右尙書 文臣의 差注를 여기에 귀속시키니 吏部에서 그 책임을 마음대로 할 수 있었다.[99]

---

98) 『朝野類要』 卷 2, 侍從條에 "翰林學士給事中六尙書侍郞是也 又中書舍人左右史以次謂之小侍從 又在外帶諸閣學士侍制者 謂之衣外侍從"이라고 侍從에 관하여 설명하고 있다. 和田淸 『앞의 책』 p.200 註(9) 참조.

고 하여 宋初 以來의 文武官僚의 人事에 대한 개략을 논하고, 이어서

> 그러나 監司와 郡守 및 御史 省郞이상은 모두 中書에서 관장하고
> 正將 副將 准將 이상은 모두 樞密에서 관장하였다. 이러한 堂除는 근
> 본을 중하게 생각하기 때문이다. 祖宗 이래 資格이 아주 엄하여 사람
> 을 기용하 데는 반드시 그 자격을 살펴보았다.

元豐의 제도는 高位文官에 대한 人事가 兩府 특히 中書에 집중되고
있다. 唐代의 三省六部의 체제에서는 인사권은 대부분이 吏部가 장악
하고 있어서 宰相이라 하더라도 人事問題는 마음대로 할 수가 없었다.
그러나 宋代에 와서는 皇帝측근인 侍從官이 증가되었고 이들의 人事
는 주로 中書에서 결정되고 이러한 전통이 元豐官制에서도 그대로 유
지되었다. 그 위에 종래 樞密院이 장악하고 있던 武官의 人事를 中書
에 移管시킨 것도 주목할 만하니 이것은 宋代의 文治主義가 철저하게
진행된 것을 의미하는 것이다. 그리고 대체로 樞密使와 副使는 文臣으
로 임용함을 원칙으로 삼고 功을 세운 武臣을 임용하기도 하였다. 이
와 같은 원칙은 樞密院을 敬遠한 것이 아니라고 하더라도 樞密院은
그 職務가 武官과 관계가 깊은 곳이므로 만약에 武功이 뛰어난 武將
이 樞密院을 장악하게 되면 문제가 일어날 위험성이 있게 되므로 元
豐의 新制는 가능한 한 樞密院의 권한을 억제하려 하였다. 이와 같이
여러 면에서 武官의 進出을 억제하려 한 것이 바로 宋代 官僚制度의
특색이다. 南宋代에 발생한 岳飛의 悲劇도 文治主義的인 官制의 精神
을 고려한다면 쉽게 이해가 되는 것이다.

이러한 人事方針은 中堅以下武官의 人事에 있어서도 비슷하였다.
唐制에서는 武官의 進退는 兵部所管이었으나 宋初에서는 樞密院과 宣

---

99) 『群書考索』 續集 卷 39, 官制門 宋朝堂除及資格條.

徽院에서 이를 취급하였다. 그러나 元豊新官制에서는 이를 모두 吏部
의 尙書와 侍郎이 장악하게 되었다. 兵部尙書는 항상 文官으로 임용하
는 것이 통례화되었는데 이는 兵部尙書를 敬遠한 것이 아니라 단지
武官을 別系統으로 취급하지 않고 동일계통에다 並立시킨다는 의도가
있었던 것이며 中書로 하여금 上級武官의 신분을 장악하게 한 것도
같은 정신에서 나온 것이다. 이는 宋一代의 특색으로서 明淸에서는 文
官은 吏部에서 武官은 兵部에서 人事를 장악하였으므로 이는 唐制에
복귀한 것이다.

다음 南宋時代에 들어와서는 武官 最下級(無品官)의 下班祗應과 進
武副尉 등은 兵部와 刑部에서 인사를 취급하게 되어 이곳에다 銓選의
權限을 부여하였다. 兵部와 刑部를 吏部四選과 합하여 參選이라고 하
였다. 이리하여 관료의 人事權은 幕職州縣官, 借差監當, 無品官에 이르
기까지 거의 모두를 中央에서 임명 관리함을 원칙으로 하였다.

제3절 宋代의 班制

班이란 班位, 班列로 표시되며 궁중에서의 백관의 서열 席次를 말
한다.

송대의 사료에는 班이란 표현이 많이 나오고 東班과 西班 등의 용
어도 보인다. 그러나 우리가 흔히 쓰는 東班(文班)·西班(武班)과는
그 개념이 다르다. 또한 文班이나 武班이란 용어는 宋人의 문집은 물
론이고 「宋史」의 職官志나 그 밖의 자료에서 쓰지 아니하고 대체로
文臣 武臣 등 臣이란 표현을 하고 있다. 따라서 송대의 자료에서는 班
이란 말이 우리가 알고 있는 한국사에서의 개념처럼 상용어로 사용되

고 있지 않음을 알 수가 있다.

한국의 양반제는 이미 고려시대에 성립되었고[100] 조선시대에 와서
는 사회계층을 뜻하는 특수한 용어로 널리 사용되었다. 고려시대의 東
·西班은 송의 영향을 받았을 가능성도 생각할 수 있으나 宋代史에 나
오는 동·서반이 고려의 그것과는 성격이 다르고 양반의 班制는 아무
런 관계가 없다.

송대의 반제에 대한 연구는 南班[101]을 제외하고는 거의 없다. 따라
서 관료의 구조적인 성격파악을 위해서도 이의 정리가 필요하며, 더욱
이 班制를 종합적으로 비교 고찰하는 것은 복잡한 관료조직을 이해하
는 데 도움이 되리라 믿는다.

Ⅰ. 班制의 연혁과 文武班

(1) 班制의 연혁

중국사에서 반제의 기원은 南朝의 梁代까지 올라간다. 「通典」에 官
品을 班으로 표시한 것에 대해서

> 周官은 9命이고, 漢代는 中 二千石으로부터 100石까지 무릇 16等이
> 있다. 後漢은 中 二千石으로부터 斗食에 이르기까지 13등이다. 魏의 秩
> 次는 대체로 漢制를 본따고 다시 9品을 두었다. 晉宋齊는 이에 따르고
> 梁은 다시 18班을 두었는데 班이 많은 것이 귀하였다.[102]

---

100) 邊太燮, 「高麗朝의 文班과 武班」 『高麗政治制度史研究』(一潮閣, 1972)
     276~341 참조.
101) 宋 晞, 「宋代的宗學」 『青山定雄古稀紀念宋代史論叢』(省心書房, 1977) 16
     1~182 및 曾我部靜雄 「中國社會經濟史 研究」(吉川弘文堂, 1975) 제11장
     4절 南班宗室, 그리고 曹佐鎬, 「麗代南班考」 『東國史學』5, 1~17 참조.

라 하였고103) 이어서

> 梁의 관품은 秩祿의 차이가 前代와 같고 다시 18班으로 정하였다.104)

이에 의하면 관품을 18반으로 정한 것은 梁代에서 시작하고 班이 많으면 관위가 貴하고 班이 적으면 관위가 낮다. 또

> 天監초에 蔡法이 定令을 헤아려 9品으로 하였다. 7년 정월에 徐勉이 이부상서가 되어 18班을 정하였는데 班이 많은 사람이 귀하였다. 同班者는 居下者로써 劣로 삼았다. 여러 장군의 號를 增置하여 24班으로 하였다. 2월 乙丑에 鎭衛 이하 155號를 10品으로 하였다. 또한 班이 많은 것으로써 귀하게 여겼고 9品의 제도가 유지되었고 장군 24班 109號가 되었다.105)

이에 의하면 梁의 18班制는 무제의 天監 7년(508)에 徐勉이 이부상서로 임명되어106) 18반제를 정한 것에서 비롯된다. 이 18반제와 함께 장군호도 24반으로 구분하고 流外 7반제도 마련하였다. 이 새로운 반제와 병행하여 9품제도 그대로 존속시키고 있다. 즉,

> 成周의 命數를 살펴보면 西漢의 石秩은 모두 관위의 높고 낮음을 분별하기 위한 것이다. 魏 이후로부터 비로소 9품의 制가 있었는데 梁에 이르러 18班으로 나누어지게 되었다. 후에 魏는 9品으로써 正從으로 나누었는데, 隋唐 이후에도 이를 계승하였다.107)

---

102) 『通典』19, 官品條
103) 『玉海』卷 127, 歷代官品條에도 같은 내용이 있다.
104) 『通典』37, 秩品條
105) 『위의 책』
106) 『梁書』권 2, 武帝本紀에는 徐勉이 이부상서가 된 것은 天監 6년 冬 10월 壬寅條로 되어 있다.

라 하여 魏 이래의 역대의 관품과 梁의 班制를 비교하고 있는데 이를 정리하면 다음 [표 5]와 같다. 그런데 班制가 실시되지는 않았으나 제도적으로 건의를 한 사실은 이미 동진시대에 나타나고 있다. 즉,

> 상소하여 율령을 논하여 時論의 미덕으로 삼았다. 그후 이부상서에 전해져 九班의 제도를 건의하였는데 백관으로 하여금 職을 그대로 지니고 考課의 能否와 그 상벌을 밝혔다. 賈·郭이 전횡을 함에 벼슬하는 사람들이 서두르자 마침내 실시되지 못하였다.108)

이에 의하면 惠帝 元康 초에 三公尙書에서 吏部尙書로 옮긴 劉頌이 9班의 制를 상소하였으니 그 이유는 백관이 그 職에서 遷職함이 어려운데 이 동안에 백관의 能否를 考課하고 그들의 상벌을 명백히 하기 위하여 이 제도를 마련하였으나, 賈模 郭彰 등 권신의 반대로 실시되지 못하였다고 설명하고 있다.109) 이 劉頌의 9반제는 그 내용이 분명치 않고 실시되지 않았으나 梁 武帝의 18반제는 이 9반제를 기반으로 하여 마련된 것으로 볼 수 있다. 이 반제가 제도적으로 실시된 것은 梁의 무제 때가 확실하다.110)

品制는 魏에서 九品制가 채용되고 다시 後魏에 이르러서는 正·從으로 구분되어 이후 淸代에까지 그대로 지속되었다. 그런데 品制와 班

---

107) 『通考』職官考 官品條.
108) 『晉書』 46, 劉頌傳.
109) 宮崎市定, 『九品官人法 硏究』(同朋社, 1954) 200쪽.
110) 宮崎市定은 위책 200쪽에서 "모험적인 추측이지만 劉頌의 九班制는 인사진퇴의 標率로 생각하고 싶다"고 말하고 있다. 다만 9반제는 그 내용도 불분명하다. 단지 『晉書』권 106 石季龍載記에 "吏部의 選擧는 晉氏의 9반제에 의거하여 영원히 撥法이 되었다"라고 기록된 것으로 후대에 영향을 주었음은 확실하나 실시된 근거는 없다. 따라서 班制실시는 梁의 무제시대로 보는 것이 옳다.

制는 형식면에서 다르다. 품제는 品位가 적을수록 귀한 데 대하여 班
制는 "班多爲貴"란 특색을 지니고 이는 周의 正九命制와 같은 형식을
취하고 있다.

梁의 班制는 東晋 劉頌의 9班 選制의 班과 같은 뜻으로 볼 수 있으
며 앞에서두 지적한 대로 班은 조정의 석차로서 궁중 서차는 관위이
상하를 나타내고 아울러 승진의 순서를 표시하는 것이다. 이러한 班은

> 昇轉하면 1班이 올라가고, 黜降하면 1班이 내려간다. 班은 곧 階이
> 고 同班은 우열로써 전후로 삼는다.[111]

와 같이 곡 階를 뜻하는 것으로 되어 있다.

---

111) 『隋書』 卷 26, 梁制將軍號.

[표 5] 歷代 班品의 변천과 비교112)

周의 正9命	魏·晉·宋·陳의 9品	梁의 18班	北魏·北齊·隋·唐·宋의 18 品 階
正 9 命	1 品	18 班 17 班	正 1 從 1
正 8 命	2 品	16 班 15 班	正 2 從 2
正 7 命	3 品	14 班 13 班	正 3 從 3
正 6 命	4 品	12 班 11 班	正 4 從 4
正 5 命	5 品	10 班 9 班	正 5 從 5
正 4 命	6 品	8 班 7 班	正 6 從 6
正 3 命	7 品	6 班 5 班	正 7 從 7
正 2 命	8 品	4 班 3 班	正 8 從 8
正 1 命	9 品	2 班 1 班	正 9 從 9

위 [표 5]에서 볼 수 있듯이 班과 品은 서로 긴밀한 관계를 지니고 있고 魏의 구품제는 梁의 18반제에 의하여 더욱 세분화되었음을 알 수가 있다. 또한 武帝의 十八班制 실시의 동기는 魏晉 이래의 구품관제가 宋齊에 이르러 문란하게 되어 새로운 관제의 필요성을 느끼게 되어 武帝 초에 관제개혁을 단행하고 다시 十八班制를 실시하기에 이른 것이다. 무제의 18반제는 귀족적 관료제의 집대성으로 보아야 하겠

---

112) 『新元史』百官志, 『明史』職官志, 『大淸會典』吏部條에 의하면, 원·명·청 대에도 18품계가 그대로 유지되고 있다.

고 따라서 우리가 생각하는 반제와는 성격이 다르다. 그런데 梁의 十八班制는 後魏에 가서는 같은 18階를 채용하면서도 梁의 十八班制를 계승하지 아니하고 위의 9품을 正·從으로 구분한 사실은 梁의 반제가 갖는 관품제로서의 문제점이 있었던 것이 아닌가 생각된다.

(2) 文班과 武班

宋 이전의 문반과 무반 등 양반에 관한 기록을 보면 唐의 文宗 太和 9년(835) 11월 癸亥條에 百官入朝의 반열을 『新唐書』儀衛志를 인용하여 다음과 같이 묘사하고 있다.[113]

> 文武가 兩觀으로 班한다. 監察御史 두 사람은 東西 朝堂의 甎道에 서서 참석한다. 平明傳點이 끝나면 內門을 열고 監察御史가 百官을 인솔하여 들어간다. (중략) 武班은 文班의 다음에 서서 宣政門에 들어가고 文班은 東門으로 들어가고 武班은 西門으로 들어가 閤門에 이르러 또한 이와 같이 선다. 夾階에서 校尉 10명이 同唱하는 데 들어가는 것이 끝나면 그친다. 宰相 兩省官은 香案 앞에 對班하고 百官은 殿庭에 班한다. 左右巡使 두 사람은 나누어 鼓鐘樓 아래에 자리를 차지한다. 먼저 1品班, 다음 2品班, 다음 3品班, 다음 4品班, 다음 5品班인데 每班마다 尙書省官이 으뜸이다. 武班의 供奉者는 橫街의 북쪽에 선다.[114]

이를 보면, 문반과 무반의 반열이 구분되어 있고 宣政門을 들어서기 전에 무반은 문반의 뒤를 따르고 宣政門에 이르러서는 東·西로 나란히 있는 門을 들어설 때에 문반은 동쪽 문을 이용하여 안으로 들

---

113) 『夢溪筆談』 卷 1, 故事 1에 "唐制에 兩省의 供奉官이 동서에 대립하는 것을 蛾眉班이라고 부른다. 국초에 供奉班이 백관 앞에서 橫列하였다"하여 供奉官의 위치를 약간 다르게 설명하고 있다.
114) 『資治通鑑』, 唐紀 61.

어서고 무반은 그 서쪽 문을 이용하며 閤門에 이르러서도 이와 같이 東西로 나누어 선다. 여기에서 주목되는 것은 문반의 뒤를 따라 무반이 位居하고 또 宣政門을 東·西로 이용하고 있다는 것이다. 이에 따라 당대에는 무반. 무반의 구별이 확실하며 문·무반이란 용어로 사용되고 있음을 알 수가 있다. 비단 문·무반에 한한 것이 아니라 1品班. 2品班, 또는 百官班과 같이 반열의 뜻으로 사용되고 있기 때문에 계층적인 뜻은 약하다. 더구나 당대의 귀족사회에 있어서는 가문과 문벌을 무시할 수 없기 때문에 문·무반이란 용어는 계층적 의미로서는 별로 큰 뜻을 지니지 못하는 것이다.

귀족사회가 완전히 붕괴된 五代에 들어서면 兩班이란 용어가 문무반을 지칭하는 의미를 갖고 있으니 淸泰2년(935) 秋 7월 丁巳條에

> 文紀 등이 上言하기를, 臣등이 매 5일에 起居함에 兩班과 더불어 旅見하고 잠시 對揚을 얻는다.[115]

란 兩班의 기사가 보이고 同上揭書의 주에 "兩班이란 文武官이 東西로 갈라서서 양반이 되어 것이다"라고 있다. 또한 兩班이란 말이 天福원년(936) 5월 辛卯條에 다음과 같이 있다. 즉,

> 石敬瑭이 天平節度使가 되고 馬軍都指揮使로 삼았다. 河陽절도사 宋審虔을 河東절도사로 삼았다. 制를 兩班에 내려보내어 敬瑭을 호명하니 서로 돌아보며 얼굴빛을 잃었다.[116]

이 경우 兩班은 文·武반을 가리키는 것이기는 하나 황제의 측근에

---

115) 『資治通鑑』, 後唐紀 8.
116) 『위의 책』, 後晉紀 1.

서 세력을 지니고 있는 특정관료를 지칭한 것이 아닌가 생각된다. 또 高祖 天福2년(947) 2월 丁巳朔條에

> 契丹主가 通天冠을 쓰고 絳紗袍를 걸치고 正殿에 올라 궁정에 음악
> 을 연주하게 하고 儀衛를 사열하고 백관들이 朝賀한다. 華人들은 모두
> 法服하고 胡人들은 그대로 胡服차림으로 文武班의 중간에 선다. 文官
> 은 동쪽에 班하고 武官은 서쪽에 班하고 胡人들은 중앙에 班한다.117)

라고 하였는데 이는 契丹主가 백관을 소집하여 궁중에서 행한 의식내
용이지만 文班과 武班은 구분하여 동·서로 입석하고 胡人이 그 중앙
에 위치하고 있음을 볼 때에 五代에는 무반이 서쪽에 문반이 동쪽에
서는 좌석상의 위치는 일반적으로 통용된 것이다. 또한 문반과 무반을
합하여 兩班이라 부른 것도 일상적으로 사용된 것이다. 단지 동반이나
서반이란 표현은 쓰이고 있지 아니하고 관료 전체를 百官班이라고 한
예는 여러 곳에서 살필 수가 있다.118)

II. 東班과 西班

이상과 같은 宋 이전의 班制는 宋代의 반제와는 그 내용이 다르다.
송대의 東班과 西班 및 橫班은 모두 武官을 지칭하는 것으로 문관과
는 아무런 관계가 없다. 그러나 문관과의 階位를 비교하든가 文職과
대조할 때에는 염두에 두고 고려하여야 하기 때문에 이들에 대한 분

---

117) 『위의 책』, 後唐紀 1.
118) 『資治通鑑』 卷 279, 後唐紀 8, 淸泰원년 3월 己巳條의 馮導의 말 가운데
  "潞王入朝, 百官班迎可也"라든가 위에 게재한 同卷 夏4月 壬申條에도
  "馮導帥百官班見拜"란 사실로 알 수가 있다.

명한 내용은 파악하여야 한다. 『宋史』職官志 敍遷之制119)에 보면 무
신의 최하위품인 三班借職으로부터 內客省使에 이르기까지의 승진과
정을 나열하고 있는데 이를 정리하면 다음 ①·②와 같이 진행된다.

① 武臣 三班借職에서 節度使에 이르기까지 敍遷제도

三班借職 → 三班奉職 → 右班殿直 → 左班殿直 → 右侍禁 → 左侍禁
→ 西頭供奉官 → 東頭供奉官 → 內殿崇班 → 內殿承制 → 供備庫
(供備庫副使)
使 → 禮賓副使 → 西染院副使 → 東染院副使 → 西染院使 → 東
(西京左藏庫副使)
染院使 → 西京作坊使 → 西京左藏庫使 → 崇儀使 → 如京使
(內苑·洛苑·如京·崇儀副使) - (莊宅·六宅·文思副使) -(左藏庫·東西作坊副使)
洛苑使 → 內園使 → 文思使 → 六宅使 → 莊宅使 → 西作坊使
(皇城副使) - (供備庫使) 西京作坊·東西染院使
→ 東作坊使 → 左藏 ·內藏·左右騏驥·宮苑使 → 皇城使 → 遙郡
刺史 → 遙郡團練使 → 刺史 → 團練使 → 防禦使 → 觀察使 → 節
度使 → 節度觀察留後 → 節度使

② 武臣 通事舍人에서 橫班으로 전환하는 것

通事舍人 → 東西上閤門副使 → 引進副使 → 客省副使 → 西上閤門
使 → 東上閤門使 → 四方館使 → 引進使 → 客省使 - (景福宮使)
- (延福宮使) - (內客省使)

---

119) 『宋史』권 169, 志 122, 職官 9, 敍遷之制에 의하면 三班借職에서 절도사
까지의 武臣敍遷을 들고 있다.

이상과 같이 武臣의 敍遷을 기술하고 있는데 元豊 寄祿格에 나타나 있는 副使가 敍遷에서는 제외되고 있으므로 참고로 적어 넣었다. 그런데 이러한 武臣의 敍遷에 대하여

> 右內客省使에서 閤門使에 이르기까지를 橫班이라고 하며, 皇城使 이하 20명을 東班이라고 한다. 洛苑使 이하 20명을 西班이라고 한다.[120]

이에 의하면 東班·西班·橫班을 분명히 밝히고 있다.

> 國朝에 內客省使를 정하여 閤門使에까지 이를 橫班이라 하였고 皇城使 이하 무릇 20을 東班이라고 하고 宮苑使 이하 무릇 20을 西班이라고 한다.[121]

위 두 사료에 의하여 東班은 황성사 이하 20, 西班은 洛苑使 이하 (玉海에는 宮苑使 이하) 20이란 사실을 알 수가 있다. 『宋史』직관지의 二十명은 二十階의 착오가 아닌가 생각된다. 왜냐하면 황성사가 실직이 아니고[122] 무관의 階位이기 때문에 階位를 중심으로 한 이하 몇명이란 표현은 사실상 곤란하기 때문이다. 따라서 황성사 이하 二十階가 어디까지 해당되는지는 확실하지 않으나[123] 供備庫副使까지의 使臣과 副使臣을 이르는 것으로 보겠다.

---

120) 『宋史』 卷 169, 志 122. 職官 9, 敍遷之制에 의하면 三班借職에서 節度使까지의 武臣敍遷을 들고 있다.
121) 『玉海』 127, 歷代官品.
122) 佐伯富, 「宋代 皇城司」『中國史研究』1(동양사학회, 1964) 4쪽 황성사의 기구 참조.
123) 和田淸, 「支那官制發達史」180쪽. 宋代武階 52階 참조.

諸司使副는 東班, 西班이 있고 또 橫班이 있다.124)

한 것처럼 諸司의 사신과 부사신 가운데 동반과 서반과 횡반이 있으며 제사의 使·副에 대해서는

國朝에 武選은 內客省으로부터 閤門使副까지가 橫班이고 皇城으로부터 供備庫使가 諸司의 正使가 되고 副는 諸司의 副使가 된다. 內殿으로부터 承制하여 三班借職에 이르는 것이 使臣이다.125)

황성사로부터 供備庫使까지가 諸司의 正使이고 황성부사로부터 공비고부사까지가 제사의 부사로 볼 수 있다.126) 그러므로 東班은 황성사 이하 20계까지로 보면 되겠다.

다음 西班도 역시 諸司의 안에 포함되어 있는 것은 확실한데 洛苑使 이하(직관지), 宮苑使 이하(옥해) 20까지라고 서로 다른데 이는 낙원사 이하가 아닐까 생각된다. 왜냐하면 궁원사는 앞의 敍遷表에서 보이듯이 황성사의 바로 下階이기 때문에 궁원사 이하로 본다면 동반과 너무나 많이 중복되기 때문이다. 그러나 앞서 『文獻通考』의 관제총서에 기록된 "諸司의 사신과 부사신에는 동반과 서반이 있다."라는 표현은 사신은 동반이고 부사신은 서반과 같은 느낌을 주기도 한다. 이것은 확실한 근거가 없으며 서반은 낙원사로부터 20階 내려선 무계를 이름이 분명하다. 서반에 대해서는

---

124) 『通考』47, 職官考 官制總序.
125) 『宋史』職官志 武散官.
126) 諸司의 사신의 기원에 대해서는 『玉海』卷 127, 嘉祐定橫行員數條에 "唐開元中 始置諸使 後增諸司使 以內侍或將軍兼 天祐後用外廷臣·卿·監·將軍及刺史以上領之"라고 있다.

景祐 2년 11월 乙未에 3聖을 祀하고 그림을 그려 세워놓았다. 制詔
를 권하여 宗室은 모두 轉官하였다. 諸司使로부터 이하 殿直까지 西班
官으로 換하였다.[127]

여기서도 『文獻通考』의 官制總序에서처럼 諸司의 正史에서부터 殿
直까지 西班으로 換官함을 알 수가 있다. 殿直은 『宋史』 職官志 敍遷
의 制에 의하면 右班殿直과 左班殿直이 있고 이는 小使臣이며 무관의
하위직에 속한다. 따라서 景祐 연간에 殿直까지 서반으로 포함되었을
가능성은 있으나 원칙적으로 동반과 서반은 諸司의 부사의 말단인 供
備庫副使까지로 보아야 옳은 것 같다. 참고로 송대의 무계를 직관지
의 敍遷之制와 政和6년(1116)의 무신 52계를 종합하면 명백하게 정
리된다.[128]

그런데 문제는 동반은 황성사 이하 20階, 서반은 낙원사 이하 20階
로 잡았을 경우 낙원사 이하 供備庫副使까지가 동·서반이 중복되는
데 이 경우 동·서반을 어떻게 구분할 것인가 하는 의문이 남는다. 이
에 대해서는 『宋史』 직관지[129] 에서 皇城使를 설명하는 註文에 의하면

皇城使는 郡의 刺史로 轉遙한다. 이상의 使·副는 皇城係인 東班을
제외하고 나머지는 西班이다. 그 東班의 翰林 이하의 19司使·副는 비
록 현임관이 있어 轉法에 이르러도 伎術官을 제수하였다.

이라 하는 바와 같이 황성사까지의 사신과 부사신 중에 황성계는 東
班을 제수하고 그 나머지는 西班을 제수한 것이 분명하다. 여기에서도

---

127) 『玉海』1 30, 景祐南班.
128) 和田淸, 『支那官制發達史』180쪽. 武階 및 佐伯富編「宋史職官志索引」에 실
    린 宮崎市定의 宋代官制序說 49쪽 武官一覽表 참조.
129) 『宋史』 職官志 敍遷之制, 武臣三班借職至節度使 敍遷之制條.

동반은 翰林(翰林良醫)을 비롯한 19司의 사신과 부사신이 포함되어
있음을 알 수가 있다.

이를 정리하면 東·西班은 다 같이 무계를 뜻하며 공비고부사에서
부터 황성사에 이르는 제사의 사신과 부사신이 여기에 포함되며 西班
은 낙원사 이하 20계까지의 전직에 이르는 階位이고 이 중에 東·西
班이 중복되는 부분은 황성사계는 동반을 제수하였음을 알 수 있다.
그러므로 동반과 서반은 우리가 생각하는 문반과 무반의 개념과는 본
질적으로 다르다는 사실을 알 수 있다.[130]

앞에서도 언급하였지만 文班이나 武班이란 용어도 宋代에는 흔히
사용하는 말이 아니었으며 文臣이나 武臣이란 표현이 직관지에 통일
적으로 나오고 있으므로 班과 臣의 표현상의 차이를 충분히 알 수가
있다. 이것도 황제의 독재체제의 강화에 따르는 신료의 호칭을 主從의
君臣개념으로 표현한 것이 아닌가 생각된다. 文臣과 文班, 武臣과 武
班의 개념적 차이는 班 쪽이 훨씬 강한 집단성과 대립성을 나타내 주
고 있고 강한 계층성을 지니고 있으므로 宋代에는 동반과 서반은 사
실상 아무런 실직이 없는 무관의 階位로 변형된 것이 아닌가 생각된
다. 宋代의 班은 무반이나 종실 또는 內侍省을 의미하고 있다.

실제로 송대의 기록에서 양반이란 표현은 眞德秀의 『西山先生文集』
에 나올 뿐이다.[131] 즉,

---

130) 『朝野類要』 卷 3, 入仕凡十二事에는 西官이란 말이 나오는데 "西官視王
　　南班之官號曰西官"이라 하였으니 여기에서 말하는 西官은 西班과는 직접
　　관계가 없으나 서반이란 용어 자체는 생소하다.
131) 佐伯富 編 『宋代文集索引』·『宋史職官志索引』(東洋史研究會, 1970, 1963),
　　同氏, 『宋史 兵志索引』(華世出版社, 1974) 참조.

폐하께서 비록 다른 사람들의 말을 듣는 것을 싫어하지 않더라도 群臣이 聖德을 의논하는 것을 잊어버릴 수 있다. 臣은 조정에서 對時를 사하여 聖訓을 내셔서 민생의 질고를 방문하기를 원합니다. 조정에서 闕遺하여 이에 賓贊의 신하에게 詔하여 비록 兩班이 있다 해도 모두 마땅히 인견하게 하면 下情을 통할 수 있을 것이고 폐하께서 듣는 것이 마힘이 없을 것입니다.[132]

라 하였고, 이어서

폐하께서 群臣들의 溫恭하고 禮가 있음을 延納하신 연후에 조용히 咨訪하여 들으신다면 玉音記注에는 寂塞이 거의 없을 것이니 어찌 모두 족히 上承清問할 수 있겠습니까 또 兩班이 있으니 틈을 내어 引見하시면 下情을 들어시면 막힌 뜻이 다시 이르게 될 것입니다.[133]

이라 하여 양반이 어떤 계층을 표현하였다기보다 臣僚일반을 말하고 있다.

III. 橫 班

횡반에 관하여 『宋史』직관지 敍遷之制에는 횡반의 敍遷내용을 다음과 같이 기록하고 있다. 즉,

---

132) 『眞文忠公集』 卷 2, 癸酉 5월 22일 直前奏事條
133) 『위의 책』.

武臣自通舍人轉橫班例

通事舍人, 轉西上閣門副使 其東上閣門副使 非特恩不遷

東西上閣門副使, 轉引進副使

引進副使, 轉客省副使

客省副使, 轉西上閣門使

西上閣門使, 轉東上閣門使

東上閣門使, 轉四方館使

四方館使, 轉引進使

引進使, 轉客省使

客省使

右 內客省使至閣門使 謂之橫班

위에 의하면 內客省使[134]에서부터 客省, 引進, 四方館, 동·서 上閣門使가 횡반에 속한다. 그런데 내객성사와 사방관, 인진은 부사가 없으나 그 밖에는 부사까지가 횡반에 속한다.[135]

橫班은 橫行이라고도 하며[136] 앞서의 동반과 서반이 武階인 데 비하여 횡반은 실직일 뿐만 아니라 황제의 측근에 있는 요직이다. 황성사 이하의 무관, 즉 앞서 살핀 동반과 서반에서 횡반으로 轉職을 하게 되는데 이때에는 먼저 합문저후나 합문통사사인을 帶職하고 이로부터 동·서상합문부사로 올라가야 한다. 祗侯나 舍人은 閣職이라고 불리는 천자측근의 近侍로서 문관의 관직과 같이 독립되어 있는 관직은 아니고 帶職으로 그의 위치는 중요하며 그들의 지위는 각각 階官에 따르는 것이다.[137]

---

134) 『宋史』 職官志 敍遷之制 政和6년 武臣 52階에 의하면 客省使 위에 景福殿使, 延福宮使와 그 위에 內客省使가 있다.

135) 『위의 책』에 國朝 武選은 내객성으로부터 합문사부에 이르기까지 횡반에 포함시키고 있다.

136) 『玉海』 卷 127, 景祐定行貝數條

橫班의 인원수에 대하여

嘉祐 3년 8월에 詔하여 橫行의 인원수를 정하였다. 客省, 引進, 四方
의 館使는 각 1명, 東西上閤門使는 2명, 閤門, 引進, 客省副使는 6명, 閤
門副使通事舍人은 8명이다. 또 詔하여 아울러 2명을 늘리게 하였다.[138]

라는 것과 같이[139] 客省使, 四方館使가 각각 1명, 합하여 3명이며 동
서합문사가 2명, 합문, 인진, 객성부사가 6명, 합문부사 통사사인이 8
명(후에 다시 2명을 추가)이니 이를 합하면 횡반은 모두 19명(후에
21명)으로 구성되어 있다. 객성사 이상의 景福殿, 延福宮, 내객성사는
정화 6년의 무계에 나타나고 있기 때문에 嘉祐 3년에 횡반원수를 정
할 때에는 이들이 제외된 것으로 보아야 할 것이며, 따라서 횡반은 객
성사까지 임명된 것으로 볼 수 있다.

이후에 횡반의 수는 약간 증가되었다. 즉 慶曆 4년(1044)에는 동서
상합문사는 모두 4명으로 증가하였고 治平2년(1066)에는 다시 객성,
인진, 사방관사를 배로 늘려 6명으로 증원하였다. 동서합문사는 4명에
서 다시 6명으로 증원하였으며 閤門·引進·客省의 부사는 8명, 閤門
通事舍人은 8명에서 10명으로 증가하였다.[140] 이들의 전관내용을 보
면 앞서의 무신자통사사인전횡반례의 순서대로 승진이 되는 것인데
다만 이들의 轉官기간에 대해서는

客省副使는 諸司 副使의 磨勘條例에 의해서 시행한다. 閤門에 결원
이 있으면 次轉으로서 遷補하는데 磨勘年限에 구애받지 않는다.[141]

---

137) 宮崎市定, 『宋代官制序說』, 50쪽 참조.
138) 『玉海』 嘉祐定橫行員數.
139) 『長編』 卷 178에는 嘉祐 3년 9월 條로 되어 있고 내용은 동일하다.
140) 『宋史』 職官志 敍遷之制 武臣自通事舍人轉橫班例條.

諸司의 副使는 磨勘條例에 따라 승진기간이 되어야 轉官하는데 閤門使가 결원이 생기면 次官으로 마감연한에 불구하고 遷補되었다. 또한 治平 2년에는 橫班이 증원됨에 따라서 보충하고 있다.

> 무릇 增置할때도 현임관으로 轉任한다. 결원이 있으면 곧 보충하는데 皇城使의 改官은 7년에 이르러야 한다. 邊任을 거쳤을 것 같으면 本路의 監司, 總管의 5명 이상의 共薦者가 있을 때에 遙郡刺史를 제수하고 遙郡防禦使에 이르러 그친다.[142]

增置된 횡반은 현임관으로 임용하였고 동반의 최상위관인 황성사가 횡반의 결원이 있을 때에 전임되는 경우에는 7년 경력을 요해서 이때 본로의 監司, 總管 5명 이상의 공천을 받아야 가능하였다. 따라서 동반에서 횡반으로의 전관은 상당히 힘든 것으로 보아야 할 것이다.[143]

Ⅳ. 北班과 南班

우선 北班에 대해서 보면

> 北班의 內品은 後苑의 散內品으로 轉한다. 散內品을 北班內品으로 전직하고 北班內品은 後苑勾當事內品으로 轉官한다.[144]

---

141) 『長編』 卷 187, 嘉祐 3년 9월 조.
142) 『宋史』 職官志 敍遷之制.
143) 『玉海』 卷 127, 宋史職官志 敍遷之制에 의하면 政和 2년 9월 29일에 무신의 新階官의 제정으로 변형되었다.
144) 『宋史』 職官志 內臣敍遷之制.

고 하여 內侍省의 散內品은 북반내품으로 승진을 하고 북반내품은 後
苑勾當事內品으로 轉官함을 알 수 있다. 송대의 북반에 대한 기록은 그
리 흔하지 아니하나 위 기록으로 미루어 볼 때에 북반은 내시성의 관
위임에 틀림이 없고 봉록을 受頌하고 있다. 內侍省의 봉록에 대해서는

> 안으로 小黃門에 들어가면 前殿祗侯內品, 北班內品, 밖으로 揀來 및
> 城北班 · 後苑 · 把門內品掃酒院子 및 西京內品에 처한다. 北班의 內品
> 은 옛날처럼 西京에 있고 收管 7백이다.[145]

라고 기술하고 있다. 즉 일반적으로 내시성의 內臣의 官階에는 대부분
이 內品이라는 칭호가 함께 붙고 北班은 내시성의 내신을 의미하고
그의 관위는 하위이며 봉록도 지급되고 있다.

唐代에는 내시성을 北司라 하였다. 文宗의 太和9년(835) 11월에

> 이로부터 천하의 일이 모두 北司에서 결정되고 재상은 文書만 행할
> 따름이다. 환관의 기운이 더욱 성하여 천자를 협박하고 재상을 下視하
> 며 朝士를 陸暴하기를 초개와 같이 한다.[146]

하였으니 당대 환관을 北司라고 한 사실을 알 수가 있다. 송의 北班은
內侍省의 관위임을 볼 때에 당송의 北司와 北班이 서로 연관이 있는
것으로 생각된다.

다음에는 南班에 대하여 살펴보겠다. 南班에 대한 자료는 송대 史
料에 비교적 많이 나타나고 있으며 이에 대한 연구도 최근에 몇 편
나와 있다.[147] 그런데 송의 南班도 고려나 조선시대의 남반과는 전혀

---

145) 『宋史』 職官志 俸祿制條
146) 『資治通鑑』, 唐紀 61.

그 성격을 달리하고 있다.148) 즉,

宗子는 南班官을 받는다.149)

라는 말과 같이 南班은 황족의 宗親자제에게 수여한 것임을 알 수가
있다.

이에 대해서는

景祐 2년에 비로소 황친의 諸司使 이하 130여명을 南班官으로 임명
하였다. 南班 8등은 副率에서부터 上將軍까지이다..150)

이에 의하면 景祐 2년(1035)에 비로소 황친 가운데 諸司의 使臣 이
하인 사람 130여 명에게 南班官을 제수하였다. 그들은 皇親 중에서 諸
司使이하라 하였으니 앞서 동반에서 보았듯이 諸司使는 황성사 이하
를 가리키는 武階로 이 武階를 지니고 있는 황친에게 남반관을 주었
음을 알 수 있다.

그런데 여기에서 한 가지 의문시되는 것은 景祐 2년에 비로소 이러
한 제도가 실시되었다는 점이다 沈括은

宗子는 南班官을 받아 대대로 전한다. 王文正 太尉가 재상이 되던
날 처음으로 이 의논을 시작하였다는 것은 잘못된 것이다. 151)

---

147) 宋晞, 「宋代的宗學」161-182쪽 및 曾我部靜雄 前揭 「中國社會經濟史 研
    究」11장 4절 南班宗室 참조.
148) 曹佐鎬, 「麗代南班考」, 1-17 참조.
149)『夢溪筆談』2, 故事.
150)『玉海』1 30, 景祐南班條
151)『夢溪筆談』卷 2, 故事 2.

라고 하여 宗子에게 남반관을 제수한 것이 세상에 전하기로는 王文正,
즉 王旦이 재상이 되던 날에 이에 대한 논의가 개시되었다고 하는데,
이러한 世傳은 잘못이라고 단정하고 景祐2년에 비롯되었다고 주장하
고 있다. 그러나 沈括도 지적하고 있는 바와 같이 세상의 傳言으로는
景祐 2년 이전에 황친에 대한 南班官 수여의 논의는 있었다고 보아야
한다. 이에 대한 근거로서는 경우 2년 이전에 南班官에 대한 자료가
보이고 있기 때문이다. 沈括이 말하는 王旦이 재상이 된 날은 眞宗 景
德 3년(1006) 2월 戊戌日이다.[152] 따라서 심괄은 부정하고 있지만

> 世傳에는 王文正太尉가 재상이 되던 날 비로소 이 의논을 개시하였다.[153]

라고 한 것은 이 景德3년을 가리키는 것이 분명하며 이때를 비롯하여
종실에 대한 남반제수의 논의가 시작된 것으로 보인다. 이에 대해서는

> (大中祥符) 9년 정월 己巳에, 종실 德文子 承顯이 詔에 의하여 班에
> 나가 起居하고 忠子 從格의 위에 두었다. 이때 從格이 姪行이나 앞에서
> 拜職하고 드디어 宗正寺에 詔하여 宗室의 班圖를 아뢰게 하였다.[154]

라는 기사에 주목이 간다. 이에 의하면 종실인 德文의 子 承顯이 詔에
의하여 班에 부임하여 기거하고 있다. 여기에서 말하는 班이 무엇을
의미하는지 분명하지 않으나 이를 南班으로 볼 수 있지 않을까 생각
된다. 이 班이 남반으로 볼 수 있는 근거는 上揭文의 끝에 註文으로서

---

152) 『長編』권 62, 및 『皇宋十朝綱要』권 3, 『宋史』권 282, 王旦列傳에 "拜工部
    尚書中書門下平章事 集賢殿大學士n監修國史"라 기록되어 있다.
153) 『夢溪筆談』2, 故事.
154) 『玉海』130, 祥符宗室班圖.

祥符元年 12월 23일 조서를 내려 班에 있기를 18년이 된자는 그의
이름을 아뢰게 했다.155)

이란 기사가 있는데 이미 大中祥符 元年(1008)에 "在班及18年者" 즉
남반에 在官하기를 18년에 이른 자의 명단을 올리도록 詔가 내려지고
있다. 이는 祥符원년에 이미 南班의 존재가 있다는 것을 의미하는 것
이다. 물론 上記『玉海』의 기사만 가지고 在班을 在南班이라 어려우나
『宋會要』에 이를 뒷받침하는 기사가 있다. 즉,

大中祥符元年 12월 23일 皇親에게 詔하여 금후 南班 및 18년이 된
사람은 이름을 갖추어 올리게 하였다.156)

라고 있다. 『송회요』의 이 기록은 앞서의 『玉海』의 기록과 연월일이
일치되며 『玉海』에서는 "在班18年"으로 되어 있으나 여기에서는 "今
後南班及18年者"로 되어 있어 좀 다르기는 하나 南班임에는 분명하다.
이와 같은 조칙이 내려진 동기에 대하여 보면

이때에 皇弟 德雍 등에게 모두 刺史의 직책을 맡겼다. 德雍은 高州
德文은 恩州 德存은 奬州이다. 皇姪 惟正은 順州, 惟忠은 遂州, 惟叙는
勸州, 惟和는 澄州, 惟憲은 演州이다. 允升은 右武衛將軍으로 옮겨졌고
允言은 左屯衛將軍, 允成은 右屯衛將軍, 允寧, 允正은 아울러 右監門衛
將軍으로 옮겨졌다. 眞宗이 王旦 등에게 일러 말하길 皇親으로 環衛에
있는 사람이 많다. 마땅히 그 오래됨을 헤아려 다음 사람은 州郡을 관할
하게 하였다. 이로 말미암아 德雍 이하 8명은 班에 있은 지 18년이고
允升 이하 5명은 班에 있은 지 7년이라. 그런고로 이 명령이 있었다.157)

---

155)『玉海』130, 祥符宗室班圖.
156)『宋會要輯稿』2, 帝系 4 宗室雜錄

고 설명하고 있다. 王旦이 재상이 된 해가 眞宗의 景德3년(1006)이고
다시 2년이 지난 진종의 대중상부원년(1008)에 진종이 王旦 등에게
이르기를 황친 가운데 環衛官으로 정체되어 있는 자가 많아서 이들을
승진시키기 위한 특별한 배려로서 그 명단을 올리도록 하였는데 황친
인 德雍 이하 8명이 在班(南班) 18년이고 允升 이하 5명은 在班(南
班) 7년이나 되었음을 알 수가 있다. 따라서 『玉海』의 班과 『宋會要』
의 南班과는 서로 동일한 기사로 볼 수 있으며, 이로 미루어 볼 때에
대중상부원년에는 남반으로서 官에 있는 사람 중에 18년이 된 사람이
상당수 있음을 알 수 있다. 또한 王旦이 재상이 된 후 2년인 대중상부
원년에 진종이 왕단에게 황친남반관에 대한 문제를 거론하여 詔令을
내린 것으로 볼 때에 앞서 심괄이 주장하는 바의

　　宗子는 南班官을 받는데, 世傳에 王文正 太尉가 재상이 된 날 비로
　소 이 뜻을 열었다는 것은 그렇지 않다.[158]

라고 한 『몽계필담』의 단정적인 말은 문제가 있는 것이다. 따라서 남
반은 왕단이 재상이 된 景德3년(1006)에서 대중상부원년(1008) 사이
에는 이미 존재하였다고 하겠다.

　특히, 진종은 종실에 대한 특별한 관심을 지니고 있었는데 위의 祥
符원년의 詔令과 관련되어 天禧원년(1017) 2월 13일에는 蔭補에 의한
皇族授官制[159]를 마련하였는데 이 이전에 이미 진종이 황족에 대한
문제를 논하고 있다. 즉,

157) 『宋會要輯稿』 2, 帝系 4 宗室雜錄
158) 『夢溪筆談』 2, 故事.
159) 『玉海』 卷 130, 天禧元年 2월 13일 壬午年條

이에 앞서 황제가 輔臣에게 일러 말하기를 황족이 많은데 授官은 定制가 있지 않다. 宗正寺로 하여금 房院에서 次第를 상정하고 이때에 이르러 上議하여 中書密院에 詔하여 參定하여 행하게 하였다.[160]

라는 것으로 보아 황족에 대한 授官은 眞倧代에 상당히 구체적으로 논의되고 있었음을 알 수가 있다. 따라서 南班官은 이미 王旦이 재상이 된 景德 3년(1006)에 논의되었고 다시 대중상부원년(1008)에는 具名取旨, 즉 그들의 이름을 적어서 황제에게 상주하여 황제의 의지에 따라 敍遷되었다. 천희원년(1017)에는 다시 음보제도에 의한 宗室授官制가 마련되었다. 그 후 仁宗의 景德2년(1035)에 가서 南郊大禮를 계기로 南班近親에 대한 敍遷의 제도가 제정되었다. 이에 대해서

國朝 天禧원년에 祖宗의 宣祖를 제정하였다. 태조, 태종의 孫은 諸衛將軍을 제수하고 曾孫은 右侍禁, 玄孫은 右班殿直을 제수하였다. 內父의 爵이 높은 사람은 높은 蔭補를 허락하였다. 景祐 중에 처음으로 南郊宗室緣의 大禮를 정하였는데 推恩으로 南班의 近屬을 두고 처음부터 小將軍을 제수하였다. 무릇 일곱 번 옮긴 사람은 절도사가 되었다.[161]

라고 하였는데[162] 여기에서도 분명히 남반의 근속을 처음으로 小將軍에 제수하여 七遷을 하면 무신의 최고품계인 절도사로 쉽게 敍遷됨을 알 수가 있다. 그러면 將軍과 南班과는 어떤 관계가 있는가를 보자.

앞의 『宋會要輯稿』宗室雜錄 기사에 의하면 황친 중에는 將軍號를 가지고 있는 사람이 많이 나타나고 있다. 眞倧이 王旦 등에게 "皇親在

---

160) 『玉海』 卷 130, 天禧皇族授官制 및 『職源撮要』 卷 57, 內省之崇 南班.
161) 『職源撮要』 57, 南班.
162) 『夢溪筆談』 卷 2, 故事條에 "景祐中 初定祖宗 竝配南郊 宗室欲錄 大禮乞推恩(中略) 自此遂有南班之授 近屬自則爲節度使"라고 비슷한 내용이 있다.

環衛者衆"이란 기록이 있으므로 장군과 환위관과는 밀접한 관계가 있고 환위관과 남반과도 관련이 있다.

무관의 제도는 唐에서 宋으로 넘어오는 사이에 그 변화가 문관보다 심하고 唐令에 보이는 무관의 명칭은 宋初에 와서는 環衛官만이 존재한다. 唐中期 이후에 발생하여 중요한 의미를 지니고 있던 절도사와 같은 무관도 宋에 이르러 단순한 階官에 그치고 말았다.

宋代의 環衛官은 皇帝의 禁衛侍從으로 侍從武官 또는 近衛武官에 해당하는데 먼저 將軍에 대해서 보면[163]

左右金吾衛上將軍	大將軍 將軍 中將軍 郎將
左右衛上將軍	大將軍 將軍 中郎將 郎將
左右驍衛上將軍	大將軍 將軍
左右武衛上將軍	大將軍 將軍
左右屯衛上將軍	大將軍 將軍
左右衛官軍衛上將軍	大將軍 將軍
左右監門衛上將軍	大將軍 將軍
左右千牛衛上將軍	大將軍 將軍 中郎將 郎將

이라고 장군의 관명계급이 있다. 이어서 장군과 환위관의 관계에 대해서는

諸衛의 상장군, 대장군, 장군은 아울러 環衛官이 되는데 정원이 없고 모두 宗室에 명하여 이를 선임하였는데 武臣의 贈典이 되었다.[164]

이에 의하면 侍從, 近衛의 상장군, 대장군, 장군 등은 모두 환위관

---

163) 『宋史』職官志 環衛官.
164) 『앞의 책』.

이 되며 정원이 없고 宗人으로 임명하고 있음을 알 수가 있다. 다음 환위관과 南班과의 관계를 보면, 『職源撮要』의 南班條에 南班八等의 명칭이 다음과 같이 나오고 있다. 즉,

今南班八等
率府副率 從八品 在通直下
率府率 從七品 在奉議下
諸衛將軍 從四品 在朝奉下
諸衛大將軍 正四品 在中散大夫下
左右金吾衛大將軍 正四品 在中散大夫下
諸衛上將軍 從三品 在通奉大夫下
左右衛上將軍 從二品 在光祿大夫下
左右金吾衛上將軍 從二品 在光祿大夫下 舊環衛官政和無所改 固本支
尊社稷165)

이라 하였으니 여기에 보이는 南班의 8등계는 上記 『宋史』 직관지 環衛官條에 보이는 내용과 약간의 차이는 있으나 대체로 부합되고 있고 "今南班八等"의 내용을 설명하고 末尾에 "舊環衛官 政和無所改"라 하여 南班과 환위관을 동일한 내용으로 서술하고 있음을 볼 때에 南班과 환위관은 같은 뜻으로 보아야 할 것이다.166) 이렇게 보면 앞서의 『宋會要』의 宗室 遷官條에 있는 "皇親今後南班及十八年者"의 南班과 "德雍而下八人 在班十八年亢辨而下五人, 在班七年"의 班과 "皇親在環衛者衆"의 環衛는 같은 의미로 사용되고 있음을 알 수가 있다.

　이상과 같은 동일한 의미의 南班이 景祐 2년 이전에 宗人에게 이미

---

165) 『職源撮要』 57, 南班
166) 曾我部靜雄 앞의 논문에서 南班과 班, 環衛官은 같은 뜻이라고 설명하고 있다.

수여되었고 다시 景祐2년에 와서 남반관으로 遷官하는 宗室輔官·換官制가 마련된 것이다. 南班과 南班官은 차이가 있는 것으로서 진종의 대중상부원년에서부터 경우 2년 이전까지는 남반으로 사용되었으며 경우2년 이후에는 宗室轉官·換官制가 마련됨으로써 南班官이 된 것이다. 이에 대해서는 仁宗의 景祐 2년 11월에

> 앞서 종실은 遷官法이 없었다. 오직 大禮를 만나면 보통 1관을 옮겨 주었다. 이때에 이르러 官을 옮겨주고 諸司使 이하로부터 殿直에 이르기까지 모두 南班官으로 바꿔 주었다.[167]

하였으니 대중상부원년의 "皇親 今後南班及十八年者 具名取旨"[168] 하는 제도를 바꾸어 南班官으로 轉官하는 새로운 제도를 경우 2년(1035)에 마련한 것이다. 남반관으로 換官하면 종래의 남반과는 달리 여러 가지 우대책이 따르게 되는데 이에 대해서는

> 옛날에 借職에서 열 번을 옮겨야 諸司副使에 이른다. 그런데 換官하여(南班官)에 이르러 牽府副率로부터 네번 옮겨 刺史를 遙領하고 여덟 번 옮겨 節度史가 된다. 봉록은 옛날보다 10배이다.[169]

라 하여 南班官으로 전환되면 진급이 빨라지며 봉록도 많아지는데 무신의 최하위 관인 三班借職에서 최고위관인 절도사에 승진하기까지 중간에 다수의 階位가 있는데[170] 용이한 일이 아니다. 위에서 기록한

---

167) 『皇朝編年綱目備要』 卷 10, 立宗室轉官法條.
168) 『玉海』 卷 130, 祥符宗室班圖條 및 『宋會要』 2册 帝系篇 4 宗室雜錄 대중상부원년 12월 23일조.
169) 『위의 책』, 綱目備要 10
170) 『宋史』 職官志, 武臣三班借職至節度使 敍遷之制.

『皇帝編年綱目備要』에도 "舊自借職十遷至諸司副使"라고 있고 諸司副使에서 다시 20階位를 올라가야 절도사에 이르게 되는데 南班官이 되면 『綱目備要』에서 밝히고 있는 바와 같이 率府副率로부터 4遷하면 遙頌刺史로 다시 여기에 8遷을 하면 절도사가 된다. 따라서 率府副率로부터는 12遷으로 절도사에 이르게 되므로 다른 무관의 승진에 비할 바가 아닐 정도로 官位의 승진이 빠르다. 『宋史』職官志의 宗室自率府副率至侍中 敍遷之制에 의하면 太子右內率府副率로부터 節度使兼侍中에 이르기까지의 종실 서천내용이 자세하게 기록되어 있는데 상기의 『綱目備要』의 南班官의 서천 내용과 일치한다. 이것은 仁宗의 景祐 2년에 宗室轉官換官法이 마련된 것에 의거하여 南班官의 階位를 표시하였음이 분명하다. 따라서 남반은 環衛官과 같은 의미로 眞倧의 대중상부원년 이전에 존재하였고 이때에 "具名取旨"하여 그 명단을 황제에게 올리면 在班 18년에 이른 자 중에 골라서 遷官하였다. 仁宗의 景祐 2년에 換官法이 마련되면서 제도적으로 보장을 받게 되었다. 이러한 제도는 북송일대에 그대로 유지되어 내려갔으며 다만 神宗代에 가서 종실 중에 한 사람을 택하여 環衛官을 도와 제사를 받들게 하였다. 이에 대해

> 熙寧에 詔하기를 祖宗의 후예 한 사람을 택하여 宗으로 삼고 대대로 公輔環衛官에 봉하여 제사를 받들게 하였다.[171]

란 사실로 알 수 있다.

南宋에 들어와서 南班은 그대로 유지되었으나 그들의 대우는 좋지 않았다. 紹興 5년에

---

171) 『職源撮要』 57, 南班.

임금께서 輔臣에게 일러 말하기를 짐이 南班의 종실로써 至薄를 주
기를 청한다. 아주 가난한 사람에게는 內帑錢을 내어 每人에게 2百千
을 주도록 宗正丞 沈禹卿으로 하여금 散給하게 하였다.[172]

란 사실로 알 수 있고 또한 소흥 5년 7월 戊子條에 의하면

尙書省에서 말하길 남반종실의 官이 낮은 사람은 用度가 부족하므
로 이에 詔하여 遙郡大將軍을 띠지 않고 副率에 이르기까지 모두 御廚
제9등의 食例에 따라 支錢을 折하였다.[173]

이라 하였으니 南班官이 아닌 관위가 낮은 南班宗室에 대한 지원을
하고 있는데 이와 같은 南班에 대한 대책은 고종 이후에도 계속되고
있다. 그런데 남송시대의 南班의 수는 종실의 총수와 비교하여 보면
그리 많은 것 같지 않다.[174] 紹興 3년 6월 丙午條에 보면

內外의 從官에게 詔하여 각기 종실 1명을 쓰게 하여 器使에 대비하
였다. 이에 앞서 右承事郎 知大宗正丞 謝伋이 종실의 五事를 올렸다.
(중략) 渡江 후로부터 南班종실은 겨우 63명이다. 學官이 오랫동안 闕
했고 襲封의 典도 폐하여 宗正의 寺는 있으나 官은 없었다.[175]

하는 바와 같이 南宋初에는 南班宗室은 겨우 63명에 지나지 아니하였
고 紹興 28년에 臨按의 行在에 있었던 남반종실은 11명이었다.[176] 또
한 소흥31년에는 남반종실이 극히 소수이기 때문에 知西外·知南外의

---

172) 『建炎以來繫年要錄』 卷 90, 紹興5年 6月 己酉條
173) 『要錄』 90.
174) 曾我部靜雄, 「앞의 논문」 제4절 참조.
175) 『要錄』, 66.
176) 『要錄』권 180, 소흥28년 8월 癸丑條.

宗正事에는 무관의 남반종실을 선발할 수가 없어서 문관종실에서 이를 충당하였다고 한다.[177]

이와 같은 사실은 南宋初의 정치적인 혼란으로 인한 사회의 불안과 아울러 종실에 대한 대우를 극히 소홀히 한 결과라고 보겠으나 북송대와 비교하면 南班의 세력은 침체되었음을 알 수 있다. 이와 함께 남송대에 남반을 호칭할 때에 반드시 南班宗室이라 부르고 있음도 북송과는 다른 일면이다.

---

177) 『위의 책』권 188, 소흥31년 2월 甲子條

제 5 장
송대 관료의 승진과 출강

唐末·五代의 武人정권은 종래의 문벌귀족사회를 깨끗이 일소하여 놓았다. 이 바탕 위에 시작한 宋朝는 새로운 士大夫 관료를 주축으로 하여 발전되었다. 따라서 文治主義 宋代의 정치, 경제, 사회, 문화적인 제 현상을 이해하는 데 宋代사회를 이끌어 나간 새로운 계층으로 등장한 士大夫文臣관료의 구조를 파악하는 일은 중요한 문제로 생각된다.

본인의 문제의식은 방대한 송대 관료의 구조와 성격을 파악하기 위하여 관료의 승진과 출강이라고 하는 보편적이면서도 특수성을 지니고 있는 문제에 초점을 맞추어 보았다.[1] 예나 지금이나 관료 사회에서 승진처럼 관심이 있는 일은 없고 더구나 文臣관료적 지배체제가 우세한 宋代에 있어서는 모든 관료의 신경이 승진과 출강에 집중되고 있다.

동양적 관료제사회에 있어서 官人이 되고자 하는 것은 일반민의 한결같은 염원이라 하겠다. 그런데 일단 관계에 발을 들여 놓으면 그들의 노력은 자신의 지위를 향상시키는 데 집중되며, 국가의 입장에서 볼 때에도 승진을 이용하여 관료의 국가에 대한 최대의 봉사를 요구하는 것이다. 뿐만 아니라 황제와 관료의 인적 관계도 관료의 승진과 黜降[2]이라고 하는 강력한 정치적 力作用에 의하여 유지되어 왔다고 하여도 지나친 표현은 아닌 것이다. 중국인의 의식구조를 관료로서 출세하려는 地位志向性(Status Orientation)으로 파악하려는 시도[3]도 관

---

1) 申採湜, 「宋代 文臣官僚의 승진에 관하여」, 『동양사학연구』 8·9합집(동양사학회, 1975) 131-180쪽.
2) 黜降은 관료의 좌천, 파면, 형벌 등을 포함한다. 『宋會要輯稿』 第97冊(職官 63)에서부터 第103冊(職官 75)까지 黜降官의 官職과 姓名 그리고 黜降原因 등을 자세하게 기록하고 있으며 이는 宋의 官僚의 左遷이나 파면 등 黜降을 이해 하는데 중요한 자료가 되고 있다. 출강이란 用語는 이에 따른 것이다.
3) E. O. Reischauer, Modernization in Nineteenth-Century China and Japan,

료의 승진과 직결되는 문제라고 하겠다.

宋代 관료의 승진과 출강이 갖는 또 다른 의미는 중국 사회를 원칙적으로 평등주의사회로 보고 사회적 유동성이 활발한 시대로서 송대를 부각시킬 수 있기 때문이다. 漢代로부터 등장한 호족계층은 魏晉南北朝를 거치면서 문벌귀족으로 전개되었고 九品官人法에 의하여 호족의 귀족화 경향은 제도적으로 뒷받침되었다. 그런데 隋·唐에 의한 통일제국의 출현으로 지방분권적인 호족세력은 일단 제동이 걸리기는 하였으나 그들의 귀족적인 사회성향은 그대로 유지되어 왔다.

唐왕조의 귀족적 사회구조는 安史의 난을 계기로 흔들리게 되었고 당말 오대를 거치는 동안에 완전히 붕괴되었다. 그리하여 宋朝의 등장으로 새로운 사회구조가 형성되었고 그것은 그 이전의 사회와는 확연히 구분되는 것으로 사회계층의 형성에도 관료의 승진과 출강에 의하여 그 가변성이 더욱 다양화되었다고 하겠다. 이른바 讀書人이 문벌의 배경 없이 자기능력만으로 관료가 되고 다시 관위를 승진시킬 수 있는 사회적 구조가 형성된 것은 송대 이후로 보아야 할 것이며, 이러한 면에 있어서도 송대 관료의 승진과 출강은 중요한 역사성을 갖는다.

이와 같은 관점에 입각하여 우선 송대 관료의 출발점이 되는 選人과 관료의 初任에 대하여 고찰하고 과거관료와 蔭補官僚 그 밖의 관인의 初任을 검토할 것이다. 다음에는 송대 관료의 하부구조의 기반이 되는 選人에서 京官으로 나가는 과정에 관하여 살피고, 다시 관료의 승진내용에 대하여 이를 官位敍遷과 實職陞進 그리고 保任制와 상호 추천관계를 『宋史』열전을 분석하면서 정리해 보겠다. 관료에게는 승진이 있는 반면에 출강이 따르게 마련이다. 이것은 官僚사회의 앞뒤면에

Japan Quarterly Vol Ⅹ.3(1963) 이에 대한 비판은 田中正俊의 『中國近代經濟史研究序說』(東京大學出版會, 1973) 25-62 제2장이 있다.

해당된다. 송대에는 특히 五代 이래로 문란한 官紀를 바로 세우기 위하여 출강이 제도적으로 엄격하였고 『宋會要輯稿』에서도 黜降條를 두고 있는데 이에 대한 검토는 송대의 관료 사회의 이면을 이해하는 데 있어서 중요한 문제이다.

제1절 選人의 신분과 관료의 初任

송대에 일반민이 관료가 되는 길은 다섯 가지 방법이 있다. 즉,

> 宋朝의 入仕제도에는 貢擧, 奏蔭, 攝署, 流外, 從軍의 다섯 가지가 있다.4)

고 하였다. 첫째가 貢擧(科擧)에 의한 入官, 둘째가 父·祖 등의 恩蔭으로 관료가 되는 奏蔭(蔭補), 셋째가 攝署, 즉 중앙으로부터 멀리 떨어져 있는 遠州의 경우에 그 지방의 장관이 직접 攝官하고 후에 중앙에 보고만을 하는 遠州銓, 넷째가 流外의 胥吏出身을 流內로 승진시켜 任官하는 流外銓, 다섯째가 軍功에 의하여 관인이 되는 從軍 등의 五等入官法이다.5) 이와 같은 다섯 가지 入仕法은 정규적인 常調이고 이밖에도 비정규적인 입관법으로서 七色補官法이 있다. 즉 買官, 保甲에 의한 授官, 妻家陳亡에 의한 恩澤授官, 祗應功授官, 軍功捕盜授官 등을

---

4) 『文獻通考』卷 38, 選擧考, 11, 擧官條(이하『通考』, 選擧 擧官이라 略함)
5) 『宋史』권 158, 選擧志 111, 銓法(上)條에도 "태조의 設官分職은 대체로 五代의 제도를 계승하고 점차 이를 損益하였다. 무릇 입사에는 貢擧, 奏蔭, 攝署, 流外, 從軍의 5等이 있다"란 같은 내용을 들고 있다.

들 수 있다.6)

그러면 정규적인 五等入仕法에 의하여 일반민이 관료로 임용되는 초임관직과 選人의 京官에로의 승진과정을 검토하여 보자.

Ⅰ. 選人의 신분과 選人七階

일반민이 정규적인 五等入官法에 의하여 관료생활을 시작하는 初任으로 주어지는 관위는 선인과 京官의 두 가지이다. 그런데 처음부터 京官으로 입사하는 것은 과거관료의 경우 시험성적이 우수여야 하며 蔭補官의 경우에도 恩蔭하는 父·祖의 관위가 높아야 한다. 그러므로 대부분의 일반인은 京官이 아닌 選人 신분에서 관료생활을 시작하게 된다. 그런데 송대의 選人은 그 신분이 다양하고 복잡하므로 관료의 초임을 이해하기 위해서는 먼저 관료로서 초임되는 선인에 대한 검토가 필요하다.

(1) 選人의 신분

宋代 관료충의 구조를 간단히 도표화하면 다음 [표 1]과 같다. 따라서 관료의 승진도 選人에서 京官으로, 京官에서 다시 朝官으로 승진하는 순서로 진행되는 것이 일반적인 현상이다. 그런데 일반민이 과거나 음보, 기타의 방법에 의하여 초임되는 경우에 처음부터 品官인 京官으로 임명되는 예도 있으나, 이는 進士科의 성적이 상위인 사람에 한하였고 대부분의 中·下위 합격자는 품관인 京官이 아니고 無品官인 選人으로 초임되고, 여기에서 여러 가지의 조건을 갖추고 난 후에 경관으로 승진되는

---

6) 楊樹藩, 『中國文官制度史』(三民書館, 1976) 및 曹興仁, 『宋代文官制度之硏究』
   (上·下) (1972 〈未刊〉) 참조.

것이 보통이다. 따라서 선인은 송대 관료의 조직상에서 볼 때에 스타트
라인이 되는 출발점이다.

[표 1] 官僚의 구조

송대 관료는 選人, 京官, 朝官의 3층 구조로 형성되어 있었다. 따라
서 選人에서 品官인 京官[7]으로 승진하는 것을 改官이라고 하여 중요
시하였다. 그러나 唐代에는 선인은 과거의 禮部試에 합격하여 이부의
구두시험인 身ㆍ言ㆍ書ㆍ判의 관료임용시험을 기다리고 있는 사람을
가리킨 것으로 侯選人이 그 본 뜻이다.[8] 그런데 당말 오대에는 절도
사가 필요로 하는 인물을 幕僚 또는 州縣官으로 먼저 임용하고 중앙
의 皇帝에 奏上하여 발령을 받는 형식을 취하였는데, 중앙의 발령을
대기하는 사람을 選人이라 하였다. 이것이 宋代에 오면 京官이 되기

---

7) 『宋史』選擧志 銓法條에 "대체로 前代의 朝官은 1품 이하는 모두 常參官이라
고 하였다. 常參하지 않은 사람은 未常參官이라고 한다. 宋은 常參者를 朝官
이라고 하는데 秘書郎 이하 일찍이 常參하지 않는 사람을 京官"이라 하였는
데 송대의 경관은 당대의 경관과는 본질적으로 그 개념이 다르다. 즉 당대의
경관은 지방관에 대한 중앙관을 의미하지만 송대에 있어서는 無品官인 選人
과 常參官인 朝官의 중간에 위치하는 品官이란 뜻으로 쓰이고 있다.

8) 梅原 郁, 「宋初の寄祿官とその周邊 —宋代官制の理解のために—」, 『東方學報』48
(京都大學人文科學研究所, 1975) 138쪽, "選人の世界" 참조.

위하여 '選을 기다리고 있는 사람'9)의 뜻으로 사용하고 있다. 唐末의 절도사는 州縣制와 병행하여 새로이 幕職官制를 그의 지배체제로 유지하고 있었으나 송의 문치주의적 관료체제하에 와서는 이 양자가 정리 통합되어 幕職州縣官으로 불리게 되었다.10)

송의 통일이 완성된 태종대에 이르면 국토의 통일로 중앙관과 지방관이 크게 증가되고 이에 따라 과거제의 정비와 蔭補의 확대로 다수의 관료가 필요하게 되었다. 이들은 약간의 예외를 제하고서는 먼저 選人의 신분으로 기용되어 幕職州縣官의 지위를 갖게 된다. 그런데 과거의 급제자(有出身人)나 蔭補者, 기타(無出身人)로서 京官이 될 수 있는 자격을 갖추고 있는 이들 選人은 流外의 서리와는 그 신분이 다르다. 또한 선인이 담당하는 지방의 幕職州縣官의 직책은 다양하며 또 그들의 출신에 따라 구분되고 있다. 이들은 流內의 품관후보자로서 예비적인 從 8품 내지는 從 9품이다.

송대의 선인의 신분을 논함에 있어서 가장 큰 혼란을 가져올 수 있는 것이 바로 선인의 官階와 실직의 혼돈이다. 왜냐하면 唐의 관제나 五代의 실직명이 宋代에 오면 단지 관위를 표시하는 品階에 지나지 않은 경우가 많고 모든 官職은 官階와 實職으로 구분되고 있는데 어떤 것이 실직이고 어느 쪽이 관품을 표시하고 있는지 분간이 되지 못하는 경우가 많기 때문이다. 이러한 현상은 고위관직으로 올라가면 비교적 구분이 되나 하위직으로 내려가면 애매모호한 예가 많으며 選人의 신분도 그 좋은 예라 하겠다. 選人에 대한 구체적인 내용을 파악하기 위해서는 選人七階를 검토를 해보겠다.

---

9) 宮崎市定, 「宋代官制序說 ―宋史職官志を いかに 讀むべきか―」, 佐伯富 編, 「宋史職官志索引」 所收(東洋史研究會, 1963) 46-47쪽 참조.

10) 宮崎市定, 「宋代 州縣制度の由來とその特色」, 『アジア史研究』 제4(東洋史研究會, 1974) 60-61참조.

(2) 選人七階

『宋史』選擧志 銓法(上)에 의하면 "무릇 選人은 階官이 七等이다"라 하여 選人의 官階가 7등급으로 나누어져 있음을 기록하고, 이어서 7階의 내용을

其一曰 三京府判官 留守判官 節度·觀察判官 卽後來 承直郎
其二曰 節度掌書記 觀察支使 防禦·團練判官 卽後來 儒林郎
其三曰 軍事判官 京·府留守, 節度·觀察推官 卽後來 文林郎
其四曰 防禦·團練·軍事推官 軍·監判官 卽後來 從事郎
其五曰 縣令 錄事參軍 卽後來 從政郎
其六曰 試銜縣令 知錄事 卽後來 修職郎
其七曰 三京·府巡判官 司理·戶曹·司戶·法曹·司法參軍 主簿 縣
尉 卽後來 廸功郎

과 같이 분류하고 있다. 즉 선인신분으로 구성되는 幕職州縣官은 4等 7資라고 불리는 바와 같이 兩使職官, 初等職官, 令錄, 判司簿尉의 4개 부류로 나누어지며 다시 兩使職官은 셋으로, 令錄은 둘로 세분되어 選人의 7階를 구성하게 된다.[11] 이것이 바로 選人의 7官階이며 選人으로 구성되는 幕職州縣官의 관품서열로서 이를 정리하면 [표 2]와 같다.[12]

---

11) 梅原郁,「宋初のと寄祿官その周邊」, 139쪽. 참조.
12) 宮崎市定,「宋代官制序說」, 47쪽 選人一覽表 및 梅原郁,「위의 논문」, 139
쪽, 幕職州縣官序列一覽表 참조.

[표 2] 選人 7階 및 幕職 州縣官 序列一覽

	選人 7 階		幕職州縣官	元豐官品	崇寧寄祿階官
兩使職官	1	節察判官	三京府判官, 留守判官 節度判官, 觀察判官	從 8 品	承直郎
	2	支掌防團判官	節度掌書記, 觀察支使 防禦判官, 團練判官	從 8 品	儒林郎
	3	兩使職官	軍事判官, 京府留守推官 節度推官, 觀察推官	從 8 品	文林郎
初等職官	4	初等職官	防禦推官, 團練判官 軍事推官, 軍監判官	從 8 品	從事郎
令錄	5	令錄	縣令, 錄事參軍	從 8 品	通仕郎 (政和 從政郎)
	6	知令錄	試銜縣令, 知錄事參軍	從 9 品	登仕郎 (政和 修職郎)
判司簿尉	7	判司簿尉	三京府軍巡判官, 司理司 戶・司法參軍, 主簿縣尉	從 9 品	將仕郎 (政和 廸功郎)

　이 [표 2]의 節度使나 防禦使, 觀察使, 團練使 등은 唐末 五代에 중요한 武職으로서 그의 권한은 컸으나 송대에 이르면 유명무실한 무관의 階位에 그치고 있다.[13] 그러나 이들에게 소속되어 있는 判官이나 推官, 掌書記 등은 실직으로서 幕職官이라 하는데 이들은 송대에 존속되어 知府, 知州를 도와서 諸案文件을 총괄하고 그 가부를 참작하여 장관에게 具申하는 일을 맡았다. 그런데 이 選人 7계 중 4계인 초등직관까지가 幕職官이고 6계 이하가 주현관이다.[14] 이 선인 7계는 選人의 상하관위이며 選人이 京官으로 改官할 때에 중요한 역할을 한다.

　그런데 이와 같은 관계만으로서는 選人이 실제로 어떠한 실무를 담

---

13) 『宋史』권 167, 職官志 幕職官條 및 片山正毅「宋代の幕職官の成立について」『東洋史學』27 (九州大學, 1961) 58 - 74쪽 참조.
14) 和田 淸 編著, 『支那官制發達史』(汲古書院, 1942) 180쪽 참조.

당하였는가는 명확하지 못하다. 宋初의 選人은 이부의 流內銓에서 銓
選, 즉 이력심사와 선발시험을 거쳐서 幕職州縣官의 실무에 종사하는
데 選人 7계의 최하위인 判司簿尉는 開封府를 제외하고는 西·南·北
三京의 軍巡判官, 각 주의 司戶, 司法, 司理參軍, 각 縣의 主簿와 縣尉
의 약칭이다. 이들의 직무는 軍巡判官 이외에는 다시 몇 개의 단계로
구분되는데 이는 選人의 출신에 따라 임명되는 직무가 단계적으로 달
라지고 州縣의 등급에 의하여 구분하게 된다. 이를『宋史』직관지에 의
하여15) 정리하면 다음 [표 3]과 같다.

[표 3] 選人의 初任職

出身別	任官方法	選人의 初任職
① 有出身	進士·明經 九經 諸科·明法 學究·武擧(換授)	望州判司, 次畿縣簿尉 緊州判司, 望縣簿尉 上州判司, 緊縣簿尉 中州判司, 上縣簿尉
② 無出身	太廟齋郎 郊社齋郎(授試銜)	中下州判司, 中縣簿尉 下州判司, 中下縣簿尉
③ 三色人16)	攝官 進納(授試銜) 流外	小縣簿尉 下州判司, 中下縣簿尉 下縣簿尉

우선 이 [표 3]에 의하여 선인의 출신별에 따라 그가 나가는 判司簿
尉職에 차이 있고 또 같은 판사부위직이라 해도 州縣의 대소에 따라
차등이 있다. 송대에는 국도를 포함한 四京의 縣에 赤縣, 畿縣이란 명
칭이 있다. 이 밖의 縣은 4천 호를 기준으로 차를 두어 望縣, 緊縣, 上縣,
中縣, 中下縣, 下縣으로 구분된다.17) 州도 輔州, 望州, 雄州, 緊州, 上州,

---

15)『宋史』권 163, 職官志, 116, 吏部流內銓 諸色入流及 循資磨勘選格入流條.
16) 三色人이란 進納(捐官), 流外(胥吏) 및 攝署 등으로 廣意로 보면 無出身人이다.

中州, 中下州, 下州로 대소에 따라 구분한다. 이들 州縣의 상하관계가
그대로 縣의 主簿, 縣尉, 州의 司戶 이하의 曹掾의 상하를 표시한다. 즉
幕職州縣官의 가장 아래층은 下縣 혹은 中下縣의 縣尉라고 할 수 있다.
따라서 [표 3]에 의하면 하위의 幕職州縣官은 流外(서리출신)에서 선
인이 된 사람, 進納人(買官者), 攝官(현지임용)으로 選人에 나가 자가
임명되고 있다. 그리고 中下州, 下州의 判司, 中縣·中下縣簿尉는 無出
身人(蔭補官)으로 임명하고 有出身人으로 불리는 과거출신자는 거의
望·緊·上·中州의 判司나 畿·望·緊·上縣의 簿尉로 나가고 있다.

한편 有出身이라고 하는 과거출신자는 進士와 諸科로 구분되는데
제과출신 중 가장 아래인 學究 출신은 中州의 判司, 上縣의 簿尉로,
고위의 九經출신은 緊縣의 判司, 望縣의 簿尉에 임명되고 있고 진사출
신은 望州의 判司, 次畿縣의 簿尉로 임명되고 있다. 그리고 앞에서도
언급하였지만 진사과 합격성적이 우열한 사람은 兩使職官中의 節度推
官, 觀察推官으로 나가는 경우를 볼 수 있다.

이와 같이 송대 관료의 최하위층이 선인이며 選人은 다시 7階로 구
분되고 7계의 제일 아래가 判司, 簿尉이며 이 판사, 부위에 임명되어
관료생활을 시작하는 것이다. 따라서 송대 관료(정확히 말하여 準官
僚)의 출발은 선인의 下階인 判司, 簿尉에서 시작하는 것이다. 여기에
서 경관으로 승진되는 것이 아니라 오랜 기간과 조건을 갖추어 選人
7階를 밟아 올라가다가 京官으로 改官한다. 이에 대하여는 選人 7階의
승진내용에서 재론하겠다.

---

17) 『宋史』選擧志 銓法 및 『宋會要輯稿』161冊, 食貨 69, 戶口雜錄, 建隆원년 10
    월의 吏部格式司의 말에 "천하의 縣을 赤縣, 次赤縣, 畿縣, 次畿縣을 제외
    하고 송초에는 4천 호 이상을 望縣, 3천 호 이상을 緊縣, 2천 호 이상을
    上縣, 1천 호 이상을 中縣, 1천 호 미만을 中下縣이라 하고 每 3년마다 호
    구를 조사하여 升降하였다"고 되어 있다.

II. 관료의 初任

(1) 進士출신의 초임

有出身人으로 불리는 과거출신자는 進士와 制科로 구분되는데 이들
의 초임내영을 보면 다음과 같다. 즉,

> 進士는 望州의 判官, 다음은 畿縣의 簿尉가 되고, 九經은 緊州나 望
> 縣에,, 五經, 三禮, 通禮, 三傳, 三史, 明法은 上州, 緊縣에 임명되고 學
> 究의 有出身人은 中上縣에 임명된다.[18]

이는 앞의 [표 3]의 有出身人의 선인 초임직과 대체로 일치하고 있다.
이러한 有出身者(과거출신)의 초임예를 시대별로 보면 북송과 남송이
다르고, 같은 북송시대라 하더라도 시대의 상황에 따라서 차이가 나타
나고 있다.

먼저 태조 開寶6년(973)의 진사합격자 26명[19]의 初任은

> 初任은 오직 壯元 宋(準)만은 校書郎直史館에 임명하고 나머지 遭
> 諸州府에 司寇參軍을 주었다.[20]

라고 하여 장원급제한 宋準은 곧바로 경관인 직사관의 校書郎(종 9
품)에 초임되고 그 외의 25명은 州府의 選人인 司寇參軍(종 9품)에
초임되었다. 여기에서 주목되는 것은 장원급제한 사람과 그 밖의 인물

---

18) 『宋史新編』35, 銓法條.
19) 『通考』選舉考, 擧士條에 의하면 開寶6년의 진사합격자는 宋準 등 11명이
    었으나 후에 殿試에서는 26명을 취하였다.
20) 『河東集』卷 9, 與郎州李巨源諫議書.

의 초임이 다르고 그것도 경관과 선인으로 명확히 구분되고 있다는
사실이다. 宋初에는 진사과에 합격하지 아니하고서는 고관에 오르기
힘들다는 것은 일반화되고 있다.[21] 특히 진사합격의 성적은 그들의
초임에 직접 관계가 되고 이후 관직의 승진에도 영향을 미치고 있는
데 이와 같은 기본방향은 이미 태조 때에 정해진 것이다.

다음, 太宗代는 통일사업이 완성되고 문치주의적 중앙집권체제가
확립되는 시기로서 중앙 및 지방관에 다수의 문신관료를 필요로 하였
기 때문에 과거의 문이 크게 개방되었다. 과거합격자와 그들의 초임을
보면 太宗의 즉위 초인 太平興國 2년(977)에 呂蒙正 등 109명의 進士
와 同 3년에 胡旦 등 74명, 同 5년에 蘇易簡 등 121명, 同 8년에 王世
則 등 239명의 진사합격자를 배출하고 있다.[22] 이는 불과 6년 사이에
543명이란 많은 수의 進士를 합격시키고 있다. 이들에 대한 초임은

> 太平興國 2년의 진사 109명은 呂蒙正 이하 4명이 將作丞으로 나머
> 지는 모두 大理評事로 諸州의 通判에 충원되었다. 3년에 74人이 합격
> 되었는데 胡旦 이하 4명이 將作丞으로 나머지는 大理評事로 通判에 충
> 당되어 監當에 임용되었다.. 5년에는 121명이었는데 蘇易簡 이하 23명
> 은 將作丞, 通判이 되었다. 8년에는 239명으로 王世則 이하 18명이
> 評事, 知縣으로, 나머지는 判司簿尉를 제수받았다. 얼마 후 世則 등은
> 通判簿尉로 옮겼다.[23]

이에 의하면 태평흥국 2년에서 8년까지의 進士의 초임을 자세히
알 수 있다.

그런데 태평흥국 2년의 초임은 呂蒙正 이하 4명을 將作監丞으로 하

---

21) 荒木敏一, 『宋代科擧制度硏究』(東洋史硏究會, 1969), 1–11쪽 序說 참조.
22) 『長編』 卷 18. 太平興國 2년 春正月 丙寅條
23) 『通考』 選擧, 擧士條

고 그 나머지는 모두 大理評事로 諸州通判에 임명한 것으로 되어 있
으나,『宋史』選擧志 科目條에는

> 太平興國2년 甲乙第進士 및 九經은 將作監丞, 大理評事, 諸州의 通
> 判을 제수받고, 그 나머지도 優等은 授官하였다.

『長編』에서도 이와 비슷한 기록이 있다. 즉,

> (前略) 제1, 제2등 進士 및 九경은 將作監丞, 大理評事, 諸州의 通
> 判을 제수받고, 同出身進士 및 諸科는 아울러 吏部에 보내어 免選하고
> 우등은 注擬한다.[24]

이를 보면 呂蒙正 이하 4명만은 장작감승과 대리평사로 寄祿官하여
제주통판에 임용하였고 그 외에는 吏部에서 심사를 하여 임용하였다.
그런데『宋會要輯稿』에는 좀더 구체적으로 기재되어 있다. 즉,

> 3월 23일에 詔하여 新及第進士 呂蒙正 이하 제1등은 將作監丞으로
> 삼고, 제2등은 大理評事로 諸州의 통판으로 하였다. 각기 錢 20萬을 사
> 하고, 同出身 이하는 免選하고 初等幕職判司簿尉로 삼았다.[25]

라고 한 것과 같이 京官이라 하더라도 장원급제자에게 그 초임을 장
작감승으로 하고, 제2위 합격자를 대리평사로 임용하고 있으므로 대리
평사보다는 장작감승이 초임관에게는 우대하는 관위라 하겠다. 따라서
태평흥국2년의 과거 합격자는 진사의 제1, 제2인과 九經에 합격한 사
람 중 제1인은 京官의 기록관인 장작감승으로, 2위는 대리평사로 제수

---

24)『長編』卷 18, 太平興國2년 春正月 丙寅條
25)『宋會要』第107册, 選擧2, 貢擧 進士科條

되었고, 그들의 差遣(實職)의 경우에는 초임 차견으로 이후에 흔히 보
이는 知縣을 뛰어 넘어 곧바로 州의 通判으로 임관되고 있다. 이 밖의
진사출신자는 吏部에서 査定하여 우수한 사람의 순서에 따라 幕職州
縣官인 判司簿尉로 임명하였다. 기록관이 京官인 장작감승이나 대리평
사이고 差遣이 州의 通判의 예는 송대의 進士出身관료의 初任 경향으
로 특히 同 5년의 蘇易簡 이하 23명을 모두 장작감승·통판으로 임명
하고 있음은[26] 태종대에 進士의 상위자가 상당히 우대되고 있음을 잘
나타내 주고 있는 것이다. 또한 태종의 태평흥국 2년은 송의 문치주의
적 중앙집권체제상에서 볼 때에 획기적인 시기라고 할 수 있다. 왜냐
하면 과거제의 개방과 유능한 문신관료의 우대로 인하여 상당히 많은
송대의 名臣이 대부분 태평흥국 연간의 진사출신이라는 사실이 이것
을 입증하고 있다.[27] 이와 같이 진사의 우대는 태종의 문신우위정책
의 기본방향으로서[28] 다수의 과거합격자가 초임에서 우대된 예는 전
대에 일찍이 없었던 것으로 薛居正이 이에 대하여 염려하고 있으나[29]
태종은 듣지 아니하였다.

태종 초기 6년간 다수의 진사합격자와 그들의 초임에 대한 우대책
은 태종의 옹희2년(985) 이후에는 달라지고 있다. 즉,

---

26) 『宋會要』 進士科條, 太平興國5년 5월 초 1일에 "신급제 진사 蘇易簡 23명
   을 장작감승으로 삼아 諸道의 통판에 임명하고 나머지는 大理評事 知縣으
   로 삼는다"라 하였다.
27) 『通考』 卷 30, 選擧, 擧士條에 "特取一百九人 自唐以來未之有也 遂得呂文
   穆公爲莊頭 李參政至第 二人 張僎射齊賢 王參政化基等數人 皆在其間 自是
   連放五榜 通取八百一人 一時名臣 悉自玆出矣"이라 있다.
28) 『皇宋十朝綱要』 卷 2, 太平興國2년 正月 丙寅條에 "擢進士呂蒙正等一百九
   人 第一第二等進士及第 皆除京官通判諸州 以與文敎抑武事"라고 있다.
29) 『通考』 卷 30, 選擧 擧士條 "寵章殊異 歷代未有也 薛居正等 取人太多 用人
   太驟 不聽"

雍熙 2년의 진사 258명은 梁灝 이하 21명은 節度觀察推官으로 임용
되었다.. 端拱 원년 28명으로 程宿 이하는 단지 權知 諸縣의 簿尉를 얻
었다. 2년에 186명 중에, 陳堯叟, 曾會는 光祿丞直史館으로 제3인 姚揆
는 防禦推官이 되었다. 淳化3년에 353명인데 孫何 이하 2명은 장작감
승, 2명은 評事, 제5 이하는 모두 吏部에 注擬되었다.[30)]

이를 보면. 雍熙 2년에서 端拱元年 사이 상위합격자의 초임은 경관
이 아닌 선인으로 節度·觀察推官, 諸縣의 簿尉에 임명되고 있으니 이
는 태종의 초기에 비하면 상당히 낮은 임용이다. 그러나 淳化 3년에는
다시 京官인 장작감승과 대리평사로 초임하고, 제5위 이하는 모두 吏
部에서 심사하여 임명하였다. 이부 심사에서는 앞에서 본 바와 같이
과거의 성적에 따라 주현의 대소에 구분하여 判司簿尉로 초임되었다.
　이와 같은 太宗代의 진사상위자의 초임관은 寄祿官의 경우 將作監
丞이나 大理評事로 임명되어 通判으로 差遣됨을 살필 수가 있는데 옹
희 2년에서 단공 2년까지를 예외로 한다면 태종대는 태조 때보다도
우대되어 초임된 것을 알 수 있다. 이는 태종의 文官우대정책과도 관
계가 깊은 것으로서, 이에 대해서는

　　태조가 죽고, 今上께서 즉위하니 廷試도 또한 태조대와 같았다. 그
러나 그 優錫殊任은 태조 때보다 아주 우대하였다. 대체로 임금이 多
文好學하고 변화를 알고 도모하는 것이 오래되었다. 今上에 이르러, 천
하의 선비를 시험봄에 5천 명을 얻었다. 위로는 中書門下를 재상으로
삼았고, 아래로는 縣邑에 이르러 簿尉가 되었으니, 그 아래 臺省郡府,
公卿大夫도 모두 寄能異行하며 각각 다투어 文武 중에서 俊臣이 된 사
람은 모두 임금이 취한 바의 貢擧인이다..[31)]

---

30) 『通考』 選擧考, 擧士條.
31) 『河東集』8, 與鄭景宗書.

라고 한 사실로 알 수 있다. 따라서 태종대의 관료의 初任官은 옹희·
단공의 예를 제하면 상당히 우대되고 있다.[32]

  이상 태조, 태종대 進士급제자에 대한 初任의 특징은 태종의 옹희 2
년에서 단공원년간의 3년 동안의 예를 제외하면 상위합격자(제1에서
제5위까지는) 그들의 寄祿官은 將作監丞 또는 大理評事이고 差遣은
諸州의 通判으로 임명하고 있음을 살필 수가 있다. 그런데 진사과의
우수자를 계속해서 통판으로 차견하고 있는 것은 唐末 五代 이래의
지방의 武人통치를 文官으로 대처하려는 송조의 강력한 의지가 담겨
있는 것이다. 왜냐하면 태조의 乾德 원년(963)에 처음으로 설치한 通
判의 설치 목적을 보면

  처음에 통판을 설치하여 節度, 刺史의 권한을 분산하거나 혹은 節度,
  刺史가 결여되면 문신으로 諸州를 權知하게 하였다.[33]

라 하여 通判을 지방에 보내어 절도사 자사의 권한을 분산시키고 문
치주의 정책을 추진하려 한 데 있었다. 『宋史』의 직관지 通判條에

  宋初에는 오대 藩鎭의 폐를 헤아려 (태조의) 乾德初에 湖南을 평정
  하여 처음으로 통판을 설치하였다. 당시 大郡에는 2명, 그 밖에는 1명
  을 두었는데, 원칙적으로 管內의 戶數 1萬에 미치지 못하면 설치하지
  아니하였다. 단 武臣이 知州로 있는 곳에는 특별히 임명하였다.[34]

---

32) 『長篇』권 18, 太平興國 2년 春 正月條에 "初資職事 判事簿尉 寵章殊異 歷
   代未有"있다.
33) 『皇宋十朝綱要』卷 1, 太祖 乾德元年 4月 및 『長篇』卷 4, 乾德 원년 夏4
   月 乙酉條에 처음으로 刑部郎中 賈玭등을 새로 평정한 湖南諸州의 通判으
   로 임명하고 있다.
34) 『宋史』卷 167, 職官志, 諸軍通判.

고 한 것을 보아도 통판은 武臣(절도사)의 폐를 제거하고 문신관료로
써 이에 대신하기 위하여 설치한 것임에 틀림없다. 물론 송초의 통판
의 전부가 新進의 과거우수자로만 임명한 것은 아니다. 前任·現任의
京官이나 幕職州縣官 중에서 엄격히 선발하여 임명하기도 하였으나,[35]
通判의 임명에 대해서는 각별한 주의와 관심을 쏟는 것은 문치주의 실
현을 위한 통판의 역할이 크기 때문이라 하겠다.[36] 따라서 태조, 태종
대에 진사과 상위 합격자를 통판으로 임명한 것은 황제가 신임하는 문
신관료에게 지방행정의 실무를 맡도록 하여 그들이 절도사의 권한을
흡수하면서 문치주의정책을 실천하려 한 것이다. 실제로 과거합격자가
將作監丞이나 大理評事로 기록관 되어 諸州의 통판으로 초임되는 것으
로 宋代 官僚의 엘리트 코스로써 영광스러운 출세길이다.

이러한 방침은 眞宗代에도 그대로 계속되고 있다. 또, 진사과의 합
격자라 해도 그 성적이 중하위에 속하는 자는 선인으로 임명하고 吏
部에서 심사를 하는 것도 변함이 없다. 진종대의 진사합격자의 초임을
咸平 3년(1000) 3월 甲午의 예에서 보면

> 임금께서 崇政殿에서 親試하심에(중략) 陳堯咨 이하 271명에게 진사
> 급제, 143명에게 同本科 및 三傳學究出身을 하사하였다. 堯咨는 堯叟의
> 동생이다. 또 翰林侍講 學士 刑昺 등 15명에게 명하여 諸科를 考校하여
> 432명을 얻어 及第, 同出身을 사하였다. 또 進士 5擧, 諸科 8擧 및 일찍
> 이 御試나 혹은 나이가 50이 넘은 사람에게 論 1편을 시험하여 진사 260
> 명과 제과 697명을 합격시켜 이들에게 同出身 校書郎 將作監主簿를 하

---

35) 『宋會要』 第 27, 擧官 乾德 2年 7月 條.
36) 草野 靖, 「宋の通判と財政」, 『東洋史學』 23, (九州大學, 1961) 42–49쪽에
   의하면 通判의 권한에 대해 지방재정 특히 軍資庫財務管理의 역할을 강조
   하면서 "通判은 州의 장관과 동등한 위치에서 兵民, 錢穀, 戶口, 賦役, 獄
   訟 등을 관장하고 조정에 직접 의견을 具申하는 按察官·監州의 지위에
   있다"고 설명하고 있다.

사하였다.[37)

이에 의하면 먼저 殿試가 세 단계로 나누어져 실시되고 있음을 알
수 있다. 즉 첫째 진요자 이하 270명에 대한 진사급제자와 143명의 同
本科 및 三傳學究出身者에 대한 親試. 둘째 제과를 考校하여 432명을
선발하고 이들에게 及第, 同出身으로 사하는 諸科親試. 셋째 진사 5擧
와 제과 8擧를 거친 자는 御試를 보게하고 또 연령이 50세를 넘은 자
는 特奏名이라 하여 특주명진사 260명과 특주명제과 697명을 선발하
였다. 이 咸平 3년의 전시합격자는 진사급제 271명, 同本科 및 三傳學
究出身者 143명, 제과 432명, 특주명진사 260명, 특주명제과 697명으로
합계 1,811명이었다. 이 가운데 진사급제자의 제1위 陳堯咨, 제2위 周
起, 제3위 胡用, 제4위 宋巽, 제5위 李穎. 李繹은 將作監丞으로 기록하
여 諸州의 통판에 임용하고 그 밖에 6위 이하의 진사급제자들을 다시
등급을 나누어 제1등 42명과 9經의 關頭에 합격한 자는 大理評事에
寄祿하여 知縣에, 제2등은 觀察推官에, 제3등은 初等幕職에, 그 나머지
는 判司簿位로 초임하였다. 그런데 특주명에게는 기록관은 단지 校書
郞, 將作監主簿의 試銜에 補하였을 뿐 差遣은 주지 않고 귀향하여 守
選하도록 하고 있다.[38)

이로써 進士급제자의 1위에서 5위까지 상위자는 寄祿官은 將作監丞,
差遣은 통판이란 원칙은 진종대에도 그대로 유지되고 있음을 알 수가
있다. 또한 제1등 42명은 기록관은 대리평사, 차견은 지현으로, 제2등
과 제3등에게는 선인인 절도추관, 관찰추관으로 그 밖의 사람은 判司
簿位로 임명하고 있는 사실도 태조, 태종대와 크게 다를 바가 없다.
그런데 여기서 주목되는 것은 眞宗代에는 특주명의 합격자가 많다고

---

37) 『長篇』 卷 46 咸平 3年 3月 甲午條
38) 『長篇』 卷 46, 咸平3年 3月 甲午條 및 『宋會要』 選擧 進士科 咸平3년 4월
    27일조.

하는 사실이다. 이에 대해서는 앞서의 『長編』의 함평3년 3월 甲午의
기사에 이어서

> 뽑은 자는 모두 1800여 명이다. 그중에 晉 天福 때 隨計한 사람들도
> 포함되어 校藝의 詳과 推恩의 넓음이 일찍 없었던 일이다.[39]

라 하였으니 특주명은 확실히 황제의 추은에 따른 특별배려에 의하여
합격시킨 것으로[40] 이는 문치주의를 집행하는 과정에서 과거시험에
대한 강한 집념을 가지고 있는 독서인층에 대한 우대책이라로 할 것
이다. 따라서 이들 特奏名은 正奏名의 진사급제자와는 근본적으로 그
성격이 다르고 초임에 있어서도 차이가 있는 것은 당연하다 하겠다.

「選人」은 과거에 합격했으면서도 品官인 京官으로 寄祿되지 못하여
경관으로 改官하기 위해 選을 기다리는 사람[41]으로 해석하고 있는데,
'守選'도 差遣이 없이 選을 기다린다는 候選人과 동일한 의미이다.[42]
따라서 선인은 實職인 차견을 받아 선인 7階의 최하위인 判司簿尉로
임명된 자와 差遣 없이 단지 試銜將作監主簿, 試銜校書郞의 寄祿官만
을 받고 실직의 차견을 기다리는 두 종류로 구분할 수 있다. 宋代의
사료에서 授官守選이란 용어가 많이 보이는데 이 경우 授官은 기록관
을 뜻하며 守選은 과거의 성적이 하위이기 때문에 차견을 얻지 못하
고 선인의 기록관만 지닌 채 대기하는 자를 지칭이다. 따라서 같은 진
사과 합격자라 해도 그 성적에 따라 京官으로 나가는 자, 선인으로 차

---

39) 『위의 책』.
40) 荒木敏一, 「앞의 논문」, 290–291쪽.
41) 宮崎市定, 「宋代官制序說」, 47쪽 참조.
42) 內河久平, 「宋初守選人に ついて―「選」の解釋をめぐつて―」, 『中嶋敏先生
古稀記念論集』上卷, 280쪽 및 282쪽에서 '守選'의 상대적 용어로서 '免選'을
들고 있고 免選은 改官을 뜻하는 것으로 해석하고 있다.

견되는 자, 그리고 선인으로 기록관은 있으나 차견이 없는 자의 셋으로 구분되는 것이다.[43]

함평 3년의 경우에는 위와 같이 많은 특주명자에게 선인의 차견을 준다고 하는 것은 실제로 곤란하며, 따라서 기록관만 하사 받고 채 고향에 가서 차견을 기다리게 한 것이다. 이와 같은 일은 5년 뒤인 景德 2년(1005)에 다시 제기되고 이에 대한 법적 조치가 취해지고 있다. 즉,

> 詔하여 진사, 제과 同出身의 試將作監主簿는 아울러 守選하게 하였다. 故事에 登科에는 모두 選限이 있었다. 近制에는 급제하면 모두 官으로서 명한다. 함평3년 초에 다시 廷試하여 出身을 賜한 사람도 免選하였다. 이에 이르러 策名의 선비가 더욱 많아졌으며 등급을 많이 두어 정체된 사람을 구제하니 재주가 수준에 이르지 않은 者도 모두 同出身을 사하고 試秩, 釋褐하였다. 그러므로 有司로 하여금 常調를 循用하여 甄別을 가리도록 하였다.[44]

이에 의하면 "진사 및 제과의 출신자로서 장작감주부에 기록관이 된 사람도 아울러 守選하도록 하라"고 하였는데, 이 경우의 守選도 선인으로서의 기록관명은 장작감수부로 하지만 그늘에게는 자견은 수지 않는다는 뜻을 강하게 내포하고 있다. 즉

> "故事(唐代)에는 과거에 급제한 사람이라도 모두 選人으로서의 연한이 있었는데 요즈음에는 급제한 사람에게 즉시 관료로 임명한다는 것이다. 이것을 다시 함평 3년에 비로소 廷試를 부활하고 출신자는 免

---

43) 『長篇』 卷 167, 皇祐元年에 戶部副使 包丞은 冗官의 폐단을 논하면서 "신이 엎드려 보건대 景德祥符 중에 문무관이 총 9785명인데 그중에 차견을 받지 않은 京官, 使臣 및 守選人은 數 안에 넣지 않았다"는 것으로 봐서 守選은 差遣未受人임이 확실하다.(內河久平, 「앞의 논문」, 282쪽 참조)
44) 『長篇』 卷 60, 6월 丁丑朔條

選을 하였는데, 지금(경덕2년)에 이르러 策名之士가 심히 많아졌기 때문에[45] 有司로 하여금 常調를 循用하여 甄別토록 하였다"

라고 있다. 그러므로 이 詔文은 경덕에 들어와서 책명의 인사가 증가되었으므로 이를 가려 선인으로 임명하고 그들을 常調하도록 제도화한 것이다. 守選의 경우 差遣은 없고 寄祿官만을 주어 殿試성적의 우열에 따라 초임을 뚜렷이 구별하자는 뜻으로 해석할 수 있다.

앞에서도 언급하였지만 眞宗代에 들어오면 함평 3년 이래로 정식으로 진사과에 합격되는 진사급제(正奏名) 이외에 特奏名進士나 特奏名諸科의 합격자가 상당히 많다. 그런데 이들은 정주명진사 보다 훨씬 격이 떨어지며 그들에 대한 초임대우도 현격하게 차이가 있다. 그리고 일반적으로 殿試합격자도 제1위에서 제5위까지는 순위대로 석차를 정하지만 그 아래로 내려가면 이를 등급으로 분류하고 있다. 즉 경덕2년의 예를 보면 진사급제 李迪 이하 246명을 5등급으로 구분하여 제1, 제2, 제3급을 급제라 하고 제4, 제5 등급을 출신이라 하였다. 또 특주명진사 118명도 3등급으로 나누었고 제과 570명도 역시 3등급으로 구분하였으며 이 밖에 특주명제과 75명을 3등급으로 구분하고 있다.[46] 이와 같은 殿試합격자에 대한 등급구분은 이후 북송대에 계속되고 있고 남송에 가서도 약간 변형되기는 하였으나 통용되고 있다.[47]

따라서 다음 [표 4]에 보이는 순위는 正奏名進士를 말하며 그들은 1甲에 포함시키지 않고 제1인, 제2인……이란 성적순위로 사료에 표시하거나 壯元, 探花 등의 호칭을 사용함으로써 특별히 대우하고 있다.

---

45) 『長篇』卷 59, 景德2년 3일 甲寅條에 의하면 진사급제 246명, 특주명진사 118명, 제과 570명, 특주명제과 75명 등 모두 1,009명을 전시에서 선발하고 있다.
46) 『長篇』卷 59, 景德2年 3月 甲寅條
47) 『宋史』選擧志, 科目下條에 建炎2년의 진사합격자 450명을 진사급제(1甲, 2甲) 진사출신(3甲) 同出身(4甲, 5甲)으로 등급을 나누고 있다.

그런데 제1등, 제2등, 제3등의 구분은 정주명의 장원에서 5위까지를 제외한 자를 가지고 등급을 구분한 것으로 볼 수 있다. 앞서의 함평3년에 합격한 자의 등급구분을 『宋會要輯稿』에 의하여 정리하면,

① 진사급제 제1위에서 5위자에게는 장작감승 諸州의 通判으로 초임되고, ② 제1등(급) 42인과 九經關頭는 대리평사 知縣에 초임되며, ③ 제2등(급)은 節察推官, ④ 제3등(급)은 초등막직관에, ⑤ 그 밖의 하위등급은 判司簿位나 守選으로, ⑥ 特奏名은 試衛으로써 귀향하여 守選토록 하는 초임에 대한 원칙을 만들 수가 있을 것 같다.

이와 같은 인사원칙은 太祖代에서는 기본적인 윤곽이 정해지고 다시 眞宗의 함평·경덕 연간에 더한층 세분화되었음을 알 수 있다.

이상의 구체적인 사실로서 進士及第者의 성적이 上位합격자에 대한 초임을 대체로 파악할 수가 있고 이를 정리하여 보면 다음 [표 4]와 같다.

그런데 여기에서 문제가 되는 것은 이 [표 4]와 같이 급제자의 제1위에서 제5위까지의 初任은 그들의 성명까지 분명하게 표시되면서 寄祿官名이나 差遣名도 알 수 있는데, 하위성적 합격자에 대한 것은 시대에 따라 달라지고 있다는 것이다. 먼저 大中祥符 원년의 경우에는 급제의 1위에서 5위까지는 이 [표 4]에 있는 바와 같거니와 그 밖의 인물에 대해서는 景德 2년의 예를 쫓는다고 하였다.[48] 그리고 대중상부5년, 同 8년, 그리고 天禧원년은 대중상부원년의 제도를 따른다[49]고 하였기 때문에 진종대의 授官守選의 기본은 위의 景德 2년의 예가 원칙처럼 되고 있음을 알 수가 있다. 따라서 위에서 살펴본 바와 같이 景德 2년의 진사급제, 제과출신 및 특주명의 초임은 이후 하나의 표준처럼 되었다고 보아야 할 것이다. 이와 같은 사실은 仁宗의 경력 6년

---

48) 『宋會要』選擧 2, 貢擧 進士科 大中祥符 元年 5月初 6日條
49) 『위의 책』, 大中祥符5年 4月 初 8日條

의 예에서 더욱 뚜렷해지는데 進士及第者의 1위는 將作監丞, 2·3위는
大理評事로써 通判에, 그리고 4·5는 秘書省校書郎으로서 僉書兩使判
官公事에, 제6위 이하는 兩使推官에, 제2갑은 初等職官, 제3갑 및 諸科
는 判司簿尉로 초임하고 제4갑 이하와 제과의 同出身者는 守選하도록
하였다.[50] 皇祐元年의 경우에는 제4갑 및 제과까지는 判司簿尉의 選
人에 差遣하고 제5갑은 守選하게 하였다.[51] 이에 의하면 경력6년의
예에서는 제4갑 이하 및 제과의 동출신자는 守選하였는데 황우원년의
경우는 제5갑 이하를 수선한 것에 주목이 간다. 이 경우의 수선도 차
견은 하지 않고 선인의 자리를 기다리는 侯選人과 동일 내용으로 파
악함이 옳다.[52] 왜냐하면 慶曆 6년의 제3갑 이상과 皇祐원년의 제4갑
이상은 각각 判司簿尉라고 하는 選人 7階의 최하위로 차견되고 있기
때문에 그 아래의 선인으로 차견될 자리가 없고 또 차견된다 하더라
도 성적이 낮은 자가 성적이 높은 자보다 상위에 차견될 수 없기 때
문이다.[53] 그러므로 수선은 侯選人의 뜻으로 해석함이 옳고 그렇게
되면 진사과나 제과의 경우 그들의 성적이 하위에 놓이게 되면 기록
관은 將作監主簿試銜이지만 차견이 없는 말하자면 실직을 받지 못하
는 것으로 이와 같은 授官守選의 원칙은 景德 2년에서 비롯된 것으로
볼 수 있다. 따라서 殿試에 합격된 자는 그들의 초임에서 볼 때에 세
개의 부류로 나누어진다. 즉 ① 京官으로써 통판이나 지현으로 초임되
는 경우, ② 選人으로서 幕職州縣官에 나가는 경우, ③ 試銜으로서 守
選되는 경우 등을 꼽을 수가 있다.

과거제도는 송초로부터 정비되면서 인원도 점차로 증가되는 추세를

---

50) 『앞의 책』, 慶曆6年 5月 1日條
51) 『위의 책』, 皇祐元年 4月 初 7日條
52) 內河久平, 「앞의 논문」, 281쪽 참조.
53) 申採湜, 「宋代文臣官僚의 陞進에 관하여」, 참조.

보이게 되었다. 그러나 진사과에 합격되는 인원은 태종대에 이르면 급격하게 증가되고 있다. 이들을 새로운 체제하의 관료로 등용하고 다시 정예분자를 골라 승진시킴에 있어서는 필연적으로 제도적인 보완이 필요하였는데, 이것이 바로 진사합격의 성적에 따르는 특혜를 마련한 것이다. 이는 태종대에서부터 철저하게 시행되었으니 과기성적의 상위자는 경관으로, 그렇지 못한 자는 선인으로 임관시키는 제도가 바로 그것이다.

그런데 진종대 이후에 있어서도 진사합격자의 우등자는 경관으로, 그 밖의 인물은 선인으로 초임되고 있는데 이러한 원칙이 다음 [표 4]에 잘 나타나고 있다. 아래 [표 4]에 의하여 다음과 같은 중요한 사실을 밝힐 수가 있다.

먼저 진사과합격자는 그들의 성적에 의하여 寄祿官位와 差遣이 달라진다. 이는 관료로서의 출발점이 다르다는 것을 뜻하며 승진에 중대한 영향을 준다. 진사과의 장원급제자는 몇 명의 예외는 있으나 기록관이 장작감승(從 8품)이며 차견이 州의 통판이다. 따라서 초임이 장작감승·통판이란 官·職은 송대 관료의 초임으로서는 수재중의 수재로서 엘리트 관료로 볼 수가 있다. 다음 제5위까지와 제6위 이하가 확연히 구분되고 있는 점에 주목이 간다. 이는 수재를 관료로 등용하고 다시 그 가운데서 최우수자에게 정치를 맡기겠다고 하는 태종의 태평흥국2년 이래의 국가의 기본 정책방향[54]이 관료의 초임에 그대로 반영되고 있는 것이다. 송대의 문헌에는 진사과의 장원합격자의 성명이 그해의 전체 합격인원수의 맨 앞에 있다.[55] 이는 과거합격자의 발표문헌에 국한하지 아니하고 그들의 관료생활에 있어서도 항상 중요하게 기록되고 있다.

---

54) 『通考』選擧考, 擧士條 太平興國2年 條
55) 『皇宋十朝綱要』에 표시된 各朝進士 및 『通考』選擧 擧士條

[표 4] 북송대 진사급제자의 초임예
〈『宋會要輯稿』進士科條 및 『長編』에 의함〉

年代 및 合格人員	順位및科別	姓　名	寄祿官	差　遣
咸平 元年 353人	第1	孫　瑾	防·團 推 官	
		黃宗旦	〃	
		朱　嚴	〃	
		其　餘	判司簿尉	
咸平 3年 409人	第1	陳堯咨	將作監丞	通　判
	2	周　起	〃	〃
	3	胡　用	〃	〃
	4	宋　巽	〃	〃
	5	李穎 李繹	〃	〃
景德 2年 247人	第1	李　廸	將作監丞	
	2	夏後麟	大理評事	通　判
	3	李　詥	〃	〃
大中祥符 元年207人	第1	姚　曄	將作監丞	通　判
	2	祖士衡	大理評事	〃
	3	鄭　何	〃	
	4~5		節察推官	
大中祥符 2年 31人	第1	梁　固	將作監丞	
	2	宋　程	大理評事	通　判
	3	麻溫舒	大理評事	〃
	4~5		節度推官	
	6位以下		試校書郞	知　縣
			判司簿尉	
大中祥符 4年 31人	第1	張師德	將作監丞	
	2	丁　度	大理評事	通　判
	3	陳　寬	〃	〃
大中祥符 7年 126人	第1	孫　何	將作監丞	通　判
	2	朱台符	〃	〃
	3	路　振	大理評事	〃
	4	丁　謂	〃	〃
	5位以下	任　隨	初等幕職官	
天聖 2年 200人	第1	宋　郊	大理評事	通　判
	2	葉淸臣	奉禮郞	僉書諸州
	3	鄭　戩	〃	兩使判官
	4~5			
	6位以下			判司簿尉

年代 및 合格人員	順位및 科別	姓 名	寄祿官	差 遣
天聖 5年 377人	1~5 1甲30人 幷九經 第2甲 第3甲 以下	王堯臣等 5인	將作監丞 大理評事 觀察推官 初等幕職官	通 判 知 縣 判司簿尉
天聖 8年 249人	第1 2 3 4~5 6位以下 3甲以下	王拱振 劉 沉 孫 抃	將作監丞 大理評事 〃 〃	通 判 〃 僉書·節度判官事 判司簿尉
景祐 元年 499人	第1 2 3 4 5 6位以下 2甲 3甲 4甲 5甲	張唐卿 楊 察 徐 綬 苗 振 作中立	將作監丞 〃 〃 大理評事 〃 秘書省校書郎 兩職官 初等職官 試御(銜)	通 判 〃 〃 僉書諸州 節度判官事 知 縣 判司簿尉 〃
景祐 5年(寶元1) 310人	第1 2 3 4 5 6位以下 2甲 3甲 4甲	呂 溱 李 絢 祖無澤 石楊休 王 异 司馬光	將作監丞 大理評事 〃 兩使職官 初等職官 試御(衡)簿尉 (特免選)	通 判 〃 〃 判司簿尉 〃

年代 및 合格人員	順位及科別	姓 名	寄祿官	差 遣
慶曆 2年 435人	第1	楊 寘	將作監丞	通 判
	2	王 珪	大理評事	〃
	3	韓 絳	太子中允	〃
	4	王安石	校書郞	僉書諸州
	5	曾公定	奉禮郞	判官事
	6位以下		兩使職官	
	2甲		初等職官	
	3甲		(試衙)	知 縣
	4甲		〃	簿 尉
	5甲		判司簿尉	
慶曆 6年 538人	第1	賈 黯	將作監丞	通 判
	2	劉 敞	大理評事	〃
	3	謝仲弓	〃	〃
	4	張 緒	秘書省校書郞	僉書兩使判官公事
	5	孫 坦	〃	〃
	6位以下		兩使推官	
	2甲		初等職官	
	3甲		判司簿尉	
	4甲己下			守 選
皇祐 元年 498人	第1	馮 京	將作監丞	通 判
	2	沈 達	大理評事	〃
	3	錢公輔	〃	〃
	4	季 育	兩使職官	
	5	文 同	〃	
	6位以下		初判職官	
	2甲		(試衙)	大縣主簿尉
	3~4甲		判司簿尉	
	5甲			守 選
皇祐 3年	第1	鄭 獬	將作監丞	通 判
	2	楊 繪	大理評事	〃
	3	勝 甫	〃	〃
	4	雍子方	兩使職官	
	5	宇文之奇	〃	
	6位以下		初等職官	
	2甲		(試衙)	大縣主簿尉
	3~4甲		〃	判司主簿尉

年代 및 合格人員	順位및科別	姓　名	寄祿官	差　遣
嘉祐 2年 388人	第1	章　衡	將作監丞	通　判
	2	竇　卞	大理評事	〃
	3	羅　愷	〃	〃
	4	鄭　雍	兩使幕職官	
	5	朱初平	〃	
	6位以下		初等幕職	
	2甲		（試銜）	大縣簿尉
	3〜4甲		〃	判司簿尉
	5甲以下			守　選
嘉祐 4年 165人	第1	劉　輝	大理評事	僉書府觀察・判官公事
	2	胡宗愈		
	3	安　燾	兩使幕職官	
	4	劉　摯	（試銜）	知　縣
	5	章　惇	〃	〃
	6位以下		〃	大郡判司
				大縣主簿
	2甲		〃	判司主簿尉
嘉祐 6年 283人	第1	王俊民	大理評事	僉書節度判官
	2	陳　睦	兩使幕職官	
	3	王陟臣	太常寺奉禮郎	軍判官
	4	任　貫	（試銜）	知　縣
	5	黃　履	〃	〃
	6位以下		〃	大郡判司
				大縣主簿尉
	2〜4甲		〃	判司簿尉
嘉祐 8年 193人	第1	許　將	大理評事	僉書節度判官
	2	陳　軒	兩使幕職官	
	3	左仲通	〃	
	4	范祖禹	試校書郎	知　縣
	5	龔　原		〃
	以下			判司簿尉
治平 2年 200人	第1	彭汝礪	初等幕職官	
	2	薛　何	〃	
	3	賈昌朝	〃	
	4	宋　煥	〃	
	5	杜常等		判司簿尉

年代 및 合格人員	順位및科別	姓 名	寄祿官	差 遣
治平 4年 250人	第1	許安世	防禦團練	
	2	何洵直	推官 〃	
	3	郭 儀	〃	
	4	黃 降	(試衡)	判司簿尉
熙寧 3年 295人	第1	葉祖洽	如嘉祐 8年例	

그 다음으로 이 [표 4]에서 볼 수 있는 것이 제2위에서 5위까지에 합격한 자의 성격문제이다. 우선 제6위 이하에 대해서는 성명을 밝히지 않을 뿐만 아니라 그들의 초임관직에 대해서도 전체적으로 초등막직관이나 判司簿尉로 되어 있다. 따라서 제5위에서 제6위 사이는 진사과의 합격자에게는 등위가 1등급 낮다는 의미보다는 京官으로 초임되느냐 選人으로 출발하느냐 하는 분기선이 되는 중요한 의의를 갖는다. 그러므로 진사과에 합격한다는 것은 송대의 관료 사회에 있어서는 더할 수 없는 영광이지만 제1위에서 제5위까지에 들어간다는 것은 바로 그들의 관료로서의 장래가 황제에 의하여 보장받는 중요한 뜻을 내포하게 된다.

또, 이 표에 의하면 2위에서 5위까지의 진사성적 고위자도 京官인 大理評事(정 9품)의 寄祿官에 제수되고 幕職州縣官으로 나간 예는 있기는 하지만 대부분이 京官의 초임 差遣인 知縣을 뛰어 넘어 諸州의 通判으로 임용하고 있음에 주목이 간다. 대리평사보다는 장작감승이 더 우위이며 제2위에서 5위까지는 寄祿은 將作監丞 혹은 大理評事이기 때문에 관료의 초임이 장작감승이나 대리평사에 기록되고 통판에 차견된다는 것은 바로 관료승진의 급행열차를 타고 있다고 하겠다.[56]

---

56) 『通考』選擧考, 擧士條에 보면 예외도 있다. 즉 丁謂는 제1갑 302명, 2갑 51명 중 제4위이고 王欽若은 제11위, 張士遜은 제260위였으나 후에 모두 재상에 올랐다.

송대의 재상에 올라간 자의 초임이 대체로 將作監丞 · 大理評事라고
하는 사실로 비추어 볼 때에57) 여기를 기점으로 출발한 관료의 승진
이곳과 출발선이 다른 관료에 비하여 그들의 출세는 급속하였고 진사
과의 상위로 합격하여 불과 10년 내에 顯貴한 요직을 차지할 수 있었
다. 이와 같은 사실에 대해서 진종 말 인종조의 기록에 의하면

> 天聖 初에는 宋이 흥하고 62년. 천하가 더욱 안정되었다. 인재를 취
> 함에 進士, 諸科가 가장 넓었다. 名卿鉅公이 모두 이를 통하여 뽑혔으
> 며 仁宗 또한 이를 嚮用하였다. 上第에 오른 사람은 몇 년 되지 않아
> 赫然히 顯貴하게 된다.58)

고 한 사실로 알 수가 있다. 이는 태종의 太平興國 2년 이래 과거제를
확대하고 진사 상위합격자를 우대한 결과로서 이에 대해서는

> 仁宗대에 13擧가 있고 進士 4570명을 선발하였다. 그 甲第의 3인은
> 무릇 39명으로 그 후에 公卿에 이르지 않은 사람은 5명뿐이다.59)

仁宗代(1023~1063) 40년간에 13회의 과거가 실시되었고 4570명의
進士를 취하였는데 그중에 1위에서 3위까지의 합격자 39명 중에서 고
관에까지 陞進하지 못한 자는 5명뿐이라고 한 것은 진사합격의 성적
이 관료의 승진에 절대적인 영향을 준다는 사실을 잘 나타내 주고 있
으며, 이는 송대 관료 사회의 일반화된 상식이라 하겠다.60)

---

57) 衣川 強, 「宋代宰相考 ―北宋前期의 場合―」『東洋史研究』 24-4(東洋史研究
　　會, 1966), 62쪽 表8, 科擧와 初任官과 出身分類와의 關係 참조.
58) 『宋史』 選擧志, 科目上
59) 『宋史』 選擧志, 科目上.
60) 『通考』 選擧考, 擧士條 知諫院 司馬光言 "國家用人之法, 非進士及第者不得

또한 이 [표 4]에 의하면 제6위 이하의 합격자를 포함하는 제1갑에서 제5갑까지의[61] 인물은 대부분이 幕職 州縣官과 거기에 準하는 대우를 하고 있는데 選人으로 임용하거나 「試銜○○」관으로 임명된다. 여기에 나타나는 試(銜)는 본래 관료의 階位가 그가 맡고 있는 실직과 일치하지 아니할 때에 붙이는 관제상의 용어로 실직이 관위보다 1品 以上 높을 경우에는 「行○○」, 1品 낮을 경우에는 「守○○」라고 하는데 2품 이상 낮을 때는 「試○○」라고 한다.[62] 그런데 試銜은 송초에서는 五代十國의 후손과 유력 절도사의 자제를 관료로 임용할 때에 사용되었다. 이것이 관제의 정비와 함께 선인과 경관 사이에 다리 역할로 바뀌게 된 것이다.[63] 試銜이 처음 나타나는 것은 景祐원년 (1034)부터이다. 위 표에는 하급 경관인 대리평사, 교서랑, 정자, 장작감 주부에 試를 붙임으로써 본래는 선인인데 경관대우를 하여 경관으로 나갈 수 있는 知縣이나 判司簿尉로 차견하고 있다. 따라서 試銜도 그들의 관품보다도 그 능력의 우수성을 보장받은 것으로 이들의 관료로서의 승진도 매우 유리하다고 하겠다.

끝으로, 神宗代에는 王安石의 신법실시에 따라 과거제도의 개혁과 학교교육(太學三舍法)의 강화로 종래와 같이 진사를 우대하지는 아니하였고 또 元豊연간의 新官制 개혁에 따라서 寄祿官은 새로운 관제에 준하게 되었으며 授官守選은 嘉祐 8년의 제도에 준하여 실시하였다.[64] 熙寧 8년에는 新法에 따라서 진사급제자에게 다시 실무에 필요

美官".
61) 『宋史』選擧志, 科目(上)條에 의하면 景德4년(1007)에 진사과를 제1갑에서 제5갑까지로 구분하여 제1갑・제2갑은 及第, 제3갑은 出身, 제4・5갑은 賜同出身으로 하였다.
62) 『宋史』職官志, 吏部條.
63) 梅原 郁, 「앞의 논문」, 147~148 참조.
64) 『宋會要』選擧, 進士條, 熙寧3年 3月 詔.

한 律令大義와 斷案을 시험하고 그 성적에 의거하여 注官하였다.[65)]

북송 말에는 새로운 관제에 의거하여 기록관이 제수되고 실직에 있어서도 북송의 初·中期보다는 그 지위가 내려가는 경향을 보이고 있다. 즉 哲宗의 元祐 3년에 진사 523명을 합격시켰는데 그중 제1위로 합격한 李常寧은 京官인 宣義郎(종 8품)에 임관하여 僉書鎭海軍節度判官에, 그리고 제2위인 呂益柔는 역시 京官인 承事郎(정 9품)으로 寄祿官하여 僉書河南節度判官에, 제3위의 龔史는 承事郎·僉書河南節度判官에 差遣하였다.[66)] 이와 같은 예는 원우6년의 진사급제자 및 북송말의 급제자에까지 계속되고 있다.[67)]

남송시대에 있어서는 원풍시대의 관제가 그대로 적용되고 있다. 남송초인 고종의 建炎 2년에 450명의 진사합격자의 初任을 보면

> 李易 이하 450명에게 진사급제, 진사출신, 同學究出身을 賜하였다. 제1인은 左宣敎郎, 제2, 제3인은 左宣義郎, 제4, 제5인은 左儒林郎, 제1甲 6명 이하는 左文林郎, 제 2갑은 左從事郎, 제 3갑 이하는 左迪功郎을 하사하였다. 특주명 제 1인은 제 2갑에 附하였으며 진사급제를 사하고, 제 2, 제 3인은 同進士出身을 사하고 나머지는 同學究出身을 사하여 登仕郎, 京府助敎, 上下州文學, 諸州助敎를 사하고 5등에 들어간 사람은 또한 調官을 주었다.[68)]

이에 의하면 450명의 進士를 급제(1갑, 2갑) 출신(3갑) 同出身(4~5갑)으로 구분하고 제1위에 합격한 李易을 京官인 左宣敎郎(종 8품)에,

---

65) 「앞의 책」. 熙寧 8年 7月 23日 詔에 "금후의 진사급제는 제1명 이하부터 아울러 律令大義 斷案을 시험보고 等第에 의거하여 注官한다"고 되어 있다.
66) 『宋會要』 選擧, 進士條 元祐3年 5月 11日 詔 및 元祐6年 6月 9日 詔.
67) 『宋會要』 選擧, 進士條
68) 『宋史』 選擧志, 科目下.

제2·3위는 역시 京官인 左宣義郎(종 8품)에 寄祿官하였다. 그러나 제4·5위는 選人인 左儒林郎(종 8품), 그리고 1갑 6위 이하는 左文林郎(종 8품), 2갑은 從事郎(종 8품), 3갑은 迪功郎, 그 밖에 賜進士及第, 賜同學究出身, 賜同學究出身은 모두 登仕郎(종 8품)의 관위에 나가고 실직은 京府助敎, 上·下州의 文學, 諸州助敎로 임용되고 있다. 남송시대의 경우 기록관이 진사의 성적이 제3위까지만을 경관으로 임용하고 4위 이하는 모두가 선인이 되고 있는 데 주목이 간다. 이는 북송에 비하여 그들의 초임이 상당히 내려간 것으로 해석되며 差遣에 있어서도 북송대보다는 하위직이란 사실을 알 수 있다.

이와 같은 경향은 南宋의 중기에도 계속되고 있다. 즉 효종의 隆興 원년(1163)에 541명의 진사를 취하였는데 그중에 제1위만은 京官인 承事郎으로 寄祿官하여 簽書諸州節度判官에 차견하였을 뿐 제2·3위는 選人인 文林郎(종 8품)으로 출발하여 兩使職官에 차견되었고[69] 4·5위는 從事郎으로서 초등직관에, 6위와 제4갑은 모두 迪功郎으로서 諸州司戶簿尉로, 제5갑은 守選을 하였다. 그런데 3년 후인 효종의 건도 2년(1166)에는 진사 상위합격자의 초임이 3위까지가 경관으로, 4위 이하는 선인으로 출발하고 있다.[70] 이러한 경향은 남송의 후기에까지 그대로 지속되고 있다. 따라서 남송대는 제3위까지만이 경관으로 초임되고 4위 이하는 선인으로 출발하고 있음을 알 수 있다.[71]

또한 남송대는 국토와 관직의 축소로 인하여 진사과에 하위성적으로 합격한 자는 관위는 있으나 실직은 얻지 못하고 進士나 出身으로 행세하는 경우도 있다.[72]

---

69) 『宋史』選擧志, 科目(下) 條 및 『宋會要』選擧 進士科條
70) 『宋會要』選擧, 進士科條 乾道2年 5月 詔.
71) 『宋會要』選擧, 進士條, 南宋後期 進士及第者 初任官職 참조.
72) 周藤吉之「宋代官僚制と 大土地所有」,『社會構成史體系』(日本評論社, 1950),

(2) 諸科출신의 초임

송대는 진사과가 발달하였고 진사과 출신자가 우대되었으므로 諸科
(制科와는 다르다)는[73] 빛을 잃은 상태였다. 그러나 송초에서부터 진
사과와 함께 제과가 있었다. 諸科는 五經, 三經, 明法과 같이 唐의 明
經科의 성격을 지니고 있다. 이에 대해서는

> 宋의 과목에는 진사가 있고, 諸科가 있고 武擧가 있다. 常選의 외에
> 또 制科가 있고 童子擧가 있으나 進士科가 사람을 얻는 데 盛하였다.
> 신종이 처음으로 제과를 파하고 경의, 시부로 나뉘어 取士하였다.[74]

라고 하는 것과 같이 諸科는 熙寧 연간에 왕안석에 의하여 廢科되고
진사과에서 經義와 論策으로 선발할 때까지 실시되었다.[75] 諸科에 합
격한 인원은 태조때 120명, 태종때 3,133명, 진종대 3,127명, 인종대
5092명, 영종대 54명, 신종대에는 新科明法으로 하여 703명, 합계
12,229명으로 나타나 있다.[76] 諸科는 주로 帖書 墨義를 시험보이는 것
으로 그 가운데는 九經, 五經, 通禮, 三傳, 學究가 있다.

諸科 출신자의 승진대우가 진사과보다 못하다고 하는 데 대해서는

90쪽 참조.

73) 諸科는 타인의 추천에 의한 制科와는 구별해야 한다. 『宋史』 選擧志 2 制
科條에 의하면 송초에는 三制科(賢良方正能直言極諫科, 經學優深可爲師法
科, 詳閑吏理遠達於敎化科)가 있고 景德2년에는 六制科(博通墳典達於敎化
科, 才識兼茂明於體用科, 賢良方正能直言極諫科, 洞明韜略運籌決勝科, 軍謀
宏遠材任邊寄科, 詳明吏理達於從政科)를 설치하였고 인종의 천성7년에는
합계 10과로 하였다. 諸科와는 성격이 전혀 다르다.

74) 『宋史』 選擧志 科目上

75) 『建炎以來繫年要錄』 卷 12, 建炎2年 春正月癸巳條

76) 『通考』 卷 32, 選擧 5, 宋登科記總目條

本朝의 대우가 같지 않은데, 진사과 출신자는 종종 將相이 되고 모두
通顯하였다. 명경과에 이르러서는 學究의 類가 되는 데 불과하다.[77]

고 한 것과 같이 차별을 받고 있음을 알 수 있다. 그런데 송대의 諸科
는 唐의 명경과와는 달리 策問으로 課試하지 않고 記誦만으로 시험을
치렀으므로 進士科보다는 속성으로 준비가 가능하였다.[78] 제과가 진
사과로 인해 빛을 보지 못한 것은 제과 합격자의 수가 압도적으로 많
은 데도 문제가 있다. 諸科에 대한 최초의 기록으로서는

乾德4년 2월 辛酉에 權知貢擧 王祐가 이르기를 진사합격자는 6명이
고 제과 합격자는 9명이라고 하였다.[79]

란 사실이 있고, 또 태조의 開寶 5년에도 諸科 28명을 합격시켰으
며[80] 계속해서 증가하고 있다. 『宋會要』의 진사합격자에 부기되어 있
는 제과의 초임을 정리하면 다음 [표 5]와 같다. 이 표에서 제과 합격
자의 기록관이 장작감승과 대리평사라는 사실을 알 수 있고 이는 진
사 고위합격자와 거의 동등한 것이다. 또한 그들의 差遣은 選人이 보
통으로 나가는 州縣의 判司簿尉이고 州縣幕職官과 진사처럼 試衔으로
대우하고 있음을 살필 수 있다. 이로써 諸科의 초임은 進士의 그것과
그리 차이가 나지 아니함을 알 수 있으며, 따라서 諸科의 출발에서는
진사과에 떨어진다고는 볼 수가 없다.

---

77) 『通考』 選擧考 擧士, 文武雜試

78) 荒木敏一, 『宋代科擧制度硏究』 346 - 364쪽, 4章 1節 明經諸科 참조.

79) 『長篇』 卷 7.

80) 『宋會要』 選擧, 進士科條

[표 5] 諸科 出身 初任例

年 代	諸科名	等位및出身	寄祿官	差 遣
太祖時	九 經		將作監丞	通 判
			大理評事	通 判
太平興國 2年	諸 科		將作監(丞)	
淳化 3年	九 經	高 等 位	大理評事	知 縣
景德 2年	九 經	弟 1 位	試秘書省校書郎	知 縣
景德 5年	九 經	弟 1 位	大理評事	知 縣
天聖 5年	九 經	弟 1 位	大理評事	知 縣
景祐 1年	九 經	弟 1 位	國子監主簿	知 縣
		弟 2 位	初等職官	
		餘	判司簿尉	
景祐 6年	諸 科		判司簿尉	
皇祐 3年	九 經		初等幕職官	
	諸 科	同 出 身	守 選	
嘉祐 2年	九 經		初等幕職官	
	諸 科	同 出 身	守 選	
嘉祐 4年	九經明經		試 衡	大郡司判
				大縣主簿
	諸 科		判司簿尉	
嘉祐 6年	九 經	1 甲	試 衡	大郡判司
				大縣主簿尉
		2甲 4甲	試 衡	判司簿尉
	諸 科	5甲並諸 同出身		守 選
嘉祐 8年	明經諸科		判司簿尉	
治平 2年	明經諸科		判司簿尉	
	九 經		試衡判司簿尉	

(3) 蔭補출신의 初任

宋代는 進士科가 발달하였고 관료로 출세하는 길은 진사과가 유리하다는 것은 재론의 여지가 없다. 그러나 진사과는 합격하기가 어려우므로 父·子 2대에 걸쳐 과거에 나간 예는 드물고, 따라서 과거로써

起家한 官人은 음보에 의하여 그들의 가계를 유지하는 경우가 『宋史』
의 列傳에 많이 보인다.

음보관의 초임관직은 被蔭者의 父·祖의 官·職이 文臣이냐 武臣이
냐에 따라 음보관직도 이에 준하게 된다. 또한 음보하는 父·祖의
官·職의 高·下에 의하여 음보되는 사람의 초임직이 달라진다.[81] 이
가운데 문신음보관의 초임관직에 대해서는 『宋史』選擧志에[82] 나타나
고 있는데 음보하는 사람의 관직에 따라 被蔭官도 文臣·武臣으로 초
임된다. 즉 문신의 경우 三公·宰相의 直子는 諸寺丞, 期親은 校書郎,
餘親은 試銜에 초임된다. 使相, 참지정사, 추밀사와 副使, 宣徽使의 子
는 太祝奉禮郎으로, 期親은 校書正字, 餘親은 試銜에 초임된다. 그 밖
의 三司使, 副使, 翰林, 資政殿侍講, 龍圖閣學士, 樞密直學士, 太常宗正
卿, 中丞, 正郎, 留後, 觀察使, 內客省使, 待制, 直學士, 知雜御史의 子
는 寺·監의 主簿, 期親은 試銜으로 초임되고 있다. 그리고 武臣의 경
우를 보면 그 직계의 子는 고관인 경우 東頭供奉官이나 西頭供奉官,
右侍禁, 右班借職으로 초임되고 餘親은 下班殿侍에 임명되고 있다.
이 밖에 황족의 예에 있어서도 本服期親, 大功, 小功, 緦麻의 子, 孫,
曾孫, 外孫, 異姓親, 婿, 夫에 이르기까지 음보를 통하여 관계에 나가
고 있는데 그들의 초임관은 친속관계에 따라 약간씩 다르나 州縣의

---

81) 北宋文臣蔭補關係表.

親屬 ＼ 蔭補者	直子	期親	餘親
宰相, 三公	諸寺丞	校書郎	試銜
使相, 參知政事, 樞密使, 副使, 宣徽使	太祝·奉禮郎	校書郎正字	試銜
三司使, 翰林·資政學士, 龍圖·樞密直學士, 大常宗正丞, 中丞丞郎, 內客省使	正字	寺監主簿	試銜·齊郎
兩省五品, 待制 三司副使, 知雜御史	寺監主簿	試銜齊郎	

82) 『宋史』 卷 159, 選擧志 112, 蔭補條.

幕職官, 判司, 簿尉, 試監簿 등으로 초임되고 있다.

이와 같은 것은 제도적인 초임관례이고 실제로 『宋史』列傳에는 다수의 음보관이 실려 있는데 이를 분석하여 보면[83] 문관의 자손에게 초임되는 官位는 將作監主簿와 丞이 가장 많고, 秘書省校書郞·正字, 縣主簿·尉가 그 다음으로 있고, 知縣, 太廟齊郞, 太常寺奉禮郞, 殿前承旨, 殿中丞, 太祝奉禮郞, 大理評事, 推官, 主簿, 簽書承務郞, 監州酒稅 등의 순으로 되어 있다. 무관자손의 초임 음보를 보면 供奉官이 가장 많고 그 다음이 殿直이며 이어서 三班奉直 侍禁, 內殿崇班의 순으로 초임되고 있다. 이로써 『宋史』選擧志의 제도적인 내용과 列傳에 보이는 실제적인 면이 거의 일치하고 있음을 알 수가 있다.[84]

(4) 攝署·流外銓·軍旅에 의한 초임

攝署는 四川四路와 福建路 廣南東西路 등 西南地域의 7路는 중앙에서 멀리 떨어져 있는 遠州路로서 그 지방의 轉運使가 管內의 州縣막직관의 임명권을 부여받은 것이다. 왜냐하면 이 지역은 그 위치가 중앙으로부터 멀리 떨어져 있어 관료가 부임하고 전임하는 데 따르는 어려움을 피하여야 하며 또 이 지방 사람이 중앙의 銓選에 응하는 일도 용이하지 아니 하였기 때문에 취한 조처이다. 이 지역은 堂選, 즉 중앙의 中書에서 임명하도록 규정한 知州를 제외하고서는 전운사가 주현의 屬官을 임의로 초임하도록 허락하였는데 이를 指射라고 하였다. 임용절차에 대해서는

---

83) 申採湜,「北宋의 蔭補制度研究」『歷史學報』42 (歷史學會, 1969), 14쪽 표 1, 2 참조.
84) 申採湜,「北宋의 蔭補制度研究」참조.

四川 州縣은 路의 轉運使가 취임하면 銓選하여 參注 差遣한다. 孟月
에 出榜하고 仲月에 參注하고 季月에 申發한다. 조정에 임명을 청하면
付身文字內를 내려 준다. 通判이 결하면 조정에 알려서 人事 처리를
吏部로 돌아가는 것을 허락하거나 혹은 陶鑄者를 參堂했는데 二廣도
또한 간혹 이러한 일이 있었다.[85]

라고 규정을 하고 있다. 송의 후기에 가면 이상의 7路外에 荊湖南路를
포함시켜 8路 定差制가 실시되었다.[86]

이 밖에도 安撫使와 宣撫使 혹은 監司, 郡守 등에게 有用의 인물을
조정에 추천 上申할 수 있도록 하였는데[87] 이는 엄밀한 의미에서의
攝署라고 볼 수는 없으나 布衣의 人士를 관료로 초임하는 예가 된다.
또한 安撫使, 宣撫使 등에게 他官에 있는 자나 待闕人을 權攝하도록
허락하였는데 이것도 원격지의 주현에 필요한 屬官을 배치하기 위한
편법이었다. 그러나 일반민을 곧바로 관료로 임용하는 것은 금지하였
으므로[88] 관료의 초임과는 직접적인 관계는 없다.

남송에서는 흉년으로 기근이 생겼을 때에 수천 석 내지 수만 석의
미곡을 방출하여 빈민을 구제하고 그러한 공로에 의하여 국가로부터
관직을 부여받은 예가 있다. 이들을 鄕貢進士라 하며, 급제하지 못한
진사 또는 특주명 진사이며 아직 임관되지 못한 자로서 미곡을 납입
하거나 또는 減價로 매출함에 의하여 補官되는 예이다.

다음에 流外銓, 즉 胥吏에서 품관으로 임용되는 예는 비단 宋代뿐

---

85) 『朝野類要』 卷 3, 定差條
86) 『通考』 選擧考, 辟擧條 및 和田淸 前揭, 『支那官制發達史』 195쪽 銓選 참조.
87) 『朝野類要』 卷 3 辟差條에 '師撫監司郡守 或奉選使 堪倚用之人 具名詣闕
奏差"라 하였다.
88) 『朝野類要』 卷 3에 "師.撫監司州郡 選有官 或待闕人攝職謂之 權局本官自
謂之 被檄者是也 若白身人 借攝文學助敎・將仕郎・副尉・承信之類 謂之白
帖 在法有禁"이라 하였다.

만 아니라 중국의 역사에서 흔히 볼 수 있는 사실이다. 그런데 특히 송대에 있어서는 官과 吏는 엄격히 구분되어 있어서 官은 관품으로서 과거를 비롯한 그 밖의 방법에 의하여 입사하여 관인이 된 자로 治民하는 官을 이르며 사대부계층이 담당하였다. 이와 같은 관인의 수족이 되어 관청의 사무를 돕는 서기가 胥吏이다.[89]

宋代에는 문치주의에 의하여 士大夫 관료가 중앙 및 지방의 요직을 담당하고 이들의 수족으로서 일하는 서리는 상당히 많았다. 전체적인 숫자의 파악은 어려우나 실제로 서리가 관인으로 임용된 예는 단편적으로 이를 파악할 수 있다.

중앙관서에 있는 서리의 명칭은 다음과 같이 되어 있다. 즉,

> 吏部尙書가 文武二選의 법을 장악한다. 尙書가 처음으로 職事를 맡았다. 左選은 여덟 가지로 分案하였는데 吏 30명을 두고, 右選은 여섯으로 分案하였는데 吏 16명을 두었는데 主事令史라고 하고, 書令史라고도 하며 守當官이라고 하였다. 24司도 또한 이와 같았다.[90]

라 하여 상당히 다양하게 나타나고 있다. 상서성에 소속되고 있는 胥吏의 명칭과 24司의 서리는 같다고 하였다. 이들 관청에 소속되어 있는 서리의 수를 보면

> 主司 1명, 令史는 2명이다. 書令史는 9명, 守當官은 11명이며 正貼司는 16명, 私名은 12명 楷書 2명 法司는 1명이다.[91]

89) 宮崎市定, 「胥吏の陪備を中心として —中國官吏生活の一面」, 『アジア史硏究』 第3 (同朋舍, 1957) 144–148쪽 참조.
90) 『宋史』 職官志 3.
91) 『宋史』 職官志 3.

모두 54명으로 구성되어 있다. 또 大理寺에는

> 吏額胥長 1명, 胥吏 3명, 胥佐 30명, 貼書 6명, 楷書 14명이다. 隆興
> 에 모두 7명을 감하였다. 吏額前司에 胥吏 1명, 胥佐 9명, 表奏司 1명,
> 貼書 3명, 左右推胥吏 1명, 胥佐 8명, 船押推司 4명, 貼書 4명이다. 隆興
> 에 와서 모두 6명을 감하였다.[92]

大理寺에 54명, 그리고 前司에 32명, 합하여 86명을 기록하고 있는
데 중앙관서의 한 부서에 이와 같이 많은 인원이 있다는 것은 宋代의
서리 수가 많음을 짐작하게 한다. 서리에도 각기 계층이 있어서 主事
令史, 書令史, 令史, 守當官, 貼書, 私名, 楷書, 法司, 胥長, 胥吏, 胥佐
등이 있음을 알 수 있다. 지방서리의 명칭과 인원에 대해서도 國都 開
封府에 소속되어 있는 縣의 예를 보면

> 縣 18곳, 鎭 24곳에 서리 600명을 두었다.[93]

하였는데 개봉부내의 諸縣과 鎭에 600명의 서리가 있음을 알 수가 있
다. 이를 전국적으로 확대하여 통산한다면 그 수는 대단히 많은 것이
다.[94] 지방서리의 명칭도 州에는 職級, 前行, 後行, 貼司가 있고 縣에
는 人吏, 貼司, 書手 등이 있었다.[95] 따라서 송대의 서리는 그 계층이
다양하고 인원수도 상당히 많음을 알 수 있다.[96]

---

92) 『宋史』職官志 5.
93) 『宋史』職官志 6, 開封府.
94) 北宋代는 지방을 15路로 나누고(후에 18路가 되었고 다시 25路까지 증가
　　하였다) 路 아래 州 府를 두고 그 아래縣을 설치하고 있는데 전국에 48州
　　23府 1400餘縣이 있다.
95) 宮崎市定, 「앞의 논문」, 147쪽 참조.
96) 村上嘉實, 「宋代の吏事(一)」『人文研究』17-4(關西學院大學, 1967) 45-48

이와 같은 서리가 관인으로 출세한 예는 『宋史』의 열전에 많이 보이고 있는데 그 대표적인 경우를 들면 오대시에 서리로 출발하여 송태조 때에 재상에까지 오른 魏仁浦[97]와 趙普[98], 范質[99], 王溥[100]를 꼽을 수 있고 재상에까지 오르지는 못하였으나 고위관에 오른 서리출신으로서는 張美(『宋史』259), 曹翰(『宋史』260) 暑居潤(『宋史』262), 王贊(『宋史』274) 등과 柴禹錫, 張孫, 楊守一, 趙鎔, 周瑩, 王繼英, 王顯(『宋史』268)이 있다. 이들은 오대 말에 서리에서 출발하여 그대로 송대의 관료로 출세한 인물들이다. 그러나 이와 같은 경향은 송대에 들어오면 크게 변화되어 과거의 발달과 함께 서리로서 고위직에 오른 예는 드물지만 流外銓을 통하여 入官한 서리출신자도 『宋史』의 열전에 보인다.[101]

그런데 송대에 있어서는 과거출신자가 요직을 차지하고 있었으나 그들의 실무능력, 특히 법률적인 지식은 별로 대단하지 못하였기 때문에 이 부서의 관료는 법률과 소송에 밝은 서리들을 유외전을 통하여 기용하였다. 즉 대리평사로부터 無出身者들인 審刑院의 詳議官, 刑部의 詳覆官, 詳斷官, 檢法官, 法直官 등이 光祿寺丞으로 遷官하는데[102] 이들 사법관계자는 주로 법률에 대한 실무에 종사하게 되어 있으므로 실무에 통달한 사람들을 필요로 하는 관위이다. 이 경우 과거합격자가 아닌 無出身者로서 법률적인 지식을 갖추고 실무에 나갈 수 있는 자는 서리들로서[103] 이와 같은 관위서천규정으로 보아 서리출신자들이

쪽 참조
97) 『宋史』 列傳, 魏仁浦.
98) 『宋史』 列傳, 趙普.
99) 『宋史』 列傳, 范質.
100) 『宋史』 列傳 王溥.
101) 『宋史』 卷 267, 陳恕傳.
102) 『宋史』 卷 169, 職官志, 敍遷之制.
103) 梅原 郁, 「앞의 논문」, 171쪽 참조.

유외전을 통하여 관료로 기용되었을 것을 생각할 수 있다.

이 밖에 軍旅, 즉 군사의 공로에 따라 관위를 얻는 자가 상당히 보이는데 이는 對契丹, 對西夏關係가 중요한 계기가 되고 있다.[104] 군공에 의하여 입관하는 것은 본인의 전공으로 관인이 되는 경우와 父·兄의 전몰로 그 자제가 입관하는 두 가지로 나눌 수가 있고『宋史』의 忠義列傳이나 一般列傳에 상당히 많이 나타나고 있다.[105]

Ⅲ. 選人의 京官陞進

우리는 5等 入官法에 의하여 일반민이 관료가 된다는 사실을 앞에서 고찰하였다. 그런데 관인으로 입사하는 데는 選人과 京官의 두 가지 위치가 있다고 하였다. 또한 대부분의 경우 경관이 아니라 선인으로 관료생활을 시작한다는 사실을 알고 있다. 여기에서는 선인으로서 관료생활을 시작한 자가 선인의 7階를 어떻게 올라가는가를 먼저 고찰하고 그 다음에 이 選人 7階를 지나 경관으로 뛰어 오르는 도약과정을 살핌으로써 관료의 하부구조에서 중층부로 승진되는 내용을 알 수 있을 것이다.

(1) 選人의 7階 승진

초임관으로 선인이 된 자는 選人7階의 단계를 승진해 올라간다. 이를 관제용어로는 循資라고 하는데[106] 循資하는 데는 첫째로 경력상에

---

104) 申採湜,「北宋仁宗朝에 있어서 對西夏政策의 變遷에 관하여」,『歷史教育』 8(역사교육연구회, 1967) 71~96쪽 참조.

105) 申採湜,「宋代文臣官僚의 陞進에 대하여」참조.

106)『宋史』職官志, 舉官 選人循資條

과오가 없어야 하고 둘째로 관료생활을 하면서 행정적인 실적이 있어
야 한다.[107] 특히 지방관으로 재직하고 있을 때에 행정실적이 중요시
된다.[108] 셋째로 국가에 대한 공로가 있어야 한다. 이는 송대 관료의
승진에 중요한 세 가지 조건이다. 이러한 조건을 갖추고 근무연수가
되면 循資되었다.

선인의 循資에는 일정한 연수가 차면 자동적으로 승진되는 常調(상
례) 이외에 특례승진으로서 酬賞 · 恩例 · 奏薦의 방법이 있다.[109] 선인
이 7계를 승진하는 것도 선인 7계의 하층부인 判司簿尉에서 중상층으
로 승진하다가 도중에서 경관으로 승진하는 경우, 上層에까지 연한을
채워 올라간 후에 경관으로 改官하는 경우, 선인으로 관직을 마치는
경우 등 다양하다.

『宋史』職官志 選人循資條의 내용을 정리하면 다음 [표 6]과 같이
나타난다. 이 [표 6]에 의하여 선인의 循資에는 그들이 선인으로 任官
될 때의 방법, 즉 출신성분에 따라서 循資되는 기간이 달라지고 있음
을 알 수가 있다. 관료의 승진에 있어서는 항상 관료가 된 초임의 출
신성분이 중요한 영향을 미치고 있는데 선인의 循資에도 출신별에 따
라 그들의 승진되는 기간이 달라지고 있다. 이를 循資의 種別, 期間別
에 따라 검토하여 보자.

常調는 한 임기를 마치면 한 단계씩 승진하는 방법이다. 송대의 一
任은 3週年인데 이 3년을 지나면 得資하여 다음의 資序에 오른다. 이
一任 중에 滿 1년마다 관료의 근무성적이 평가되어 승진되는데 이를
考라 한다. 이러한 사실에 대해서는

---

107) 『通考』選擧考, 辟擧條
108) 申採湜,「北宋時代의 墾田에 관하여」『歷史學報』75 · 76合輯(1977), 339-
369쪽 참조.
109) 『宋史』職官志 擧官 選人循資條 및 『長編』권 3, 建隆3년 冬 10月 癸巳條

每任은 3週年으로서 연한을 삼는데 閏月은 계산하지 않았다. 每周 1년에 1考를 校成하는데 그 常考는 令에 의해 錄例하였다.[110]

[표 6] 選人의 循資

循資種別	現職位	出身別	勤務年數	擧主數	陞進된 職位
(1)常 調	判司簿位(7)	有出身	2任 4考		錄事參軍(5)
	〃	無出身	2任 5考		〃
	〃	攝 官	3任 7考		〃
	〃	流 外	4任 10考		〃
	〃	進 納	3任 7考		下州令錄(5)
(2)酬賞(獎)	判司簿位(7)	初 任	循 1 資		知令錄(6)
	〃	次 任	2考 이상		正令錄(5)
	知令錄(6)		循 1 資		初等職官(4)
	正令錄(5)		〃		兩使職官(3)
	初等職官(4)		〃		〃
	〃		循 2 資		支掌防團判官(2)
			循 3 資		觀察判官(1)
(3)奏 薦	判司簿位(7)	有出身	4考	3人	初等職官(4)
	〃	無出身	6考	〃	〃
	〃	有出身	〃	〃	兩使職官(3)
	〃	無出身	7考	〃	〃
	〃	有出身	2考	〃	縣 令(5)
	〃	無出身	4考	〃	〃
	〃	攝 官	6考	〃	〃
	〃	進 納	〃	4人	〃
	〃	流 外	7考	6人	〃

(4) 恩例 判事簿尉用祖父 五路及廣桂知州 帶安撫 幷知成都府梓州 及州廣轉運·提刑等 恩例陳乞 入試衡知縣仍差監當

* 職名 옆의 숫자는 選人 7階의 等位.

라고 한 것으로 알 수 있다. 이에 따라 常調의 경우 科擧出身(有出身)의 判司簿尉는 2任(6년) 이상이 경과하여야 錄事參軍으로 승진하고

---

110) 『宋史』選擧志 3.

無出身은 2任(6년)은 같으나 5考에서, 攝官은 3任(9년) 7考, 流外의 경우는 4任(12년) 10考를 지나야 判司簿尉에서 錄事參軍에 오를 수가 있다. 이러한 常調의 例로써 선인의 循資는 그 속도가 느리고 7계를 다 올라가려면 상당한 기간이 필요하게 된다. 그러나 이와 같은 常調의 循資기간을 단축시키는 몇 가지 방법이 있다.

첫째가 試判을 실시하여 그 성적에 따라 常調의 循資기간을 단축시키는 방법이다. 이에 대해서는

> 選人의 試判은 3道이고 考는 3等이다. 2道가 全通하고 1道가 稱次하고 文翰이 俱優하면 上이 된다. 1道가 全通하고 2道가 稱次하고 文稱이 堪하면 中이 되고, 3道가 全次하고 文翰이 紕繆하면 下로 하였다. 判上者는 職事官의 경우 一階를 加하였고 州縣官은 一資를 超하였다. 判中은 資에 의하고 判下는 동류에 들어갔다. 黃衣人은 一資를 내렸다. 이 詔로써 等을 늘려 4等으로 하였다. 3道 全次하고 文翰이 취할 것이 없는 사람은 中下로하고 舊格에 의해서 判下의 制는 3道가 전부 불통하나 文翰이 紕繆한 사람은 下殿一選하였다.[111]

즉 태평흥국원년(976) 이전에 선인의 試判에는 3道가 있었고 考課는 3등(上中下)으로 평가하여 判上者의 경우 職事官은 選人 1계를 추가하고 州縣官의 경우 1資를 超等한다고 하였으니 선인의 승진에는 試判성적이 크게 작용을 한 것 같다. 태평흥국원년 이후에는 3등을 4등(상, 중, 중하, 하)으로 구분한 것 같다. 따라서 선인의 승진에 있어서 試判에서 상위를 획득하면 1階의 승진이 빨라짐을 알 수가 있다.

둘째로는 有出身人과 無出身人의 경우 奏薦에 있어서는 같은 判司簿尉라고 해도 그 근무기간이 월등하게 차이가 생기며 과거출신자가

---

111) 『宋史』 選擧志 銓法上

절대적으로 유리하다는 사실을 알 수 있다.

셋째로, 선인은 대부분이 지방행정의 실무를 담당하고 있는 사람들이기 때문에 그들의 행정능력이나 관료로서의 품위가 상당히 중요하게 승진에 작용을 하고 있다는 사실이다. 이에 대해서는 『宋史』의 열전 가운데 被薦되는 사람들 가운데 상당수가 직속 上司로부터 일선관료로서의 실력을 인정받아서 개관을 하게 되는 예를 볼 수가 있고 국가에서도 이를 정책적으로 장려하고 있다. 이러한 사실은 태평흥국6년에

> 지금 諸路의 전운사 아래 소속된 州府의 令長吏가 현임의 判司簿尉의 청렴하고 明幹한 사람을 택하여 아뢰면 驛召, 引對하여 知縣의 임무를 맡게 하였다.112)

에서 알 수가 있다. 따라서 앞 [표 6]은 제도적인 면이고 이러한 제도적인 기간을 경과하면서 循資되는 것이 원칙이지만 그렇지 않고 파격적으로 超次하여 승진되는 경우도 있었으니, 그것은

> 陳勉之가 丙辰年에 南昌丞에서 太學錄을 제수받았다. 癸亥 春에 右撰에 拜하였다. 選人에서 10년이 지나지 않아 재상이 된 사람은 本朝에는 范覺民과 勉之가 있을 따름이다. 覺民은 6년 만에 재상이 되었고, 勉之는 8년 만에 재상이 되었다.113)

이라는 사실이 증명하고 있다. 이에 의하면 재상인 陳勉之는 南昌縣의 縣丞에서, 즉 選人으로 시작하여 10년 이내에 入相을 하였다고 하니 그가 선인을 몇 년이나 역임하였는지는 불명하나 6년까지는 선인으로

---

112) 『通考』選擧考, 擧官條
113) 『建炎以來朝野雜記』卷 11, 乙集 故事, 選人不十年入相條

머물러 있지 않았음은 확실한 사실이다. 그러므로 이 [표 6]대로 循資될 경우 선인의 최하위인 7계에서 5계로 승진함에 있어서 출신에 따라 6년 내지 12년이 걸리고 5계에서 다시 그 위로 올라가는 데도 상당한 기간이 걸린다는 것은 제도적인 원칙론이고 실제에 있어서는 그렇지 않다. 또 選人은 7계에서 단계적으로 循資하여 제1등으로까지 올라간 후에야 京官으로 승진하느냐 하면 그것도 반드시 일정하지 않다. 選人의 중간계위에서 그대로 경관으로 진출하는 예는 『宋史』열전에 산견되고 있고 또 『通考』에서는 仁宗의 天聖6년(1028)에

選人은 六考改官하나 일찍이 私罪를 범한 사람은 1考를 가하라고 詔하였다.[114]

라 하여 選人이 6考(6년)에서 경관으로 改官하는 데 私罪를 범한 선인은 1考(1년)를[115] 가산한다고 하였다. 따라서 선인에서 改官, 즉 京官으로 나가는 데는 인종대에 있어서는 6考(6년)가 제도적인 기간으로 생각할 수가 있다. 이 6년 동안에 선인7계를 올라가다가 도중에서 개관하는 것이 일반적인 승진방법이라 생각된다.

넷째로 常調 이외에 널리 행하여진 승진법이 酬賞은 선인의 근무성적을 평가할 때에 殊考 즉 양호한 성적을 얻은 자에 적용된다. 그 내용은 도적의 체포횟수, 염세나 상세의 增徵 墾田의 확대 등 다방면에 걸친다. 이러할 경우 이 표에 나타난 바와 같이 초임자는 그 임기(3년)를 마치고 知令錄에, 차임기자는 2考(2년) 이상으로 正令錄에 나가게 되므로 常調에 의한 循資보다 한 임기분이 우대되는 셈이다.

---

114) 『通考』 選擧考 擧官條.
115) 劉伯驥, 『宋代政敎史』(下) (中華書局, 1971) 1062쪽에서 選人7階를 설명하는 데 있어 1階를 승진하는 데 대체로 3년이 걸린다고 하였다.

奏薦은 일정한 考數를 경과한 후에 규정된 수의 보증인의 추천이
있는 경우에 循資되는 것으로 3인의 擧主(보증인)를 얻게 되면 有出
身은 4考(년) 無出身은 6考(년)로서 判司簿尉로부터 초등직관에 나가
며 그것이 6고나 7고의 경우에는 兩使職官으로 循資됨을 표시하고 있
다. 다음 제3절의 保任제도에서 상론하겠지만 擧主의 유무가 관료의
승진에 중요한 작용을 한다는 사실은 선인의 循資에서 이미 나타나고
있음을 알 수 있다.

(2) 選人에서 京官으로의 승진

선인 7계를 벗어나서 다음에 올라가야 할 위치가 京官이다. 선인은
아직 정식품관이 아닌 準品官인 데 비해 경관은 당당한 품관이므로
경관에로의 승진은 관료의 승진상에 있어서 중요한 의미를 갖는 것이
다. 앞에서도 언급하였지만 송대의 경관은 당대의 중앙관과는 그 성격
이 전혀 다르다. 그것에 대해서는

> 대체로 前代의 朝官은 1품 이하로부터 모두 常參官이라고 한다. 常參
> 이 아닌 사람은 未常參官이라고 한다. 宋은 常參을 朝官이라 하고, 秘書
> 郞 이하 未常參者는 京官이라고 한다. 옛날 제도에 京朝官에는 인원수
> 가 있는데 除授되는 것은 모두 替某官이라고 하거나 혹 塡見闕이라고
> 한다. 京官은 모두 吏部에 속하고 每任은 30달이 차야 파하였다.[116]

前代란 唐代를 말하며 당대의 京官은 중앙정부에서 근무하는 중앙
관이며 지방관인 외관과는 구분되어 京官이 外官으로 나아가면 左遷
을 의미하였다.[117] 그러나 宋代의 경관은 다만 품계를 나타내는 기록

---

116) 『宋史』選擧志 銓法上
117) 築山治三郞, 『唐代政治制度の硏究』(創文社, 1967) 516-519쪽 참조.

관으로 처음에 품관으로 임명된 자, 또는 선인으로부터 改官된 자를 京官118)이라 하여 秘書郞 이하의 하위품관을 가리키며 太子中允(정 8品), 左·右贊善大夫(정 8品), 中舍·洗馬(정 8品) 이상의 관이고 元豊改官 이후에는 通直郞(정 8品) 이상을 말한다. 송대는 당대처럼 정해진 外官이 따로 있지 않고 중앙의 京·朝官이 임시의 差遣으로119) 지방관으로 나아가기 때문에 선인으로부터 경관이 된다는 것은 단지 품관이 된다는 뜻만이 아니라 관료생활을 하는 데 있어서 중앙과 지방관을 포괄할 수가 있으므로 그만큼 활동하는 범위가 넓어짐을 의미하게 되는 것이다.

選人의 경관승진에 관한 기본적 사료로서는 『宋史』직관지의 選人遷京之制와 『宋史』선거지 銓法(上)을 들 수 있는데 두 가지의 자료를 정리하면 아래의 [표 7]이 된다. 이 [표 7]을 가지고 다음과 같은 몇 가지 사실을 확인할 수가 있다.

첫째, 여기에는 선인7계의 대부분이 망라되어 있는데 이들 선인이 경관으로 개관하는 데 필요한 기간은 선인 중 최하위인 判司·主簿·縣尉 등 判司簿尉가 7考(7년)가 소요되고 그 밖에는 6考(6년)의 시일이 걸린다는 사실이다.120) 선인에서 경관으로 나가는 데 필요로 하는 이 기간을 磨勘年이라 하는데 仁宗의 天聖6년에

7階의 선인은 모름지기 3任 6考이다. 奏薦을 사용하거나 功賞에 따라 昇改할 수도 있다.121)

---

118) 송대의 경관의 수는 단편적으로 보이는데 『長編』권 386, 원우원년(1086)의 경관수는 2800여 명이고 『건염이래조야잡기』갑집 권12에 남송의 慶元 2년(1196)에 京朝官 4159명이 보인다.

119) 宮崎市定, 「宋代州縣制度の由來と その特色」, 60－61쪽 참조.

120) 이에 대한 내용은 『通考』選擧考, 辟擧條에 상세히 실려 있다.

121) 『宋史』選擧考, 銓法 上 및 『通考』擧官條

라 하여 일반적으로 선인의 마감 연수는 3任 6考(6년)로 계산되고 최하위의 判司簿尉만은 7년으로 하였다.[122]

[표 7] 選人의 京官陞進

選 人	出身別	期 間	擧主數	陞進되는 京官	品 階
留守・兩府・兩使의 判官(1)	有出身	6考		太常丞	正 8
	無出身	〃			〃
支使・掌書記・防禦・團練判官(2)	有出身	6考		太子・中允	〃
	無出身	〃			從 8
兩使推官・軍事判官(3)	有出身	6考		太子・中允	〃
	無出身				
令錄事參軍(5)	有出身	6考	2명	著作佐郎	正 8
	無出身	〃	〃		〃
初等職官(4)・知縣(6)・知錄事參軍(6)	有出身	6考	5명	著作佐郎	〃
防禦・團練・軍事推官	無出身	6考	5명	大理寺丞	
軍器監判官(4)				大理寺丞	
判司・主簿・縣尉(7)	有出身	7考	5명	衛尉寺丞	正 8
	無出身	〃	〃		〃

* 選人右側의 숫자는 選人 7階의 等位

이와 같은 磨勘制는 송대의 관료승진과 밀접한 관계를 지니고 있다. 그런데 선인의 磨勘年은 제도적으로는 6년 내지 7년이 소요되지만 관료로서의 선인의 치적에 따라 이를 단축시킬 수가 있다. 이에 대해서는

---

122) 和田淸, 「宋史食貨志譯註(一)」(東洋文庫, 1960), 111쪽의 註 362에서 1考를 1년으로 계산하였고, 궁기시정은 앞의 책인「宋代官制序說」, 41쪽에서 1년을 1考, 3년 또는 2년을 1任이라 하였다.

詔하여 開墾의 贏地에 따라 推賞을 하였다. 平江府는 圍田 2천여 頃
을 興修하였으므로 令佐 이하는 磨勘을 差減하였다.[123]

이라 한 사실에 주목하여야 하며, 또

磨勘의 轉官은 4考나 혹은 5考인 사람은 은공으로 그 수를 감하고
公據를 주어 다른 날에 捧類收試하였다.[124]

라고 한 내용으로 알 수 있다. 따라서 磨勘制度는 宋代 관료의 殿最를
考課하여 黜降한 것으로서 선인의 승진과 밀접한 관계를 지니고 있다.
　둘째로, 選人에서 京官으로 나가는 데도 많은 수의 擧主(推薦人)를
필요로 하고 있는데 宋初의 改官擧主制度에 대해서는

選人이 陞改하는데 국초에는 정해진 제도가 없었다. 建隆2년에 한림
학사 및 文班常參官에게 명하여 일찍이 幕職州縣官을 맡았던 사람은
각기 擧堪하여 幕職令錄 1명으로 삼았다. 職令을 擧主로 쓰는 것은 이
로부터 시작되었다.[125]

라 하여 幕職令錄이 擧主에 의하여 임명된 것은 乾隆3년(962)(2년은
錯誤)[126]에서 비롯되었다. 이러한 擧主制度를 채택하게 된 근본정신
은 선인의 행정책임과 부정을 강력히 규제하기 위한 상호연대보증을
행정에 반영하려 한 것인데 이에 대해서는

---

123) 『朝野類要』 卷 3, 減年條.
124) 『朝野類要』 卷 3, 減年條.
125) 『建炎以來朝野雜記』 卷 14, 乙集, 官制 2, 建隆至元祐 選人升改擧主沿革條.
126) 『長篇』 卷 3, 태조 건륭3년 2월 庚寅條 및 『通考』 選擧考, 擧官 太祖皇帝
　　建隆3년으로 각각 명시되어 있으므로 이는 3년이 분명하다.

반드시 親함 만으로 추천할 필요는 없고 條析으로 갖추어 아뢰었다.
除授 制書에는 그 擧主를 辨하고 他日에 범한 바가 있어 擧狀과 같지
않으면 連坐하였다.[127]

이러한 選人擧主制에 대하여는

開寶3년 4월에 한림학사 및 文班昇朝官 등에게 명하여 각기 現任한
藩郡 막직주현관 중에서 擧堪하여 朝官 1인을 올리게 하였다. 선인을
擧主로써 改官하는 것이 이로부터 시작되었다.[128]

라 하여 태조의 개보3년(970)에 선인이 擧主의 추천에 의해 改官하는
選人擧主改官制度의 기원을 밝히고 있다.[129] 그런데 제도적으로는 개
보3년으로 볼 수가 있으나 실제로 선인이 擧主에 의해 개관한 예는
이미 태조의 乾德2년(964)에 실시되었다. 이러한 사실은

乾德2년 6월 詔하여 侍從卿監郎官은 각각 京官에, 막직주현관 가운
데 通判한 사람을 천거하였다.[130]

라고 한 내용과 註文에 의해 알 수 있다.[131] 따라서 6월에 실시한 것
은 의문이나 건덕 2년에 이미 선인을 경관인 통판으로 추천하여 임명
하고 있음을 알 수가 있다. 그런데 선인의 擧主는 선인을 잘 아는 직
속상관이 추천하는 경우가 대부분이었는데, 그 사실은

---

127) 『通考』 選擧考 擧官條.
128) 『朝野雜記』 官制 2, 選人升改擧主沿革條
129) 『長篇』 卷 5, 태조 건도 2년 春正月甲申條
130) 『위의 책』, 『朝野雜記』 14.
131) 『通考』 選擧考, 擧官, 乾德 2年條

承直郎 이하의 選人은 재임시에 本路의 帥撫 · 監司 · 郡守의 擧主, 保奏를 얻어야 한다. 改官狀 5紙를 春班에게 趨赴하고 改官의 謝恩은 承務郎 이상의 官序로 바꾸는 것을 京官이라고 하는데 顯達하게 되는 것이다. 그 擧主는 각기 格法의 限員이 있으므로 改官의 奏狀을 구하는 일은 아주 얻기가 어려우므로 얻게 되면 門生이라고 칭한다.[132]

즉 丞直郎 이하의 선인이 재임 중에 자기와 직접 상관이 되는 本路의 帥撫(安撫使) 轉運使 · 監司 · 郡守 등 경관 중에서 擧主 5명으로부터 改官狀(추천장) 5매를 얻어서[133] 承務郎(종 9품) 이상의 경관으로 개관하게 된다. 거주가 추천장을 쓰는 데는 인원의 제한과 여러 가지 까다로운 格法이 있으므로 선인이 거주의 추천장을 얻기란 매우 힘든 일로서 일단 추천을 해준 거주에 대해서는 그의 문생으로 일생동안 받들게 된다. 이 추천제도는 비단 거인에게 있어서뿐만 아니라 경관이나 조관들이 승진하는 데도 필요한 것이다. 송대의 관료들이 승진하는 데 있어서 직속상관이나 또는 선배, 동문, 동향인, 친지의 保擧(보증과 추천)가 그들의 출세에 중요한 역할을 하고 있었다는 사실에 대해서는 다음 제3절의 [표 8]에서 구체적으로 밝히겠거니와 거주는 선인이 경관으로 개관하는 데에 절대로 필요한 조건임을 알 수 있다.

셋째로 이들 선인으로부터 나아갈 수 있는 관위는 종 9품에서 정 8품의 경관으로 제한되어 있고 또 선인에게 주어지는 경관은 太常丞, 太子中允, 著作佐郎, 大理寺丞, 衛尉寺丞 등의 다섯 가지로 고정되고 있다는 사실이다.

넷째로 선인의 京官敍遷에 있어서도 選人循資에서처럼 그렇게 큰 차이는 없다고 해도 역시 그들의 출신이 경관으로 나가는 데 있어서

---

132) 『朝野類要』卷 3, 改官條.
133) 『宋史』職官志, 敍遷之制 磨勘條.

영향을 미치고 있다는 사실을 살필 수 있는 것이다.

선인의 改官年齡에 대해서 보면

> 무릇 登科하지 않은 사람 밑 特旨者는 나이 25에 바야흐로 註官하
> 게 하였다.[134]

이라 하여 과거출신자가 아닌 자 및 特旨에 의해서 선인이 된 사람은
25세가 되어야만 비로소 개관할 수 있다는 엄격한 제한이 붙어 있다.

그러면 해마다 어느 정도의 인원이 선인에서 경관으로 개관되었는
가를 보자. 북송시대에 있어서는 인종대에 들어와서 개관하는 수가 증
가되어 冗官문제로까지 번지자 이를 1년에 100명으로 제한하게 되었
는데, 그것은

> 仁宗대부터 考第하여 改官者가 너무 많았다. 드디어 詔를 내려 帥守,
> 通判, 監司로써 保擧하여 해마다 개관하는 인원을 100명으로 額을 삼
> 았다. 元豊 때는 改官의 額을 稱鐫하였다.[135]

고 있는 것과 같이 仁宗代는 매년 100명으로 改官者를 제한하였고 元
豊연간에는 이보다 적어지고 있다. 이는 원우원년(1086)의 선인의 총
수가 1만여 명으로[136] 보이는 것을 감안할 때 선인에서 경관에로의
승진을 100내외로 제한한 것은 선인에서 경관으로 승진함이 얼마나
힘든 것인가를 상상하고도 남음이 있다. 따라서 앞에서 살펴본 선인의

---

134) 『宋史』 選擧志 銓法條.
135) 『通考』 選擧考, 辟擧條.
136) 송대 選人의 전체수는 『長編』 卷 386, 元祐元年(1086)조에 選人 1만 명
　　이라 하였고 『建炎以來朝野雜記』 甲集 卷 12, 選人改官額條에 의하면 남
　　송의 慶元2年 (1196)에 13,680명으로 되어 있다.

改官은 그것이 제도적인 조건에 불과한 것이지 실제로 그와 같은 조건이 갖추어져 있다고 해도 현실적으로 이와 같은 제한 때문에 선인에서 경관에로의 승진은 매우 어렵고 그와 비례하여 擧主의 선인에 대한 영향력은 거의 절대적이라고 할 수가 있다.

북송시대에 비해서 남송시대에 있어서는 선인에서 경관으로 개관하는 수는 상당히 제한하고 있다. 즉 북송의 말기에 개관자의 정원이 없던 것을 소흥 이후에는 많으면 90명 적으면 50명으로 제한하였다. 그후 소흥20년에는 88명, 25년에는 68명, 30년에는 74명, 31년에 50명으로 규제하고 있다. 그러다가 동 32년에 113명으로 증가시켰다가 효종이 경관의 증가를 염려하여 100명 정원으로 하였고 그 후에 다시 70명 내외로 감소되고 있다.

남송시대의 선인의 개관 수는 북송에 비하여 감소된 추세를 나타내고 있는 것이 일반적이라 하겠다.[137] 그러나 慶元2년(1196)대의 선인의 총수가 13,860명으로 기록되고 있는데 이 수를 놓고 보면 남송의 선인 총수는 결코 북송에 떨어지는 것은 아니다. 북송과 남송의 선인의 총수는 시대에 따라 다르지만 대체로 1만여 명이 아닌가 생각된다. 이로써 선인의 京官陞進이나 改官하는 일은 대단히 힘들다고 보아야 하겠다.

제2절 官과 職의 승진내용

選人에서 京官으로 改官한 자, 또는 처음부터 경관에 초임된 관료들이 관료조직의 중층부인 경관에서 어떻게 상층부로 다시 승진하여

---

137) 『建炎以來朝野雜記』甲集 卷 12, 選人改官額條.

올라갔을까. 이를 검토함에 있어서는 두 가지 방향에서 논구하여야 할
것이니 하나는 官位의 敍遷이고 다른 하나는 職·差遣의 승진이다. 송
대 관료조직의 구조적인 특색은 官과 職이 뚜렷이 양분되어 있다고
하는 사실이다. 재상은 이부상서 同中書門下平章事로 부르는데 여기서
말하는 이부상서는 당대의 六部의 하나인 이부상서와는 전혀 그 성격
이 다른 단순한 관품의 階位를 표시하는 품계에 불과하며 同中書門下
平章事가 바로 재상을 가리키는 실직으로서 임시로 파견되는 뜻으로
차견이라고 하였다. 따라서 송대의 관료제를 이해하기 위해서 官과 職
의 성격을 고찰하고 그 승진 내용을 살펴본다.

I. 官位敍遷

宋代의 관료조직은 官과 職 그리고 差遣이 구분되고 이것이 송대
관제의 특징이라 하겠다. 즉 官은 기록관으로서 봉급(祿秩)의 호봉과
관위의 순위를 표시하며, 職은 舘職을 말하는 것으로 문학에 뛰어난
인물을 대우하는 것이며, 差遣은 內外의 직무를 맡는 것으로 실직을
뜻하는 것이다.[138] 이 밖에도 관위가 올라감에 따라 階位와 勳位와
爵位가 붙는다. 송대의 관료는 일반관료인 경우에는 그의 명함에 기록
관과 차견(실직)만을 갖게 되나 엘리트 관료의 경우에는 그 위에
(舘)職이 붙는다.

그리하여 관위승진이 遲速한 것은 榮滯하다고 생각하지 않는 반면
에 차견은 要劇하고 貴途라 하였고 舘職(臺閣)에 나아가는 것은 관료
로서는 영광된 일로 생각하였다. 따라서 당대의 官이 실직을 뜻하고

---

138) 『宋史』 職官志, 職官條 및 『通考』 職官考總序.

品이 그의 관위를 나타내는 관품제와는 아주 대조적이다.

북송 전반기(원풍이전)의 관제는 당말·오대의 사회변화를 거쳐서 단계적으로 변형된 것으로서 새로운 시대의 현실적인 적응과 당대의 전통을 유지한다고 하는 이중적인 측면을 일원화한 것이다. 이것이 송대의 관료 조직상에 그대로 적용되고 있기 때문에 당의 관직명을 가지고 송대의 관위를 표시함으로써 혼돈이 일어나게 된다.[139] 따라서 관료의 승진을 검토함에 있어서도 官(기록관)과 職(差遣)과 館職(帶職)은 서로 밀접한 관계를 지니고 삼위일체적 구조를 지니고 있으므로 이를 총체적으로 검토하여야 할 것이다.

(1) 官品(寄祿官)의 승진

관품의 승진에 대해서는 『宋史』직관지 敍遷之制의 文官 自京官至三師敍遷條에[140] 대략 나와 있다. 이에 의하면 선인에서 경관으로 改官하여 경관의 하위관인 諸寺監主簿, 秘書省校書郎, 秘書省正字에서부터 정 8품까지 올라가는 과정을 짐작할 수가 있다. 이를 다시 구체적으로 도표화하면 다음 [표 8-A]과 같이 정리된다. 이 [표 8-A]에 의하여 송대 기록관의 승진에 매우 흥미 있는 사실을 찾아볼 수가 있다.

첫째, 관위의 승진에 있어서도 그의 출신성분이 중요한 작용을 하고 있는데 그것은 과거출신(有出身)과 無出身은 그의 관위승진에 현

---

139) 『資治通鑑』편찬자로서의 司馬光의 관직명을 보면 다음과 같다. 즉 端明殿學士(館職·特) 兼翰林侍讀學士(館職·經筵) 朝散大夫(散官) 右諫議大夫(寄祿官) 充集賢殿修撰(館職·史) 提擧西京崇山崇福宮(祠祿官) 上柱國(勳) 河內郡開國侯(爵) 食邑千八百戶(食邑) 食實封六百戶(食實封) 賜紫金魚袋(賜) 臣司馬光(姓名) 奉勅編纂이라 한 사실로 이를 파악할 수가 있다.
140) 8품까지의 관위 敍遷을 정리하면 표8과 같다.

격한 차이를 가져온 것으로 알 수 있다. 즉 진사출신자가 선인7계를
循資하면서 6考(년) 이내에서 大理評事나 秘書省校書郎으로 개관을
한다. 이는 앞서 설명한 바와 같이 진사출신 상위합격자의 대부분이
장작감승이나 대리평사로 초임되고 있다는 사실은 관위상으로 보면
특전 중의 특전이다. 『宋史』열전에는 장작감승이나 대리평사라고 하는
기록관이 상당히 많은데 이는 열전에 등재될 수 있을 만한 인물의 경
관초임이 장작감승이나 대리평사에서 출발된 것으로 볼 수가 있는 것
이다. 따라서 선인을 거치지 않고 장작감승, 대리평사로 초임된 자는
가장 우수한 수재라 할 수 있다.

둘째, 선인에서 경관으로 개관한 자의 승진 코스가 太常寺奉禮郎
-〉將作監丞(諸寺監丞) -〉著作佐郎 -〉秘書丞으로 진행되는 (A)코스
와, 秘書省正字·校書郎 -〉大理評事 -〉大理寺丞 -〉著作郎·殿中丞으
로 승진하는 (B)코스가 있다. (A)코스의 경우에는 과거출신(有出身)과
帶職을 갖추고 있고, (B) 코스의 경우에는 유출신뿐이고 승진된 후에
帶職을 갖고 있는 차이점을 발견할 수가 있다. 따라서 (A)코스가 (B)
코스보다 격이 높고 승진이 빠른 것으로 생각된다. (C)코스의 경우에
는 無出身人의 진행로임을 알 수 있다. 그런데 송대의 저작랑은 진사
제1위인 사람에게 장작감승으로 초임하고 이어 著作郎을 제수하는 명
예 있는 관품으로 저작랑이 된 사람은 그 다음 階位인 太常博士로 승
진하지 않고 곧바로 諫官으로 나아가는 예외 규정이 있다.[141]

다음 경관을 지나 朝官으로 올라온 관료의 승진을 분석하여 보면
[표 9-B]와 같다. [표 9-B]는 말하자면 경관에서 조관으로 올라온
관료의 관품승진표라 하겠다. 이 표는 앞서의 [표 8-A]와 약간 특이
한 점은 황제의 特旨에 의하여 승진의 속도가 빨라진다는 것이다. 이

---

141) 『古今源流至論』前集 卷 6.

[표 8] 官位의 陞進(A)

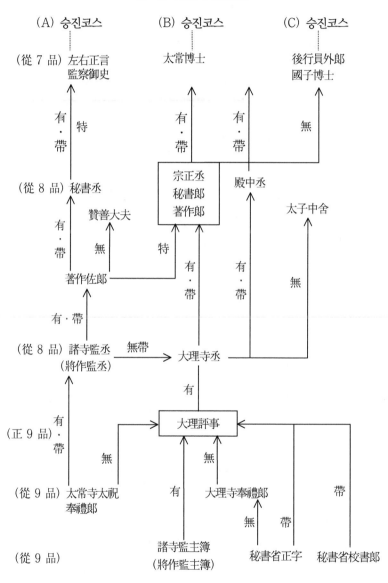

(A) 승진코스　　　　(B) 승진코스　　　　(C) 승진코스

(從 7 品) 左右正言　　　太常博士　　　　後行員外郎
　　　　　監察御史　　　　　　　　　　　國子博士

(從 8 品) 秘書丞　　　宗正丞　殿中丞　　太子中舍
　　　　　　　　　　　秘書郎
　　　　　贊善大夫　　著作郎

　　　　　著作佐郎

(從 8 品) 諸寺監丞　　大理寺丞
　　　　　(將作監丞)

(正 9 品)　　　　　　大理評事

(從 9 品) 太常寺太祝　　　　大理寺奉禮郎
　　　　　奉禮郎

(從 9 品)　　諸寺監主簿　　　　　秘書省正字　秘書省校書郎
　　　　　　(將作監主簿)

* 有는 有出身, 無는 無出身, 帶는 帶職, 特은 特旨를 표시함

는 황제가 신뢰하는 관료에 대하여 임의로 승진시킬 수 있는 권한을 갖고 있다는 것을 의미하는 동시에 관료의 입장에서 본다면 자신의 능력을 충분히 발휘한다면 그만큼 그에게 출세의 영광이 돌아온다는 것을 뜻하는 것이다.

다음에는 帶職이 역시 승진에 중요하게 작용하고 있으며 待制以上의 侍從인 경우 그의 승진이 상당히 유리함을 살필 수가 있다. 待制란 龍圖閣待制, 天章閣待制, 寶文閣待制 등 황제 측근의 시종으로서 관직에 오른 문학의 엘리트들인데 이들은 승진에 있어서 특별히 우대하고 있다. 이것도 特旨와 함께 황제가 관료의 인사권에 깊이 관여하고 있는 여지를 남겨 놓았고 관료로 볼 때에는 황제의 측근에 나아가는 일이 자신의 출세에 절대로 유리하다고 하는 사실을 제도적으로 보장받고 있는 것이다. 待制의 有無는 관료승진에 결정적인 영향을 미치고 있다는 사실을 알 수가 있다.

송대 관료 전반의 체계에서 본다면 종 7품에 이르는 것은 전체의 약 3분의 1에 불과한데 이 종 7품까지 이르는 데 선인 개관에서부터 헤아린다면 有出身者는 많아야 4遷 보통은 3遷으로 10년에서 12년이면 太常博士의 관위에 오를 수 있는 데 비하여 無出身者는 6遷 내지 7遷으로 약 20년 내외의 세월이 걸려서 國子博士에 이르게 되니[142] 약 2배의 더딘 승진이라 하겠다. 정 6품 이상에서는 有出身, 無出身의 표시가 전혀 보이지 않는 것은 여기까지 승진하여 올라온 無出身者는 드물기 때문인 것이다. 물론 송대의 蔭補官僚를 분석하여 보면 음보에 의하여 초임되고 官界를 착실히 승진하여 최고위 재상에까지 올라간 例는 없지 않으나[143] 이는 특수한 경우이고 대부분이 종 7품 太常博士에서 致仕한 것으로 생각된다.

---

142) 梅原 郁, 「宋初の寄祿官とその周邊」, 153쪽 참조.
143) 申採湜, 「北宋의 蔭補制度硏究」참조.

[표 9] 官位의 陞進(B)

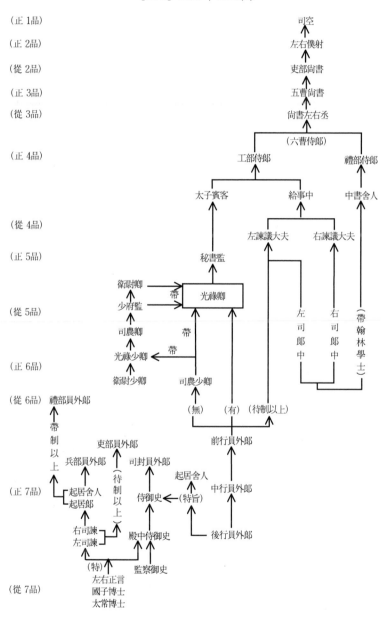

(正 1品) 　司空

(正 2品) 　左右僕射

(從 2品) 　吏部尙書

(正 3品) 　五曹尙書

(從 3品) 　尙書左右丞

　　　　　(六曹侍郞)

(正 4品) 工部侍郞　　禮部侍郞

太子賓客　給事中　中書舍人

(從 4品) 左諫議大夫　右諫議大夫

(正 5品) 秘書監

衛尉卿 → 光祿卿　左司郞中　右司郞中

(從 5品) 少府監　光祿卿

司農卿　(帶翰林學士)

(正 6品) 光祿少卿

衛尉少卿　司農少卿

(從 6品) 禮部員外郞　(無)(有)(待制以上)

帶制以上　前行員外郞

吏部員外郞

兵部員外郞

司封員外郞

起居舍人　(待制以上)

(正 7品) 起居舍人　起居郞　侍御史 ← (特旨)　中行員外郞

右司諫　左司諫　殿中侍御史　後行員外郞

(特)

左右正言

(從 7品) 國子博士　太常博士　監察御史

(2) 官位陞進과 磨勘法

송대 관료의 승진과 직접적으로 관계가 있는 제도가 磨勘法이다.[144] 이 법은 3대 진종대에 이르러 음보의 남용과 郊祀恩의 남발로 관료들에게 관위(秩)를 올려줌으로써 관료승진의 기강이 문란하여진 데 대한 대책으로 실시한 것이다. 즉 咸平4년에 종래에 실시하던 郊恩遷官法을 파하고 磨勘京朝官法을 실시하였다.[145] 그 실시 동기는

> (前略) 舊制에는 郊祀恩으로 관료 序進을 얻었다., 태조가 즉위하자 諫官 孫何와 耿望이 상소하여 이를 파하여 요행을 막고자 하였다. 이에 郊禮의 축하를 행함에 단지 勳階爵邑을 가하고 有司로 하여금 그 殿最를 고찰하면 황제가 이를 黜陟하였다.[146]

라 하여 郊恩의 폐단을 바로잡기 위하여 황제가 친히 관료의 殿最결과를 보고 출명하였다. 즉,

> 審官院이 京朝官을 引對하고 황제가 친히 最殿을 보고 이를 黜陟하였다.[147]

라 하는 바와 같이 審官院에서 먼저 京朝官의 殿最를 고찰하여 그 결과를 천자에게 올리면 황제(진종)가 가지고 있는 경조관에 대한 功過자료를 바탕으로 서로 대조한 후에 황제가 직접 본인을 引見하여 官(秩)의 黜陟을 결정하고 다시 숭정전에서 引對하여 京朝官에게 통고

---

144) 古垣光一, 「宋初の考課に ついて― 太祖・太宗時代の整備過程を 中心として」『目白學園女子短期大學研究紀要』10, 153쪽 참조.

145)『皇朝編年綱要備要』卷 6, 咸平4年 夏 4月."罷郊思遷官 行磨勘京朝官法"

146)『宋會要』職官 11, 咸平4년 4월 15일 조 및『玉海』권 118, 選擧 考課條

147)『玉海』권 168 院下, 淳化審官院 三班院 磨勘院 差遣院 咸平4년 4월 丙辰條

하는 형식을 취하고 있다.[148] 관료에 대한 마감법에 대하여는 『皇宋
十朝綱要』(卷 3) 咸平4년 4월 條에도 다음과 같이 기록하고 있다. 즉,

　　初令에는 審官院이 京朝官을 磨勘하는 데 引對하였고 郊祀때 遷官
　　하는 것은 파하였다.

라 하였고, 또 『文獻通考』 選擧考에서도

　　審官院에 명하여 朝官의 殿最를 考課하게 하고 引對하여 秩을 옮겨
　　주었다.

고 있다. 심관원에서 京朝官에 대한 磨勘(考課)을 실시하였다. 이로써
마감과 고과는 같은 의미로 사용되고 있음을 알 수가 있다. 또 비슷한
내용은 天聖 5年 2月 壬子條에도

　　내외의 京朝官에게 詔하여 考課를 거친 사람은 改官하지 않게 하였
　　다. 이후 私罪가 없는 者는 4년에 이르러야 遷轉을 하였다.[149]

사실이 있다. 따라서 심관원에서는 京朝官에 대한 마감(고과)을 하고
天子의 引對를 거쳐 官(秩)의 출척을 행하였다. 태조·태종시대에 는
郊祀恩에 의하여 관료의 遷秩(官)이 빈번히 행하여지던 것을 眞宗代
에 와서 孫何의 강력한 요구에 의하여 磨勘法을 제정하여서 관료의
승진에 대한 규제를 강화한 것이다. 그 효과에 대해서는

---

148) 古垣光一, 「宋眞宗時代磨勘の制の成立について」『青山博士古稀記念宋代史
　　論叢』(省心書房, 1974) 409쪽 참조.
149) 『通考』選擧考, 考課條

咸平4년 4월에 이르러 지금부터 사대부의 循轉이 자못 어려웠다.[150]
咸平4년 6월 癸卯에는 천하의 冗吏 19만 5천 명을 줄였다.[151]

란 사실로 알 수가 있다.

마감법을 실시하는 데 중요한 기구인 審官院의 설치경위와 마감법 운영에 대해서 보면,

太宗대에 처음으로 磨勘을 위한 差遣院을 설치하였다가 후에 審官院으로 고쳤다. 진종 때에 京朝官은 4년이 되어야 得遷하였다. 天聖 중에 3년 제도가 있어 外任에 있는 사람은 옮길 수 없고 모름지기 京官에 이르러서야 改秩할 수 있었다. 明道중에 비로소 外任도 해가 차면 옮겨지는 것을 허락하였다.[152]

이에 의하면 태조대에는 관료의 인사고과를 다루는 磨勘差遣院(후에 審官院으로 개칭)을 설치하여 관료승진을 취급하였다. 진종 때에는 京朝官은 4년의 기간이 되어야 遷官하였고 仁宗의 天聖 중에는 3년 遷官制를 채택하였다. 단 外任에 있는 사람은 천관하지 않고 중앙에 그의 고과표를 引對한 후에 改秩(改官)하였다. 그런데 진종대의 4년 遷官說에 대해서는

景德4년 秋 7월에 京朝官의 磨勘 연한을 정했다. 처음에 현임의 京朝官은 3년에 이르면 磨勘遷官을 얻을 수 있었다. 大中祥符9년 가을에 처음으로 경조관에게 명하여 外任으로 3년을 채운 사람으로 考課에 해당한 사람은 上聞에 附驛하게 하였다. 이것이 3년 考課의 제도로 경조

---

150) 『燕翼詒謀錄』 卷 4.
151) 『皇宋十朝綱要』 卷 3.
152) 『宋朝事實』 卷 9 官職條.

관 및 外任으로 年數를 채우면 옮겨질 수 있었던 것은 모두 진종 때의
일이다.153)

이는 이미 진종대에 3년 遷官制度가 실시되었던 것을 의미하는 것
이다. 이러한 사실은

국초에 3년의 郊祀에 사대부의 階가 遷秩되었다.154)

이라 한 것과 태종의 至道2년(996) 秋 7월 丙寅條에도

參知政事 寇準이 파하여 給事中이 되었다. 이에 앞서 郊祀行慶때에
중외의 관리가 모두 進秩되었다.155)

이라 한 것이 있다. 이로써 송초에는 매 3년마다 행하는 郊祀大禮가
있은 후에 秩(官)을 승진시켰음을 알 수 있다. 王安石도 마감법을 설
명하기를

의논하여 말하길, 釐務로써 3년의 기간이 되면 마감의 법으로써 敍
하여 考績의 의논을 府하였다.156)

라 하였으니 진종대의 4년 遷官은 3년 遷官이 분명한 것 같다. 이렇게
郊祀大禮後에 천관하던 것을 진종의 咸平4년 諫官 孫何의 건의에 따
라서 중단하고 磨勘法으로 고쳤으니, 그것은 咸平 4년 夏4월 條에

---

153) 『皇朝編年綱目備要』 卷 7.
154) 『燕翼詒謀錄』 卷 2.
155) 『長篇』 卷 40.
156) 『臨川文集』 卷 62, 論議條.

　　郊恩遷官을 파하고 磨勘하는 京朝官法을 행하였다.[157]

란 사실로 알 수 있고, 그 내용으로는

　　審官院이 崇政殿에서 京朝官을 引對하는데 遷秩에 차이가 있었다.
　　舊制에 郊祀恩으로 관료들이 대체로 序進을 얻었다. 眞宗이 즉위하여
　　諫官 孫耿望이 상소하여 요행을 막는다는 이유에서 파하기를 청하였다.
　　이에 郊禮行慶은 단지 勳階爵邑을 가하고 有司에게 명하여 그 殿最를
　　살피게 하고 臨軒하여 黜陟하게 하였다.[158]

　이에 의하면 有司에게 명하여 令錄·內外庶官의 郊祀恩에 상당하는
사람의 歷任의 功過를 殿最하여 秩(官)의 출척을 결정하였다. 그리하여

　　(前略) 함평4년 4월에 반포한 이후로는 사대부들이 循轉하는 것이
　　자못 어려웠다.[159]

宋初보다는 磨勘制度의 실시로 관료의 官位 승진은 상당히 어렵게 된
것 같다. 그런데 磨勘法에 있어서도 관료의 승진기간을 3년으로 하였
으니, 함평4년 夏 4월 壬子條에

　　(前略) 무릇 3년에 差遣受代함에 모두 引對하여 대체로 進改를 얻
　　었는데 퇴출되는 일은 드물었다.[160]

라는 것과 같이 많은 사람들이 官(秩)의 進改를 받았으며 퇴출되는

---

157) 『皇朝編年綱目備要』 卷 6.
158) 『宋會要』 112, 職官.
159) 『燕翼詒謀錄』 卷 4.
160) 『長篇』 卷 8.

일은 드물다.

　그런데 3년 마감법은 관료들의 성적에 따라서 단축되기도 하였다.
특히 지방관의 田土개간이 관료의 고과평가에 높은 평점을 주었으니

　　建隆 이래로 관에 명하여 諸道의 均田을 分詣하게 하였다. 백성에게
　苛暴하고 실적을 잃은 관료는 문책하여 쫓아내었다. 周 顯德 3년의 令
　을 거듭 밝혀서 민에게 나무를 심을 것을 課하고 民籍은 정하여 5等으
　로 하였다.(중략) 令佐가 春秋에 순시하여 그 수를 기록하여 秩이 차
　면 그 課를 헤아려 殿最로 삼았다.[161]

라는 사실로 宋初 지방관의 실적이 인사에 반영되고 있고, 또

　　監司에게 詔하여 守令을 勸率하고 編戶를 督責하고 桑枯를 심고 양
　잠의 이로움을 널리 하여 織絍의 기본을 풍부하게 하였다. 任滿하면
　상벌을 比較하였다.[162]

고 한 政和 원년 3월 7일조의 내용과 그리고 北宋 말에도

　　崇寧 중에 광동남로 轉運判官 王學이 荒田을 開闢하여 거의 萬頃에
　미쳤다. 1官을 옮겨주라고 詔하였다. 그 후에 知州와 部使들은 백성들
　에게 뽕나무와 대추나무 등을 심게 하여 능히 課한 者는 대체로 그 第
　秩을 넉넉하게 해주었다.[163]

지방관의 행정실적과 인사고과와는 밀접한 관계가 있음을 알 수가 있
다. 이는 남송시대에도 계속되었으니 紹興2년(1132) 7월 條에

---

161)『宋史』食貨志、農田條
162)『宋會要』食貨 農田雜錄
163)『宋史』食貨志 農田條

知興國軍 王緄, 知永興縣 陳升등에게 詔하여 솔선하여 백성을 이끌
어 墾田을 하게 했으면 각기 1秩을 더해주었다.[164]

란 사실은 지방관에 재직시의 農務와 墾田의 성적, 그리고 유민의 招
致가 관료의 승진에 높이 평가되고 있음을 말해 주는 것이다. 紹興 5
년 5월에는 墾田의 성적에 의한 殿最를 법으로 정하였는데[165] 增及9
分의 경우에 1官을 옮겨주었고 虧及9분의 경우에 1관을 강등시켰으니
墾田量에 의하여 관료의 승진이 결정되었다. 이에 대해서는 관료의 승
진에서 다시 논하겠다.

Ⅱ. 實職의 陞進

앞에서 관료의 初任이나 官位의 승진에 있어서 진사과에 합격하는
것이 유리하다는 사실을 밝힌 바가 있다. 그런데 송대의 관료에게는
官位보다 더 중요한 것이 바로 實職(差遣)이며 실직 승진은 관료의
큰 관심사가 되었다. 그런데 관위와는 달라서 실직은 高低가 분명하지
않고 업무가 또한 다양하기 때문에 관점에 따라서는 영전이라고 보겠
으나 그렇지 않게 생각하는 경우도 있다. 여기에서는 進士合格者가 館
職(帶職)을 지니고 중앙요직에 나아가는 바를 분석하고 進士출신자가

---

164) 『宋史』 食貨志 農田條.
165) 『宋史』 食貨志 農田 紹興 5年 5月 條 立守令墾田殿最格의 내용은 다음과
　　　같다. "殘破州縣墾田增.及一分 郡守升三季名次 增及九分 遷一官 虧及一分
　　　降三季名次 虧及九分 鐫一官縣令差減之 增虧名及十分者 取旨賞罰 其後以
　　　兩淮 荊湖等路 民稍復業 而曠土尙多 戶部復立格上之 每州增墾田千頃 縣
　　　半之 守宰名進一秩 州虧五百頃 縣虧五之一 皆展磨勘年 詔頒之諸路 增謂
　　　荒田開墾者 虧謂熟田不因 傷 而致荒者"

실직의 승진에 어떤 작용하는 바를 검토하겠다.

(1) 進士와 實職陞進

앞서 진사과 합격자의 관료초임 관위에 대하여 살펴볼 때에 進士科 성적이 그들의 초임에 중대한 영향을 주고 있음을 고찰히였다. 따리서 송대의 문신관료체제하에 있어서 진사가 되는 일은 관료의 초임은 물론이고 그 이후에 있어서 官·職을 승진하여 나가는 데 중요한 작용을 하고 있다. 여기에서는 진사의 합격과 그들의 성적이 실직의 승진에 어떠한 영향을 주고 있는가에 대하여 고찰하겠다.

北宋代의 進士科 합격자의 총수를 정리하여 보면[166], 태조 일대(960~975)는 15회의 과거가 실시되었고 총 163명(『通考』164명)의 진사를 취하였으니 연평균 11명의 합격자가 나온 셈이다.

다음 태종대(976~997)에는 그 수는 대폭 증가되고 있다. 8회의 과거가 실시되어 1,368명의 진사합격자가 나왔으니 평균 1회에 171명을 取士한 셈이다. 진종대(998~1021)는 10회 실시되어 1,854명의 진사가 배출되었는데 평균 1회에 185명의 합격자를 내고 있다.

仁宗代(1022~1063)에는 13회 과거가 실시되고 4,255명의 진사를 취하였으니 평균 327명이 된다. 인종대는 진사과 取士數에 있어서 상당히 다수임을 알 수 있다.

英宗代(1063~1067)는 2회에 450명을 취하고 있고, 신종대(1068~1085)는 6회의 과거가 실시되어 2,405명이 합격되었는데 평균 400명이

---

166) 北宋의 進士合格者에 대한 기록은 『皇宋十朝綱要』各朝의 進士條 및 『文獻通考』(以下 『通考』라 略함). 選擧 宋登科記總目이 편리하며 南宋代에 대해서는 『宋會要輯稿』選擧 8 親試 및 『通考』를 이용할 수 있다. 各書마다 약간의 差異가 보인다. 荒木敏一, 『宋代科擧制度研究』 p.450 附篇 '宋代科擧登第數及び壯元表元名' 참조.

된다. 哲宗代(1086~1101)는 5回 실시되어 2,673명이 합격하니 평균 534명이 된다.

휘종대(1102~1105)에는 8회 실시되어 진사 5,495명을 취하였고 평균 686명이니 이는 북송대에 있어서 제1이라 하겠다. 이로서 북송일대의 진사합격자의 총수는 18,663명으로 나타나고 있다.

南宋시대의 고종 일대(1127~1162)에 11회의 과거가 있었고 진사 3,637명으로서 매회의 평균은 약 336명이다.

효종대(1162~1189)는 7회의 과거가 있었고 총 2,833명이 합격되었고, 光宗代(1190~1194)는 2回 953명이 합격하고, 寧宗 일대(1195~1224)는 10회에 걸쳐 4,342명이 합격되었는데 평균 434명이 된다. 理宗 일대(1225~1264)는 13회의 과거가 있었으나 초기의 5회의 합격자 2,925명의 숫자만이 문헌상에 보이고 나머지 8회의 숫자는 보이지 않는다. 이를 평균하면 5회에 걸쳐 매회 585명을 취하였으니 이와 같은 평균수로 8회를 계산한다면 4,680명으로 추산할 수 있다.

마지막으로 度宗 일대(1265~1274)는 4회의 과거가 실시되었는데 역시 咸淳4년의 665명만이 문헌에 보일 뿐 기타 3회의 수는 불분명하다.

남송대의 진사의 총수는 확실하게 파악하기는 어려우나 문헌상에 나타난 15,255명에 문헌에 다 보이지 않는 6회(이종대 3회, 도종대 3회)의 수를 더해야 한다. 따라서 남송대의 평균 합격수를 약 400명으로 계산하여 缺落된 6회의 진사인원을 2,400명으로 추산하면 남송대 진사의 총수는 약 17,755명 정도가 되는 것이다. 이를 북송대의 18,663명과 합하면 송일대의 진사 총수는 약 36,418명으로 나타난다. 여기에다 북송의 諸科 합격자 12,229명[167]과 制科 및 특주명까지 포함시키

---

167) 『通考』에 의하면 諸科합격자는 태조대 120, 태종대 3133, 진종대 3127,

면 그 수는 상당히 많아진다. 진사과의 합격자 수만 가지고 보더라도 唐代와는 엄청나게 많은 인원임을 알 수가 있다.[168] 따라서 송대는 진사의 인원이 숫적인 면에서 크게 증가되었을 뿐만 아니라 그들에 대한 국가적인 대우 면에서 볼 때에도 파격적이었기 때문에 송대의 국정은 진사출신자에 의하여 운영되었다고 할 수 있다.

이들 진사에 의하여 송조의 국정이 운영되었다고 볼 때에 그들이 지니고 있는 詩賦와 經學的인 지식이 실무를 처리하는 데는 별로 도움을 주지 못하였을 것이며 이를 개혁하기 위한 노력은 여러 번 시도되었고 王安石에 의한 신법의 실시도 그 일환이라 하겠다.

송대의 殿試는 모두 講武殿 또는 崇政殿에서 거행되는데 초기에는 詩와 賦를, 그리고 雍熙2년에는 論1篇을 추가하였다. 詩와 論은 모두가 經典에서 출제하였으니 공허한 내용으로 행정에는 별로 도움이 되지 못하였다. 殿試의 시험과목[169]을 정리하면 다음 [표 10]과 같다.

인종대 5092, 영종대 54, 신종대에는 新科明法으로 703명, 總計 12229명으로 나타나 있고 북송말과 남송대는 폐지되었다.

168) 『通考』 登科記總目에 의하면 당대의 과거합격자는 秀才 29, 進士 6730, 制擧 1591명이며 明經은 불명이다.

169) 『宋會要』 選擧 7에 詩·賦·論의 제목이 있고 『通考』 卷 23에도 보인다.

[표 10] 北宋의 殿試 試題

時 期	詩 題	賦 題	論 題	壯元 및 合格者數
太祖開寶 8	龍虹習水戰詩	內出橋樑渡長江賦		王嗣宗 등 31人
太平興國 2	主聖臣賢詩	訓兵練將賦		呂蒙正 등 109人
〃 3	二儀合德詩	不陳而成功賦		胡 旦 등 74人
〃 5	明州進白鸚鵡詩	春雨如膏賦		蘇易簡 등 109人
〃 8	鸚鵡上林詩	六合爲家賦		王世則 등 229人
雍熙 2	烹小鮮詩	頤州貢白雉賦	玄女授兵符論	梁 頤 등 179人
端拱元年	堂上有奇兵詩	一葉落知天下秋賦		葉 齋 등 31人
〃 2	五色一何色詩	聖人不尙賢賦	禹拜昌言論	陳堯叟 등 186人
淳化 3	射不主皮詩	(?)言日出賦	儒行論	孫 何 등 350人
咸平 3	崇德報功詩	觀觀人文以化成天下賦	爲政寬猛先後論	陳堯咨 등 365人
〃 5	高明柔克詩	有物混成賦	君子黃中通理論	王 曾 등 38人
景德 2	德輶如毛詩	天道猶張弓賦	以八則治都鄙論	李 迪 등 247人
大中祥符元年	明證定保詩	清明象天賦	聖德大業論	姚 曄 등 370人
〃 2	神無方詩	大德日生賦	昇降者禮之末節論	梁 固 등 31人
〃 4	神以知來詩	禮以承天道賦	何以爲大道之序論	梁師德 등 31人
〃 5	天險不可升詩	鑄鼎象物賦	以人占天論	徐 奭 등 126人
〃 7	冲氣爲和詩	道無常名賦	天地何以猶囊(?)論	張 觀 등 21人
〃 8	君子以恐懼修省詩	置天下如置器賦	順時愼微其用何光論	蔡 齊 등 197人
天禧 3	君子居易以俟命詩	君子以厚德載物賦	日宣三德論	王 整 등 240人
〃 4	澤及四海詩		禮樂何以合天地之化論	
天聖 2				
〃 5	南風之熏詩	聖有謨訓賦	執政如金石論	王堯臣 등 377人
〃 8	博愛無私詩	藏珠於淵賦	儒者何與守成論	王拱辰 등 249人
景祐元年	和氣致祥詩	房心爲明堂賦	積善成德論	張唐鄕 등 715人
〃 5	鯤化爲鵬詩	富民之要在節儉賦	廉吏民之表論	呂溱 등 310人
慶曆 2	吹律聽鳳鳴詩	應天以實不以文賦	順德者昌論	楊寅 등 436人
〃 6	形鹽象武詩	戎祀國之大事賦	兩漢循吏孰優論	賈黯 이하 등 538人
皇祐元年	日昃不暇食詩	蓋軫象天地賦	天聽君人之言論	馮京 등 489人
〃 5	吹律聽軍聲詩	圓丘象天賦	樂本人心論	鄭獬 등 520人
嘉祐 2	鸞刀詩	民監賦	重巽命論	張衡 등 388人
〃 4	求遺書于天下詩	堯舜惟仁賦	易簡得天下禮理論	劉渾 등 163人
〃 6	天德淸明詩	王者通天地人賦	水幾于道論	王俊民 등 183人
〃 8	樂通神明詩	寅畏以饗福賦	成敗之機依察言論	

이 試題를 분석하면 ① 자연에 대한 미적 감정을 읊은 것 ② 인간
의 도덕적인 문제 ③ 유교의 경학적 지식을 시험하기 위한 것 ④ 황
제와 신하와의 군신관계 문제, 그리고 ⑤ 시사문제로 구분된다. 이 가
운데 詩와 賦의 문제에 있어서는 ①과 ②의 경향이 두드러지고 논제
에 있어서는 ④와 ⑤의 유형에 속하는 것이 많다. 물론 이 표의 제목
은 전시 시제이기 때문에 그 이전의 解試나 省試의 試題를 분석하지
않고서 과거시험의 전체적인 경향을 파악할 수는 없는 것이지만 이로
써 대체적인 윤곽은 잡을 수가 있으며 이로 볼 때에 송대의 과거합격
자들이 가지고 있는 지식은 실제로 일선행정의 실무에 필요한 법률이
나 행정운영을 위한 행정학적 지식과는 거리가 있다고 보아야 하겠다.

이와 같은 시험을 거쳐 진사과에 합격된 자가 실직을 승진하여 나가
는 과정을 살펴보자. 송대의 실직에 해당하는 職事官의 총수가 몇 명이
나 되는지 정확한 통계가 없다. 단편적인 기록으로서는 治平연간(106
4~1067)에 2만 4천[170] 원우원년(1086)에 경관 2,800여,[171] 남송의 경원
2년(1196)에 京朝官 4,159명[172]으로 표현되어 있어서 그 구체적인 내용
을 파악할 수는 없으나 가령 당대의 관원을 顯慶2년(657)에 13, 465, 開
元21년(733)의 17, 686, 開元25년(737) 18,805명으로 기록되어 있는 내용
을 감안한다면[173] 당대의 관료조직과 송의 그것을 비교하여 볼 때에
문관체제가 정비되고 다수의 문신관료에 의하여 유지되어 온 송대에
있어서는 당대보다는 수적으로 증가되었을 것은 확실하다. 따라서 治平
연간의 관원의 수, 2만 4천 명을 재직관원의 평균치로 잡는다면 앞서

---

170)『元豊類稿』卷 30.

171)『長篇』卷 386, 元祐元年 12月.

172)『建炎以來朝野雜記』甲集 卷 12.

173) 池田溫,「中國律令と官僚機構」,『前近代アジアの法と社會』(勁草書房, 1967)
  157쪽 表 Ⅱ 참조.

각 시대에 합격한 진사의 인원으로서는 관원의 절대수에 미달하므로 진사 이외의 제과나 음보관으로 채워지는 것은 당연한 사실이다. 그런 데 실직의 승진에 있어서도 관품승진과 같이 그 상위직으로 올라감에 따라 점차적으로 진사출신자가 유리한 고지를 차지하면서 승진되어 올라갔을 것은 분명한 사실로 볼 수가 있다. 실직의 경우에 있어서는 기록관과는 달리 상하위직에 대한 구분이 뚜렷하지 못하고 따라서 어떤 경우에 이를 승진이라고 볼 것인가 하는 문제가 남게 된다.

송대에 있어서는 실제로 맡아 일을 하는 직무를 실직으로 볼 수 있는데 이를 차견이라 하였으며 차견의 승진을 資序라고 총칭한다.[174] 대체적으로 본다면 지방관에 있어서의 差遣의 승진은 幕職州縣官이 가장 하위직으로서 여기에서 知縣으로 승진하고 다시 通判으로 올라가는 순서가 승진으로 볼 수가 있다. 통판에서 다음 단계로 知州−〉提點刑獄−〉轉運使가 직위상으로 볼 때에 승진되는 경로라고 하겠으나 이는 반드시 이 순서대로 승진하는 것은 아니고 종횡으로 이동하기 때문에 승진경로는 뚜렷하지 못하다. 송대의 관제상의 용어로서 得資, 資格 등 資의 문자가 사용되고 있을 때에는 차견의 資序인 경우가 많은데 차견의 자서에 있어서는 상하의 구분이 뚜렷하지 못하기 때문에 일률적으로 승진을 규정하기는 힘들다. 왜냐하면 지방관의 경우 하급 통판이 상급지현보다도 아래이고 지방관에서 중앙관으로 올라갔다가 다시 지방의 전운사로 내려오기도 하고 중앙의 요직에서 지방의 閑職으로 이른바 좌천되는 경우는 무수히 『宋史』의 열전에 나타나고 있다. 이와 같은 예외적 사실을 고려하면서 승진된다고 하는 면만을 고려한다면 지방관의 직책을 충실히 수행한 다음에는 중앙의 요직으로 資序된다. 송대의 관료에게 있어서는 지방관으로 재직하고 있을 때의 치적

---

174) 宮崎市定, 「宋代官制序說」, 43쪽 참조.

이 대단히 중요하게 그의 승진에 작용하는 것이므로 이상과 같은 資
序에 의하여 지방관직을 승진하다가 중앙으로 복귀하면 三司判官-〉
三司使-〉參知政事-〉同中書門下平章事의 순으로 승진된다고 보아야
하겠다. 중앙의 館職에서 지방관으로 차견되었다가 다시 중앙으로 복
귀하여 위와 같은 승진경로를 밟아서 재상에까지 오르는 경우도 많다.

그런데 실직의 승진에 있어서도 관품승진에 있어서와 같이 진사과
의 합격과 그 성적은 절대적인 영향을 주고, 어떤 의미에서는 관품보
다 더 급행으로 몇 단계씩 뛰어 넘으면서 승진되는 예를 볼 수가 있
다. 이에 대해서 사마광은

> 국가의 사람 등용하는 법에서 진사급제자가 아니면 美官이 될 수
> 없다.[175]

라 하여 진사과 급제자가 아니면 美官요직에 승진할 수 없음을 지적
하고 있다. 그러므로 진사합격자의 승진속도의 급속함은 태종대 이래
의 관료 승진의 일반적인 현상으로서 그 실례를 보면

> 國朝 태평흥국 이래로 천하의 선비를 망라했는데, 士의 策名이 앞줄에
> 있는 사람은 혹 10년이 되지 않아 公卿에 이른다.[176]

하여 태종의 태평흥국(976년) 이래 과거의 상위 합격자는[177] 10년이

---

175) 『通考』選擧考, 擧官 治平3年 條 및 『溫國文正公文集』卷 30, 貢院乞逐路
  取人狀條
176) 『通考』選擧考 擧士條
177) 『通考』選擧考, 擧士條에 의하면 太平興國 2年 正月에 諸道의 貢士 5,200
  여 명 중 進士는 呂蒙正 이하 109명, 諸科는 180여 명을 취하였으며 淳
  化3년에는 諸道의 擧人 17,000여 명 중 進士는 孫何 이하 353명, 諸科는

못 되어 공경에까지 승진되었다고 하였다. 또 『宋史』에는

> 仁宗대에 13擧에 진사 4천5백70 명을 선발하였는데 그 甲第의 세
> 사람은 무릇 39명이라. 그 후에 공경에 이르지 못한 사람은 다섯 명일
> 따름이다.[178)

仁宗일대(1023~1063)에 과거시험이 13회 실시되었고[179) 이 중 진
사과의 성적이 제1위에서 제3위까지인 사람을 通算하면 39명인데 이
중 공경에까지 승진되지 못한 사람은 5명뿐이라 하였다. 그 내용에 대
해서는

> 天聖 초의 榜을 보면 宋鄭公 郊, 葉淸臣, 鄭文肅公 戩, 高文莊公 若
> 納, 曾魯公 公亮등 5명의 이름이 나란히었는데 2명은 宰相, 2명은 執政,
> 1명은 三司가 되었다.[180)

이들 5명 중 仁宗代에 宋郊, 鄭戩이 재상, 高若納, 曾公亮이 집정,
葉淸臣이 三司使에까지 승진하였음을 지적하고 있다. 인종일대의 진사
과 제1위에서 제3위까지의 합격자에 대해서는

> 第1榜(天聖5년) 王文忠公 堯臣, 韓魏公 琦, 趙康靖公 槩 連名
> 第2榜(天聖8년) 王宣徽 拱振, 劉相 沆, 孫文懿公 抃 連名
> 楊寘榜(慶曆2년) 寘卽死, 王岐公 珪, 韓康公 絳, 王荊公 安石 連名
> 劉煇榜(嘉祐4년) 煇不顯, 胡右丞宗 愈, 安門下 燾 劉忠肅公 摯, 章申

774명을 취하였는데 이해의 진사 중 진종대의 재상 丁謂, 王欽若, 張士遜
등이 배출되었다.
178) 『宋史』 選擧志 科目上條
179) 『宋史』 選擧志 科目上條
180) 『容齊隨筆』 9, 高科得人條

公惇 連名

　그 융성함이 이와 같았다. 治平 이후로 제1인은 侍從이 되었으니 대
체로 헤아려 볼 수 있다.[181]

　이들의 승진한 직위를 보면 天聖 5년(1027)의 장원인 王堯臣과 趙
槪는 仁宗朝의 십성이며 韓琦는 英宗朝의 재상이고, 大聖 8년(1030)의
장원인 王拱振은 인종대의 宣徽使로 對遼外交에 이름을 떨쳤고, 劉相
坑과 孫抃은 인종조의 집정이며, 경력2년(1042)의 장원인 楊寘은 불행
히 일찍 죽었으나 王珪, 韓絳, 王安石은 모두가 화려한 정치경력을 거
쳐 神宗朝의 재상위에까지 승진하였다. 또한 가우4년(1059)의 장원인
劉輝만은 不顯하였으나 胡宗愈, 安燾는 철종시대의 집정이고, 劉摰, 章
惇은 재상을 역임하였다.[182] 이로 볼 때에 인종시대 40년간(1023∼
1063)에는 송대의 문화적 성격을 특징 지우는 데 일익을 담당한 수많
은 정치가와 문인들이 배출되었고 이들의 대부분이 진사과 상위합격
자이고 이들이 또한 북송일대의 정계를 주름잡았다고 하겠다.[183] 이
와 같은 현상은 문치주의 정책의 결과로서 진사과의 상위급제의 관계
승진이 빠르게 진행된 데도 중요한 원인이 있다. 이에 대해

　장원급제하여 10년이 되지 않아 執政이 된 자로 呂許公 蒙正이 있
다. 丁丑榜에는 癸未年의 7년만에 참지정사가 된 것은 董資政 德元이
고 丁卯榜으로 甲戌年의 참지정사는 8년에. 梁鄭公 克家는 庚辰榜을
보면 己丑年에 簽書樞密院事에 이른 것은. 무릇 10년이다.[184]

---

181)『容齊隨筆』9, 高科得人條.
182)『皇宋十朝綱要』各朝宰相, 執政, 樞密使表 참조.
183)『建炎以來朝野雜記』甲集, 卷 9에 "國朝 制策登科四十人 至宰相者一人而
　　已 富文忠弼"이라 하여 制科, 즉 明經科出身으로 宰相까지 陞進한 例는
　　오직 富弼一人뿐이라고 하였다.
184)『建炎以來朝野雜記』甲集, 卷 9.壯元十年執政五年持橐人數條.

라고 있는 것과 같이 7년 내지 8년 사이에 집정에까지 올라갔음을 알
수 있다. 이어

> 장원급제하여 5년이 되지 않아 侍從이 된 사람은 余給事某로 及第로
> 부터 급사중에 이르기까지 2년만이다. 蘇參政 易簡, 翟侍郎 端友는 급제
> 로부터 知制誥에 이르기까지 4년, 陳英公 堯咨는 급제로부터 지제고에
> 이르기까지 5년, 이 외에 呂許公(蒙正) 何文縝은 登第로부터 大拜까지 12
> 년, 梁鄭公(克家)은 登第로부터 大拜까지 13년, 王文正馮文簡, 趙莊叔은
> 등제로부터 지제고에 이르기까지 또한 단지 6년이다. 趙溫叔은 등제로부
> 터 中書舍人에 이르기까지 단지 8년이라.185)

고 함과 같이 侍從, 給事中, 知制誥, 中書舍人은 모두가 황제의 측근에
서 중대한 국사를 담당한 요직일 뿐만 아니라 장차 집정으로 나가는
엘리트코스이기도 하다. 이들은 모두가 장원급제했기 때문에 빨리 승
진하여 젊은 나이에 국가 요직을 담당하였으니 진사과의 성적이 송대
관료의 초임은 물론이거니와 그들의 관계생활에도 중요한 영향을 주
었음을 알 수 있다.

그러나 이러한 형편은 남송시대에 이르면 사정이 달라졌다. 즉 남
송시대에는 문치주의 정책은 그대로 지속되었으나 對金관계의 긴장과
국토의 축소에서 오는 관직의 부족으로 진사과의 성적이 반드시 관계
진출에 영향을 미치지 못하였으니 북송말기에서 남송에 이르는 시기

---

185) 『建炎以來朝野雜記』 甲集, 卷 9.壯元十年執政五年持橐人數條에 "壯元年三
十以下者 王宣徽洪振 汪端明應辰年十八 沈內翰遘年二十 莫內翰儔二十二
梁內翰顥 張舍人孝祥 王尙書佐 皆二十三 楊樞密礪蘇參政易簡 木尙書待問
皆二十四 王丞相曾王參政堯臣 張監丞唐卿 賈內翰黯 彭尙書汝礪 衛舍人涇
皆 二十五 何僕射 趙丞相 遇 皆二十七 蔡丞相庠馮樞使京 楊監
丞寘 姚秘書穎 王叔興昂 皆二十九 陳樞相堯叟 張參政觀詹舍人騤 許僉刑
變 皆年三十"이라 하였다.

에 강남지방에서 진사출신이 배출되었지만 진사과에 합격을 하여도 고위관이 되는 예는 소수였다. 그 실례로 소흥18년(1184)의 진사 330명 중 고위관에 올랐거나 유명인사가 된 자는 17명에 불과하였다는 사실이 이를 입증하는 것이다.[186] 따라서 북송시대와 비교하여 볼 때에 남송시대에 있어서는 진사과에 합격을 하여도 고과에 오른 자는 그리 많지 않고 또 진사과의 성적도 그들의 관계승진에 큰 도움을 주지 못하였다.

(2) 館職과 官僚의 승진

經學이나 史學에 능통하고 詩文에 뛰어난 인재를 皇帝의 측근에 두고 국가의 정책결정에 참여시키려 한 것은 漢·唐 이래로부터 내려온 제도이며 唐太宗의 18學士는 널리 그 명성이 후대에까지 일컬어지고 있다.[187] 관료제도가 발전한 송대에도 황제의 측근에 관직 또는 館閣이라고 총칭되는 곳에 俊才들을 모아 놓고 국가의 기본정책에 적극적으로 참여시켰다. 館職은 원칙적으로 기록관과 차견과는 다른 것으로 이에 임용될 수 있는 인물은 덕행과 재능 이외에 문학적 교양을 지니고 황제의 고문이 되기도 하고 그들은 왕실소장의 전적과 문화재의 정비를 하며 역사자료의 편찬을 담당하였던 것이다. 송대의 館閣(館職)에 대해서는

> 國朝의 館閣의 선발은 모두 천하의 英俊으로 반드시 시험을 본 후에 임명하였는데 한번 이 직을 거치면 드디어 名流가 되었다.[188]

---

186) 周藤吉之,「宋代官僚制と大土地所有」, 62쪽 참조.
187) 山本隆義 著,『中國政治制度の硏究』(東洋史學會, 1968) 227 - 279쪽 참조.
188) 『容齊隨筆』 66, 館職名存條.

라 하여 천하의 英俊이 시험을 거쳐[189] 이에 임명되며 일단 관직을
경과하면 마침내 엘리트로 등장한다고 하였다. 또한

> 館閣者는 圖書의 소장과 英才를 길러내는 곳이라.[190]

하여 관각은 도서를 보관하는 곳이고 인재를 키우는 곳이라 하였다.
歐陽脩는

> 臣이 살피건데 館閣의 직책은 인재를 기르는 곳이라고 생각합니다.
> 지금 兩府에 闕人은 반드시 兩制에서 취하고 兩制의 闕人이 있으면 반
> 드시 館閣에서 취하였다. 그런즉 館閣의 輔相은 인재를 길러내는 곳이
> 라 봅니다.[191]

라고 하여 관각의 직책은 인재를 길러내는 곳이며 兩府, 즉 中書門下와
樞密院의 長官이 闕하였을 경우에는 兩制[192] (한림학사, 중서사인)에서
보충하고 다시 양제의 한림학사나 중서사인이 비었을 경우에는 관직에서
올라간다고 설명하고 있다. 따라서 館職→兩制→兩府라고 하는 승진로가
되며 이로 미루어 볼 때 관직은 재상으로 나가는 요소라고 할 수 있다.
  그런데 송대의 사료에는 館閣과 館職을 거의 비슷한 내용으로 사용
하고 있으나 館職의 뜻은 특별시험에 합격한 경관과 朝官에게 주어지
는 하위자를 뜻하며 이것이 본래의 뜻인 데 대하여 관각은 관직 중의
상위자를 가리키는 것이다. 원풍의 개혁이전의 관직을 정리하면 [표
11]과 같이.

---

189) 『宋史』 卷 11, 仁宗本紀 경력3년 11월 조.
190) 『群書考索』 卷 34, 官制門 宋館閣職任之濫條
191) 『歐陽修全集』 奏議集 卷 18, 政府 又論館閣取士箚子. 治平3年條
192) 『朝野類要』 卷 2, 兩制條.

[표 11] 元豊이전의 館職[193]

	名 稱				
(館 閣)	昭文館大學士 集賢殿大學士 監修國史				
殿學士	觀文殿(舊 文明殿・紫雲殿)大學士 觀文殿學士 資政殿大學士				
	殿政殿學士 端明殿學士				
講 筵	翰林侍讀學士 翰林侍講學士(崇政殿設書)				
閣學士	龍圖閣學士 天章閣學士 寶文閣學士				
雜學士	樞密院直學士 龍圖閣直學士 天章閣直學士 寶文閣直學士				
待 制	龍圖閣待制 天章閣待制 寶文閣待制(以上侍從)				
上位館職		昭文館	史 館	集賢院	秘 閣	崇文院
中位館職	直龍圖閣	直昭文館	修 撰 直史館 檢 討	修 撰 直集賢院 校 理	直秘閣 校 理	
下位館職	館閣校勘 編校書籍				

이 [표 11]에 의하면 待制 이상은 이를 侍從이라 하여 兩制와 함께 天子의 측근으로서 특히 중요시되었으며 待制 이하는 이를 다시 上(高), 中(次), 下(卑)位로 구분하였으니 그것은

　　그 높은 사람은 集賢殿修撰, 史館修撰, 直龍圖閣, 直昭文館, 史館集賢院秘閣이다. 다음은 集賢秘閣郊理라 하였다. 官이 낮은 사람은 館閣校勘, 史館檢討라 칭하며 모두 館職이라고 하였다. 官缺을 記注하여 반드시 여기에서 취하였다.[194]

昭文館, 集賢院, 史館의 三館은 太宗代에 唐의 제도를 이어받아 세운 것으로 이를 崇文院이라고 칭하였다. 이 三館에 秘閣을 합하여 三館秘

193) 梅原 郁,「宋初の寄祿官とその周邊」, 156쪽 표 8 참조.
194)『容齊隨筆』66, 館職名存條

閣이라 하였으니 일종의 왕립도서관의 성격을 지니고 있는 것이다. 昭文館大學士 集賢殿大學士 등은 현직 재상에게 주어지는 칭호이니,

> 그 上은 昭文館大學士, 監修國史이고, 그 다음은 集賢殿大學士가 되거나 혹 三相 즉 昭文·集賢 두 學士가 監修國史를 아우른다. 각기 唐이래의 3大館을 제수하는 것은 재상이 兼하여 배치되므로 그 제도를 그대로 쓴 것이다.[195]

한편 館職이 地方官으로 나갈 경우에는 이를 그대로 帶職하는데 이러한 지방관은 帶職이 없는 지방관과는 구별되며 단순한 지방관이 아니라 대직관으로서 대부분이 중앙관으로 복귀함을 의미한다. 따라서 唐代의 지방관과는 근본적으로 성격이 다르며 상당히 존경되었고[196] 관위와 같이 임기가 정해져 있는 것이 아니기 때문에 일 년에도 몇 계단씩 승진하기도 하였다.[197] 館職의 差遣에 대해서

> (前略) 藩郡의 監牧은 매번 朝臣을 파견하여 攝守하게 하였는데 종종 專恣하였다. 태조가 비로소 外權을 삭탈하여 문신을 명하여 책임지도록 하였다. 이로부터 내외의 授官者는 대체로 본직이 아니고 오직 差遣으로써 資歷으로 삼았다.[198]

고 하여 본직이 아니고 임시로 파견하여 資歷하였음을 알 수 있는데 이는 당말 오대의 절도사체제를 탈피하고 문치주의에 의한 군주독재권을 강화하기 위해 마련된 송대의 독특한 인사제도라 하겠다. 그리하

---

195) 『宋史』 卷 161, 職官志 1.
196) 宮崎市定, 「宋代官制序說」15쪽 참조.
197) 衣川强, 「宋代宰相考 —北宋前期의 場合—」, 『東洋史研究』 24-4, 76쪽 주 28 참조.
198) 『宋史』 選擧志 銓法上條.

여 지방의 요직으로 파견되어 나가는 중앙관은 대부분이 館閣의 職을
지니고 차견되었으니 歐陽修도 慶曆3년(1043)에

근년에 外任의 發運, 轉運使, 大藩의 知州 등은 대체로 館職으로서
맡게 하였다.[199]

고 하여 외임인 發運使, 轉運使 그리고 知州 등 지방의 요직은 대부분
이 館職에 있는 사람들로 임명되었다고 하였다. 이 館職에 나가는 길
은 세 가지가 있었다. 즉『宋史』選擧志 銓法上과『通考』選擧考 擧官條
에 의하면

먼저 진사과의 성적이 제3위까지(후에는 5위까지)의 합격자 또는
制科급제자가 일단 지방관으로 임명되었다가 一任期(4, 5등은 2任期)
가 끝나면 召試에 응하여 館職으로 나가게 되며, 다음으로 參知政事
樞密使 등의 대신의 추천에 의하여 역시 召試를 거쳐 관직에 임용되
고, 그리고 국가에 공로가 많거나 그의 치적이나 혹은 저술이 뛰어나
는 경우에 관직에 취임하게 된다. 그런데 이 중에서도 진사과의 성적
이 상위로서 館職에 나가는 것이 가장 중요하며 송대 관료의 엘리트
코스가 진사과→지방관→(召試에 의한)館職의 경로라 하겠다. 따라서
문신관료의 승진에 있어서 이 관직으로 나아가는 것이 무엇보다도 중
요한 의미를 갖는다. 초임자가 지방관의 임기가 끝나면 관직으로 나아
가는 召試에 응하는 방법의 예를『宋史』의 열전에서 보면

王堯臣의 字는 伯庸이고 應天府 虞城人이다. 진사에 제1등으로 합격
하여 將作監丞 湖州 通判이 되었다. 召試하여 秘書省著作郞集賢院으로
改官하였다.[200]

---

199)『歐陽修全集』奏議集 卷 5, 諫院, 論擧館閣之職箚子, 慶曆3년.

즉 진사과 제1위에서 지방관으로 임명되고 다시 召試에 의한 관직
이란 가장 화려한 엘리트 코스를 걷고 있다. 이것은 가장 대표적인 출
세코스라 하겠다.

다음으로, 진사과의 성적이 우수하지 못한 경우 지방관으로 전전
하다가 유력한 대신의 추천을 얻어 館職으로 나아가 승진하는 예를
보면

> 劉師道는 .雍熙2년 擧進士하여 처음에 和州防禦推官에 임명되었다.
> 保寧 鎭海 2鎭을 거쳐 종사한 것이 10년이다. 王化基, 呂祐之, 樂史 등
> 이 천거하여 著作佐郞에 발탁되고 1달 만에 考課하여 殿丞으로 옮겨
> 知彭州로 임명되어 監察御史로 임명되었다.[201]

이 밖에 자기 스스로가 자천하여 館職으로 나가는 경우를 보면

> 王化基는 太平興國2년 擧進士하여 大理評事, 通判常州가 되었다. 太
> 子右贊善大夫, 知嵐州를 거쳐 淮南節度判官으로 改官하고 著作郞이 되
> 었다. 그후 右拾遺로 옮겨졌고 抗疏自薦하였다. 태종이 覽奏하여 말하
> 길 化基는 스스로 人主(皇帝)와 맺어진 강개한 선비이다. 知制誥에 召
> 試하여 右諫議大夫, 權御史中丞이 되었다.[202]

고 한 것이 그 예이다. 召試를 본 후에 自薦하여 館職으로 나간 예로

> 楊大雅는 진사에 급제하여 秘書丞이다. 咸平중에 交阯에서 獻犀하고
> 奏賦로 인하여 召試하여 太常博士로 옮겨졌다. 그 후에 또 上書, 自薦

---

200) 『宋史』 卷 292 列傳 第51, 王堯臣.
201) 『위의 책』 卷 304, 列傳 63, 劉師道.
202) 『宋史』 卷 266, 列傳 25, 王化基.

하여 지은 글을 올려 다시 直集賢院에 召試하여 知筠袁二州의 知州가
되었다.[203]

그런데 이 館職은 官職승진에 중요한 요직이므로 당시의 유력자의
자제가 다투어 나가려고 하였다.
이에 대해서 慶曆 3년(1043)에 歐陽修는

> 館閣 중의 절반은 豪梁의 子弟이다. 材臣幹吏는 이들과 어깨를 나란
> 히 하는 것을 부끄러워하였다.(중략) 臣이 보건대 근래에 내린 조서는
> 權貴奏蔭 子弟가 館閣에 들어오는 것을 허락하지 않는데 이는 근년에
> 貴家의 자제들이 館閣에 있는 者가 많기 때문이다.[204]

이로 볼 때에 館職에는 재상을 비롯한 당시의 유력자의 추천으로
나간 예가 많음을 알 수가 있다. 또한 하위관직에 대한 시험을 보면
한림학사원이나 중서사인원에서 실시되었는데 시기는 일정하지 아니
하였다. 시험내용은 神宗代까지는 詩와 賦를 한 문제씩 보았으나 熙寧
원년 이후에는 策·論으로 바뀌었다.[205] 하급 관직의 수험자격은 選
人으로부터 郎中에 이르기까지 문관이면 누구라도 볼 수가 있었으나
그들이 나가는 관직은 直館閣은 朝官, 校理와 檢討는 京朝官, 校勘은
選人에서부터 경조관까지로 정하여져 있다.
그런데 관직에 나아가 실무를 담당하는 경우도 있고 그렇지 않고
館職名을 갖고서 그대로 지방관으로 차견되는 경우도 있는데 북송의
중기 이후에 있어서는 지방관으로 나가는 경향이 점차로 많아졌다. 이

---

203) 『위의 책』卷 300, 列傳 59, 楊大雅
204) 『歐陽修全集』奏議, 卷 5, 論擧館閣職箚子.
205) 『宋會要』選擧 26-31.

를 보충하기 위하여 하위직인 編校書籍官[206](編校라고 略함)을 두었
는데 이들은 시험에 의하여 임용하지 않았으므로 신진이 많이 등용되
었다.

　館職의 승진과정을 보면

　　先令으로 정한 바는 編校 2년으로 하였다. 그후 승진시켜 校勘으로
　삼았다(이것은 正館職은 아니다) 校勘 4년이 된 후에 승진하여 校理가
　되었다.(비로소 正館職이 된다) 校理가 되고 또 1년 후에는 罷하여 別
　任의 差遣을 받았다.[207]

　編校 2년 후에 校勘으로 승진하고 校勘 4년 후에 校理로 그리고 校
理 1년을 마치면 다른 직책으로 差遣되었음을 알 수가 있다. 그런데
다른 직책으로 차견되지 않으면 그대로 上位 館閣으로 승진하기도 하
였으니 校理로 올라온 후에 秘閣校理는 直秘閣, 集賢校理는 直集賢院
혹은 直龍圖閣으로 승진하였고 처음부터 直史館의 경우에는 直昭文館
으로 승진하였다. 直秘閣으로부터 龍圖閣待制, 龍圖閣直學士로 승진하
는 것은 대단한 특전이다. 直館閣의 위에는 修撰, 待制, 雜學士가 있는
데 여기에까지 이르면 館職은 이미 상당한 직위에 이른 것으로 이때
부터는 시험에 의하여 승진하는 것이 아니라 그 인물과 주변의 여건
에 의하여 임용된다. 史館修撰과 集賢殿修撰은 국사와 실록 등 국가적
史書 편찬의 최고책임자에게 주어진다. 待制 이상의 직책을 갖는 자를
侍從이라 한다. 侍從은[208] 元豊官制 개혁 이전까지의 左諫議大夫와

---

206) 『歐陽修全集』 卷 18, 政府, 又論館閣取士箚子에 "新制館閣共置編校入員
　　本爲館中書籍 久不齊正而館職多別有差遣 不能專一校正 乃別置此人員 故
　　遷新進貧淺人 令久任而專一校讀"라 있다.
207) 『위의 책』.
208) 『朝野類要』권 2에 의하면 "侍從은 翰林學士 給事中 六尙書 郎이고 中書

中書舍人, 給事中 이상의 寄祿官을 지닌 자에 한하여 임용되고 있다. 일단 待制의 職을 지니고 있으면 侍從과 같이 취급되고 있음을 알 수 있다.[209]

待制 이상의 3階는 宋에 이르러 새로 만들어진 館職名이고 待制나 學士의 위에 龍圖閣, 天章閣, 寶文閣 등이[210] 閣名을 붙여서 館職을 표시한다.

三閣 直學士의 상위가 樞密直學士(略하여 密直)이다. 그리고 諸閣의 館職 가운데 가장 위로 승진한 것이 龍圖閣學士로서 이들은 모두 『宋史』의 열전에 등재된 인물이다. 이 위로는 翰林의 두 字가 붙는 侍講學士와 侍讀學士가 있으며 이들은 崇政殿說書와 함께 經筵官이라 한다.[211] 端明殿學士 이상의 職은 翰林學士에서 재상에 이르기까지 현임 및 전임자들을 호칭하는 데 사용된다. 仁宗의 明道 2년에 설치된 端明殿學士는 班位는 한림학사 아래이다.[212] 觀文殿學士와 觀文殿大學士는 館職의 최고위이며 昭文館大學士와 集賢殿大學士는 현직 재상에만 부여하는 영예로운 칭호이다.

神宗代에 王安石의 신법 실시로 관제상에 변화가 있었고 元豊연간의 관제개혁은 館職上에 변천을 가져왔다. 특히 하위직에 있어서 그

舍人 左右史以次를 小侍從이다. 또 在外의 帶諸閣學士 待制인 사람을 外侍從"이라고 하였다.

209) 『朝野類要』 卷 2.

210) 諸閣은 황제의 詩文, 그들이 愛玩하던 서화와 보물을 보관한 곳으로 龍圖閣은 태종을 위해 眞宗初에 세웠고 天章閣은 眞宗을 위해 仁宗의 天禧4년에, 寶文閣은 仁宗을 위해 嘉祐8년에 세운 것이다. 梅原 앞의 논문 162쪽 참조.

211) 『宋史』 卷 162, 職官志 翰林侍讀學士條에 의하면 元豊의 개혁으로 이 館職은 兼侍講과 兼侍讀으로 변화되었다. 翰林學士의 定員은 일정치 않으나 6명 이내였다. 山本隆義 『앞의 책』, 301쪽 참조.

212) 『長編』 卷 113, 明道2年 8月 丁巳條에 "置端明殿學士 班在翰林學士之下"

변화는 심하였다. 종래 유명무실하였던 秘書省이 부활하여 위로는 秘
書監으로부터 아래로는 校書郞, 秘書郞, 正字에 이르기까지 實職이 없
던 단순한 寄祿官이 실직을 갖는 職事官으로 바뀌었다. 그래서 三館
秘閣의 直館閣, 校理 校勘이 필요 없게 되고 貼職에 필요한 直秘閣만
을 제외하고서는 모두 폐지되었다.213)

그러나 元祐 초에 구법당이 실권을 잡게 되면서 다시 하위관직이
부활되었으나 이후 당쟁의 격화와 함께 館職도 정치적 소용돌이에 휘
말려들게 되었으니 元祐연간의 右正言 劉安世는 이에 대하여

> 祖宗때 待館職은 英傑을 모아놓은 곳이다. (中略) 근세 이후로 그 선
> 발이 점차 가벼워지거나 世賞에 의하거나 혹은 軍功 혹은 聚斂을 거두는
> 데 유능하거나 權貴의 천거에 따랐다.214)

북송 후기의 館職이 정치적으로 악용되고 출세의 도구화 되었음을
개탄하고 있는데, 이와 비슷한 내용으로는

> 館閣은 圖書를 모아놓은 곳이고 인재를 기르는 곳이기도 하다. (中
> 略) 지금 인재에 맞는 관리는 大臣의 論薦한 바가 되면 그 자리에 나
> 갈 수 있다. 金穀의 細나 兵刑의 공로가 있으면 모두 그 이름을 빌릴
> 수 있다. 근년 이래로 校書正字의 職은 龍圖集賢을 부르는 호칭으로
> 영광됨이 紛紛하다.215)

따라서 북송의 후기에는 館職이 정치적인 영향을 받고 이에 이용된
것으로 볼 수 있다. 그러나 이는 부분적인 현상에 지나지 않고 館職은

---

213) 梅原 郁, 164쪽 및 山本隆義『앞의 책』, 304쪽 참조.
214)『通考』選擧 擧官.
215)『群書考索』卷 34, 官制門, 宋館閣職任之濫條.

여전히 그 상위로 올라가면 英俊한 사람이 아니면 승진하기 어려웠던
것이다. 남송시대에는

> 中興의 學士는 建炎 丁未로부터 嘉泰 壬戌에 이르기까지 무릇 70명
> 이다. 承旨直院, 權直은 아울러 관계된다. 大拜者는 11명인데 朱忠靖
> 勝非, 沈特進該, 湯慶公思退, 虞雍公允文, 忠魏公浩, 洪文惠适, 蔣觀文芾,
> 梁鄭公克家, 周益公必大, 王魯公淮, 葛開封府邲,이다. 執政이 29명으로
> 가이 융성하다고 할 만하다.216)

남송초의 建炎 嘉泰연간에 館職에 있었던 사람 70명 가운데 재상에
오른 사람이 11명이고 執政이 29명이라 하였다. 이로 미루어 볼 때,
남송대에도 館閣의 上位인 學士는 바로 執政과 宰相職에 나가는 중요
한 통로임을 알 수가 있다. 그러므로 館職은

> 祖宗 이래로 등용된 것은 兩府의 大臣이 많았다. 그 中에도 名臣과
> 賢相이 館閣에서 나온 사람이 10에 8, 9명이다..217)

歐陽修의 말과 같이 館職을 통하여 대부분의 명신과 賢相이 배출된
것은 송대의 특색이다. 천하의 英俊을 館職에 召試하여 館職에 임명하
고 이들을 다시 要所에 등용하는 정책은 宋朝의 문치주의 정책의 일
환으로써 士大夫 계층에 대한 기본정책이라 하겠다. 讀書人계층에 대
한 이와 같은 정책으로 사대부로 하여금 송조의 은혜에 감복하여 국
가에 충성을 발휘하게 되는 상호 역학관계 위에 宋朝의 문신관료체제
가 유지되어 나간 것이며 이러한 기본방향에서 생각할 때에 館職은

---

216) 『建炎以來朝野雜記』 甲集, 卷 9 中興學士秉政者條.
217) 『歐陽修全集』 奏議集 卷 18, 政府, 又論館閣取士箚子 治平3年.

송대 사대부 관료의 중추적 기능을 발휘할 수 있는 要所이며 송조정권의 구조를 잘 나타내는 기구라 하겠다.

제3절 관료의 승진에 따르는 保任制와 推薦制

문벌이 사라진 송대의 관료 사회에는 관료상호간의 인간관계가 중요한 의미를 갖는다. 관료의 인간관계는 上官과 屬官의 상하관계와 동료 간의 수평관계로 연결되는데, 이와 같은 종횡의 인간관계를 맺어주는 것이 바로 保任制와 推薦制라 하겠다.

이 제도가 송대에 갑자기 나타난 것은 아니지만 문벌이 중시된 송 이전의 관료 사회에는 관료의 배경이 된 것은 家門이나 門閥이었으나 문벌이 자취를 감춘 송대에는 保任과 推薦은 관료의 관직생활에 중요한 배경이 되고 있다. 여기에서는 관료가 승진하는 데 保任制가 어떤 역할을 하며 송대 보임제의 변천과 문제점, 그리고 保任개혁을 위한 保任詔令을 정리하고 『宋史』열전에 나타난 관료상호간의 추천례를 분석하겠다.

Ⅰ. 관료의 승진과 保任制

(1) 保任制의 성격

송대의 관료승진, 특히 문신관료의 승진과 직접적인 관계를 갖는 것이 保任制度이다. 保任이란 관료가 승진을 하는 데 있어서 자신의

직접 상관이나 또 중앙에 있는 고관이 황제의 特詔를 받들어 유능한
인물을 보증하여 임용하는 제도로서 保擧·薦擧·擧官·擧士 등 여러
가지의 명칭으로 불리고 있다.[218]

그런데 송대의 관료체제의 구조를 이해하는 데 保任制度가 중요한
의미를 지니고 있다. 保任은 관료체제를 횡적으로 연결하여 관료상호
간의 인적 관계의 유대를 공고히 하고 있으며, 종적으로는 황제를 정
점으로 하여 選人에 이르기까지 保任에 의하여 연결됨으로써 송대의
관료 사회를 종횡으로 잇는 신경과 같은 역할을 하면서 관료체제를
유지하여 주고 있다.

일단 관료가 된 자는 누구를 막론하고 보임을 거치지 아니하고서는
승진을 할 수 없었으므로 관료의 승진과 保任은 불가분의 관계를 갖
게 되는 것이다. 특히 眞宗代로부터 시작되는 南·北지역 관료의 대립
이나, 仁宗代의 保守·革新 관료의 항쟁, 그리고 신종대 이후의 신구
법당의 치열한 당쟁도 관료의 인맥관계와 서로 뗄 수 없는 연관이 있
고 이러한 인맥관계를 형성하는 데 중요한 계기를 제공한 것이 바로
保任이라 하겠다.

擧士의 성격을 갖는 보임제도는 송대에 나타난 새로운 제도가 아니
고 고대에까지 거슬러 올라가지만 송대의 보임제도는 그 이전의 그것
과는 판이한 성격을 갖는다. 즉 宋 이전에는 문벌과 가문이 관료의 출
세에 큰 작용을 하였기 때문에 上司나 고관의 천거는 특별한 예를 제
외하고는 관료 사회 조직에 큰 영향을 주지 못하였다. 위진남북조 사
회는 호족적 성격을 기반으로 하는 九品官人法과 당대의 문벌귀족적

---

218) 『宋會要』 117冊, 選擧 27에서는 擧官으로 표현하였고, 『宋大詔令集』卷
　　165, 政事 18에서는 擧薦으로, 『通考』選擧考에서는 擧士로 表記하였으나
　　그 내용은 유사하다. 保任이란 용어는 『宋史』 卷 160, 志 113 選擧志 6
　　保任條를 따랐다.

성격을 바탕으로 하는 과거제는 보임제를 필요로 하지 아니하고서도 승진을 할 수 있고 고위관직에 나아갈 수가 있었다.

그러나 唐末 五代의 군벌시대를 거쳐 가문이나 문벌이 자취를 감춘 宋代에 들어오면 관료의 사회적 인맥관계를 형성하는 데 서로를 인정하고 추천하여 요직에 등용하는 보임제도는 중요한 뜻을 갖게 되었다. 따라서 송대의 보임제도는 단순한 관료의 천거가 아니라 추천을 하는 擧主와 추천을 받는 被擧人과의 사이에는 인간적으로 두려운 인맥관계가 형성되고 이를 기반으로 관료 사회의 주종관계가 형성되는 것이다.[219]

송대의 보임제도가 지니는 또 하나의 특성은 강한 연좌성을 지니고 있다는 사실이다. 이에 대해서는

> 등용되기 전에 擧主를 택하여야 하고, 등용된 후에는 擧主를 연좌하
> 여 책망하니 이는 천거 제도상의 좋은 법이다.[220]

관료로 임용되기 전에는 추천하여 줄 擧主를 택하고 일단 관료로 임용한 후에는 임용된 관료의 非違에 대해서는 추천한 擧主를 문책하는 것이 宋의 보임제의 장점으로 천거제가 지니는 연대보증적인 성격이라 하겠다. 특히 송대 관료사회에서 뚜렷하게 나타난다.

신흥의 지주계층을 재편성한 宋의 황제권력은 보임제를 충분히 활용하였다는 점에서 관료지배체제의 구조적 특색을 찾을 수가 있다. 따라서 송대 관료 사회의 구조로 볼 때 첫째도 保任, 둘째도 保任이라고 하는 특별한 상황이 나타나고 이것은 保任이 갖는 특수성에 원인하는 것이다.[221]

---

219) 『通考』 選擧考, 擧士條
220) 『新箋決科古今源流至論』別集 卷 7, 擧主條

송대의 名臣 가운데 보임과 관계가 없는 사람은 거의 없다. 司馬光은 20세에 과거에 합격하여 관료 최하위직인 종 9품의 華州屬官으로 시작하였다. 그는 정계에서 이름을 떨치고 있던 龐籍의 중매로 張存의 딸과 결혼하게 된 것이 그의 인생의 커다란 전환을 가져 왔다. 그는 龐籍의 보임으로 慶曆 8년에 大理寺丞에서 일약 館閣의 校勘이 되었고 이후 龐籍은 계속해서 사마광의 보증인이 되었다.[222] 이 밖에 晏殊의 보임으로 仁宗代의 재상 范仲淹이 있고[223] 王曉의 추천으로 구양수와 尹洙가 등장하고[224] 王安石을 신종에게 保擧한 것은 韓維이다. 이와는 반대로 鄭樵는 추천자를 얻지 못하여 독학의 길을 면치 못하였다.

송대의 보임제도를 유형화하면 관료의 임기가 찼을 때에 승진을 하는 循資의 경우에 보증을 받아 승진하는 循資保任과 황제의 特詔에 의하여 지방장관이나 중앙의 근신이 관료 중에서나 독서인 중에서 특천하는 特薦保任이 있다. 그런데 이 두 가지의 保任은 다 같이 擧主가 被薦人에 대한 신원을 보증하지만 특히 特薦保任의 경우에는 擧主가 황제에 대하여 자신이 추천한 인물에 대한 상세한 擧狀을 올리게 되어 있으므로[225] 그에 대한 인적 사항을 자세히 파악함은 물론, 임용된 후에도 책임을 지게 되어 있다. 다시 말하면 추천한 擧狀內容과 任用된 후의 실적이 맞지 아니할 경우에는 擧主가 연대책임을 져야 하기 때문에 단순한 薦擧로 그치는 것이 아니라 被薦人에 대한 보증적

---

221) 『앞의 책』에 "國朝의 用人의 법은 하나도 擧主라고 말하고 둘도 擧主라고 하였다. 漢唐과 비교하여도 지나친 말은 아니다.
222) 『宋會要』 職官 31 – 32.
223) 『宋會要』 職官 31 – 32.
224) 『宋會要』 職官 31 – 32.
225) 『宋會要』 職官 31 – 32.

성격을 강하게 내포하고 있다.

또한 保任制度는 중앙집권적인 황제의 독재권을 강화하는 데 중요한 역할을 하였음을 살필 수가 있다. 보임제도의 연좌적 성격이 이미 擧主의 황제에 대한 무거운 책임을 지는 것으로 풀이되는데 이는 문신관료체제하에 황제권의 절대성을 의미하는 것이다. 그 위에 황제가 特詔의 형식을 빌려 근신과 지방장관으로 하여금 유능한 관료를 보임하게 하는 것은 被薦者에 대한 황제권의 强한 영향력과 恩賜의 뜻을 지니며 擧主에 대하여서도 황제가 직접 인사권을 행사하는 셈이 된다. 그러므로 황제는 보임을 이용하여 황제의 독재권을 문신관료사회의 내부 깊숙이 침투시켰던 것이다. 다음에 설명을 하겠지만 宋一代를 통하여 많은 保任詔令이 내려진 것도 관료의 임용에 황제가 영향력을 행사한다는 면에서 이해한다면 황제의 권력강화를 위하여 보임제도를 얼마나 유효하게 행사하였는가를 알게 되는 것이다.

(2) 保任制의 변천

保任은 循資保任, 特薦保任으로 구분할 수가 있다. 먼저 循資의 保任에 대해서는

> 保任 제도는 銓注에 格이 있다. 대체로 법으로써 구속하고, 법은 제도로써 규정할 수 있으나 법으로 사람의 재주를 택할 수가 없다. 그러므로 與, 奪, 陞, 黜에 品式이 모두 갖추어졌고 또한 官을 책함도 保任으로 하였다. 무릇 改秩遷資에는 반드시 擧任의 有無를 보아서 應否로 삼았으며 그 직임이 우수하면 일에 따라 자리를 주었다.[226]

고 정규적인 승진(改秩遷資)의 경우에 반드시 擧主의 유무에 따라서

---

226) 『宋史』 卷 160, 志 113, 選擧志 6, 保任條.

임용하는 것이 循資保任이고, 황제의 特詔에 의하여 임용하는 것이 특천보임이다. 이에 대해서는

　　때때로 公卿 刺史 牧守 長官에게 詔하여 맡은 직무와 才識을 헤아려 그 能否를 맡겨 위로는 侍從, 臺諫, 館閣으로부터 아래로는 錢穀 兵武의 職에 이르기까지 때때로 薦擧를 명하였으니 대체로 법에 어긋나지 않은 것이다.[227]

　그러면 송대에 保任制度가 어떻게 변천되었는가를 살펴보자. 송초에는 아직 保任에 대한 이렇다 할 조처가 없었으나 태조의 建隆3년(962)에 비로소 나타나고 있다. 즉,

　　국초에는 保任의 限制가 세워지지 않았다. 建隆 3년에 비로소 常參官 및 한림학사에게 조서를 내려 幕職令錄을 각 1명씩 擧堪하게 하였다.[228]

고 하여 조칙을 내려 실시함에 따라 常參官과 한림학사로 하여금 幕職과 令錄官으로 보임할 수 있는 자를 천거하게 하였다. 이와 비슷한 내용을 보면

　　太祖 乾隆 3년 2월에 詔하기를 한림학사 文班 常參官으로 幕職州縣官을 역임한 사람은 幕職令錄 한 사람을 擧堪하도록 하였다. 擧主의 성명을 열거하고 그들이 在官時에 貪濁 不公하고 畏懦 不理하여 직무가 廢闕되면 乖違量의 경중에 따라 죄를 주었다.[229]

---

227) 『宋史』選擧志, 保任條
228) 『宋史』選擧志, 保任條
229) 『宋會要』選擧, 擧官條

함과 같이 『宋史』選擧志의 내용과 비슷한 것은 한림학사와 常參官으로 하여금 幕職·令·錄官을 천거하게 한것이다. 『송회요』의 내용을 좀더 구체적으로 분석하면 막직관이나 주현관을 이미 역임한 文班常參官으로 하여금 각기 한 사람씩 천거하게 하였으며 반드시 擧主의 성명을 열기하여 추천을 받은 자가 직무를 수행하는 데 공정하지 못한 경우에는 경중을 헤아려 처벌하도록 하였다.[230] 이와 같은 보임은 중앙관에 한하지 않고 지방관에도 令을 내려 실시하였으니,

> 陶穀 등에게 명하여 通判중에 才堪한 자를 천거토록 하였다. 한림학사 및 常參官에게 조서를 내려 京官이나 막직 주현관 가운데 昇朝官으로 승진시킬만한 인물을 추천토록 하였고 또 諸道의 節度觀察使의 部內官으로 才識이 優茂하고 德行이 돈독한 사람 각 2사람과 防禦 團練使 각 1사람을 선발하게끔 조서를 내려 그 器業을 보고서 進用하였다. 무릇 천거를 받아 관에 선발된 사람은 誥命에 擧主의 성명을 서명하게 하였는데 훗날에 擧狀과 같지 않으면 연좌하였다.[231]

즉 建隆3년에 侍御史 陶穀 등에게 명하여 通判을 맡을 만한 인물을 천거하게 특명을 내렸고 다시 한림학사나 常參官들에게 京官이나 幕職·州縣官 가운데 昇朝官으로 승진시킬 만한 인물을 추천하게 하였다. 또한 諸道의 절도사나 관찰사로 하여금 管內에서 재식 있고 덕행이 돈독한 사람 2사람을 방어사와 단련사에게도 각기 한 사람을 추천하게 하였다. 이렇게 추천된 인물을 일단 조정에 불러들여 인물됨을 살핀 후에 임용하였는데 역시 擧主의 성명을 連署하게 하여 후일에 擧狀의 내용과 일치하지 않을 때에는 연좌시켰음을 알 수가 있다.

---

230) 추천자와 피천자의 연좌에 관해서는 『宋史』卷 1, 太祖 本紀, 建隆3년 2월 庚寅條를 보라.
231) 『宋史』選擧志 保任條.

이렇게 볼 때에 태조대의 保任擧主資格은 중앙은 한림학사[232]와 常
參官[233] 및 近臣, 지방관은 諸道의 절도사·관찰사·단련사에 한하였
다. 被薦人은 京官·幕職·州縣官 중에서 주현막직의 임무를 능히 수
행할 수 있는 자를 추천하게 하였다. 그런데 태조대의 保任제도 중에
주목되는 것은 철저한 連坐制의 성격을 지니고 있다는 사실이다. 이는
오대의 무신집권체제에서, 다시 말하면 절도사에 의한 지방분권적인
체제로부터 문신관료를 기반으로 한 중앙집권체제로 옮아가는 과정에
서 황제의 독재체제를 강화하기 위한 수단으로서 보임제가 운영되었
다고 볼 수 있다. 태조대의 이와 같은 보임제의 정신은 송일대를 통하
여 그대로 계승되어 나갔다.

태종대는 宋의 통일사업이 완성되었고 문치주의적 문신관료체제가
확립되는 시기로서 국가정책이 지방에 침투되어야 할 필요성을 태종
은 각별히 인식하였고 이를 위하여 인재의 등용에 관심을 쏟았다. 그
에 대해서

> 태종이 聽政하는 여가에 매번 兩省, 兩制의 淸望官의 名錄을 보고
> 그중에서 덕망이 있는 사람을 택하여 擧官에게 명하여 천거한 바의 사
> 람은 그 爵里를 循析하고 殿最를 역임하여 아뢰었으니 숨길 수가 없었
> 다. 擧狀과 같으면 賞典이 있고 그렇지 않으면 징벌하였다.[234]

고 한 사실로 그 대략을 살필 수 있다. 태종의 지방관에 대한 깊은 관
심은 더욱 깊었으니

232) 宋代 學士院의 구조에 대해서는 『宋史』卷 162, 職官志 2, 翰林學士院條
    에 "翰林學士承旨翰林學士, 知制誥, 直學士院, 翰林權直, 學士院權直"으로
    구분하고 있다. 山本隆義, 『中國政治制度の硏究』(東洋史硏究會, 1968)
    298쪽. 翰林學士院の制 참조.
233) 『石林燕語』卷 2.
234) 『宋史』選擧志, 保任條

태종이 牧의 임무를 더욱 엄수토록 하였다. 諸道의 使者에게 部內의
履行과 著聞을 살펴 政術이 뛰어나고 문학이 茂異한 사람은 州의 長吏
가 判司·簿·尉의 淸廉明幹한 사람을 택하여 이름을 갖추어 아뢰게
하였다. 驛召, 引對하여 知縣을 제수하였다. 또 屬部나 司理參軍에게
열람케 하여 兼愼하고 推鞫에 밝은 사람을 천거하게 하였다.[235]

태종의 태평흥국5년(979) 5월에는 北漢을 평정하여 五代의 분란을
종식하고 통일의 대업을 완성하였다. 이 태평흥국 연간(976~983)은
태조 때보다 科擧의 문을 확대하여 進士科의 합격자 수를 증원하고 독
성인을 문신관료로 기용하면서 문신관료체제를 다져 나갔으며 이와 아
울러 유능한 문신의 기용을 위한 보임제를 활용하였다.

雍熙2년 擧하여 升朝할 만한 사람은 翰林學士, 兩省, 御史臺,
尙書省으로 하여금 擧하게 하였다.[236]

라는 사실에서 알 수 있다. 즉 태종의 옹희2년(985)에 한림학사를 비
롯하여 兩省, 御史臺, 尙書省으로 하여금 인원의 제한 없이 昇朝官으
로 승진시킬 수 있는 자를 천거하도록 하였다. 앞에서도 언급하였지만
태종대에는 지방관의 임용에 특별한 주의가 기울여졌다. 이는 분단시
대를 통일하면서 유능한 인재의 지방관으로의 기용이 시급한 것으로
볼 수 있는데, 이에 대해서는 淳化 원년에 다음과 같이 구체적으로 나
타나고 있다. 즉,

지금 재상 이하 御史中丞에 이르기까지 각기 擧하여 朝官으로 기용
한 자를 轉運使로 삼았다. 詔하여 국가에서 幹事의 吏를 구하여 밖으로

235) 『宋史』 選擧志, 保任條
236) 『宋史』 選擧志, 保任條

主計의 맡은 바를 轉輸하고 按察을 겸하여 郡國을 총람하므로 직임이
더욱 무겁고 物情이 舒慘한 것이 이로 말미암지 않음이 없었다. 徵功을
尙慮하며 責實하였다. 무릇 전운사가 여러 업무를 釐革함에 獄訟을 平
反하고 金穀을 漕運하는 것으로 居最 성적을 매긴다. 백성에게 이롭게
하여 한해가 끝날 때에 보고하게 하여 두드러지지 않은 사람은 條奏할
수 없게 하였다. 또 三司, 三館의 직사관에게 詔하여 이미 升擢한 사람
은 論薦하지 말고 재주가 있으나 外任된 사람으로 조정에서 모르는 사
람은 곧 바로 奏擧하게 하였다.[237]

태종은 인재의 천거에 있어서 小人과 君子를 분별하게 하고 賢人과
善人을 가릴 것을 항상 近臣에게 당부하고 있다. 이에 대해서는

> 일찍이 宰臣에게 이르기를 君子와 小人은 취향이 같지 않다. 군자는
> 畏愼하여 속이지 않고, 名節이 변하지 않는다. 소인은 비록 忠信을 이
> 야기하지만 치우친 행동을 한다.[238]

라 한 것으로 알 수 있다. 이어 雍熙4년 8월에는

> 천거가 잘되어 공정하였다. 爵을 행하고 祿을 내려 擧함이 헛되이
> 제수받는 사람이 없었다. 진실로 그 才實을 얻지 못하면 어찌 寵恩에
> 인색하리오 근자에 諸處에서 奏薦한 사람이 대체로 親黨이다. 이미 公
> 道를 손상했는데 한갓 요행문을 열어 寒門을 등용하여 좁은 길을 넓혀
> 놓았으니 마땅히 條貫에 따라야 한다. 지금부터 諸路 轉運使와 副 및
> 州郡의 長吏가 아울러 擧人을 部下의 官을 채울 수 없으면 결원이 있
> 는 곳은 마땅히 위에 보고하여야 한다.[239]

---

237) 『宋史』選擧志, 保任條
238) 『宋史』選擧志, 保任條
239) 『宋史』選擧志, 保任條

볼 때에 태종의 인재 등용의 관심도를 살필 수가 있다. 이상과 같은
태종의 인재등용 방침으로 문신관료체제의 기반이 확립되었고 保任에
의한 관료의 승진 길이 궤도를 잡게 되었다. 그 결과 태종일대에 재상
과 執政으로 승진된 관료들은 太宗代는 물론이고 眞宗代에까지 활약
하면서 송조의 國基를 공고히 하게 되었다.[240]

진종시대의 保任制의 특징은 이를 효과적으로 운영하기 위한 제도
적인 장치가 마련되고 있다는 사실이다. 즉 관료의 추천에 가장 기본
이 되는 관료의 자세를 규정하는 官箴을[241] 大中祥符원년(1008)에 제
정하여 京官이 지방관으로 轉任될 때에 간직하도록 하였다. 그 내용은

> 또 文武七條를 만들었다. 文條에게는 京朝官의 轉運使, 提點刑獄, 知
> 州, 府, 軍, 監, 通判, 知縣에 내리니 첫째는 淸心이다 이는 평상시의 마음
> 가짐, 喜怒愛憎의 감정을 바꾸지 않으면 모든 일이 저절로 바르게 된다.
> 두 번째는 奉公이다 이는 公直하고 자기를 깨끗하게 하면 백성들이 저절
> 로 畏服한다. 세 번째는 修德이다. 덕으로 사람을 화하며 威猛을 숭상하
> 지 않는 것이다. 네 번째는 責實인데 헛된 명예를 다투지 않는 것이다.
> 다섯 번째는 明察로 삼가 백성의 실정을 살피고 부역을 不均케 하거나
> 형벌이 적절하지 않아서는 안 된다. 여섯 번째는 勸課인데, 삼가 下民을
> 깨우치는 것을 말하는 것으로 孝悌를 행하는 것과 農桑에 힘쓸 것을 권
> 장한다. 일곱 번째는 폐단을 혁파하는 것으로 백성을 질고에서 구하여
> 이를 혁파하는 데 힘쓰는 것이다.[242]

---

240) 『宋史』卷 210, 宰輔表 1 및 『宋宰輔編年錄』卷 2, 『皇宋十朝綱要』卷 2 등
　　에 의하면 태종대의 재상은 모두 9명이고 執政은 21명이며 樞密院의 執
　　政은 20명인데 이들의 대부분이 다음 진종시대에도 계속하여 고위관료로
　　활약하고 있다.
241) 『宋史』卷 168, 職官志 合班之制에 의하면 태종도 태평흥국8년 5월에 戒
　　諭를 내리고 있다.
242) 『宋史』職官志 合班之制.

물론 이는 京朝官에서 전운사나 提點刑獄, 知州, 知府, 知縣 등 지
방관으로 내려가는 사람들에 대한 箴言이기는 하나 이와 같은 기준은
지방관이 행정을 하는 지침이 됨과 아울러 인재를 천거하는 데에 하
나의 지표가 되었던 것이다.

眞宗初의 보임제도에 대한 주칙은 태종대의 그것과 비슷한데, 다만
연한을 정하고 있음이 다르다. 즉,

> 眞宗 초에 누차 擧官에게 조서했는데 아직 常制가 세워지지 않았다.
> 大中祥符2년에 幕職 주현관에게 조서하여 초임이 閑職이 아닌 者는기
> 3任을 6考로 論薦을 얻을 수 있다.[243]

고 하여 막직·주현관의 보임은 3任6考를 지나야 비로소 천거할 수
있게 하였다. 이와 아울러 대중상부3년에는

> 비로소 제도를 정하여 翰林學士, 常參官 이상은 해마다 각기 外任의
> 京朝官, 三班使臣, 幕職州縣官 한 사람을 擧하게 하였다.[244]

한림학사 이상과 常參官으로 하여금 각각 外任의 경조관과 삼반원
의 사신 그리고 막직관과 주현관을 해마다 한 사람을 천거하게 하였
다. 이는 태조, 태종대의 보임과 크게 다를 바가 없다. 그런데 이렇게
보임한 관료에 대해서는 태종대와 같이 擧主의 擧狀과 다를 때에는
처벌을 하였다. 그리고

---

243) 『宋史』選擧志 保任條.
244) 『宋史』選擧志, 保任條.

> 그 治行과 맡은 바의 일은 閤門, 御史臺로 하여금 일년이 끝날 때에
> 모아 만약 擧狀이 없으면 벌을 주었다. 冬季에 差出함에 있어서도 또
> 한 擧官 후에 아뢰었다.[245]

하는 것은 諸司의 使副나 承制, 崇班, 曾任西北邊, 川·廣의 鈐轄 친민
자에게도 적용되었고 제로의 轉運使·副, 제점형옥관, 지주, 통판 등도
부내의 官屬을 보임할 수 있게 하였다. 이때에는 부하들의 재직시의
성적을 철저히 살펴서 보임하도록 하였다.[246]

  이와 같이 추천한 사람에 대해서는 다음해 2월 25일 이전에 중앙에
명단이 도착되도록 기간이 넘은 후에는 都進奏院에서 직접 황제에게
올리도록 하였다. 또한 三司使·副는 在京의 경조관을 이러한 방식으
로 추천하고 被擧者는 그들의 명부를 中書에서 해마다 2籍을 구비하
여 그 명함을 아뢰게 하였다. 이름 아래에는 被擧人이 역임한 功過와
擧主의 성명, 擧主의 추천인원수 등을 자세히 기록하여 1부는 중서에
다 비치하고 1부는 5월 1일에 황제에게 奏進하였다. 이렇게 작성된 被
擧人名簿는 그들의 과거의 경력과 擧主의 擧狀內容, 그리고 앞으로의
활동공과를 정리하여 두었다. 또한 兩省과 尚書省 御史들도 지방에 出
使할 때마다 지방관료의 치적에 대한 선악을 상주하여 보임케 하였으
며 새로 임지에 부임하는 轉運使·副, 提點刑獄, 知州, 通判도 각기 전
임지와 현 임지의 부내관료의 치적을 조사하여 상주하고 천거하도록
하였다.[247] 이리하여 진종대의 保任人員은

> 내외 群臣이 擧한 자가 세 사람에 미치고 성적이 좋으면 中書 樞密
> 院에 성명을 갖추어 取旨를 살펴 장려하고 아울러 일을 제대로 못하면

---

245) 『宋史』選擧志, 保任條
246) 『宋史』選擧志, 保任條
247) 『宋史』選擧志, 保任條

연좌하여 벌을 주나 去官에는 이르지 않았다. 또한 아뢰어 裁當하고 責降을 행하거나 혹 得失을 참조하여 마땅하게 하였다.248)

이라 하여 대체로 내외관료가 세 사람까지 保擧할 수가 있었다. 그러나 추천한 세 사람의 관원이 제대로 일을 하지 못할 때에 여러 가지 裁當을 하게 하였다. 즉 이러한 裁當에 대해서는

景德 원년 9월 28일 詔하여 내외의 문무 관료들이 옛부터 擧한 官 중에서 중도에서 변절한 사람이 있었다. 公擧를 근심하고 만약 陳首하지 않아 연루되는 것이 더욱 많을까 염려한다. 마땅히 御史臺로 하여금 보고하고 금후에 擧官은 任用된 후에 절개를 어겨서 擧狀과 같지 않으면 擧主도 陳首한다. 특별히 연좌를 면하고 그 被擧된 사람은 마땅히 아뢰어 徵責한다.249)

하여 被擧人이 변절하였거나 擧狀대로 행하지 않을 경우 擧主가 陳首하면 거주의 처벌은 용서받게 하였다. 이는 거주의 연좌제에 대한 완화조처라 보겠다. 그러나 진종대에 있어서의 보임제에는 여러 가지 문제섬이 세기뇌고 있었으니 大中원년(1017) 4월 25일의 向敏中 능의 주장에 의하면

근일 朝臣이 擧官한 것이 1년에 10여 명이 있다. 또 部內의 監當 朝官은 幕職官을 擧함에 혹 冷濫하여 마음을 傷하거나 혹 嫌疑에 涉하니 폐단을 혁파하고자 하였다. 황제가 말하길 舊制를 조사하고 살펴 별도로 條約을 가하라고 하였다.250)

248) 『宋史』選擧志, 保任條
249) 『宋會要』選擧 擧官條
250) 『宋會要』選擧 擧官條

근래에 朝臣 가운데 한해에 10여 명을 擧官하며 혹은 부내의 監當官이나 朝臣들도 그들에 소속된 막직관을 보임하니 남용된 바가 많고 보임되지 못한 자가 시기하니 그 폐단을 개혁하여야 한다고 주장하고 있다. 이에 대한 조처를 보면

> 天禧3년 10월에 中書에서 群臣 중에서 幕職 州縣官에 뽑혀서 京朝에 충당된 사람은 擧主가 다섯 사람에 한하도록 하였다. 이는 濫進을 징계하고자 함이라고 하니 이를 따랐다.[251]

천희 원년대에까지 한 해에 10명의 보임을 천희 3년(1019)에는 다섯 명으로 제한하도록 하였다. 이로써 진종대의 보임제도는 점차로 濫用되는 경향을 보이게 되었고 여러 가지 폐단이 발생하였다. 그런데 이러한 경향은 인종대에도 계속된 듯하니,

> 仁宗 天聖원년 8월에 中書門下에서 이르기를, 昇朝官에게 準詔하여 매년 御箚擧官은 세 사람을 넘지 못하게 하였다. 만약 이미 세 사람에 미쳤으면 더 이상 행하지 하였는데 이를 쫓았다.[252]

황제의 特詔에 따라서 昇朝官이 擧官할 수 있는 인원을 세 사람으로 제한하였으나 그 외의 일반관료가 擧官할 수 있는 인원수에 대해서는 아무런 언급이 없다. 그런데

> 天聖 후로부터 擧官이 자못 많았다. 近臣에게 경계하여 詔가 없으면 擧官하지 못하게 하였다. 또 조서를 내려 풍습을 엄하게 하였으며 천

---

251) 『宋會要』 選擧 擧官條
252) 『宋會要』 選擧 擧官條

거로써 阿私하지 말도록 하였다. 그 임용이 이미 部使者에 이른 사람
은 다시 천거하지 못하게 하였다.[253]

天聖 이후에 진급한 자가 많은데 이는 정상적인 循資가 아니라 천
거에 의한 것이다. 또 반드시 詔를 받아서 擧官하도록 제한하였고 阿
私로 擧官하는 것을 삼가도록 하였으며, 임용되어 部使의 지위에 오른
사람은 재차 擧官을 하지 못하도록 하였다. 이와 같은 조처는 보임이
관료 사회에 필요한 제도이기는 하나 그의 남용이 일으키는 폐단을
막아보고자 한 뜻이 강하게 엿보인다.

(3) 武官의 保任

송대의 무관은 일반 병사와는 다른 성격을 지니고 있는 관료군으로
이들에 대한 인사관리도 매우 치밀하게 이루어지고 있으며 문관과 같
이 상위와 하위로 구분되어 있다.[254] 또한 무관의 수는 시대에 따라 차
이는 있으나 가령 三班院에서 담당하는 下級武官의 예로 든다면 진종
의 咸平이전은 300명 정도에 불과하던 것이 天禧연간에는 2,400명으로
증가하고 다시 神宗의 熙寧代에는 1만 1천 명으로 증가하고 있다. 남송
시대에는 1만 5천 명으로서[255] 그 수는 시대에 따라 늘어나는 추세를
보이고 있다. 그런데 이러한 무관에는 宗室 · 高位武職의 자손들이 蔭補
로 임용되는 것이 압도적으로 많이 나타나고 있다.[256] 이들의 직무는

---

253) 『宋會要』 選擧 擧官條.

254) 고급무관은 諸司使로 총칭되는 閣門祗侯 이상을 말하고 樞密院에서 이들
    의 인사관리를 담당하다가 후에는 審官西院에서 尙書右選으로 넘어가고,
    大使臣 · 小使臣으로 불리는 하급무관은 三班院, 후에는 侍郎右選이 담당
    하였다.(제4장 宋代의 人事機構, 表 4 참조)

255) 『建炎以來朝野雜記』乙集 卷 14, 咸平至嘉定侍右員數多寡條.

256) 申採湜, 「北宋의 蔭補制度硏究」 참조.

군대의 지휘관, 宮中內의 侍衛·供奉官·殿直, 그리고 下級幕職官·巡
檢 및 중앙과 지방에 있어서의 監當官이 많이 보인다. 이로 본다면 송
대의 관료조직하에서 무관의 역할도 무시할 수 없는 것이라 하겠다.

무관의 保任에 대해서는 大中祥符 9년에 구체적으로 밝혀지고 있다. 즉,

> 근자에 群官들이 擧한 三班使臣은 대체로 才器를 아는 사람이 아니
> 다. 다만 청탁을 받아 闕하면 章薦交上하니 국가에서 인재를 택하는
> 취지에 맞지 않는다. 바라건대 現任의 知州, 通判과 本路의 鈐轄 都監
> 과 諸司使副 이상은 擧者를 아뢰게 하며 반드시 監押, 巡檢을 兩任해
> 야 하고 遺闕이 없어야 한다.257)

고 하였으니 문무관료가 保擧하는 三班使臣은 청탁에 의하여 추천되
어 적임자가 아니므로 앞으로는 반드시 監押이나 巡檢의 직에 兩任의
경력이 있고 遺闕함이 없는 자를 천거하도록 조치가 취해지고 있다.
그런데 무관의 보임은 문관에 비하면 그 규모도 적을뿐더러 정기적으
로 행하여진 것은 아니다.

다음의 保任詔令에 보이는 바와 같이 태조·태종대에 있어서의 무
관의 보임에 대한 조령은 드물고 眞宗時代에 이르러서야 나타나고 있
다. 즉 재상 이하의 문신관료에게 供奉官에서 殿直에 이르는 하위 무
관에 보임하기 위하여 武勇과 謀略이 있고 변방의 지리와 풍습에 능
통한 자를 추천하게 하였으며 擧主 7명을 갖추게 하였다.258) 무관의
경우에 있어서도 擧主는 꼭 갖추도록 하였고 또 문신관료가 擧主가
되는 것이므로 어떤 의미에서는 문신관료의 보임보다 被擧人에게 있
어서는 擧主를 구하기가 어렵고 거주에게 있어서는 被擧人을 잘 알

---

257) 『長編』 卷 87, 大中祥符9年 8月 丙申條
258) 『宋會要輯稿』 卷 27, 景德4年 6月 條 및 大中祥符5年 7月 條

수 없는 상태에서 추천하게 되었다.

仁宗代에 있어서는 西夏와의 7년전쟁으로 그 대책에 부심하게 되면서 섬서지방의 軍官(將領)으로 쓸 수 있는 인물을 추천하도록 하고 있다. 즉 이 지방의 按撫使, 提點刑獄 및 중앙의 待制, 諫官 등에게 大使臣, 小使臣을 추천하도록 하고 있다.259) 이와 같은 변경지역 군관의 임용은 神宗代에 가서도 계속되고 있다. 治平 원년 9월에

> 문신에게 詔하여 待制부터 三司副使, 御史, 知雜, 三院御史, 諫官과 外任의 安撫, 鈐轄, 轉運使副, 提點刑獄에 이르기까지 武臣은 正任 이상 右職, 橫行使副까지 諸路의 路에서는 鈐轄을 나누고 安撫를 沿邊하여 諸司使 이하로부터 三班使臣에 일러 將領에 堪充하게 하였다.260)

고 한 사실로 알 수가 있다. 그런데 무관뿐만 아니라 문신의 경우에도 전쟁과 반란이 일어나고 있는 변원지방에는 희망자가 많지 아니하였고 또 왕복노정이 멀기 때문에 부임하는 데 어려움이 많이 있었으므로 御史 上官均의 定差불편의 上言에 의하여 희녕3년 8월에는 四川, 廣南, 福建의 각 루에는 知州를 제외하고서는 전운사가 지전 임명하도록 하는 七路定差法이 시행되면서 변방의 문무관 임명의 어려움을 해결하였다.261)

神宗代 이후에는 서방의 경영이 여러 번 진행되면서 이 지역에 필요로 하는 장수나 군관 및 새로이 경영하여 얻어지는 지방의 知州를 보좌하는 무관의 추천령이 빈번히 내려지고 있다. 따라서 북송대에 있

---

259) 申採湜, 「北宋 仁宗朝의 對西夏政策의 變遷에 관하여」, 『歷史敎育』 제8집, 77-121쪽 참조.
260) 『宋會要輯稿』 卷 27, 選擧 擧官條에 많이 나타나고 있다.
261) 『宋會要輯稿』 卷 27, 選擧 擧官 治平元年 9月 23日 條.

어서 무관에 대한 보임은 문관에 대한 그것에 비하면 훨씬 적고 그것
도 보임되는 被擧人은 주로 변방에서 필요로 하는 인물을 대부분 文
人擧主로 하여금 추천하도록 하였음을 알 수가 있다.

南宋代에 金과의 항쟁으로 변방의 武官에 대한 保任詔令이 내려지
고 있다. 즉 侍從, 兩省, 臺諫은 재임 반년 이상, 帥臣, 監司는 부임하
고 반년이 되면 지략, 무용이 뛰어난 자로서 將領의 책임을 맡길 수
있는 인물 2명과 親民官의 差遣資格을 갖추고 있는 大使臣, 小使臣 2
명을 추천하도록 하였다.[262] 또한 관찰사 이상의 무관은 해마다 모략
이 沈雄하고 가히 큰 계책을 맡길 만하고 寬猛適宜하여 가히 여러 사
람들을 제어할 수 있는 등 10科의 추천 조건을 갖춘 자 3명을 추천하
도록 하였다.[263] 여기에는 사마광에 의한 文官 十科擧士의 영향이 엿
보이고 있다.

남송에서 고위문신관료는 다수의 하급무관을 보임할 수 있었다. 즉
前宰相, 執政은 10명, 安撫使, 轉運使, 提點刑獄이 20명, 提擧常平使 8
명, 知州가 6명, 察訪擧官이 15명으로 되어 있다.[264] 이와 같이 문신
관료에 의한 武官의 추천권의 폭을 크게 한 것은 무관에 대한 문신관
료의 擧主權을 충분히 발휘하도록 한 것이며 보임제도상에 있어서도
문치주의정책의 일면을 충분히 반영한 것이다.

(4) 보임제도의 문제점

宋代 保任制의 변천과정에 의하면 태조, 태종대에는 보임에 의한
저극적인 인재의 추천을 장려하고 심지어 인재 천거가 여의치 못할

---

262) 『長篇』 卷 214, 熙寧3年 8月 條
263) 『慶元條法事類』 卷 15, 選擧門, 擧武臣薦擧令.
264) 『慶元條法事類』 卷 15, 選擧門, 擧武臣薦擧令.

경우에는 도리어 문책을 하기도 하였다.[265] 이는 宋의 건국초기에 있
어서 되도록 인재를 각 방면에서 추천토록 하여 유능한 인재를 등용
하려는 정책에서 나온 것으로 해석할 수 있다. 그러나 仁宗代에는 이
미 관료가 포화상태에 달하여 擧官에 심한 제한을 가하고 있고 더구
나 보임제가 올바른 인재의 추천보다는 정실에 흐르고 阿私의 경향을
엿보이고 있었기 때문이라 하겠다. 이리하여 마침내 보임에 의한 得官
이나 遷官을 중지하게 되었다. 이에 대해서는

> 慶曆 5년 2월에 詔하여 근래에 京朝官은 항상 사람을 보임하고 遷
> 官하였다. 짐이 廉士를 생각하고 혹 스스로 천거가 어려우니 이를 파
> 한다.[266]

이러한 정신은 보임제도를 남용하거나 廉士가 추천되고서도 관직에
나가기를 싫어하며, 추천된 자가 그 능력을 발휘할 수 없을 것에 대한
문제의 제기라고 하겠다. 이와 같은 조령이 내려지게 된 경위를 보면

> 監察御史 劉元瑜가 이르기를, 근년에 考課의 법은 朝臣으로부터 員
> 外郎으로 옮기고 員外郎은 郎中으로 옮겨가고 郎中은 少卿監으로 옮겨
> 졌다. 모름지기 淸望官 5명의 保任을 합해야 磨勘을 허락한다. 浮薄한
> 者는 날로 權門으로 몰려가는 것은 士의 염치를 기르는 바가 아니다.
> 그러므로 이 조서를 내린다.[267]

밝히고 있다. 그런데 송초에는 보임제에 대한 엄격한 제한과 연좌제를
실시한 결과 이 제도가 인재등용과 승진에 효과적으로 이용되었으나

---

265) 『慶元條法事類』 卷 14, 選擧門 陞陟 薦擧格.
266) 『宋會要輯稿』 選擧, 擧官條.
267) 『宋會要輯稿』 選擧, 擧官條.

진종의 후기로부터 인종대에 들어오면서 被薦되는 인원수도 많아지고
여러 가지 모순이 늘어나게 되었다. 葉夢得은 이와 같은 문제가 일어
나게 된 것을 仁宗의 慶曆연간(1040~1048)으로 보고 있다.

> 葉夢得이 말하길 監司, 郡守가 部吏를 천거하는 데 처음에는 정원이
> 없었다. 적당한 사람이 있으면 천거하였다. 고로 사람들이 모두 謹重하
> 고 가벼이 천거하지 않았다. 改官하는 매해 몇 명 되지 않았다. 慶曆
> 이후 비로소 屬邑의 다과로 數를 제한하였다. 이에 이르러 元額을 채
> 우기를 힘쓰고 다시 才實을 살펴 改官하지 않아도 해마다 늘어나서 수
> 십 배가 되었다.268)

라 한 것으로 알 수 있다. 보임제에 의한 관료의 승진과 천거의 남용
됨이 天聖 이후가 되었건 慶曆시대부터 이던 간에 仁宗代는 이른바
慶曆의 치세로서 宋의 황금시대로 불리고 이와 함께 관료의 승진이나
천거의 문이 크게 확대되었음은 분명하다. 이는 앞서 음보제도에서도
언급하였지만 음보제도상에서 인종대는 恩蔭을 확대하고 있다. 따라서
蔭補와 保任을 서로 밀접한 관련을 갖는 것을 감안하면 인종대에 보
임의 기회도 天聖 연간에서 慶曆 연간에 확대되었다. 이러한 경향은
英宗代에 와서도

> 英宗 때에 御史中丞 賈黯이 말하길 지금 京朝官으로 卿監은 무릇 2
> 천8백 여 명이니 가히 많다고 할 만하다. 그러나 吏部에서 奏擧한 磨
> 勘 選人으로 引見하지 않은 者가 250여 명이다. (중략) 지난번에 法이
> 소략한데도 그 수가 줄었으나 지금은 법이 촘촘한데도 오히려 그 수가
> 늘어났으니 그 까닭은 바로 薦吏를 해마다 定員을 제한하나 수를 채우
> 기 때문이다. 군수가 5명을 천거하고 그해가 다되어도 그 수를 채우지

---

268) 『通考』選擧 擧士條

못하면 사람마다 그대로 두고 학자들은 비난을 피하고 의논을 두려워
하여 감히 어쩌지 못하니 이것이 많은 까닭에 眞才, 實廉은 無能한 자
보다 은혜로움을 면할 수가 없다.[269]

고 하는 것과 같이 그대로 지속되었다.[270] 이에 대한 시정책을 보면

　　賈黯이 말하길 천하에 詔하여 사람이 있으면 천거되고 반드시 限한
된 숫자에 맞출 필요가 없다. 天子가 그 조서를 내려 申勅하여 中外의
臣僚들이 해마다 京官에 擧할 元數에 비교해서 삼분의 일을 감하였다.
職官을 들어 擧하는 사람은 세 사람으로 任滿하여 선발하는 것이 법과
같았다. 그래서 擧者 수를 減하여 京官을 줄였다.[271]

　그러나 보임제에 의한 擧官의 증가는 英宗代에도 계속되고 있다.
判吏部流內銓 蔡抗은 영종대에 추천된 인원수에 대하여

　　京官人을 奏擧하는 것은 2년을 헤아려 引對하여 이에 마칠 수 있다.
해마다 擧한 바를 계산하면 무려 천구백 명이다. 被擧者가 많으면 磨
勘者가 더욱 많게 된다. 지금 천하에 員多闕少하여 대체로 3사람이 1
闕을 기다린다. 만약 稍改하지 못한다면 吏를 제수받는 것은 더욱 어
렵다. 臣은 知雜御史, 觀察使 이상은 擧官을 파할 수 있다고 생각한다.
해마다 擧官法을 가지고 이를 따랐다.[272]

라고 논하였으니[273] 이에 의하면 해마다 천거된 인원은 무려 1,900명
에 달하고 있다. 이는 앞서 賈黯의 말에서 보이는 英宗時의 京朝官과

---

269) 『通考』 選擧 擧士條
270) 『宋會要』 118冊, 選擧 28, 擧官條에는 治平2年 3月 24日 條로 되어 있다.
271) 『宋史』 選擧志 保任條
272) 『宋史』 選擧志 保任條
273) 『宋史』 選擧志 保任條

卿監의 수가 대체로 2,800여 명이라는 것과 비교할 때에 실제의 경조
관의 수와 이들에 의하여 1년 동안에 추천되는 인원수가 얼마나 많은
가를 짐작할 수가 있다. 여기에다가 이미 추천된 인원수를 합하면 엄
청난 수에 달한 이에 추천자와 被천자의 비율이 3 대 1 被薦人이 많
음을 알 수가 있다.

仁宗代에서 英宗代에 걸친 이와 같은 擧官의 증가 추세에 대하여
治平2년(1065)과 仁宗의 皇祐연간(1094~1053)을 살펴보면

> 天聖中에 臺閣 및 常參官으로 諸路의 使者는 部吏를 천거하는 수가
> 제한이 없었다. 京朝의 臺閣 및 常參官은 일찍이 知州나 通判에 임명
> 된 사람은 오직 部吏가 아니면 모두 천거할 수 있었다. 때에 磨勘, 改
> 官者가 모두 수십 人으로 資考가 늘어났다. 皇祐 중에 비로소 監司奏
> 擧의 수를 제한하여 그 법이 益益하여 磨勘 待次者가 6, 7십명을 감할
> 뿐이니 皇祐에서 지금에 이르기까지 10년인데 수는 3배보다 많다.[274]

고 비교하고 있다. 즉 皇祐에서 10년이 지난 治平연간에 관원의 증가
로 차례를 기다리는 인원은 거의 3배라고 한 사실이 이를 입증한다.

(5) 保任제도의 개혁

仁宗, 英宗대에는 보임제도에도 문제점이 드러나고 이것이 神宗대
에는 보임제도 전반에 걸친 개혁의 기운이 높아졌다. 그리하여 문신관
료의 인사기구를 쇄신하여 吏部 審官院에서 모든 人事를 관장하게 하
였고 아울러 보임제도에 관하여서도 개혁을 단행하였다. 이에 대해
『宋史』에 다음과 같이 자세히 기록하고 있다. 즉,

---

274) 『宋會要』選擧 擧官條

> 신종이 즉위하여 兩府의 初入擧官을 파하였다(중략) 황제가 舊擧官
> 으로서 緣求하여 얻기를 청하였으나 이에 이르러 奏擧를 革去하고 定
> 路로써 하였다. 내외 擧官의 법을 모두 파하라고 詔하였고 吏部의 審
> 官院으로 하여금 參議하여 選格하게 하였다.275)

고 하였으니, 신종은 보임제도의 병폐를 혁파하기 위하여 審官院에서
관료의 인사문제를 參議하여 선발하도록 하였다. 그러나 이때에는 황
제의 侍從과 臺省의 관료는 예외로 두었으나,

> 元豊4년 9월에 尙書省에 令을 내려 법을 세우게 하였다. 諸擧官은
> 侍從·臺省을 薦充할 수 없었다.276)

고 하여 元豊 4년(1081)에는 이것마저 없애 버렸다.

신종대의 신법당에 의한 개혁은 인종대 이래의 누적되어 온 제반문
제에 대한 개혁으로 평가될 수 있으나 원풍의 관제개혁은 문치주의적
관료조직에 일대변혁을 가져왔으며 그의 일환으로 보임제도가 개혁된
것으로 보인다. 따라서 신종의 희녕연간은 보임제도 면에서 큰 개혁을
단행한 시기로 볼 수가 있다.

다음 哲宗代에는 다시 논의가 활발하여져 마침내 철종의 元祐初
(1086)에 개혁이 실시되었다.277)

신종의 희녕연간에 신법당의 집정으로 보임제가 혁신되었다고 한다
면 철종의 원우연간에 구법당의 집권으로 보임제가 새로운 방향으로

275) 『宋史』選擧志 保任條
276) 『宋會要』選擧 擧官條
277) 『宋會要』118冊, 選擧 28, 擧官條에 의하면 左司諫 王巖叟의 上言에 따라
"드디어 다시 내외의 擧官法을 정하게 되었다." 그러나 『長編』卷 380
元祐元年 6月 御史中丞 劉摯는 保任制 부활의 불가론을 내세우고 있다.

변형되었으니 司馬光에 의하여 실시된 十科擧士制度가 그것이다. 먼저 十科擧士制를 주장한 司馬光의 의견을 보면[278]

> 정치를 함에 옳은 사람을 얻은 즉 잘 다스린다. 그러나 사람의 재주는 한 곳에서는 뛰어나고 다른 곳에서는 단점이 있다.(중략) 그런고로 孔子 문하에 四科로써 士를 논했고 漢室은 數路로써 사람을 얻었다. 그러나 단점만 지적하여 善을 가리면 조정에는 쓸 만한 사람이 없다. 만약 器로써 일을 맡기면 세상에 버릴 士가 없다. 臣이 재상의 位를 갖추어 職이 마땅히 官을 선발할 만하나 아는 것이 짧고 보는 것이 편협하며 士들은 恬退滯淹함이 있고 혹 孤寒遺逸하니 어찌 두루 알 수 있겠는가 만약 전적으로 지식으로만 한다면 사사로움에 嫌하고 만약 資序에만 따른다면 반드시 재주로서 할 수 없어 位에 있어 官에 달할 수가 없다. 각기 아는 바를 擧한 연후에 지극히 공정할 수 있어 野에 遺賢이 없을 것이다.[279]

人材등용문제를 들고 조정에 10科를 설치할 것을 건의하였다. 10科의 내용은[280]

> 一曰 行義純固하여 師表가 될 수 있는 科(官人無官人이 모두 응시할 수 있다)
>
> 二曰 節操方正하여 獻納에 備할 수 있는 科(官人이 응시할 수 있다)
>
> 三曰 智勇過人으로 將帥에 備할 수 있는 科(文武 有官人이 응시할 수 있다)
>
> 四曰 公正聰明으로 監司에 備할 수 있는 科(知州 이상의 資序가 응시할 수 있다)

---

278) 『宋會要』118册, 選擧28 擧官 元祐元年 7月 6日 條
279) 『宋史』 選擧志 保任條
280) 『宋史』 選擧志 保任條

五曰 經術精通하여 講讀에 備할 수 있는 科(官無官人이 모두 응시
할 수 있다)

六曰 學問該搏하여 顧問에 備할 수 있는 科(官無官人이 모두 응시
할 수 있다)

七曰 文章典麗하여 著述에 備할 수 있는 科(同上)

八曰 善聽獄訟하여 公을 다하여 實을 얻을 수 있는 科(官人이 응시
할 수 있다)

九曰 善治財賦하여 公私俱便科(官人이 응시할 수 있다)

十曰 練習法令하여 能斷請科(官人이 응시할 수 있다)

이다. 이러한 10科의 選定方法[281]에 대하여 司馬光은 職事官은 尙書
로부터 給事中·舍院·諫議에 이르기까지, 寄祿官은 開府儀同三司로부
터 太中大夫에 이르기까지, 그리고 帶職은 觀文殿大學士로부터 待制에
이르기까지 해마다 10科內에서 세 사람을 천거하여[282] 擧狀을 갖추어
보임하고 이를 中書에 설치한 명부에 기입하여 두었다가 후에 인재를
필요로 할 때에 집정이 그 명부를 보고 간단한 시험을 치룬 후에 그
들의 과목에 따라 적재적소로 비치함으로써 널리 인재를 등용할 수
있다고 주장하였다. 그러나 여기에 있어서도 추천의 남용을 방지하기
위하여 연좌제를 채용하고 있다.[283]

司馬光에 의한 10科擧士는 구법당에 의한 새로운 인재등용법으로
특히 官人이나 無官人의 구별 없이 擧士할 수 있는 師表科, 講讀科,
顧問科, 著述科는 재야의 인재를 발탁하고자 하는 뜻이 강하다.

그러나 사마광의 10科擧士는 이론적으로는 설득력을 지니고 있으나
현실적으로 이를 운영하는 데 객관적인 인물평가의 기준이 없이 추천

---

281) 『宋史』選擧志 保任條, 元祐元年 司馬光奏曰.
282) 『宋會要』118册, 選擧 28, 擧官 元祐元年 7月 6日條
283) 『위의 책』.

한 인재를 어떠한 기준으로 심사하느냐가 문제로 남는다. 이에 대해

> 哲宗時 刑部侍郞 王覿이 상소하여 말하길 무릇 陞陟에 改官者는 한갓
> 應格으로서 한다. 근세에 十科의 천거한 바가 많으나 조정에서 반드시
> 쓰기가 어려우니 그 科가 드디어 가벼이 여겨져 縉紳들이 空文으로 여
> 기게 되니 그 형세가 그렇게 되었다..[284)

고 하여 피천자는 많으나 조정에서 이들을 임용하지 못함으로써 유명
무실화하였다고 지적하고 있고 元祐8년(紹聖元年) 2월에 御史中丞 李
之純도

> 근래에 조정의 10科擧士의 令이 행해진 지 여러 해가 되었고, 근년
> 에 천거한 사람이 많으나 발탁해 쓴 사람은 아주 적다.[285)

고 비슷한 주장을 하고 있는데 10科擧士法은 紹聖 원년(1094)에 罷하
게 되었으니[286)] 실시한 지 8년 만에 중지되었다. 그 후 남송의 고종
建炎3년(1129)에 부활되기는 하였으나 그 효과는 별로 나타나지 못하
였다.

한편 10科擧士制가 실시되었던 元祐 원년에서 元祐 8년(소성원년)
사이에도 10科擧士制와 병행하여 보임제가 계속 유지되었다. 元祐 2년
에 실시된 太中大夫以上歲擧法이 그 대표적인 예이다.

---

284) 『名臣奏議』 28.
285) 『資治通鑑長編記事本末』 卷 93, 元祐8年 2月 辛未條
286) 『資治通鑑長編記事本末』 卷 100.

(6) 保任詔令

宋代는 보임제가 관료의 인맥관계를 형성하고 국가가 필요로 하는 인물을 관료의 추천에 의하여 발탁하여 관료 사회를 구성하고 있었다. 이에 따라 보임조령은 빈번히 내려지고 있는데 이를 정리하면 다음 [표 12]와 같다.

[表 12] 宋代의 保任詔令

時　期	推薦官	被薦官	出　典
太祖 建隆3年 2月 庚寅	文班常參官 曾任幕職州縣者 翰林學士	堪爲賓佐令錄各一人(不當 此事連坐)	S
		如有近親亦聽內擧	H
乾德 2年 7月 辛卯	翰林學士	堪爲藩郡通判者各一人(不 當者連坐)	H
乾德 5年	翰林學士 常參官	幕職州縣及京官內各擧堪任 常參官一人(臨事乘方罪狀 顯著並輕重連坐)	S
開寶 3年 春正月辛酉	里閭郡國遞審連署以聞	民五千戶擧孝悌彰聞 德行純茂者一人	S
開寶 6年 11月 癸丑	常參官 進士及第者	各擧文學一人	S
太　宗 太平興國 6年 正月 乙巳	諸路轉運司指揮管內州軍 長吏	見任判司簿尉之淸廉明幹者	D
太平興國 6年 正月 丁卯	諸路轉運使	知縣通判及監管事務常參官 二人	D
太平興國 7年 8月 19日	翰林學士承旨李昉等十一人	常參官內保擧堪任三司判官 及轉運使各一人	H
雍熙 2年 正月甲寅	翰林學士·兩省·御史臺 ·尚書省官	京官幕職州縣中擧可陞朝者 一人	H

時　期	推薦官	被薦官	出典
淳化 元年 4月 甲寅	尙書省四品·兩省五品以上 宰相以下 至御史中丞	擧轉運使·知州·通判擧朝 官爲轉運使	
淳化 2年 9月	起居舍人·司諫正言·三 院御史郎中·貟外郎	前任見任判司簿尉內保擧堪 任河北令錄者各一人	
淳化 3年 正月	陞朝官	京官內 各擧奏一人 堪充陞 朝官者	H
淳化 3年 2月 3日	宰相·參知政事·樞密副使 ·翰林學士·尙書丞郎·兩 省官·給諫已上·御史中丞	朝官內　擧堪任轉運使者一 人 京官內有才用强明者	H
淳化 4年 7月	諸道轉運使·副使·知州 ·通判·知軍監等	部內 見任幕職 州縣官擧通 明吏道 及精修儒行者各一人	H
淳化 4年 8月	宰相·參知政事·樞密副使· 翰林樞密直學士·尙書丞郎· 兩省給事已上及三司判勾	京朝官內擧廉勤强幹明於錢 穀堪任三司判官者一人	H
淳化 4年 9月	翰林學士承旨蘇易簡·給事 中陳恕·左諫議大夫魏庠· 寇準左諫議大夫趙昌言·起 居舍人知制誥呂祐之·左司 諫呂文仲等九十七人	幕職·州縣官內擧堪任 京朝官者各二人(連坐) 幕職·州縣官內擧堪充 五千戶已上縣令者各二人	H
淳化 5年 11月	宰相呂蒙正·參知政事蘇易 簡·呂端·寇準·知樞密院 使劉昌言·向敏中·至兩省 給諫知制誥已上	各擧有器業可任者一人	H
至道 2年 閏7月	左承旨李至等八十四人	各於州縣·幕職中保擧廉恪 有吏幹可任者一人	H
眞宗 咸平 元年 6月 4日 6月 8日 12月	(六月辛卯)近臣 三司使·尙書丞郎·給諫· 知制誥·知雜御史等 諸路知州·軍·通判 見任三司判官 主判官王渭等	擧常參官才堪轉運使 京朝官內擧廉愼强幹堪轉運 使副者 官內幕職州縣官各具勞績及 委實公廉(連坐) 各擧常參官堪知州者一人	S H
咸平 2年 正月	尙書丞郎·給諫·知制誥	各擧升朝官一人祥明吏 道 可守大郡者(連坐)	S

時　期	推薦官	被薦官	出典
咸平 2年 9月	宰相張齊賢已下	各擧曉錢穀朝官一員(擧主連坐)	H
咸平 3年 2月	翰林學士·給諫·知制誥尙書丞郎·郎中·御史中丞·知雜·三舘秘閣三司官	擧員外郎已下京朝官有材武堪邊任者　知雜而上各二人,郎中而下各一人(譴責)	H
咸平 4年 3月 4日	史館修撰 韓授等	御史臺推堪官	H
景德 元年 7月 8月 9月 9日	四川·河東等三路諸路轉運使 常參官二人 翰林學士承旨宋白已下七十二人	見闕幕職官七十八人員及所部州縣內保擧以充 共擧主縣官一員充幕職京朝官·諸司使以下閤門祗以上充大藩及邊郡知州各一人(連坐)	H
景德 2年 12月	翰林侍講學士邢昺·權知開封府張雍·龍圖閣待制杜鎬·諸王府侍講孫奭	京朝官·幕職·州縣官中保擧儒學該博德行端良堪充學官十人	H
景德 4年 6月 10月	吏部尙書張齊賢已下三十人 翰林學士晁迥等	供奉官·殿直謀略 武勇知邊事二人 常參官堪充大藩知州者二人	H
大中祥符 3年 4月 戊午	翰林學士已下	常參官·三班使臣·幕職州縣官各一人明言治行	D
大中祥符 5年 6月 壬戌	在京常參官二員	幕職州縣官一員充京官	D
大中詳符 7年 12月	王欽若·陳堯叟·憑丞·趙安仁·林特	見任京朝·幕職·州縣官內共擧二人	H
大中詳符 8年 10月	憑拯等	見任京朝官充川峽知州通判	H
大中詳符 9年 10月 11日 10月 28日	戶部尙書憑拯 尙書右丞趙安仁·吏部侍郎林特已下 四十八人 秦州曹瑋	供奉官·侍禁·殿直內擧一人 內殿承制已上至諸司內擧兩人堪充鎭戎軍知軍	H
天禧 2年 閏 4月	戶部尙書 憑拯已下 幷諸路轉運使·副使·提點刑獄·朝臣	幕職·令錄·知縣內一人充京官	H

時　期	推薦官	被薦官	出　典
天禧 4年 閏 9月	翰林侍讀學士張知白等 十二人 工部尙書晁逈等九人 給事中梁黃目孫奭等八人	朝官內任使二人 朝官內文學優長履行清素 朝官內大藩郡知州二人	H
天禧 4年 閏 9月	轉運使・副使・勸農使・知 制誥・知雜御史・直龍圖閣 知制誥祖士衡・錢易等五人	前任見任幕職州縣官內堪充 京官知縣二人 太常博士已上各舉材堪 御史者一人(連坐)	H
仁宗 天聖 元年 夏4月 丁巳	近臣	諫官・御史各一人	S
天聖 4年 6月	禮部尙書晁逈, 四方館使 高繼志等五十五人	諸司使已下至閣門祗候 堪充邊上差使者各一人	H
天聖 5年 7月	樞密直學士李及・薛田・ 趙稹・龍圖直學士劉燁・ 右諫議大夫姜遵	曾任知州・通判・太常博士 以上者舉堪充錢穀刑 獄繁難任使者各二人	H
天聖 6年 8月	錢惟寅・曹瑋・李廸・晏殊 ・宋綬等五十五人	機略諳歷邊事或精熟武藝殿 直已上使臣一人	H
天聖 7年 10月	諸路轉運使及知州軍監	判司簿尉 可縣令者	H
明道 元年	諸路轉運使	國子監講官	H
寶元 2年	近臣	方略材武之士	H
康定 元年 12月 23日	諸路轉運使・提點刑獄及知 州・府・軍・監	兩員	H
慶曆 元年	近臣	河北・陝西・河東・知州・ 通判・縣令	H
慶曆 3年 5月 22日	臣僚	幕職州縣官充京朝官判司・ 簿尉充縣令流外出身州縣官 充令錄	H
慶曆 4年	諸路轉運・提刑	守令有治狀者	H
慶曆 6年 10月 22日	三司	幕職・州縣官	H

時　期	推薦官	被薦官	出　典
皇祐 4年 8月	文臣御史·知雜已上 武臣觀察使已上 待制·觀察使已上	諸司副使至閤門祗候 堪提點刑獄任使者各一人 文武官任邊要者各一人	H
嘉祐 2年 秋7月 辛卯	陝西·河北諸路經略安 撫使	文武官材堪將領者各一人	S
英宗 治平 2年 4月 辛丑	中外臣僚	合舉選人者	D
治平 3年	宰臣·參知政事	才行之士可試舘職者各 五人	S
治平 4年 冬10月 癸丑	翰林學士·御史中丞· 侍御史·知雜事	材堪御史者各二人	S
治平 4年 11月 丁丑 11月 丙戌 11月 乙未	近臣 二府 內外文武官	各舉 才行可任使者一人 各舉 所知 各舉 有材德行能者	S
神宗 熙寧 元年	諸路帥·監司及兩制·知雜 御史以上	武勇謀略三班使臣	S
熙寧 5年	侍從·諸路監司	有才行者	S
熙寧 10年	侍從·台諫·監司	文武有才行者一人	H
元豐 元年	內外文武官	堪應舉者一人	H
元豐 2年	五路帥臣·副總管軍·臣僚	可任將領及大使臣者二人	H
元豐 5年	兩省官人	可任御史者各二人	H
元豐 6年	御史中丞· 兩省官內外文武官	可任言事或監察御史五 人應武舉者	H
哲宗 元祐 元年 4月 辛丑	左右侍從 侍從·御史·國子司業 執政大臣 侍從·臺官·監司	堪任監司者二人 經明行修可爲學官者 可充館閣者三人 縣令	D
元祐 2年	中外侍從	郡守各一人	S
元祐 4年	中丞·兩省	各舉人	S

時　期	推薦官	被薦官	出　典
元祐 6年	御史中丞·翰林學士至諫議大夫 御史中丞 翰林學士·中書舍人·給事中	殿中侍御史·監察御史二人 殿中侍御史二人 監察御史十人	H
紹聖 2年	許將等七人 翰林學士蔡京·御史中丞黃履	才行堪備位使者二人 各擧御史二人	H
紹聖 4年	翰林學士·吏部尙書諫議大夫以上	各擧監察御史二人	H
元符 元年	侍從·中書舍人以上 權侍郎以上	擧所知二人 擧一人	H
元符 2年	監司	本路學行優異者各二人	H
徽宗 崇寧 元年 閏6月 甲子	侍制以上 監司·帥臣	所知士有懷抱道德久處下僚及學行兼備者能吏各二人 諸路州縣官有治績最著者本路小使臣以上及親民官內有智謀勇略可備將帥者	D
崇寧 2年	侍從官	各擧所知二人	S
大觀 2年	監司	所部郡守二人縣令四人	S
政和 3年	有官人	擧八行有德	S
宣和 6年	內外侍從以上	各擧所知者二人	S
宣和 7年	諸路帥臣·監司	將權有才略者	H
靖康 元年	侍從官 在京監察御史 在外監司·郡守 三衙·諸路帥臣 中外·天下	文武臣僚堪充將帥有膽者 曾邊任或有武勇可以統衆出戰者二員 諳諫邊事·智勇過人幷豪俊奇傑衆所推服堪充統制將領者各五人 習武官才堪將領者	H

* H는 宋會要輯稿, S는 宋史, D는 宋大詔令集의 略

이 保任詔令表는 『宋史』열전에 보이는 관료승진에 있어서의 상호추천관계표와 서로 밀접한 관계를 지니고 있으므로 송대 문신관료의 구조를 전체적으로 파악하는 데 도움이 된다. 이 詔令表를 통하여 다음과 같은 몇 가지 사실을 추론할 수 있겠다.

첫째로 保任을 위한 인물추천에 대한 조치이 대단히 많다고 하는 사실을 알 수가 있다. 被薦되는 인물이 황제가 바라는 그러한 인물인가 하는 사실은 차치하고라도 황제가 측근으로 하여금 유능한 인재를 추천하도록 계속적으로 詔令을 내리고 있다는 것은 매우 중요한 뜻을 지닌다. 이는 황제 측에서 본다면 유능한 인재의 등용으로 풀이할 수가 있으나 신하의 입장에서 보면 언제든지 능력에 따라 요직에 나아갈 수 있다는 가능성을 지니게 되는 것이다. 같은 신하의 입장이라 하더라도 황제의 詔를 받들어 추천하는 추천자와 추천인을 통하여 被薦되는 피천자는 서로 다른 방향에서 밀접한 인간관계가 성립되는 것이다. 이때에 가장 황제의 은덕에 감명되는 사람은 물론 피천인이라고 볼 수 있으나 황제와 추천자 그리고 피천자는 보임제를 통하여 깊은 인간관계가 성립되며 이는 문치주의 송조의 관료상호간은 물론이고 관료와 황제 사이의 從主關係를 성립시키는 중요한 계기가 되는 것이다. 따라서 송의 관료체제는 보임제를 통하여 발전되었고 황제의 독재체제도 보임제에 의하여 강화된 것으로 볼 수 있다.

둘째로 보임제에서 간과할 수 없는 것은 上記 表에서도 나타나고 있는 바와 같이 추천자는 황제측근의 近臣이며 특히 翰林學士[287]는 상당히 중요한 작용을 하였다. 송대의 중앙관직은 황제를 정점으로 하

---

287) 『容齊隨筆』卷 12, 侍從兩制條에 "謂翰林學士 中書舍人 爲兩制 言其掌行內外制也"라 있고 『朝野類要』 卷 2에 "翰林學士官謂之 內制 掌王言 大制誥 詔令 赦文之類 中書舍人謂之 外制 亦掌王言 凡誥詞之類"라 하여 翰林과 中書가 각각 內制와 外制를 分掌하였다. 山本隆義 『中國政治制度の硏究』298쪽 참조.

여 宰相과 執政이 국무를 처리하지만 당대처럼 재상이 국무의 결정권은 없고 논의만을 하였다. 결정권은 황제가 전단하였으므로 송대는 황제독재권이 크게 강화된 시대로 본다. 그런데 이와 같은 문신관료를 기반으로 한 황제독재체제하에서 한림학사의 역할은 매우 중요한 것으로서 인재의 추천과 문관의 제수까지 담당하고 있다.[288] 그러므로 한림학사는 천자의 內命을 專掌하는 요직으로 그들이 활약하는 분야는 폭이 넓고 문신관료의 인사문제에 결정적인 영향을 미치고 있음을 위의 詔令表를 통하여 충분히 살필 수가 있는 것이다.

셋째로 피천자의 성격문제이다. 시대적인 상황에 따라 예외는 있으나 대체로 被薦된 사람은 有官者가 승진되어 요직에 나가는 경우가 많고 그 밖에 관위가 없는 재야인을 특채하는 경우도 볼 수가 있다. 그런데 이들 피천자는 대체로 幕職 州縣官 등 지방의 중책을 맡는 경우와 중앙의 朝官으로 진출하고 또한 選人에서 京官으로 올라오기도 한다. 그런데 京官에서 朝官으로 오르거나, 선인에서 경관으로 승진하는 것은 관료에게는 매우 중요한 관위승진으로서 保任制는 문신관료의 승진에도 중요한 역할을 하였다고 보겠다.

Ⅱ. 관료의 승진과 추천제

(1) 『宋史』列傳의 분석

『宋史』열전은 관료의 이력, 특히 관료의 승진내용을 자세히 기록하

---

288) 『宋史』卷 161, 志 114, 職官 1, 中書省條에 "凡除省臺寺監長貳以下 乃侍從職事官外任監司節鎭 知州軍通判 武臣遙郡 橫行以上除授 皆掌之"라 하여 侍從의 職事官의 除授까지 內制로서 學士가 담당하였다. 翰林學士는 時代마다 약간의 차이가 있으나 6명이 正員으로 되어 있다.

고 있어서 마치 관료의 경력증명서와 같다. 이는 송대 관료체제가 열전에 그대로 반영된 것이다. 『송사』가 중국의 25史 가운데 繁蕪[289] 하다고 알려져 있고 특히 『宋史』의 편찬체제는 개인의 관직으로 거의 메워져 있는데 이는 바로 송대의 복잡한 관료조직과 관료체제가 열전에 반영된 것으로 귀중한 관료제연구의 자료가 된다. 열전의 편찬형식을 보면 크게 네 부분으로 구분하여 고찰할 수 있는데 첫째 부분이 출생에서 관직에 나가기까지의 내용, 둘째가 초임에서부터 경관으로 승진되거나 館職으로 나아가는 내용, 셋째가 관료로서의 중앙 및 지방 관직을 전전하는 내용, 넷째가 관료로서의 업적 및 본인의 정책 내용 등이 그것이다. 이 중에서도 특히 우리의 관심과 흥미를 끄는 것은 둘째의 초임에서 경관으로 승진되거나 또는 館職으로 나아가는 부분이다. 우리는 이미 앞 장의 선인의 경관승진에서 경관으로 나아갈 때에 여러 사람의 추천을 필요로 하고 있다는 사실을 제도적으로 살펴보았거니와 『宋史』의 열전에서는 이에 대해서 보다 구체적으로, 누가 누구의 추천에 의해서 어떠한 관직으로 승진되어 나갔느냐 하는 내용을 자세히 전하여 주고 있다. 따라서 우리는 『宋史』열전을 분석할 필요를 느낀다. 왜냐하면 열전의 둘째 부분의 내용은 관료로서는 아직 초년생으로서 지방관으로서의 업적과 그의 文才, 그리고 과거의 성적 등을 고려하여 자기의 직속상관이나 同鄕의 선배, 중앙요로의 유력자에 의하여 추천을 받거나 또는 직접 천자의 부름을 받아서 경관이나 관직으로 승진하는 기간이기 때문에 관료의 승진과정상에서 볼 때에 가장 중대한 전환이 되는 시기라 할 수 있다. 송대는 과거에 의한 실력주의 시대라고 하지만 『宋史』열전에서는 초임에서 경관이나 중앙관의 요직으로 올라갈 때에는 반드시 유력한 上司나 동료의 추천을 필요로 하

---

289) 『二十二史箚記』권 23, 宋遼金三史重修條

고 있고 이는 송대 관료사회의 하나의 특색이라 할 수 있다. 이러한
추천에 의하여 경관으로 나아가는 擧主制度는 송대에서 흔히 있는 것
으로서[290] 열전에 나타나고 있는 상호추천관계를 분석하면 송대 관료
의 인맥관계가 분명하여짐과 아울러 송대 관료사회의 구조를 보다 명
확하게 파악할 수가 있다.

여기에서는 『宋史』열전 중에서도 상호 추천관계가 가장 명확한 북
송시대의 인물을 중심으로 추천인을 밝히고 추천에 의해서 승진되는
관직과 그리고 관료로서 가장 출세를 하였다고 할 수 있는 최고관직
을 살펴보고 피천자에 대한 추천인의 추천이유를 찾아보았다. 이 추천
이유는 간략하게 其才 또는 其材, 其文 기타의 표현을 하고 있어서 매
우 애매하기는 하지만 그래도 이를 전체적으로 종합하여 보면 대체적
으로 송대의 문신관료의 추천기준이 어떠하였던가를 짐작할 수가 있
을 것 같다. 또한 이 표 이외에도 『宋史』열전을 읽어보면 대부분의 경
우 추천인의 이름은 밝혀지지 않고 있으나 '……薦……擧'라고 하는
문맥으로 분명히 누군가의 추천으로 승진되고 있음을 알 수가 있다.
이로써 송대의 관료 사회에 있어서 추천이 매우 중요한 의미를 갖는
다고 하는 사실이 분명하게 입증되고 있다.

그럼 송사열전에 나오는 추천인에 의한 피천인의 승진예를 도표화
하면 [표 13]과 같이 정리가 된다.

『宋史』열전의 관료 승진 [표 13]을 통하여 다음과 같은 중요한 사
실을 파악할 수가 있다.

---

290) 宮崎市定, 「宋代の士風」『アジア史硏究』제4(東洋史硏究會, 1964) 145쪽 참조.

[표 13] 宋史列傳의 文臣官僚陞進과 推薦關係例

推薦人			被薦人				出典
姓名	官職	推薦理由	姓名	現官職	陞進官職	最高官職	
可承矩	郡守	善政	王旦	監潭州銀場	著作佐郎		「宋史」282列傳41
王禹偁		其才	〃	通判濠州	轉運使		〃
鐔若水		宰相器	〃		知直擧	宰相	〃
張齊賢	轉運使	其材	向敏中	通判吉州	著作郎	宰相	〃
宋準	右贊善大夫	其文	宋湜	通判梓州	著作郎直史館	樞密副使	287-46
呂夷簡	御史知雜	治有惠愛	王紘	知潛剡縣	著作佐郎	知州	〃
王化基	御史中丞	其才	陳彭年	二州推官	衛尉持丞秘書郎	參知政事	〃
錢若水	翰林學士		任中正	通判漢州	秘書省著作佐郎	參知政事	288-47
王會			姜遵	太常博士	殿中侍御史開封府判官	樞密副使	〃
李諮	樞密直學士		趙積	同判宗正寺	監察御史	樞密副使	〃
楊偕	御史知雜		高若訥	知商河縣	監察御史	參知政事	〃
薛奎	知秦州		明鎬	大理寺丞	節度判官	參知政事	292-51
蘇易簡 ⎫ 丁度 ⎭		其才	張詠	著作佐郎	太子中允	御史中丞	293-52
丁度			掌禹錫	通判井州	侍御史	太子賓客	294-53
晏珠	留守南京	厚遇之	王洙	縣主簿	府學敎授國子監說書	侍讀學士	294-53
楊億		愛其文章	畐冠卿	軍事推官	大理寺丞	翰林學士	〃
孫奭		學問精博	趙師民	城主簿	城主簿		〃
夏竦			〃	城主簿	齊州推官		〃
張觀宋郊					周子監直講		〃
王堯臣·龐籍韓琦	近臣		〃	節度推官	兼二王宮敎授	學士	〃
李及	樞密直學士	能史治縣	張錫	知東明縣	監察御史	翰林侍讀學士	〃
陳執中	安撫京東	經明行修	張揆	(以疾解官)	國子監直講	給事中	294-53
王洙文	知經州		楊安國	太學助敎	太常寺奉禮	給事中	〃
孫奭	知兗州				郞州學講書		〃
〃			〃	州學講書	國子監直講	〃	〃
大臣	大臣	有能	尹洙	知伊陽縣	館閣校勘	諫官	295-54
李紘	轉運使	其材	孫甫	華州推官	大理寺丞知縣	天章閣侍制	〃
馮拯			謝絳	權知華陽縣	兵部員外郎	知制誥	〃
王安石		友善	謝景溫	京西轉運使	侍御史知雜事	刑部尙書	〃
石熙載		其文	韓丕	大理評事通判	著作佐郎直史館	給事中	296-55
扈蒙		其才	張茂直	著作佐郎	秘書省	知潁州	〃
候陟	轉運使	以著名聞	王曾	隆平主簿	衛尉持丞史館	殿中侍御史	〃
宰相			呂祐之	贖過失	右諫議大夫	刑部侍郎	〃

推薦人			被薦人				出典
姓 名	官 職	推薦理由	姓 名	現官職	陞進官職	最高官職	
李至	秘書監		潘愼修	知縣	知直秘閣	右諫議大夫	296-55
(舊儒多)		其能	杜鎬	千乘縣主簿	國子監丞崇文院檢討	禮部侍郞	〃
寇準		其才	査道	觀察推官	著作佐郞	刑部郞中	〃
宰相			査陶	權判大理寺	秘書丞少監	秘書少監	〃
〃		孔氏爲名者	孔道轉	通判廣州	太常博士知曲阜縣	工部郞中	297-56
王珪		治有條理	孔宗翰	知仙源縣	通判陵州	寶文閣侍制	〃
龐籍			司馬光	大理寺丞	館閣校勘		〃
王璨	御史中丞		鞫詠	邵州通判	殿中侍御史 三司鹽鐵判官	天章閣侍制	〃
呂夷簡		其材	劉隨	通判益州	右正言	天章閣侍制	297-56
宋綬		其材	曹修吉	秘書丞同判僥州	太常博士 監察御史	侍御史 知寺州	〃
寇準		其文	彭乘	團練推官	館閣校勘	翰林學士	298-57
盛度		行政能力	司馬池	知光山縣	著作佐郞	天章閣侍制知州	〃
寇準		其才	李及	觀察推官	大理寺丞 知興化軍	御史中丞	〃
王堯臣	三司使	濟民察盜	燕度	知陳留縣	戶部判官	知潭州	〃
蘇易簡		其才	馬亮	知福州	提點三司都勾院	工部尚書	〃
寇準	宰相	所厚	秋崇	知壁州	通判益州	知揚州	299-58
歐陽修		甚重之	張洞	穎州推官	大理寺丞		〃
高若訥吳齊	樞密副使 參知政事	其文	〃		大理寺丞	館職秘閣校理	江西轉運使	〃
寇準	宰相	其材	李仕衡	父罪連坐除名	光祿寺丞	知陳州	〃
范仲淹	參知政事	可獨倚辨	許元	權貨務三門判官	制置發運判官	知秦州	〃
寇準		治河	孫仲	知天雄軍	知州	給事中	〃
宋綬			楊偕	太常博士	監察御史	工部侍郞	300-59
張知白			王沿	知宗城縣	著作佐郞	知州	〃
魏羽	三司使	其才	邊肅	知於潛縣	戶部判官	知秦州	301-60
寇準		以善	梅詢	懷州團練副使	池州	知許州	〃
陳恕	戶部使	行政能力	馬元方	殿中丞	戶部判官	權三司使	〃
向敏中	知延州	其材	薛田	延州推官	著作佐郞	知延州	〃
趙普	宰相	其才	張秉	通判宣州	知鄭州	樞密直學士	〃
孫奭	判監	學問通博	郭稹	大理寺丞	國子監直講	權知開封府	〃
寇準	知州	幹才	趙賀	任胊縣主簿	大理評事	知梁州	〃
孫奭			高覿	嘉興縣主簿	著作佐郞	知單州	〃
張宗象	樞密直學士		徐起	都官員外郞	提點刑獄	知湖州	〃
王拱振	通判趙州	奉法嚴正	李京	知永昌縣	監察御史	天章閣侍制	302-61
高若訥	通判幷州		呂京初	簽書府判官	殿中侍御史	知諫院	〃
吳育		行政力	范師道	都官員外郞	御史	知明州	〃
蔡育	知州	其材	張昷之	通判常州	提點刑獄	知揚州	303-62

推薦人			被薦人				出典
姓 名	官 職	推薦理由	姓 名	現官職	陞進官職	最高官職	
吳育	翰林學士		唐詢	知歸州	御史(母喪不赴)	給事中	303-62
		學有	范育	涇陽令	崇文校書	〃	〃
李仲京	侍讀學士	知兵法	田京	大理寺詳斷官	通判鎭戎軍	右諫議大夫	〃
王化基			劉師道	知保寧	著作佐郞	樞密直學士	304-63
呂祐之 ⌉				鎭海			
樂史 ⌋							
王師宗	轉運使	法官	王濟	臨河縣主簿	光祿寺丞權大理丞	知州	〃
龐籍	知雜事	狀事逢辨	方偕	屯田員外郞	御史	刑部郞中	〃
蔡齊	御史中丞	其才	曹潁	州軍事推官	御史臺主簿		〃
韓琦			〃	通判儀州	轉運判官	龍圖直學士	
文彦博 ⌋						知永興軍	
王堯臣	安撫陝西	活死囚七人	劉湜	通判劍州	知曜州	太常少卿	〃
近臣			楊偉	太常博士	集賢校理	中書舍人	305-64
呂端李沆	宰相		晁迥	太常丞	右正言	禮部尙書	〃
	參知政事				直史館		
王化基			薛映	太常丞	監察御史	集賢院	〃
					知聞封縣	學士	
劉章		其材	孫何	鴻臚少卿	左贊善大夫	權戶部判官	〃
錢若水 ⌉		深所賞	戚綸	免官	大理評事知縣		306-65
王禹偁 ⌋		重久之					
楊徽之	秘書監	其文學純謹	〃	通判泰州	秘閣校理	太常少卿	〃
李擇言			王陟	度支判官	著作佐郞	三司鹽	307-66
李惟清	轉運使	其吏材	魏廷式	州法曹掾	知桃源縣	判官	〃
李昌令		明練刑章	〃	通判穎州	詳議官	知審官院	〃
鞠礪		其能	宋搏	膳部員外郞	右贊善大夫知利豐	刑部郞中	〃
勝中正	御史中丞		李若拙	通判	右補闕	知州	〃
薛奎	參知政事	經濟政策	李繹	路轉運使	刑部郞中直史館	右諫議大夫	〃
楊允恭		茶鹽法	秦羲		軍茶鹽	眞州權務	309-68
富弼		其義行	李柬之	判西京留司	侍讀	工部尙書	310-69
韓琦		君臣龍鑑	李及之	判刑部	直秘閣	〃	
		及學行					
楊億	宰相	其賦	王曾		通判	門下侍郞	
寇準 ⌋						平章事	
陳堯咨	安撫使	良吏	社衍	知乾州	權知鳳翔府	宰相	310-69

推薦人			被薦人				出典
姓名	官職	推薦理由	姓名	現官職	陞進官職	最高官職	
夏竦	知州	有宰相器	龐籍	黃州司理參軍	開封府兵曹參軍	宰相	311-70
薛奎	知府	〃		參軍	大理寺丞		〃
楊億		有公輔器	章得象	知汎州	直史館三司度支判官	宰相	〃
張雍	知州	能吏	張士遜	射汎令	襄陽令著作佐郎	宰相	〃
范仲淹	參知政事	王佐才	富弼	(制科)	將作監丞		313-72
晏殊	知應天府	聞名	范仲淹	(母憂法官)	秘閣校理	參知政事	314-73
韓琦		百縣均賦	范純禮	知永安縣	三司鹽鐵判官	禮部尙書	〃
宋庠			范純仁	知襄城縣	(館職)	觀文殿大學士	
呂夷簡	宰相		韓綜	通判鄧州	集賢校理	知制誥	315-74
韓琦	宰相	有公輔器	韓絳	三司使	樞密副使	知河南府	
王安石			韓宗師		度支判官	知河中府	
富弼 歐陽修		好古嗜學	韓維	史館修撰	檢討知太常禮院	門下侍郎	
劉沆		其才	韓縝	簽書南京判官	編修三班	尙書右僕射	〃
曾公亮	翰林學士		趙抃	軍節度推官	殿中侍御史	資政殿學士知杭州	316-75
司馬光		其行	唐淑問	監撫州酒稅	左司諫	左司諫	〃
文彦博	宰相		唐義問	轉運副使	集賢修撰	知府	〃
許翰	御史中丞	其亮行	唐恕		監察御史		〃
范仲淹		賦詩豪縱	邵亢	(布衣)	軍節度推官	資政殿學士, 知州	
呂夷簡			錢明逸	太常博士	右正言	翰林侍讀學士	317-76
王安石	提點府界	其文	錢景諶	開封解試	主簿	知州	〃
宋綬 蔡齊		天下奇才	張方平	(茂材異等)	校書郎知縣	三司使	318-77
王曾		有公輔器	張昇	楚邱主簿	度支員外郎		〃
夏竦	經略安撫	其才	〃	度支員外郎	六宅使涇原秦鳳安撫都監	參知政事	
歐陽修 趙槩			劉攽	國監子直講	員外郎	中書舍人	319-78
孔道輔	御史中丞	其賢	王素	屯田員外郎	侍御史	工部尙書	320-79
寇準	大名府守	異待之	張存	知朝城縣	殿中侍御史	吏部侍郎	〃
王曙 韓琦	御史中丞	極論天下事	孫洙		集賢校理	翰林學士	321-80

推薦人			被薦人				出典
姓名	官職	推薦理由	姓名	現官職	陞進官職	最高官職	
韓琦		廉勇	陳薦	華陽尉	秘閣校理	資政殿學士知州	宋史列傳322-81
孫抃	御史中丞		吳中復	通判潭州	監察御史	龍圖直閣學士	〃
范仲淹			王獵		永興藍田主簿	侍讀	〃
吳奎		其學行	孫思恭	(棄官)	秘閣校理國子直講	知江寧府	〃
韓琦		其賢	齊恢	戶部判官	直昭文館	知審官西院	〃
歐陽修 文彥博			王安石	通判舒州		宰相	327-86
歐陽修		壯其文	李清臣	簽書軍判官	集賢校理	給事中	328-87
歐陽修		機宜文字	安燾	太常丞	秘閣校理	同知樞密院事	〃
王安石	參知政事	環善	張操	絳雲令	集賢校理	參知政事	〃
蔡京			鄧洵武	秘書少監	史館	尚書左丞	329-88
孫覺			李定	秀州判官	太子中允	知州	〃
王安石			王子韶		監察御史	秘書監	〃
蔡確			河正臣		御史	知州	〃
呂夷簡	宰相	其才	傅求	大名府守	提點刑獄	知州	330-89
賈昌朝			孫瑜	將作監主簿	崇文檢討	工部侍郎	〃
揚安國	侍講	以經術	盧士宗	提點刑獄	經筵官	禮部侍郎	〃
呂夷簡			錢象先		國子監直講	知審刑院	〃
韓琦	知定州	爲政强力能使吏不賂	韓璹	知安喜縣	開封司錄	正義大夫	〃
王安石		數興論事體量之	杜純	河西令	審刑詳議官	兵部侍郎	〃
富弼			杜常	司法參軍事	轉運判官	太常卿	330-89
陳執中			李中師		集賢校理	權發開封府	331-90
呂公弼	蜀使	邊防	孫構	知黎州	知眞州	太中大夫	〃
吳充	三司使	操高	沈遼	監壽州酒稅	監內藏庫	轉運使	〃
杜衍 文彥博	按撫使		李大臨	絳州推官 國子監直講	秘閣校理	天章閣待制	〃
張方平	三司使	立著茶法	沈立	兩浙轉運使	戶部判官奉使契丹	知州	333-92
范諷	御史中丞		張瑊	知益都縣	知掖縣	給事中	〃
王素		孝子之志	劉瑾		集賢校理	知州	〃
楊億		寶符閣頌	葛宮	學士院	知南充縣	工部侍郎	〃
歐陽修		其才	張田	知應天府司錄	通判廣信軍	知州	〃

推薦人			被薦人				出典
姓 名	官 職	推薦理由	姓 名	現官職	陞進官職	最高官職	
呂夷簡	宰相	其材	李載	知阮氏縣	知齊州鈐轄	知州	宋史列傳 333-92
曾孝寬 司馬光 ⌉	宰相	以才	朱光庭	主簿縣令	簽書河陽判官右正言	給事中	〃
呂公著	開封尹	行政力行	李琮	寧國軍推官	知陽武縣	寶文閣待制知州	〃
呂惠卿		「治第24篇」	徐禧	(布衣)	修撰檢討	知制誥	〃
包拯		灌漑	沈起	知海文縣	監察御史	知州	〃
李紘 宋綬 ⌉		(辨誣)	仲世衡	通判鳳州	衛尉寺丞	經略使	334-93
龐籍	御史中丞	文才	司馬光	國子監直講	館閣校勘	宰相	336-95
歐陽修		學行之士	呂公著	通判穎州	判吏部南曹	中書侍郎	〃
宋綬		文才	范鎭	新安主簿	東監直講館閣校理	門下侍郎	337-96
司馬光	資政殿學士	從光編修資治通鑑	范祖禹	秘書省正字		龍圖閣學士	〃
歐陽修	龍圖直學士	文才	蘇軾	大理評事簽書府判官		禮部尙書	338-97
韓琦		經濟政策	劉摯	觀察推官	館閣校勘	門下侍郎	340-99
歐陽修		虛事精審	蘇頌	南京留守推官	館閣校勘	門下侍郎	〃
歐陽修 呂公著 趙槩		文才	王存	密州推官	國子監直講	右光祿大夫	341-100
韓琦		其文	鄭雍	兗州推官	秘閣校理	資政殿學士	342-101
賈黯 韓琦 ⌉		詩文	冲列	宣城令	侍講	〃	
王安石			鄧閏甫	武昌令	編修中書戶房事	兵部尙書	343-102
王安石		友善	李常	秘閣校理	三司條例檢詳官	知州	〃
呂公著			孔平仲	集賢校理		戶部郎中	344-103
司馬光		救荒	李周	長安尉	御史(不赴)	知州	〃
葉祖洽			鄭回	宗正寺簿	睦親宅講書	監寧御史	345-104
蔡卞		其賢	陳瓘	越州判官	通判明州	知州	〃
黃履		强直	陳次升	知安丘縣	監察御史	右諫議大夫	346-105
王安石		詩文	彭汝礪	彰州軍事推官	國子直講	知州	〃
趙抃	知越州	其材	孫鰲	越州司法參軍	知偃師縣	知曹州	346-106
李淸臣		處世之要	李昭玘	徐州敎授	秘書省正字秘閣校理		〃
韓忠彦			〃	太常少卿	起居舍人	起居舍人	〃
王安石	參知政事	能辨新法	黃廉	縣官	司農丞	起居郞	〃
司馬光		才氣秀	張舜民	監郴州	館閣校勘	吏部侍郎	〃

推薦人			被薦人				出典
姓名	官職	推薦理由	姓名	現官職	陞進官職	最高官職	
歐陽修	考官	異强直名儒	顏復	酒稅	監察御史 知永寧縣	國子監祭酒	宋史列傳 347-106
劉摯			韓川	開封府推官	監察御史		〃
大臣			龔鼎臣	知萊蕪縣	試館職	大中大夫	〃
曾布	執政		傅楫		太常博士	中書舍人	348-107
吳執中	御史中丞	治績	毛注	知縣	御史	殿中侍御史	〃
石公弼	御史中丞	其材	洪彦昇	提學常平	提擧廣西學士	知吉州	〃
李憲			鍾傳	(書生)	蘭州推官		〃
章惇	宰相	邊防論		蘭州推官	秘閣校理	龍圖閣直學	〃
章惇		反亂鎭壓	張商英	知南川縣	檢正中書禮房	宰相	351-110
石豫	御史中丞		劉正夫	太常博士	左司諫	工部尚書 中書侍郎	〃
蔡京	戶部尚書	整治役法	張康國	知雍丘縣	參詳利害使	知樞密院事	〃
黃湜	轉運使	訟事能決	侯蒙	知柏鄕縣	知襄邑縣	中書侍郎	〃
蔡京	宰相	其文	吳敏	秘書省校書郎	館職	知樞密院事	352-111
蔣之奇	知縣	邊防策	張叔夜	蘭州錄事參軍	西安州錄事參軍	知靑州	〃
蔡攸			晁昌	敎州相授	秘書郎	戶部尚書	353-112
文彦博	留守	爲材	鄭僅	大名府司戶參軍	大名府司法	通議大夫	〃
趙抃	成都守	役法力行	程之邵	新繁主簿	三司磨勘官	顯謨閣待制	〃
歐陽修 韓琦		感山賦	崔公度	(讀書人)	史館和州防禦推官	知州	〃
黃履	御史中丞		謝文瓘	敎授大名府	主簿	知濟州	354-113
蔡卞	知樞密院	方田均稅法實行要領	李伯宗	知太康縣	提擧京畿保甲使	轉運使	〃
呂惠卿	宰相		葉祖洽		簽書奉團	給事中	〃
呂公著			賈易	左司諫	軍判官知懷州	吏部侍郎	355-114
蔡確	宰相		上官均	國子直講	監察御史	中書舍人	〃
曾布			葉濤	校書郎	起居舍人	知州	〃
文征博			崔台符	大理詳斷官	墓牧判官	大理卿	〃
王安禮			虞策	通判蘄州	提擧常平	樞密直學士	〃
安惇			石豫		監察御史	工部侍郎	356-115
蔡京	宰相	州里之舊	許敦仁	校書郎	監察御史	御史中丞	〃
趙挺之			吳材	太常博士	右正言	工部侍郎	〃

　　宋史列傳에 등재되어 있는 北宋朝 전체의 관료총수는 대략 895명으로 보고 있다.[291] 이 가운데 文臣관료는 632명, 武臣관료는 263명이

---

291) 西川正夫, 「華北五代王朝　文臣官僚」, 『東洋文化硏究所紀要』27(東京大學 東洋文化硏究所, 1961) 218쪽 참조. 그러나 陳義彦은 「北宋統治階層社會 流動之硏究」(嘉新水泥公司, 1977)24-46쪽에서 1533명으로 통계를 잡고

다. 그런데 송사열전에서 북송일대의 문신관료가 추천에 의해서 승진
되고 있는 예를 추천인이 분명한 것만을 가려서 뽑아 본 수는 191명
에 있는데 이는 송사열전에 등재된 북송대의 전체 문신관료의 수 632
명에 비하면 거의 삼분의 일에 가까운 숫자이다. 앞서도 말했지만 실
제로 추천인의 인명이 분명하게 등재되고 관직에서 승진하는 경우만
을 가려 뽑은 것이 191명이고 추천인의 이름이 밝혀지지 않고 단지
'…薦…擧'라고 하는 내용으로 승진한 예는 훨씬 많기 때문에 송대의
관료승진에 있어서 추천인의 작용이 대단히 중요한 역할을 하였다고
하는 사실을 확인할 수 있는 위에 추천제도가 문치주의 송대 관료사
회를 형성하는 데 중요한 역할을 하였음을 알 수가 있다.

또한 위 [표 13]에서 다음과 같은 중요한 사실을 살필 수가 있다. 즉 피
천인에 대한 추천자의 이유를 분석하여 보면 이 표에 실려 있는 191명에
대한 추천 이유 중

① 지방관료로서의 치적이 인정되어 추천된 경우가 가장 많은 37명에
달하고

② 其文(文才)가 20명,

③ 善行賢爲, 다시 말하면 관료로서가 아니라 그의 인간성으로 추천되
는 경우가 19명,

④ 其才라고 추천 이유를 기록한 경우는 전후의 문맥으로 보면 이는 인
간성보다는 관료로서의 능력을 말하는 것으로 따라서 이는 관료로서의
행정능력 쪽에 추천이유가 상당히 접근되고 있다. 다음에

⑤ 其材가 12명인데 이 경우는 그의 인간성을 가리키는 것이다.

⑥ 학문이 인정되어 추천되는 경우가 12명, ⑦ 친우가 8명, ⑧ 宰相器
5명, ⑨ 기타로 되어 있고 뚜렷한 추천이유가 없는 것이 55명으로 나타나

_____

있는데 이는 附記傳까지를 포함한 것으로 생각된다.

있다. 이로써 우리는 막연하나마 송대 문신관료의 추천기준의 순위를 ①
행정관료로서의 능력, ② 文才, ③ 善行賢爲, ④ 其才, ⑤ 其材라고 하는
순서로 추천되고 있음을 알 수가 있을 것 같다.

(2) 추천자와 피천자의 관계

송사열전에 등재되어 있는 추천자와 피천자의 관계인데 직속상관이
추천해 준 경우가 가장 많이 보인다. 이는 上官이 자기부하의 행정적인
실력을 인정한 결과로 추천하는 것이다. 그러므로 지방관으로서의 행
정능력이 관료로서 앞으로 승진되어 올라가는 데 크게 작용을 하며 따
라서 송대의 관료생활에서 그의 초임에서의 행정능력이 중요한 의미를
갖는다는 사실을 알 수가 있다. 그리고 이 [표 13]에서는 피천인이 추
천을 받는 시기인데 관직생활에서 中期나 後期에 추천을 받는 경우는
드물고 대부분의 경우 과거나 음보에 의해서 初任된 후 그의 초임기가
끝나는 관료초년생의 경우가 대부분이다. 따라서 초임된 후에 일정기
간 지방관을 거친 후에는 반드시 유력한 京·朝官의 추천을 필요로 하
고 있으며 이때에 어떠한 사람이 추천을 받느냐 하는 문제는 본인의
장래의 승진에 중요한 영향을 주고 있음을 알 수가 있다.

송대 문신관료로서 출세한 인물들의 이력을 보면 상호 밀접한 관계
를 가지고 상호추천을 하면서 문신관료사회를 형성해 나가고 있음을
알 수가 있다. 그리고 이 [표 13]을 만들면서 느낀 특징적인 사실은 북
송일대를 통하여 科擧의 진사과 장원급제를 한 사람의 열전을 읽어보
면 이상하게도 추천인이 없다고 하는 사실이다. 이는 직접 天子의 부름
에 의해서 館職으로 나아갔음을 말하여 주는 것이니 진사과의 장원은
추천인을 필요로 하지 않을 만큼 황제의 주목대상임을 알 수 있다. 그
리고 피천인이 추천을 받아서 나아가는 관직의 대부분이 지방관에서

館職으로 올라가거나 選人에서 京官으로 개관하는 관직이 대부분이다. 이로써 송대의 관료승진에 있어서 館職을 內帶하는 것이 매우 중요하고 또 選人에서 京官으로 승진하는 일이 무엇보다 중요하다고 하는 사실이 더욱 분명해졌다.

제4절 관료의 黜降(출강)

예나 지금이나 관료사회에 있어서는 승진의 꿈이 있는 반면에는 黜降의 두려움이 항상 있게 마련이다. 출강은 관료의 기강을 바로잡고 그들의 능력을 발휘하게 하는 일과 직결되기 때문에 중국왕조의 건국 초창기나 국정쇄신을 단행하고자 개혁을 꾀할 때에는 반드시 뒤따르는 문제이다. 송대에도 관료의 승진이 다양하게 전개된 이면에는 관료에 대한 출강이 군주독재체제의 강화책과 긴밀한 관련을 지니고 있음을 알 수가 있다. 『宋史』의 일반열전을 보면 관료의 승진에 대한 기록도 자세하지만 이에 못지않게 고위관료의 파면이나 좌천 등 黜降記錄이 반복되고 있는 것은 특히 고위관료에 대한 황제의 절대권 행사와 관계가 깊은 것으로 해석된다.

송대 관료의 黜降에 대해서는 『宋會要輯稿』의 黜降條[292]에 기록되어 있다. 그런데 송대에 출강이 갖는 의의는 대단히 크기 때문에 사료에는 黜降官에 대한 내용이 관직과 성명을 포함하여 배후의 원인까지

---

292) 『宋會要輯稿』第97冊 (職官 63)에서부터 제103책(職官 75)까지 黜降官의 관직과 성명 그리고 黜降原因 등을 자세하게 기록하고 있으며 이는 송의 관료의 좌천이나 파면 등 黜降을 이해하는 데 중요한 자료가 되고 있다. 黜降이란 용어는 이에 따른 것이다.

도 자세하게 기록하고 있다. 즉 송대는 唐末·五代의 武臣의 전횡시대
를 계승한 시대적 배경으로 혼탁한 관료 사회의 기강을 바로잡는 일
이 급선무이며 이를 위해서는 관료의 출강에 대한 제도적 장치가 필
요하였으리라 생각된다. 그 위에 중앙집권체제를 강화하는 국정의 기
본방향에 따라서 황제권의 강화를 위하여 관료의 非違는 용서 없이
처단되었으며 특히 宋初에는 贓吏에 대한 嚴懲은 중요한 의의를 갖는
다. 문치주의에 문신관료체제를 구축하는 데 관료의 무능을 규제하고
행정의 활력화를 꾀하기 위해서 능력주의를 채택하지 않을 수 없고
무능한 관료의 도태는 필수적인 것이라 하겠다. 이 밖에 言路의 자유
가 비교적 넓게 열려 있고 황제를 정점으로 관료 상호간의 탄핵이 빈
번하여 정치적 黜降이 심하고 특히 神宗代를 전후로 한 新·舊法黨의
치열한 당쟁의 와중에 정치적 黜降이 극심한 양상을 띠게 되었다.

우선 관료의 출강과 밀접한 관계가 있는 考課令에 관하여 검토하고
贓吏對策과 지방관의 墾田實績이 考課에 어떻게 반영되고 있는가를
살펴보겠다.

I. 宋初의 관료출강

송대 관료의 考課에 대해서는 두 가지 방향으로 생각할 수 있다.
하나는 관료의 치적이 뛰어나서 旌賞을 하는 면과 다른 하나는 관료
로서의 능력이 부족하거나 부정에 관련되어 降等·罷免·處刑되는 경
우이다. 考課令[293]에는 항상 이와 같은 두 가지 면이 고려되어 관료

---

293) 宋代의 考課令에 대해서는 『宋會要輯稿』 職官 59, 考課條, 『宋史』 卷 160,
選擧志 考課條, 『玉海』 卷 118, 選擧 考課條 및 『長編』 등에 비교적 자세
하다. 古垣光一, 「宋初의 考課에 대하여 - 太祖·太宗時代의 整備過程을 中心

인사에 반영되고 있다. 考課令에 보이는 기본정신은 국가가 관료로 하여금 그들의 치적을 올리도록 강요하는 면이 강하고 더욱이 송초에는 오대의 잔재를 청산하기 위한 노력이 관료의 행정능력을 강하게 요구하고 있기 때문에 자연히 旌賞하는 방향과 처벌하는 쪽이 강조되고 있다. 여기에서는 주로 관료의 시상 쪽보다는 처벌되는 면을 주로 하여 검토하겠다.

宋初 관료의 考課制는 五代의 제도를 그대로 답습하여 실시하고 있는데 考課는 송초에 舊制를 따랐다.[294) 이는 비단 考課制뿐만 아니라 송초의 제도는 五代의 制를 일단은 계승하였다가 개정한 것이 일반적인 경향인데 考課도 예외는 아니었다. 그리하여 이듬해인 建隆 2년에 五代의 인사제도를 폐하고 새로운 고과제가 채택됨에 따라 국가체제에 필요한 능력주의 인사제도를 실시하게 되었다.

앞서의 보임제에서도 살펴보았지만 송초에는 지방관으로 적합한 인물에 대한 保擧令이 계속 내려지고 있는 것도 태조가 지방관의 행정능력을 이용하여 五代의 잔재를 청산하려는 뜻이 내포되어 있다. 이는 태조가 건륭2년에 五代관료의 승진법인 歲月序遷法을 파하고 능력 위주의 循名責實之道를 채택한 것도[295) 관료의 무사안일주의를 배격하고 능력과 창의력을 새로운 시대의 행정에 반영하려는 의욕적인 정책이라 하겠다.

五代의 歲月序遷의 법을 파하고 실적에 따른 인사고과의 실시에 대해서는 仁宗代의 재정가(三司使)인 張方平은

祖宗時 문무관에게 磨勘年歲를 두지 않아 昇遷資序하지 못하였다.

として」『目白學園女子短期大學硏究紀要』10(1974) 141-168 참조.
294) 『宋史』 卷 160, 選擧志, 考課條
295) 『長編』 卷 2, 建隆2年 5月 己卯條.

재주가 있고 名實로 쓸 만한 者는 하위에서 곧 발탁되고, 재주는 없고 名實은 쓸 만한 者는 1官을 守하고 10여 년에 이르러도 改轉하지 못한다. 그 임무가 監當하여도 知縣, 通判, 知州가 몇 任에 이르러도 遷할 수 없는 자도 있다. 그러므로 사람들이 스스로 勞效하지 않으면 나아가지 못한다는 것을 알았다.296)

하여 이를 효과적인 인사방침이라고 평하고 있다.

이와 같은 실적 중심의 능력주의는 송초의 행정에 활기를 주었고 무능한 자는 도태시키게 되었다. 행정능력은 지방관에게 더욱 요구되었고 지방관은 그들의 능력을 발휘할 수 있는 중요한 과제가 치안의 유지와 호구의 증가이다. 치안유지에 대한 考課令을 보면 상당히 엄격하고 구체적으로 나타나 있다. 建隆 3년에

令尉 在任에 詔하여 만약 능히 鄕州를 肅靜할 수 있고 1任內에 賊寇가 없으면 本州의 聞奏를 받아 별도로 시상을 행하고 이에 書하여 上考하게 하였다.297)

고 한 데 반하여

刼賊과 殺人賊의 경우 세 번에 한하여 捕捉을 주었다. 매번 20일에 한하여 제1은 限內獲하여 인원수를 계산하지 않고 令尉에게 각기 1選을 감하고, 반 이상은 兩選을 減하였다. 제2는 限獲하여 인원수를 계산하지 않고 令尉를 超一資하고 반 이상은 超兩資하고 限獲을 第하여 인원수를 계산하지 않았다. 令尉에게 加一階하고 반 이상은 加兩階하였다. 三限을 내어 獲하지 못하면 尉에게 일 개월의 월급으로 벌하고 令은 반 개월 월급으로 罰하고 3번이면 尉는 殿一選으로 罰하고 令이 4번이면 罰俸도

296) 『樂全集』 卷 18, 對詔策條
297) 『長編』 卷 3, 建隆3年 12月 庚子條 및 『玉海』 卷 118, 選舉 建隆考課令.

또한 殿一選하였으며 3번 殿選을 거친 사람은 勒停하였다.[298]
이라 하여 捕賊 기한을 3기로 나누어 一限을 20일로 계산하여 각 기
한별로 考課의 기준을 정하고 있고, 또

> 劫賊, 殺人賊을 기한 내에 獲하고 限外에 不獲하면 本州로 하여금
> 批書歷子하게 하였다. 逐年의 考課 내에 분명히 罰殿을 연좌하고 功過
> 의 考第를 較定하여 申省하게 하였다.[299]

라 하여 승진과 좌천에 반영하고 있다. 송초에 지방관의 고과에 특히
도적의 체포에 대하여 이와 같은 考課令을 적용시키고 있는 것은 건
국초기의 치안유지를 특별히 배려한 것이다. 왜냐하면 치안이 확보된
후에는 이와 같은 엄격한 고과기준은 완화하는 방향으로 개정되었기
때문이다. 즉 太祖의 開寶 4년에

> 上께서 令尉의 捕賊으로써 日限을 선정하여 이미 批罰을 입은 者는
> 追捕를 絶意하니 이에 詔하여 지금부터 비록 限外에 도적을 잡아도 有
> 司로 하여금 籍에 備書하여 벌을 내린다. 그러나 勤績을 叙할 수 없고
> 누차 殿降法을 거쳐 停免을 입은 者는 이 제도로써 하지 않았다.[300]

고 하여 앞서의 令尉捕賊에 대한 고과기준에 비하면 관대한 조처를
취하고 있으니 건국 직후보다 치안유지가 확보되면서 내려진 조치라
고 생각된다.

관료의 黜降에 나타나는 일반적인 현상은 처벌되는 관료의 대부분
이 민중과 접촉하는 지방관으로서 송초에 있어서는 민심의 안정과 官

---

298) 『長編』 卷 3, 建隆3年 12月 庚子條 및 『玉海』 卷 118, 選擧 建隆考課令.
299) 『長編』 卷 3, 建隆3年 12月 庚子條 및 『玉海』 卷 118, 選擧 建隆考課令.
300) 『長編』 卷 12, 開寶4年 2月 乙未條.

紀의 수립을 위하여 특히 지방관을 중시하고 있고 치안유지에 행정능력을 집중하는 경향을 보이고 있다. 그러나 치안이 확보된 후의 문제는 유민의 招撫와 호구의 증가라 할 수 있겠다. 호구의 증가에 따라서 관료의 승진과 黜降이 결정되고 있으니 建隆3년 11월에 有司의 上言에 의하면 戶의 증가에 따라 刺史와 縣令은 一考를 높여 주었다.301) 이와는 반대로

州縣官의 減損戶口一分과 科納係欠一分 이상의 자는 모두 考一等을 내리고 公事의 曠遺함이 원인하여 殿罰된 자도 考一等을 降하게 하였다.

이와는 별도로 호구의 隱落에 대해서도 문책을 하고 있다. 開寶4년에

河南府 및 東京, 河北의 47軍州로 하여금 각기 本州의 判官에게 맡겨 同令佐에게 丁口를 點閱하여 籍에 갖추고 다음해 河堤의 役에 대비하게 하였다. 만약 隱落이 있으면 民으로 하여금 보고하게 하여 官吏의 罪를 연좌하였다.302)

치수사업에 있어서 丁口의 隱落에 관계되는 관리를 治罪하고 있다. 이와 같은 문제는 모두가 호구에 관계되는 관료의 黜降에 관한 규정이다. 다음에는 인사에 관한 考課令을 보자. 먼저 建隆 3년에는

여러 신하들에게 詔하여 諸道에 사사로움이 청탁하고 어기는 사람이 있으면 마땅히 그 죄를 논하게 하였다.303)

諸道에 관료로 나아가는 자가 청탁을 받는 경우 엄벌하게 하였다. 청탁은 오대 이래 일반화되었고 송초에 있어서도 그러한 풍조는 계속

---

301) 『長編』 卷 3, 建隆3年 11月 甲子條
302) 『長編』 卷 12, 開寶4年 秋 7月 己酉條
303) 『長編』 卷 3, 建隆3年 11月 癸亥條

되고 있었으니, 이러한 풍조를 방지하려 한 것이다. 이와 함께 인사를 담당하는 관료에 대한 처벌 규정도 강화되고 있으니 開寶6년에는 諸州의 長吏나 監當官이 得替人을 隱庇하였을 때 처벌한다는 조령을 내리고 있다. 즉,

諸州의 長吏 및 監當官 등에게 詔하여 혹 隱庇 得替人事의 黨이면 마땅히 그 죄를 重實하였다.[304]

라 하여 考課를 담당하는 관료를 문제로 하고 있고 이는 특히 송대에 있어서의 국책으로 인사문제를 중요하게 취급하고 있다. 송대 관료의 인사추천에는 연대성이 강하다는 것은 앞에서 지적한 바이지만 그에 따라서 피천인의 부정으로 그의 추천인이 黜降되는 예가 상당히 보인다. 建隆4년 6월에 한림학사 중서사인 扈蒙이 左贊善大夫로 강등되었는데 이는 그가 추천한 扈繼達이 官鹽을 도용한 데 책임을 물은 것이다.[305] 乾德2년 5월에 屯田員外郎 知制誥 高錫은 그가 추천한 승려의 부정이 탄로되어 萊州司馬로 좌천되었다.[306] 태종의 태평흥국 6년에 膳部郎中 侍御史 勝中正은 그가 추천한 知州張白의 官錢橫領사건에 연루되어 本曹員外郎으로 黜降되었다.[307]

이 밖에 고시의 인사부정도 중요하게 취급하고 있다. 즉 乾德3년에 吏部郎中 鄧守中이 諸司官吏의 書判考覈을 부당하게 처리하여 本曹員外郎으로 좌천되었고[308] 같은 해 9월에 周易博士 奚嶼가 乾州司戶參

---

304) 『長編』권 14, 開寶6년 11월 丁卯條

305) 『宋會要』97册, 職官 63, 建隆4년 6월 19日條

306) 『宋會要』, 乾德2년 5월 4일 條

307) 『宋會要』, 乾德3년 11월 3일 條

308) 『宋會要』, 97책 職官 63, 乾德3년 정월 16일 條

軍으로, 庫部員外郎 王貽孫이 左贊善大夫로 좌천되고 있는 것은 모두 考試不正과 관계가 있는 것이다. 또 翰林學士承旨 禮部尚書 陶穀은 2 개월 감봉처분을 당하였는데 그 원인도 臺省의 6품과 諸司의 5품 이 상 관료의 음보관 임용시험에 도곡이 그의 아들을 특채시킨 데 있 다.[309] 雍熙2년 3월에 知制誥 蘇易簡이 賈黃中 등과 더불어 同知貢舉 의 업무를 처리함에 親族을 돌보아준 사실로 파직되었다.[310] 인사 문 제는 비단 중앙관에게 있어서뿐만 아니라 지방관에 대해서도 그 규정 을 명시하고 있다. 즉[311] 전운사가 三科(上·中·下)로 部內의 知州· 通判·監臨物務 등 경조관의 能否를 가리게 함으로서 전운사를 지방 관의 考課에 이용하고 경조관으로써 지방관에 임용하는 문제와 考課 의 기준을 관료의 능력에 따라 등급을 정하고 있는 것이다.

II. 관료의 黜陟과 墾田

송대 관료의 승진에는 여러 가지의 조건을 필요로 하고 있는데 특 히 지방관으로 재직하고 있을 때의 행정의 실적이 중요시되며 행정실 적 가운데서도 유민의 招撫와 墾田을 중시한 것은 송일대의 정책이다.

송이 건국한 직후인 태조의 乾德4년(968) 8월의 勸栽植開墾詔에 의 하면, (前略) 所在의 長吏(州의 長官)에게 詔하여 백성으로 하여금 능 히 뽕나무와 대추나무를 널리 심고 荒田을 개간한 사람이 있으면 舊 租만을 바치게 하였고 縣의 令佐(縣令·主簿·縣尉)로 하여금 능히 유 민을 초무하여 勸課하여 戶口를 늘리고 자기의 관할지에 曠土가 없이

309) 『宋會要』.
310) 『宋會要』, 97冊 職官 64, 雍熙2年 3月 22日 條.
311) 『長編』 卷 17, 開寶9年 11月 庚午條.

개간을 잘한 사람은 공적에 따라 議賞하였다.312) 그 내용을 보면

> 백성 중에 뽕나무와 대추나무를 널리 심고 荒田을 개간한 사람은
> 단지 舊租만을 내게 하고 영원히 通檢하지 않았다. 그 諸縣의 令佐는
> 다시 逋逃를 불러서 植栽를 勸課하여 옛날에 1選을 감한 사람은 다시
> 1階를 가해 주었다.313)

荒田을 개간하여 그 공로가 뚜렷한 縣令佐는 전에 과오를 범하여
승진하는 데 1選을 減한 자라 하더라도 다시 1階를 가하여 승진시켰
다. 또한 태종의 雍熙 4년에는 知州·通判에서 御前印紙를 나누어 주
어 관리의 성적을 자세히 기록하여 官을 마치고 다른 곳으로 轉官하
는 날에 중서성에 올려 그 성적을 考較하였는데 그 가운데 墾田의 공
로를 중시하여 이를 시상하였다..314) 태종의 至道元年 6월에는

> 州縣의 曠土에 백성이 田을 청하여 永業으로 삼을 것을 허락하였
> 다. 3년의 租를 덜어주고 3년이 지나면 삼분의 일을 내게 하였다. 관
> 리는 백성들에게 墾田을 권하여 印紙에 모두 써서 시상을 기다리게
> 하였다.315)

관리가 백성을 招誘하여 墾田을 하면 御前印紙에 기록하여 관리의
승진에 참고하여 시상을 하였다. 그리고 縣令佐의 議賞은 植樹問題와
도 관계가 있었다. 즉

---

312) 『長編』 卷 7, 乾德4年 8月 乙亥條 및 『宋大詔令集』 卷 182, 政事 35, 農田
　　乾德4년 8월 勸栽植開墾詔.
313) 『宋大詔令集』 卷 182, 政事 35, 農田勸栽植開墾詔.
314) 『長編』 卷 28, 雍熙4年 3月 庚辰條.
315) 『宋史』 食貨志 農田 및 『長編』 卷 38, 至道元年 6月 丁酉條.

백성에게 나무를 심을 것을 課하여 民籍을 五等으로 만들었다. 제 1
등은 雜樹 100을 심는데 每等에 20을 감하여 差로 삼았다. 오이와 대추
나무는 반으로 하였다. 남녀 10살 이상은 부추 한 두렁을 심는 데 폭이
1步이고 길이가 10步이다. 乏井者는 隣伍가 함께 하였다. 令佐가 春秋에
巡視하여 그 숫자를 기록하고 秩滿에 그 課를 헤아려 殿最하였다.316)

라고 하여 관료의 임기가 만료되었을 때에 그 성적을 평가하여 殿最
하였다. 특히 天禧4년에는 諸路의 提點刑獄으로서 朝臣인 자는 勸農使
를 겸하고 使臣인 경우에는 副勸農使를 겸하게 하여 적극적인 耕墾招
集을 하였다. 이때에 부하의 승진을 上官이 직접 추천하며 이와 함께
黜陟하는 경우에 있어서도 勸農의 성적을 평가하였으니, 그것은

　　親民의 官을 奏擧함에 모든 令은 勸農의 실적을 따져서 殿最黜陟으
　　로 삼았다.317)

관료의 墾田성적을 평가하여 승진시키는 殿最에 관하여서는 남송의
紹興5년 5월의 立守令墾田殿最格에 자세히 보인다.318) 이에 의하면
殘破 州縣에 있어서 墾田하여 전토를 　分增田하면 知州는 二季의 名
次를 올려주고 縣令은 반년분의 名次를 올려 주었다. 二分增田하면 知
州는 일 년의 名次, 縣令은 三季의 名次, 三分의 墾田을 하였으면 知
州는 磨勘1年을 減하고 縣令은 1년의 名次를 올려준다. 이러한 순서에
의하여 9分을 增하면 知州는 一官을 轉하며 현령은 磨勘三年半을 감
하였다.319) 이에 의하면 당시의 주현관은 4년에 磨勘 즉 관리의 성적

---

316) 『宋史』 173, 農田.
317) 『宋史』 173, 農田. 및 『長編』 卷 59, 天禧4年 正月 丙午條.
318) 『宋會要』 食貨 6 墾田雜錄 및 『宋史』 卷 173, 食貨志 農田條에는 내용은
　　 동일하나 增虧가 분리되어 있지 않다. 또한 『建炎以來繫年要錄』 卷 89,
　　 紹興5年 5月 丙戌條에도 같은 내용이 보인다.

조사가 행하여져 이에 따라서 그들의 승진이 결정되었는데 이때에 가장 중요한 성적평가기준이 되는 것이 바로 재임시에 있어서의 墾田의 실적이다. 앞의 마감에서 언급하였듯이 특히 縣令·縣丞·縣主簿·縣尉 등 지방의 선인은 在官의 날짜를 계산함에 있어서 1년을 1考로 하여 처음에 4考, 후에 縣令·丞은 6考, 主簿·縣尉는 7考를 기준으로 하여 그간의 功過를 헤아려 擧主 5명의 추천을 얻어야 引見하여 경관에 올라갔으니 이를 磨勘이라 하였다. 따라서 지방관의 墾田실적에 따라서 磨勘年을 감한다고 하는 것은 知州나 縣令이 그 연한만큼 빨리 승진할 수 있음을 의미하는 것이다.

이와는 반대로 墾田을 하지 못하고 오히려 田地를 虧하였을 경우에는[320] 관료의 승진이 늦어진다. 즉 一分을 虧하면[321] 知州는 三季의 名次를 降하고 현령은 반년의 名次를 三分이면, 知州는 일 년의 名次, 縣令은 三季의 名次를, 三分이면 知州는 磨勘一年을 연장하고 縣令은 1년의 名次를 강등하였다. 이러한 순으로 九分을 虧하면 知州는 一官을 강등하고 縣令은 磨勘3년을 연장하였다. 이와 아울러

> 각 10分者를 增虧하여 賞罰을 取旨한다. 그 후에 兩淮荊湖 등의 路에서는 백성이 점차로 業을 회복했는데도 曠土가 오히려 많았다. 戶部가 다시 立格하여 每州에서는 墾田 千頃을 늘리고 縣은 그 반을 늘리면 守宰는 각각 1秩을 올려주었다. 州가 500頃을 虧하고 縣이 5분의 1을 虧하면 모두 磨勘年을 展하여 諸路에 詔頌하였다.[322]

---

319) 『宋會要』職官 11, 磨堪 및 『宋史』卷 169, 職官志.

320) 『宋會要』職官 11.

321) 『宋史』卷 173, 食貨志에서는 農田의 增虧에 관하여 "增은 荒田을 개간한 사람을 말함이고 虧는 熟田이 不因하여 손상되어 荒에 이른 것을 말한다"고 설명하고 있다.

322) 『宋史』食貨志 農田條.

增虧함이 각각 10분에 이르면 旨에 따라서 상벌을 하였다. 그러나 이러한 간전의 장려에도 불구하고 曠土가 아직 많이 있으므로 호부에서 다시 이에 대한 대책을 마련하였다. 이에 대한 내용은 『宋會要』에 자세한데323) 이에 의하면 知州는 1천 경을 늘리면 1官을 옮겨주고 7백 경이면 磨勘 3년을, 5백 경이면 磨勘 2년을 감해 주었다. 이와 반대로 5백 경을 虧하면 磨勘 2년을, 2백 경이면 磨勘 1년을 연장하였다. 또한 知州·縣令은 5백 경을 늘리면 承務郎(京官) 이상은 1官을 옮겨주었고 4백 경은 承務郎 이상은 磨勘 3년, 3백 경은 承務郎 이상은 磨勘 2년을 감하였다. 또한 이와 반대로 1백 경을 虧하게 되면 磨勘1년을 연장하고 5십 경은 3季의 名次를 강등하고 3십 경의 경우에는 반년의 名次를 강등한다고 하였다.324)

이와 같이 간전의 실적에 따라서 관료들이 승진하는 예는 宋 일대를 통하여 그 실례가 허다하게 보이고 있는데 특히 『宋史』의 열전에는 지방관이 그들의 행정능력을 발휘하는 데 유민의 초치와 황전의 개간에서 관료의 실력을 나타내고 그것을 발판으로 중앙의 요직으로 나간 예가 많다.

Ⅲ. 贓吏(장리)의 黜降(출강)

趙翼은 宋朝가 忠厚로서 개국하여 일반적인 범죄는 가볍게 다루면서도 유독 贓吏에 대해서만은 嚴하게 다스린 것은 태조 스스로가 오대

323) 『宋會要』 食貨 6, 및 61 墾田雜錄 紹興19年 11月 21日 條
324) 『宋史』 卷 173, 食貨志 農田에 의하면 墾田實績에 대한 처리는 "墾田의 多寡에 미쳐 月마다 州에 아뢰고 州는 계절마다 轉運에 아뢰고 轉運은 해마다 戶部에 아뢰고 戶部는 籍을 두어 이를 심사하였다"고 되어 있다.

시에 貪吏恣橫을 몸소 체험하였기 때문에 重法으로 이를 다스려 濁亂
의 근원을 없애려 한 데 있다고 고증하고 있다.[325] 잘 알려져 있는 바
와 같이 오대는 조정의 威令이 떨치지 못하여 번진과 그의 幕職官에
의한 劫財의 풍습은 강도보다 심하고 그로 해서 야기되는 인민의 고통
은 실로 표현하기 어려운 형편으로서[326] 이와 같은 오대의 폐풍에 물
들어 내려오는 송초의 관리를 새로운 시대정신으로 각성시키면서 관료
의 기강을 확립하고 사회를 안정시키기 위해서는 贓吏를 엄하게 다스
리는 정책을 채택한 태조의 방침은 너무나 당연한 것이라 하겠다.

  송대에 있어서 贓吏에 대한 嚴刑主義는 시대에 따라서 차이가 있고
이러한 차이는 관료의 기강에 영향을 주고 있으므로 관료 사회의 기
풍을 파악할 수 있다. 이와 아울러 송초의 贓吏에 대한 엄형주의는 관
료의 黜降과도 밀접한 관계를 지니고 있으므로 그 내용을 파악하는
일은 오대의 폐풍이 송대의 문신관료체제에서 어떻게 변형되었는가를
이해하는 데 도움이 되며 문신관료사회가 정돈되어 가는 과정을 이해
하게 된다.

  贓吏 또는 贓官은 부정한 재물을 탐하는 관리 또는 賄賂의 관리를
말하며[327] 후한대에 이미 贓吏의 자손은 관리로 察擧(등용)하지 못하
도록 하여 邪僞請託의 근원을 두절시키고 있다.[328] 송대에 있어서도
贓吏에 대한 응징은 바로 恤民과 裕財의 要道로 보고 있으니, 이에 대
해서는 朱熹는

---

325) 『二十二史箚記』 卷 26, 宋初嚴懲贓吏條.
326) 『二十二史箚記』 卷 22, 五代藩帥劫財之風條.
327) 『廣韻』에는 "納賄曰贓也"라 하였고, 『集韻』에는 "受賕贓也"라 하였으며,
    『正字通』에서는 "贓盜所取物 凡非理所得財賄 皆曰贓"이라 하여 부정하게
    뇌물을 받은 것을 贓이라 하였다.
328) 『後漢書』 卷 7, 孝桓帝紀 7.

臟吏를 痛懲하는 것이 恤民의 要道이다.[329]

라 하여 臟吏를 痛懲하는 것이 바로 인민을 구제하는 기본적인 正道라고 하였고, 歐陽修도 臟吏問題는 매우 심각하게 보았다.

국가의 법에 臟吏를 제거하는 것은 백성의 고발로 이를 행한다. 관리 중에 재주가 없는 사람은 크게는 州를 망치고, 적게는 縣을 망치니 모두 밝게 알아서 묻지 않는다. 신이 보건대 무릇 臟吏는 대체로 强黠한 사람이라. 취하는 바가 豪富에 있거나 혹 貧弱에 미치지 못하니 재주 없는 사람은 아랫사람을 통솔할 수가 없다.[330]

라 하였다. 또 南宋末의 宰相 賈似道도

재물을 넉넉하게 하는 길은 臟吏를 제거하는 것보다 급한 것이 없다. 藝祖께서 朝堂에서 杖殺하셨고, 孝宗은 眞決 刺面하셨으니 지금 마땅히 이를 행하여야 합니다.[331]

라 하여 국가재정을 풍부하게 하는 길은 臟吏[332]를 제거하는 일보다 급한 것은 없고 송의 태조가 이들을 杖殺로 다스리고 남송의 효종은 刺面하는 등 엄징한 것은 정책으로 타당한 것이며 현재(남송말)의 官紀를 바로잡기 위해서도 臟吏에 대한 엄형주의를 채택하는 것이 당연하다고 보고 있다.[333]

---

329) 『朱文公文集』 卷 91, 端明殿學士黃公墓誌銘.
330) 『歐陽修全集』 奏議集 1.
331) 『宋史』 卷 474, 賈似道列傳.
332) 宮崎市定, 「胥吏の陪備を中心として－中國官吏生活の一面」, 『アジア 史研究』 第3, 144쪽 참조.
333) 중국의 관제상에 있어서 吏는 관리 전체를 통칭하는 것으로 사용되기도

그런데 태조는 陳橋驛政變에 의하여 무혈혁명으로 송조를 열었고 개국 후에도 오대 이래의 관료를 그대로 기용하고 있으며 後周의 황족에 대해서도 관용주의를 취하고 있으면서도 贓吏에 대해서만은 엄형주의를 채택하고 있는 것은 오대 무인의 전횡을 贓吏에 대한 엄형으로써 이를 시정하여 문신관료사회의 기틀을 잡아 보겠다는 강력한 의지가 내포되어 있었던 것이다. 태조는 建隆2년(961)에 贓吏法을 엄하게 제정하였다.[334] 이에 대한 경위를 보면

商河縣令 李瑤를 杖殺하고 左贊善大夫 申文緯를 除籍하였다. 백성을 위하여 文緯가 詔를 받들어 按田함에 瑤가 뇌물을 받았는데 文緯가 살피지 못하여 백성들이 소송하였기 때문이다.[335]

라 있다.[336] 이는 宋이 건국한 다음 해의 사건으로서 그 내용이 갖는 의미는 태조일대의 黜降制度의 기본이 된다고 하는 면에서 중요한 것이다. 즉 이에 의하면 商河縣令 李瑤가 受贓에 관련되어 사형(杖殺)에 처하여지고, 또한 황제의 칙명(詔)을 받아서 按田官으로 파견된 左贊善大夫申文緯가 李瑤의 受贓事實을 살피지 못한 것에 책임을 물어 파면(除籍)시키고 있으며, 그 위에 縣令 李瑤의 受贓과 按田官 申文緯의 불찰사실이 (商河縣)民의 고소로 발각이 되고 있음에 주목이 간다. 이로써 태조의 중앙집권체제의 강화를 위한 지방행정의 운영에 대한 기본자세를 알 수 있으며, 관료의 非違 특히 受贓에 관해서는 엄벌주의

하고 官(品官)과 吏(胥吏)로 엄격히 구분하기도 하는데(宮崎市定 전게논문 참조) 여기에서 말하는 贓吏의 吏는 胥吏만은 아니고 品官인 관료까지 포함하는 것이다.

334) 『二十二史箚記』卷 25, 宋待後周之厚條 참조.
335) 『長編』卷 2, 夏 4月 己未條
336) 『皇宋十朝綱要』卷 1, 建隆2年 夏 4月 條

를 취하고 있음을 살필 수가 있다.

宋初의 贓法에 대해서는 태조의 建隆2년 2월 己丑條에

> 舊制에 絹 3필을 盜贓한 사람은 棄市하였다. 己丑에 고쳐서 錢 3千
> 其陌八十者는 死 하였다.[337]

이라 하였으니 일반 절도범의 경우 舊制(五代)에는 絹 3匹이면 사형
에 처하던 것을 建隆2년에 錢3千其陌八十으로 하였고, 다시 建隆3년에
이를 재확인하고 있다. 즉,

> 舊制에 强盜로 14필을 뇌물로 받은 사람은 絞하였다. 庚寅에 고쳐서
> 錢 3千其陌者는 사형에 처하였다.[338]

라 하여 강도로 錢三千其陌을 뇌물 먹은 사람이[339] 사형에 처하는 기
본은 변함이 없는데 이는 무거운 극형이라 하겠다.[340]

송대 형법상에 있어서 贓吏가 治罪의 대상이 되는 것은 物品의 액
수가 絹一疋부터 문제가 된다. 이에 대해서는

> 注에 이르기를 姦이라는 것은 良人을 범하여 도적질하는 것, 및 법
> 을 굽혀 1疋을 뇌물받는 것을 말함이다.[341]

---

337) 『長編』 卷 2.

338) 『長編』 卷 2.

339) 『宋史』 卷 1, 太祖本紀 建隆2年 夏 4月 己未條에도 이와 비슷한 내용이 있다.

340) 『皇宋編年綱目備要』 卷 1 建隆3年 2月 條의 定竊盜贓滿法의 註文에 "滿
　　五貫足陌者死"라고 차이가 있다. 또 太祖 開寶8年 4月 28日에는 嶺外의
　　경우 "盜贓滿十貫以上處刑"이라 하고 있다.

341) 『宋刑統』1, 名例律.

이라는 것과 같이 枉法(犯法)의 범위를 贓一疋로 규정하고 있음을 알 수 있다. 강도의 경우 贓十疋者를 사형에 처하였고 관리의 경우에 있어서도 이 범위를 벗어나는 것은 아닌 것 같다. 왜냐하면 송대의 贓法은 그 엄형주의에 있어서는 강도나 贓吏를 거의 동등하게 취급하고 있기 때문이다. 그런데 太宗·眞宗代에는 嚴刑이 완화되고 절도범에 대해서도 누그러지고 있어서[342] 贓法의 운영상에 있어서는 서로 관계가 있는 것으로 보인다.

商河縣令 李瑤가 受贓한 내용에 관해서는 알 수 없으나 民이 이를 고소할 정도이기 때문에 상당한 액수가 아닐까 생각되며, 그것에 관계되어 파면된 申文緯가 按田官의 임무를 띠고 있기 때문에 受贓 內容이 토지에 관계된 것이 분명하다. 따라서 송초의 贓吏法은 建隆2년의 李瑤의 사형과 申文緯의 파면이 계기가 되어 엄벌주의가 실천에 옮겨진 것이다.[343] 같은 해의 8월에 大名府 永濟縣主簿인 郭顗이 贓 120만(전)으로 棄市되었고[344] 乾德원년 4월에는 兵部郎中 監泰州稅 曹匡가 기시되고 이에 관련된 海陵鹽城兩監屯田副使 張藹이 파면되었는데, 그 원인은 싼 물건을 江南兩浙地方에 高價로 판매한 것이 고발되었기 때문이다.[345] 乾德3년 4월에는 職方貝外郎 李岳이 뇌물에 연좌되어 기시되었고[346] 동 8월에는 殿直 成德均이 뇌물받은 사실을 고발당하여 처형되었다.[347] 10월에는 太子中丞 王治(長編에는 王沼)가 受贓枉殺人으로 처

342) 唐律의 규정에는 竊盜贓 40필이면 流 3천리, 10필이면 流 1년 반인 데 비하면 중형이다. 宮崎市定, 「宋元時代の法制とv裁判機構」, 『アジア史硏究』第4, 181쪽 참조.

343) 『皇朝編年綱目備要』卷 1, 乾隆2年 夏 4月 條

344) 『長編』卷 2, 建隆2年 8月 辛亥條.

345) 『宋史』卷 1, 太祖 本紀

346) 『長編』卷 4, 乾德元年 夏 4月 丙申條 및 『宋史』卷 1, 太祖本紀.

347) 『長編』卷 6, 乾德3年 8月 戊申條.

형되고,348) 侍御史 蘇善隣은 파면되어 沙門島로 유배되었는데 그 원인
은 知陳州時의 불법이 후에 탄로되었기 때문이다.349) 그런데 이상과
같은 坐臟棄市의 특징은 처벌된 자의 지위가 일반 서리가 아닌 品官이
란 사실이다. 그중에는 황제측근의 侍御史도 있다. 또 그들의 죄는 범
죄 당시에 탄로되어 처형되는 경우보다는 후에 뇌물을 받은 사실이 드
러나서 이를 조사하여 처형하는 경우가 대부분을 차지하고 있다. 그 대
표적인 예가 乾德4년 5월에 光祿少卿 郭玘와 開寶원년 9월에 監察御史
楊士達의 사형사건이다. 郭玘는 전에 知衛州를 역임할 때 臟聞이 있어
左拾遺 袁仁鳳으로 하여금 그 사실을 조사하게 하였으나 발견되지 않
자 다시 左拾遺 張純으로 하여금 재조사케 하여 마침내 처형하였다.350)
또 楊士達도 전에 蘄州 통판으로 재직시에 직권남용 사건을 트집 잡아
처형하였으니,351) 臟罪에 대한 응징은 철저하였음을 알 수가 있다. 이
는 조익의 말대로 관료 사회의 濁源을 뿌리 뽑으려는 의도가 강하며
受臟한 사건이 당시에는 무사하였으나 후에 발각되는 경우에 엄형주의
를 채택하고 있는 점은 특기할 만한 일이다. 뿐만 아니라 처형한 내용
을 諸路轉運使로 하여금 부하관리에게 포고한 사실은 관료에게 一罰百
誡의 경계심을 갖도록 한 데 있다.352)

  태조 일대에 受臟官이 처형되지 않은 경우는 乾德5년에 渭州刺史
范仁裕가 약(光+翟)州團練使로 黜降되고,353) 개보3년 6월에 東京發運
使 吏部郎中 何幼冲이 고공원외랑으로 좌천되고 있는 예에서 찾을 수
있다.354) 또 직접 臟罪를 범하지 않았으나 그가 추천한 인물에 연좌

---

348) 『宋史』太祖本紀 및 『長編』卷 6, 乾德3年 10月 己未條
349) 『長編』卷 6, 乾德3年 9月 庚寅條
350) 『長編』卷 7, 乾德4年 5月 甲戌條
351) 『長編』卷 9, 開寶元年 9月 癸未條
352) 『長編』卷 8, 乾德5年 2月 庚戌條
353) 『長編』卷 8, 乾德5年 9月 己丑條

되거나 子의 受贓에 도의적 책임을 물어 유배시키기도 하였다.[355]

그러나 이는 그 죄가 미약한 극히 예외적인 사실이다. 따라서 태조대에는 贓吏에 대한 엄징은 철저하였으며 태조의 후기에 있어서도 조금도 늦추지 아니하였고 지위의 고하를 가리지 않고 처형하였다.[356] 그런데 이런 엄징은 贓法이 엄한데도 원인하는 것이나 한편에 있어서는 태조대에는 五代의 관료가 내려오고 그들이 오대의 습성을 그대로 계속 지니고 있어 官紀를 어지럽히고 있었던 것에 중요한 원인이 있었다. 이를 바로잡기 위하여 개보6년에는 中書吏의 전권으로 인하여 姦贓이 빈번한 것을 막기 위하여 中書吏를 流內(品官)의 州縣官으로 겸임토록 특별조치를 취하고 있다.[357]

다음 태종대에도 贓吏에 대한 엄형주의를 기본정책으로 취한 것에는 변함이 없다. 즉 太平興國3년 6월 조에 보면

> 임금께서 근본을 다스리는 데 주의하고 贓吏를 깊이 징계하였다. 己巳에 詔하기를, 태평흥국원년 10월 乙卯 이후로부터 京朝 幕職州縣官으로 뇌물을 받고 除名되어 諸州에 유배된 사람이 비록 恩赦를 만나더라도 放還할 수 없으며, 이미 放還된 사람은 有司가 叙用할 수 없다.[358]

이라 하였는데 태종은 吏道의 기본을 贓吏를 응징하는 데 두었으며 贓罪로 인하여 면직된 자의 재기용을 제도로 막고 있다. 그러나 태종대에 坐贓棄市된 자는 태조대에 비하면 많은 수는 아니다.[359] 그런데

---

354) 『長編』 卷 11, 開寶3年 6月 己亥條.

355) 『長編』 卷 10, 開寶2年 12月 己亥條.

356) 『長編』 卷 11, 開寶3年 11月 癸丑條.

357) 『長編』 (永樂大典 권 1만 2천3백 6) 開寶6年 5月 丙辰條.

358) 『長編』 卷 119.

359) 태종대에 처형된 예를 보면 ① 太平興國3年 2月에 泗川綠事參軍 徐璧監

태종대의 贓吏 처벌에 있어서 불공평성이 나타나고 있으니 참지정사 王沔의 아우 王准에 대한 처리가 하나의 고비를 이루고 있다. 즉,

> 沔의 동생 准는 태평흥국5년의 진사로 殿中丞에 임명되어 香藥榷易院을 장악하였는데 뇌물에 연루되어 棄市가 마땅하다고 논해졌다. 沔의 연고로써 杖1百을 가하고, 定遠主簿로 강등시켰다. 沔켜은 이 일 때문에 자주 寇準에게 비난받게 되었다.[360]

이에 의하면 王准는 태평흥국5년에 진사에 합격하여 殿中丞에 임명되었는데 일찍이 香藥榷易院에 근무할 때에 受贓한 사실이 탄로나서 국법상 마땅히 사형에 처하여야 함에도 형인 王沔의 압력에 의하여 사형을 면하고 杖1百으로 定遠主簿로 좌천되었다. 이에 대해 寇準의 비난이 대단하였다고 하였다. 이 사건은 후에 정치문제로 비화하였으니 淳化2년의 봄에 大旱이 들어 태종은 친히 近臣에게 정치의 득실을 물으니 구준이 大旱의 원인이 형벌의 불공평에 있다고 함에 태종이 노하여 그 증거를 대라 하니 구준이 대답하기를

> 지난번에 祖吉, 王准가 모두 법을 어기고 뇌물을 받았다. 吉은 뇌물 받은 것이 적었으나 주벌하였는데 准는 參政 沔의 동생이었으므로 도

倉이 뇌물을 받고 虛券을 발행함에 사형됨(『宋史』太宗 本紀) ② 同 7月 庚戌條에 中書令吏 李知古가 뇌물을 받고 刑部에서 정한 바의 법을 마음대로 고쳐 죄인을 내보내 소송당하여 심문당하고 사실이 밝혀져, 壬子에 杖殺되고 房吏 孫甫가 연좌되어 免官되었다(『長編』19) ③ 雍熙 2年 4月 殿前承旨 王著가 姦贓에 연좌되어 棄市되었다.(『太宗本紀』) ④ 端拱 元年 3月 鄭州 團練使侯草陳이 불법에 연좌되어 죽음을 내렸다.(同上) ⑤ 淳化 2年 2月 監察御史 祖吉이 姦贓에 연좌되어 棄市되었다.(同上) ⑥ 이 밖에 侍御史 趙承嗣, 詹事丞 徐選, 御史 張白 등도 처형되고 있다.(『二十二史箚記』卷 24)

360) 『宋史』卷 266, 王沔傳, 附記 王准傳.

적질하여 재물을 모은 것이 수만 전에 이르렀으나 단지 杖에 처하고
그 官은 복직시켰으니 불공평하지 않다면 무엇이겠는가?[361]

즉 祖吉은 뇌물받은 액수가 적은데도 伏誅하였고, 王淮는 受贓이 천
만 전에 이르렀는데도 참지정사의 아우이기 때문에 杖刑에 그치고 復
官되었으니 이를 어찌 불공평하다고 하지 않을 수 있겠습니까 라고 태
종에게 항의하고 있다. 태종은 사실여부를 왕면에게 물으니 왕면이 머
리를 조아려 사죄하자 심히 꾸짖고 寇準을 左諫議大夫樞密副使로 발탁
하였다. 이는 王淮의 贓罪 처리사건의 전후사정이거니와 태조대의 이
와 같은 사건은 상상할 수도 없으니 태종대에 오면 贓吏에 대한 처벌
이 이만큼 완화되었음을 입증하고 있는데, 이에 대해 趙翼도

　　이때에 이미 戠法曲縱者가 있었다.[362]

고 긍정하고 있다.
　태종은 雍熙원년에 有司의 盜贓死罪에 대해서는 특히 사형을 면하
게 하고 있으니, 이에 대해서는

　　甲子에 有司는 盜贓을 몰래 아뢰어 大辟하였다. 조서에서 특별히 그
　　죽음을 貸하였다. 재상에게 이르기를 朕은 항상 인명을 거듭 아껴왔다.
　　이러한 類의 사람들은 종종 그 極刑을 貸하였다. 그러나 그 심한 자를
　　취하여 여러 사람들을 경계하였다. 그런데 소인들이 寬貸한 뜻을 알고
　　자 하지 않고 그 범법자가 많음을 두려워한다.[363]

---

361)『宋史』卷 281, 寇準傳.
362)『二十二史箚記』24.
363)『長編』卷 25.

라는 사실로 알 수 있다. 따라서 태종대에도 태조 때보다는 贓吏에 대한 처벌은 완화된 것이다. 그러나

> 또 여러 職官에게 조서하여 贓으로써 죄를 논함에 비록 사면되더라도 영원히 定制가 될 수 없었다.[364]

비록 사형은 면하고 있으나 유배되는 경우에 特赦의 혜택은 그들에게 주어지지 않는 것을 제도화하고 있다.

眞宗·仁宗代에 오면 贓吏에 대한 사형은 없어지고 단지 杖하여 海島에 유배하는 것으로 그치고 있고 인종대에는 유배하는 것마저 사라졌으니, 이 점에 대하여 조익은

> 眞宗 때 棄市의 법은 다시 보이지 않고 오직 杖을 내려 海島로 유배가게 했다 (中略) 대체로 국초에 비하여 이완된 것이다. 仁宗 本紀에 杖流의 예가 있다고 했으나 다시 보이지 않는다.[365]

고라 하였다. 진종대에는 贓吏에게 杖을 가하여 海島에 流配시켰으나 인종대에는 이것마저 없어져 송초에 비하면 관대하였고 이는 贓吏에만 국한된 것은 아니고 일반적인 法運營面에 있어서도 관대한 경향을 보이게 되었다.[366] 그러나 가벼운 贓罪에 연유되어 파면되지는 아니하여 관직을 그대로 유지하고 있는 자라 하더라도 그의 임기가 만료되어 승진할 기회가 와도 이들은 제외시켰으니 眞宗의 咸平5년에

---

364)『宋史』卷 2, 太宗本紀.
365)『二十二史箚記』24.
366)『長編』卷 116, 景祐2年 8月 壬子朔條,『長編』卷 468에서 북송 중기의 정치가 范祖禹는 "본조에서는 竊盜에 대하여 이미 死刑을 없앴고 단지 編勅이 定하는 盜贓은 律보다 3배나 무겁다"고 하였다.

> 審官院에 詔하여 京朝官을 考較하여 지금 5년 이상 任한 사람으로
> 私罪를 贓하지 않은 사람은 아뢰게 하여 마땅히 그 秩을 옮길 것을 의
> 논하게 하였다. 諸路의 轉運使副는 中書로 하여금 進擬하게 하였다.367)

이라 하여 京朝官으로 임기5년 이상이 된 자를 郊恩에 의하여 遷官시키
기 위해 審官院에서 이를 考較(평가)할 때에 경조관의 이력 중에 無臟
私罪가 필수요건으로 되고 있음을 알 수 있다. 이는 비단 京朝官에 한
하지 아니하고 지방의 幕職州縣官에도 해당하는 것이니 景德2년에

> 幕職 주현관의 例로 免選에 해당된 사람에게 조하여 臟罪가 있거나
> 행실이 단지 踰濫하면 아울러 選滿日을 기다려 注官하였다. 안으로 酒
> 食을 인연하여 臟이라고 헤아려진 사람은 이 제한에 두지 않았다.368)

이라 하여 幕職州縣官으로서 選人을 免하고 京官으로 승진할 때의 例
規에는 臟罪나 관료로서의 행실이 踰濫한 자, 그리고 受臟 사실이 사
소한 酒食에 관련된 자라도 모두 陞官하는 데서 제외시키고 있고 天
禧3년에도

> 현재 銓曹 幕職令錄으로 注擬되지 않은 사람은 兩任五考 이상으로
> 臟罪가 없는 사람은 모두 아뢰게 하였다.369)

이라 하였다. 즉 지방의 幕職官이나 令錄 가운데 銓曹(유내전)에서 注
擬하지 않은 자, 또는 처음으로 令錄이 된 자 중에서 兩任五考로 공사

---

367) 『宋會要』 職官 11, 咸平5年 12月 甲戌條 및 『長編』 卷 53, 咸平5年 12月
丙戌條.
368) 『長編』 卷 60, 景德2年 5月 甲戌條.
369) 『長編』 卷 94, 天禧3年 11월 辛未條 및 『宋會要』 選擧 10 試判, 天禧3年
11月 19日 條.

의 범죄사실이 없는 자, 혹은 3任 8考의 경력을 지니고 있으면서 臟罪
사실이 없는 자를 승진시키는 조처를 취하고 있다. 이로써 진종대에
있어서는 경관이나 지방의 막직주현관은 모두가 사소한 臟罪사실이
없어야 하며 受臟사실이 경력에 있으면 승진에서 제외시키고 있다. 따
라서 眞宗·仁宗代에 있어서 臟吏의 사형은 없어졌으나 관료로서의
진급은 완전히 봉쇄하고 있음을 알 수 있다.

神宗代에는 臟罪에 대한 杖刑도 면제되었으니 知金州 張仲宣의 장
죄사건이 계기가 되었다. 즉 張仲宣사건을 담당한 법관이 이전의 李希
輔장죄의 판례에 따라 杖脊鯨配를 선고하려 하자 知審刑院 蘇頌이 장
중선과 이희보의 장죄의 경중이 다른데 이를 동일형량으로 취급하는
것은 부당하다고 역설하였다.

> 神宗이 말하길 杖을 면하고 黥하는 것이 가한가?[370]

라 하니 蘇頌은 이에 대하여 다음과 같이 주장하였다. 즉,

> 옛날에는 형벌이 大夫에게 올라가지 않았다. 仲宣의 官이 5품인데
> 지금 사형을 대신하여 黥하고 徒隸와 함께 졸오가 되었다. 비록 그
> 사람이 자랑할 것은 못 되지만 중요한 것은 衣冠을 더럽혔다는 것이
> 다. 드디어 杖黥을 면하여 해외로 유배가게 했는데 마침내 定法이 되
> 었다.[371]

라 하여 마침내 定法으로 확정되었다. 이 장중선사건은 사대부에게 형
을 가하지 않는다고 하는 전통 중국의 유교사상을 내세운 것이기는
하나 宋初 이래의 臟吏에 대한 嚴刑主義 정신과는 근본적으로 상치되

370) 『宋史』 卷 340, 蘇頌傳.
371) 『宋史』 卷 340, 蘇頌傳.

는 것이며 유교주의의 고식적인 명분이 오히려 관료 사회의 기강을
문란하게 하는 결과를 초래하였으니, 이에 대해 趙翼은

> 이로부터 송대는 臟을 범하여 사형에 이르는 형벌은 없었다. (中
> 略) 더욱이 올바른 풍습을 이루었다는 것을 볼 수 있으며 도리어 庇奸
> 으로 탐욕을 양성하는 것을 善政으로 여겼다. 이에 불초한 관리의 불
> 법 전횡은 대체로 이미 深求할 수가 없었다.[372]

라고 비판하고 있고, 이 결과로 북송후기의 사회풍조는 법의 해이함에
따라 관료의 횡포함이 극심하여지고 民怨이 비등하게 되었다고 臟法
과 사회기강의 상관성을 논하고 있다.

남송대에 있어서도 안찰관으로 하여금 해마다 장리를 적발하여 그
들의 성명을 중앙에 보고하게 하여 전최에 반영하기는 하였으나 장리
를 처죄한 예는 없고 단지 이종대에 상원현령 이윤升의 장죄에 관해
서 신종대와는 달리 장형면경하고 그의 재산을 몰수하여 혜주로 유배
시키고 있다. 이와 같은 조처는 이종대의 국정신책과 관계가 깊고 송
초의 엄형주의와는 거리가 있으나 북송말 남송초에 걸친 관료 사회의
기풍을 치적한 장리의 제법에 결부시켜 전최를 하였고 남송말에 있어
서도 송태조의 엄형주의를 본떠서 장리에게 중벌을 가하여야 한다는
주장은 재상 賈似道를 중심으로 활발히 논의되었다.

Ⅳ. 宋代 黜降官의 유형과 고발

「宋會要輯稿」에 의하면 宋 일대의 관료의 출강 사실이 시대 순으로
기록되고 성명과 관직이 구체적으로 나타나 있으며 출강된 원인과 경

---

372) 『二十二史箚記』 24.

위에 관하여 설명하고 있어서 관료의 부정을 총괄적으로 알 수가 있다. 그런데 출강관의 내용을 유형화하면 첫째가 관료의 부정, 특히 재무관료의 부정이 다수를 차지하고 있고 다음으로 인사관계의 불공평성이 많고, 셋째로 직무수행에 있어서 사소한 실수와 능력부족에서 출강된 경우를 알 수가 있으며, 끝으로 신·구법당의 당쟁에 관련된 정치적 출강 등을 들 수가 있다. 이에 대한 분석은 관료 사회의 면을 살피는 데 필요한 것이라 생각된다.

먼저 관료의 행정능력과 출강에 대해 보자.

五代의 무인통치를 계승한 宋朝에 있어서 시급한 문제는 사회경제적 안정을 이룩하는 일이다. 이를 위해서는 황폐한 농경지의 개간과 유이민의 초무와 안착이 필요하고 군벌이 도적화하여 도처에서 출몰하는 것을 소탕하고 치안을 대하는 일이 급선무이다. 이를 위한 지방관료의 능력은 행정일선에서 쉽사리 평가받을 수 있고 그에 의하여 관료의 출이 좌우되었다. 앞서의 보임령에서도 나타나고 있는 바와 같이 관료의 보임기준은 지방행정을 맡을 능력이 있느냐에 초점을 두었고, 추천인의 추천장(거장)에 이를 분명히 밝히게 하였고, 만약 임명한 후에 거장의 내용과 행정능력이 일치하지 아니할 때에는 보거인의 출강은 물론이고 피거인도 문책을 받고 있다. 이는 관료의 일선행정능력을 무엇보다 중요시한 데 기인하는 것이다. 또한 進士科상위합격자를 지방의 通判에 임명한 것도 우수한 관료에게 지방행정을 맡김으로써 문신관료체제의 기반을 확립하려는 데 있다. 따라서 송대 관료의 출강에 있어서는 이와 같은 기본방향에 어긋나는 경우는 좌천시켰던 것이다.

태조대의 지방관의 능력평가에 대해서 태조본기를 보면 태조의 덕 4년(968)에 현의 영좌(현령·主薄·현)로 하여금 유민을 초정하고 권

과하여 호구를 증가시키고 광토를 개간한 공적에 따라 관료의 출보의
기준을 삼게 하였다.

이와 함께 지방관의 개간실적과 일반민의 무농을 직접 조사하는 度
田使의 파견에 대해서 특히 신중을 기할 것을 강조하고 있는데 건융2
년 춘정월에 중앙의 상참관이 제주의 민전을 조사함에 있어 부당하게
처리함으로써 백성의 소송에 걸려 출되는 후주말의 사례를 감안하여
도전사의 정택을 당부하고 아울러 상참관을 파견하였다. 특히 태조대
에는 도전에 관련되어 관료의 출강이 빈번한데 建隆 2년 4월에 사중
상준이 전부균에 연좌되어 파면되고 현령 程이 決杖유배당하는 사건
이 있었다. 또한 建隆 3년 12월에는 좌선대부 은소가 민전검시를 부당
하게 처리하여 해주의 사법참군으로 좌천되었다.

乾德 3년에는 五代 이래 지방관의 무능한 행정체제를 바로잡기 위
하여 제주의 長吏(지주)에게 親吏代判을 금하고 있다. 이는 무능한 무
신의 專을 제거하고 유능한 문신관료로서 지방행정을 바로잡고 아울
러 관료의 부정을 강력히 규제하려 함에 있다.

이와 같은 지방관의 능력주의는 宋 일대에 그대로 적용되어 무능한
관료의 출강을 단행하고 있으니 태종의 淳化 2년에는 출강규정을 마
련하였다.

이에 따라서 杭州防禦判官 史堯가 滄州司馬로, 封州縣令 李孚는 襄
州司馬로 그리고 徐州彭城縣令 傅昭遜이 曹州司馬로 降黜되었다. 또
咸平 원년에는 지주나 통판의 행정능력이 부족한 자를 閑職에 좌천시
킬 것을 제도화하였으며 知道 원년에는 심관원에서 관료의 고과를 조
사(引對)하여 행정의 실적이 없는 자를 좌천시키고 있다. 뿐만 아니라
중앙의 상참관이 천자의 특명을 받고 州縣幕職官의 일선 행정실태를
독려하고 그들의 考課를 천자에게 보고토록 하는 일이 빈번한데 이를

제대로 수행하지 못하고 출강당하는 예도 흔히 볼 수 있다. 이 경우에 상참관과 주현관이 함께 출강당하고 있다.

즉 淳化 2년에 枚州防禦判官 司堯가 滄州司馬로, 封州縣令 李孚가 襄州司馬로, 徐州彭城縣令 傅昭遜이 曹州司馬로 좌천된 것은 그 좋은 예라 하겠다.

그런데 관료 출강의 동기가 부정관료의 고발에서 시작되는 예는 상당히 많고 조정에서도 부정의 고발에 대해서는 철저하게 조사 처리하는 원칙을 취하고 있다. 不正官의 고발은 민이 직접 하는 것과 관료상호간에 고발하는 경우를 들 수가 있다. 몇 가지 예를 보면 앞서 장리가 市되는 예에서 보았듯이 대개가 민이 贓吏의 부정을 고발하고 사실이 확실하여져 市된 예는 민에 의한 고발이라 하겠다. 이에 대해서 구양수는

국기의 법은 贓吏를 除하고 民이 고발하는 것에 인하여 이를 행한다.

라고 분명히 밝히고 있다.

관료상호간의 고발에 의해 출강된 경우는 태조 建隆 4년에 德州刺史 何隱이 毫州別賀로 좌천되었는데, 그 원인은 군식을 擅出한 데 있으나 이를 고발한 것은 그의 부하 판관인 郭衆에 의해서이다. 그 결과 何隱은 출강되고 고발한 何隱은 일약 祠部員外郎 權知州事로 승진되었다. 송대에는 이와 같이 직속상관의 부정을 고발하는 예는 상당히 많고 특히 宋初에는 신진과거관료가 五代로부터 宋初에 계속하여 임관하고 있는 舊代의 관료의 부정을 서슴없이 폭로하여 출강시키고 있는데 이러한 氣風은 송대의 문신관료사회의 참신한 士風을 형성하는 계기를 마련하여 주었고 태조와 태종도 이를 적극 장려하였다.

제 6 장
宋代의 官僚와 蔭補制度

蔭補라 함은 父·祖나 친족 및 친지의 恩蔭에 의하여 고위관료의
자손과 일족이 관직에 나아가는 제도로서 蔭子, 蔭叙, 任子, 補蔭 등
여러 가지의 명칭으로 불린다. 여기에서는 『宋史』職官志 蔭補條에 따
라 그 명칭을 蔭補라 하였다.[1] 이 제도는 송대에서 비롯된 것은 아니
고 그 기원은 멀리 前漢代에까지 올라가며 제도적인 면에 있어서는
唐代에 이미 정비되었고 宋代 이후도 계속 유지되어 淸代에까지 이어
져 내려갔다.

그러나 송대에 있어서 蔭補제도가 특히 문제되는 것은 文治主義的
관료체제를 국체의 기본으로 한 宋朝가 신하들에 대한 우대책으로 역
대의 어느 왕조보다도 蔭補를 남용하였다는 사실과, 특히 가문의 배경
이 사라진 송대 관료들이 蔭補를 통하여 그들의 가계를 유지하고 있
다는 점을 들 수가 있다. 따라서 蔭補制度의 연구는 문치주의 宋朝의
基幹이 되는 관료체제를 이해하는 데 반드시 다루어야 할 문제로 생
각된다. 뿐만 아니라 과거제가 발달한 송대에서도 蔭補에 의한 官界進
出은 흔하고 『宋史』列傳에 많이 나타나고 있다.

여기서는 宋代蔭補의 성격과 내용을 파악하고 蔭補의 인원과 관직
을 살피고 『宋史』列傳을 분석하여 북송과 南宋代 인물의 蔭補例를 검
토하며, 관료의 계보를 유지하는 데 蔭補의 작용과 蔭補의 남용으로
冗官문제가 발생한 배경과 蔭補제도의 개혁에 대하여도 살펴보겠다.[2]

---

1) 『宋史』卷 170, 職官志 122, 蔭補條(이하 『宋史』職官志 蔭補條라 略함)
2) 申採湜, 「北宋의 蔭補制度研究」(歷史學報 42, 1969), 1-46쪽 및 「南宋의 蔭
   補制度에 관하여」(全海宗博士 華甲紀念 史學論叢, 1979) 249-274쪽.

제1절 음보제도의 성격과 내용

  宋代의 官僚層을 형성하는데 과거제도가 중요한 작용을 하였음은 재론의 여지가 없다. 과거에 합격한 후 중앙 및 지방의 요직을 차지한 과거출신의 관인이 북송 중기 이후에 관료층의 상층부를 형성하였다면 恩蔭에 의하여 解褐, 임관된 蔭補官은 中·下層의 官階를 형성하는데 참여하였음을 알 수 있다. 물론 父·祖의 恩蔭에 의하여 얻어지는 蔭補官의 지위는 父·祖의 그것에 비하면 비교가 안될 만큼 낮기는 하지만 과거의 進士科에 합격하여 初任된 자의 官位와 비교하여 볼 때에 그리 차이가 없고 이렇게 얻어진 자신의 지위를 유지하면서 착실히 관계를 줄달음질 친 蔭補官의 例는 『宋史』의 列傳 속에 많이 登載되어 있다. 과거출신의 高官이나 蔭補에 의해서 상당한 지위에 오른 관료들이 그들의 家系와 사회적 지위를 지켜 나가기 위해서는 또 다시 그들의 자손에게 많은 蔭補를 하고 있으니 한 사람의 高官에게 많은 수의 蔭補官이 피라미드와 같은 모습으로 구성되고 있다. 그러므로 蔭補制度에 관한 연구는 관료 사회의 구족적 실태와 함께 그들의 이면을 이해하는 데에 도움이 되리라 생각한다.

I. 송대 음보의 성격

  宋代의 蔭補問題에 대해서는 趙翼이 「二十二史箚記」宋恩蔭之濫條에서

    蔭子는 조정의 은혜를 臣下에게 내리는 것이다. 그러나 宋代처럼 이
  것이 남용된 일은 일찍이 없었다..[3]

라고 考證하고 있는 바와 같이 宋代는 중국역사상 음보가 가장 남용
되었고 蔭補의 남용은 송대 사회에 다음과 같은 몇 가지 문제를 제기
하고 있다.

첫째 北宋史에서 仁宗代를 전후로 하여 거론되는 이른바 「三冗之弊」
가운데 文臣관료의 증가에서 야기되는 冗官문제가 蔭補와 밀접한 관
계를 갖고 있고, 이러한 용관의 증가는 자연히 국가의 재정을 압박하
여 그 결과 재정의 곤란을 초래하고 있음을 알 수가 있다. 뿐만 아니
라 蔭補의 남용은 관료 사회의 기강을 문란하게 하였으며 관료의 요
행심리를 자극하고 있음을 알 수가 있다. 따라서 仁宗代를 전후로 하
여 많은 관료들이 국정개혁을 주장하고 있는데 거기에는 반드시 蔭補
의 改革을 내세우고 있다. 또한 神宗代에 있어서 王安石에 의한 혁신
적인 제반개혁은 北宋社會가 안고 있는 여러 가지의 문제점들을 수술
하려는 노력으로 해석할 수 있는데, 이러한 문제들은 이보다 훨씬 이
전에 이미 조성되어 왔고 그것은 蔭補制와도 밀접한 관계가 있다. 따
라서 蔭補制度는 문신관료체제하의 송대 사회의 전체적인 부분과 관
계가 되는 사회문제로 생각된다.

둘째 宋代의 蔭補制度는 漢·唐의 그것과는 그 성격이 다르다. 즉
宋代의 蔭補는 漢·唐처럼 단순히 봉건적 유풍에 의한 恩蔭의 성격을
떠나서 문신관료들이 그들의 家系를 형성·유지하는 데 이를 이용하
고 있다. 뿐만 아니라 가문이나 문벌이 사라진 宋代에는 蔭補가 사대
부 관료사회를 유지하고 질서를 조성하는 데 많은 역할을 하고 있다
는 점이다.

셋째로 과거제와 음보제의 상호관계의 문제이다. 宋代의 과거는 讀
書人의 관계진출에 결정적인 작용을 하였고, 따라서 사대부계층이 관

---

3) 『二十二史箚記』卷 25.

료로서 그의 사회적 지위를 누리고 지배계층으로서 특권을 지니게 되는 데에 있어서 과거의 힘은 거의 절대적이라고 하겠다. 그리하여 이들 과거출신 관료는 문치주의 송대 사회에 관료층의 상위부를 점유하게 되었다. 그러나 科擧에 의하여 관인이 된 자도 그의 지배계층으로서의 지위는 일대에 한하기 때문에 그들의 관료로서의 지위는 當代(당대)에 그치는 것이다. 이른바 일대귀족이란 말이 나오게 된 것은 바로 여기에 기인한다. 그러므로 과거에 의하여 起家 解褐의 대부분은 그들이 모처럼 차지한 官戶로서의 특권을 후손에게 계승시키기 위하여 그들의 자손을 다시 과거에 합격시키거나 아니면 蔭補를 하거나의 두 가지 방법을 취할 수밖에 없다. 그런데 송대를 통하여 父·子가 계속하여 과거에 합격한 예는 흔하지 않다. 그 대신 과거출신관료가 그들의 자손에게 蔭補를 이용하여 官位를 유지시킨 예는 대단히 많다. 따라서 과거에 의하거나 그 밖의 방법으로 관료가 된 자는 그들의 관위를 유지함에 있어서는 蔭補를 이용하였다고 보겠다. 송대의 관료 중에 蔭補의 혜택을 누리지 않은 자가 거의 없으며, 가문이 없어진 송대 사회에 있어서 음보제도는 관료 사회를 유지하는 데 중요한 역할을 하였다고 볼 수가 있다. 송대에 수차에 걸친 음보제도의 개혁이 단행되고는 있으나 성공하지 못한 원인은 이 제도가 士大夫 관료의 이해와 너무나 깊이 연관되어 있기 때문이다.

Ⅱ. 음보의 연혁과 시기

(1) 蔭補제도의 연혁

중국사에서 음보제도의 기원에 대한 확실한 연대를 단정하기는 어려우나 문헌상에 보이는 내용으로서는 前漢에서 시작되어 武帝初에 이미 蔭補(任子)가 널리 행하여지고 있었다. 이러한 사실은

> 漢儀注에 吏가 2천 석 이상의 官吏로 3년이 되면 아들 한 사람을 郎으로 임명하였다.[4]

함과 같이 관리로서 2千石 이상, 즉 公卿에 상당하는 고위관으로서 임기 3년이 차면 아들 한 사람을 郎으로 任子할 수 있었다.

이와 같은 규정이 언제 시작되었는지 그 기원은 확실히 알 수 없으나, 武帝時의 博士인 董仲舒는 任子에 대해 다음과 같이 비판하고 있다. 즉,

> 董仲舒가 대책에서 말하길 무릇 선발은 郎中에서 뽑는다. 郎中吏의 2천 석의 자제는 반드시 어질 필요가 없다.[5]

라고 한 것으로 任子가 이미 사회문제화 되었음을 알 수가 있다. 또한 宣帝時의 博士諫議大夫인 王吉도

> 지금 俗吏로 하여금 자제를 任하니 대체로 교만하여 古今에 통하지 않는다. (中略) 마땅히 선발을 밝게 하여 현명한 사람을 구해야 한다. 任子의 令으로 外家 및 故人의 子弟가 후한 대접을 받아 나가니 자리에 마땅하지 않다.[6]

고 비판을 하고 있다. 따라서 2千石 이상의 공경의 자제에게 任子를 행하는 前漢의 제도는 이미 武帝나 宣帝時에는 널리 행하여져 사회적

---

4) 『文獻通考』, 選擧, 任子條.
5) 『위의 책』.
6) 『漢書』 卷72, 王吉傳.

물의가 있어서 비판의 대상이 되었다. 이를 뒷받침하는 사실로서 武帝
이전의 景帝時에 汲黯은 父任으로 太子洗馬가 되었고[7] 武帝의 天漢
元年(B.C. 100)에 匈奴에 파견된 蘇武의 형제가 어려서[8] 모두 父任에
의하여 郎으로 임명된 사실로 알 수 있다. 따라서 任子制는 前漢의 景
帝時에 행하여졌고 武帝時에는 이에 대한 폐해가 나타나서 비판을 받
고 있었음을 살필 수 있다.

前漢代의 任子의 종류는 父任·兄任·宗家任·致仕任 등 다양하게
행하여졌으며 前漢末의 哀帝원년에 任子令을 손질하고 後漢代에 任子
를 통하여 入仕한 예는 많다.[9]

그러나 위진남북조시대에 들어오면 九品官人法의 실시로 蔭補制度
는 그 의미를 상실하게 되었다. 이러한 蔭補제도가 그 내용상에 있어
서 정비된 것은 唐代라 하겠는데,

任子法을 살펴보면 漢에서 시작되어 그 법이 唐에서 더욱 갖추어졌다.[10]

고 하였고. 唐代의 蔭補制度에 대해서는

무릇 出身의 嗣王 郡王은 從 4품下이고, 親王의 諸子를 郡公에 봉하
는 것은 從 5품上이며, 國公은 正 6품下이고 郡公은 正 6품 下이며, 縣
公은 從 6품上이고, 侯는 正7품 上, 伯은 正 7품 上이고 男은 從 7품
下이다. 황제의 緦麻 이상의 親과 皇太后의 期親은 正 7품, 皇后의 期
親은 從 8품上이고, 외척은 모두 服屬으로서 2階敍를 강등한다.[11]

---

7) 『史記』 卷 120, 汲鄭列傳 卷 60 및 『漢書』 卷 50, 張馮汲鄭傳 卷 20.
8) 漢代의 任子에는 연령제한이 없었으니 이는 『文獻通考』 選擧考 任子條 哀
帝元年除任子令을 봐도 알 수 있다.
9) 『文獻通考』 卷 34, 選擧考, 任子條(이하 『通考』 任子條라 略함)
10) 『文獻通考』 卷 34, 任子條
11) 『新唐書』 卷 45, 選擧志

고 하여 황족과 황후 외척에 대한 蔭補의 品階를 설명하고, 이어 백관
의 蔭補에 대해서는

> 무릇 蔭을 씀에 1品子는 正7品上, 2品子는 正7品下, 3品子는 從7品
> 上, 從3品子는 從7品下, 正4品子正8品上, 從4品子正8品下, 正5品子從8品
> 上, 從5品 및 國公子는 從8品下로 任하였다. 무릇 品子는 雜掌 및 王公
> 을 맡고 이하의 親事로 帳內에 勞滿하여 선발된 사람 7品 이상, 子 從
> 9品上으로 叙하여 流外를 맡은 후 流內로 들어왔다. 品이 낮은 사람도
> 또한 이와 같이 하였다. 3品 이상 蔭의 曾孫, 5品 이상 蔭孫의 孫은 1
> 등을 降하고 曾孫은 다시 孫 1등을 降하였고 贈官은 正官 보다 일등을
> 강등하였다.[12]

이에 의하면 官品에 준하여 매우 짜임새 있게 행하여지고 있다. 唐
代 官僚의 음보자격은 從 5品 이상으로 구분되고 있고 被蔭子의 品階
는 正 7品 上에서 출발하고 있음을 알 수 있다. 또 3품 이상은 曾孫까
지, 5품 이상은 孫까지 蔭補할 수 있으며 孫은 子보다 1등을 降하고
曾孫은 孫보다 다시 1등을 降하여 蔭補하였다. 그런데 唐代에 있어서
도 門蔭을 통하여 起家 釋褐하고 任官이 된 자는 상당히 많을 것으로
추측되지만 列傳에는 후반기에 진사출신자가 많이 기재되어 있는 것
은 진사출신이 다수 公卿과 宰相이 되었기 때문이라고 보겠다.[13]

이상과 같이 唐代의 蔭補는 官品을 중심으로 행하여졌고 宗親과 皇
后 외척을 제외하면 직계의 子 · 孫 · 曾孫에 한하고 있으며, 蔭補된 관
품도 과거출신자보다 떨어지지 않고 京官으로 임용된 자가 많다. 이로
볼 때에 당대에 있어서도 蔭補制度는 상당히 중요시되고 있음을 알
수가 있다.

---

12) 『위의 책』.
13) 築山治三郎, 『唐代政治制度の硏究』490쪽 門蔭 참조.

그러나 唐代에는 아직 문벌귀족이 그대로 존속하고 있기 때문에 官
界에 나아가는 데 문벌귀족의 영향력은 무시할 수 없는 것이었다. 따
라서 唐代의 귀족관료들이 가문을 유지하는 데는 門閥을 이용하였으
며 蔭補에 의존한 것은 宋代처럼 뚜렷하지 못하였다. 문벌귀족사회의
구귀족에게는 襲爵과 科擧, 그리고 蔭補의 어느 쪽을 택하던 그 자손
의 관계진출이 가능하였던 것이다. 이와 같은 의미에서 볼 때에 당대는
아직도 위진남북조 이래의 귀족적인 유풍이 존재하였고, 이것이 蔭補制
에 의한 관료 사회진출에 있어서의 역할을 약화시킨 결과라 하겠다.

(2) 蔭補의 시기

宋代 蔭補의 시기는 국가적 대행사가 거행될 때에 蔭補하는 경우와
功臣들에 대하여 행하는 두 가지 예로 크게 구분할 수가 있다. 우선
국가적 대행사로는 改元, 皇帝卽位, 誕聖節, 南郊大祀 등을 들 수가
있다.

첫째 改元蔭補의 시작은 태종의 淳化初에 淳化로 개원을 하면서 文
班은 中書舍人(정 4품), 武班은 大將軍(正 4품) 이상에게 蔭補를 허락
한 것이 그것이다.[14]

둘째 皇帝卽位蔭補는 태종이 즉위하면서, 諸州로부터 사람을 추천
하여 進奏를 한 사람에 대하여 試銜 또는 三班職(三班職은 武班의 최
하위로 三班奉職과 三班借職이 있는데 武階의 從 9品에 해당한다)을
제수하였고 또 監司와 郡守들이 親屬을 보내어 천자의 즉위를 축하하
면 이들에게도 授官을 행하였다.[15] 이러한 지방관 이외에 중앙의 三
相의 子를 越次拔擢하여 蔭補하기도 하고[16] 고관의 자제들을 현직에

---

14) 『宋史』選擧志, 蔭補條 및 『通考』任子條, 『玉海』選擧條
15) 『宋史』選擧志, 蔭補, 『通考』任子條 및 『宋史』 卷 298, 列傳 57, 司馬池

서 승진시켜 그 직위를 높여 주기도 하였다. 그런데 이 즉위蔭補는 중
앙관보다는 지방관에 대한 우대의 뜻이 강한 것으로 풀이할 수가 있
는데, 이는 천자의 등극에 따르는 지방 관료의 포섭이란 의미가 내포
되어 있다.

  셋째 誕聖節蔭補는 태종의 至道2년에 聖節(壽寧節)의 推恩令을 내
리고 翰林學士(正 3品)와 兩省의 5품, 그리고 尙書省의 4품 이상의 官
에게 그 아들 한 사람의 蔭補를 허락한 데서 비롯되었다.[17]

  넷째 南郊大祀蔭補를 보면 고래로 중국에서는 천자가 郊外에서 천
지에 祭를 올린 것은 널리 알려져 있는 사실로서 이를 郊祀라 하는데
송대에 있어서도 이러한 의식이 계승되었으니, 그것은

  국초에 3년마다 郊祀를 지내는 데 사대부들이 모두 遷秩하였다.[18]

또는

  宋制에 매 3년마다 한 번 親郊하는데 대소의 各 官들이 모두 蔭子를 할 수
있었다.[19]

라는 사실과 같이 매 3년마다 郊祀가 행하여지고 있는데, 이때에는 대
소의 관료들이 그의 아들을 蔭補할 수가 있었으며, 郊祀蔭補는 크게
유행한 것 같다. 그런데 3년 1郊는 원칙적인 것이고 실제에 그대로 행
하여지지 못한 듯하니, 이에 대하여서는

---

16) 『宋史』卷 264, 列傳 23 薛居正.
17) 『宋史』選擧志, 補蔭條 및 『通考』任荊條
18) 『宋朝燕翼貽謀錄』2.
19) 『宋史』選擧志 蔭補條.

재상 呂蒙正이 말하길 前代에 停郊謁廟는 대체로 災沴으로 인해 행해
졌다. 지금 아무 이유 없이 祀를 파하니 典禮에 근거가 없는 일이다.[20]

이라 하여 災沴로 郊祀가 중지된 일도 있었다. 그러나 대체로 3년 1郊
의 원칙은 고수되고 이때에 많은 음보가 행하여져 勳爵과 恩賜品이
내려졌다. 먼저 태조 때의 郊祀恩에 대한 사실을 보면

文武의 近臣에게 襲衣·金帶·器幣·鞍馬를 賜함에 差가 있었다.[21]

고 하여 문신·무신 등의 近臣에게 여러 가지 물품이 사여되었고, 이
어서

辛巳에 甲子의 赦書로써 여러 신하들에게 階勳爵邑을 進함에 差가
있었다.[22]

고 한 사실이 있다. 즉 開寶원년에도 재상과 추밀사, 諸道의 蕃侯에게
아울러 勳爵을 차등 있게 가하였다는 기록이 보이고 開寶4년의 郊祀
에는

己巳에 내외의 문무관에게 勳爵을 遞進하였다.[23]

이에 의하면 태조시의 郊祀에는 주로 물품이나 階勳, 爵邑을 제수
하여 준 것으로 나타나고 있다. 다음 태종시대의 郊祀는 태조 때와는

---

20) 『長篇』卷 53, 咸平5년 11월 壬寅條.
21) 『위의 책』卷 4, 乾德원년 11월 丙寅條.
22) 『앞의 책』卷4, 乾德원년 12월 辛巳條.
23) 『宋史』 太祖本紀.

그 성격을 상당히 달리하고 있음을 알 수가 있다. 즉 태종시대에는 5회의 郊祀가 행하여졌는데, 태평흥국3년의 교사에 대한 것을 보면

丙午에 郊祀로써 中外의 문무관에게 은혜를 가하였다.[24]

하였고, 太平興國 6년의 郊祀에서는

己未에 재상 趙普가 梁國公에 봉해졌다. 普 이하는 아울러 爵秩을 進함에 차등이 있었다. 辛亥의 赦書로써 은혜를 가했기 때문이다.[25]

고 하였다. 그리고 雍熙원년의 郊祀는 광범위하게 행하여졌으니,

文武의 전임, 현임관, 諸軍의 將校와 致仕官은 아울러 은혜를 가하여 주었다. (中略) 文武常參官 및 內外 諸司의 使副, 禁軍 都虞侯 이상, 諸道의 行軍副使, 藩方馬步軍 都指揮使는 부모와 妻가 官封이 있지 않은 사람은 官封을 주고 亡歿한 사람은 또한 封贈의 文資를 주었다. 常參官의 衣緋綠이 20년에 미친 사람은 吏部의 投牒을 허락하여 아뢰게 하였다. 諸處의 配流徒役人 中에 일찍이 職官에 임명된 적이 있고 이미 은혜를 받아 放還된 사람은 맡은 바에 위임하고 官을 폄하는 데 量移하지 않은 사람과 量移한 사람은 復資하고, 復資한 사람은 量에 따라 叙用을 주었다. (中略) 諸道의 進奏使, 前資官 등은 郊廟에 나가 陪位된 者는 아울러 加恩하였다.[26]

란 사실로 알 수 있다. 淳化4년에는 軍士에 대한 賞이 행하여졌고 至道2년의 郊祀에도 위와 비슷한 내용으로 되어 있다.[27] 이를 보면 태

---

24) 『宋史』 太宗本紀.
25) 『長篇』 卷 22.
26) 『太宗實錄』 卷 31, 太平興國9년(雍熙元年) 11월 丁卯條

조 때보다는 郊祀의 恩이 다각적으로 확대되었으며, 특히 恩蔭의 면에
서 고려하여 보면 太宗代에는 그 범위가 넓혀졌다. 太宗의 太平興國年
間(976~983)은 송의 중앙집권적 문신관료체제가 자리를 잡아 나가기
시작한 시기로 볼 수가 있고, 蔭補제도상에 있어서는 太宗의 淳化年間
(990~994)에서부터 은음이 점차로 확대되었다.

그런데 郊祀蔭補에 있어서 蔭補를 하는 예로서는 앞서 인용한『宋
史』의 "宋制 每三歲一親郊 大小各官 皆得蔭子"란 기록으로 확실하게
알 수 있는데 위에서 인용한 내용 가운데서 蔭補라 하지 않고 「加恩」
이란 표현을 쓰는 경우도 있는데 加恩의 경우에는 遷秩한 예가 많다.
이에 대해서는

> 국초에 3년에 郊祀를 할 때 사대부들은 모두 秩을 올려주었다. 眞宗
> 이 즉위하여 孫何가 그 남용됨을 힘써 아뢰었다.[28]

고 있다. 사대부 관료에게 모두 秩을 올려 주었음을 살필 수가 있다.
그런데 이 秩에 관하여서는『長編』에

> 丙寅에 參知政事 寇準이 파하여 給事中이 되었다. 이에 앞서 郊祀에
> 서 축하를 행할 때 中外의 官吏는 모두 進秩하였다.[29]

하였고 이어서

> 太宗 때 郊祀하여 축하를 행하였는데, 여러 신하들이 대체로 進改되
> 었다. 그런고로 孫何의 개혁이 있어 轉議를 옮겼다.[30]

---

27)『長編』卷 34, 淳化4년 春正月 辛卯條.
28)『宋朝燕翼詒謀錄』2.
29)『長編』卷 40, 至道2年 秋 7月 丙寅條.
30)『위의 책』卷 45, 咸平2年 11月 丁亥條

라 하였다. 이에 의하면 郊祀의 경사를 행함에 秩(官)을 올려주는 것
도 加恩의 일종으로 볼 수가 있고 孫何의 음보남용개혁이 있었다. 그
러나 加恩은 이미 태종때에 시작된 듯하니,

> 郊祀에 覃慶 改官하는 것은 舊典이 아니다. 雍熙 이래로부터 있어
> 왔다.[31]

고 한 것으로 알 수 있다. 즉 郊祀時에는 進秩(官)이나 遷秩(官)을 하
는 예는 太宗의 雍熙 元年 이래의 사실로 보인다. 따라서 태종대에는
太祖시대와는 달리 적극적으로 官을 승진시켜 주고 遷官을 하였던 것
이다. 宋代의 官이 단순한 階位를 표시하는 階官으로서 祿秩, 叙位를
표시한 것인데[32] 이는 태종대에 와서 階官으로 고정화하였던 것이다.
따라서 郊祀恩의 例는 태종대에 와서는 加恩의 표현이 보다 구체적인
사실로 나타났고, 이와 같은 遷官(秩)이나 進官(秩)은 恩蔭과도 밀접
한 관계를 가지면서 태종대는 그 범위가 확대되는 방향으로 나아갔다.

이상이 국가의 큰 행사시에 신하들에게 蔭補를 허락한 예인데 未官
者에게는 官位를 蔭補하였고 旣官者에게는 그의 官을 올려주거나 옮
기고 있는데 이는 문치주의적 관료체제의 기반을 형성하고 특히 宋朝
의 군주독재체제를 옹립하고 유지하는 데 중요한 작용을 하였다.

다음에는 功臣에 대한 蔭補로서 五代의 高官과 宋代의 개국공신과
특수공신에 대한 蔭補가 있다. 오대의 관료와 송초의 개국공신에게 행
한 蔭補로는

---

31) 『群書考索』卷 15, 後集 考課類
32) 和田淸, 『支那官制發達史』 171쪽 참조.

天聖 중에 五代 때에 3품 이상으로 告身生存者의 자손에게 詔하여
蔭則을 허락하고 아울러 前代에 미치게 하였다.[33]

고 있다. 이는 仁宗初의 天聖年間에 五代의 3품관 이상의 자손 가운데
祖·父의 告身을 갖고 있는 자에게 蔭補를 허락하다. 송조는 일반적으
로 관리를 우대한 것은 太祖 이래의 정책이지만 仁宗代에 들어와서도
五代高官의 자손을 이렇게 蔭補한 것도 五代官僚의 우대책의 일환이라
생각된다. 또 국초의 개국공신의 자제들도 특별히 蔭補하였으며[34] 高
官이 致仕할 때에 致仕蔭補와 사망하였을 때에 행하는 遺表蔭補가 있
는데 이에 대한 자세한 설명은 다음 蔭補人員에서 再論하겠다.

또한 특수공신蔭補로서 轉品, 戰沒, 功勳蔭補가 있는데, 轉品蔭補에
대해서는

太宗 淳化 연간에 비로소 轉品할 때에 다시 子 한 명을 蔭補하는
것을 허락하였으니 奏薦의 넓음이 이로부터 비롯되었다.[35]

太宗의 淳化年間에 관료가 轉品을 하는 경우에 一子의 蔭補를 허락
하였다. 이때 轉品官의 官位의 高下는 불분명하나 宋代蔭補의 門은 이
太宗의 淳化年間에 轉品蔭補를 계기로 하여 넓어진 것이 확실하다. 戰
歿時에 蔭補한 예는『宋史』의 列傳에서 많이 찾을 수가 있고 또 戰歿
이 아니고 現職 및 前職의 高官이 사망하였을 경우에도 그 자손들을
다수 蔭補하였는데 사망 직후에 하는 경우와 상당한 시일이 지난 뒤
에 행하는 두 가지 예를 볼 수가 있다. 이에 대한 내용의 검토도 다음
의 蔭補人員을 논하는 데서 살피겠다. 그리고 功勳蔭補의 例는『宋史』

---

33)『二十二史箚記』卷 25, 宋恩蔭之濫條
34)『宋史』選擧志 補蔭條
35)『宋史』選擧志 補蔭條 및『通考』任子條『玉海』卷 117, 選擧條

의 一般列傳에 많이 보이며 특히 국가에 공로를 세운 者의 자제에게
는 다수 蔭補하고 있으며 親知에게까지 확대하고 있다. 『宋史』의 忠義
列傳에는 특히 功勳蔭補가 많이 실려 있다.[36]

Ⅲ. 蔭補의 인원과 관직

(1) 음보인원

宋代의 蔭補人員은 국초로부터 시대가 내려감에 따라서 현저한 증
가를 나타내고 있다. 蔭補인원의 증가추세는 冗官의 폐단을 가져오고
冗官은 다시 재정에 무거운 부담을 주고 관료 사회의 기강을 문란하
게 하였다. 이러한 蔭補인원의 증가현상을 시대에 따라서 살펴보면,
太祖 때에는 오히려 五代보다도 제한하였다.

　　宋 太祖 乾德원년에 千牛 齊郎의 數를 줄이라고 詔하였고, 지금부터
　臺省 6품, 諸司 5品 登朝 3任은 蔭補할 수 있었다.[37]

이는 乾德 元年(963)에 奏補되는 千牛·齊郎의 인원을 줄이고 있는
데, 이에 대한 자세한 설명을 보면

　　唐制에 禮部의 簡試인 太廟齊郎 郊祀齊郎은 文資이고 兵部의 簡試
　는 千牛備身 및 太子千牛는 武資이다. 대체로 文武 蔭補 제도는 後唐
　天成 3년부터 齊郎은 해마다 30명으로써 한정하였다. 同光 2년에 千牛
　左右仗은 각 6명씩에서 12명으로 한정하였다. 이에 이르러 감하여 해
　마다 무릇 25명을 보충하였다.[38]

---

36) 申採湜, 「宋代士大夫의 忠孝意識研究」, 『歷史教育』 24(1978) 117-124쪽.
　　『宋史』忠義列傳 分析表 참조.
37) 『通考』任子條 및 『玉海』選擧條

이에 의하면 太祖의 乾德 2년에 五代 後唐의 天成 3년(928)의 30명
이던 齊郞과 同光 2년(924)의 千牛左右仗 12명 蔭補人員을 모두 합하
여 25명으로 減하고 있다. 이를 보면 태조 때의 蔭補인원은 文·武班
을 통틀어 五代보다 감소하였음을 알 수 있다.

太宗代에 들어서면 蔭補의 수적인 증가를 보인다. 앞에서도 언급하
였듯이 2대 太宗의 淳化연간은 宋代의 蔭補제도상에 있어서 중요한
시기로서 이때를 기점으로 改元, 轉品의 蔭補가 시작되어 蔭補의 문이
넓어지고 인원도 증가되고 있다.[39] 이 태종시대는 문치주의적 관료체
제의 기틀을 잡혀가는 때로서 唐末五代의 군벌시대에서 송의 문인관
료시대로 기반이 구축된 시대이다. 그것은 太宗의 太平興國2년(977)에
서부터 급격히 늘어나는 진사급제자[40]에 의한 문신관료제적 지배기구
의 확대로써 송대 사회의 성격을 결정하게 되었다. 따라서 太平興國2
년에서 13년의 간격이 있는 淳化初에 蔭補의 문이 확대된 것도 결코
우연한 일은 아니다. 그 후 眞宗代에 이르러 蔭補인원은 격증하였으니
范仲淹은 仁宗의 手詔에 답하는 陳十事 가운데서

> 두 번째로 僥倖을 억제하라는 것입니다. 선왕이 세상에 賞延하고 제
> 후 나라를 세습함에 德가으로 하고 爵의 세습을 春秋에서 이를 비난하
> 였다. 漢의 공경에 封爵이 있는데 죽은 사람은 한 아들을 세워 후사로
> 삼았지, 여러 아들이 모두 爵命이 있다는 것은 들어보지 못하였습니다.
> 寵待大臣은 한 아들을 賜하여 官을 주는 경우는 있으나 해마다 그 자
> 제를 自薦한다는 것은 들어보지 못하였다. 祖宗때에는 이와 같았다. 眞
> 宗황제부터 太平의 樂으로써 신하들과 더불어 축하를 공유하였으니 恩
> 意가 점차 廣大해졌습니다.(下略)[41]

38) 『通考』任子條
39) 『宋史』選擧志,『玉海』卷 117, 選擧 및 『通考』任子條
40) 『通考』卷 32, 選擧 5, 宋登科記總目條 및 『皇宋十朝綱要』卷 1.

고 하여 眞宗代의 蔭補는 眞宗皇帝가 태평성대를 신하들과 함께 축하하면서 점차로 확대되었다고 주장하고 있다.

宋은 眞宗初의 景德元年(1004)에 거란과 澶淵의 맹약을 성립시킴으로써 대외적으로는 오랜 난제를 해결하고 이후 양국간의 평화가 유지되면서 국내는 자연히 태평을 누리게 되었고 이와 아울러 門蔭이 확대되었다. 이와 같은 현상은 仁宗代에 들어와서도 그대로 지속되어 더욱 많은 蔭補가 행하여졌으며 인종대에 있어서의 蔭補제도의 개혁도 이러한 蔭補관의 수적 증가를 억제하려는 것으로 풀이된다. 仁宗 이후에 있어서도 蔭補관의 수적인 증가를 억제하려는 개혁의 노력에도 불구하고 북송의 말에까지 지속되었고 南宋代에 들어가서도 계속하여 蔭補문제가 보이고 있다.

이와 같이 송초 이래 증가되는 蔭補인원의 구체적인 수를 앞에서 본 蔭補의 시기에 따라서 살펴보면 다음과 같다.

첫째 太平興國2년 이래 실시된 南郊大祀의 경우에는[42] 宰相[43]과 執政은 本宗, 異姓, 門客, 醫人을 각 1인 蔭補하였고 東宮의 三師(從1品), 三少(從2品)와 諫議大夫(從2品), 六曹의 侍郎(從3品)과 侍御史(從6品)은 本宗 1인을 蔭補하면 寺長(從4品), 監長(從4品), 秘書少監(從5品), 國子司業(正6品), 起居郎(從6品), 舍人(中書舍人은 正4品, 起居舍人은 從6品), 中書門下省檢正(정6품), 尙書省左右郎官(종6품), 樞密院檢(종6품), 六曹郎中(종6품), 殿中侍御史(정7품), 左右司, 開封少尹(종6품) 등에게는 子 혹은 孫 1인의 蔭補를 허락하였다. 그런데 宰相 執政官의 경우에 異姓親과 門客, 醫人에 이르기까지 蔭補

---

41) 『范文正公政府奏議』 治體 및 『長編』 卷143 慶曆3年 9月 丁卯條
42) 『宋史』 職官志 蔭補條
43) 『위의 책』 合班之制條에 의하면 中書令, 侍中, 同中書門下平章事를 말함.

를 허락한 것은 송대의 蔭補가 친족에게만 국한되지 않고 이성친에게
까지 광범위하게 확대되고 있다는 사실을 말하여 주는 것이다. 또 蔭
補를 할 수 있는 官品의 하한선은 正7品인 殿中侍御史의 예외는 있으
나 종 6품까지가 일반적인 蔭補의 데드라인임을 알 수가 있다. 사실상
宋代의 官品階로 볼 때에 6품관까지는 관위익 중상층이라 할 수 있고
이들에 대한 우대책으로 국가가 蔭補를 허락한 것으로 해석된다.

둘째 致仕蔭補의 수[44)는 曾任의 宰相과 현임의 三少(太子 三少는
종 2품), 使相[45) 등은 3인을, 曾任의 三少, 使相, 執政官, 현임의 節度
使(종 2품)는 2인을, 그리고 太中大夫(종 4품), 曾任의 尙書侍郞(종 3
품) 및 右武大夫, 諫議大夫(종 4품), 侍御史(종 6품) 등은 각 1인을
蔭補할 수 있다.

또 遺表蔭補[46)의 수는 이보다 훨씬 많으니 曾任의 宰相과 현임의
三少, 使相은 5인을, 曾任의 執政과 見任의 節度使는 4인을, 太中大夫
이상은 1인을, 諸衛上射軍(종 2품)과 承宣使(정 4품)는 4인을, 觀察使
(정 5품)에게는 3인의 蔭補를 허락하였다.

셋째 誕聖節에 있어서는 兩省의 雜御史 이상은 子 1인을, 少卿(太宗
正寺는 종 5품, 그 외는 정 6품), 少監(종 5품), 正郞(종 6품), 帶職, 貟
外郞(정 7품), 그리고 諸路의 諸點刑獄 이상에게도 子 1인의 蔭補를 허
락하였다.[47) 이 외에도 皇族에게 蔭補를 허락하였으니 太皇太后는 4인
을, 皇后는 2인을 그 외에도 황족에게는 각각 1인을 허하였다. 그런데

---

44) 『宋史』 職官志, 蔭補條.
45) 『宋史』 職官志, 合班之制條에 의하면 親王 樞密使는 종 1품, 留後, 節度,
京尹은 종 3품, 兼中書令 侍中은 종 1품, 同中書門下平章事는 종 2품으로
이를 모두 使相이라 하였다.
46) 『宋史』 職官志, 蔭補條.
47) 『위의 책』.

이상의 蔭補해당자의 연령은 거의 제한을 하지 아니하였으니, 이는

> 群臣의 자제는 蔭으로써 官을 얻는다. 때때로 어린이가 童齓을 벗어
> 나게 않아도 곧 受使하였다.[48]

이라 한 趙翼의 고증으로 알 수가 있다. 이상을 정리하면 아래의 [표
1]과 같다.

[表 1] 蔭補의 資格과 人員數

蔭補時期	資 格	人員數	比 較	出 典
南郊誕聖節	太皇太后 皇太后	4人	仁宗時 聖節恩澤하 고 熙寧初에 復舊	宋史選擧 志 補蔭條
	皇后	2人		
郊祀	宰相 開府儀 三司使以上	10人		文獻通考 選擧條
	執政	8人		
	侍從 觀察使至 節度使 侍御史	6人		
	中散大夫至中大夫 右武大夫及通侍大夫	3人		
	帶職朝奉郎, 朝儀大夫 武翔大夫至武功大夫	3人		
致仕 遺表	現任宰相	8人	舊 12人	文獻通考 選擧條
	曾任宰相	7人	舊 10人	
	曾任執政謂帶職者	5人	舊 7人	
	現任執政	6人	舊 9人	
	在內侍從在外侍制以上 或不帶職大中大夫以上	2人	舊 2人	
致仕	侍御史 中散中奉至中大夫	1人	舊 2人	
	朝奉郎至朝議大夫	1人		

---

48) 『二十二史箚記』卷 25, 宋恩蔭之濫.

그러면 이상과 같은 음보관은 실제로 어떠한 관직에 나가는 것일가
성년이 되지 못하여 관직에 나아갈 수 없는 자는 祿俸만을 받는 경우
도 있으나 그렇지 아니하고 성년인 자에게는 實職을 주었을 것이고
경우에 따라서는 官階에만 머물러 있게 하였다. 蔭補된 자의 상당수가
京官에 보충되고 있음을 우선 살필 수가 있는데 慶曆 3년 參知政事
范仲淹은

> 매번 南郊 및 聖節에 上奏하여 아들을 京官에 충당하였다.. (中略)
> 諸路의 提點刑獄 이상 差遣이 있는 者도 매번 南郊 때에 아들 한 명을
> 齊郞에 충당하였다. 兩省 大官도 上奏하여 아들을 京官에 충당할 수
> 있었다.[49]

고 하여 南郊와 聖節時에 奏蔭되는 자는 京官에 蔭補되고 있음을 지
적하고 이어서

> 해마다 奏薦으로 冗官을 이루는데 가령 學士 이상으로 官職이 20년
> 이면 1家의 형제와 자손은 京官 20명을 배출한다.[50]

고 하여 學士(樞密院直學士, 學士院 및 經筵의 翰林學士 殿閣의 諸學
士를 말하며 모두 정 3품)[51] 이상의 일가 형제 자손들이 京官으로 蔭
補되는데, 가령 學士 이상의 관료가 20년간 관직생활을 하게 되면 그
들이 奏蔭한 蔭補官이 20명이나 된다고 지적하고, 이와 같은 현상이
바로 송대 冗官의 중요한 원인이라고 걱정하고 있다. 송대의 경관의

---

49) 『范文正公政府奏議』, 治體 答手詔陳十事 및 『長編』 卷 143, 慶曆3年 9月
丁卯條
50) 『위의 책』 兩書.
51) 『宋史』 職官志 合班之制條.

범위는, 常參官을 朝官이라고 한 데 대하여 將作監의 主簿 이상(종 9
품 이상), 秘書郎(종 7품 이하)의 未參官을 가리킨 것으로[52] 반드시
실직을 갖지는 않으나 그들의 관위는 상당히 중요한 위치이다. 따라서
송대의 蔭補제도는 결코 형식적으로 신하를 우대하려고 행하여진 것
만은 아니고 그들을 경관으로 대우하고 있으므로 관인으로서의 입사
나 신분 등 관료체제상에 있어서 매우 중요한 의의를 갖는다.

　그런데 위에서 살펴본 음보관의 수는 『宋史』의 職官志에 기록되어
있는 제도적인 내용에서의 숫자이고 실제로 운영된 것을 기록한 『宋
史』의 列傳이나 그 밖의 자료에 보이는 蔭補의 인원은 이보다 훨씬
다수임을 알 수 있으니, 이에 대해서는

　　　品級最低者는 蔭子 혹은 孫 1명, 高者는 수십 명을 蔭補할 수 있다.[53]

고 한 사실과 같이 송대의 蔭補인원의 수가 제도적으로 기록되어 있
는 수보다 훨씬 많다는 것을 나타낸 것이다. 품계가 낮은 자는 위에서
살펴본 종 6품에 해당하는 것으로 이들에게는 職官志에 있는 내용과

---

52) 和田 淸, 『支那官制發達史』上, 177쪽의 註 5에 寄祿格(北宋)의 京官을 다
　음과 같이 표시하고 있다.

新　　官		官　品	舊　　官
承議郎	\} 京官	從7品	左右正言, 太常, 國子博士
奉議郎		正8品	太常, 秘書, 殿中丞, 著作郎
通直郎		正8品	太子中允, 贊善大夫, 洗馬
宣敎郎(宣德郎改)		從8品	著作佐郎, 大理寺丞
宣議郎		從8品	光祿, 衛尉寺, 將作監丞
承事郎		正9品	大理評事
承奉郎		正9品	太祝奉禮郎
承務郎		從9品	校書郎正字, 將作監主簿

53) 『宋史』 職官志, 蔭補條

같이 1인의 蔭補를 해당 시기에 따라서 행하였지만 품계가 높은 고위
관(정 3품 이상의 고관으로 추정함)에 있어서는 수10인의 蔭補를 허
락하였던 것이다. 특히 고관이 사망하였을 경우에 행하는 致卒蔭補는
그 자손, 친지, 문인에 이르기까지 많은 수의 은음을 하였으니 그 구
체적인 예를 몇 사람만 살펴보면 다음과 같다. 즉 曹彬은 五代의 武人
으로 송초에 태조를 도와 건국에 큰 역할을 한 開國功臣이었고 眞宗
代에 樞密使를 召拜한 후에 咸平2년에 사망하였는데, 이때 그의 친족
은 물론이고 門客, 親校 등 10여 인을 蔭補任官하였으며,[54] 李繼隆은
그의 父 處耘의 蔭으로 供奉官(종 8품)에 蔭補되어 對西夏戰에 활약
하고 官位가 使相에까지 올라가서 사망하였는데, 이때에 그의 여러 子
를 蔭補하였을 뿐만 아니라 그의 門下人 20여 명에게까지 蔭錄을 허
락하였다.[55] 이 밖에도 雷有終이 죽자 그 子 8인을 蔭補하였고[56] 王
旦이 사망하자 그의 子, 弟, 姪, 外孫 외에 門客, 常從人 등 授官者 10
여 명이었으며, 그 위에 諸子들이 服除할 때에 다시 一官을 승진하고
있다.[57] 그리고 王欽諾이 사망하였을 때에는 親屬 및 所親信 20여 인
을 蔭補하였다.[58]

이상과 같은 致卒蔭補는 대부분이 문치주의적 송대 관료사회에 있
어서 신하의 공로에 대한 우대로 행하여지는 恩蔭의 성격을 지니고
있었으니 趙翼도 "此次優眷 加蔭者也"[59]라고 고증하고 있다.

이 밖에도 국가의 防備를 위하여 戰歿한 武官의 遺子에게도 다수의
蔭補를 한 예를 볼 수가 있는데 西夏의 침입을 막다가 好水川의 싸움

---

54) 『宋史』 卷 258, 列傳 17, 曹彬.
55) 『宋史』 卷 257, 列傳 16, 李繼隆.
56) 『宋史』 卷 283, 列傳 37, 雷有終.
57) 『宋史』 卷 282, 列傳 41, 王旦.
58) 『宋史』 卷 283, 列傳 42, 王欽諾.
59) 『二十二史箚記』 卷 25, 宋恩蔭之濫.

에서 전몰한 任福에게는 其子 및 從人 6명을 蔭補하였고,[60] 徐禧가
전몰하였을 때에도 其家人 20을 蔭補하였다.[61] 趙翼은 특히 송대의
蔭補가 汰濫하다고 주장하는 구체적인 사례는 이 致卒蔭을 가지고 논
증하고 있는데[62] 실제로 『宋史』의 列傳에 나타나고 있는 致卒蔭의 수
는 상당히 많이 있음을 알 수가 있다.

(2) 음보관직

宋代에 蔭補되는 者의 해당관직은 文臣蔭補, 武臣蔭補 그리고 皇族
蔭補의 셋으로 구분할 수가 있다. 송의 蔭補는 품계로 행한 唐과는 달
리 대부분이 官職을 중심으로 授官하고 있고, 따라서 당대처럼 일률적
으로 정연하지 않고[63] 제도적으로 잘 짜여 있지도 못하였다.

『宋史』의 選擧志 補蔭條에 보이는 蔭補의 해당관직을 도표로 정리하
여 그 品階를 표시하면 대체로 위의 [표 2·3]과 같다.[64] 위의 표는 제
도상에 보이는 文臣·武臣, 그리고 皇族에 대한 蔭補의 관직관계 내용이
다. 우리는 이 표에서 다음과 같은 몇 가지의 사실을 밝혀낼 수가 있다.

첫째로 宋代의 蔭補制度는 唐代의 그것이 品階를 중심으로 질서 있게
행하여진 데 반하여 官과 職을 중심으로 蔭補하고 있다는 사실이다. 이
러한 官·職中心의 蔭補는 그대로 간과할 수 없는 몇 가지 사실을 추론
할 수가 있다. 그것은 唐代에 문벌사회가 당말·오대를 거치는 동안에
붕괴되고 신분관계에 있어서 品位가 중시되는 당의 관료체제하에서 우

---

60) 『宋史』 卷 325, 列傳 84, 任福.
61) 『宋史』 卷 326, 列傳 85, 徐禧.
62) 『二十二史箚記』 卷 25, 宋恩蔭之濫條.
63) 『新唐書』 卷 45, 選擧志.
64) 『宋史』 選擧志, 補蔭條에 餘親을 "本宗大功至緦麻服者"라고 설명하고 있
　　으므로 本宗의 大功親에서 緦麻親에 이르는 황족관계임을 알 수 있다.

[표2] 文·武臣 蔭補關係

蔭補할 官職 ＼ 親屬關係 / 蔭補된 官職	直子	期親	餘親
文臣 三公(正1品), 宰相(從1品)	諸司丞 (從7-正8)	校書郎 (從8)	試銜(從8)
使相·參知政事(正2), 樞密院使(從1), 副使宣徽使	太祝奉禮郎 (正9)	校書正字 (從9)	試銜(從8)
三司使, 翰林·資政殿侍講(正3), 龍圖閣學士(正3), 樞密直學士(正3), 太常宗正卿(正4)·中丞·正郎·留使·觀察使(正5), 內客省使(從5)	正字(從8)	寺監主簿 (從8)	試銜及齊郎 (從8)
兩省5品, 龍圖閣直學士, 待制, 三司副使, 知雜御史	寺監主簿	試銜	齊郎
(諸)司大卿監	寺監主簿	試銜	
小卿監兼職者(從5~正6)	試銜	齊郎	
武臣 宰相	東頭供奉官 (從8)		
使相, 知樞密院(正2)	西頭供奉官 (從8)	左侍禁 (正9)	左班殿直 (正9)
樞密使(從1)·副使, 宣徽·節度使 (從2)	西頭供奉官	右侍禁 (正9)	右班殿直 (正9)
六統軍, 諸衛上將軍(從2), 節度觀察留後, 觀察使, 內客省使 客省使 (從5), 引進使(從5), 防禦使(從5), 團練使(從5), 四方舘使, 樞密都承旨, 閣門使(正6)	右侍禁 右班殿直	右班殿直 三班奉職	二班奉職 (從9) 差使, 殿侍
諸衛大將軍(正4), 內諸司使, 樞密院諸房副承旨(正7)	三班奉職	借職(從9)	下班殿侍
諸衛將軍(從4), 內諸司副使, 樞密分房副承旨(正7)	三班借職 (從9)		

[表3] 皇族의 蔭補關係

皇族 · 蔭補官職 \ 親族關係	本服期親	大功	小功	緦麻	子	孫	宗孫	外孫	異姓親	壻	夫
太皇太后, 皇太后, 皇后의	奉禮郎(正9)	守監簿	初等幕職官試大理評事	知令							
太皇太后, 皇太后, 皇后의 有服女의 夫의	知令錄	知令錄	判司,主簿尉	試監簿							
〃 周功女의					知令錄	尉判司主簿	試監簿				
〃 大功의					尉判司主簿	試監簿					
〃 小功女의					試監簿						
〃 緦麻女의					試監簿						
諸妃의	守監簿尉判司主簿試監簿								試監簿		
〃 婉容以上			試監簿								
〃 才人以上											
大長公主, 長公主, 公主의	判司,主簿尉試監簿				殿中丞	光祿寺丞		試衛知縣		太常太祝	
親王의								初等職官		大理評事	
〃 女의				試監簿						試監簿	
宗室緦麻以上 女의											試衛知縣

위를 차지하고 있던 官品이 송대에 들어와서는 官·職으로 대치되었고 이는 바로 귀족사회에서 사대부 관료체제로 변천한 사회적 변화를 蔭補 제도상에 있어서도 그대로 반영한 것이다. 그 위에 品階中心의 蔭補에 서 官職中心의 蔭補에로의 전환은 蔭補官의 기능을 훨씬 강화시켜주는 결과를 가져오게 되었다. 그러므로 송대의 蔭補官은 實職이 많아 宋朝의 관료체제와 관료의 가계를 유지하여 나아가는 데 중요한 역할을 담당하였음을 알 수가 있다. 물론 品階를 비교하여 볼 때에 宋代가 唐보다 훨씬 下位(종 8품 내지 종 9품이 가장 많다)에 속하고 있지만 송대에 있어서 官의 品階란 사실상 그리 큰 의미를 갖지 못하고 있으므로 宋代蔭補官의 品階가 낮다고 하여 이를 가볍게 여길 것은 못 되는 것이다.

둘째로 宋代의 蔭補가 매우 광범한 대상자를 상대로 하고 있음을 알 수가 있다. 蔭補의 대상자가 親子孫에 국한되지 않고 文·武·皇族이 다 같이 餘親에게까지 그 범위를 확대하고 있어서 송의 蔭補가 漢·唐代의 親子 및 親屬에게 제한한 것에 비하면 汰濫함을 살필 수가 있다.

셋째로 蔭補官職의 除援에 있어서는 文官의 대상자에게는 文職을, 武官에게는 武職으로 엄격히 구분하고 있고 皇族의 경우에는 대개가 文職에 보하였고 또 文·武·皇族의 상당수를 京官에다 蔭補하고 있다. 이는 앞서 范仲淹이 주장한 바 그대로 北宋의 蔭補官이 대부분 京官에 임용되고 있음을 실증하는 것으로 여기에서도 蔭補관직의 중요성을 다시 엿볼 수가 있는 것이다. 물론 이상의 관직이 모두 實職은 아니며 또 蔭補대상자는 연령의 제한이 없고 미성년자도 상당히 많았으므로, 이러한 경우에는 官職에 나가지 못하였고 官位에 머무는 예도 상당수 있으나, 사회의 지배계층을 형성하는 데 중요한 역할을 하였다.

제2절 『宋史』列傳의 음보관료계보

I. 『宋史』列傳의 성격과 특색

(1) 『宋史』列傳의 성격

『宋史』의 列傳은 중국의 正史 가운데 분량이 가장 많은 반면에 그 편찬형식이나 내용에 상당한 문제를 안고 있으며, 일반적으로 繁蕪하다고 평하고 있다.[65] 그러나 사료로서의 가치는 높이 평하고 있다.[66] 그런데 『宋史』의 列傳을 보면 無味한 個人의 官職名으로 가득 메워져 있어서 『史記』나 『漢書』 등 다른 正史列傳에서 볼 수 있는 극적인 사실전개는 찾을 수가 없고 마치 관료 개개인의 이력서를 보는 느낌이 든다. 그런데 이러한 사실이 오히려 송대의 관료 특히 蔭補官의 내용을 파악하는 데 중요한 도움이 되고 있다.

宋代는 科擧가 발달하였으므로 進士出身이 다수 國政의 要職을 차지하게 되고, 따라서 『宋史』의 列傳에는 이러한 진사출신자들이 많이 등재되어 있다. 그러나 列傳을 자세히 분석하여 보면 의외로 많은 수의 蔭補출신자들이 실려 있음을 찾아볼 수가 있다. 또 科擧에 합격하여 高官의 지위에 올라간 자들도 그 자손에 있어서는 대부분인 蔭補를 통하여 入官하는 예가 많은데, 이러한 列傳의 蔭補例를 분석하여 보면 문치주의 송조의 관료형성과 가계의 유지를 파악할 수가 있다. 『宋史』의 분량으로는 列傳이 거의 반을 차지하고 있고[67] 列傳에 등재

---

65) 『二十二史箚記』 卷 23, 宋遼金三史重修條 및 內藤虎次郞 『支那史學史』(吉川弘文館, 1967) 321쪽 참조.

66) 宮崎市定, 「宋代官制序說」 1쪽 참조.

67) 『宋史』는 전체 496卷으로 구성되고 있는데 그중에 本紀 47卷, 志 16卷, 表 32

되고 있는 북송초기의 관료수를 205명으로 추산하며, 中期의 관료수를 690명으로 보아 이를 합하면 列傳에 실려 있는 북송의 초기와 중기의 관료총수는 895명으로 계산하고 있다.[68] 그리고 獨立傳이 아닌 자까지 전부 망라하면 북송일대의 관료총수는 列傳에 1,533명이 나타나고 있다.[69] 그런데 이와 같은 정확한 수적인 제시에는 다소 문제가 없는 것은 아니다. 왜냐하면 『宋史』列傳의 초두에 실려 있는 인물은 대체로 五代에서 蔭補나 科擧를 통하여 入官하였다가 다시 송대에 들어와서 계속하여 仕官하는 경우가 많은데, 이들은 官僚의 初任에서 볼 때에는 五代의 인물이기 때문이다. 또한 北宋에서 南宋으로 이행되는 과정에 걸쳐 있는 인물이 列傳에는 특히 많은데 이들은 북송과 남송의 어느 시대의 인물로 간주할 것인가도 문제가 된다. 인물의 시기구분에 있어서는 出生과 仕官, 致仕, 死亡이 중요시되며 특히 사망시기는 가장 중요한 분기점이 되는 것이다. 그런데 『宋史』列傳은 이와 같은 구분 없이 列傳을 편찬하고 있기 때문에 여기에 등재되고 있는 인물의 시기를 명백히 긋는 것은 매우 어려운 일이다.

(2) 『宋史』列傳의 특색

『宋史』列傳(특히 一般列傳)의 중요한 특색은 北宋의 초기인물을 登載시키는 기준은 五代에서 이름을 떨치던 武官이 다수를 차지하고 있다는 사실이다. 이는 宋朝가 五代를 계승한 시대적인 관련성을 그대로 반영한 것으로 풀이할 수가 있다. 따라서 北宋이 초기는 五代와 같이

卷 列傳 255卷으로 구분되어 있어서 분량으로 보아도 열전은 반을 넘고 있다.

68) 四川正夫, 「華北五代王朝の文臣官僚」, 『東洋文化硏究所紀要』22, 212-218에서 895명의 관료를 文臣 632명(70.6%), 武臣 263명(29.4%)으로 분석하였다.

69) 陳義彦, 『北宋統治階層社會流動之硏究』(嘉新永泥公司, 1977) 194-216 附錄 참조.

武臣 쪽이 文臣보다 많이 列傳에 올라 있다. 그러나 宋朝의 문치주의
적 관료지배체제가 확립되는 중기 이후가 되면 문관이 무관보다 압도
적으로 다수 등재되고 있다. 이와 같은 경향은 북송 말에서 南宋代에
내려가면서도 그대로 계속되고 있다. 이는 五代의 武臣執政 시대에서
송대의 문치주의적 문신관료체제로 넘어가는 사회적 특성을 그대로
반영한 것이다.

宋史列傳의 또 하나의 특색은 북송일대는 물론이고, 南宋代에 있어서
도 다수의 蔭補官을 列傳에 등재하고 있다는 사실이다. 列傳에 등재된
官人을 과거출신과 비과거출신의 비율은 북송의 전기에 있어서는 약
40%:, 60%, 중기에 있어서는 65%, :35%, 후기에 있어서는 67%:, 33%
로 나타나고 있으며, 북송의 평균은 53%:47%의 비율로 나타나고 있
다.70) 일반적으로는 송대에 科擧가 발달하고 그에 따라서 많은 관료가
과거를 통하여 관계에 진출하였으므로 列傳의 대부분이 과거관료로 점
유되고 있어야 할 것으로 생각되나, 실제에 있어서는 非科擧出身者의
列傳점유율이 의외로 다수라고 하는 데 주목이 간다. 특히 비과거출신
자 중에 蔭補官은 거의 반을 차지하고 있음을 알 수가 있다. 이는 列傳
의 편찬자가 과거출신관료를 우선적으로 列傳에 등재시켰을 것으로 보
이는 시대적 분위기를 감안한다면 위에 나타난 蔭補官의 수는 중요한
의미를 갖는 것이다. 물론 列傳에 실려 있는 인물에 대한 기술 내용의
差나 獨立列傳과 附記列傳의 차는 있다 하겠으나 이를 고려에 넣는다
하더라도『宋史』列傳의 蔭補官은 가볍게 취급할 수는 없는 것이다.

끝으로『宋史』列傳의 특색은 과거에 의하여 고위직에 올라간 宋代名
臣의 獨立列傳에 그 자손의 列傳을 부기하고 있는데 부기된 자들의 대
부분은 父·祖의 蔭補로써 관계에 나가고 있음을 밝히고 있고 부기자의

70) 陳義彦,『위의 책』, 194-216쪽. 附錄統計에 의해서 비율로 환산하였다.

말미에는 다시 그 자를 蔭補하였다는 기사가 산견된다. 이에 의하여 과거로써 기가하고 蔭補로서 續家한다는 윤리가 列傳을 통해 명백하여지고 있다. 특히 진사합격자의 수가 급격히 증가하는 太宗의 太平興國2년 (977) 이후[71]에 있어서도 列傳 가운데 父·子 2대를 통하여 과거에 합격하는 예가 흔하지 아니하고 대개는 과거에 합격된 고관이 그 자손을 蔭補를 이용하여 관계에 진출시키고 있으며 門蔭을 통하여 고관에 오른 관료가 또 다시 그의 자손을 蔭補를 통하여 官界에 나아가게 하고 있음을 알 수 있다. 과거가 아직 유행하지 못한 송초에 있어서는 오히려 蔭補를 이용하여 관계에 나아가려는 高官의 子가 있으나[72] 중기 이후에는 蔭補로 임관된 자도 과거의 진사시험을 다시 보는 경우는 흔하게 보인다. 이는 진사의 초임관직은 蔭補와 차이가 없으나 승관은 매우 빠르고 또 문치주의 송대에 있어서 과거제도가 중시되었기 때문에 결국 門蔭보다는 진사의 길을 밟아 문신관료의 엘리트 코스를 택하려 한 것이다. 그러나 진사과에 합격하지 못한 蔭補官의 경우라도 착실히 자신의 길을 밟아 올라가 고위직에 나아간 예도 列傳에서 흔히 볼 수가 있다.

Ⅱ. 『宋史』列傳의 음보관분석

(1) 『宋史』列傳의 음보관例(北宋)

이제 『宋史』의 列傳에서 蔭補에 의하여 관계에 진출한 예를 蔭補관계가 누구이며 처음으로 蔭補된 초임관직은 무엇이고, 蔭補官의 최고 관직은 어디까지 승진하고 있으며 다시 그의 후손에게 蔭補를 여하히 하고 있는가를 분석하면 다음 [표 4]와 같이 정리된다.

---

71) 『通考』卷 32, 選擧 宋登科記條 및 『皇宋十朝綱要』卷 1, 進士條.
72) 『宋史』卷 249, 列傳 8, 范果.

[표 4] 宋史列傳의 蔭補官例(北宋)

姓 名	關係	初蔭官·職	最高陞官·職	出 典
趙 湞	父	承務郎	秘書修撰	宋史 247 列傳 6
趙士袞	父	右班殿直	開府儀同三司	〃
趙士崷			太子率府副率	〃
趙彥倓	父	溧陽尉		〃
魏成信	父	遷官	中書令	〃
范 果	父	太廟齊郎	右諫議大夫知州	宋史 249-8
魏昭亮	父		防禦使	〃
魏昭保	兄	供備庫使		〃
魏餘慶	父	內殿崇班		〃
魏成信		朝散大夫	府長吏	〃
王承衍		內殿供奉官	洛苑六宅使	250-9
石保興	父	供奉官	知軍	250-9
石保吉	父	天平軍尉	平章事	〃
石元孫	祖父	東頭供奉官	觀察使	〃
韓崇訓	父	供奉官	防禦使	〃
韓崇業	父	供奉官	團練使	〃
羅彥瓖	父	內殿直少	節度使	〃
慕容德豊	父	衙內指揮使	知鎭州	251-10
符昭壽	父	供奉官	西京作坊副使	〃
郭承祐		西頭供奉官	知州	252-11
孫全照		殿直	引進使	252-12
折御卿	父	節度使		〃
候仁寶		以蔭遷太子·中允	轉運使	254-13
候延廣	父	西頭供奉官	兵馬都部署	〃
郭允恭	父	殿直	知州	255-14
李繼昌	父	西頭供奉官	東上閤門使	257-16
李文晟	父	殿中丞		〃
李文旦	父	侍禁		〃
李繼隆	父	供奉官	中書門下平章事	〃
李繼和		供奉官	防禦使	〃
李昭慶	父	洛苑使		〃
李昭亮	父	供奉官		〃
李昭遜	父	內殿崇班		〃
李繼和	父	供奉官	防禦使	〃
曹 璨	父	供奉官	同平章事	258-17
曹 瑋	父	西頭供奉官		〃
曹 琮	父	西頭供奉官	副指揮使	〃
郭若水	父	太常寺奉禮郎		259-18

姓　名	關係	初蔭官·職	最高陞官·職	出　典
袁繼忠	父	右班殿直	刺史	宋史 259-18
焦守節		左班殿直	四方舘使	261-20
劉蒙正	父	殿直		263-22
石中立	父	西頭供奉官	參知政事	〃
李惟簡	父	將作監丞		〃
沈繼宗	父	西頭供奉官	三司三勾	264-23
沈惟吉	父	右千牛衛備身	知州	〃
盧　雍	父	公安主簿		264-23
盧　寬	父	參軍		〃
沈惟吉	父	千牛備身	知延州	〃
沈惟宗	父	西頭供奉官	朝散大夫	〃
沈惟溫	父	將作監主簿		〃
沈惟淸	父	〃		〃
沈惟恭	父	〃		〃
宋可久	父	太常寺奉禮郎		〃
李　昉	父	齊郎	太子校書	265-24
李宗納	父	太廟齊郎	郎中	〃
李昭述	父	秘書省校書郎	知陝州	〃
張宗誨	父	秘書省正字	右諫議大夫	〃
王擧正	父	秘書省校書郎	(第進士)	266-25
王　詔	父	通判廣信軍事	工部尙書	〃
王　旭	父	太祝	知應天府	〃
王　質	父	太常寺奉禮郎		〃
郭延濬	父	供奉官	內園使	271-30
李延濬	父	供奉官	大將軍	273-32
李守恩	父	齊州牙職	刺史	〃
李允正	父	供奉官	知軍	〃
李允則	父	州牙內指揮使		〃
張延通	父	供奉官		274-33
王文寶		殿直	知州	〃
田仁郎	父	西頭供奉官	右神武大將軍	〃
郭　載	父	右班殿直	知府	276-35
張從吉	父	殿直	知州	〃
張　鑑	父	供奉官		277-36
鄭文寶	父	奉禮郎	(登進士)	〃
馬知節	父	供奉官	知州	278-37
張昭允	父	試大理評事	右神武將軍	279-38
白守素		東班承旨	南作坊使	280-39
畢仲衍	父	陽翟主簿	(及第進士)	281-40

姓　名	關係	初蔭官・職	最高陞官・職	出　典
夏　竦	父	丹陽縣主簿	樞密使	宋史 283-42
夏安期	父	將作監主簿		283-42
陳執中	父	秘書省正字	知州	285-44
陳行己	父	右侍禁	知州	〃
陳伸己	父	〃	〃	〃
賈　炎	父		工部侍郎	〃
賈主炎	父	雍丘主簿	樞密直學士	〃
王益柔	父	殿中丞	轉運使	286-45
范子奇	父	簽書	吏部侍郎	288-47
范　坦	祖父	開封府推官		〃
高繼宣	父	西頭供奉官	知州	289-48
高繼勳	父	右班殿直	兵馬都監	〃
葛懷敏		西頭供奉官	知州	〃
郭　逵	父	三班奉職	同簽書樞密院	290-49
張希一	兄		防禦使	〃
張利一	父	供奉官	團練使	〃
楊崇勳	兄	東西班承旨	樞密副使	〃
夏恩守	父	下班殿侍	定州路都總管	〃
夏　隨	父	茶酒班承旨	樞密副使	〃
宋昌言	父	潭州司理參軍	少府監	291-50
宋　綬	兄	太常寺大祝	賜同進士出身	〃
王欽臣	外祖	入官	賜進士及第	〃
司馬朴		爲官	兵部侍郎	298-57
司馬旦	外祖	秘書省校書郎	太中大夫	298-57
燕　瑛	父	瑕邱尉	戶部尙書	〃
許　元	祖父	太廟齊郎	特賜進士出身	299-58
杜　杞	父	將作監主簿	知州	300-59
呂景初	父	秘書省校書郎	(擧進士)	302-61
陳安石	父	以蔭鎖廳及第	龍圖閣直學士	303-62
魏　琰		秘書省正字	知府	〃
魏　瑾	父	秘書省正字		〃
唐　詢	父	將作監主簿		〃
范　諷	父	〃	(擧進士)	304-63
楊　告	父	賜同學究出身		〃
晁　宗(?)	父	秘書省校書郎	賜進士及第	305-64
楊　紘	父			〃
李若拙	伯父	太廟齊郎	(擧進士)	307-66
李　繹	父	〃	〃	〃
張　佶	父	殿前承旨	涇原鈐轄	308-67

姓　名	關係	初蔭官・職	最高陞官・職	出　典
魏　震	祖父	延職	知州	宋史 309-68
王延德		殿中承旨		〃
李肅之	父	大名府軍資庫	三司使	〃
李及之	父	登朝		〃
王　融		將作監主簿		〃
李孝稱		以蔭登朝	刑部尙書	〃
龐恭孫		通判	知州	311-70
呂公綽	父	將作監丞	知開封府	〃
曾孝寬	父	知縣	端明殿學士	312-71
王　罕	父	知宣興縣	知州	〃
范純祐	父	將作監院主簿		314-73
范純禮	父	秘書省正字	知州	〃
范純粹	父		龍圖閣學士	〃
韓　綜	父	將作監主簿	(擧進士)	315-74
韓宗彥		將作監主簿		〃
韓宗師	父	州縣職		〃
趙　屼		由蔭登第	提點刑獄	316-75
錢彥遠	父	太廟齊郎	(擧進士)	317-76
錢　勰	祖父	知尉氏縣	尙書	〃
胡宗回		用蔭登第	樞密直學士	318-77
歐陽發	父	將作監主簿		319-78
歐陽棐	父	秘書省正字	(登進士)	〃
王　靖	祖		轉運使	320-79
吳擇仁	父	縣主簿	轉運使	322-81
李允則	父	衛內指揮使	知州	〃
許懷德	父	東西班殿侍	都指揮使	324-83
劉文質		右班殿直	知州	〃
趙　滋	父	三班奉職	觀察使	〃
張　孜		三班奉職	知州	〃
劉　渙	父	將作監主簿	工部尙書	〃
劉　滬	父	三班奉職	都巡檢	〃
耿　傳	父	三班奉職	通判	325-84
康德輿	父	三班奉職	知州	326-85
侍其曙	父	殿前承旨	知州	〃
唐　坰	父	得官	賜進士出身	327-86
薛　向	祖	太廟齊郎	知州	328-87
章　楶	叔	孟州司戶參軍		328-87
李　參		知鹽山縣	三司使	330-89
杜　純		泉州司法參軍	轉運使	〃

姓　名	關係	初蔭官・職	最高陞官・職	出　典
王宗望			工部侍郎	宋史 330-89
孫　瑜	父	將作監主簿	工部侍郎	〃
張景憲	父	轉運副使	知州	〃
孫長卿	外祖	秘書省校書郎	龍圖直學士知州	331-90
沈　邁		郊社齊郎	(擧進士)	〃
沈　遼	兄	監壽州酒稅		〃
沈　括	父	沐陽主簿	翰林學士知州	〃
苗時中		寧陵主簿	知州	〃
陸師閔	父	任官	知州	332-91
盧士宏	父		知州	〃
朱壽隆		知縣	知州	333-92
李　稷	父		轉運使	334-93
仲世衡		將作監主簿		335-94
仲　諤	父		鈐轄	335-94
仲　朴	父	右班殿直	防禦使	335-94
孫師道		三班書職	知州	〃
呂希哲		入官	知州	336-95
孫　永	祖	將作監主簿		342-101
田　晝	伯父	校書郎	知縣	345-104
彭汝方	兄	滎陽尉	知州	346-105
孫　鼇	父	武平尉		347-106
竇舜卿		三班奉職	觀察使	349-108
劉昌祚		右班殿直		〃
姚　兕		右班殿直	團練使	〃
劉舜卿		供奉官	知　州	〃
宋守約	父	右班殿直	軍留後	〃
宋　球		禮賓院	樞密都承旨	〃
苗　授	父	供備庫副使	知州	350-109
張守約		主原州砦	知州	〃
周永淸	祖	閤門祗侯	知州	〃
劉紹能	父	右班殿直	團練使	〃
王光祖	父	供奉官	刺史	〃
李　浩	官		知州	〃
李　誐	父	河北副將	知州	〃
和　詵		河北副將	知州	350-109
林　攄		敕令檢討官	翰林學士	351-110
唐　恪		蔭登第	觀文殿大學士	352-111
張叔夜		錄事參軍	資政殿學士	353-112
程之邵	父	新繁主簿	知州	〃

姓 名	關係	初蔭官 · 職	最高陞官 · 職	出 典
崔公度	父	班差使	兵部郎中	宋史 353-112
呂嘉向		入官	龍圖直學士	355-114
宋喬年	父	監市易	敕進士第	355-115
魯有開	父	知縣	知軍	426-185
高 賦	父	右班殿直		〃
周敦頤	舅	分寧主簿	提點刑獄	427-186
劉 絢		壽安主簿	大學博士	428-187
劉子翬	父	承務郎		431-190
路 綸		太常寺奉禮郎		441-200
蘇舜欽	父	太廟齊郎		442-201
尹 源	祖	三班備職		〃
梅堯臣	父	河南主簿	(進士)	443-202
章望之	伯父	秘書省校書郎		〃
秦 照	父	殿直		446-205
秦 昆	兄	三班奉職		〃
曹 覯	叔	司戶參軍	知州	446-205
趙師旦	伯父	將作監主簿	知州	
李 涓		殿直	知縣	447-206
程 迪		得官	提擧路軍馬	〃
景思忠	父		州駐泊都監	452-211
景思立		主治平砦	防禦使	〃
朱壽昌	父	將作監主簿	朝議大夫	456-215
蔡 絛	父	親衛郎秘書丞	資政殿大學士	472-231

이 [표4]에 의하여 『宋史』의 列傳에 등재되어 있는 인물로서 北宋
代에 蔭補로 관료가 된 자의 수가 217명에 이르고 있음을 알 수 있고,
이는 『宋史』 전체의 인물로 비교하여 볼 때에 상당히 많은 수임을 파
악할 수가 있다. 그런데 『宋史』의 列傳에는 실려 있으나 그의 蔭補가
오대에 행하여진 31명[73]은 여기에서 제외하였다.

---

73) 范旻(249), 符昭愿(251), 慕容德豊(251), 楊承信(253), 折御勳(253), 趙延溥

또한 『宋史』外戚列傳(463-4) 宦者列傳(466-8)에 보이는 蔭補官 42명도[74] 그들의 성격상 이를 제외하였다.

(2) 『宋史』列傳의 蔭補官분석

첫째, 위[표 4]에서 분석한 蔭補官 217명 五代時에 蔭補되어 『宋史』列傳에 실려 있는 73명을 합치면 北宋代의 인물로 『宋史』列傳에 등재되어 있는 인물의 총수는 290명에 달한다. 이를 가령 앞서 陳義彦氏가 계산한 『宋史』列傳에 등재되어 있는 官僚의 총수인 1,533명과 대비하여 보면 약 19%에 해당된다. 『宋史』의 一般列傳에만 등재되어 있는 북송의 초중기 蔭補官을 합하여 217명으로 추산하고, 여기에 북송 말에서 남송 초에 걸치는 인물을 합치면 列傳에 실려 있는 총수 895명의 北宋 初·中期의 관료총수와 蔭補官을 대비하여 보면 蔭補官이 『宋史』의 列傳에 다수 등재되고 있다는 결론을 얻을 수가 있다.[75] 따라서 895명에 대한 217명의 백분비율은 41.24%의 계산이 나오는데 이 수치는 상당히 높은 비율이라 볼 수가 있다.

그런데 여기에서 한 가지 주목되는 것은 최근에 陳義彦씨가 Sorokin 이나 Ping Ti-ho의 사회학적 방법론을 이용하여 『宋史』의 列傳을 통

---

(254), 張從恩(254), 張永德(255), 宋偓(255), 康延澤(255), 劉溫叟(262), 呂餘慶(263), 殷思恭(270), 馮瓚(270), 邁延謂(271), 石曦(271), 張保續(274), 丁德裕(274), 翟守素(274), 侯贇(274), 王侁(274), 孔承恭(276), 劉保勳(276), 雷有終(278), 呂端(281), 周審玉(308), 常延信(309), 崔頌(431), 馮吉(439), 易延慶(456).

74) 紫宗慶, 王承勳, 楊宗, 劉知信, 杜審佉, 杜審進, 杜審肇, 杜彦圭, 杜彦鈞, 杜守元, 馬季良, 符維忠, 劉永年, 劉從德, 劉文裕, 劉從廣, 高公紀, 曹誘, 曹評, 向傳範, 向宗回, 向宗良, 向經, 向綜, 高士林, 高尊裕, 高尊惠, 王貽永, 李評, 李珣, 李端愿, 李瑋, 李端懿 李用和, 李昭亮, 任澤, 曹佾 등 37명과 宦者列傳의 李神祐, 高居簡, 任忠守, 李繼和, 宗用臣 등 5명이다.

75) 申採湜, 「北宋의 蔭補制度 硏究」 참조.

계적으로 처리하고 있는 사실이다.[76] 이와 같은 역사연구의 통계학적
처리는 흥미로운 일이나 수치에 얽매여 역사적 사실을 단순화할 위험
은 있다.

그런데 列傳을 읽어 나가면 그들의 仕官出發을 분명하게 밝혀 놓은
것도 있으나 그렇지 않고 입관의 동기가 분명하지 않은 자가 상당히
있다. 처음으로 官職을 얻어 나아가는 사실을 표현함에 있어서 단지
…爲 …補 …爲官 …得官 …授라고 표시하고 있는데 이들 가운데는
그들이 초임되는 관직이 蔭補官의 그것과 비슷한 경우가 있고 또 전
후의 문맥으로 보아 蔭補官으로 취급할 수는 있으나 이는 제외하였다.
가령 이들을 蔭補官으로 간주한다면 『宋史』列傳에는 등재되어 있는
수는 앞서 제시한 것보다 더 많아질 것임에는 틀림이 없다. 이와는 대
조적으로 과거출신의 관료들에 대한 기술은 비교적 정확하게 되어 있
으므로 더욱 이와 같은 확신을 얻을 수가 있다.

둘째, 290명의 蔭補官에 대한 文·武臣의 구별을 보면 文臣이 약
144명이고 武臣이 129명이 된다(나머지는 불분명하다). 이에 의하여
北宋代의 蔭補는 文臣이 武臣보다 비율이 약간 높다는 것을 알 수가
있다. 극히 적은 예외는 있으나 대개가 그 父·祖의 文·武官職에 좇
아서 그 자손들도 文·武官職으로 나아가며, 列傳의 초반에 있어서는
무인이 많으나 중기 이후에는 문관이 압도적으로 다수라는 사실에 비
추어 볼 때에 蔭補官은 도리어 초·중기에 무인이 많고, 전체적으로

---

76) 진의언의 전게서에서는 Pitrim A. Sorokin: "Social and Cultural mobility",
   (The Free Press of Glencoe Collier -macmillian Limitted, London), Ping
   -ti ho, "The Ladder of Success in Imperial China - Aspect of Social
   mobility 1368 -1911" Columbia University Press 1962)의 방법론을 이용하
   여 『宋史』列傳을 분석하고 거기에서 북송의 통치계층의 사회유동을 파악
   하고 있다.

양자가 비슷하게 나타난 것은 무인의 은음이 무인보다 비율로 보아
많다는 것으로 풀이가 된다. 이들 문·무관직의 蔭補官을 그들의 직책
에 따라서 다시 분류하여 보면 다음 [표 5]와 같다. 단 그 관직이 밝
혀지지 아니한 것은 여기서 제외하였다.

[표 5] 『宋史』列傳의 文·武人蔭補職 分類

文　　人			武　　人		
職　名	人員數	品　位	職　名	人員數	品　位
將作監主簿·丞	15	從8品	供奉官	25	從8品
秘書省校書郞·正字	9	從8品	殿直	14	從9品
縣主簿·尉	9	從9品	三班直	8	從9品
知縣	8	從8品	侍禁	2	從9品
太廟齊郞	8		殿侍	2	
太常寺奉禮郞	5	從8品	內班崇班	1	從8品
殿前承旨	4				
殿中承	3	從8品			
太祝奉禮郞	2	從9品			
大理評事	4	從9品			
府推官	2	從8品			
簽書	2				
主簿	3	從9品			
承務郞	2	從9品			
禮賓院	2				
監州酒稅	1				

우선 문관직은 寄祿官인 경우도 實職에 해당하는 경우도 있는데 기
록관인 경우도 경관이라는 것이 중요한 의미를 갖는다. 그 성격상에서
다시 생각하여 보면 將作監은 唐代에 있어서는 궁실의 조영과 宗廟·
路寢 및 宮室陵園의 토목을 맡은 기관이나 송대에 오면 기록관인 경
관이다. 그의 主簿와 丞은 종 8품에 해당하는 관직으로[77] 황제의 궁

실토목사를 맡은 요직으로 볼 수 있다. 秘書省은 국가의 經籍圖書를 관장하는 기관으로 그의 校書郎과 正字는 종 8품에 해당하며 典籍이 校讐文字의 刊正을 담당하는 실무의 중책이라 하겠다. 또한 太廟齊郎은 太祖廟의 제기를 執事하는 職이며, 太常寺는 禮樂郊廟를 관할하는 곳으로서 이를 맡아보는 奉禮郎 또한 太常寺에 있어서의 중요관직이라 할 수 있다. 殿前承旨나 殿中丞은 궐내의 황제측근에서 천자를 보조하는 요직이다. 이상의 중앙관직은 대부분이 천자의 정무에 직접 또는 간접적으로 관계가 깊은 것으로 그 관직의 성격으로 볼 때에 중요한 것으로 볼 수 있으며, 따라서 蔭補官의 釋褐 · 任官은 단지 신하를 우대하기 위한 형식적인 예우가 아니고 송의 문신관료체제를 형성함과 아울러 문무신료의 가계 유지에도 중요한 역할을 하였다고 보겠다. 이 밖에 지방관에 있어서도 縣의 主簿나 尉, 知縣, 府의 推官 監州酒稅도 중앙행정관의 地方침투라는 면을 고려할 때에 요직임을 알 수가 있다.

다음 武官職을 살펴보면 천자를 扈從하는 供奉官(東頭供奉官, 西頭供奉官 모두 종 8품이다)이 가장 많고 殿直侍禁, 殿侍, 內殿崇班 등은 궁전 내에서 천자를 경호하는 중요직으로 이들은 모두가 천자의 측근에서 항상 황제를 모시는 직무를 맡고 있다. 그리고 三班職은 小使臣을 임면할 수 있는 직으로 要務를 담당하고 있다.

이상의 文 · 武職의 蔭補官은 그 직무에 있어서 중요한 위치를 차지하고 있으므로 당대나 그 이후의 시대와는 그 성격을 크게 달리하고 있으며 官品으로 보아도 대부분이 8품 내지 9품에 해당하는 京官으로 初任되고 있는데 이는 앞서의 職官志의 내용과 일치한다. 따라서 관료체제를 유지함에 있어서 과거제도가 그 표면을 담당하였다고 한다면

---

77) 和田淸, 『支那官制發達史』193쪽 참조.

蔭補制度는 그 이면을 맡아서 이끌어나갔다고 보겠다.

셋째 『宋史』列傳의 蔭補官이 관직생활을 거쳐 致仕하기까지 그들이 陞官한 관직을 品階別로 정리하여 보면 다음 [표 6]과 같다(여기에서는 처음에 蔭補官으로 출발하였다가 후에 과거에 합격한 진사 12명은 제외하였다.). 이 표에 의하여 다음과 같은 몇 가지 사실을 알 수가 있다.

우선 北宋時代의 蔭補官이 상당히 高位職에까지 올라갈 수가 있다는 것이다. 물론 列傳에 등재되어 있는 인물의 대부분이 고위관직이므로 7품 이하의 인물은 거의 보이지 않는 것은 당연하다고 하겠으나 종 2품 이상의 尚書職출신이 13명이나 되며 종 4품 이상의 侍從官이 14명이 있다는 것은 과거제도가 발달한 송대에 있어서 蔭補官의 승진도 활발하였던 것으로 풀이할 수가 있다.

또한 官職別로 구분하여 보면 京朝官이 가장 많이 보인다. 이 표에서는 포함시키지 아니하였으나 知州의 경우 48명으로 가장 많이 나타나고 있는데 이 知州는 知州事라고도 하며 京朝官(京官과 朝官) 또는 閤門祇侯 이상의 문무관이 兼職하였고 중앙에서 직접 임용한 것으로 북송 중기 이후에 있어서는 龍圖直學士(정 3품), 翰林學士(정 3품) 右諫議大夫(종 4품) 등 品階가 상당히 높은 朝官의 문신으로 임명한 예가 많다. 따라서 蔭補官은 처음에 경관에 初補되었다가 陞官한 뒤에 지방관으로 출관하는 승진의 길을 밟고 있다.

그리고 이 표에서 7품 以下官을 찾을 수 없다는 사실이 주목된다. 특히 그 品階가 불명한 것은 본 표에서 제외하였고 列傳 가운데 확실하지 못한 것이 많이 있기는 하나 7품 이하관이 보이지 않는 것은 列傳의 編者가 宋代의 高官을 중심으로 列傳을 편찬한 데 그 원인이 있겠지만 우리는 이로써 宋史의 列傳에 보이는 290명의 蔭補官은 다시

[표 6] 蔭補官의 官品 분류

品　　階	文職人員	武職人員	合　　計
1品 正			
從		4	4
2品 正	1	2	3
從	5	1	6
3品 正	5		5
從	1		1
4品 正			
從	3	1	4
5品 正		3	3
從	3	11	14
6品 正	1	1	2
從	2	2	4
7品以下 正			
從			

그의 一家親知에게 蔭補할 수 있는 종 6품 이상의 高官이므로 이들은 그들의 관직중은 물론이고 致仕時나 致卒하였을 때에 그의 자손들은 蔭補로 任官하였을 것으로 생각되며, 따라서 列傳 가운데 산견되지만 2대, 3대에 걸쳐서 음보가 행하여진 예는 상당히 흔하게 유행하였다. 이에 대한 구체적인 예는 문신관료의 家系譜에서 자세히 살펴보겠다.

또한 蔭補官의 任用은 임용되는 官位가 진사과 합격자의 그것에 비하여 조금도 떨어지지 아니하며 列傳 가운데 나타나고 있는 蔭補官의 父나 祖는 북송의 중기 이후에는 과거출신이 많고 무관보다 문관이 많은 것으로 볼 때 송의 문신관료체제가 확립된 것은 북송의 중기 이후로 보아야 할 것이다. 또 극히 일부의 예외는 있으나 문관의 자손에게는 문관을 무관에게는 무관으로 음보하였다는 사실을 알 수가 있는데 이는 제도상으로 원칙과 列傳에 보이는 사실이 일치하고 있음을

입증하여 주고 있는 것이다. 이러한 사실은 南宋代에 있어서도 비슷하
게 나타나고 있다.

(3) 南宋代 인물의 음보예

앞에서도 언급하였지만 『宋史』의 列傳은 北宋과 南宋時代의 인물구
분이 없이 이를 시대순으로 배열하고 있기 때문에 북송 말에서 남송
초기에 걸치는 인물에 대해서는 이를 어느 쪽에 넣을 것인가는 매우
어려운 문제라고 하겠다. 특히 列傳에는 북송 말의 靖康의 變에 활약
한 인물을 많이 등재하고 있어서 그 구분이 더욱 애매하다.

본인은 편의상 南宋代의 인물을 『宋史』권358 李綱列傳 이하의 인물
로 한정을 하여 보았다. 단 여기에 있어서도 北宋代의 인물이 뚜렷한
자는 이를 제외하였다. 이렇게 하여 계산하면 약 457명이 列傳에 나타
나는데 특히 여기에서 중요시한 것은 관료의 입사한 시기를 중심으로
분류하였다. 다시 말하면 李綱과 같이 남송시대 초에 재상으로 활약하
였다 하더라도 그가 北宋代에 과거에 합격하고 蔭補官이 되었을 경우
에는 이를 북송후기의 인물로 취급하였다. 이렇게 볼 때 남송시대의
인물로 列傳에 실려 있는 457명 중에 약 250명이 북송후기로 올라가
고 227명만이 남송시대의 인물로 남게 된다. 따라서 여기에서는 이
227명을 대상으로 하여 그의 蔭補관계의 상황을 분석하고 官界進出
내용을 살펴보겠다. 이를 정리하여 보면 다음 [표 7]과 같다.

[표 7] 宋史列傳의 蔭補官例(南宋)

姓 名	關係	初蔭官職	最高陞官職	出典(宋史列傳)
趙師羹	祖	蔭補官	節度使	244-25
張 杓	父	承奉郎	端明殿學士知府	361-120
李孟傳	父		知州	363-122
韓彦直	父	承奉郎	進士合格	364-123
吳 挺	門功	蔭補官	西路安撫使	366-125
蘇 頌	父	承務郎	知州	380-139
黃 中	祖	蔭補官	進士合格	382-141
魏 祀	祖	蔭補官	進士合格	385-144
劉 琪		承務郎	進士乙科	386-145
李 椿	父	迪功郎	文閣待制	389-148
莫 濛	祖	將仕郎	刑部侍郎	390-149
沈作賓	父	入仕	權戶部尙書	390-149
李大性	父	入官	戶部尙書	395-154
陸 遊		登仕郎	賜進士出身	395-154
方信儒	父	縣尉	提點刑獄	395-154
李 壁	父	入官	進士合格	398-157
汪大猷	父	縣尉	進士合格	400-156
賈 涉	父	郡尉	節度使	403-162
許 奕	父	長江主簿	進士合格	406-165
呂 沆		將仕郎	進士合格	407-166
汪 綱	祖	入仕	銓試合格	407-166
陳 密	父		提點刑獄	408-167
張忠恕	祖		知州	409-168
趙汝談	父	將仕郎	進士合格	413-172
趙汝愚	父	承務郎	進士合格	413-172
史彌遠	父	承事郎	進士合格	413-173
薛 極	父	縣主簿	詞科合格	419-178
王 埜	父	蔭補官	進士合格	420-176
家鉉翁		補官	知州	421-180
洪 芹		入官	進士合格	421-180
黃 韍		補官		430-189
胡 寧	兄	補官	知州	435-194
曾 崇	父	將仕都	知縣	448-207
莊興祖	祖		知縣	452-211
胡用納	從父	校書郎		456-215
吳 蓋		補官	節度使	465-224
楊 石	外戚	入官	節度使	465-224
楊次山	外戚	入官	節度使	465-224
姜特立	父	承信郎	知州	470-229
韓侘靑	父	入官	左丞相	474-233

그런데 이 표에 실려 있는 인물은 그의 출생이 남송시대이거나, 북송 말에 태어났다 하더라도 음보되는 시기가 남송시대가 확실한 사람과 列傳의 내용으로 보아 蔭補官이 확실한 자 그리고 처음에 蔭補로 入官하였다가 다시 과거에 합격된 자와 南宋末에 蔭補되었다가 元代에 仕官한 자도 포함시켰다. 이러한 蔭補官의 실태를 분석하여 보면 다음과 같이 정리가 된다.

첫째『宋史』의 列傳에 등재되어 있는 南宋代의 蔭補官은 40명에 이르고 있다. 이는 북송시대의 蔭補官의 수가 290명인 것에 비하면 거의 7분의 1에 해당하는 수로서 수적인 면에 있어서는 北宋代에 훨씬 미치지 못하고 있다. 그러나 시대별로 나누어 列傳에 실려 있는 전체의 수와의 비율로 계산하면 결코 적은 것이 아니다. 왜냐하면『宋史』一般 列傳에 등재되어 있는 북송시대의 인물이 南宋代에 들어 와서도 활약하여 列傳에 실려 있으나 그들의 음보시기가 北宋代인 경우는 이를 北宋蔭補로 계산하였기 때문이다. 그러므로 南宋代의 蔭補官의 비율이 7분의 1이라고 하는 비율만으로 결코 북송보다 낮다고 볼 수 없는 것이다.

둘째로 列傳에 실려 있는 南宋時代 인물의 대부분이 진사과출신의 문관이라고 하는 사실이다. 이와 같은 현상은 북송초기에 있어서는 武官이 압도적으로 많은 것에 비교하면 아주 대조적인 차이를 보여주는 것으로서 이는 북송중기 이후에 뿌리를 내리고 있는 문치주의적인 문신관료체제가 그대로 남송시대에 와서도 계승되고 있다고 하는 사실을 입증하여 주는 것이다. 이러한 문신관료체제를 유지하는 데 있어서 과거제도가 중요한 역할을 한 것은 사실이지만 음보제도 역시 남송시대에 와서도 큰 작용을 하였고 특히 북송의 중기 이후에서 南宋代에 걸쳐 문신관료의 가계를 유지하는 데 있어서 필요한 것으로 보겠다.

이와 같은 사실은 列傳 이외에도 송대의 사료에서[78] 흔히 볼 수 있는 사실이다.

셋째로 南宋의 蔭補官은 恩蔭에 의하여 관에 나간 후 다시 진사과에 합격한 자가 많은데 그 수는 15명에 이르고 있다. 이 수는 北宋代의 12명에 비하면 많은 것으로서 북송중기 이후와 같이 南宋代에 있어서도 蔭補로 入官한 후에 다시 진사과에 합격하는 것이 자신의 장래를 위하여 바람직한 官途의 승진로로서 진사과에 대한 인기는 北宋代와 비슷하며, 이러한 경향은 蔭補官의 진사 진출이 남송에 있어서 많다고 하는 사실에 비추어 남송이 더 강하다고 할 수 있다.

넷째로 父蔭에 의하여 官位를 얻는 경우가 북송과 같이 많은데 그들의 관위를 보면 將仕郎이 4인, 承務郎이 3인, 承奉郎이 2인 그 밖에 承事郎, 登仕郎, 迪功郎, 校書郎이 각각 1인으로 나타나고 있는데 이는 宋史 職官志의 蔭補條에 보이는 다음 [표 8]과 부합된다.

끝으로 蔭補에 의하여 관직에 오른 南宋代의 蔭補官의 최고관직을 분석하여 보면 宰相에 오른 이가 2인, 尙書職이 2인, 知州(知府포함)가 6인, 知縣이 2인, 文閣待制 2인, 秘書監 1인, 節度使 2인, 安撫使 1인으로 나타나고 있는데 知縣을 제외하면 17인이 모두가 要職을 차지하고 있어서 남송시대에도 蔭補官은 그 승진에 있어 南宋代와 별다른 차가 없으며 문신관료사회에 있어서의 그들의 활약이 활발하였다고 보겠다.

---

78) 『宋史翼』의 列傳이나 『宋史新編』 『東都事略』 등의 列傳과 『南宋文範』 등에 의하면 蔭補官의 예가 많이 보인다.

[표 8] 科擧와 蔭補官의 官位比較

구분\내용	出身	關係	階位	官品	備考
科擧	進士 制科 九經		종 8품	(정 9) (종 8)	建炎時左宣敎郎 左宣敎郎
蔭補	太師(정 1품) 開府儀同三司(종 1품)	子	承事郎	정 9품	
	知樞密院事(정 2품)	子	承奉郎	종 8품상	
	太子師(종 1품)	子	承奉郎	종 8품상	
	保和殿大學士(정 3품)				
	中大夫(종 4품)	子	通仕郎	종 8품	
	中散大夫(종 5품상)				
	太常卿(정 4품)	子	登仕郎	종 8품	
	奉直大夫(정 6품)				
	國子祭酒(종 4품)	子	將仕郎	종 9품	
	開封府少尹(종 6품)				
	朝議大夫(종 5품)	子	將仕郎	종 9품	
	帶職朝奉郎(정 6품상)				

* 本表는 『宋史』職官志 文武蔭補에 의한 것임.

Ⅲ. 음보와 관료의 계보

蔭補制度가 宋代官僚의 家系를 유지하는 데 중요한 역할을 하였다는 사실은 관료의 계보를 분석하여 보면 더욱 뚜렷이 드러난다.

북송의 초기에 있어서는 太祖 주변의 五代 武將들이 開國功臣으로서 중앙의 요직을 차지하게 됨에 따라 지역적으로 화북지방출신이 대부분이었으나, 과거제의 문호가 개방되는 太宗의 太平興國연간을 전후로 하여 진사출신이 고관으로 등용되기 시작하면서부터는 강남지역출

신도 중앙의 요직에 나아가고 있다.79)

그러나 進士에 의하여 起家 釋褐한 고급관료라 하더라도 그 다음 세대에 가서도 계속하여 진사에 합격하는 경우는 드물고 대부분이 蔭補나 그 밖의 방법으로 그들의 가계를 유지하고 있다. 따라서 음보제도는 문벌과 가문이 없어진 송대의 관료 사회에 있어서 그들의 官戶로서의 지위를 계승하여 나아가는 데 상당히 중요한 역할을 하고 있다는 구체적인 사례가 北宋의 대표적인 高官의 가계를 통하여 이를 파악할 수가 있는 것이다. 따라서 과거의 진사에 의하여 起家하고 다시 蔭補에 의하여 계승한다는 공식이 성립될 수가 있다. 이는 북송의 중기 이후에 더욱 뚜렷하고 북송에서 남송으로 이행되는 과정에 있어서도 마찬가지이다. 이러한 면에서 볼 때에 남송의 관료 사회를 그 구조적인 면에서 볼 때에 북송의 연장이라고 볼 수 있다. 특히 남송정권이 수립되는 과정을 보면 북송 말의 관료가 그대로 대거 남송조의 요직을 차지하면서 북송의 연장과 같은 모습을 보이고 있지만 한 가지 두드러진 사실은 徽宗時代에 권력을 장악하고 있던 신법파관료가 제거되고 정강의 변을 겪는 동란기에 무공에 의하여 새로운 관료집단이 부상되고 있다. 그러나 남송정권이 안정되면서 다시 과거에 의하여 起家하고 蔭補에 의하여 繼家하는 北宋代의 관료체제의 유형은 그대로 남송에 있어서도 반복되고 있음을 살필 수가 있다.

(1) 蔭補와 蘇洵의 家系

먼저 唐宋八大家의 한 사람으로서 북송중기의 尙書右丞에까지 오른 문호 蘇洵(1009~1066)의 가계가 어떻게 유지되면서 남송으로 이어졌

---

79) 靑山定雄, 「宋代に於ける華北官僚の系譜について」(一)(二)(三), 『聖心女子大學論叢』21, 25, 『中央大學文學部紀要』12 참조.

으며 이 과정에서 음보가 그들의 가계를 지탱하는 데 작용한 바를 보자. 蘇洵의 家系는 다음 계도와 같이 이어지고 있다.

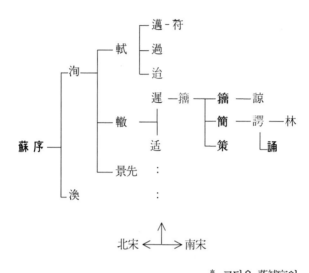

*. 고딕은 蔭補官임

蘇序는 字가 仲光으로 眉州의 眉山人으로서 「以子恩爲大理評事」라고[80] 있으니 이미 음보와 관계를 지니고 있다. 여기서 말하는 子恩은 父나 祖의 恩蔭이 아니라 그의 아들 蘇洵의 子蔭을 말하는 것으로 이는 송대의 일반적인 음보의 유형과는 크게 다르기는 하지만 子의 恩蔭에 의하여 大理評事가 되었고 累進하여 尙書職方員外郞으로 慶曆7년 5월 75세로 사망하였다.

序의 아들 蘇洵은 27세에 「始發憤爲學」[81] 하였다는 사실은 알려져 있는 일이지만 「通六經百家之設 下筆頃刻數千言」[82]하여 면학으로 一

---

80) 『東坡全集』卷 16, 蘇延評行狀 및 『元豊類藁』卷 43, 蘇君墓誌銘.
81) 『宋史』卷 443, 列傳 제202蘇洵.
82) 『위의 책』.

家를 이루었으므로 그의 관계진출은 과거와는 아무런 관련이 없다. 즉 그는 宰相 韓琦의 추천에 의하여 秘書省 校書郎이 되어 官界에 발을 들여놓게 된 것이다.

蘇氏一家에서 과거에 합격한 것은 蘇軾이 嘉祐2년(1075)에 예부시에 2등으로 합격하고 다시 진사과에 나아갔으며 동 6년에는 制科에 우등으로 합격한 사실과 또한 蘇轍이 嘉祐2년에 형과 함께 진사과에 합격한 것으로 시작된다. 軾·轍 두 사람의 과거합격과 그들의 실력으로 소씨가문은 북송에서의 문신관료로서의 지위는 확고히 다져갔으나 이들이 남송에 들어오면 蘇氏의 후손들은 거의가 음보에 의하여 가계를 유지하고 있다. 즉 소식의 장자인 邁는 문장에는 뛰어났으나 과거에 합격한 사실이 없고 관직은 縣令에 머물렀고[83] 次子인 蘇過는 軾이 兵部尙書가 될 때에 右承務郎으로 임용되어 권력판에 올라가서 사망하고 있으며 3남인 迨는 宋史의 列傳(97)에 蘇軾의 附錄에 기재되어 있으나 자세한 내용은 생략되어 있는 것으로 보아 별로 뚜렷한 존재가 아닌 듯싶다.

다음 蘇轍의 계열을 보면 장자인 遲는 宋史列傳에 등재되어 있지 아니하고 그 밖의 사서에서도 그가 과거에 합격하였는가에 대해서는 불분명하다. 다만 宋史翼 권4에 의하면 남송초인 建炎初에 "累官尙書 右司員外郎"[84]이라고 있으므로 아마도 蔭補로써 관직을 시작한 것이 아닐까 추측된다. 그런데 蘇遲는 紹興3년(1133) 10월에 權工部侍郎에 이르고 동 5년 徽猷閣待制 提擧江州大平觀에 나아간 것으로 볼 때 문신관료로서 소씨의 가계를 과거에 합격하지 않고서도 충분히 유지하고 있음을 알 수가 있다. 또한 遲의 장자인 籀와 次子인 簡은 모두 祖

---

83) 『宋史新編』卷 114, 列傳 55, 蘇遭.
84) 『宋史翼』卷 4, 列傳 4, 蘇遲.

父인 蘇轍의 祖蔭으로 관직에 나아가고 있으며 第3子인 策은 外祖 梁
子美의 恩蔭에 의하여 將仕郎에 음보되고 있으므로 남송에 들어와서
소철의 가계는 恩蔭이 두드러지게 많은 작용을 하고 있다. 한 세대를
더 내려가서 簡의 장자인 蘇譚은 祖蔭에 의하여 浙東師屬에 初任되고
次子인 誦은 父蔭으로 將仕郎에 補任되고 있다. 따라서 소씨일가는 3
대를 계속하여 은음으로 관호를 유지하고 있는 셈이다.[85]

이와 같이 소씨일가는 북송에서 남송에 걸쳐서 6대를 내려오는 과
정에서 문장으로 이름을 얻고 있으나 과거에 합격하여 起家한 예는
단지 軾·轍 형제뿐이고 나머지는 모두가 子恩, 父蔭, 祖蔭, 外祖蔭 등
음보에 의하여 관에 나아가고 있다. 이렇게 볼 때 蔭補制度가 송대 관
료의 대표적인 인물로 꼽히는 蘇洵一家를 유지하는 데 결정적인 역할
을 하였다고 단정할 수가 있다.

(2) 蔭補와 韓琦, 范仲淹의 系譜

북송3조(仁宗·英宗·神宗)의 재상을 역임하고 2帝(英宗·神宗)를
옹립한 名相 韓琦와 仁宗代의 名臣인 范仲淹의 系譜가 北宋에서 南宋
代로 내려가는 과정에서의 蔭補관계를 살펴본다.

韓琦의 系譜는 다음과 같이 정리된다.

---

85) 『위의 책』卷 4, 列傳 4, 蘇策, 蘇譚, 蘇誦.

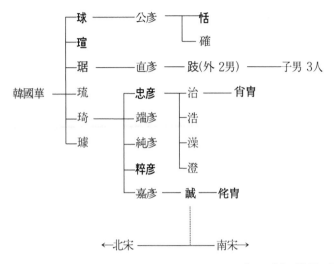

*. 고딕은 蔭補官임

이 계보에 의하면 韓琦의 형제 6인 중에 4인이 蔭補에 의하여 관직에 나아가고 있는데 먼저 琦의 형인 琚는 처음에 父蔭으로 將作監主簿로 임용되었다가 후에 進士科에 합격하고 있고[86] 球와 瑄은 蔭補에 의하여 官에 나아갔으며 琉도 父의 遺奏에 따라 同學究出身을 賜하여 補官되고 있다.[87] 韓琦는 韓國華의 다섯째 아들로 진사과에 합격하여 송대 문신관료의 정도를 거쳐 재상의 자리에까지 오르고 있으나 그의 아들인 忠彦과 粹彦은 모두 父蔭으로 將作監主簿와 大理評事로 任官되고 있다.[88] 한 세대 내려가서 북송 말에서 남송 초에 걸쳐 있는 直彦의 아들인 跂는 恩蔭으로 試秘書郎으로 출발하여 工部員外郎에까지 올라가고 있고[89] 公彦의 子 恬도 恩蔭으로 秘書省校書郎이 되었다.[90]

---

86) 『宋史』 卷 312, 列傳 71, 韓琦.
87) 韓琦의 형제들은 『宋史』 열전에 登載되어 있지 않으나 『安陽集』 卷 46에 蔭補事實이 적혀 있다.
88) 『宋史』 卷 312, 列傳 71, 忠彦에 의하면 그는 후에 進士科에 합격하였다.

또한 한기의 直孫되는 浩는 뚜렷하게 표현하고 있지는 아니하나 전후의 문맥으로 볼 때에 恩蔭으로 관직에 나가고 후에 奉職大夫 守濰州로 승진되어 對金戰에 활약하다가 역전사하였다.[91] 그리고 忠彦의 孫이며 琦의 曾孫되는 肖冑도 承務郞으로 蔭補되고 후에 對遼外交에 활약하여 紹興3년에 端明殿學士 同簽書樞密院事에 이어 資政殿學士 知紹興府에 승진하고 있다. 寧宗시대의 平章軍國事로 한때 國事를 전단한 韓侂冑는 바로 한기의 曾孫으로서 父蔭에 의하여 任官되고 후에 재상에까지 승진하였다.[92]

이상에서 문신관료의 대표적인 인물로 꼽히는 名臣 韓琦의 가계를 살펴보았다. 우리는 여기에서 官戶로서의 韓琦의 계보가 한기로부터 4대를 내려오면서 列傳에 등재될 정도로 뚜렷한 관직을 지니고 있던 15명에 대한 초임관을 살펴보았는데 그중에 11명이 蔭補에 의하여 관직을 얻고 있으며 한기를 비롯한 나머지 3인만이 과거에 합격하고 있음을 확인할 수가 있다. 이는 송대에 있어서 과거에 합격하는 것이 지극히 어렵다고 하는 사실을 설명하여 주고 있는 반면에 관료가 그의 가계를 유지하여 내려가는 데 있어서 음보제도를 긴요하게 활용하고 있음을 알 수 있다. 이로써 과거에 의하여 起家하고 음보에 의하여 繼家하여 관위를 유지하는 송대 문신관료체제의 공통적인 현상이 더한층 뚜렷하여지고 있다.

송대일대에 名臣으로서 宋代의 士風을 진작하고 慶曆治世의 기반을

---

89) 『竹隱畸士集』 卷 18, 韓至之墓誌銘.
90) 『臨川集』 卷 52, 韓琦奏親姪孫守秘校制.
91) 『宋史』 卷 448, 列傳 207, 忠義 3, 韓浩.
92) 『위의 책』 卷 474, 列傳 233 姦臣 4, 韓侂冑에 의하면 그는 韓琦의 증손이며 誠의 아들로 명기되고 있으나 『宋人軼事彙編』 卷 17, 韓侂冑傳에서는 『癸辛雜志』를 인용하여 平原(侂冑를 王宣子의 婢所生으로 되어 있는데 이는 아마도 그의 惡政에 대한 반발로 꾸며진 이야기가 분명하다.

마련하고 혁신정책을 실시한 范仲淹의 가계를 그리면 다음과 같다.
이러한 범중엄의 가문에 대하여 보면

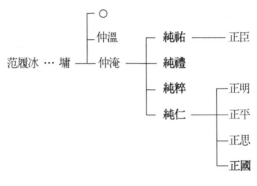

*. 고딕은 蔭補官임

이러한 范仲淹의 家門에 대하여 보면

    范仲淹의 字는 希文으로 唐의 재상 履冰의 후손이다. 그 선조는 邠
州사람으로 후에 강남으로 이사하여 蘇州의 吳縣사람이 되었다. 仲淹이
2살 때 아버지를 잃고 어머니가 長山 朱氏에게 改嫁하니 朱氏姓을 따
랐다. 어려서 志操가 있는 이야기를 듣기 좋아했고 자라서 그 家世를
알게 되자 울면서 어머니에게 하직인사를 하고 應天府로 가 戚 同文에
의지하여 주야로 공부하기를 쉬지 않았다. 겨울에 너무 피곤하면 물을
얼굴에 뿌렸다. 먹는 것이 넉넉하지 않아 죽을 계속먹으니 사람들은 능
히 견디지 못하였으나 仲淹은 괴로워하지 않았다. 進士科에 합격하여
廣德軍 司理參軍이 되어 그의 어머니를 맞이하여 봉양하였다.[93]

이는 빈천한 가문의 讀書人이 起家 解褐하는 데 많은 고생을 한 좋
은 예이다. 송대에 진사과에 합격하는 일이 가문을 再建하는 데 중요

---

93) 『宋史』 卷 314, 范仲淹 列傳.

한 좋은 예시라 하겠다.

范仲淹의 家系는 唐의 재상인 范履冰까지 올라가는 名家이었으나 唐末 五代에 몰락하여 그의 先代에 邠州에서 강남으로 이사하여 蘇州의 吳縣에 정착하게 되었다. 范仲淹이 2세 때 부친이 사망하고 가문은 완전히 몰락하여 그의 어머니 謝氏는 빈한하여 長山朱氏의 家에 改嫁를 하게 되었고 范仲淹도 朱氏로 행세하여 완전히 絶家가 될 뻔하였다. 그러나 총명한 그는 장성하면서 자기 家系의 내력을 알게 되고 과거시험에 도전을 하게 되었다. 과거시험 준비를 위한 10여 년에 걸친 刻苦는 보통사람으로서는 도저히 참기 어려운 것이었지만 그는 조금도 고통스럽게 받아들이지 아니하였으니 이는 그의 정신력에 의한 인고의 결과라 하겠다. 그리하여 大中祥符 2년에 27세로 禮部試의 진사과에 제1등으로 합격하여 范氏 가문을 다시 일으키게 되었고,94) 이후 仁宗의 慶曆4년에 參知政事에까지 승진하여 국정을 담당하게 되었다. 宋 이전서는 范仲淹과 같은 가문으로서는 도저히 재상에 오를 수 없다. 그러나 국정을 담당한 范仲淹의 가계에서 진사로 起家하고 蔭補로 官戶를 유지한다는 송대 문신관료사회의 구조는 그대로 적용되고 있는 것이다.

范仲淹의 子는 모두가 父蔭에 의하여 官界에 나가고 있다. 즉 長子인 純祐는 父蔭으로 將作監主簿가 되어 官位를 얻게 되고 次子인 純禮도 父蔭으로 秘書省正字가 되어 후에 龍圖閣直學士에까지 승진하였고 3자인 純粹도 蔭에 의하여 官位가 贊善大夫에까지 오르고 있다. 다만 제4자인 純仁은 처음에 父蔭으로 太常寺太祝이 되었다가 皇祐元年에 진사과에 합격한 예외를 보이고 있다.95) 또한 仲淹의 仲兄되는 仲

---

94) 『范文正公全集』, 年譜.
95) 『宋史』卷 314, 范純祐, 純禮, 純粹, 純仁列傳.

溫도 음보로 將作監主簿가 되어 太子·中舍로 致仕하였다.[96]

　범중엄의 손자들에 대하여 보면 純祐의 子인 正臣은 음보가 확실하지 않으나 太常寺太祝으로 임관하고 있는데 이 관직의 성격으로 보나 전후의 관계로 보아 음보에 의한 듯하다.[97] 또 純仁의 子 正平도 純仁이 사망하면서 추천되어 官位를 차지하였으므로 卒錄[98]의 성격이 보이며 純仁의 4子도 그 官位는 별로 높이 올라가지 못하였으나 관직을 갖고 있었으니 長子 正明은 單州團練推官을 역임하고 次子 正平은 紹聖中에 開封尉가 되었으며, 3子 正恩은 學行이 뛰어났으나 사림에 은거하여 관직을 갖지 않았고, 5子 正國은 紹興初에 知臨江軍을 역임하고 있다.[99] 이로 미루어 볼 때에 范仲淹의 가계에 있어서도 그 가문을 유지하여 나가는 데 있어 蔭補의 역할은 매우 중요하며, 다시 그들의 후손도 恩蔭에 의하는 바가 있다. 또한 范仲淹의 경우에 있어서도 4子 가운데 유일하게 純仁만이 다시 진사과에 합격하고 있으나 나머지 자손은 그들의 학문이 뛰어났음에도 불구하고 진사과에 나가지 못함을 볼 때에 송대에 있어서 2대에 걸쳐 진사과에 합격하여 家系를 잇는다는 것은 매우 어려운 일이라 하겠다.

(3) 杜鎬, 向敏中, 王韶의 系譜

　宋代에 蔭補로 가계를 유지하는 현상은 杜鎬와 向敏中과 王韶와 같은 문신관료의 가계에서도 살펴볼 수 있다.

　杜鎬(938~1033)의 가계를 보면

---

96) 『宋史翼』卷 18, 列傳 12, 范仲溫.
97) 『宋史』卷 314, 純祐列傳附.
98) 『宋史』卷 314, 范純仁傳.
99) 『宋史新編』卷 114.

杜鎬---渥---杞---鐸---穎

으로 연결되는데 杜鎬는 明經科에 합격하여 釋褐하고 累官하여 禮部
侍郎에까지 승진하였으며 그의 子 渥은 父蔭으로 大理寺丞이 되었
다.[100] 그의 孫 杞도 蔭補에 의하여 將作監主簿가 되고[101] 累官하여
天章閣待制로 知州에 差遣되어 官戶의 지위를 유지하였다. 杞의 次男
인 鐸은 南宋代에 들어와서 父蔭으로 起家하여 右修職郎 縣丞으로 역
시 官戶를 유지하였고 그의 子 穎은 祖蔭으로 尤溪縣主簿가 되고 累
官하여 戶部郎中에 이르고 있다.[102] 이 杜鎬의 系譜도 북송으로부터
남송으로 내려가는 과정에 있어서 科擧에 의하여 起家하고 蔭補로서
官位를 유지하면서 繼家하여 내려가는 文臣官僚家系의 전형으로서 杜
鎬 이외에는 모두가 蔭補에 의하여 官戶의 지위를 지키고 있다.

向敏中(1019~1091)의 가계를 보면 다음과 같다.[103]

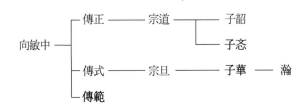

* 고딕은 蔭補官임

---

100) 『宋史』卷 296, 列傳 55, 杜鎬.
101) 『宋史』卷 300, 列傳 제59, 杜鎬에는 "杜鎬의 字는 偉長이고 아버지는 鎬
    의 음으로 將作監主簿에 補되었다"라고 있으나 『宋史』권 296, 杜鎬傳에
    는 鎬의 子는 渥이라고 분명히 나와 있고 『歐陽文忠公集』卷 30, 杜公墓
    誌銘에도 鎬의 孫으로 明記되어 있으므로 杜鎬의 孫이 확실하다.
102) 『後村大全集』卷 150.
103) 『宋史』卷 282, 列傳 제41, 向敏中.

向敏中은 北宋의 太宗 太平興國5년(980)에 進士科에 합격하여 釋褐起家하고 累官하여 마침내 咸平初에 參知政事와 中書侍郎의 최고위 관직으로 승진하였다. 그 후 그의 일족은 모두 은음으로 관직을 얻게 되었으니 그가 72세로 사망하였을 때에 致卒蔭補에 의하여 그의 다섯 명의 아들과 諸胥壻까지 遷官되었다.104) 그의 손자들은 남송시대에 들어와서 子華는 右班殿直으로 子恣은 用薦召對하여 直秘閣으로 제수되었으며, 曾孫인 瀚은 蔭補로 將仕郎에 나아가 吉州通判을 역임하여 官位를 이어가고 있다.105) 이 밖에도 敏中의 孫인 繹도 官이 太子中書에 이르고 있는데 恩蔭과 관계를 지니고 있다.106)

王韶의 家系를 그리면 다음과 같다.

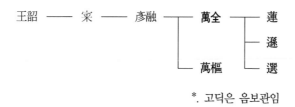

* 고딕은 음보관임

王韶(1028~1089)는 嘉祐2년(1057)에 進士科에 합격하여 釋褐起家하였고 그의 子 宷는 詞章에 뛰어나서 登第하여 官位를 유지하였다.107) 韶의 孫인 彦融은 召對命官되었고 彦融의 두 아들 萬全과 萬樞는 모두 父蔭에 의하여 楊州高郵尉와 崑山尉로 제수되고 후에 知州로 승진하였다.108) 한 세대 내려가서 王遜은 父蔭으로 宣城尉로 調任

104) 『위의 책』
105) 『위의 책』
106) 『誠齋集』卷 130, 通判吉州何俁墓誌銘.
107) 『宋史』卷 328, 列傳 제87, 王韶.
108) 『漫塘文集』卷 28.

되어 通判에까지 이르렀고 王숙(책받침+蕭)도 父蔭으로 建康椿積庫에 임용되고 후에 知州가 되었으며 王選은 兄蔭에 의하여 補官되고 있으니[109] 그의 家系 또한 蔭補와 밀접한 관계를 지니면서 관료의 지위를 이어가고 있음을 알 수가 있다.

이상에서는 주로 北宋의 名臣들의 자손이 南宋代로 넘어가는 과정에서 관료들의 系譜와 蔭補와의 관계를 살펴보았다. 다음은 南宋時代에 들어와서 이러한 현상이 어떻게 전개되고 있는가를 宇文粹中과 朱熹의 예에서 찾아보자.

(4) 宇文粹中, 朱熹의 系譜

북송 말에서 남송 초에 걸친 宇文粹中의 系譜를 그려보면 다음과 같다.

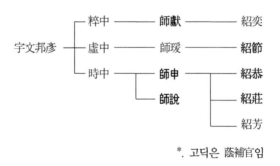

*. 고딕은 蔭補官임

宇文粹中은 北宋末의 崇寧2년(1103)의 進士科에 합격하여 起家하고 그 후에 知府에까지 올라갔으며 그의 아우 虛中은[110] 역시 北宋末의 大觀3년(1109)에 진사과에 합격하여 釋褐하고 累官하여 翰林學士知制

誥에까지 승진하고 있다. 또 時中은 宣和연간에 守平陽으로 任官하고
있는데 入官된 경위는 분명하지 못하다.[111] 그런데 형제 중에서 두
사람이 진사과에 합격하는 것은 흔한 일이 아니다. 다음 세대로 내려
가면 양상은 전혀 달라지고 있다. 즉 粹中의 子 師獻은 숙부인 虛中의
恩蔭으로 承務郎이 되고 德陽縣丞을 거쳐 知州에 이르렀고[112] 時中의
子 師申은 父蔭에 의하여 承務郎으로 買馬監牧司에 入官하고 역시 후
에 知州에까지 승진하였다.[113] 師說은 時中의 次子로 從父蘭中이 樞
密使로 승진하면서 그의 恩蔭으로 承務郎으로 保任되고 常平司幹辨公
事에 入官하고 있다.[114] 따라서 粹中이 세대에 진사과에 합격하여 起
家한 宇文氏의 官戶系譜는 師申의 세대에 와서는 거의가 蔭補에 의하
여 官位를 유지하고 있고 3대에 내려가서는 師申의 세 아들인 紹恭은
廸功郎으로 監永軍崇德廟로, 紹莊은 登仕郎으로, 紹芳은 將仕郎으로
蔭補되었고[115] 紹奕도 時中의 從孫으로 任官하였으며 紹節은 祖·父
의 恩功으로 補官되었다가 후에 진사과에 합격하고 있다.[116] 이렇게
볼 때에 宇文氏 일가의 관료로서의 계보는 粹中의 세대에서 진사과에
합격하여 문관으로서의 관료의 위치를 굳히고, 이를 바탕으로 하여 그
다음 세대에 있어서는 대부분이 음보에 의하여 그들의 관위를 그대로
계승하고 한 세대 더 내려가서도 은음과 밀접한 관계를 갖고 관호의
지위를 유지하여 내려갔다.

　宋代의 巨儒인 朱熹(1130~1200)의 家系도 蔭補와 밀접한 관계를

---

111)『南宋文範』卷 66, 宇文蜀州墓誌銘.
112)『宋史翼』卷 21, 宇文師獻.
113)『南宋文範』卷 66, 宇文蜀州墓誌銘.
114)『攻媿集』卷 109.
115)『南宋文範』卷 66, 宇文蜀州墓誌銘.
116)『宋史』卷 398, 宇文紹節列傳에 의하면 師瑗의 親子는 아니고 일족 중의
　　양자이다.

지니고 있다. 그의 가계를 정리하면 다음과 같다.

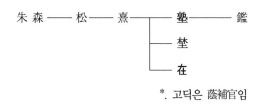

*. 고딕은 蔭補官임

朱熹의 祖父인 朱森은 官界에 나아가지 아니하고 處士로서 자제교
육에 전력하였고 사망 후에 承事郎으로 進贈되었다. 朱松은 北宋末의
政和8년(1118)에 진사과에 합격하여 秘書省正字로 起家하고 남송에
와서는 司勳吏部郎으로 올라갔으나 秦檜의 對金 강화조약의 不可함을
極言하다가 秦檜의 노여움을 사서 더 이상은 승진하지 못하였다.117)
다음 朱熹는 紹興18년(1148)에 진사과에 합격하였다. 앞에서 말한 바
와 같이 父·子 2대를 거쳐 진사과에 합격하는 예는 송대에 있어서는
그리 흔한 일은 아니며, 이로 미루어 볼 때에 주희의 가문은 과거시험
상에서 볼 때에 명가로 꼽을 수가 있다. 그러나 官僚的 입장에서 본다
면 높은 관직을 얻지 못하였으니 그것은 朱松이 秦檜의 탄압을 받았
고 朱熹도 권신 韓侂胄의 배척을 받아 관직상에 있어서는 빛을 보지
못하였다.

그런데 그의 3子들은 모두 음보에 의하여 관위에 나아가고 있으니
長子 塾은 蔭補로서 將仕郎이 次子 埜는 역시 蔭補로 迪功郎에, 季子
在는 恩蔭으로 承務郎이 되었고 朱熹의 孫 鑑 또한 蔭補에 의하여 廸
功郎에 나아가고 있다.118) 이를 보면 朱熹의 가계도 朱松·熹 2대는

117)『宋史』卷 429, 列傳 제188, 朱熹.
118)『朱文忠公文集』卷 94 및『宋元學案』卷 49.

과거의 진사과에 의하여 起家하고 그 다음의 2대는 蔭補로서 官位를
유지할 수 있음을 살필 수가 있는 것이다.

Ⅳ. 음보관료계보의 성격

북송과 남송의 관료의 계보에서 다음과 같은 蔭補官僚의 성격을 알
수 있다.

첫째, 宋代史에서 널리 알려져 있는 유명인물의 가계일수록 그 후
손들이 음보를 통하여 관위를 이어 나아가는 예가 많이 보이며, 父·
子 2대에 이어서 진사과에 합격하는 경우는 그리 흔하지 아니하고, 3
대에 걸쳐 과거에 합격되는 예는 아주 드물다고 하는 사실이다. 따라
서 독서인이 起家하는 데 있어서는 과거가 중요한 역할을 하였다는
것은 부인할 수 없으나 起家 釋褐한 관료의 家系를 이어 주는 데 있
어서는 음보를 통함이 많다고 하는 사실을 들 수가 있다. 『宋史』의 一
般列傳에는 父·子 2대의 列傳을 병합하여 기술하고 있는 예가 많고
父의 列傳이 중심이 되어 그 분량이 많은 데 비해 子의 列傳은 附記
되어 서술하고 있는데, 이러한 경우에 있어서 대체로 父가 과거에 합
격하여 起家하고 子는 父의 은음에 의하여 蔭補官으로 繼家하고 있다.
따라서 『宋史』의 列傳만을 가지고도 송대 관료의 가계는 父에 의한
起家, 蔭補를 통한 子의 繼家라고 하는 관료가계의 성격을 파악할 수
가 있는 것이다.

둘째, 송의 관료제는 문벌귀족에 의한 것이 아니고 지방에서 새로
발흥한 형세호를 기반으로 하여 사대부계층이 과거를 통하여 관료조
직에 흡수 집결된 것이다. 따라서 지방의 형세호는 자제에게 독서를

시켜 이른바 독서인이 되게 하였다. 그 자제가 다시 과거에 합격하면 관료가 되었다. 이와 같은 家를 官戶라고 하고 이들 관호는 새로운 지배계층으로 정치 사회 전반에 큰 영향력을 행사하였다. 그런데 일단 관호가 되면 그들의 지배계층으로서의 지위는 확고하여지지만 관호의 지위를 후손에게 물려줄 수는 없기 때문에 일대에서 그치게 된다. 따라서 관호를 그대로 유지하려면 자손이 과거에 합격하거나 그 밖의 방법에 의하여 관료가 되어야 하는데 과거는 좀처럼 합격하기가 어렵기 때문에 음보에 의하여 그들의 관호적 신분을 유지하여 나갔던 것이다.

셋째, 송대 관료의 系譜에서 살필 수 있는 성격은 北宋代의 관료의 계보가 남송으로 이어져 내려가는 과정에 있어서도 음보제도가 관위를 유지하는 데 중요한 작용을 하고 있으며, 이는 남송시대에 와서도 변함없는 관료 사회의 일반화된 현상이라고 하는 사실이다. 따라서 송대의 문치주의적인 관료체제와 음보와는 밀접한 상관관계를 지니고 있다고 하겠다. 이러한 현상은 송대의 관료 사회를 유지하는 데 있어서 국가가 음보를 크게 장려하여 이것이 관료의 계보에 그대로 나타나고 있음에서도 알 수 있다. 趙翼은 이를 恩蔭의 濫用이라고 부정적으로 보고 있으나 문벌에 의한 가문의 유지가 불가능한 송대에 있어서 관료들에게 있어서는 관호의 지위는 절대로 놓칠 수 없는 것이지만 국가의 입장으로 볼 때에도 관료체제를 유지하는 데 있어서는 관료의 신분을 보장하여 주어야 할 필요성은 있는 것이다. 그러므로 송대의 음보는 문벌귀족주의 대신의 역할을 하였고 이로써 관료의 관호로서의 가계는 그대로 지속될 수가 있었던 것이다.

넷째, 北宋代의 관료의 계보는 남송의 관료체제에 직접적인 영향을 주고 있다는 사실이다. 이는 북송을 그대로 계승하고 있는 남송정권의 성격이 문치주의적 문신관료체제라는 점에서도 알 수 있는 일이지만 정강의 변을 겪고 금과 대치하고 있는 긴박한 대외상황하에서도 남송 정권의 문치주의적 성격이 조금도 변색되지 아니하였으며 따라서 북송의 전통이 그대로 남송으로 계승되었음을 의미하는 동시에 송대의 문신관료체제가 그만큼 뿌리 깊게 이어져 내려가고 있음을 입증하여 주는 것으로 해석된다.

제3절 冗官(용관)問題와 蔭補制度

송대에 있어서 蔭補의 濫用은 官員의 증가를 초래하고 관원의 급증은 결국 冗官을 낳게 되는 것이니, 이 冗官問題는 所謂「三冗之弊」의 하나로서 송대 관료사회에 있어서 개혁되어야 할 사회문제로 나타나고 있다.

일반적으로 국가의 창건 후 시일이 경과함에 따라서 관리가 증가하는 것은 중국사에 있어서는 공통적인 현상이지마는 송대에 있어서는 이러한 증가현상은 두드러지게 나타나고 있다. 官僚의 增加는 蔭補의 濫用과 밀접한 관계가 있는데 그것은 고위관료에게 다수의 蔭補官을 허락한 결과에서 초래된 것이다. 그리하여 북송의 중기 이후에 관원의 급증은 사회문제로 발전되었다. 건국의 초기보다 중기나 후기에 이를수록 관원이 증가하는 추세가 문제가 되는 것은 송대에 있어서만의 문제는 아니다. 그러나 송대는 국정에 대한 비판적 입장을 취한 혁신적인 관료는 물론이고 보수적인 온건론자들까지도 冗官問題를 개혁하여야 할 중대한 사회문제로 논의하고 있다. 이는 국가규모의 확대에 따르는 관료의 증가로서의 문제만이 아니라 자신의 직책을 전혀 알지

못하고 俸祿만을 受領하는 冗官의 증가가 특히 관료 사회전반에 주는
악영향과 송의 재정에 큰 압박을 가하는 데서 특히 심각한 것으로 보
고 있다.

仁宗代를 전후로 한 三冗의 弊는 바로 冗官, 冗兵,[119] 冗費로서 이
는 바로 문치주의 宋朝가 안고 있는 모순으로 특히 冗官은 蔭補制와
도 밀접한 관계가 있다. 송대의 관료증가를 살펴보고 이를 다시 음보
와의 관계에서 검토하여 보겠다.

I. 蔭補와 冗官

(1) 관료의 증가

宋代 官僚의 증가 추세를 보면 건국 이래로 계속해 나타나고 있
다.[120] 그런데 관료의 증가와는 상대적으로 官僚減縮에 대한 기록도
보이고는 있으나 오히려 仁宗代와 神宗의 熙寧10년(1077)에 급증하고
있다.[121] 神宗의 熙寧10년이면 王安石의 新法 실시 이후가 되며, 따라

---

119) 『宋史』 卷 187, 兵志 140에 의하면 兵員의 증가가 開寶年間(968~976)에
총 37만 8천이고, 至道연간(995~997)에 66만 6천으로 증가하고 다시 天
禧年間(1017~1021)에 91만 2천이고, 仁宗의 慶曆年間(1041~1048)에 125
만 9천으로 급증하고, 治平연간(1064~1067)에 116만 2천으로 나타나고
있다.

120) 『文獻通考』 卷 24, 國用考 및 『宋史』권 286, 食貨志 會計條 『玉海』 卷
119, 官制 등에서 송대의 관리의 증가를 '眞宗代 宗室吏員으로 녹을 받는
사람이 9천7백8십9, 寶元 이후 宗室吏員으로 녹을 받는 사람이 1만 5천4
백4십3, 皇祐원년에 내외의 관원이 1만 5천4백13, 皇祐원년 내외의 관원
이 1만 7천3백여, 熙寧10년 俸給 수령자가 2만 4천5백4십9'라고 대략적인
숫자를 들고 있다.

121) 『위의 책』 各書에 의하면 熙寧10년의 官吏를 文官 10,193, 武官 12,826,
宗室 944, 內臣 586명으로 기록하고 있다.

서 왕안석의 신법실시에는 상당히 많은 冗官이 도태당한 이후인데도 다수의 관리가 증가되었다는 사실은 熙寧初에는 이보다 많은 관리가 있었다는 것은 확실한 사실이다.

仁宗末의 至和원년(1054)에 判三班院인 歐陽修는

> 臣이 勘會컨대 本班의 使臣은 8천1백12명이니. 自古로 濫官이 이처럼 많은 적이 없었다.[122]

고 濫官을 지적하였다. 仁宗 末의 관원의 冗濫함을 알 수 있다.

이와 같이 관리가 증가되고 있는 형편을 地方官과 京朝官으로 구분하여 살펴보자. 먼저

刑部郎中 王禹偁은 地方官의 증가에 대하여

> (前略) 開寶 중에는 官이 아주 적었다. 臣은 본래 魯人으로 아직 급제하지 않았을 때, 1州에 단지 刺史 1명, 司戶 1명이 있었고, 당시에 闕事가 없었다. 그 후로 團練 推官 한 사람이 있었다. 太平興國 중에 通判 副使 判官 推官을 늘렸고 鹽酒榷稅算에 또 4명을 늘렸다. 曹官 외에 司理를 늘려 그 조세를 다스리고 인민이 도망한 것을 조사하였다.. 1州가 이런 형편이니 천하는 알 만하다.[123]

1州의 관리 증가를 자세히 논하고 지방의 1州가 이럴진대 미루어 천하의 餘他州도 이와 비슷함을 알 수가 있다고 하였다. 이러한 지방관의 증가는 武官의 경우도 비슷하였으니 知麟州 張亢은

---

122) 『歐陽文忠公全集』 卷 108, 奏議 2.
123) 『宋史』 卷 293, 王禹偁傳.

舊制에 諸路의 總管·都監은 각기 3명 남짓에 불과했다. 官이 비록
높아도 다만 1路에는 總管·鈐轄이 있어 本路의 일에 간여하지는 않았
다. 지금 每路에 많게는 14, 15명, 적게는 10명으로 모두 本路의 分事는
겸하고 서로 통제하지 않는다. 무릇 논의가 있으나 서로 합의를 이루
지 않다고 하였다.[124]

상소하여 옛날에는 諸路에 3인에 불과하였던 總管과 鈐轄·都監이
현재에는 많은 곳은 14~15명, 적은 곳도 10명으로 증가되고 있고 업
무 보고에는 서로 맞지 아니하다고 하였다. 또한 戶部侍郎 范但은

戶部의 세입에는 한계가 있고 쓰는 데는 다함이 없다. 지금 절도
사 80명이고 留後에서 刺史의 수는 수천 명인데, 軍에서 나온 것이
아니다.[125]

慶曆 6년에 權御史中丞 張方平은

天聖 중에 兩制兩省의 관리는 30명에 미치지 못하였으나 지금은 50
여 명으로 증가하였습니다. 또한 天聖 중에는 京朝官이 2,000명에 미치
지 못하였던 것이 지금은 2,700여 명으로 증가하였으며 景祐 중에 使
臣은 4,000명에 불과하였으나 현재는 6,000명으로 급증하였습니다.[126]

라고 상소하여 그 자세한 수를 하나하나 지적하고 있다. 또 至和원년
(1054)에 判三班院 歐陽修도

---

124) 『宋史』 卷 324, 張亢傳.
125) 『宋史』 卷 288, 范但傳.
126) 『長編』 卷 158, 慶曆6년 夏 4월 壬子條 및 『樂全集』 卷 26, 請議吏貝事,
請裁減資任恩例.

皇祐2년에서 至和원년에 걸치는 4년 반 사이에 借職 이상의 관리가
2085명 증가하고 皇祐5년에서 금년 6월까지 1년 반 사이에 409명이 증
가하였다.[127]

라고 使臣의 증가를 연도별로 자세히 비교하여 설명하고 있다. 그리고
右司諫 蘇轍은 元祐會計錄을 작성하였는데 眞宗의 景德연간(1004～
1007)과 哲宗의 元祐연간(1086～1093) 사이의 관리의 증가를 자세히
비교하고 있는데[128] 이를 정리하면 [표 9]와 같다.

[표 9] 北宋의 官員增加表

관리 연대	景德年間	元祐年間	增加比率
大夫(諸曹郎)	39명	230명	약 6배
朝奉郎(貟外郎) 以上	165명	695명	4배
承議郎(博士)	127명	369명	3배
奉議郎(三丞)	148명	431명	3배
諸司使	27명	260명	10배
副 使	63명	1,111명	17배
供奉官	193명	1,322명	7배
侍 禁	316명	2,117명	7배
三省之吏	60명	172명	3배

이와 같은 관리의 증가는 국가기구의 확대에 따라 필요한 要員의
자연적인 증원인 경우도 있겠으나 송대에 있어서는 要員의 증가보다
는 要員 이외의 冗官이 다수 늘어나고 있음을 살필 수가 있다. 皇祐元
年에 내외의 관원이 17,300여 명에 이른 데 대하여

---

127) 『歐陽文忠公全集』 卷 108, 奏議 2.
128) 『通考』 卷 24, 國用 2.

　　지금 천하의 州郡이 320, 縣 1250, 1州 1縣의 職에는 定額이 있어서
　　5, 6천 명이면 충분한데 지금은 그 수가 3배에 이르고 있다.[129]

꼭 필요한 職額보다 3배가 된다고 하였다. 또 三司度支判官인 宋祁는

　　조정에 三冗이 있고 적게는 三費가 있어 천하의 재물을 어렵게 한
　　다. (中略) 三冗이란 천하에 官은 정해져 있는데 정인원이 없는 것이 1
　　冗이다.[130]

이라 하여 定官은 있으나 定員이 없이 官員의 冗濫함이 사회적인 큰
병폐임을 지적하고 있다. 그리고 咸平4년에 右司諫知制誥인 楊億은 상
소하여 이르기를 "京官 중에는 자기가 관장하여야 할 직무를 알지 못
하는 자가 있다"[131]고 개탄하고 있는데, 이러한 경향은 지방관의 경
우에도 비슷하였으니 知麟州 張亢은 "軍官은 증가하고 있으나 도리어
軍務에 있어서는 서로 통제가 되지 않고 군무를 논의함에 있어서도
그 보고가 서로 맞지 아니하다"[132]고 상소하였다.
　　이상과 같은 관리의 증가는 仁宗代에 있어서 冗官問題로 크게 논란
이 되었으며 그 후 북송 말에까지 사회문제화하였고 南宋代에도 여전
하였으니,

　　宣和원년에 蔡京이 재상의 자리에서 떠나려고 할 때, 신하들이 官僚
　　冗濫의 폐단을 상소하였다. 그 대략을 보면, 작년 7일부터 올해 3월까
　　지 遷官論賞者는 5천여 명이다.[133]

---

129) 『玉海』119, 官制.
130) 『宋史』卷 284, 宋祁傳.
131) 『宋史』卷 168, 職官志 121, 職官 8 合班之制.
132) 『宋史』卷 324, 列傳 83 張亢.
133) 『容齊隨筆』4, 宣和召官.

이라 한 것으로 알 수 있다.

(2) 蔭補와 冗官問題

관료의 증가요인은 여러면에서 찾을 수가 있겠으나 그 가운데서도 蔭補의 濫用은 가장 중요한 원인으로 산주된다.

濫官의 원인이 음보제도에 있다고 주장한 歐陽修는 仁宗의 至和원년에 判三班院을 겸하면서

> 臣이 勘會컨대 本班의 使臣이 8천1백12명으로 자고로 濫官이 이처럼 많은 적이 있지 않았다.[134]

라고 말하고, 이어서

> 臣이 簿籍의로 기록으로 살펴볼 때 皇祐 3년부터 지금까지 4년 반 사이 借職 이상 2천8십5명이 增添하고 그중에 近日에 增添한 것이 특히 많았다. 皇祐 5년부터 올해 6월에 이르기까지 1년 반 내에 409명이 늘었는데 殿侍는 숫자에 포함되지 않았다. 대체로 은혜로 濫賞하여 날로 쌓임이 대체로 이러하다. 한 해에 항상 450명을 증가되는데 많은 관료 임명 원칙을 방지 않으면 3, 5년 후에는 그 폐단을 이길 수가 없다.[135]

라 하여 4년 반 사이에 三班院에서 借職以上의 官이 2,085명이 증가되고 해마다 평균 450이 급증하고 있음을 지적하고 이러한 증가의 원인이 曲恩濫賞에 있음을 분명히 밝히고 있다. 三班院의 借職은 앞에서 살펴본 바와 같이 蔭補에 의하여 任官되는 경우가 많은 직책이므로

---

134) 『歐陽文忠公全集』 卷 108, 奏議 2.
135) 『위의 책』.

三班院의 借職以上의 관원은 蔭補官이 대부분이었을 것은 조금도 의심할 여지가 없는 바이다. 그리고 慶曆 3년에 館閣에도 고위관의 자제가 음보에 의하여 다수 임용되고 있다.

　　근래에 館閣 중에 대반은 豪梁의 자제들로 材臣, 幹吏가 그들과 어깨를 나란히 하는 것을 부끄러워한다. 또 이를 얻는 것을 부끄럽게 여기고 거듭 얻기에도 부족하며 또한 영광스럽지도 못하니 蔭補의 授受는 두 가지 다 잃게 된다.[136)

고 논하였고, 또

　　臣이 살피건대 근래에 詔를 내려 權貴의 자제를 奏蔭하여 館閣에 들어갈 것을 허락하지 않으니 이것은 조정에서 貴家의 자제가 館閣에 너무 많기 때문이다. (中略) 新規를 세워 그 폐단을 혁파해야 한다.[137)

라고 하여 蔭補에 의하여 權貴의 자제가 館閣의 要職에 나아가는 폐를 개혁하여야 함을 주장하고 있다. 그 위에 그는 이러한 館閣에서의 지방의 요직으로 轉出되는 경우가 흔함을 지적하고 있다.

　　(前略) 신이 살피건대 근년에 外任의 發運使·轉運使·大藩知州 등은 대체로 館閣의 職으로써 받고 인재를 택하지도 않고 문학으로 말미암지도 않는다. 이는 恩典이라고 여기니 조정에서는 要劇한 임무로써 이 淸職을 중히 여겼다. 그러나 받은 사람은 많아 冒濫을 면할 수가 없다. 본래 중하게 다루고자 하나 사람들이 도리어 이를 가볍게 여긴다.[138)

---

136) 『위의 책』卷 102, 論學館閣之職箚子, 慶曆3년.
137) 『위의 책』.
138) 『위의 책』.

지방의 發運使나 轉運使, 특히 知州의 경우에 앞서의 『宋史』列傳의 蔭補官表 例에서 최고관위에 오른 음보관이 많이 있었음을 보았고 이와 대조하여 볼 때에 서로 일치하고 있음은 주목할 만하다.

이 밖에 御史中丞 魯宗道도

　館閣에서 천하의 英材를 기르니 어찌 紈袴의 자제들이 恩擇으로써 처할 수 있겠는가[139]

라고 개탄하고 있다. 館閣의 職에 權府의 高官 자제가 蔭補에 의하여 補職되고 거기에서 다시 지방관으로 전출되어 나아갔던 것으로 館閣과 蔭補가 밀접한 관계가 있고 다시 地方官과 館閣과도 상관되었던 것이다.

관원의 증가원인이 蔭補에 있는 사실을 고찰하는 데 앞에서 제시한 蘇轍의 元祐會計錄을 다시 분석하여 볼 필요를 느낀다. 즉

이 [표 9]에 의하면 文職으로 大夫(諸曹郎 제6품), 朝奉郎(員外郎 정 7품), 承議郎(博士 종 7품), 奉議郎(三丞 정 8품)의 증가가 주목되는데 이 가운데서 承議郎 이하는 京官으로서 이는 蔭補官이 대부분 京官職으로 임용되고 있다는 앞서의 范仲淹이 지적한 바와 그리고 『宋史』列傳에서의 蔭補官의 예와 부합되고 있다. 또 武職에 있어서는 諸司使(정 7품), 副使(종 7품), 供奉官(종 8품), 侍禁(9품) 등의 증가에서 供奉官과 侍禁은 역시 『宋史』列傳이나 職官志의 내용에서 武官의 대부분이 이에 蔭補되고 있다는 사실과 거의 일치하고 있다. 따라서 元祐會計錄에서 蘇轍이 특별히 예시한 이들 諸官의 증가는 그 원인이 음보에 의하여 초임되었거나 아니면 음보를 통하여 遷官된 것으로 해석

---

139) 『宋史』 卷 286, 列傳 45, 魯宗道

할 수 있을 것 같다. 이를 뒷받침하여 주는 것으로서는 左司諫知副誥
楊億의 말처럼 "冗官은 恩蔭에 의하여 序遷된 결과"[140]라고 한 말이
나 范仲淹이 "仁宗代의 冗官의 원인이 恩蔭의 門을 확대한 데 원인한
다"[141]라는 주장이나 權御史中丞 張方平이 "관리가 급증하는 원인이
范仲淹에 의한 蔭補制度의 개혁이 성공하지 못한 데에 있다"[142]라고
하는 말과 일치하는 것이다. 따라서 蔭補가 송대 관료의 증가에 결정
적인 원인이 되고 있다고 단정할 수가 있으며, 특히 宋代의 文臣官僚
體制의 방대한 조직은 음보제도와 밀접한 관련을 지니고 있었다고 보
아야 하겠다.

또한 음보와 관련되어 관원의 증가를 가져온 것으로 磨勘制度가 있
는데[143] 이는 관리의 성적을 조사하여 그에 따라서 승진을 시키는 제
도로서 范仲淹은 文職은 三年一遷, 武職은 五年一遷이라고 이를 설명
하고 있다.[144] 그러나 이와 같은 제도적인 내용과는 달리 磨勘制度가
蔭補制度와 연계되어 관료의 공로와는 관계없이 승진을 시키고 또 그
年限도 일정하지 못하였으니, 이에 대해서

> 안팎을 가리지 않고 또한 勞逸, 賢 不賢을 불문하고 모두 관계에 나가게
> 하였다.[145]

---

140) 『宋史』 卷 305, 列傳 64, 楊億.
141) 『范文正公政府奏議』 卷 上, 治體答手詔條陳十事 및 『長編』 卷 143, 慶曆3
　　月 丁卯條.
142) 『樂全集』 卷 25, 請議吏員事, 請裁減資任恩例條 및 『長編』 卷 158, 慶曆6
　　年 夏 4月 壬子條.
143) 古垣光一, 「宋眞宗時代磨勘制の成立について」 『靑山博士古稀紀念 宋代史
　　論叢』391-417쪽 참조.
144) 『范文正公政府奏議』 卷 上, 治體, 答手詔條陳十事 및 『長編』 卷 143, 慶
　　曆3년 9월 丁卯條.
145) 『위의 책』 兩書.

라다는 范仲淹의 주장과

> 選擇에 신중하라는 것입니다. 지금 內外의 신하들이 序年遷改로 官
> 濫이 되고 여기나 다시 論述이 있어 작은 노력으로 3년이 되지 않아
> 淸顯에 이르니, 이를 그치지 않으면 훗날에는 반드시 將相까지도 賞으
> 로 결정 될 것이다.[146]

라고 三司鐵判官인 蘇紳은 주장하였다.

> 官冗을 근심하여 말하는 사람들은 모두 3년에 1 磨勘으로 말미암아
> 官에 나아가는 사람이 너무 빨리 高位職에 이른다. 이에 따라 蔭으로
> 써 官을 얻는 者가 많다.[147]

三歲一磨勘에 의하여 문신관료는 자동적으로 고관의 지위에 올라갈
수가 있고 고관에 오르면 다시 다수의 친지를 음보할 수 있는 결과를
가져오고 이것이 남관의 원인이 되었던 것이다.

(3) 冗官의 사회 · 경제적 문제

葉適은 宋代財政의 總論에서

> (前略) 仁宗40년은 本朝의 평화롭고 융성한 시기이다. 그러나 財用
> 이 처음으로 부족하여 천하의 근심을 논하는 사람들이 모두 재정을 걱
> 정합니다.[148]

---

146) 『宋史』 卷 294, 列傳 53, 蘇紳.
147) 『宋史』 卷 159, 選擧志 및 『通考』 卷 34, 壬子條
148) 『通考』 24, 國用條.

라 應詔條奏하고 있다. 즉 仁宗의 40년간은 이른바 宋이 極盛한 태평
성대로 불리고 있으나 실제로는 재정 면에서 볼 때에 이미 어려운 적
자재정을 나타내고 있음을 上奏하고 있다. 이러한 仁宗代의 재정궁핍
의 원인은 西夏와의 7년전쟁으로 인한 군사비의 지출에 있고[149] 군사
비 다음으로 급증한 문신관료에 대한 俸祿을 꼽을 수가 있다. 이에 대
하여 三司使 田況은

　　夏戎이 명령을 어긴 후로 병사를 늘림이 景德에 거의 배입니다. 吏
　　員을 더욱 빈번하게 증가하여 경비가 날로 늘어나 民力이 아주 피폐되
　　었습니다.[150]

이라고 하였으며 또 三司度支判官인 宋祁도

　　朝廷에 크게는 三冗이 있고 적게는 三費가 있어 천하의 재물을 곤
　　란하게 합니다.(中略) 三冗은 천하에 定官은 있으나 限員이 없는 것이
　　一冗입니다.[151]

라 하여 三冗의 하나인 冗官이 국가의 재정을 어렵게 하는 원인임을
논하고 있다. 歐陽修는 慶曆 5년에

　　방금 천하에 재정이 부족하고 公私가 困急한 것이 전부 관리의 冗
　　濫으로 말미암은 것이 많다. (中略) 冗官을 없애면 백성의 科率이 10
　　분에서 9는 감해진다.[152]

---

149) 曾我部靜雄,「北宋の財政狀態」『宋代財政史』 31쪽 참조.
150) 『앞의 책』.
151) 『宋史』 卷 284, 宋祁傳.
152) 『歐陽文忠公全集』 卷 106, 奏議再論按.

라 하여 財用이 困急한 것은 관리의 冗濫함에 있고 이러한 冗官을 정리한다면 국민의 科率을 크게 줄일 수 있다고 주장하였다. 이와 함께 宋代 人士의 文集 가운데는 재정개혁론과 관료의 기강확립론이 많이 논의되고 있다. 먼저 范仲淹은 慶曆 3년에

> 紀綱이 날로 무너지는 까닭에 京官司에 1員의 闕함이 있으면 자리를 다투는 사람은 여러 명이다. 外任의 京朝官은 사사로이 待闕로 해를 넘긴다. 종종 직무를 맡게 되는 초기에 磨勘에 해당되어 勤效의 例가 없으나 遷職된다.[153]

라 하여 吏道의 紀綱이 타락되어 있음을 논하고, 宋祁도

> 한사람의 官이 未缺이면 열 사람이 다투어 경합을 벌인다. 權貴들이 길에 가득하다. 주현의 토지는 한정되어 있는데 官員은 전보다 배가 되었다.[154]

이라 하였으며, 歐陽修도 冗官의 弊로서 吏道의 문란함을 지적하여

> 재주 없는 사람이 害가 됨은 臟吏보다도 심하다. 冗官을 제거하면 吏員이 淸簡하고 差遣이 通流한다. 지금 천하의 官에 定員이 있으나 入仕의 사람은 定數가 없다. 이미 黜陟하지 않았는데 冒濫者가 많고 差遣이 행해지지 않고 賢愚가 함께 적체되어 매번 한 번 闕함이 있으면 여러 사람들이 다툰다. 다투어 이긴 자는 廉恥의 풍조가 없고, 얻지 못한 사람은 원망하는 목소리가 비등하다. 濫官의 폐단이 近古에 지금 같은 때가 없다.[155]

---

153) 『范文正公政府奏議』 卷 上, 治體答手詔條陳十事 및 『長編』 卷 143, 慶曆3
    年 9月 辛卯條
154) 『玉海』 119, 官制條
155) 『歐陽文忠公全集』 卷 106, 奏議

라고 통탄하고 있다.

이와 같은 蔭補의 濫用이 冗官의 급증을 가져오는 중요한 원인이 되고 있으며 또 冗官은 宋代 국가재정을 곤핍하게 만들고 官紀의 문란을 초래하는 사회문제를 초래하게 되었다.

II. 蔭補制度의 改革

宋代를 통하여 蔭補制度의 개혁은 수차례에 걸쳐 단행되었고 그 효과도 컸다. 그러나 음보제도 자체가 송의 관료체제를 지탱하는 데 중요한 작용을 하고 있기 때문에 이에 대한 개혁을 단행한다는 것은 관료의 이해와 직결되고 있으므로 그 개혁은 항상 미봉책에 그친 감이 있다. 따라서 개혁이 이행된 후에 일정한 시간이 경과하면 다시 음보제도의 개혁논의가 일어난다. 그러한 논의가 여론으로 성숙되면 또 다시 개혁을 단행하는 반복성을 지니고 나아갔다. 그런데 북송과 남송의 음보제도의 개혁에서 반드시 음보제도에 대하여 손을 쓰고 있다는 점과 새로운 황제가 등극하였을 때 역시 단보개혁을 이행하고 있다는 사실이다. 따라서 음보의 개혁과 국정쇄신과는 밀접한 관계가 있다.

(1) 北宋代의 음보제도개혁

(A) 大中祥符의 제한령

북송의 음보제도는 太祖가 任子의 법을 정하고 五代 이래의 음보관인 千牛·齊郎의 수를 제한하여 그 제도를 정비하였다.[156] 그 후 太宗代에 蔭補의 門은 확대되어 皇帝의 즉위, 聖節, 그리고 大祀 관료의 轉品, 致仕 등 여러 경우에 蔭補를 행하였고, 또 眞宗代에 이르면 인

---

156) 『宋史』 選擧志, 補蔭條.

원이나 음보자의 연령에 제한 없이 다수의 恩蔭을 하였음은 앞에서
본 바이다. 이에 따라서 여러 가지의 폐해가 생기게 되어 蔭補制度의
개혁론이 활발하게 논의되었다. 즉 眞宗의 咸平初에 祠部郎中樞密直學
士 馮極은 京官에 음보하는 경우에는 經書中 한 과목으로써 시험을
하여 이에 합격하는 자에게만 음보하자고 주장하고 있고[157] 또 咸平
4년에 左司諫知制誥인 楊億은 음보의 폐를 상소하여 이의 시정을 요
구하고 있으며 刑部郎中 王禹偁도 眞宗의 求直言에 답하여 時弊五務
中에서 蔭補의 폐단이 冗官의 증가를 가져오므로 그 감소를 논하고
있다.[158] 그리고 三司度支判官인 宋祁도 천하의 三冗을 지적하고 三
冗의 하나인 冗官을 제거하기 위해서는 門蔭에서의 人選을 바르게 하
며 그 인원도 제한하여야 한다고 주장하였고[159] 咸平4년에 秘書丞知
金州인 陳彭年도 蔭補의 결과로 증가된 冗官을 省員하는 六個條의 중
요한 시론을 상소하는 가운데 지금까지 남용되고 있는 음보를 비판하
고 大功以上의 친족에 한하여 음보하도록 개혁할 것을 내세우고 있다.
  이상과 같은 諸 의견은 음보의 濫用이 冗官을 증가시키는 결과를
초래하는 것으로 음보의 폐단을 시정하기 위하여 취해진 것이 大中祥
符2년(1009)에 실시된 大中祥符의 制限令이다. 그 내용을 보면 먼저
음보에 의하여 京官으로 제수되는 경우에는 그의 연령을 25세 이상이
어야 한다는 것과 다음으로 差遣을 원하는 자는 國學에서 經書를 2년
간 습득하게 한 후에 審官院에서 고시를 받게 하였다.[160] 이것은 두
가지 면에서 중요한 의의를 갖는 것이니 그 하나는 蔭補官 전부는 아
니라 하더라도 京官에 한하여 25세로 그 연령을 제한하였다는 점이다.

---

157)『宋史』卷 285, 列傳 第44, 馮極.
158)『위의 책』卷 293, 列傳 52 王禹偁.
159)『위의 책』卷 284, 列傳 43 宋祁.
160)『宋史』選擧志 補蔭 및『通考』選擧考 任子條

이 京官은 앞서 范仲淹에 의하여 주장된 바와 같이 많은 蔭補人이 補官된 것으로 지금까지 연령의 제한을 두지 아니하였던 京官에 대한 연령제한은 상당히 중요하게 생각된다. 특히 25세 이상이라는 데 개혁의 의미는 상당히 크다고 하겠다. 그 다음에는 京官 중에서 地方官으로 差遣을 원하는 자에게는 2년간 國學에서 經書를 배우게 하고 이를 다시 審官院에서 시험을 치르게 한 연후에 그 직을 주게 하였다는 점이다. 이도 역시 地方官에 限하고 있으나 사실상 蔭補에 대한 상당한 제한으로 해석할 수가 있다. 왜냐하면 대부분의 蔭補官이 京官에 初補되고 있고 거기서 다시 地方官으로 진출이 허다하였던 앞서의 예로서 음보의 제한이라 볼 수 있기 때문이다.

이와 같은 大中祥符의 개혁은 그 개혁의 내용이 아주 구체적이어서 일시적인 효과를 거두고는 있으나 음보의 남용을 근본적으로 해결하지 못하였고 이후 곧 음보가 확대되었으며 仁宗代에 들어와서 음보의 폐단은 한층 심하게 나타나 官吏의 冗濫함이 큰 사회문제로 나타나게 되었다.

(B) 慶曆의 改革

이 慶曆3년(1043)의 음보제도 개혁은 仁宗의 手詔에 대하여 范仲淹이 당시에 개혁하여야 할 중요한 時弊十條를 上奏한 가운데 제2조에서

> 慶曆3년 11월 丁亥에 蔭補法을 고쳤다. (中略) 范仲淹이 올린 바 十條 가운데 두 번째는 僥倖을 억누른다는 것이다.[161]

---

161) 『玉海』 卷 117, 選擧 慶曆任子令 및 『皇宋十朝綱要』 卷 5, 그리고 范仲淹의 改革에 대한 논문으로 James T. C Liu 교수의 "An Early Sung Reformer Fan Chung - Yen" Chinese Thought and Institution, editded by John K. Fairbank, The University of Chicago Press, 105 - 131 참조.

라고 한 抑僥倖을 실천에 옮긴 것이다. 范仲淹이 주장한 음보제도 개혁의 구체적인 골자를 보면

> 二曰 僥倖을 억누르자는 것입니다. 臣이 듣건대 眞宗皇帝부터 太平을 樂으로 臣下와 더불어 축하하여 恩意가 확대하여 兩省의 知雜御史 이상은 매번 南郊와 聖節에 각기 아들을 奏上하여 京官에 충당하였습니다. 少卿監이 한 명의 아들을 試銜에 충당하고 그 正郎의 帶職 員外郎과 諸路의 提點刑獄 이상 差遣者가 매번 南郊를 만나 한 아들을 아뢰어 齊郎에 충당하였다. 兩省의 官이 이미 得子를 아뢰어 京官에 충당하고 다시 해마다 奏薦을 변경하여 冗官을 쌓게 하였다. 가령 學士 이상을 맡은 官은 20년을 거치게 되면 一家의 형제 자손은 京官 20명을 배출하니 이것은 濫進의 극함이다. 지금 백성들이 빈곤하고 冗官이 많으나 授任은 가벼우니 政事가 풀리지 않고 俸祿이 넓은데 刻剝이 겨를이 없습니다. 審官院에서 궐함이 없어서 보충할 수 없다고 근심하니 신이 특별히 詔書를 내리기를 청합니다.[162]

즉 蔭補의 濫用이 冗官의 증가를 가져오고 그 결과 국가재정의 곤란을 초래하게 되었다고 주장하고 이에 대한 전반적인 개혁을 上奏하였다. 그리하여 范仲淹의 改革案이 채택되어 실행에 옮겨졌는데[163] 慶曆蔭補改革의 내용을 보면 다음과 같다.

첫째로 연령에 제한을 하고 있다는 것이다. 大中祥符의 개혁에 있어서는 京官에 음보되는 경우에는 25세 이상으로 하였으나 이번에는 그와는 달리 관직에 따르는 연령의 제한이 아니라 親屬關係에 의한 연령제한을 실시하고 있다. 즉 長子와 長孫의 蔭補를 제외하고는 그

---

162) 『范文正公政府奏議』 卷 上, 治體答手詔條陳十事 및 『長編』 卷 143, 慶曆3年 9月 丁卯條.

163) 『長編』 卷 145, 慶曆3年 11月 丁亥에 蔭補制度의 개혁을 실시하는 詔勅에서 그 동기를 밝히고 있다.

나머지의 子·孫인 경우에 15세 이상의 경우에 한하여 허락하였고, 弟와 姪의 경우에는 20세 이상으로 음보하게 하였다.[164] 이는 長子와 長孫의 예외는 있지만 종래 연령의 제한 없이 무질서하게 남용되어 오던 蔭補制度에 대하여 상당히 혁신적인 개혁이라 생각된다.

둘째로는 聖節蔭補를 없애고 南郊恩蔭을 제한하였다는 것이다. 聖節과 南郊는 음보제도상에 있어서 가장 많은 수의 門蔭이 행하여졌는데 聖節을 폐하고 南郊蔭補는 大功以上의 친족에게 한하고 있는데[165] 이는 蔭補의 濫用을 과감하게 시정하려는 것으로 해석된다.

셋째로 蔭子에게 시험을 가한 사실이다. 시험의 방법, 과목 및 합격 후의 補職에 대하여 보면

> 무릇 選人의 나이가 25세 이상이면 南郊를 만나 반년을 제한하여 銓試에 나간다. 兩制 3명에게 명하여 尙書省에서 鎖試하였다. 糊名, 謄錄하며 辭業을 익힌 사람이 혹 論詩賦詞理를 시험하여 채택할 만하고 程式을 어기지 않아 中格이 되고 經業을 익힌 사람은 1經과 律 10道를 겸하고 다섯 가지를 통하면 中格으로 한다. 豫選이상이면 두 번 시험하여 9 經 이상을 거치고, 세 번 시험하여 선발에 이르면 기한이 차서 京朝官이 되는데, 保任者는 세 사람이다. 이들은 먼 지역의 判司簿尉에 補되고 無學者가 司士參軍에 補하고 혹 시험에 나가지 않고 또한 배우지 않은 사람은 영원히 선발에 참여하지 못한다.[166]

고 규정하고 있다. 즉 蔭補者에게 論·詩·賦·詞·理와 律·經書 등으로 그 자격을 시험한 것은 한편으로 蔭補官에 대한 자질을 높이고

---

164) 『宋史』 選擧志 補蔭 및 『長編』 卷 145 慶曆3年 11月 丁亥條
165) 『通考』 選擧志, 任子條
166) 『長編』 卷 145, 慶曆3年 11月 丁亥條 및 『通考』 卷 34, 選擧 任子(神宗 熙寧)條에 慶曆蔭補試에 대해 간략히 언급하고 있다.

無學者로 하여금 官職에 나가지 못하게 함과 아울러 范仲淹의 뜻과
같이 蔭補의 濫用을 방지하려는 뜻도 강하게 내포되어 있다.

范仲淹의 이상과 같은 개혁은 많은 효과를 당시에는 가져와서 蔭補의
弊가 상당히 시정된 듯하니 "이로부터 任子의 恩이 쇄하여졌다."[167]란
사실로 알 수가 있다. 그러나 음보제도의 근본적인 弊가 완전히 제기된
것은 아니다. 즉,

> 任子의 恩이 약간 줄어든 것은 大義는 아니지만 그 취지를 말한 것
> 이다.[168]

라고 한 李燾의 주의 깊은 『長編』의 註文으로 살필 수가 있다. 그것은
바로 3년 후인 慶曆6년에 權御史中丞인 張方平의 말 가운데 官員이
크게 증가하고 있음을 수적으로 지적하여

> 수년간에 官이 범람하여 그 폐해를 능가할 것을 두려워한다.[169]

이어서

> 臣이 듣건대 근래에 恩旨가 있어서 앞으로 聖節에 大卿監 이상으로
> 恩澤을 아뢰고 아울러 옛것을 따르도록 했다. 慶曆 4년에 范仲淹이 臣
> 僚들의 子弟를 任하는 제도를 정할 것을 上奏하니 그 사이에는 행하기
> 가 어려웠다.[170]

---

167) 『宋史』 選擧志 補蔭 및 『通考』 選擧考 任子條
168) 『長編』 卷 145, 慶曆3年 11月 丁亥條의 註
169) 『위의 책』 卷 158, 慶曆6年 夏 4月 壬子條 및 『樂全集』 卷 25, 請議吏員事.
170) 『위의 책』 兩書.

라 하여 范仲淹의 개혁이 실행되는 과정에서 여러 가지 어려움이 있어서 제대로 실천되지 못한 점을 지적하였고, 또

> 聖節에 蔭의 例를 아뢴 것을 보면, 仁宗 때에 이미 파하였다가 종종 臣僚들에게 蔭補가 행하였다.[171]

고 한 사실로 미루어 볼 때에 范仲淹의 개혁이 단행되기는 하였으나 시일이 경과함에 따라 점차로 그 효과는 줄어들고 특히 聖節蔭補는 계속해서 臣僚들 사이에서 행하여지고 있음을 알 수 있겠다.

이와 같은 慶曆의 蔭補制度 개혁은 송대에 있어서 가장 과감한 것이라고 할 수 있겠으나 그 결과는 오래 지속되지 못하였다.

(C) 嘉祐의 改定

仁宗의 말년인 嘉祐元年(1056)에 蔭補의 濫用은 다시 중요한 관료 사회문제로 나타나 이에 대한 개혁의 소리가 높아졌다. 龍圖直學士인 李束之는 建言하기를 "蔭補의 門이 지나치게 넓다"[172]고 하여 그 폐를 논하고 있고 知諫院 范鎭과 侍御史인 母湜도 蔭補의 冗濫함을 말하고 그의 제한을 奏請하고 있다. 이에 따라서 嘉祐元年에 蔭補의 법을 개정하게 되었는데 그 내용을 보면 대략 다음과 같다.[173]

文官의 경우에는 현임의 二府使相, 宣徽節度使, 御史, 知雜御史 등은 乾元節의 恩蔭을 罷하고, 學士以下는 郊恩에 있어서는 大功親만으로 제한하며 再遇郊인 경우에는 小功親에게까지 蔭補를 할 수 있게 제한

---

171) 『通考』 選擧考 任子條 熙寧4年 初의 注文
172) 『宋史』 卷 310, 列傳 69, 李束之
173) 『長編』 卷 182, 嘉祐元年 4月 丙辰條 및 『玉海』 卷 117, 選擧嘉祐定補蔭 選擧法.

하였다. 또 郎中, 帶職, 員外郎의 경우에는 赴任初의 南郊時에 子, 혹은 孫에 대하여 聽蔭하고 再遇郊時에는 期親을, 四遇郊時에는 大功親에 限하여 음보를 허락하였다. 이상의 文官蔭補의 改定은 종래 親屬이나 從者에게까지 무질서하게 행하여 오던 蔭補의 남용을 제한한 것이다.

武官에 대한 蔭補改定을 보면 閤門侯 이상, 節度, 觀察留侯, 統軍, 上將軍 등은 大功은 親을 蔭補하고, 再遇郊의 경우에는 小功親까지 蔭補할 수가 있고 諸房副都承旨 이상은 再遇郊時에 子, 또는 孫 및 期親의 蔭補를 허락하였다.[174]

이와 같은 嘉祐의 蔭補改定은 蔭補의 범위를 大功, 期親, 親子, 孫으로 제한하고 聖節蔭補는 사실상 파하였으므로 음보의 범위가 상당히 축소되고 있다. 이 결과 음보인원의 수가 많이 축소되었다. 이에 대해서는

> 仁宗末年에 任子의 法이 재상 이하로부터 점차 減損되어 나갔다.[175]

고 한 사실이나

> 二府 이하는 3歲를 통하여 감한 바의 전 인원이 1천 명이다.[176]

고 밝힌 李束之의 주장으로 嘉祐의 改定案에 의하여 3년 동안에 1,000명이 감소되는 효과를 살필 수가 있는 것이다. 또한 長編에서도

> 이로부터 해마다 감하여 入仕하는 사람이 300명이 되지 않았다.[177]

---

174) 『長編』卷 182, 嘉祐元年 4月 丙辰條
175) 『通考』卷 24, 國用 2.
176) 『宋史』卷 310, 列傳 69, 李束之
177) 『長編』권 182, 嘉祐元年4월 丙辰條

라고 하였으니 한 해 동안에 300명이 줄어들었다고 하는 내용은 3년
간에 1,000명이 감소된 위의 수와 서로 비슷하게 일치하고 있다. 따
라서 嘉祐의 개혁은 수적인 면에서는 文·武蔭補者가 상당히 축소되
었다.

(D) 熙寧의 裁損奏蔭法

嘉祐의 蔭補改定도 부분적으로 실효를 거두고 있으나 그 후에 다시
음보의 濫用이 나타나니 神宗初에 신법의 실시와 함께 奏蔭을 減損하
는 蔭補의 改定을 보게 되었는데, 그 동기에 대하여

> 神宗이 이미 臣僚들의 奏蔭을 裁損하여 宮掖과 外戚의 恩이 너무
> 많았으므로 점차 이를 억제하였다.[178]

고 하여 神宗初에 臣僚의 奏蔭을 이미 裁損하였고 아울러 宮掖과 外
戚의 음보가 더욱 많았으므로 이를 억제하게 되었다고 설명하고 있다.
이러한 동기 이외에도 蔭補官이 실무에 적응하지 못함을 들고 있는데,
그것은

> 神宗 熙寧4년에 中書에서 말하길 蔭補者는 시험을 면하고 官에서
> 임명하나 대체로 일을 익히지 못하여 失職하는 데 이른다. 시험을 보
> 는 사람은 모름지기 제한하여 25세 된 사람은 시험을 보게 하였다. 그
> 들 가운데 적체되면 다시 또 律詩만 시험 보니 어찌 족히 인재를 선발
> 하리오.[179]

---

178) 『宋史』選擧志, 補蔭條
179) 『通考』選擧考, 任子條

이렇게 단행된 熙寧의 裁損奏蔭補의 내용을 보면 먼저 음보자에 대한 시험의 강화를 들 수가 있다. 즉 종래의 律·詩로 시험하는 이외에 斷案二, 또는 律令大義五, 혹은 議三을 고시하여 이를 3등으로 구분하여 注官하였고 불합격되거나 시험에 응할 수 없는 자는 3년이 경과한 뒤에야 주관하였다. 이와 아울러 宰相, 使相以上 宮掖, 外戚의 음보를 減損하였다.

> 옛날 제도에 諸妃가 聖節을 만나면 친속 한 사람을 奏蔭한다. 1년 간격으로 2사람을 아뢸 것을 허락하고 郊禮에는 한 사람을 아뢸 것을 허락한다. 지금 諸妃가 매번 聖節 및 郊禮를 지낼 시기에 服親 한 사람을 아뢸 것을 허락한다. 舊制에 皇親의 妻 두 사람이 郊를 만남에 親屬 한 사람을 아뢸 것을 허락하였는데 지금 파하였다.[180]

라고 舊制에서 熙寧시대의 제도로 바꾸어진 부분을 비교하고 있다. 이어서

> 舊制에 郡縣의 長은 郊祀 때에 親生子 및 그 夫의 親의 奏蔭을 허락하였다. 지금은 단지 親子만의 奏蔭을 허락한다. 舊制에 臣僚의 妻로 國夫人이 된 사람은 遺表의 恩을 얻었다. 지금 이를 폐지하였다. 舊制에 公主가 매번 聖節 郊禮를 만남에 夫의 親屬 한 사람을 아뢸 것을 허락하였고 아울러 公主의 생일에 한 사람을 아뢸 것을 허락하였다. 지금 生日의 恩蔭은 폐하고 聖節도 有服親만 奏蔭할 것을 허락하였다.[181]

라는 것과 같은 熙寧의 개혁은 특히 宮掖과 外戚에 대한 恩蔭을 크게 제한하려고 한 데 그 목적이 있었다고 하겠다.

---

180) 『通考』.
181) 『通考』.

이와 같은 북송대에 있어서의 음보제도의 개혁은 앞에서 말한 바와 같이 개혁의 대부분이 일시적인 효과를 거두고는 있으나 음보의 폐를 근본적으로 해결하지는 못하였다. 그것은 개혁자체가 지니고 있는 고식적이고 미봉적인 면이 있기도 하였지만 그보다 근본적인 것은 음보제도가 문치주의 송대의 관료체제, 특히 문신관료체제를 지탱하여 주는 데 중요한 역할을 하고 있기 때문에 음보제도 자체를 근본적으로 부정할 수 없게 하고 있고 그 위에 문치주의적 문신관료 우대책이 음보의 개혁을 얼마 안 가서 원점으로 되돌아가게 한 것이다. 그리하여 음보문제는 북송의 말기에까지 중요한 관료 사회의 문제로 남게 되었으며 남송대에 들어가서도 계속하여 개혁이 단행되었다.

(2) 남송시대의 음보제도개혁

(A) 建炎의 重定蔭補法과 紹興의 改革

南宋에 있어서는 특히 황제가 새로 등극하였을 때에 음보제도를 개혁하고 있으며 이는 북송대와 같이 官紀의 쇄신과 冗官의 도태를 목적으로 하고 있다.

南宋의 建炎元年(1127)에 단행된 重定蔭補法은 북송말의 음보제도의 문란과 관기의 해이함을 바로잡으려 한 것이 그 중요한 동기이며, 金의 압박으로 강남으로 쫓겨 내려간 위기에 처해 있는 남송정권의 문신관료체제를 확립하려고 한 것이다.

南宋初의 宰相 李綱은 北宋末의 蔭補의 冗濫함에 대하여

> 宣 靖以來로 재상의 아들들은 모두 恩澤으로써 待制雜學士에 이르렀다.[182]

---

182) 『宋史』選擧志 補蔭 및 『通考』選擧考, 任子條.

라 하여 恩蔭의 범위가 宣和·靖康以來로 재상의 아들이 음보로써 待
制와 學士가 되고 음보가 광범하게 확대되었다고 하였는데, 그 구체적
인 내용을 보면

　　崇寧 이래로 類多泛賞하여 마치 날로 應奉의 번거로움이 자주있다.
　頌을 바쳐 채택할 만하고 職事修學하거나 특별히 받고 특별히 轉職되
　는 사람이 대부분 事狀이 없이 명명할 만하면 바로 주었으니, 孟昌令,
　朱勔 父子와 童貫, 梁師成, 李邦彦 등 무릇 청구하는 바는 모두 그대로
　정하였다.[183)

라고 徽宗의 崇寧 이래의 정치기강의 문란함을 지적하고, 이어서

　　그런고로 3, 5년이 되지 않아 選人은 正郎에 이르거나 혹 員外의 帶
　職으로 小使臣은 正副使에 이르거나 혹 遙郡의 橫行에 들어가는 사람
　이 있다. 蔡京이 인재를 선발하여 從官함에 정도대로 하지 않고 문득
　한 마디 말로 합의하여 그 날로 橐을 가지거나 또는 堂吏가 넘쳐 종종
　中奉大夫에 이르거나 혹은 防禦, 觀察使로 換하니 이로 말미암아 任子
　가 百倍가 되었다.[184)

라 하여 權臣에 의한 濫官의 결과로 음보가 그 이전에 비하여 백배로
늘어나게 되었다고 주장하였다.

　紹興 7년(1137)에 中書舍人 趙思誠도 北宋末의 恩蔭의 濫用을

　　祖宗朝에 秘書監은 오늘날의 中大夫이고 諸寺卿은 지금의 中奉中散
　大奉이라. 벼슬이 여기에 이른 사람은 모두 年功의 실적에 인한 것이

183) 『宋史』選擧志 補蔭條
184) 『宋史』.

다. 60에 이르러도 恩澤은 5, 6명에 불과하다. 그러나 政和, 宣和이 후에는 사사로이 아뢰어 橫恩을 행하니 30세가 되지 않고 官은 大夫에 이른 사람이 있고, 奏蔭은 祖宗의 몇 배인지 모르겠다. 恩例가 조금도 줄어들지 않았고 한 사람의 任子가 10여 년에 이른다.[185]

이에 대한 개혁의 필요성을

이로부터 개혁하지 않으면 실제로 政事의 큰 해악입니다. 바라건대 侍從官에게 특별히 조칙을 내려 함께 폐단을 혁파할 방법을 의논하여 공정하게 단행하기를 바랍니다.[186]

이는 북송의 후기에 黨爭의 격화와 國政의 문란함이 음보제도에 직접적으로 영향을 미쳤고 그 결과, 북송의 멸망을 초래하는 한 원인이 되었으므로 남송에 있어서는 이와 같은 음보의 개혁은 당연히 거론되어야 할 관료 사회의 쇄신책이라 하겠다. 이리하여 남송 초에 정권을 담당하고 있던 강경주의자 李綱에 의하여

李綱이 말하길 宣·靖 이래로 宰相의 아들은 모두 恩澤으로 待制雜學士에 이른다. 이에 詔하여 宰執의 子弟가 待制 이상을 맡은 者는 아울러 파하도록 하라.[187]

라고 建炎의 蔭補重定法이 추진되었다. 이에 의하면 북송 말의 宣和·靖康 이래로 재상의 아들로서 음보에 의하여 그의 지위가 모두 待制나 學士에 올라갔는데 이들 젊은 宰執의 자제를 모두 파면하고 있다.

---

185) 『通考』選擧考 任子條.
186) 『위의 책』.
187) 『위의 책』.

이는 음보개혁의 前奏로서 북송 말의 權臣 발호에 대한 肅正으로 볼 수 있다. 음보개혁의 내용을 보면

高宗中興에 蔭補法을 重定하였다. 臣僚의 자손 중 期親, 大功 이하 및 異姓親은 文武에 따라 각기 等秩이 두었다. 建炎 원년에 宰執의 자제에게 詔하여 恩澤으로써 待制 이상에 임명된 사람은 아울러 파하였다[188)

建炎 원년에 重定한 음보의 법은 북송 말의 음보의 남용을 개혁하고 특히 음보에 의하여 상당한 지위에 오른 젊은 待制나 學士들의 再蔭補를 파하고 남송초의 官紀를 정비하려 한 데 있다. 특히 북송시대 후기의 權臣의 자제로서 상당한 지위에 있는 자에 대한 再蔭의 길을 봉쇄하려는 정신이 강하게 보이고 있다. 그러나 建炎의 重定補蔭은 제도 전반에 걸친 음보의 개혁이라고 할 수 없다. 따라서 7년 후인 紹興 4년(1134)에 다시 개혁을 추진하였다. 그의 내용은

紹興 4년에 文武의 大中大夫 이상 및 見帶兩制職名에게 詔하여 옛날처럼 年內의 無出身을 한정하지 않고 授官 후 15년에 이르고 나이 30이 되면 宮觀 責降의 관계없이 條에 의해 補蔭할 것을 허락하였다.[189)

이에 의하면 大中大夫(종삼품) 이상의 帶舘·侍制職은 종래에도 아무런 제한을 두지 않았으나, 이때부터는 授官後 15년이 되고 연령도 30세가 되어야만 음보할 수 있도록 제한하였다. 그러나 음보의 인원은 줄어들지 아니하였으니 紹興7년에 中書舍人 趙恩誠은

---

188) 『宋史』選擧志 補蔭條
189) 『위의 책』및 『通考』卷 34, 任子條에는 이와 같은 내용이 太尉神武右軍 都統制 張俊의 乞辭에 대한 特詔로 되어 있다.

孤寒의 선비는 이름이 選部에 있어 모두 수년간 闕을 기다린다. 대
체로 10년에 1任도 얻지 못하고 있다 그러나 權貴는 親祠의 해에 임명
한 任子가 약 4천 명에 이르고, 10년 후에 1만 2천 명으로 늘었다. 寒
士중에는 30년 동안 임명되지 못한 사람도 있다.[190]

아무런 배경이 없는 孤寒之士는 그들의 選人으로서의 이름은 選部
에 등록되어 관료가 되기를 수년이나 기다리고 있지만 10년을 기다려
야 겨우 한 자리를 잡을까 말까 할 정도인데 금년 한 해에 南郊의 親
祠에 의하여 南郊恩으로 음보된 자가 무려 4,000명이나 되고 있으니 3
歲 一郊親祠로 계산하여 10년 후에는 郊祠恩만으로 12,000명이나 되니
여기에 과거에 합격한 수까지 합한다면 그 수는 엄청나게 많은 것으
로 이러한 蔭補의 濫用으로 孤寒한 선비는 30년의 세월을 기다려도
관직 한 자리를 차지할 수 없음을 지적하고 있다. 이는 남송초기에 있
어서 관료 사회의 일면을 가장 잘 나타내주고 있고 또한 음보의 남용
됨이 그 수에 있어서 엄청나게 증가하고 있음을 말하여 주고 있다. 음
보인원의 수적인 증가에 대하여 趙恩誠이

祖宗의 시대에 벼슬이 卿·監에 이른 사람은 모두 年功序列로서 얻
은 것이다. 나이가 60에 恩澤을 얻은 사람이 5, 6명에 불과하다. 그 후
에 사사로이 橫恩을 행하는 것이 넓으니 나이 30이 되지 않아 官이 大
夫에 이르는 사람도 있다. 인원수가 祖宗 때에 비해서 그 몇 배인지
모르겠고 恩例가 줄어서 한사람도 얻지 못하는 者도 있고 任子가 10여
명에 이른 사람도 있어 이것이 政事를 헤치는 것이다. 바라옵건대 그
폐단을 혁파하기를 원합니다.[191]

---

190) 『宋史』 選擧志 補蔭條
191) 『宋史』 選擧志 補蔭條

라고 지적한 사실로써 알 수가 있다. 이에 대한 개혁으로서는

> 또 詔하여 宰執, 侍從이 致仕, 遺表함에 오직 緦麻 이상의 親母와 異姓에 補한다.[192]

이라 하여 宰相과 執政 그리고 侍從官의 致仕時에 遺表恩蔭은 단지 緦麻服 이상의 근친에 한하고 이성친은 제외하였고, 紹興22년에는

> 황제가 后妃에게 補蔭함에 매번 裁抑을 가하였다. 后族에게 詔하여 考官을 맡지 못하게 하였다.[193]

라 하여 后妃의 蔭補를 계속하여 억제하고 있음을 알 수 있다.

(B) 隆興・淳熙의 개혁

南宋의 孝宗은 대내외적으로 뚜렷한 업적을 남겼다. 우선 對金의 적극책에서 전환하여 실리를 추구하는 유화정책으로 대외문제를 해결하였고 대내에 있어서는 군사비의 절감과 문신관료체제의 정리 등으로 긴급한 재정상의 적자요인을 과감하게 시정하였다. 隆興・淳熙의 蔭補改革도 이러한 조처의 일환으로 볼 수 있겠다. 이러한 사정은

> 孝宗이 즉위하여 분연히 恩蔭으로 인한 冗官의 폐단을 혁파하였다.[194]

라고 한 사실로 이를 말하여 주고 있는데, 南宋代의 冗官問題는 북송보다 심각한 상태이고 과거에 합격한 진사출신자들조차 職을 얻지 못

---

192) 『宋史』選擧志 補蔭條
193) 『宋史』選擧志 補蔭條
194) 『宋史』選擧志 補蔭條 및 『通考』選擧考 任子條

하는 딱한 형편이었다. 이는 국토의 거의 절반이 金의 수중에 들어갔
고 국가의 재정수입 또한 절반으로 격감되었으나 남송정권의 중추를
형성하는 문신관료의 방만한 체제는 조금도 개선되지 못하였으므로
孝宗대는 특히 冗官의 문제가 심각해졌다. 따라서 冗官의 도태 없이는
국가재정의 확립과 官紀의 숙정은 기대할 수 없는 형편이며 冗官의
정리는 바로 음보제도의 개혁과 직결되는 문제로 등장하였다. 이에 대
해서는

> 隆興 원년 2월 5일에 臣僚들이 말하길 冗官의 폐해가 극심하다. 入仕
> 의 근원을 깨끗이 하려면 任子의 法을 감해야 한다. 3년마다 과거시험 볼
> 때에 취하는 바의 進士는 수백 명에 불과하고 3歲 1郊에 父兄덕으로 蔭補
> 로 임관하는 者는 수천 명에 이르고 폐단이 쌓인 지 오래되었다. 인원수
> 가 날로 많아지고 闕한 자리는 날로 적어져 國用이 더욱 부족하다.[195]

라 하여 冗官의 弊害가 극도에 달하고 그 원인은 음보의 남용에 있고
父兄의 恩蔭으로 入官하는 자가 수천 인에 이르고 이것이 국가의 재
정을 파탄으로 몰고 가고 있다고 하여 음보제도의 개혁을 강력히 주
장하고 있다. 그리하여 개혁을 이행하였는데, 그 내용은

> 무릇 員外(郎)은 正郎으로 옮기고 正郎은 侍從·卿·監으로 옮겨
> 中大夫에 이른다. 南郊恩에는 한 명의 아들을 任할 것을 허락하고 두
> 번을 거치면 다시 청할 것을 허락하지 않았다. 遺表恩은 각기 한 사람
> 을 감하고 減年도 그 半을 줄이고 府吏의 屬에 이른다. 武功의 等及도
> 또한 이 差降을 표본으로 한다.[196]

---

195) 『宋會要』 117책, 選擧 26, 銓試
196) 『宋史』 選擧志 補蔭條

와 같이 員外郞에서 正郞으로, 正郞에서 侍從으로, 그리고 卿監으로부
터 中大夫에 오른 사람이 그해에 郊祠恩을 맞아하게 되면 그의 아들
한 사람만을 蔭補하고 다시 승진하는 경우에도 음보를 아뢸 것을 허
락하지 않고 관료의 사망 시에 행하는 遺表恩의 경우에는 그 수를 각
각 한 사람 줄였다. 이는 轉官하여 郊祠恩을 맞이하였을 겨우에 親子
한 사람만을 蔭補하도록 한 것은 상당한 제한이라 볼 수 있겠으나 遺
表恩의 경우에 있어서는 한 사람만을 減하였다고 하는 것은 큰 효과
를 기대하기 어렵다. 왜냐하면 宋史 階官志의 遺表恩이

> 일찍이 宰相을 지냈거나 見任의 少使相 5명, 및 執政官을 지냈거나
> 現任의 절도사 4명, 혹은 太中大夫 이상 1명, 諸衛上將軍 承宣使 4명,
> 觀察使 3명으로 한다.[197]

라고 규정하고 있으므로, 여기에서 한 사람을 감한다고 하더라도 蔭補
의 남용을 억제하는 효과는 별로 없는 것이다. 따라서 隆興의 蔭補改
革은 지극히 소극적인 미봉책으로 그치고 있다. 그러나 冗官問題를 해
결하기 위한 보다 과감한 음보의 개혁은 孝宗이 淳熙9년(1182)에 이
르러 단행되었다. 이 淳熙9년의 개혁에서 뚜렷하게 나타나는 것은 음
보인원수의 대폭적인 감원이라 하겠다. 그 내용은

> 任子의 인원수를 감하라고 詔하였다. 宰相 · 執政 · 侍從 · 卿 · 監 · 正
> 郞 · 員外郞을 나누어 5등으로 삼았다. 每等은 차츰 줄여서 兩酉中定으
> 로써 止數로 삼았다. 武臣도 이와 같이 하였다.[198]

---

197) 『宋史』 職官志 蔭補條.
198) 『宋史』 選擧志 補蔭條.

문신관료의 상층부를 5等으로 분류하였으니 이는 종래의 개별적으로 행하던 방법을 등급별로 나누어 每等級에 따라 인원수를 내려서 정하는 방법을 취하였고, 특히 종래의 고관의 음보를 인원수를 줄였다.

> 宰相 10명, 執政 8명, 侍從 6명, 中散大夫에서 中大夫에 이르는 4명,
> 帶職朝奉郞에서 朝議大夫에 이르는 3명은 전체 삼분의 일을 감하였다.
> 이에 冗濫이 점차 혁파되었다.[199]

淳熙 9년의 이 개혁은 남송시대에 들어와서 역대에 걸쳐 문제로 되어 오던 冗官의 근원이 되는 蔭補의 濫用을 과감하게 개혁하였다는 데 그 중요한 의의를 부여할 수가 있으며 특히 음보인원의 대폭적인 감원으로 官界의 숙제를 해결하였다고 보아야 하겠다.

(C) 慶元의 蔭補新格

孝宗時代의 음보제도의 개혁이 주로 그 원인의 대폭적인 감축에 있다고 한다면 寧宗이 등극하자 단행된 慶元中(1195~1200)의 蔭補新格은 남송의 문신관료사회와 타협하는 새로운 음보제도의 마련이라고 하겠다.

慶元의 蔭補新格의 내용을 정리하면 [표 10]과 같다.[200]

이에 의하면 郊祀蔭補와 致仕·遺表恩蔭은 각각 문신과 무신으로 나누어 이를 等級으로 차등 있게 나누어 음보의 인원을 차별을 두어 정하였고, 그 인원수는 북송시대에 비하면 줄어들고 있음을 알 수가 있다. 또한 文臣은 中大夫, 武臣은 防禦使 이하에게는 致仕·遺表蔭補를 불허한 것은 역시 음보인원의 대폭적인 삭감을 꾀한 것으로 보아

---

199) 『宋史』 選擧志 補蔭條
200) 『宋史』 選擧志 補蔭條 및 『通考』 選擧考 任子條

야 하겠다. 그런데 음보의 인원수에 있어서 被蔭되는 상대자는 반드시 親子나 親族에만 국한된 것은 아니고 門客에게도 허용된 것 같다. 그 것은 寧宗의 嘉泰初(1201)에

> 兩府 使相은 郊恩으로써 門客에게 蔭補할 수 없는 것을 令으로 정 하였다.[201]

고 한 사실과 같이 嘉泰初에 이르러 兩府의 使相에게 郊祠恩蔭에 있 어서 門客의 奏蔭을 不許하는 조처를 취하고 있다.[202]

[표 10] 南宋의 蔭補人員

時 期	資 格	蔭補 人員	從來(北宋) 의 人員	備 考
郊 祀 蔭 補	使相 이상	10人		
	執政官 · 太尉	8人		
	(文臣) 大中大夫 이상 및 侍御史 (武臣) 節度使 · 承宣 · 觀察使	6人		
	(文臣) 中散大夫 이상 (武臣) 防團刺使 및 橫行	4人		
	(文臣) 帶職朝郎 이상 (武臣) 正使	3人		
致 仕 · 遺 表 恩 蔭	前宰相 · 見任三少 · 使相	8人	舊 12人	文臣中大夫 이하 武臣防御使 이하 는 遺表推恩을 받을 수 없다.
	曾任三少 · 使相	7人		
	曾任執政官	6人	舊 10人	
	大中大夫 이상	8人		
	節度使	6人		
	承宣使	5人		
	觀察使	4人		

---

201) 『通考』選擧考 任子條
202) 『通考』選擧考 任子條에 의하면 開禧末에 다시 蔭補人員을 억제하였다.

또한 遺表推恩을, 文臣은 中大夫 이하, 武臣의 경우 防禦使 이하에
게 허락하지 않은 것은 北宋時代의 淳化改革이나 至道2년의 개혁, 그
리고 哲宗의 元祐5년의 인원제한과 그 성격은 비슷한 것으로 볼 수가
있고 따라서, 이는 남송의 독창적인 것은 아니다. 단지 북송시대보다
는 인원수가 축소되고 있다는 면에서 남송의 문치주의적 관료규모가
북송대에 비하여 축소되고 이를 바탕으로 음보제도의 규모도 축소된
것으로 볼 수 있다. 이런 의미에서 慶元蔭補新格은 남송시대의 음보제
도의 정리라고 보겠다.

이상과 같은 개혁은 관료체제의 모순을 시정하려는 노력의 일환이
라 하겠으나 송대에 있어서 대부분의 개혁이 성공하지 못한 이면에는
지방의 形勢戶와 보수관료의 이해와 직접 관계되기 때문이다. 따라서
음보제도의 개혁에 한계가 있었고 이것은 관료체제를 유지하는 방향
에서는 미봉적인 개혁이 될 수밖에 없다.

제 7 장
송대 관료제의 모순과 개혁운동

文治主義 관료체제는 운영되는 과정에서 여러 가지 모순이 발생하였다. 특히 科擧制의 발달에 따른 學校敎育의 퇴폐가 심하여 학교교육은 과거시험 준비장으로 전락하였고, 과거시험의 과다한 경쟁은 사회문제가 되었다. 과거에 합격한 신진관료들도 그들이 가지고 있는 지식은 유교의 경전이나 詩賦가 중심이 되고 있으므로 그런 지식은 일선 행정에는 별로 도움이 되지 못하였다. 따라서 이와 같은 문신관료체제의 모순에 대한 비판은 이미 眞宗代에 비롯되어 仁宗代에 활발히 논의되었다.

宋代의 문교개혁운동은 3기로 나누어 살필 수가 있다. 1기가 仁宗의 慶曆 4년에 范仲淹에 의한 것이며, 2기가 神宗의 熙寧 4년에 王安石에 의하여 실시된 것이다. 3기는 徽宗의 崇寧 원년에 실시된 개혁이다. 그러나 이와 같은 개혁이 실시되기 이전에 이미 많은 人士에 의하여 개혁의 필요성이 강조되었고 그 것이 종합되어 개혁이 단행된 것이다.

또한 문신관료체제는 文弱으로 흘러 北宋의 초기로부터 북방의 契丹과 서북방의 西夏의 압력을 받게 되고 이를 방어하기 위하여 막대한 군인의 증가를 가져왔다. 이와 함께 문신관료체제를 유지하기 위한 관료의 증가는 冗兵 冗官문제로 재정상의 압박을 가져와 仁宗代에 군제 개혁을 위한 재정개혁론이 심각하게 대두되었다.

따라서 송대 사회에는 과거제의 개혁과 이에 따르는 학교교육의 부흥운동, 그리고 문치주의의 결과로 군사비의 증가에서 기인하는 재정 개혁론은 중요한 쟁점으로 제기되어 온 문제이다. 이러한 문제를 문치주의관료체제에 내재하는 모순으로 파악하여 이들 모순을 어떻게 개혁해 나갔는가를 검토하고 송대의 경제, 사회적 안정책으로서의 墾田

과 逃戶문제도 아울러 살펴보겠다.

제1절 科擧制의 모순과 文敎개혁

宋代의 문치주의 발전과정에서 볼 때에 仁宗의 慶曆연간(1041~ 1048)은 획기적인 시기이며 경력의 士風을 진작시키고 문교개혁을 담당한 인물이 范仲淹(989~1053)이다.

경력의 치세로 일컬어지고 있는 이 시기는 많은 인물이 배출되어 이른바 慶曆之士로 알려져 있고 이들의 대부분은 문교의 개혁을 포함하는 혁신적인 운동을 전개하였다.[1]

이 혁신운동의 인사들은 祖宗之法, 無事之治라는 전통적 권위를 내세운 보수적인 수구세력에 반기를 들고 국정전반을 개혁하려 하였으며, 특히 문교정책에 있어서는 實學과 節義를 내세워 실행력이 있는 사대부 관료의 양성을 위한 학교교육의 강화와 과거제도의 개혁을 주장하고[2] 이를 실천에 옮겼다. 범중엄은 경력3년(1043) 8월에 參知政事로 임명되면서 그가 평소에 지니고 있던 학교교육의 진흥과 과거제도의 모순을 개혁해야 함을 상주하고 이듬해 이를 실천에 옮기게 되었다. 여기에는 范仲淹, 王安石, 司馬光의 과거제의 모순론과 문교개혁 내용을 비교하고 歐陽脩의 주장도 살피면서 이것이 송대의 士風과 文運에 끼친 영향을 고찰하겠다.

---

1) 寺田 剛, 『宋代敎育史槪說』(博文社, 1964), 39쪽. 2장 '慶曆敎學の盛' 참조.
2) 『宋會要輯稿』111책, 選擧 3科擧制條에 의하면 慶曆4年에 范仲淹의 動議에 의하여 翰林學士 宋祁, 御史中丞 王拱振, 知制誥 歐陽脩 · 張方平 등이 이와 같은 개혁안을 작성하여 上奏하였다.

I. 范仲淹의 문교개혁정책

(1) 범중엄의 문교개혁론

범중엄이 주장한 개혁론의 기본방향은 두 가지가 있다. 하나는 과거시험준비소로 전락한 학교교육을 강화하려는 興學運動이고 다른 하나는 詩賦중심의 과거시험과목을 바꾸어 실용적인 經義로 대처하자는 經義運動論이다.[3]

먼저 范仲淹의 흥학운동에 대하여 살펴보면 그는 慶曆 4년에 참지정사가 되어 국정전반에 걸친 개혁을 단행하기 이전에 이미 지방의 관료로 재직하고 있으면서 학교의 중요성을 강조함과 아울러 지방학교를 세우고 몸소 지방학교의 교수로서 자제를 교육하였다. 즉 그는 大中祥符 8년(1015)에 27세로서 進士科에 합격하고 廣德軍 司理參軍으로 임명되었는데, 이때에 지방학교에 관심을 갖고 교육에 힘을 기울였다.[4]

景祐 2년(1035)에 知蘇州로 임관되었을 때 蘇州에 郡學을 세울 것을 奏請함과 동시에 스스로 州學을 설립하고 교육가로 이름을 떨치던 胡瑗(安定)을 교수로 초빙하였다. 호원은 이곳에 처음으로 學規를 만들고 규칙 있는 교육을 행하였고[5], 후에 그는 湖州의 교수가 되어 經

---

3) 范仲淹의 개혁전반에 걸친 연구로서는 다음과 같은 논문을 들 수 있다. James T. C. Liu "An Early Sung Reformer ; Fan Chung-yen"(「Chinese Thought and Institution」, Edited by Jhon K, Fairbank) 105-131, 劉季洪 「范仲淹對於宋代學術之影響」『宋史硏究集』第 1, 357-366). 吉田淸治, 「范仲淹の政治思想」『文化』3-6. 劉子健, 「范仲淹梅堯臣與北宋政爭中的士風」『東方學』14輯, 104-107. 宮崎市定, 「宋代の太學生生活」『アジア史硏究』제1, 365-401.

4) 『范文正公全集』年譜에 "公擧進士爲廣德軍司理參軍 初廣德人未知學 公得名士三人爲之師於是郡人之擢進士第者相繼"라고 있다.

義齊 治事齊란 專門硏究齊舍를 만들어 특수한 직업교육을 실시하여 명성을 떨쳤는데 경력4년에 중앙의 태학을 확장할 때에 이것을 모방할 정도로 훌륭하였다. 이와 같이 범중엄이 송대의 교육과 학계에 큰 비중을 차지하는 호원을[6] 교수로 모신 것을 보아도 그가 지방의 州學에 기울인 노력은 명실상부한 것이라 할 수 있겠다. 범중엄은 호원을 특히 敬慕하여 두 사람의 관계는 이후에도 오랫동안 계속되어 내려갔다.

당시에는 이미 과거시험에서 詩賦가 차지하는 비중이 컸기 때문에 그 영향으로 대부분의 講學이 詩賦를 숭상하는 경향이 강하고 진사과의 詩賦중심은 학교교육에 직접 반영되었다. 胡瑗의 湖州學은 經義와 治事의 실용적인 학문을 숭상하여 經義齊에는 疏通 經義한 者를 선택하여 기거케 하고 治事齊에는 실용주의를 채택하여 전문적으로 一事를 전공하고 그 밖에 선택으로 一事를 더 갖추게 하였다. 예컨대 邊防, 水利와 같은 실용성 있는 학문으로 국가에 유용한 인재를 양성하려 하였다. 이러한 호원의 교육방법은 범중엄에 직접적으로 영향을 주고 있으니 경력4년의 문교개혁의 내용이 이와 일치하고 있는 사실로 알 수가 있다. 蘇州學을 세움에 있어서 학교의 校地를 택하게 된 경위를 보면

公이 南園의 땅을 얻어 이미 卜築하고 장차 居하고자 하였다. 陰陽家들이 반드시 公卿이 踵出할 곳이라고 말하였다. 公이 말하길 우리 집에 그 貴함이 있으니 천하의 선비들이 모두 이곳에서 교육되는 것만 하겠습니까. 귀함이 장차 다함이 없을 것입니다.[7]

---

5) 劉眞, 「宋代的學規和鄕約」, 『宋史硏究集』제1, 368쪽 참조.
6) 『宋元學案』卷 1, 安定學案에 "宋世學術之盛, 安定泰山爲之先河, 程 朱二先生皆爲然"이라고 胡瑗(安定)을 높이 평가하고 있다.
7) 『范文正公全集』年譜.

이라 하여 자신이나 일족의 영달보다 학교교육의 발전을 더 중시하고 있음을 엿볼 수 있는데 蘇州學은 교수 학교시설 그리고 교육내용이 잘 갖추어진 훌륭한 州學이었던 것 같다. 그 후 饒州와 潤州等地에 謫居할 때에도 학교를 건립하였으니, 饒州의 建學에 대하여는

> 公이 또 옮겨와서 饒의 郡學을 건립하였다. 饒의 山은 대체로 빼어나서 公이 그 형세의 우수함을 알고 妙果院이라고 하였다. 탑이 높이 우뚝 솟았는데 城의 동남쪽으로 천여 척 솟아 있다. 城의 남쪽은 여러 호수를 굽어보고 수맥이 連秀하다. 이에 이름하여 文筆峯이라고 하였다. 硯池에 학교가 건립되어 학생들이 점차 많아졌다. 公이 遷址함으로 말미암아 세워진 것이다. 20년 후에 천하의 으뜸이 되는 사람이 나올 것이다. 治平 乙巳에 彭汝礪가 과연 제일등으로 급제하니 公의 안목이 이와 같았다.[8]

그의 교육계획이 먼 장래를 내다보면서 설계되고 있음을 알 수가 있다. 범중엄이 지방관을 지내는 동안 한 지방에 오래 머문 것은 드물고 짧은 기간을 여러 지방을 전임하면서 가는 곳마다 학교를 일으키고 훌륭한 인물을 교수로 초빙하여 지방교육을 진흥하였다. 그에 의하여 慶曆4년에 州縣에 학교를 설치하는 詔命이 실시된 것은 지방학교의 발전에 중요한 작용을 한 것은 사실이지만 그 이전에도 그의 이와 같은 지방학교의 설립과 교육의 진흥에 의하여 五代에 파괴된 지방교육은 진작되었다.

다음 그의 經義運動에 대하여 보면 天聖 8년(1030)에 六經을 중시하여 천하를 다스리는 근본을 六經에서 찾아야 한다고 하였다. 즉,

---

8)『范文正公全集』年譜.

　　무릇 나라를 잘 다스리는 사람은 인재를 키우는 것보다 먼저 함이
없다. 인재를 키우는 방법은 觀學보다 앞섬이 없다. 觀學의 要는 宗經
을 숭상함이다. 宗經하면 道가 커지고 道大하면 才가 크고 才大하면
功이 크다. 대체로 聖人의 法度의 말은 책에 들어 있고, 安危의 기미는
쉽게 생각하는 데 있다. 得失은 詩에 있고, 是非의 辯은 春秋에 보존되
어 있다. 천하의 制는 禮에 있고, 萬物의 情은 음악에 들어 있다. 그런
고로 俊哲한 사람은 六經을 공부하면 능히 법도의 말을 판단하여 安危
의 기미를 살필 수 있다. 得失의 鑒을 다하고 是非의 辯을 분석하면
천하의 制를 밝힐 수 있다.9)

고 하여 六經이 천하만물의 근본임을 강조하고 있다. 科擧에서 六經으
로 시험을 볼 것을 주장하였다. 이러한 經義중시의 의견은 앞서 살핀
바와 같이 그가 지방학교를 건립하고 지방교육에서 經義, 治事의 2과
를 중시한 사실과 일치하고 있다. 범중엄의 문교개혁안은 그가 敬慕한
胡瑗의 영향을 받고 있다. 景祐 2년에 蘇州學을 건립하여 胡瑗을 교수
로 초빙했다는 것은 앞에서 언급한 바이지만 이 해 겨울에 조정에서
는 雅樂을 更定하게 되자 범중엄은 그를 추천하였고 호원은 白衣로
인종을 예견하고 丹州의 軍事推官으로 부름을 받게 되었고, 다시 慶曆
2년(1042)에 湖州에 주학을 세움에 호원이 이를 주관하고 保寧節度推
官으로서 교수를 겸직하게 되었다.

　　胡瑗은 송대 교육상에 있어서 중요한 인물일 뿐만 아니라 그가 범
중엄에 준 교육상의 영향도 지대하였다. 이에 대해서는 『宋史』의 選擧
志에

　　慶曆 중부터 蘇湖의 사이에서 20여 년간 敎學하였다.

---

9) 『范文正公全集』 卷 9, 天聖8年, 上時議制學書.

라고 하여 蘇州와 湖州는 경력 중에 교학이 진흥된 곳으로 이름이 나고 있었고 송대지방교육의 중심지로서 胡瑗이 교수로 있은 곳이며 범중엄이 후원을 한 곳이기도 하다. 이렇게 범중엄과 胡瑗의 관계가 밀접하므로 범중암의 문교개혁안을 이해함에 있어서는 胡瑗의 교학을 살펴볼 필요를 느끼게 된다. 호원이 주장한 교학의 내용을 보면

> 세상은 辭賦를 숭상하는데 오직 湖學은 經義 및 時務로써 하였다. (중략) 그런고로 天下는 湖學이 秀彦하다 하였고 그 筮仕함에 종종 高等을 취하였다. 정치를 함에 이르러서는 세상의 쓰임에 적합하여 吏事에 노숙한 것 같았다.10)

이라고 하는 바와 같이 그의 湖州學은 經義와 時務로서 敎學의 바탕으로 하고 世用을 중시하여 실용적 학문을 가르쳤음을 알 수 있다. 또 胡瑗은 교학의 방법으로서도 독특한 내용을 만들어 이를 실시했으니, 그것은

> 瑗이 사람을 가르치는 데는 法이 있었다. 科條가 纖悉하게 갖추어져서 몸소 앞서 실천하였다. 비록 盛暑라도 公은 堂上에 服坐하였다. 師弟의 禮를 엄하게 하여 諸生을 그 자제와 같이 대하였다. 諸生도 또한 信愛하기를 그 父兄과 같이 했으며 따라서 遊學하는 자가 항상 수백 명이었다.11)

이란 사실에서 알 수 있다. 학과교육을 치밀하게 하며 자신이 인격으로 모범을 보여 학생들을 감화시키고 親子弟와 같이 그들을 인격적으로 이끌고 나갔음을 알 수 있다. 이런 결과로 제자도 그를 親父처럼 따랐으니, 이는

---

10) 『文獻通考』 卷 46, 郡國鄕黨之學條.
11) 『宋史』 卷 432, 儒林傳. 胡瑗.

선생이 (太)學에 있을 때 매번 公私의 시험을 파하고 儀를 장악하
여 肯善堂에서 諸生을 가르쳤다. 雅樂歌詩를 합하여 밤에 이르러서야
이에 諸齊를 해산하였다. 또한 歌詩奏樂으로부터 琴瑟의 소리가 밖에
까지 울려 퍼졌다.[12]

고 한과 같이 학생과 함께 생활을 히면서 정서교육에도 치中하고 사
제 상호간의 인격적 유대관계를 강조하고 있다. 胡瑗의 태학 교육방법
을 보면

선생이 直講이 됨에 旨를 내려 학교의 행정을 전일하여 많은 선비
들을 推誠하였다. 또한 인물을 견별하였으므로 經術者를 好尙하고 兵
戰者를 好談하고 문예자를 좋아하고 절의 있는 사람을 好尙하였다. 이
리하여 類群으로써 講習에 居하였고 선생이 또한 때때로 이들을 불러
그 배운 바를 논하게 하여 그 이치를 定하였다. 스스로 義로써 사람마
다 對하게 하여 可否를 삼았다. 혹 당시의 政事를 折衷하게 하였으므
로 사람마다 즐거워하여 成效가 있었다.[13]

하여 학생 개개인의 적성에 따라 교육내용을 달리하였다. 학생들로 하
여곰 사말석으로 활농케 하였으니 교육가로서의 훌륭함을 알 수가 있
다. 이러한 호원의 교육방법은 범중엄에게 직접적으로 영향을 주었을
것이며, 神宗代에 범중암과 같은 개혁의견을 지니고 있던 王安石도 胡
瑗을 崇慕하고 있음을 알 수가 있다.[14]

(2) 范仲淹의 문교개혁 내용

仁宗은 慶曆 3년 3월에 呂夷簡을 파하고 천하의 弊事를 更刷하려고

---

12) 『宋元學案』 卷 1, 安定學案.
13) 『宋元學案』 卷 1, 安定學案附錄.
14) 『臨川文集』 卷 13, 寄贈胡先生.

하였다. 이리하여 同 3년 8월에 범중엄을 參知政事, 韓琦를 樞密副使로 임명하고 歐陽修, 蔡襄, 王素 등의 강직한 인사를 발탁하여 諫官에 임명한 후 소위 慶曆의 治를 구현하고자 同 3년 9월에 仁宗이 몸소 輔臣 및 知雜御史 상을 天章閣에 불러서 국정쇄신의 의견을 직접 手詔로 묻게 되었다. 仁宗의 手詔에 응답한 내용 가운데 범중엄의 문교 개혁내용이 들어 있다.[15]

　仁宗 慶曆 초에 문치주의정책에서 파생된 내외의 모순이 나타났는데 寶元원년 이래 계속되어 온 西夏의 침입으로 對西夏政策에 대한 논의가 분분하였고[16] 방대한 국방비의 지출로 인한 재정적 곤궁함이 심각하였다. 또 중앙집권제제를 유지하기 위한 문신관료의 增員과 오랜 평화로 인한 관료의 기강이 해이해짐에 따르는 국정전반에 걸친 개혁이 불가피하였다. 범중엄은 인종의 手詔에 대하여 이와 같은 내외의 모순을 설명하고 이를 해결하기 위하여 중요한 개혁안을 제시하고 있으니, 그것은

　　黜陟을 밝히고 요행을 억누르고 貢擧를 정밀하게 하며 官長을 택하며 公田을 균일하게 하고 農桑을 厚하게 하며 요역을 감하고 恩臣을 깊이 하고 명령을 중히 한다.[17]

고 한 十事가 바로 국정전반의 개혁내용이고 그 가운데 셋째로 거론하고 있는 精貢擧가 바로 문교개혁이다. 그 내용을 보면

---

15) 『長編』 卷 143, 慶曆3年 9月 丁卯條 및 『歐陽修全集』 卷 39, 吉州學記
16) 申採湜, 「北宋仁宗朝에 있어서 對西夏政策의 變遷」, 『歷史敎育』8輯, 101 - 140쪽 참조.
17) 『長編』 卷 143, 慶曆3年 9月 丁卯條 및 『范文正公政府奏議』 卷 上

　　세째로 貢擧를 精하게 해야 합니다. 臣이 살펴보건대 周禮에 있는
卿大夫의 職은 이미 오래전에 패하였습니다. 지금 諸道의 學敎는 현명
한 선생을 얻으면 사람을 가르칠 수 있고, 六經으로써 나라를 다스리
게 되면 사람을 다스리는 道를 전할 수 있다. 그러나 국가는 오로지
詞賦로서 進士를 취하고 墨藝로서 諸科를 취하고 있습니다.[18]

하여 六經은 治國과 治人의 本道임에도 불구하고 詞賦로 進士科를, 墨
藝로 諸科를 취하는 시험방법의 그릇됨을 지적하였다.[19] 이와 같은
시험의 결과로 士人은 大道를 버리고 小道에만 급급하기 때문에 국난
을 극복할 才識이 있는 자를 구하기가 어려워 인재난을 가져오게 되
었다고 주장하고 있다. 범중엄의 이와 같은 六經重視는 이미 그가 지
방관으로 재임하고 있을 때의 주장과 일치한다. 이때의 개혁 내용을
보면

　　신이 청컨대 諸路의 州郡에 학교가 있는 곳은 通經하고 有道한 선
비를 奏擧하여 교수에 전념하게 하고 興學에 힘쓰게 합니다. 그 取士
의 과목은 賈昌朝 등에 의하여 進士는 策論을 먼저 하고 詩賦를 뒤에
할 것을 청하였다. 諸科는 墨義 이외에 다시 經旨를 통하게 하고 사람
들로 하여금 辭藻를 전념하지 않게 하고 반드시 理道를 밝힌다면 講學
이 반드시 흥할 것입니다.[20]

이라 하여 諸路의 州郡學校에서는 通經有道의 人事를 奏擧하여 교수
를 전담시키고 取士에 있어서 進士는 策論을 먼저 하고 詩賦를 뒤로

---

18) 『위의 책』.
19) 『위의 책』에 "士는 모두 大道을 버리고 小道를 따른다. 비록 濟濟盈庭이
　　나 재주가 있고 지식이 있는 사람을 구함에 10에 하나도 없다. 하물며 천
　　하가 危困하고 인재가 결핍된 것이 이와 같을진져"라고 한 사실로 알 수
　　있다.
20) 『위의 책』.

미루며 諸科는 墨義 이외에 經旨에 통하게 하여 도리를 밝게 하면 천하의 講學이 반드시 바르게 일어날 것이라고 하였다. 범중엄의 이와 같은 개혁안은 당시에 있어서 學校 및 貢擧의 弊를 인식하고 있던 혁신적인 인사들이 공통적으로 주장하고 있었던 것이다.

범중엄이 주장한 개혁안 十事奏議에 관하여 仁宗은 다시 近臣에게 詔하여 詳議시키었고 마침내 慶曆4년 3월에 翰林學士 宋祁 御史中丞 王拱辰 知制誥 張方平・歐陽修, 殿中侍御史 梅摯, 天章閣侍講 曾公亮・王洙, 右正言 孫甫, 監察御史 劉湜 등 仁宗代 혁신적인 엘리트 문신 관료들의 공동명의로 개혁내용이 상주되었다. 이 合奏의 내용은 歐陽修에 의하여 작성되었으니 개혁의 내용은 다음과 같다. 즉,

> 臣 등이 勅差에 준하여 貢擧條制를 詳定하였습니다.. 바라옵건대 取士의 방법은 반드시 그 실질을 구하고 사람을 쓰는 術은 마땅히 그 재주를 다해야 합니다. 지금 가르치는 것이 學校에 근본하지 않고 士는 鄕里에서 살피지 않으면 名實을 살필 수가 없습니다. 有司가 聲病으로써 勅하니 學者는 記誦에만 전념하여 人才를 다할 수 없습니다. 지금 獻議者들이 함께 올리는 바입니다.[21]

라 하여 종래의 과거제도의 弊로서 聲病 즉 詩賦를 주로 하는 進士科와 記誦 즉 帖墨을 주로 하는 明經諸科로서는 올바른 인재를 채용할 수가 없음을 들고, 이어서

> 臣 등이 衆說을 참고하여 택함에 선비들로 하여금 모두 토착하여 학교에서 가르치고, 그러한 연후에 州縣에서 그 履行을 살피면 학자들이 절의를 닦게 됩니다. 그러므로 立學, 合保 薦送의 법이 되고 무릇 윗사람의 좋아하는 바가 아랫사람의 쫓는 바입니다. 지금 策論을 먼저 하면

---

21) 『歐陽文忠公集』 卷 104, 奏議 詳定貢擧條狀.

文辭者는 治亂에 마음을 머물고 그 程式을 簡하면 閎博者는 馳騁할 수 있습니다. 大義로서 물으면 經을 잡은 사람은 記誦에만 전념할 수 없습니다. 그런고로 먼저 策論의 過落으로 詩賦의 考式을 簡하고 諸科의 文義의 법을 물으면 이 가르침이 大要할 것입니다..22)

이의 要旨는 지방의 자제를 학교에 收容하여 학습을 강화하고 州縣의 관리로 하여금 학교학습 이행을 시찰하게 하면 자연히 학교수업이 정상화될 수 있는데 이를 위해서는 먼저 학교를 충실히 정비하여야 함을 강조하고 있다. 과거시험에서는 策論으로서 進士科를 시험하고 大義로서 明經科를 치러야 한다고 주장하였다. 이렇게 학교교육을 강화하고 과거를 개혁하여야 국가가 필요로 하는 인재를 얻을 수 있다고 개혁의 기본방향을 내세우고 있다. 따라서 經義重視, 學校敎育의 강화가 개혁내용의 골자가 되고 있다.

범중엄에 의한 학교부흥운동에 대한 내용은 『宋會要輯稿』에 자세히 보이고 있다.23) 이에 의하면 우선 전국적인 지방학교의 설치를 들 수가 있다. 즉 府·州·軍·監에 예부터 학교가 설치되어 있는 곳 이외에도 학교를 설립하고 修學者가 200명 이상이 되는 곳에는 새로이 縣學을 설치하는 것을 허락하며 만일 州縣에서 學校를 급히 설치할 수 없는 곳에서는 文宣王廟나 官衙의 건물을 學舍로 이용하여 학교를 설

---

22) 『歐陽文忠公集』卷 104.
23) 『宋會要輯稿』108册, 選擧 3, 貢擧雜錄 擧士, 科擧條制에 "諸路州府軍監 除舊有學校外 其餘並各令立學 如本處修學人及二百人已上處 許更置縣學 若州縣未能頓備 卽且就文宣王廟 或係官屋爲學舍 仍委本路轉運司及本屬長吏 於幕職州縣官內 奏選充敎授 以三年爲一任(中略) 若少文學官可差 卽令本處擧人 衆擧有德行藝業之人 在學敎授 候及三年無私科 本處具敎授人數 幷本人履業事狀 保明聞奏 當議登第 敎授恩澤 內有由本學應擧 及第人多處亦與等第酬賞 如任滿本處擧留者 亦聽本官從便 其學校規令 宜令國學詳定聞奏 領下施行 如僻遠小郡 擧人不多 難爲立學處 仰轉運使體量聞奏"라고 있다.

치할 것이며, 敎授는 轉運使나 所屬地의 州縣의 長이 그의 막직州縣官 가운데서 選奏하여 임명하고 그 임기는 3년으로 한다. 만약 교관으로 보낼 만한 관원이 없으면 그곳의 擧人 중에서 有德藝業者로 교수를 삼고 해당학교에서 經義에 뛰어나 과거의 합격자를 많이 배출하면 교수에게 특별히 은상을 주어 이를 장려하였다. 특히 그의 학교부흥은 중앙의 학교뿐만 아니라 지방의 府, 州, 軍, 監에 있어서도 지방학교를 충실하게 강화하고 그곳의 교육내용도 경의로서 보완하려 하였음은 과거편중과 학교경시의 폐단을 과감히 시정하려 한 것으로 주목이 간다.[24] 그는 학생들의 수업일수에 대해서도 엄격히 출석할 것을 규정하고 있으니 학생이 학교에 출석한 재학 일수가 300일이 되어야만 비로소 과거에 응시할 자격을 부여하였고 과거응시의 경험이 있는 자에게는 100일 이상 되어야 解試에 나갈 자격을 주도록 규정하였다.[25] 이는 종래의 학교교육이 과거시험이 끝나면 학생들이 전혀 학교에 나오지 않는 폐단을 없애고 학교를 과거준비소로부터 학교 본연의 養士的 기능으로 만들려는 것으로서 상당히 구체적인 내용으로 짜여져 있음을 알 수가 있다.

文治主義 宋朝의 문신관료체제를 지탱하는 데 과거의 역할은 중요하였고 문신관료의 공급원은 과거제도에 의존하는 바가 컸다. 그 위에 宋의 科擧는 唐代처럼 吏部試를 다시 치러 관료가 되는 것이 아니라 省試(禮部試)와 殿試를 거치면 그대로 관료로 발령을 받게 되므로 당대와 같은 관인후보자격시험이 아니라 과거합격은 곧바로 관료가 되

---

24) 荒木敏一, 『宋代科擧制度研究』, 365쪽 「范仲淹·宋祁의 科擧改革案」참조.
25) 『宋會要輯稿』科擧條制에 "竝以入學聽習 至秋賦役狀日前 及三百日以上 舊得解人百日以上方許取應 內有親老別無得力弟兄侍養 致在學日數不足者 除依例合保外 別召命官一員 或到省擧人三名委保 詣實水許取應 其隨親屬之官者 許就近入學 候歸鄕取解 據在學實日及無過犯 給與公憑"란 사실로 알 수 있다.

는 자격시험과 같은 성격을 지니고 있었으므로 과거에 대한 관심은 대단하였다. 이와 함께 과거제도의 모순성에 대해서도 이미 범중엄 이전에 많은 사람들에 의하여 지적되어 왔다. 그러나 관료 사회의 이와 같은 모순이 개혁으로 추진되지는 못하였다.

범중엄 이전의 과거제도에 대한 비판을 보면 眞宗의 大中祥符원년 정월에 馮極은[26) 進士試에 있어서 詩賦에 합격한 사람에게 2차적으로 策論을 兼考하자는 주장을 하고 있다. 이는 비중으로 볼 때 시부가 중요시되는 것을 인정하면서도 詩賦만으로는 올바른 인재의 등용이 어려우므로 책론을 가할 것을 주장한 것이다. 다음 仁宗代에 책문으로 특채한 예가 있다. 즉

> 仁宗 天聖2년에 擧人 宋祁(庠)·葉淸臣·鄭戩 이하 諸科는 무릇 480여 명인데 及第 出身에 差가 있다. 이에 앞서 封事者가 올리길 經學이 經旨를 궁구하지 않고 本科 問策一道를 구하였다. (中略) 國朝에 策으로써 高第를 뽑은 사람은 淸臣에서 비롯되었다.[27)

라 한 사실에서 알 수가 있다. 따라서 宋代에 있어 策問으로 考第拔擢한 것은 天聖 2년(1024)의 葉淸臣에서 비롯된 것임을 알 수가 있다. 그러나 이때는 아직 策問이 과거에 정식과목이 있었던 것은 아니고 인재를 널리 구하고자 하는 인종의 특별한 배려에 의한 것으로 보아야 하겠다. 그 후 天聖 5년에 이르러

> 詔하기를 貢院에서 進士를 고시함에 부득이 詩賦의 進退로 等第함에 있어서는 今後 策論을 참고하여 優劣을 정하라.[28)

---

26) 『宋會要輯稿』 選擧 貢擧雜錄, 大中祥符元年 正月 21日條
27) 『文獻通考』 卷 31, 選擧考 4 擧士條
28) 『宋會要輯稿』 選擧 貢擧雜錄, 科擧條制.

하여 策·論을 참고하여야 하며 詩賦만으로 進士科를 결정하지 못하
도록 貢院에 下命하고 있다. 이와 같은 仁宗의 策·論重視는 明道 2年
(1033)에도 계속되고 있다. 즉

> 황제께서 輔臣들에게 諭하여 말하기를 近歲에 進士 즉, 시험의 詩賦
> 는 대체로 浮華하니 마땅히 有司에게 명하여 策論을 겸한 사람으로서
> 취하게 하라.[29]

고 한 사실로 알 수가 있다. 그 후 仁宗은 寶元연간(1038~1039)에 端
明殿 學士인 李淑에게 進士科에 詩·賦·策·論 중에서 어느 것을 먼
저 시험할 것인가를 연구하여 奉答할 것을 명하고 있는데 이에 대하
여 李淑은 唐代의 고사를 들어

> 策이 우선이며 論이 다음이고 賦 및 詩는 그 다음이며 帖經墨義는
> 다음으로 有司 勅하여 아울러 4場을 시험보았다.[30]

고 하여 詩賦보다는 策論을 먼저 할 科擧四場論을 上奏하고 있다. 또
한 知制誥 富弼도

> 國家는 隋 唐을 본따 진사과를 설치하고 咸平으로부터 景德 이래로
> 법이 더욱 엄밀하였다. 그러나 前代에 비하면 사람을 얻는 방법이 혹
> 다하지 않음이 있다.[31]

라 하여 進士科 제도는 咸平·景德연간 이래로 前代보다는 치밀하여

---

29) 『위의 책』.
30) 『文獻通考』選擧 學士.
31) 『위의 책』.

졌으나 인재를 얻는 데는 전대에 따르지 못하고 있다고 비판하였다.

이상이 進士科의 시험을 詩賦로써 擧士하는 데 따르는 폐단론이다. 범중엄은 자신의 의지에 의하여 과감히 실천에 옮긴 것이다. 즉 범중엄의 發議에 의하여 宋祁 등이 올린 개혁안의 요지는[32] 첫째 策論을 중시하고 이를 進士科의 解試·省試의 試題로 追加하며, 둘째 殿試에 있어서는 策題로 하고, 進士의 帖經과 墨義를 파하고, 셋째 州縣의 학교를 충실히 정비하고 300일 동안 재학하여 수업을 받은 生員에게 한하여 해시에 응할 수 있는 자격을 부여하는 것으로 되어 있다. 범중엄은 학교교육과 과거시험과는 서로 밀접한 관계가 있는 것으로 養士를 하는 학교교육이 取士를 하는 과거와 유리되어서는 안 되며 더욱이 학교가 과거에 예속되어 온 폐단을 시정하려 한 것이다.

범중엄의 개혁안에 대하여 仁宗은 禮部貢院으로 하여금 이를 실천에 옮기도록 특별 詔勅을 내리어 적극적으로 추진하였다.[33]

그러나 범중엄의 문교개혁책은 실시된 지 얼마 안 가서 중지되었으니 그것은 범중엄의 정치적인 불운, 즉 안으로 반대파의 呂夷簡, 夏竦 등에 의한 朋黨論의 시비로 인한 혁신적인 인물의 대거 탈락과 밖으로 西夏의 侵宋에 따른 陝西지역 방비를 위하여 내외의 관심이 쏠리고 그에 따라 범중엄에 대한 인기를 이용하여 對西夏防備를 맡기고자 慶曆4년 6월에 陝西河東路 宣撫使로 임명하게 되었다.

이 때를 이용하여 보수주의자를 대표하여 呂夷間, 夏竦은 조종 이래 구법을 함부로 바꾸는 일은 옳지 않음을 논하여

---

32) 『文獻通考』選擧 擧士.
33) 『長編』卷 147, 慶曆4年 3月 乙亥條 및 『宋會要輯稿』科擧條制 慶曆4年 3月 13日 條

> 詩賦의 聲病은 고찰하기 쉬우나 策論은 汗漫하여 알기가 어렵다. 朝宗
> 이래 고침이 또한 사람을 취하는 법이 너무 많았다.[34]

라 하여 반대 여론을 일으켜 이듬해 慶曆5년에 舊法으로 환원시키게
되었다. 즉

> 詔하기를 禮部貢院에서 進士의 시험본 바의 詞賦와 諸科에서 답한
> 바의 經義는 아울러 舊制와 마찬가지로 이를 考較하였다.[35]

그런데 이에 앞서 학교에서 300일을 수업하여야 解試의 자격을 부
여하는 것은 慶曆 4년 11월에 判國子監 余靖의 반대의견에 따라서 폐
지되었고[36] 錫慶院을 改修하여 太學으로 확장하려던 개혁은 慶曆 5년
정월에 三司의 반대로 別地인 馬軍都虞侯公宇로 바꾸게 됨으로써 태
학의 확장개혁도 빛을 잃게 되었다.[37]

이와 함께 仁宗의 의지도 반대자의 의견으로 기울어지게 되었다.

> 이에 앞서 宋祁 등이 정한 科場의 新制를 頒行하였다. 얼마 지나서
> 封을 올린 사람은 그 편리하지 않음을 말하였다.[38]

그리고

> 科擧의 舊條는 모두 先朝에서 시작된 것이다. 마땅히 일체를 옛날과
> 같이 하여 전에 更定한 것을 지금 모두 파하였다.[39]

---

34) 『宋史』 卷 155, 選擧志 1.
35) 『宋會要輯稿』 科擧條制 慶曆5年 3月 23日 條
36) 『長編』 卷 153, 慶曆4年 11月 戊午.
37) 『長編』 卷 154, 慶曆5年 春正月 己巳條
38) 『宋會要輯稿』 科場條制 慶曆5年 3月 23日 條
39) 『宋史』 卷 155, 選擧志 1. 및 『皇宋十朝綱要』 卷 6, 慶曆8年 夏 4月 丙子條

물론 이 과정에서 仁宗이 有司에게 命하여 논의를 거쳐서 구법으로 환원하였으나 중국 사회에서 혁신적인 개혁은 항상 祖宗之法과 無事 之治를 내세우는 보수파의 반대에 부딪치는 것이 일반적인 현상으로 서 慶曆의 문교개혁도 예외는 아니었다. 다만 州郡에서의 興學의 詔令 은 유지되어 각 지방관의 교육열에 따라 발전되었다.

(3) 慶曆의 새로운 士風

顧炎武는 그의 『日知錄』에서 宋代의 풍속을 논하면서 경력연간에 사풍이 일변하였다고[40] 고증하고 있다. 송초의 문치주의 정책은 문화 면에서는 80년이 지난 경력연간에도 五代의 잔재를 완전히 청산하지 못하였다. 그런데 경력연간에 풍속의 변화가 이룩된 것은 범중엄의 문 교개혁 및 혁신적인 정책과 밀접한 관계가 있다. 慶曆의 興學運動이 지방학교를 일으켜 풍속을 변화한 영향을 보면 岳州에서 州學은 尹洙 의 岳州學記에 의하면 범중엄의 지방교육진흥책에 대한 인종의 흥학 의 詔가 내려진 후에 郡守가 학교를 부흥하여 建閣聚書를 만들고 齊 는 89楹에 달하고 邠州의 州學도 慶曆5년에 廟學이 嚴敦히 성립되어 140楹이나 되었다고 한다.[41] 江南의 虔州의 州學도 王安石의 말을 빌 리면

慶曆 중에 일찍이 詔하여 州縣에 학교를 세웠는데 虔州도 또한 詔 에 응하였다.[42]

虔州의 州學도 慶曆4년의 지방학교 진흥 후에 설립된 것으로 볼 수

---

40) 『日知錄』 卷 13, 宋世風俗條
41) 『范文正公全集』 卷 7, 邠州建學記
42) 『王臨川文集』 卷 82, 虔州學記

가 있다. 그러므로 지방주학은 경력의 興學운동 이후에 대부분이 설립
되었고 州學이 설립되지 않은 곳은 드문 형편으로 범중엄의 지방교육
진흥책이 지방주학발전에 중요한 작용을 하게 되었다고 볼 수 있다.
그리고 州 아래의 縣에도 이와 같은 興學의 풍조는 경력 이후 유행하
였으며 왕안석은 繁昌縣學記에서

> 宋은 근세의 법으로 별로 이룸이 없었으나 지금의 천자가 비로소
> 詔하여 천하에 州가 있는 곳은 모두 학교를 세울 수 있었다. 孔子가
> 존중되어 옛날처럼 縣의 학교는 士가 200명 정도 되는 곳도 있었다.
> 繁昌은 小邑이라. 士가 능히 中律할 수 없었다. (중략) 그러나 雨廡를
> 다스림이 生師의 居가 되니 縣의 학자들이 기다린다. 故人 臨川王某에
> 거두러 그 이루어짐의 시작을 기억한다.[43]

이라 하였다. 당시의 縣學은 士 200人이 되지 않으면 학교를 열지 않
는 규정이 있었으나 慶曆興學의 詔 이후에는 小邑에까지 학교를 세우
는 풍조가 유행하였다. 慈溪縣과 같은 小縣에서는 縣學을 세우는 어려
움이 많았으므로 孔子廟를 重修하여 學舍와 講堂으로 하고 자제를 교
육하였으니 이는 慈溪縣만이 아니라 각지에 이와 같은 교육열이 일어
나고 지방학교가 부흥하였으니 이는 범중엄의 문교개혁의 영향으로
볼 수가 있다.[44]

따라서 慶曆의 개혁은 宋代의 학풍을 일신하는 데 큰 영향을 준 것
이다. 王應麟은 慶曆年間을 고비로 宋代의 경학이 일변하였다고 논한
것은

---

43) 『王臨川文集』 卷 82, 繁昌縣學記.
44) 『王臨川文集』 卷 83, 慈溪縣學記.

> 漢儒로부터 慶曆 간에 이르기까지 經을 이야기하는 사람들은 訓詁
> 를 지켜 천착하지 않았다. (중략) 唐 및 국초의 학자들은 감히 孔安國
> · 鄭康成을 논하지 않았으니 하물며 聖人에 이르러서야 慶曆 후로부터
> 諸儒들이 經旨를 발킨 것이 前人들이 미친 바가 아니다.[45]

이라고 지적한 바와 같다. 이에 의하면 漢代에서 慶曆以前까지의 유학
은 훈고학풍으로 일관하였는데 경력 이후에 새로운 儒經의 意旨를 發
明하여 前人들이 감히 거론하지 못하는 방향으로 나아갔다고 하였다.
이는 범중엄의 經學復興 운동과 밀접한 관계가 있는 것으로 보아야
한다.

II. 神宗代의 文敎改革의 性格

范仲淹에 의한 흥학운동과 과거개혁론은 신종대의 왕안석과 사마광
의 문교개혁에 계속되고 있다. 그러나 王 · 司馬의 개혁이 범중엄의 개
혁안에서 직접적인 영향을 받은 것은 아니다. 학교의 부흥이나 經義策
問의 중시는 서로 비슷한 면을 지니고 있으며 특히 사마광과 왕안석
은 정치적인 입장을 달리하면서도 문교개혁에 있어서는 그들의 주장
하는 바가 범중엄의 주장과 거의 일치하고 있는 데 주목이 간다. 또한
이들의 개혁이 실시된 지 얼마 안 되어 폐지되고 원점으로 되돌아가
는 면에 있어서도 비슷함을 지니고 있다. 구양수는 이와 같은 문교개
혁이 안고 있는 이상과 현실의 괴리를 지적하고 있는데 이를 서로 관
련지어 검토하여 보겠다.

---

45) 『困學紀聞』 8, 經說.

(1) 王安石의 문교개혁정신

범중엄의 문교개혁은 神宗의 熙寧年間(1069~1073)에 왕안석에 의하여 실시된 신법 가운데서 文敎의 개혁책과 그 내용이 여러 면에서 유사함에 주목된다. 이를 서로 비교 검토함으로써 혁신주의 문신관료에 의하여 학교교육과 과거제도 등 文敎面에 있어서의 개혁내용을 보다 구체적으로 파악할 수가 있다.

우선 범중엄과 왕안석과의 인간관계인데 1세대 정도 앞서 태어나 범중엄이 왕안석(1019~1086)에게 직접적으로 어떤 영향을 주었는가에 대해서는 자세한 바를 알 수가 없으나 왕안석은 범중엄의 문교개혁책에 상당한 영향을 주었던 胡瑗을 높이 평가하고 특히 그의 經學 中心的인 실용주의 교육과 德育敎育에 대하여 칭찬을 아끼지 않았다. 南宋의 呂東萊는 왕안석을 慶曆之士의 우두머리인 범중엄과 同列에다 갖다 놓았다.[46] 북송의 정치사에 있어서 특히 혁신주의적인 개혁 면에서 본다면 범중엄과 왕안석은 同列에 놓을 수 있는 인물로 간주되며 그들의 문교개혁책은 상당히 유사함을 지니고 있다. 또 범중엄의 개혁이 중단되고 왕안석에 의하여 개혁이 다시 추진되기 이전의 약 20여 년간(1045~1069)에 있어서도 뜻있는 인사들이 문교개혁책을 주장하고 있는데 그 내용도 학교의 진흥과 과거제도의 개혁을 내세우고 있다. 왕안석의 개혁안은 이와 같은 혁신적인 개혁주의자들의 의견을 종합한 것으로 간주할 수가 있다.

왕안석의 신법에 관한 연구는 많이 있고 문교정책에 관한 논문도 여러 편 볼 수 있다.[47] 왕안석 연구가들이 일반적으로 지적하고 있는

---

46) 西順藏編, 「三人の北宋士大夫の思想」, 『中國思想論集』, 참조.
47) 東一夫, 『王安石新法の硏究』(風聞書房, 1975), 宮崎市定, 「宋代の太學生生活」, 『アジア史硏究』1, 佐伯富, 『王安石』(富山房, 1961), 王建秋, 『宋代太學與太學生』(臺灣商務印書館, 1963)참조.

바와 같이 개혁정신은 그가 36세 때인 嘉祐3년(1056)에 仁宗皇帝에게 올린 萬言書에 대체적으로 담겨져 있고 神宗代에 이르러 신법을 실시할 때에 이를 구체화한 것으로 보고 있다. 萬言書[48]는 4개의 부분으로 구성되고 있다. 첫째가 시국에 대한 올바른 인식과 위기의식, 둘째가 문교개혁의 필요성과 특히 인재양성론, 셋째가 吏道의 쇄신책, 넷째가 개혁을 추진하는 데 따르는 문제점과 황제의 결의촉구로 되어 있다. 그의 문교개혁정책의 기본이 되는 부분은 둘째와 셋째부분이라고 할 수 있는데 그 요지는 법령이 구비되어 있어도 그것을 운영하는 인재가 결여되면 모처럼의 좋은 法令도 孟子가 말하는 徒法에 그치고 빈껍데기로 남는 역사적인 사실을 들어 예시하고 현재의 가장 급무가 올바른 인재의 양성임을 강조하고 있다. 셋째의 인간도야법의 부분에 있어서는 그의 정치 사회에 대한 분석을 포함한 유가적 윤리사상을 바탕으로 하는 인간교육의 기본방향을 제시하고 있다.

왕안석의 만언서를 비롯한 그의 개혁사상의 근저에는 당시의 시대상에 대하여 깊은 위기의식을 강조하고 있는데 그 위기의 중요한 원인이 陶冶 방법과 取士 방법의 모순에서 원인하고 있음을 논하고 학교교육과 과거제도의 개혁을 강조하고 있다.[49] 그리하여 인재육성을 위한 새로운 교육방법에 대하여 다음과 같이 주장하고 있다. 즉,

陶冶하여 이룬다는 것은 무엇인가 그것은 가르치고, 기르고, 임용하는 방법이다. 가르치는 방법이란 것은 무엇인가 옛날의 천자, 제후는 나라로부터 鄕黨에 이르기까지 모두 博學한 교도관이 있었다. 그 선발을 엄하게 하여 조정의 禮樂刑政의 일이 모두 볼만한 데 있었고 학습

---

48) 흔히 萬言書라 하나 본래는 "上仁宗皇帝言事書"로 되어 있다. 『王臨川集』 卷 39, 書疏 참조.
49) 『王臨川集』 卷 39, 書疏, 上仁宗皇帝言事書.

하는 사람들은 모두 선왕의 法言과 德行이었다. 천하를 다스리는 뜻은 그 재주가 가히 천하 국가의 쓰임이 되어야 한다. 만약 천하의 士가 국가의 쓰이는 바가 되지 못한다면 가르치지 말아야 한다. 천하 국가의 쓰임이 된다면 배우지 않음이 없을 것이니, 이것이 敎의 道이다.[50]

그의 陶冶法은 관리의 敎科, 養成, 採用, 任用에는 각각의 道가 있음을 들고 당시의 보수관료가 일반적으로 생각하고 있는 엄격한 賞罰黜陟的 방법이 아닌 근본적인 방법으로 관료체제 전반에 걸쳐 뿌리 깊이 박혀 있는 病源을 치료하려는 혁신적인 것이었다. 즉 학교교육을 일으켜 일선행정에 유용할 수 있는 經濟의 士를 양성하고 과거제에서는 詩賦보다는 論策 道義를 중시하여 경륜이 있는 인재를 발탁하여야 하며 관리의 양성에는 먼저 경제생활의 안정을 도모하여 관리로 하여금 廉恥心을 갖도록 하였다. 또 官吏의 채용에도 정실의 개입을 방지하여 보다 공정한 채용법을 실시하고 관리의 임용에는 능력주의를 중시하여 무능한 관리는 도태되는 체제를 수립하려는 것이었다. 이는 행정면의 개혁임과 동시에 문신관료의 병폐를 고치려는 것으로 범중엄의 점진적인 개량주의를 본받은 것이다.

王安石의 敎之之道의 요점은 古代學校制度의 부활과 엄선한 교관의 배치, 禮樂刑政과 같은 국가가 필요로 하는 교과목을 설치하는 것을 말하는 것인데 이 점에 있어서 범중엄이 주장하는바, 학교의 부흥, 通經有道의 士를 교수로 임용하여 經濟의 業을 가르친 뒤에 經濟의 士를 취해야 한다는 내용과 유사하다.

또 범중엄이 科試에 있어서 "國家가 詞賦로써 進士를 取하고 墨藝로써 諸科의 士를 뽑는 일은 모두가 大道를 버리고 小道로 나가는

---

50) 『위의 책』.

일"이라 하여 진사과에 論策을 먼저 하고 詩賦를 그 다음에 할 것을 주장하였는데, 王安石도 이와 비슷한 내용을 다음과 같이 내세우고 있다.

> 州縣에 학교가 있으나 牆壁만 갖추고 있을 따름이다. 敎導의 官이 人材를 長育하는 일이 있지 않다. (중략) 현재 학자가 가르치는 講說 과 章句는 옛날에 사람을 가르치는 道가 아니다. 근세에 가르치기를 課試의 문장으로 하는데, 課試의 문장은 博誦, 強學, 窮日의 힘이 아니 면 잘하기가 어렵다. 천하 국가의 쓰임에 부족하다. 이들이 정치에 종 사하게 되면 다스릴 바를 알지 못하는 것이 이것이다.[51]

학교나 과거제도에 있어서 敎科의 내용과 시험과목이 천하국가의 쓰임에 필요한 바를 강조하고 있는데 이와 같은 실용주의는 왕안석 사상의 특색이다. 또 王安石은 인재양성에 대하여

> 養之之道는 무엇인가 넉넉하게 하기를 재물로서 하고, 재단하기를 법으로써 하는 것이다. 무엇을 일러 넉넉하기를 재물로서 한다는 것인 가. 사람의 情은 재물에 부족하면 貪鄙苟得하여 이르지 않는 바가 없 다. 선왕이 이와 같음을 아는 까닭에 祿을 마련하였다. 官에 있는 사람 은 祿이 농사짓는 것을 대신할 수 있다. 재물은 廉恥를 기를 수 있고 貪鄙한 행동에서 떠나게 된다.(下略)

라고 구체적으로 언급하고 있다. 養之之道의 근본을 饒之以財에다 둔 것으로 재물로써 이를 풍요케 한다는 생각은 송의 사대부계층의 의식 으로서는 상당히 혁신적인 생각이다. 인간은 財貨에 충족하면 貪鄙苟 得하는 지경에 이르지 않게 된다는 것이다. 범중엄이 앞서 "守選待闕

---

51) 『위의 책』.

의 날에 사람들로부터 貸借를 하면 관직에 나간 후에는 반드시 법을
어기고 受贖赊擧하고 혹은 賈販하고 民과 이익을 다툰다"는 말과 상
통한다. 또한

> 이른바 取之之道라는 것은 무엇인가. 先王이 사람을 취함에 鄕黨에
> 서 하고, 반드시 庠序에서 하여 衆人으로 하여금 그 어질고 능력 있는
> 사람을 미루어서 글을 써서 윗사람에게 고하면 진실로 어질고 능력 있
> 는 사람일 것이다. 그러한 연후에 그 德의 大小와 才의 高下에 따라
> 관직에 나가게 하여 일을 시킨다.[52]

라고 取士를 論하였다. 先王의 取人은 반드시 鄕黨·庠序에서 하고 衆
人으로 하여금 그 인물의 賢能을 추상하여 관리로 임용한다고 주장하
였다. 특히 학교는 인재의 本源임을 다음과 같이 강조하고 있다. 즉,

> 생각건대 옛날의 取士는 모두 학교에 근본을 두었다. 그런고로 도덕
> 은 위로부터 습속은 아래에서 이루어졌다. 그 인재가 족히 세상에 하
> 는 일이 있었다. 선왕의 澤褐로부터 敎養의 근본하는 바가 없어 士가
> 비록 좋은 재주가 있어도 학교에 師友가 없으니 성취를 의논하는 사람
> 들이 근심하는 바이다. 지금 옛날의 제도를 追復하여 그 폐단을 혁파
> 하고자 한다. 마땅히 먼저 聲病對偶의 交를 제거하여 학자로 하여금
> 전적으로 經義에 뜻을 두어 조정에서 학교를 興建하기를 기다려야 한
> 다. 그러한 연후에 三代에서 敎育하고 選擧한 법을 講求하여 천하에
> 베푼다면 거의 옛날의 제도를 복구할 수 있을 것이다.[53]

라 하여 과거에서 인물을 뽑는 것이 아니라 학교를 통하여 인재를 취

---

52) 『王臨川集』卷 39, 書疏, 上仁宗皇帝言事書.
53) 『王臨川集』卷 42, 乞改科條制箚子.

할 것을 주장하고 있다. 즉 詩文中心에서 經義를 중시하는 교육내용으로 바꾸고 학교를 부흥시켜 교육과 과거의 병폐를 고쳐보려 하였다. 이것도 범중엄이 주장한 經義中心, 學校中心의 교육 및 과거개혁내용과 일치하고 있다.

文臣官僚體制의 모순이 현저히 드러나서 이에 대한 개혁의 소리는 빈번하게 제기되었는데 모순의 중요한 원인으로서는 관리의 무능과 官界의 기강문란을 지적하고 있고 이를 시정하는 방법으로 학교의 부흥과 과거제의 개혁이 제기된 것이다. 이 점 仁宗代의 범중엄과 神宗代의 왕안석은 거의 의견을 같이하는 진보적 개혁주의를 내세우고 있다.

(2) 司馬光의 문교개혁

신법파를 대표하는 왕안석에 대하여 구법당의 총수로서의 사마광의 문교정책은 송대 보수주의적 관료의 의견을 집약한 것으로 주목된다. 그러나 왕안석과는 정치적인 입장을 달리하면서도 사마광의 문교정책에도 종래의 과거제와 학교제도에 대해서 매우 비판적이었다.

우선 사마광의 과거제도에 관한 비판을 보면 仁宗의 嘉祐6년(1061)에 올린 論擧選狀에서

> 신이 생각해 보건대, 取士의 道는 마땅히 德行으로서 우선을 삼고, 그 다음이 經術이고 그 다음이 藝能이다.[54]

라 하여 인재를 선발하는 데 중요한 기준으로 덕행을 내세우고 그 다음의 순서로 經術, 政事, 藝能을 들고 있다. 이는 王安石의 陶冶法과 범중엄의 興學과는 차이가 있기는 하나 종래의 인재선발에 대해서

---

54) 『溫國文正司馬公集』卷 19.

비판적인 입장이라는 점에서는 비슷하다. 그는 이어서 과거제에 대하여도

> 근세 이래로 전적으로 文辭를 숭상하였다. 文辭는 곧 예능의 一端으로 족히 천하의 선비들을 다할 수가 없다. 국가가 비록 賢良方正 등의 과를 두었지만 그 실질은 모두 文辭를 취할 따름이라.[55]

하였으니 文辭는 그가 생각하는 取人之道의 末端에 해당하는 예능으로서 이를 가지고 천하의 인재를 선발하는 것은 부족하다고 비판하고 있다. 이와 같은 의견은 神宗의 熙寧 2년(1069)에도 반복하여 주장하고 있는데 議學校貢擧狀에 의하면 과거의 폐해를 논하고 그 원인을 다음과 같이 규명하고 있다. 즉,

> 신이 생각하건대 오직 取士의 폐해는 자고로 근세보다 심함이 없다. 三代 이전부터 取士는 德으로써 근본을 삼지 않음이 없었고 文辭로써 전적으로 책임지우지 않았다.[56]

라 하여 현재의 과거의 弊가 심한 것은 덕행으로써 인재를 선발하지 아니하고 단지 文辭로 선발하기 때문이다. 이러한 인재선발의 폐해는 隋·唐에까지 소급되나 폐해가 극심한 것은 지금이라고 논하고 있다.[57] 구법당의 총수인 사마광도 당시의 과거제는 범중엄이나 왕안석과 같이 부정적으로 보고 있다는 점에서는 주목이 가는 것이다. 이러한 면에서 개혁주의자나 보수주의자나 동일하다는 것을 알 수가 있다.

---

55) 『溫國文正司馬公集』 卷 19.
56) 『溫國文正司馬公集』 卷 39.
57) 『溫國文正司馬公集』 卷 39, 議學校貢擧狀

이와 같은 과거제의 폐해를 시정하는 방안으로서 嘉祐6년에는 명경과에 있어서는 墨義를 시험할 것을 주장하고 注疎보다는 大義를 중요시하고 있으며 새로이 經典科의 신설로서 인재등용의 문을 넓히자고 하였다.[58] 그 후 熙寧2년에는 보다 과감한 개혁안을 제시하고 있는데[59] 진사과의 시험에 있어서는 經·義·策 3道와 子·史·策 3道, 時·務·策 3道 등 9道로서 하고 詩賦와 論은 폐지하자고 하였다. 다음 明經 등 9經諸科에 있어서도 本經 및 論語, 孝經, 大義 등 모두 4道와 時·務·策 3道를 첨가하며 帖經과 墨義는 모두 폐지하자고 하였다. 또한 進士·明經의 殿試에 있어서도 時務策一道를 시험하고 9經 등 諸科에 있어서는 本經大義 10道를 시험할 것을 내세우고 있다. 이를 요약하면 經義와 時務策으로서 진사과의 시험과목으로 하고 종래의 시부를 폐하고 명경 등 9經諸科에 있어서도 經典의 注疏보다는 本經의 大義로서 인물을 선발하자는 것으로 상당히 혁신적인 의견이라 할 수 있다. 이 밖에도 治平원년(1064)에 貢院乞逐路取人狀[60]을 올려 科擧試에 있어서 지방에서 응시하는 자의 불리함을 개혁하려 하였다. 즉 종래의 과거에 있어서는 중앙에서 합격하는 자가 그 반을 차지하고 있는데 이는 試官이 在京의 高官이기 때문에 출제의 경향을 쉽게 파악할 수가 있으나 지방에서 올라오는 자는 5천리 내지 7천리의 遠地에서 상경하여 응시하므로 그 불리함을 말할 수 없다. 따라서 在京逐路의 출신을 구별하고 國子監 開封府 및 18路를 세분하여 解試에서 省試로 올라온 자를 10인마다 1인의 비율로 합격시키고 10인이 되지 못할 때는 6인이 1인을, 5인 이하는 경향의 구분 없이 임의로 합격시

---

58) 『溫國文正司馬公集』卷 19, 論擧選狀
59) 『溫國文正司馬公集』卷 59, 義學校貢擧狀
60) 『溫國文正司馬公集』卷 30.

킨다고 하는 것이 그 내용이다. 이는 과거의 모순과 시례를 인식하고 시정하려 한 것이다.[61]

이상과 같은 과거개혁안은 哲宗의 元祐初에 司馬光이 국정을 담당하면서 정비되어 十科擧士制로 발전되어 실시되었는데 그 내용을 보면 다음과 같다.

一曰 行義純固 可爲師表科 二曰 節操方正 可備獻納科 三曰 智勇過人 可備將帥科 四曰 公正聰明 可備監司科 五曰 經術精通 可備講讀科 六曰 學問該搏 可備顧問科 七曰 文章典麗 可備著述科 八曰 善聽獄訟 盡公得實科 九曰 善治財賦 公私俱便科 十曰 練習法令 能斷請讞科[62]

이 10科에 의한 과거제의 개혁이 실시된 지 얼마 안 되어 선발기준에 여러 가지 문제가 있어서 중단되었다가 南宋에 가서 다시 실시를 보았다. 이를 분석하여 보면 司馬光의 종래의 주장이 보다 조직적이고 내용이 구체적으로 열거되고 정리되고 있다. 즉

제1에서 제4까지의 諸科는 司馬光이 주장하여 오던 덕행과 인격을 갖추고 있는 인물을 선발하기 위하여 마련한 과이다. 이에 의하면 師表 · 獻納 · 將帥 · 監司로서의 능력을, 행동은 純固하고 節操가 方正하며 智勇이 過人하고 公正聰明한 인물을 선발하려 한 것이다. 제5, 제6은 유교의 경전과 고전적 지식을 지니고 있는 자를 위한 것이며, 제7은 문장력이 있는 자를 위한 것이고, 제8과 제10은 법률적인 지식이 일선행정실무에 유용할 수 있는 인물이며, 제9과는 재정능력을 평가하는 것으로 풀이할 수 있다. 따라서 이들 10科는 科의 성격상 가장 강

---

61) 이 案에 대해서는 구양수가 반대하고 있다. 『歐陽修全集』 卷 17, 奏議集 政府 論逐路取人箚子 治平元年 참조.

62) 『溫國文正司馬公集』 卷 53, 十科擧士條

조된 것이 德行이며 그 다음으로 학문, 문장 그리고 행정실무에 뛰어
난 인물의 순서로 인재를 뽑으려는 것으로서 종래의 詩賦중심의 과거
제를 비판 개혁한 구체적이고도 참신한 내용으로 평가할 수 있다.

司馬光은 학교교육에 대해서도 매우 비판적이었다. 즉 熙寧2년의
議學校貢擧狀58)에 의하면 경력익 흥하운동 이래 학교가 세위지기는
하였으나 지방의 한가한 관원에 의하여 유지되고 있기 때문에 교수다
운 선생이 없고 시정의 豪民子弟와 관리의 놀이터로 전락하여 뜻있는
자는 학교에 입학하기조차 부끄럽게 생각하고 교육내용 또한 時文을
표절하거나 經史를 鈔節하는 것으로 세월을 보내고 있다고 비판하고
있다. 그런데 학교교육에 대한 이와 같은 비판에도 불구하고 학교제도
개선에 대한 구체안이 없는 것은 과거에 예속되고 있는 학교교육만을
개선한다는 것은 그에게는 큰 뜻이 없는 것으로 보았으며 가장 근본
적인 과거의 폐를 개선하면 학교교육은 정상화될 수 있다고 주장한
데 司馬光 교육개혁안의 특징이 있다고 생각된다.

司馬光은 과거제를 근원적으로 개혁하면 자연히 학교교육도 개혁된
다고 하였으니 이는 왕안석의 학교교육 중시와 근본적인 차이가 있음
을 알 수가 있다.

Ⅲ. 歐陽修의 비판과 문교개혁의 실패요인

(1) 구양수의 문교개혁비판

문교개혁에 대한 구양수(1007~1072)의 입장은 대단히 미묘한 바가
있다. 그는 경력의 개혁 당시에는 범중엄을 도와 문교개혁에 직접 참
여하였고 嘉祐의 과거개혁 시에 있어서는 장관으로서 문교정책 전반

에 걸쳐 영향력을 행사하였으나 사마광의 과거개혁론에 대해서는 정면으로 반대론을 폈으며 왕안석의 신법에 대해서도 비판적인 입장을 취하였다. 그는 시문을 반대하고 고문부흥운동을 전개하였기 때문에 그의 입장도 당시의 詩文爲主의 과거제도에는 처음부터 비판적이었으며,[63] 송대의 문교개혁안이 복잡하고 성공하기 어려운 여러 가지 원인을 이상론과 현실주의에 입각하여 자세히 설명하고 있다. 이와 같은 비판은 慶曆의 개혁이 실패로 돌아간 이후 상당한 기간이 지난 嘉祐 年間에 전개된 것으로 그의 經論이나 思考의 완숙한 시기라는 데 주목이 간다. 그는 먼저 교육의 기본방향에 대해서 嘉祐元年에 議學狀에서 다음과 같이 주장하고 있다. 즉,

무릇 학교를 세워 어진 사람을 양성하는 데 才德을 논하여 取士한 다. 이것이 모두 나라의 本務가 있는 것이고 帝王의 極致이다.[64]

라고 논하여 학교를 세워 賢人을 양성하고 德才를 가려 뽑는 것은 바로 국가의 본무이며 제왕의 極致라고 강조하였다. 그러나 이러한 일은 쉽사리 이룰 수 없는 難事이니 그 원인을 다음과 같이 들고 있다. 즉,

臣 등이 행하기가 어렵다고 하는 것은 대체로 古今의 體가 같지 않 고 施設의 방법도 모두 다릅니다. 옛날의 建學, 取士의 제도는 오늘날 의 법과 같지 않습니다.[65]

라 하여 古今의 학교교육의 차이에서 원인한다고 주장하고 이어서 옛날의 학교는 成童에서부터 40세에 비로소 任官을 하고 그동안에는 道

---

63) 劉子健, 「歐陽修的治學與從政」(新亞硏究所, 1969) 78쪽 (4) 歐陽的 文學 참조.
64) 『歐陽修全集』권 16, 奏議集 翰苑 議學狀 嘉祐元年條.
65) 『歐陽修全集』卷 16, 奏議集 翰苑 議學狀 嘉祐元年條.

德을 닦으니 인생 70의 반을 학문을 가고 隣里鄕黨을 살피고 그중 뛰어난 자를 授官하기 때문에 矯僞干利이 士는 나갈 곳이 없고 풍속 또한 嬌傳하지 않는다고 하였다.[66] 이에 대해서 현실은

> 방금의 制는 貢擧로써 사람을 취한다. 전에는 4년에 한 번 貢擧를 詔했는데 너무 더딤을 걱정하여, 다시 2년으로 하였다. 응거하는 선비들이 京師에 와서 공부를 하는 부류는 모두 향리를 버리고 자기의 부모, 처자를 멀리하고 아침저녁으로 祿을 구할 계획만 세운다. (중략) 대체로 옛날에 선비를 기르는 것은 舒遲에 근본하였으나 지금의 取人은 急迫함을 근심하니, 이것은 施設이 같지 않은 때문이다.[67]

라 하여 옛날에는 오랜 기간을 두고 養士를 한 후에 取士를 하는데 지금의 取士는 너무 급박하게 하는 것이 병폐임을 지적하고 있다. 이 밖에도 구양수는 6가지 이유를 들어 혁신적 문교개혁안이 실행되기 어렵다고 六不可論[68]을 말하고 있다. 즉,

첫째, 文學으로서 取士하고 德行으로써 벼슬을 내리려 하지만 速取하게 되므로 眞僞를 가리기가 어렵고 학문으로 사람의 덕행을 勸修하면서 이로써 사람의 교위를 꾀하는 것은 불가한 일이다.

둘째, 서서히 取士를 하려고 해도 文辭로서 士를 뽑는 바에는 文辭之士는 甲科에 나가고 德行의 士는 內舍에 나가지는 않는다.

셋째, 行實을 관찰함에 있어서 사방의 遊士烏合의 무리를 同舍에서 한꺼번에 살필 경우 몇 사람의 學官에 의하여 品行을 정하게 되면 同學들이 다투게 되니 이는 결국 朋黨을 가져오게 되는 것이다.

---

66) 『歐陽修全集』卷 16, 奏議集 翰苑 議學狀 嘉祐元年條
67) 『歐陽修全集』卷 16, 奏議集 翰苑 議學狀 嘉祐元年條
68) 『歐陽修全集』卷 16, 奏議集 翰苑 議學狀 嘉祐元年條

넷째, 사람의 재능은 어떤 일에 부딪치지 않으면 알 수 없다. 衆人보다 뛰어나게 보이려고 할 때는 반드시 迂僻奇行으로써 德行이 있는 것처럼 꾸미고 高談虛論으로써 材識을 구하게 되는 것이니 前日 慶曆之學의 폐가 바로 여기에 있다.

다섯, 文學으로써 士를 뽑고 京師에서는 德行으로써 士를 취하면 산골 향리의 德行者는 그대로 남게 되는 것이다.

여섯, 근래에 조정에서는 사방의 士가 京師에 몰려오는 것을 크게 염려하여 법을 엄하게 하고 각기 향리고 돌아가게 하고 있으나 또다시 京師에 그들을 모아 德行을 고찰한다는 것은 불가한 일이다.

이상의 六不可論은 당시의 과거제에 대한 비판임과 동시에 慶曆의 개혁 이래의 문교개혁이 안고 있는 여러 가지의 문제점을 지적한 것으로서 송대 사회의 구조상에 있어서 문교개혁이 성공하기 어려움을 논하고 있는 것이다.

그러나 구양수는 학교나 과거제의 개혁보다는 吏道를 쇄신하는 것이 급선무라고 강조하고 吏道刷新에는 관리의 賞罰黜陟法을 엄중히 하여 官界의 기강을 肅正하는 것이 사회질서를 바로잡을 수 있다고 현실주의적인 입장을 취하고 있다. 그는 조정에서 상벌을 엄격히 하여 관리를 畏服시키지 못한 데서 吏道의 문란이 초래되었다고 보고 朝臣中에서 三丞 이상에서 郎中에 이르는 관료 중에 强幹康明한 사람 20명가량을 뽑아서 諸路按察使로 임명하여 각 지방의 관리의 치적을 조사하여 賢愚善惡을 판별하자고 하였다. 따라서 그는 보수계관료를 대표하는 인물로 꼽을 수가 있다. 이와 같은 의견에 비한다면 범중엄과 왕안석의 문교개혁안은 보다 근원적인 모순을 수술하려는 개혁이라 하겠다.

(2) 문교개혁의 실패원인

송대의 문교개혁운동은 그 논의의 분분함은 물론이려니와 개혁이 실행된 것만도 수차이었다. 범중엄에 의한 慶曆의 개혁, 吳中復에 의한 嘉祐의 科擧改定論[69] 그리고 神宗의 熙寧代에 왕안석과 사마광, 구양수의 개혁, 다시 哲宗이 元祐初에 舊法黨에 의한 학교 및 과거개혁운동을 들 수가 있다. 南宋代에 가서도 문교개혁논의는 계속되고 있다. 개혁의 요지는 논란의 다양함에도 불구하고 이를 집약하면 과거제도의 개혁과 과거준비소로서의 학교교육을 본연의 養士기관으로 만들자는 것이다.

그러나 모든 개혁은 실천에 옮겨진 지 얼마 안 되어 원점으로 되돌아가는 악순환을 반복하고 있다. 이와 같이 문교개혁을 원점으로 돌아가게 하는 원인은 무엇인가 이에 대한 해답은 간단히 단정하기는 어려우나 宋代史를 이해하는 중요한 열쇠가 되는 것이다. 문제해결을 다음과 같은 몇 가지 방향에서 찾아보고자 하였다.

첫째 문교개혁이 성공할 수 없는 원인을 송대 관료사회의 성립과정의 성격에서 파악할 수 있다. 앞에서도 언급하였지만 송대는 문치주의를 국가의 기본정책으로 삼고 다수의 문신관료를 科擧, 특히 진사과에 의하여 기용하고 있다. 이들 진사관료는 太宗의 太平興國2년 이래 다량으로 배출되어 관료 사회의 요지를 차지하고 국정전반에 걸쳐 영향력을 행사하였다. 이들 진사관료는 누구를 막론하고 詩賦에 의하여 어려운 과거의 문을 통과한 인물이기 때문에 시부에 대한 그들의 교양과 자부는 대단한 것이다. 宋人의 문집을 열어 보면 대부분의 인사가 그들의 문집의 초두에 시문을 자랑스럽게 싣고 있는 것은 송인의 시문에 대한 우월감과 아울러 자신을 관인으로 나아가게 만든 시부에

---

69) 『長編』卷 187, 嘉祐3年 5月 庚申朔 壬申條.

대한 깊은 애착심을 문집에 그대로 반영하고 있는 것으로 생각된다. 북송의 초중기에 진사과를 통하여 해갈한 문신관료의 수는 6천여 명에 이르고 이들은 적어도 詩賦중심의 과거체제에 의하여 등용된 인물이기 때문에 科擧制의 모순은 인식하고 있으면서도 이를 개혁하려는 데는 한사코 반대를 하는 것이다. 왜냐하면 이는 進士官僚의 자기부정을 의미하는 것이기 때문이다.

둘째로 개혁의 어려움을 송대 사회의 구조에서 찾을 수 있겠다. 宋 이전의 사회에는 科擧를 통하지 아니하고서도 입신출세를 할 수 있는 문벌과 가문이 있었다. 사회의 지배계층으로 나아가는 데는 문벌을 통하는 것이 훨씬 유리하고 가문을 배경으로 얼마든지 관료가 되는 길이 있고 안전한 보장이 수반되고 있었다. 그러나 송대에 오면 사회의 지배계층으로 올라가기 위해서는 필수적으로 科擧의 좁은 문을 통과하여야 하기 때문에 과거에 대한 관심은 거의 절대적이라 하겠고 이에 대한 변혁은 이미 이 관문을 통과한 관료들도 바라는 바가 아니고 앞으로 이 길로 나아가려고 하는 많은 과거지망생에게도 원하는 바가 아니다.

셋째, 과거와 학교와의 관계이다. 과거시험 준비를 위하여 소요되는 경비는 막대하며 이는 佃戶層은 물론이며 일반농민의 경제능력으로서는 감당하기 어려운 것이다. 극빈한 가문에서 과거에 합격한 범중엄이나 구양수와 같은 천재적인 인물도 없지 않으나 과거에 합격하였거나 합격하지 못한 수많은 송대 과거지망자는 官人의 가문이거나 아니면 유력한 形勢戶를 기반으로 하고 있다. 이들 형세호를 배경으로 한 경제적 지배층은 학교와 같은 공적인 교육장이 사실상 별 의미를 갖는 것이 아니다. 그들의 풍족한 경제력을 동원하여 학교 이외의 장소에서 그들이 필요로 하는 교사를 초빙하여 마음 놓고 과거시험 준비를 子

弟에게 시킬 수가 있음으로 학교라고 하는 공적기구는 形勢戶층에게
는 별 의미가 없는 것이다.

과거제도가 가문이나 문벌을 배격한 평등의 원리에서 능력 위주로
인물을 선발한다고 하지만 과거에 나가기까지의 과정에는 이 제도처
럼 不平等한 조건을 지니고 있는 것도 드물다. 학교교육이 수차례에
걸친 興學운동에도 불구하고 시정의 잡담소와 같이 되어버린 원인도
바로 여기에서 찾을 수가 있을 것이다.

넷째, 개혁의 실패를 송대 관료의 言路관계에서 파악할 수가 있다.
송대는 국정에 대한 언론의 자유가 개방된 체제이다. 국정을 결정함에
있어서는 皇帝가 처음부터 결정을 하는 것이 아니라 신하들의 의견을
충분히 들은 후에 최종적으로 황제가 결정하는 토론을 거치기 때문에
국정에 대한 비판은 자유로이 가할 수가 있다. 이때에 새로운 개혁안
이 제기될 경우 반대의견이 나오게 되고 그 반대의견은 개혁안에 대한
상호 이해관계에 얽혀 당을 형성하여 여론으로써 반대하게 된다. 송대
의 黨爭이 격심한 까닭이 여기에 있었던 것이다.

다섯째, 形勢戶나 官戶의 이해관계에서 살필 수가 있다. 송대 사회
의 지배계층은 家門에 의하여 지배계층이 된 것이 아니라 자신의 능
력으로 지배계층이 되었기 때문에 그들의 官戶로서의 家系를 계속 유
지하기 위해서는 자제에게 독서를 하게 하여 讀書人을 만들고 그들로
하여금 科擧를 통하여 사대부 관료가 되게 하는 것이 궁극적인 목표
이다. 관인의 지위는 一代에 그치기 때문에 계속하여 관인신분을 유지
하기 위해서는 일단 과거를 의식하지 않을 수가 없다. 관료 중에서 二
代에 걸쳐 계속하여 과거에 합격한 예는 흔하지 않고 과거에 의하여
관인이 된 관료의 대부분은 蔭補制度를 이용하여 그들의 가계를 유지
하고 있으나 그들의 희망은 자제로 하여금 독서인이 되게 하여 과거

로 출세시키려 하였다. 따라서 과거제도의 개혁은 송대의 지배층인 관인이나 형세호의 강력한 반대에 부딪치게 되는 것은 당연한 논리이다.

여섯째, 科擧의 시험과목의 문제이다. 개혁을 주장한 대부분의 인사들은 詩賦중심에서 經典과 論策으로 바꾸자는 의견이다. 그러나 경전이나 논책으로 시험을 보았을 때 덕행이 뛰어나고 유능한 관료를 선발할 수 있다는 보장도 사실상 없다. 詩賦만으로 시험은 보지만 과거에 응시하기 위한 독서인층이 지니고 있는 지식은 유교의 경전에 대한 해박한 지식을 이미 축적하고 있는 상태이다. 그러므로 시험과목에 경전이나 시부의 차이는 독서인이 지니고 있는 지적인 능력으로 볼 때에는 양쪽이 다 비슷한 것이기 때문에 개혁의 근본에 있어서는 대단한 차이라고 볼 수 없는 것이다.

끝으로 宋代人의 보수주의적 경향이 과거제의 개혁을 원하지 않았던 것이다. 문교개혁책 뿐 만 아니라 모든 제도의 개혁은 祖宗之法이라고 하는 전통주의에 얽매여 보수관료의 반대에 부딪치는 것은 비단 송대사에 한하는 것만은 아니지만 이상과 같은 정치 사회적인 배경을 지니고 있기 때문에 개혁에 대한 반대자들은 조종지법을 개혁한다는 것은 전통주의에 위배된다는 대의명분을 내걸 수 있는 충분한 구실을 마련하여 주는 것이다. 이에 따라 황제가 개혁을 실천에 옮겨진 후에 논의 결과에 대한 후회와 두려움으로 곧바로 원점으로 환원시키는 악순환을 반복하게 되는 것이다. 여기에 송대 문교개혁의 실패요인이 있다. 保守와 革新의 대립은 송대뿐만 아니라 중국사 전체의 역사적 특징이기도 하다.

제2절 관료제의 모순과 財政改革論

宋代 문신관료체제의 약점은 군사력의 약화에 따르는 막대한 군비의 지출에 있다. 특히 傭兵主義에 수반되는 재정부담은 심각한 바가 있고 또 군비의 과도한 지출에도 불구하고 문신관료제와 용병제도에 의하여 軍律은 다른 시대에 비하여 해이한 형편이었다.[70] 북송대에 있어서는 재정문제가 항상 정치적인 중요한 쟁점으로 등장하였고 당쟁의 중심도 재정문제가 논란의 대상이 되었다. 그 위에 문치주의체제를 지탱하여 나가기 위한 관료의 유지가 국가재정을 크게 압박하였으니 송대의 재정문제는 항상 冗兵 · 冗官論과 긴밀한 관계가 있다.

I. 宋代會計錄과 국가재정

北宋의 財政一般을 파악하기 위해서는 會計錄을 살펴볼 필요가 있다. 송대의 회계록에 관하여서는 王應麟의『玉海』에 비교적 세밀히 기록하고 있다.[71] 그런데 會計錄의 기원은 唐 憲宗의 元和2년(807)에 그 당시의 재상인 李吉甫가 元和國計簿를 편찬하여 황제에게 올린 데서 비롯되며,[72] 송대 최초의 회계록은 眞宗의 景德4年에 右諫議大夫

---

70) 『二十二史箚記』권 25, 宋軍律之弛.
71) 『玉海』권 185에 송대에는 각 시대별로 회계록을 편찬하였는데 景德, 祥符, 慶曆, 皇祐, 治平, 熙寧, 元祐, 宣和 등의 북송시대의 회계록과 紹聖, 慶元, 端平 등 남송의 것이 있었음을 알 수가 있다.
72) 曾我部靜雄,『宋代財政史』(弘文館, 1958) 18쪽에 元和國計簿는 天寶年間과 元和年間을 서로 비교하여 천하의 戶口數, 州縣數, 세출입수, 官員과 兵員數 등을 자세히 표시한 것으로서 송대의 회계록은 이에 준한 것이라고 하

權三司使인 丁謂[73]에 의하여 「景德會計錄」 6권이 편찬된 데서 비롯된다.[74] 이는 眞宗이 泰山에서 封禪을 行하려고 재정형편을 문의한 데 대한 丁謂의 통계보고이다. 그 후 『慶曆會計錄』 2권은 慶曆3년에 三司使[75]에 의하여 京師에 있어서의 출납관계와 지방 19路의 錢帛芻糧數를 기록한 것이며, 『皇祐會計錄』 6권은 皇祐2년[76]에 權三司使 田況[77]에 의하여 丁謂의 『景德會計錄』의 체제를 본떠 만든 것으로[78] 戶賦, 課入, 經費, 儲運, 祿賜, 雜記로 분류하고 있다. 『治平會計錄』은 治平4년에 三司使인 韓絳에 의해 편찬되었고,[79] 哲宗代의 『元祐會計錄』은 元祐3년에 蘇轍, 韓忠彦 등에 의하여 收支, 民賦, 課入, 儲運, 經費의 5항에 관하여 元豊8년도의 통계를 들고 있다. 이 밖에 徽宗時代에 있어서

였다.

73) 『宋史』 卷 264, 丁謂列傳 및 『東都事略』 卷 49, 列傳 32 丁謂에 의하면 그는 어려서 文名을 떨쳤다. 大理評事通判濶州를 시작으로 直史館 福建路轉運使를 거쳐 咸平初에 三司戶部判官과 同 5년에 三司鹽鐵副使 知制誥를 역임하여 三司使에 이르기까지 지방 및 중앙의 재정부분의 요직을 담당하였다.

74) 『長編』 卷 68, 景德4年 7月 丙子條 및 8月 丁巳條에 의하면 一戶賦, 二郡縣, 三課入, 四歲用, 五祿食, 六雜記로 그 내용이 분류되어 있다.

75) 周藤吉之 「北宋の三司の性格」(『宋史研究』所收)에 의하면 이 당시의 三司使는 王堯臣이며 『宋史』 王堯臣列傳과 『東都事略』 卷 70, 列傳 53에 의하면 王堯臣은 科擧의 진사과에 제1등으로 합격하여 將作監丞으로 解褐하고 通判湖州, 著作佐郎, 知光州, 三司度支判官 右司諫知制誥 翰林學士를 거쳐 三司使에 취임하기까지 지방과 중앙의 경제와 정치의 요직을 담당하였다.

76) 曾我部靜雄, 『宋代財政史』 19쪽에 의하면 『長編』 卷 172 皇祐4年 正月條의 기사를 인용하여 皇祐2년에 田況이 만든 회계록과 同 2년에 王堯臣, 王守忠, 陳旭 등이 명을 받아 皇祐4年에 완성된 것과는 별개의 것으로서 『皇祐會計錄』은 田況의 것과 王堯臣의 것 두 종류가 있음을 밝히고 있다.

77) 『宋史』 田況列傳 및 『東都事略』 卷 70 列傳 50에 의하면 진사에 합격한 후 太常丞 通判江寧府를 거쳐 右正言知制誥, 樞密直學士知渭州와 給事中을 역임한 후에 皇祐2년에 御史中丞 樞密直學士權三司使에 오르고 있다.

78) 『東都事略』 卷 70 列傳 50 田況.

79) 曾我部靜雄 앞의 책에서 이 『治平會計錄』은 治平元年頃에 蔡襄이 撰한 것과 同 4년에 韓絳이 再撰한 두 가지가 있지 않았을까 추론하였다.

도 宣和會計錄 편찬의 필요성을 楊時가 역설하고 있지만 실제로 편찬
이 되었는지는 알 수가 없다.

이와 같은 會計錄은 북송시대의 재정상황을 파악하는 데 매우 중요
한 자료가 되는 것으로 현재 남아 있지는 않고『宋史』食貨志,『宋會要
輯稿』등의 사서에 단편적으로 있어서 송대의 통계자료로 활용되고
있으며, 북송재정의 문제점을 파악할 때에 인용되고 있다. 또한 송대
의 회계록은 各 朝마다 편찬하고 있으며, 때로는 2회에 걸쳐 편찬하기
도 하였는데 편찬 동기는 국가의 재정규모를 파악하여 수입과 지출을
명시하고 전대에 비하여 현재의 재정상태가 어떠한 위치에 있는가를
점검하는 자료로 활용하기 위하여 작성한 것으로 편찬은 주로 三司使
가 맡아서 하였다.

北宋의 재정상의 문제점은 회계록에 나타나고 있는 통계자료와 재
정관료의 의견, 그리고 세입, 지출을 비교하면 대략을 짐작할 수가 있
다. 회계록에 나타나고 있는 세수의 중요부문을 보면 토지세, 인두세,
그리고 물품세로 나눌 수가 있으며 이는 唐의 兩稅法을 기초로 하여
夏稅와 秋糧의 2기로 나누어 징수하고 세수의 중앙집중을 정책으로
하였다. 稅額은 墾田의 頃數에 의하였으며 북송 중기에 稅糧額이 약 2
천여만 석에 이른 기록을 볼 수 있다.[80] 糧穀 이외에도 銀, 錢, 絹帛
으로 수납된 세액이 있었을 것이므로 이를 합하면 고액에 달한 것으
로 생각된다. 그러나 토지세는 송대 상업의 비약적인 발전으로 인하여
상인층의 상업활동에 의하여 흡수되는 화폐수입에 비하면 큰 액수는
아닌 듯하다. 宋代 有數의 재정가인 張方平이 治平4년에 올린 상소
문[81]에 의하면 천하의 緡錢收入이 榷利, 商稅의 액을 합하여 5천여만

---

80)『宋史』卷 179, 食貨志下 會計條
81)『長編』卷 209, 治平4年 春正月 丙午條 및『宋史』卷 186 食貨志 139 商稅條

민 이상으로서 景德時代보다도 3배나 증가하였음을 숫자로 지적하고 있다. 이것으로 미루어 보더라도 송대의 상업활동은 국초 이래로 발전을 보였고 그에 따른 재정상의 수입 또한 큰 것임을 알 수가 있다. 그러므로 송대 재정상에 있어서 상인계층이 차지하는 지위는 중요하다고 하겠다.[82] 이러한 상업활동은 농업을 주요 산업으로 하는 당시에 있어서 농업생산의 비약적인 발전에 의하여 가능하였으며, 따라서 송대의 상인계층은 농업생산에 의한 1차적 물품을 화폐에 의하여 그들의 手中으로 집중시키고 있었으므로 국가의 재정 및 상업정책도 이들 상인계층을 통하여 재정수입을 확보하려고 하였던 것이다. 이렇게 거두어들인 재원은 일부분을 지방의 경비에 사용하는 이외에는 모두 중앙으로 집중시켰으며, 이러한 경제적 중앙집권화 정책은 송태조 이래 국책으로 계속되어 나갔다.[83] 상인계층은 화폐수입의 중개자로서 북송의 재정을 강화하고 화폐의 중앙집중에 이바지하였고 경제적 중앙집권화 정책에 큰 작용을 하였음을 알 수 있다.

다음 송대 세출의 중요한 몫을 차지하고 있는 것은 경상비로서 군인 및 관료의 俸祿을 들 수 있고, 非經常費로 군사비나 대외적인 歲幣와 기타 南郊大祀費 등이 있다. 그런데 세출상에서 볼 때에 문신관료체제의 모순은 특히 군사 면에서 나타나고 있다. 즉 문관우위정책을 취한 나머지 군의 기강이 해이하여지고 대외적으로 외유의 압력으로 막대한 군사력을 유지해야 하였으므로 군사비의 지출은 송대의 재정을 크게 압박하였다. 문신관료체제에 의한 군인수의 증가와 군사비의 지출내용을 보고 그것이 북송의 재정상에 던져준 여러 가지의 문제점은 매우 심각한 바가 있다.

---

82) 宋代 商稅制度의 大綱에 대해서는 『宋史』 食貨志下 8 商稅條를 참조.
83) 『宋史』 卷 179, 食貨志下 會計條.

宋代의 兵制는 唐代의 國民皆兵主義에 의한 府兵制度와는 달랐으니
즉 당말 오대의 절도사의 횡포에 의한 지방군벌의 폐해를 막고 황제
에 의한 중앙집권을 강화하기 위하여 傭兵制度를 택하였다. 이러한 용
병의 종류를 보면 중앙의 천자에 직속되어 있는 禁軍은 수도 및 북방
요지를 담당하고 지방에는 廂軍이 있었다.[84] 이 廂軍은 군인이라기보
다는 군사교련을 받지 않은 일종의 노동자 집단이었다. 이 밖에도 특
수지방에 鄕兵이 있어서 각 지역에 따라 그 명칭이 다르며 禁軍과 함
께 변경경비를 맡기도 하였다.[85]

문치주의 결과에 의하여 武官의 사회적 지위는 떨어지고 군인의 사
기는 저하되어 軍律이 흐트러져 禁軍의 질적 저하를 가져오게 되었다.
그러나 거란과 서하의 압박에 따라 兵員의 증가는 급격히 늘어나게
되었고, 그들은 직업군인이었으므로 전쟁이 끝나도 군에 남아 있었으
므로 국가의 재정을 압박하였다. 북송의 중기 이후에는 이러한 재정운
영으로 세출의 약 80%가[86] 군비로 지출되니 재정이 크게 문란하게
되고 이에 대한 개력논의가 나오게 되어 재정문제로 발전하게 되었다.
군인의 증가와 군사비지출내용에 대해서는 『宋史』의 兵志[87]에 자세한
숫자가 보인다. 즉 兵員의 증가를 보면 開寶연간(968~976)에는 총 37
만 8천 명이었고 그 가운데 禁軍의 馬步兵이 19만 3천 명이다. 그러나
至道연간(995~997)에는 총 병수 66만 6천 명이고 그 가운데 禁軍馬
步는 35만 8천 명으로 증가하고 있다. 天禧연간(1017~1021)에는 총
91만 2천 명으로 禁軍馬步는 42만 2천 명으로 크게 증가를 나타내고

---

84) 『宋史』권 187, 兵志에 北宋의 兵種을 禁軍, 廂軍, 鄕兵으로 나누어 설명하
　　고 있고 그 외에도 蕃兵이 있었다.
85) 申採湜, 「北宋鄕兵考」(『歷史敎育』제11·12 合輯), 231-250쪽 참조.
86) 宮崎市定, 「北宋史槪說」, 『アジア史硏究』제1, 261쪽 참조.
87) 『宋史』卷 187 兵志 140.

있으며 이것이 다시 慶曆연간(1041~1048)에는 총 병수 125만 9천 명으로 대폭 증가하고 그 가운데 禁軍馬步는 82만 6천 명으로 되어 있다. 다음 治平연간(1064~1067)에는 총 116만 2천으로 감소되고 이에 따라 禁軍馬步도 66만 3천 명으로 줄어들고 있다.

위의 통계는 북송의 군사문제를 논할 때 흔히 인용하는 것이지만 우리는 이 숫자로서 兵員이 국초 이래로 증가되었음을 알 수가 있고 특히 거란과의 전쟁이 한창이던 至道연간과 서화와의 7년전쟁이 계속되던 경력연간에 급격한 증가를 보이고 있음을 살필 수가 있다. 開寶연간에서 慶曆연간에 이르는 약 70년간 사이에는 3배의 병원이 증가되었으나 왕안석에 의하여 신법이 단행되는 治平연간에 이르러 약간 減軍되고 있음을 알 수가 있다. 그러면 이와 같은 막대한 병원을 유지하는 데 있어서 실제로 얼마만한 경비가 소요되었던 것인가. 이 문제는 송대의 재정문제를 논함에 있어 반드시 이야기되어야 할 중요한 문제로서 논자에 따라서는 군사비를 북송세출의 약 8할로 보는 견해도 있는데[88] 이를 좀더 구체적으로 검토할 필요가 있는데, 이에 대해서는 三司使 張方平이 비교적 자세히 언급하고 있다. 장방평은 慶曆7년에 兵員의 증가가 재정상에 미치는 영향이 막대함을 들고 이에 대한 문제점을 다음과 같이 제기하고 있다. 즉 그의 통계에 의하면 陝西지방에서 서하와의 개전 이래로 증가된 禁軍의 수를 40여만 명으로 잡고 있고 이 40만 증원군에 대한 일 년의 경비를 料錢으로 240만 민, 糧穀이 1,200만 석, 紬絹이 240만 필, 絲가 480만 량, 隨衣錢이 120萬束, 支草가 1512萬束, 馬料로서 151만 2천 석, 南郊賞給이 600萬緡이라고 표시하고 있다.[89]

---

88) 曾我部靜雄, 『宋代財政史』참조.
89) 『長編』 卷 161, 慶曆7年 庚午條

이 통계에 나타난 지출의 내역을 정확히 緡錢額으로 추산하기는 곤란하나 時價에 명백히 나타나 있는 것을 합산한다면 평균 1년에 1,600여만 민으로 환산할 수가 있는데 여기에는 운반비 등의 잡비는 포함되지 않은 것이다. 교통이 불편한 당시에 있어서 변방지대까지 물품을 수송한다는 것은 극히 어려운 일로서 증가된 40만 禁軍을 유지하기 위해서는 실제로 소비된 액수는 1,600만 민을 훨씬 넘었을 것으로 추측할 수가 있다. 張方平은 이것을 2,000만 민으로 추산하고 있는데[90] 가령 이 액수를 그대로 믿는다면 慶曆연간에 있어서 총 兵員은 126만 명이므로 이에 소요되는 경비는 약 6,300여만 민이 되는 셈이니 군사비가 재정지출에 얼마나 큰 부담을 주었는가를 알 수가 있다. 장방평은 서하와의 開戰 이래로 40여만[91]의 禁軍이 증가하고 있음을 지적하고 있고 이들에 대한 군사비로서 약 2천만 민[92]이 지출되었음을 말하고 있는데 中等의 禁軍 1卒에게 필요한 1개년의 경비의 산출기준을 장방평은 다음과 같이 계산하고 있다. 즉 월급 약 500文, 매월식량이 2石5斗, 春冬衣用으로 紬絹이 6匹, 綿 12兩, 隨衣錢 3緡으로 이들 품목을 당시의 가격으로 환산하면 합계가 약 50민이 된다는 것이다.[93] 따라서 寶元원년에 서하의 침입으로 인한 軍員의 급격한 증가는 재정사에 있어서 심각한 문제를 일으켰고 이것은 북송재정사에 일시기를 획할 수 있는 중요한 동기가 되는 것으로 그것은 바로 慶曆연간에 있어서의 軍員이 급격한 증가가 국가의 재정에 큰 부담을 준 것과 직접적인 관계가 되는 것이다.

군사비 다음으로 세출에 큰 몫을 차지하는 것은 관료들의 俸祿이라

---

90) 『長編』 卷 209, 治平4年 春正月 丙午條의 張方平奏.
91) 『樂全集』 卷 23, 論國計出納事.
92) 『樂全集』 卷 24, 論國計出納事.
93) 『樂全集』 卷 23, 論國計出納事 및 曾我部靜雄 『宋代財政史』 30쪽 참조.

하겠다. 문치주의 송조에 있어서는 많은 수의 과거출신 관료가 있었고 그 밖에 蔭補制度의 濫用으로[94] 관리의 수는 계속하여 증가되어 冗兵 문제와 함께 冗官문제가 중요한 사회문제로 등장하였다. 그 위에 송대에 있어서는 관리에 대한 봉록이 매우 후하였으므로[95] 이에 대한 재정상의 지출부담도 매우 큰 바가 되었다. 실제로 관리의 俸祿으로서 宰相이나 樞密使의 예를 보면 월 300緡, 春冬服費로 綾24匹, 絹30匹, 金 100兩을 지급하였고 祿粟은 月 100石을 주었다. 隨人衣糧으로 각 70人分과 茶酒廚料, 薪蒿炭鹽諸物, 飼馬芻粟, 芻羊口 등의 급여가 따로 있었다. 그 밖의 관리에게도 그들의 관직에 따라서 차이를 두어 지급하였는데 給賜額이 매우 후하였다. 또한 祠祿의 제도가 있었는데[96] 祠祿官이란 前官의 예우를 하는 제도로 主로 宮觀을 관리케 하고 봉록을 주어 致仕한 年老한 대신에 대한 元老優遇를 하였다. 그러나 이것이 시대가 내려감에 따라 남용되어 도리어 冗官冗費를 증가시키는 결과가 되고 재정상에 큰 부담을 주게 되었다. 그 밖에 음보제도의 남용을 들 수가 있는데 이 음보의 남용은 冗官을 증대시키는 원인이 되었고 송대의 재정에 큰 부담을 주었다.[97]

恩賞의 후함이 또한 국가재정상에 큰 압박을 주어 송대 세출상에 큰 문제를 일으키고 있다는 사실을 지적할 수 있다.[98] 송대는 祿賜 이외에 특별한 恩賞이 있고 대신이나 공신이 死沒하거나 轉出하거나 또는 특별한 훈공이 있을 때에 대규모의 은상이 있었다.

---

94) 申採湜, 「北宋의 蔭補制度硏究」(『歷史學報』제42집) 1-46쪽 참조.
95) 『二十二史箚記』卷 25, 宋制祿之厚條 및 『宋史』職官志에 실린 俸祿之制에 자세하다.
96) 『二十二史箚記』卷 25, 宋祠祿之制.
97) 申採湜, 「北宋의 蔭補制度硏究」참조.
98) 『二十二史箚記』卷 25, 宋恩賞之厚條 참조.

이상과 같은 막대한 재정지출은 모두가 문신관료체제가 안고 있는 모순에서 제기되는 심각한 문제로서 북송의 중기 仁宗代는 이미 적자 재정이 나타나고 이에 대한 의견이 심각하게 제기되었다. 막대한 군인 과 관리의 증가로 군사비와 관료의 유지비가 과다하게 지출되었으며 이는 세출의 대부분을 차지하는 재정부담이 요인으로 나타나고 있다. 그런데 이러한 軍·官의 유지가 가능한 것도 송대 산업생산의 비약적 인 발전과 그것이 다시 상업활동으로 국가재정을 뒷받침할 수 있었기 때문이다. 稅制面에서 볼 때 송대는 重稅이며 재정상에서 발생하는 정 치, 경제, 사회상의 문제는 문치주의적 집권체제의 모순에서 일어나는 특징적인 현상이라 하겠으며 이와 같은 모순점이 수치상으로 나타나 고 이를 근거로 하여 재정개혁론이 전개되었다.

II. 財政改革論

재정상에 있어서 세출부문에 큰 몫을 차지하는 것이 군사비와 관리 들의 俸祿임은 이미 앞에서 지적한 바이거니와 宋代의 재정개혁론을 이야기함에 있어서도 이 두 가지 문제가 재정문제와 서로 밀접한 관 계를 지니고 있음을 살필 수가 있다. 북송시대에 재정개혁의 필요성을 일찍부터 역설한 많은 사람들의 개혁논의가 冗兵문제와 冗官문제를 해결해야 한다는 데 초점이 맞춰지고 있다. 이러한 冗兵 冗官문제는 군인과 관리의 수가 급격히 증가되는 太宗末에서 眞宗代에 이르러 제 기되었고 다시 仁宗代에 이르면 그것은 개혁되어야 할 긴급한 사회문 제로 확대되었으며 시급히 개혁되어야 할 시무책으로 주창되었다. 神 宗代에 이르러 王安石에 의하여 단행된 신법을 혁신적인 것으로 해석하는 많은 연구가들의 업적을 알고 있는 바이지만 王安石에 의해서 실시된 新法을 재정문제의 해결이란 다른 측면에서 바라볼 때 그것은 이미 3대(眞宗.仁宗.英宗)에 걸쳐서 누적된 문제들로서 마땅히 해결을 보아야 할 단계에 이르렀던 것이다. 이런 뜻에서 신법당인 왕안석이 개혁을 하지 않았다 해도 구법당의 司馬光에 의해서라도 개혁은 추진 되지 않을 수 없는 불가피성을 내포하고 있었던 것으로 볼 수가 있다. 왜냐하면 북송의 재정개혁논의는 왕안석시대에 이르러 돌연히 제기된 문제가 아니고 그것은 이미 진종대에 楊億이나 田況 등에 의하여 문 제가 제기되었고 인종대에 이르러서는 재정문제는 보다 심각한 상태 에 이르고 그에 따라 張方平에 의한 재정위기론이 제기되면서 활발히 논의되었으며 范仲淹에 의하여 몇 가지 문제가 개혁되었고 다시 司馬 光도 재정개혁의 필요성을 논하고 있었던 사실들로 미뤄 알 수가 있 기 때문이다.

이를 좀더 구체적으로 보면 북송대에 禁軍의 급격한 증가는 앞에서 숫자로 살펴보았거니와 이러한 군원의 증가에 따라 군사비의 과중한 지출이 재정에 무거운 부담을 가져다줌으로 이로 인한 冗兵論이 제기 된 것은 眞宗初인 咸平연간(998~1003)이다. 즉 함평원년 춘정월에 翰 林學士인 王禹稱[99]은 당시의 중요한 時務五事를 거론하면서 용병문제 가 군사력의 운영 면에 있어서 미숙한 점이 있음을 들고 그것이 재정 상에 주는 영향이 크다는 점을 들어 精銳兵論을 다음과 같이 말하고 있다. 즉,

> 둘째로는 冗兵과 冗吏를 줄이라는 것입니다. 山澤의 풍요로움이 점
> 차 아래로 내려가야 하고, 乾道 開寶연간에 토지가 넓지 않고 財賦가

---

99) 『宋史』 卷 284, 列傳 王禹稱.

풍부하지 않았다. 그러나 河東을 擊하여 北鄙를 대비하니 國用이 부족
했으나 兵威는 또한 강하였다. 이는 兵銳로 말미암았고 사용하는 장수
가 몸소 나서서 의심하지 않았기 때문이다.[100]

라고 논하고, 이어서

이후로 강남 여러 나라를 다 취하고 河東을 雙平하니 財賦는 넓고
풍요롭다고 할 만하다. 그러나 兵威가 부진하여 國用이 두루 급하니
그 원인은 兵冗이 쌓인데 있다. 군사는 精強하지 않고 장수는 많으나
전쟁경험이 부족하기 때문이다.[101]

라 하여 宋이 중원을 통일한 후에 財用이 풍부해졌으나 兵威는 부진
하고 국용은 도리어 위급하게 된 것은 병력이 용렬한 데 있음을 지적
하고 그 개선책으로서는

冗吏는 위에서 冗兵은 아래에서 소모하니 山澤의 利를 다 취하고
도 족할 수 없다. 무릇 山澤의 이로움은 백성들과 더불어 함께 해야
한다. (중략) 臣은 冗兵과 冗吏를 줄이고 山澤의 풍요로움으로 하여금
점차 아래로 흐르게 마련해야 합니다..[102]

라고 하는 바와 같이 冗兵을 줄이고 山澤의 饒豊(국가재정)을 아래의
백성들에게 같이 더불게 해야 한다고 강조하고 있다.

또한 三司度支部判官인 宋祁도 당시에 있어서 개혁해야 할 三冗三
費를 들고 있으니, 그것은

---

100) 『宋史紀事本末』 卷 20. 咸平諸臣言時務條
101) 『宋史紀事本末』 卷 20. 咸平諸臣言時務條
102) 『宋史紀事本末』 卷 20. 咸平諸臣言時務條

　　兵은 먹는 것으로서 근본을 삼고 먹는 것은 재화로서 도움을 삼는
다. 聖人은 천하의 갖춤을 하나로 했다. 지금 창고에는 積年의 鐵이 없
고, 太倉에는 三歲의 粟이 없다. 조정에 크게는 三冗이 있고 적게는 三
費가 있어 천하의 재물을 곤궁하게 한다. 재물이 궁하고 쓰임이 급하
고 군사를 일으켜 일을 멀리 하면 진실로 계책이 없는 것이다. 三冗을
제거하고 三費를 절약할 수 있고 전적으로 西北의 屯을 갖추면 가히
베개를 높게 하고 잠잘 수 있을 것이다. 무엇을 三冗이라고 하는가. 천
하에 定官이 있으나 限員이 없는 것이 一冗이라. 廂軍이 任戰하지 않
고 의식을 소모하는 것이 二冗이고, 僧徒가 날로 더욱 많아지고 定數
가 없는 것이 三冗이라. 三冗을 제거하지 않으면 나라를 바로세울 수
가 없다.[103]

이라 하여 冗吏·冗兵의 제거 없이는 국가의 존립자체가 곤란하다고
까지 말하고 있다.

　　또한 慶曆5년(1045)에 右正言 田況도 부역과 징세가 점차로 무거워
지고 있는데 그 원인은 冗兵에 있고 冗兵의 弊를 개혁해야 함을 다음
과 같이 강조하고 있다. 즉,

　　當世의 폐단을 보건대 役斂이 무거운 데 있다. 백성들은 근심하고
기운이 손상된 것은 재앙이 役斂으로 말미암기 때문이다. 國計가 날로
궁색하고 國計는 冗兵이 날로 현저하여 천하의 兵이 이미 백만이 넘는
다. 이것은 先朝의 거의 3배이다. 自古 이래로 앉아서 의식을 소모하는
것이 오늘날만 같지 않았다.[104]

이라고 재정문제를 해결하기 위해서는 養兵의 冗濫을 개혁해야 한다
고 하였다. 慶曆 7년에 三司使 張方平도 재정개혁을 상소하고 있으니,

---

103) 『宋史』 卷 284, 列傳 43 宋祁.
104) 『長編』 卷 154, 慶曆5年 春正月條.

그것은

 慶曆3년 이래로 서북의 銀絹을 增添하여 보내 주었다. 내외의 文武
官이 冗官으로 그 수가 더욱 增廣하여 三司의 경비가 넉넉하지 못하다.
지금 禁兵의 籍이 백만 인일뿐만 아니라 앉아서 입고 먹으니 7, 8월을
기약하기 어렵다. 천하가 이미 곤란하고 中外가 怵然하여 구제하는 방
법을 알지 못하겠다. 105)

라 하여 백만의 대군이 천하를 곤궁케 하는 원인임을 말하고 있다. 이
어서

 신이 約計해보니 財利 出入의 籍에서 천하가 곤란한 바는 兵에서
근본함을 알았다. 寶元, 慶曆 이후로 내외에 禁軍을 增置하여 해마다
錢帛糧賜 등 여러 가지를 주어 進呈하니 조정에서는 그 일에 圖意하여
弛張하는 바가 있기를 청합니다. (중략) 지난번 여름의 전쟁으로 인하
여 禁軍이 약 42만여 명으로, 三朝의 舊兵 또 백만과 鄕軍의 義勇, 州
郡의 廂軍, 諸軍의 小分剩員 등을 통하면 숫자에 列되지 못합니다. 運
營의 士는 날로 증가하고 南畝의 백성은 날로 줄어듭니다. 근래 7년
사이에 民力이 크게 곤란하고 천하의 耕夫와 織婦는 그 衣食을 줄 수
없고 生民의 膏澤이 다하고 국가의 창고가 비었습니다.106)

라 하였으니 冗兵의 정리가 재정개혁의 첩경임을 모두가 논하고 있다.
 眞宗代에서부터 제기된 冗兵論은 처음에는 주로 군사적인 면에서
兵의 무능함을 주장하였으나 軍員의 급격한 증가에 따라 재정상의 문
제로 바뀌었고 중요한 사회문제로 번져나가면서 개혁의 필요성이 가

---

105) 『長編』 卷 161, 慶曆7年 庚午條
106) 『위의 책』.

중되어 내려갔다. 그리하여 仁宗代에 들어와서 西夏와의 7년전쟁을 치
루는 동안에 군원은 급격히 증가되었고 그에 따라서 재정적 위기론이
대두되면서 개혁론이 고조되었다.

西夏와의 7년전쟁은 재정상에 있어서 매우 중요한 의미를 지니는
사건으로서 이때를 고비로 하여 용병과 재정이 서로 얽혀서 심각한
사회문제화 되었고 개혁의 필요론이 더욱 실감되었는데 그것은 이 당
시의 세입 세출을 그 전후시대와 비교해보면 더욱 뚜렷해진다. 즉『宋
史』의 食貨志에 의하면 眞宗의 天禧 말년(1021)의 총 세입은 1억 5천
85만 1백여이고 세출은 1억 2천6백77만 5천2백여로서 약간의 재고가
인정되고 있는데 仁宗의 慶曆8년(1048)에는 세입은 1억 2천2백19만 2
천9백이고 세출은 1억 1천78만 4천6백으로 잉여액이 격감하고 있다.
다시 英宗의 治平2년(1065)에는 세입은 1억 1천6백13만 8천4백5이고
세출은 1억 3천1백86만 4천452로서 세출초과로서 적자를 나타내고 있
다. 물론 이상의 통계숫자에는 여러 가지 문제가 있으나 인종조에 용
병과 관련된 재정개혁론이 활발히 이야기된 것과 일치되는 사실에 주
목이 간다.

冗兵문제와 함께 재정개혁론에 있어서 중요한 문제로 논의되는 것
이 冗官의 제거라고 하겠다.

眞宗의 咸平원년에 翰林學士인 王禹稱은 冗兵과 함께 冗吏를 감해야
한다고 주장한 사실은 이미 위에서도 이야기하겠거니와 동 4년에 左司
諫知制誥인 楊億의 상소에 의하면 자기의 임무를 모르는 용관이 증가
하고 있음을 알 수가 있다.[107] 조익도 용관으로 인하여 재정상에 허다

---

107) 『長編』卷 168 및 『宋史』職官志 121 合班之制에 "국가가 舊制를 따라
  羣司를 세우나 한갓 이름만 있고 그 아는 바를 들 수 없다"라고 한 사실
  이 그것이다.

한 冗費를 지출하게 한다는 사실을 다음과 같이 고증하고 있다. 즉,

> 宋이 개국할 때 設官分職함에 오히려 定數가 있었다. 그 후에 薦辟의
> 넓음과 恩蔭의 濫과 雜流의 猥와 祠祿의 많음이 날로 증가하고 달로 늘
> 어나 드디어 紀極할 수 없는 데 이르렀다.108)

고 하여 宋代 冗吏의 증가 원인이 여러 방면에 걸쳐 있음을 지적하고
眞宗의 咸平4년에는 천하의 冗吏 19만 5천여 인을 감하였다는 有司의
말을 인용하고 있다. 19만 5천여 명의 용리를 감원했다는 이 숫자의
근거가 어디에 있는 것인지는 확실히 알 수가 없으나 건국한 후 40여
년이 경과한 眞宗의 咸平연간(998~1003)에 이미 상당수의 용리가 증
가되어 중요한 사회문제가 되고 재정상에도 큰 부담을 주고 있었음을
살필 수가 있다. 용관의 증가에 대한 구체적인 숫자의 설명은 여러 곳
에서 산견되는 바로서 왕우칭은 중앙에서뿐만 아니라 지방에 있어서
도 관원의 증가가 현저함을 다음과 같이 설명하고 있다. 즉,

> 臣의 籍인 濟州는 다만 1刺史 1司戶만이 있었고 일찍이 일을 폐하
> 지 않았다. 그후로 團練推官 1사람이 늘었다. 또 通判副使判官推官을
> 增置하였고 監酒榷稅에 또 4명을 증원하였다. 曹官 외에 또 司理를 더
> 하였다. 한 州가 이와 같으니 천하는 알 만하다.109)

또한 楊億의 말에 의하면 郎中·員外郎의 증가도 계속되었음을 알
수 있으니, 이에 대해서는

---

108) 『二十二史箚記』 卷 25, 宋冗官冗費條.
109) 『宋史』 王禹偁 列傳.

> 員外官을 加置하는 것이 限數가 없다. 지금 員外郞이 300여 명에 이
> 르고 郞中도 또한 백 명이다. 그 외에 太常國子博士 등이 또 수백 명
> 을 내려가지 않는다. 대체로 常參이 되어도 직업의 지키는 바를 알지
> 못하고 다만 惠澤으로서 序遷한다.110)

　이들은 용관으로 맡은 바 직책을 알지 못하고 있음을 지적하고 있
다. 이 밖에도 송나라는 천하에 三冗의 弊가 있는데 관리의 定員이 없
는 것이 그 첫째 병폐라고 말하고 있다.39) 范坦도 용병과 재정과의
관계를

> 戶部의 歲入은 유한한데 지금 節度使는 80여 명에 이른다. 留後에서
> 刺史에 이르기가 또 수천 명이다. 軍功으로서 얻은 것이 아니면 마땅
> 히 그 半俸을 감해야 한다.111)

이라 하여 용병이 재정을 압박하고 있음을 지적하였다.

　이상에서 송대의 재정문제가 冗兵과 冗官문제와 직결되어 있고 따
라서 재정개혁의 핵심점이 되는 것이 바로 이 용병의 감축과 용관의
도태임을 알 수가 있다. 또한 재정개혁의 필요성에 대하여서도 일찍부
터 논란되어 왔고 진종대에부터 인종대로 들어오면서 이 문제는 심각
한 사회문제화되었으며 특히 인종의 경력연간에 서하와의 7년전쟁을
치루는 과정에서 군인의 급격한 증가로 군사비의 지출이 커져서 재정
상에 위기현상이 나타나게 되었다. 이와 같은 문제의 중심은 바로 문
치주의 관료체제가 안고 있는 심각한 모순성이라고 하겠고 개혁론도
끊임없이 제기되고 있다. 그러나 재정개혁요론을 역설하면서도 근본적

---

110) 『宋史』 職官志.
111) 『宋史』 范坦 列傳.

인 개혁은 이루지 못하고 항상 미봉책만을 반복하고 있음도 문신관료
제가 안고 있는 문제점이라 하겠다.

　慶曆3년에 參知政事인 范仲淹은 인종의 手詔에 답하여 당시에 개혁
되어야 할 十事[112]를 건의하여 사회문제 전반에 걸친 개혁을 실시하
였다. 범중엄은 구법당의 祖宗으로 꼽히는 인물로 그의 개혁안은 사회
문제 전체를 상당히 광범하게 취급한 것이었으나 오래 계속되지 못하
고 중단되었으며 이렇다 할 성과를 올리지 못하였다.[113]

　북송에 있어서 재정문제에 대한 근본적인 해결을 위해 단행된 개혁
이 바로 왕안석에 의한 신법으로서 부국강병책으로 불리는 까닭은 바
로 冗兵·冗官 문제의 해결과 직결되는 것이다.

　王安石의 신법에 관하여서는 이미 선학들에 의하여 연구가 진행되
어 왔으므로 여기에서 다시 논할 필요는 없으나 흥미로운 사실은 왕
안석의 의견으로 주장되어 실시된 개혁의 내용이 왕안석의 독창적인
것이라기보다는 그 가운데의 상당한 부분이 북송의 중기 이래로 논의
되어 오던 사회문제들이며 또한 신법의 여러 조목들이 재정문제의 해
결을 위해 시도된 것으로 생각된다. 그리고 신종대는 북송의 재정상에
서 볼 때에 그 어떤 조처가 취해지지 않을 수 없는 시대로서 왕안석
의 신법은 관료체제의 모순과 거기에서 야기되는 사회문제를 해결하
려한 노력으로 보아야 하겠다.

---

112) 『宋史』范仲淹 列傳에 "一曰明黜陟, 二曰抑僥倖, 三曰 精貢擧, 四曰擇長
　　官, 五曰 均公田, 六曰 厚農桑, 七曰 修武備約府兵法, 八曰推恩信, 九曰
　　重命令法度 十曰減徭役"이란 내용으로 알 수 있다.
113) 申採湜, 「北宋의 財政改革論에 관하여」, 『歷史敎育』제14집, 59-80쪽 참조.

Ⅲ. 재정문제와 鄕兵論

송대에 있어서 鄕兵의 중요성이 인정된 것은 중기의 仁宗代에 들어와서 西夏가 건국하고 침공을 단행하는 때부터라고 할 수 있다. 향병의 중요함이 강조된 원인은 군사적인 면과 재정적인 면에서 고려된 것이다.[114]

우선 군사적인 면을 살펴보면 북송의 중기에 오면 문치주의에서 오는 여러 가지 모순과 폐단이 누적되고 오랜 평화로 관군의 무력함이 나타나는데 이 무력한 관군을 향병으로 대치하여 군사력을 강화해 보려는 점을 들 수가 있다.

宋은 眞宗의 景德원년(1004)에 거란과 澶淵의 盟約을 체결한 후[115] 오랜 평화를 누리게 되니 송초의 勇銳하고 실전의 경험을 지닌 정병은 서하의 침입이 시작되는 仁宗의 寶元연간(1038~1039)에 들어오면 대부분의 무력한 용병으로 바뀌게 된다. 이에 대해서는

> 咸平 이후 평화로운 시기가 지속되어 武備가 점차 寬해졌다. 仁宗 때에 西兵을 招刺한 것이 너무나 많고 장수는 교만하고 사졸은 나태해졌다.[116]

고 하여 거란과 전쟁이 한참이던 咸平(998~1003) 이후에는 종전과 함께 평화가 계속되어 仁宗代에는 將·士 모두가 교만하고 나태함을 지적하고 있다.

---

114) 申採湜, 「北宋鄕兵考」 참조.
115) 田村實造, 「澶淵の盟約と其の史的意義」(『史林』 卷 20-1 및 蔣復璁, 「澶淵之盟約研究」 『宋史研究集』 第2集. 157-198쪽 참조.
116) 『宋史』 卷 187, 兵志 禁軍 및 『文獻通考』 卷 150, 兵考.

景祐원년 2월에 知制誥인 李淑은 時政十議를 논하는 가운데

> 방금 承平한 치세를 이어 兵을 혁파하고 사용하지 않은 지가 30년
> 이되니. 드디어 連營의 士로 하여금 鉦鼓의 소리를 듣지 못하게 되
> 었다.117)

평화의 계속으로 30년간이나 군대를 사용치 않아서 마침내 鉦鼓의
소리를 들어볼 수 없도록 軍訓이 두절되었음을 말하고 있고, 康定원년
에 鄜延鈐轄인 張亢의 상소에 의하면

> 국가가 承平한 날이 오래되어 병사는 訓練을 하지 않는다. 지금 指
> 揮 藝精한 사람은 백여 명에 불과하고 그 나머지는 모두 疲弱하여 쓸
> 수가 없다.118)

오랜 평화로 군사훈련을 잊어버려 그 결과 一指揮 가운데서 精兵이
백여 인에 불과하고 나머지는 모두가 쓸모없는 冗兵이라 하였다. 송대
의 군사편제상에 있어서 一指揮의 수를 평균 4백여로 잡는다면 이상
과 같은 張亢의 말로써 康定원년에 있어서의 전투력이 저하되었음을
충분히 살필 수가 있는 것이다.

明道2년(1033) 6월에 右司諫인 范仲淹은

> 騎兵의 비용은 錢糧芻粟衣縑과 같은 類이다. 매번 한 명의 指揮所에
> 해마다 수만 民이 매달린다. 그 사이에 노약자는 말을 타는 데 발을
> 걸치기도 힘들거늘 하물며 전투이겠는가119)

---

117) 『長編』卷 154, 景祐元年 2月 乙未條
118) 『長編』卷 28, 康定元年 7月 癸亥條
119) 『長編』卷 113, 明道2年 6月 甲申條

라고 하여 騎兵의 養費가 많은 데 비하여 그 노약한 자들은 말을 걸
터타기도 어려운 정도이니 하물며 전투에 어떻게 쓸 수 있을 것인가
라고 탄식하고 있다.

　이상과 같은 군대의 무력함은 훈련의 불충분함에 기인하지만 그와
아울러 군기의 문란이 또한 군사력의 저하를 가져오게 하였다. 송대는
사회정책상 强盜 중에서 少壯하고 무용한 자들을 선발하여 禁軍에 편
입시켰고 다수의 饑民을 구제하기 위하여 그들을 廂軍에 편입하였는
데 이러한 경향은 중기에는 더욱 증가되어 그 결과 군대는 마치 유랑
민의 집단소와 같은 상태가 되었다.49) 그러나 소질이 나쁜 자를 군에
편입시킨 후 강력한 통제력으로 훈련시키지 못하면 그들은 자연히 군
기를 문란시키게 되고 군 전체의 사기에도 큰 영향을 끼치게 되는 것
으로 여기에 전투력의 약화를 초래하게 되는 것이다. 康定元年에 陝西
經略安撫使인 韓琦는 장수와 사졸의 관계를

　　士는 勇怯을 알지 못하고 士가 그 將師의 威惠에 복종하지 않는다.
　　그래서 전쟁에 자주 패하게 된다.120)

이라 하여 장수와 사졸 간의 상호 이해 없음을 말하고 그것이 패전의
주요 원인이라고 하였다. 이러한 將士관계는 당말 오대의 절도사의 횡
포를 막고 장병의 전횡의 폐단을 방지하기 위한 조처로 취해진 宋初
의 庚戌法에 원인하는 것이다. 장수가 예하부대의 사병을 알지 못하고
사졸은 지휘관의 능력에 감복되지 못하고서는 군의 효과적인 전투력
을 기대하기는 어려운 것이다. 이러한 장사의 관계는 군율을 해이하게
하여 군율을 위반한 병졸이 蕃部로 도망하면 서하는 도망병을 전위분
대로 편성하고121) 혹은 蕃族들이 이 도망병을 체포하여 와서 송에 후

---

120) 『長編』권 128, 康定元年 8月 癸巳條 및 『韓魏公集』卷 11 家集.

상을 요구하고 있다.[122] 송대군율이 이와 같이 해이한 것은 문치주의 정책에 원인하는 것으로 조익은 역대왕조 중에서 송의 군기가 가장 문란하였음을 고증하고 있다.[123] 인종대에 제기된 용병문제는 관군의 용람함과 전투력의 약화에 기인하는 것이다.

용병의 중요성은 바로 이상과 같은 무력한 관군의 전투력에서 기인하는 것으로서 용렬한 관병으로는 서하와 거란의 방비를 효과적으로 수행하기가 곤란하므로 여기에 향병론이 제기된 것이다. 이에 대해서는

> 康定 초에 趙元昊가 反하니 禁兵이 陝西에 주둔하였다. 지방의 土兵
> 이 오히려 驍勇 善戰하였는데 중앙에 보낸, 비록 魁頭大率이라고 하지
> 만 辛苦를 견딜 수 없이 無用하니 의논하는 사람들이 土兵을 더 모집
> 하고자 한다.[124]

禁軍이 변방의 전투에 효과적인 임무를 수행하지 못하는 반면에 지방의 土兵은 용감하게 선전하므로 변방의 방비를 위하여 사병을 增募해야 한다는 논의가 나오게 되었다고 말하고 있으며 景祐4년 3월 天章閣侍講인 賈昌朝는 備邊 六事를 상주한 가운데

> 둘째로 土兵을 회복하자는 것입니다. 지금 河北, 河東의 强壯과 陝
> 西 弓箭手는 모두 지방의 土兵이다. 그런데 河北의 鄕兵은 사라진지
> 오래되었고, 섬서의 土兵은 자주 적에게 파해져서 남아 있는 사람이
> 거의 없다. 臣이 생각하건대 河北·河東의 强壯의 중요함을 논하였다.
> 近臣을 불러 법제를 詳定하라[125]

---

121) 『宋史』 卷 485, 西國傳上.
122) 『長編』 卷 104, 天聖4年 冬 10月 己亥條 및 同 12月 甲戌條.
123) 『二十二史箚記』 卷 25, 宋軍律之弛條.
124) 『宋史』 卷 187, 兵志 禁軍上.
125) 『長編』 卷 120, 景祐4年 3月 甲戌條 및 『宋史』 卷 285, 賈昌朝 列傳.

고 하여 河北·河東지방의 鄕兵인 强壯과 陝西의 弓箭手는 모두 지방 향병의 遺制로 그들을 부활하여 변비에 이용하여야 한다고 주장하고 있다. 또한 陝西馬步軍都總管인 夏竦은 이러한 土兵의 전투력이 관군보다도 우수한 점을 다음과 같이 주장하였다. 즉,

그들은 勁悍便習하여 각기 스스로 자기고장을 護하여 싸우고 또한 산천도로를 훤히 알아서 飢寒을 잘 감내하게 한다.126)

이라 하여 향병은 그 소질이 勁悍하고 또 자기의 향토를 보호한다는 애향심의 발로로 스스로의 자각심에서 전투를 수행하고 또 서하나 거란의 국경에 접해 있는 섬서나 하북·하동 지방의 향병은 그 지역 출신자이므로 그 지방의 지리에 밝기 때문에 적과의 대전에 있어서 유리한 위치를 차지하므로 전투수행이 용이하다고 하였다. 그 위에 적의 언어를 이해하므로 적의 동정을 쉽게 파악하므로 수색정찰에 이용하기가 편리하며 한랭한 북방기후에 잘 견디어 나가는 이점이 있음을 지적하고 있다. 慶曆원년에 田況의 상소에도 藩落, 廣銳, 振武, 保捷들은 모두 사병으로서 그들은 武勢가 精强하여 서하와의 전투 시에는 항상 전위병으로 용맹을 떨치고 전공을 세운다고 말하고 있다.127)
　위에서 살펴본 바와 같이 변방에 있어서의 사병의 전투능력이 관군에 비하여 뛰어남으로 인해 康定원년에 하북지방의 强將을 增募하였다.

河北의 都轉運使 姚仲孫, 河北緣邊按撫使 高志甯이 몰래 명을 내려 諸州軍은 强壯을 添補하라고 하였다.128)

---

126) 『長編』 卷 125, 寶元2年 閏 12月 및 『文莊集』 卷 14, 陳邊事十策.
127) 『長編』 卷 132, 慶曆元年 5月 甲戌條.

그런데 强壯을 모집하게 된 직접적인 동기가 된 것은

> 처음에 知制誥 王拱振이 거란에 사신 갔다가 돌아와서 아뢰기를 河北의 父老들이 모두 말하길 거란은 官軍을 두려워하지 않고 土丁을 두려워한다고 한다. 그들은 天資가 勇悍하여 鄕關지역의 사람들이 스스로 전투를 하고 糧廩을 허비하지 않고도 앉아서 勁兵을 얻으니 속히 招募하여 훈련해야 한다고 하니 이 詔를 내린다.[129]

라 하여 知制誥인 王拱振이 거란에 사신으로 갔다가 돌아와서 보고한 말 가운데 하북의 父老들이 말하기를 거란인들은 관병은 두려워하지 아니하나 土丁(鄕兵)을 무서워하는데 그 원인은 향병은 천성이 勇悍하고 자기의 향토에 대하여 스스로 지키겠다는 마음으로 전투를 잘하며 그 반면에 군비는 관군에 비하여 적게 들므로 勁兵을 얻을 수 있다고 주장하였기 때문에 强將을 모집하게 된 조서가 내려지게 된 것이다. 이에 대해서는 陝西 經略按撫使인 范仲淹도

> 久守의 계책은 반드시 土兵을 쓴다. 각기 산천을 잘 알고 대체로 전투를 익혔으니 東兵에 비해서 戰守의 功이 배가 된다.[130]

라 하여 土兵의 전투력이 東兵(官軍)의 그것에 비하여 배나 우수하고 따라서 久守之計는 이러한 鄕兵을 이용해야 한다고 주장하고 있다. 이에 대해서는 馬端臨도

---

128) 『長編』卷 127, 康定元年 夏 4月 乙巳條 및 『皇宋十條綱要』卷 5, 康定元年 夏 4月 條
129) 『長編』卷 127, 康定元年 夏 4月 乙巳條.
130) 『范文正公政府奏議』卷 下, 邊事.

천하가 칭하기를 昭義步兵은 諸軍의 으뜸이라고 한다. 이것은 近代
의 현저한 효과이다. 혹 이르기를 民兵은 단지 城만 지킬 수 있고 전
쟁에 대비하여 진을 치기는 어렵다고 하나 이것을 通論은 아니다.[131]

라고 서술하여 하북지방의 의용향병인 昭義步兵이 전투 면에서 諸軍
의 首位에 있음을 말하고 이러한 향병의 이용은 바로 인종의 경력연
간(1040~1044)에 있어서 군사상의 顯效라고 밝히고 있다.

이상을 요약하여 볼 때 문치주의의 결과로 관군의 질이 떨어져 그
들의 전투능력이 저하되었으며 그와는 대조적으로 寶元원년 이후 서
하의 칩입과 거란의 군사적 압력이 가중함에 따라 변방의 방비에 있
어서 鄕兵의 우수성이 인정되고 있는데 그것은 그들의 천성이 勇悍하
고 또 향토의 지리에 밝아 적정을 잘 살필 수가 있고 자기의 고향을
지킨다는 의무감을 가지고 선전함으로써 향병의 우수성을 인정할 수
있다는 것이다.

宋代에서 鄕兵의 중요성이 인정된 것은 군사비와의 문제, 다시 말
하면 국가재정 면과의 관계에서 고려된 것이다. 앞에서 지적한 바와
같이 송대는 국초 이래로 계속해서 관군의 엄청난 증가를 보이고 있
는데[132] 이러한 관군의 증가는 막대한 군사비의 지출을 수반하게 되
는 것이다. 그런데 하북·하동지방의 强將은 官에서 무기를 주고 소집
기간에는 식량을 지급하는 외에 평소에는 歸農함으로 官兵처럼 많은
군사비가 들지 않는 다는 것이다. 河北轉運副使 王沿은 하북·하동지
방에는 다수의 禁軍·廂軍이 주둔하고 있는데 그들은 무엇을 해야 할
바를 알지 못하니 이러한 무능한 관병을 强將으로 대치하고 또 廂軍
은 屯田의 경영에 충당하면 자연히 禁軍을 줄일 수가 있고 그에 따라

---

131)『文獻通考』卷 156, 兵考 鄕兵 및『宋史』卷 190, 兵志, 鄕兵.
132)『宋史』卷 187, 禁軍上 및『文獻通考』卷 24, 國用條.

서 막대한 국방비를 절약하며 정병인 強將에게 거란에 대한 방어를 맡기면 도리어 국방력은 강화된다고 주장하고 있다. 또 皇祐 원년 (1049)에 河北都轉運使인 包拯이 獻策한 禦邊策에 의하면 인종의 경력연간에 하북지방에서 징발한 鄕兵의 수는 18만 명인데 이를 가령 두 번에 나누어 매번에 3개월간의 훈련을 실시하고 그 훈련비를 관에서 지급한다 하더라도 1주의 賦入으로 이를 유지할 수 있고 또 그 비용은 官兵의 1개월비, 즉 3분지 1에 불과하여 관병유지비의 막대함에 비하면 문제가 안 된다고 말하고 있다.

景祐 2년 5월에 三司使 程琳은 住營兵(변방에서 住營하는 官兵) 駐屯兵과의 군사비를 비교하여

> 琳이 또 상소하여 兵은 精함에 있지 多한데 있지 않다고 논하였다. 河北, 陝西의 軍儲數倍하나 招募가 끊이지 않는다. 그 住營 一兵의 비용은 屯駐 三兵을 給할 수 있다. 옛날에 萬兵을 양육하던 것이 지금의 3萬이다. (중략) 진실로 원컨대 하북 섬서의 募住營兵(官兵)을 파하고 더 增置하지 마십시오.133)

라 하여 住營兵(정부관군)이 주둔사병의 3배에 해당하는 군비가 소요된다고 말하고 住營兵의 증가를 금할 것을 상소하고 있는데 이 程琳의 의견은 상당히 중요한 시책으로 채택되고 있다.134)

仁宗代의 재정가인 翰林學士承旨 張方平은 慶曆2년 6월에서 慶曆 7년 6월까지 증가된 禁軍 40만의 군사비를 다음과 같이 계산하고 있다. 즉,

---

133) 『長編』 卷 114, 景祐元年 5月 乙丑條 및 『宋史』 卷 194, 兵志 廩祿之制.
134) 『長編』 卷 114, 景祐元年 5月 乙丑條.

대략 계산하면 中等 禁軍 1卒은 해마다 약 50緡이 든다. 십만 兵을 계산하면 매년 5백만 緡의 돈이 든다. 臣이 전에 三司에 있을 때 慶曆5년의 禁軍의 수를 勘會하니 景祐 이전에 비해서 860여 指揮에 40餘만 명이 증가 增置하였으니 이 해에 2천緡 만을 增費하였다.[135]

라 하여 下等禁軍 1卒에 대한 1년간의 군비를 약 50緡으로 잡고 있다.[136] 이러한 禁軍에 비하면 鄕兵의 군비는 禁軍의 하급자의 수준에도 미달하는 형편이었다. 송대에 향병에게 月俸錢을 모두 지급한 것은 아니나 특수한 경우 향병에게도 봉록을 지급하고 있는데 이 봉록을 비교하여 볼 때

諸軍은 1천으로부터 3백에 이르기까지 무릇 五等이다. 廂兵 閱敎者는 月俸錢이 있는데, 1천부터 3백에 이르기까지 무릇 3等인데 下等者에게는 漿粢錢을 주거나 혹 食鹽을 줄 뿐이다.[137]

라 하여 禁軍의 月俸을 1천문에서 3백문 전까지 5등급으로 나누어 지급하였고 廂兵 중에서도 교열한 자에게는 1천문에서 3백문까지로 5등급으로 나누어 지급하였는데 그 하등자는 漿粢錢이나 혹은 食鹽을 지급하였을 뿐임을 알 수가 있다. 또

土兵에게 지급되는 것은 아주 미미하니 東軍(禁軍)의 下卒에도 미치지 못한다. 武料錢 5백에서 50錢을 가지고 折支로 삼아 數月에 一支를 쌓게 된다.[138]

---

135) 『長編』卷 209, 治平4年 春正月 丙午條 및 『樂全集』卷 23, 論事 論國計 出納事에서는 禁軍一卒에게 지급하는 歲費 50緡에 대한 자세한 항목을 분석하고 있다.

136) 曾我部靜雄,「宋代の財政大觀」,『東亞經濟硏究』제14-4, 15-27쪽.

137) 『宋史』卷 194, 兵志 廩給之制.

138) 『長編』卷 132, 慶曆元年 5月 甲戌條.

와 같이 土兵의 급여는 아주 적어서 東軍의 하급자에 미치지 못하며 사병의 일종인 振武는 月料錢은 5백으로부터 50까지 折支하고 있는데 이는 禁軍의 月料錢에 비하면 매우 적고 그것도 수개월간 모아두었다가 지급하였다. 가령 官兵 상급자의 월봉을 1천문으로 잡고 鄕兵의 상급자를 3백문으로 하여 비교하면 향병이 3분지 1이 소애에 해당하지만 하급자와 비교하여 보면 3백문과 50문은 6분지 1에 해당한다. 군사조직상에서 볼 때 하급자가 절대다수인 때문에 전체적으로 鄕兵의 月俸額은 官兵에 비교가 안될 만큼 미미한 것임을 알 수가 있다.

국방력의 강화와 국가재정의 절약문제와는 서로 밀접한 관련을 갖고 있다. 최소한의 군사비로 최대의 국방력 강화를 꾀하는 것이 국가정책의 중요한 방책이며 이러한 방법으로 거론된 것이 鄕兵으로서 변방의 방비를 위한 향병의 중요성은 여기에 있다. 仁宗代에 官軍의 급증은 막대한 군비의 지출을 요하고 이러한 군사비의 지출로는 국가재정을 온전하게 유지하기란 곤란한 것으로 범중엄은 대군과 군비와의 관계를

　　陝西에 久屯한 大兵은 供費가 거의 고갈되었다. 減兵하면 守備가 부족하고, 감하지 않으면 物力이 곤란하다.[139]

이라고 설명하고 大兵으로 인한 국가재정의 곤궁을 해결하는 방안으로서

　　久守의 계책은 모름지기 土兵을 써야 한다. 그들은 山川을 잘 알고 있어 대체로 전투에 능숙하여 東兵에 비하면 戰守의 功이 배가 된다.[140]

---

139) 『范文正公政府奏議』 卷 下, 邊事 陝西守策.
140) 『范文正公政府奏議』 卷 下, 邊事 陝西守策.

라 하여 지방의 鄕兵인 土兵의 이용을 역설하고 있다.[141]

王安石이 실시한 바 있는 保甲法의 근본정신도 仁宗代에 거론되고 있는 制兵論을 전국적인 규모로 실천에 옮긴 것이라고 생각할 때 향병문제는 병제에 국한하는 것이 아니라 문치주의관료체제의 모순과 직결되는 문제로서 송대 사회경제의 전반적인 면과 상호 밀접한 관계를 갖고 있는 것이라 생각된다.

제3절 墾田策과 逃戶問題

宋朝에 의한 中國統一은 政治的인 의미에서 分裂時代의 再統一이란 意義를 지니는 것이지만 그에 못지않게 社會經濟的으로 重要性을 지니고 있다. 그것은 戰亂이 가져오는 農業經濟의 파탄을 구제하였다는 데 意義가 있으며 특히 唐末·五代의 主 戰場이 되었던 河北地方에서의 平和의 到來는 社會經濟的 安定을 구축하여 정치적 통일을 달성할 수 있었다는 점에서 全 中國의 그 어떤 지방보다도 중요성을 가져다 주고 있다. 정치적 안정 위에 경제적 발전으로 농업생산이 급격히 증가하고 이와 같은 생산의 증가는 중앙집권체제를 유지하는 원동력이 되었다. 농업생산의 발전을 위해서는 墾田과 逃戶問題의 해결이 무엇보다도 시급한 과제이다.

그런데 中國史에 있어서 農業經濟發展의 先行條件으로서는 墾田의 推進과 流移民의 安着을 들 수 있는데 특히 宋代에 있어서는 戰亂後의

---

141) 申採湜, 「北宋仁宗朝에 있어서 對西夏政策의 變遷에 관하여」, 『歷史敎育』 제8집, 103쪽 참조.

安定策을 수립한다는 면에서 중요한 것이다. 그리고 墾田策[142]을 中國的 政策으로 말하면 勸農政策이라고도 표현할 수가 있는데 宋初에 있어서 국가 정책적인 면에서의 墾田策과 逃戶問題는 중요시되었다.

Ⅰ. 宋初의 墾田對策과 逃戶問題

北宋代에 있어서 墾田의 권장과 流移民의 招誘安着을 위해서 일관된 정책으로서는 租稅의 減免, 墾田의 永業化, 農器具의 貸與, 貧農의 保護 등을 들 수가 있다.

勸農과 墾田의 장려를 위한 주목할 만한 정책은 太宗의 太平興國7년(928)에 실시한 農師制度를 들 수가 있다.

農務에 밝고 鄕里의 사정을 잘 아는 者를 洞里의 衆人이 共推하여 農師로 삼아 勸農과 新田開墾에 힘을 기울이게 하였고 새로 개간된 新田은 永業하게 하고 官에서 그의 租稅를 거두지 못하게 함으로써 百姓으로 하여금 墾田意慾을 갖게 하였다.[143]

이 農師制度는 宋 이전에도 있던 제도이지만[144] 宋代에 와서는 村民이 공동으로 추천하게 하여 洞里의 長者로서 洞民全體가 服從할 수

---

142) 周藤吉之, 「宋代の圩田と莊園制」(『宋代經濟史硏究』所收) 및 「宋代の佃戶制 ─奴隸耕作との聯關に於いて─」『中國土地制度史硏究』 所收 및 「南宋に於ける屯田・營田官莊の經營 ─官田の莊園制發展として─」(同上) 참조. 玉井是博「宋代水利田の一 特異相」, 『支那社會經濟史硏究』所收 참조. 河原由郞, 「北宋期・土地所有の問題と商業資本」(西日本學術出版社, 1964) 참조.

143) 『宋史』 卷 173, 食貨志 제126, 食貨上 農田(이하 『宋史』 食貨志 農田이라 略함) 및 『長編』 卷 23, 太平興國7年 閏 12月 庚戌條, 『宋大詔令集』 卷 182, 政事 農田의 置農師詔.

144) 『史記』 卷 4, 周本紀.

있는 영향력 있는 人物을 추대한 데 意義가 있다. 또 農務에 태만한
자를 州縣에 報告하여 이를 治罪하게 한 것은 農師의 權限을 상당히
强化시킨 것으로 풀이할 수 있다. 그러나 이 農師制度는 宋初에 있어
서의 잠정적인 농업개발책의 일환으로 등장한 것이고 官僚制度의 정
비와 아울러 여러 가지 번잡성을 가져왔으므로 農師制度는 地方官으
로 移管되었으니 그 후 以煩優罷145)란 사실로 알 수가 있다. 景德 3
년(1006) 2月에 諸州의 知州와 通判으로 하여금 管內의 勸農使를 겸
하고 諸路轉運使·副는 本路의 勸農使를 兼하여 制度的으로 관료체제
를 정비하면서 農師制度를 파하였으며146) 다시 天禧4년(1020)에 이를
보완하였다.

> 처음에 朝議에서 勸農의 명칭을 두었으나 職局이 없었다. 4년에 諸
> 路의 提點刑獄에게 詔하여 朝臣이 勸農使가 되고 使臣이 副使가 되어
> 民籍을 취하여 그 차등을 살펴 式과 같지 않으면 징계하여 혁파하였다.
> 農民을 勸恤하여 때로서 耕墾하고 逃散을 招集하고 陷稅를 檢括하였
> 다. 무릇 農田一事가 모두 이것을 관할하였다. 각기 農田敕一部를 사
> 하였다.147)

地方官이 勸農使를 겸하면서 流移民의 招集과 陷稅의 檢括 등 農田
事를 모두 관할하고 部署를 설치하기에 이르렀다.

그런데 宋初의 勸農의 골자는 墾田의 開發과, 農民의 安定 그리고
逃移民의 招誘에 그 초점이 놓여 있었다. 이는 唐末五代以來로 황폐한
農耕地를 개간하고 흩어진 流民을 安定시킴에 의하여 宋의 官僚體制

---

145)『宋史』食貨志, 農田.
146)『長編』卷 62, 景德3年 2月 丙子條.
147)『長編』卷 95 天禧4년 春正月 丙子條 및『宋會要輯稿』職官 4, 勸農師 天
　　禧4年 正月,『玉海』卷 178, 食貨農官 至道勸農使.

의 基盤을 마련하려는 당연한 조처라 하겠다.

그러면 宋初에 있어서의 農地는 現況은 어떠한 상태였으며 政府의 이에 대한 墾田對策은 어떠한 방향으로 나아갔는가에 대해서 검토하여 보자.

宋이 建國한 지 30여 년이 지난 太宗의 至道2년(996)代의 田地의 狀況을 太常博士直史館 陳靖의 말에 의하면 京畿周邊의 32州 가운데 耕作可能地는 거의 10분지 2·3에 불과하며 徵稅可能地는 10分의 5·6이라 하였고 이에 대한 시급한 對策으로 流民을 招致하여 墾田을 장려해야 한다고 力說하고 있다..[148] 唐末五代의 兵亂을 이은 宋初에 있어서의 河北 沿邊의 農地의 황폐는 도처에서 볼 수 있으며 특히 農土의 황폐가 심한 지역은 直接 戰場이 되었던 河北·河東地方이었다.

至道2년 4월 大理寺丞 皇甫選·光祿寺丞 何亮 등의 말에 의하면 三白渠·鄭渠 등의 水利地域은 거의 황폐화하여 漢代의 기록(史記)과 비교하여 보면 그 22분지 1만이 겨우 耕作되고 있는 實情으로서 河北地方에서는 水利田의 開發이 시급한 문제로 보고 있는데 水利田開發은 宋初墾田策의 중심으로 볼 수가 있다..[149] 歐陽修는 天聖年間(1023~1031)의 河北地方의 實態를 다음과 같이 論하고 있다. 河北緣邊의 廣信·安蕭·順安軍과 雄州·覇州間의 地는 鹽水가 넘쳐서 耕田의 10분지 8·9는 農事를 지을 수가 없는 실정이고 澶州·衛州·德·博·浜·滄·通·利州와 大名府間의 東南域은 해마다 水災로 耕作不可能地가 10분지 5·6에 이르고 또 滄·瀛·深·形·洺州에서 大名府에 이르는 西北域은 大部分이 鹽池로 耕地의 10분지 3·4가 不耕狀態에 있으며 그 위의 상당수가 牧地化하고 또 農民이 빈곤하여 耕地를 버리고 달

148) 『宋史』 食貨志, 農田 및 『長編』 卷 39, 至道2年 7月 庚申條
149) 『文獻通考』 卷 6, 田賦 水利條

아나서 荒棄된 田地는 不可勝數라고 말하고 있다.150) 이러한 河北地方
의 耕地實態는 唐末・五代의 戰亂과 밀접한 關係를 지니고 있는 것으
로 戰爭의 主場이었던 河北의 황폐는 극심하였던 것으로 볼 수가 있
었던 것으로 볼 수가 있다. 따라서 宋初의 政治的 基盤이 되는 河北地
方의 經濟的 再建 없이는 宋朝의 中央集權體制는 달성될 수 없는 실
정이라 하겠다. 經濟理論家인 包拯은 西路의 漳河南北의 可耕의 전 3
분의 1이 牧地로 放置되어 있고 東路는 商胡의 決溢에 의하여 民田의
3분의 2가 물에 갇히어 河北路全體의 6할을 차지하는 可耕良田中 그
3할이 河水와 牧地로 放置되고 있다. 실제로 可耕良田을 제외한 약 4
할의 땅은 高柳・決鹵의 未開不毛상태라 하였다.151) 이와 같은 현상
은 비단 河北地方에 국한한 것은 아니나 특히 河北河東地域이 심하였
다. 따라서 宋代 農地의 廢田現狀은 쉽사리 해소되지 않았다. 이 廢田
은 종래의 耕作地를 廢棄한 田地로 嘉祐5년(1060) 秋 7월에

　　처음으로 천하의 廢田이 오히려 많았다. 백성들이 土着한 사
　　람이 드물거나 혹 棄田, 流徒하여 閑民이 되었다.152)

라는 것으로 보아 國家가 統一은 되었어도 農地의 開墾은 용이하지
아니 하였으니, 그것은

　　帝가 듣건대 천하의 廢田이 오히려 많아 백성들이 토착한 사람이
　　적거나 혹은 棄徒들이 閑民이 되었다.153)

---

150) 『歐陽文忠公集』卷 118, 河北奉使奏章, 卷 下, 論河北財産上時相書.
151) 『孝肅包公奏議』卷 7, 諸將邪洛州牧地 給與人戶依田舊耕佃.
152) 『長編』卷 192, 嘉祐5年 秋 7月 條
153) 『宋史』食貨志, 農田條

란 사실로 宋初 以來 廢田이 많이 存在하고 있음을 말하고 있다. 이러
한 廢田은 主로 五代 以來의 전쟁의 연속으로 農民의 流民化 내지는
租稅負擔의 加重에서 생기는 逃移現象에 그 원인하는 바로서 人口問
題와도 직결되는데 이에 대해서 仁宗時代의 范仲淹은 다음과 같이 구
체적으로 지적하고 있다. 즉,

> 또 西京圖經을 보니, 唐 會昌 중에 河南府에 戶 19만 5천7백여 호가
> 있어 20 縣을 두었다. 지금 河南府는 主客戶가 7만 5천100여 호에 19
> 縣을 두었다.(主戶 5만 7백, 客戶 3만 5천2백) 鞏縣 7백 호, 偃師 1천1
> 백 호, 逐縣 3等으로 堪役者는 百家에 불과하고 拱하는 바의 役人은
> 200數를 내려가지 않는다.[154]

라고 唐代의 河南府와 宋代의 河南府를 비교하여 人口의 격감, 그리고
農民의 租稅負擔能力의 감소를 지적하고 이에 대한 대책을 논하고 있다.
  宋代의 勸農政策의 一環으로서 墾田의 장려는 두 가지 면에서 두드
러진 적극성을 보이고 있다.
  첫째가 耕地를 開墾한 墾田主에게는 私有를 인정하는 동시에 租稅
上의 特惠를 부여하는 것과 둘째는 逃移民을 적극적으로 誘致하는 것
이다. 이러한 두 가지 면은 서로 밀접한 관련을 가지고 墾田政策에 반
영되고 있는데 이는 宋의 經濟的 基盤으로서 중요한 의미를 지니는
것이다. 먼저 太宗의 太平興國9년 5월에,

> 墾한 바의 땅은 永業이 되게 하여 官에서는 그 租를 취하지 않는다.[155]

---

154) 『范文正公政府奏議』 上, 治體 答手詔陳十事 六曰厚農桑條 및 『長編』 卷
    143, 慶曆3年 丁卯條
155) 『長編』 卷 25, 太平興國9年 5月 條 및 『宋史』 食貨志 農田.

라 하여 墾田主의 永業과 不取租를 인정하고 있다. 이보다 앞서 太祖
의 乾德元年에는 逃移에 대한 다음과 같은 적극적인 대책을 수립하였
다. 즉,

> 諸州에 詔하여 올해 4월 이전에 逃移한 人戶는 특히 歸業할 것을
> 허락하고 다만 見佃의 桑土의 輸稅에 의해 5년 내를 한도로 元額을 거
> 두어들인다. 4월 이후에 逃移한 사람은 영원히 田土에 歸業하지 못하
> 도록 하고 다른 사람으로 請射할 것을 허락하였다.156)

라 하여 逃走한 流民으로서 4월 이전에 歸業한 자에게는 5년 이내의
租의 元額을 免除하고 4월 이후 즉 農事가 시작되어도 돌아오지 않아
서 農地를 버려둔 땅은 他人으로 하여금 耕作케 하였다. 이는 건국초
기에 農地의 개간과 流民의 安着을 꾀한 정책이다. 또한 太宗의 太平
興國元年(976) 2월의 逃戶對策을 보면,

> 開封府에 詔하기를 근년에 蝗旱으로 유민이 아주 많다. 本府에 위임
> 하여 법을 만들어 招誘하고 아울러 復業하게 하라. 每歲에 墾田일 畝
> 에 뽕나무와 대추나무를 심게 하고 5년에 이르면 옛날로 회복시켰다.
> 옛날에 내지 않은 稅는 모두 면제해 주었다. 이를 어기면 뽕나무를 심
> 은 땅은 다른 사람이 承佃하게 하였고 承佃한 사람이 해마다 租調를
> 납부하는 것이 또한 復業의 制와 같았다.157)

이는 비단 開封府의 蝗旱災로 인한 流民對策이지만 流民이 자기의
田土에 復歸하면 역시 5년간의 租稅를 免除하고 그래도 歸業치 않는
田土는 他人으로 하여금 承佃케 하였는데 이러한 他人請田의 경우에

---

156) 『宋會要輯稿』 食貨 69, 逃移.
157) 『宋會要輯稿』 食貨 69, 逃移.

있어서도 租稅는 流民에 대한 歸業할 때와 5년간 免租의 特典을 주
었다.

그런데 이 5년 免租 문제는 그 이후 論難의 대상이 되었음을 알 수
가 있고 淳化元年(990) 8월에는 다음과 같이 改定을 보았다. 즉,

> 江淮 兩浙의 백성에게 詔하여 請射, 逃戶의 田土者는 5년의 날을 채
> 우면 다만 7分의 租稅를 들이게 하였다.[158]

이에 의하면 江淮 · 兩浙地方民으로 逃戶田土를 耕作하기를 원하는
자에게는 만 5년이 지난 후에 7분의 租稅만을 納付케 하였으나, 이
러한 特典을 惡用하는 事例가 나타나게 되었다. 그것은 同 4년 3월
23일에

> 前令에 詔하여 淮南江南兩浙의 백성의 逃田을 경작하면 5년을 기한
> 으로 허락하고 조세는 7分을 바쳤다. 만일 優恩을 어기고 姦弊를 하면
> 장차 輸納토록 하고 逃移하면 마땅히 條約을 대로 행하였다.[159]

따라서 淳化元年의 詔令은

> 전부터 逃移戶는 반년을 정하여 歸業토록 하였다. 이때 2년의 세금을
> 감면하였다. 금후로 逃戶는 반년에 一料 科納을 면하고, 限外에 사람들
> 에게 경작을 허락하지 않았다. 墳塋을 제외하고 永業에 충당하게 하였
> 다. 新舊의 逃戶는 歸業하게 하고 일찍이 한 번을 거치면 세금을 면한
> 후에 전처럼 抱稅逃走하는 사람은 영원히 歸業의 限에 있지 못하게 하
> 였다. 만약 勅前에 歸業 및 請射하는 人戶로 1년 이상을 거친 사람은

---

158) 『宋會要輯稿』 食貨 2 營田雜錄
159) 『위의 책』.

곧 元額을 내도록 하고 1년이 미치지 못하면 다만 1料의 驅科를 放하여 元額을 들이게 하고 諸道도 아울러 이에 준하게 하였다.160)

와 같이 改正되었다. 太宗의 至道元年(995) 6월에는

> 무릇 州縣의 曠土는 백성에게 田을 허락하여 永業으로 삼게 하였다. 3년의 租를 면제해 주고 3년 후에는 3분의 1을 내게 하였다.161)

이라 하여 州縣의 無主의 曠土를 民으로 하여금 開墾耕作하게 하여 이를 그의 所有로 하게 하고 3년 동안의 租稅를 免除하여 주고 3년 후에는 3분의 1租만을 바치게 하였다. 至道2년 7월에는 太常博士直史館 陳靖의 말에 좇아서 3年租稅의 減免을 또다시 5년으로 연장함과 아울러 보다 적극적인 墾田策을 실시하였다. 즉,

> 至道3년 7월에 太常博士 直史館 陳靖이 上言하기를 백성들을 모아서 墾田을 하고 官에서 耕具와 種糧을 주고 5년 이후에 租稅를 거두기를 원합니다. 황제가 기뻐서 宰臣들에게 일러 말하길 전후의 上書에서 農田의 利害를 말하는 사람이 많았다. 혹 그 말단을 알고 그 근본에 어두워 설명은 있으나 그 원인은 없었는데 陳靖의 이 上奏는 아주 이치상 마땅하니 행할 만하다.162)

그 후 景德3년 正月에는 다시 3년간의 租稅·差搖를 免除하고 있다.163)

---

160) 『宋會要輯稿』 食貨 69, 逃移條
161) 『長編』 卷 38, 至道元年 6月 丁酉條
162) 『宋會要輯稿』 食貨 2, 營田雜錄
163) 『宋會要輯稿』 食貨 69, 逃移條

그런데 政府의 이러한 적극적인 逃戶招誘策에도 불구하고 逃戶로 인한 廢田은 여전하였고 이에 대한 租稅上의 減免問題도 계속되었으니 仁宗의 天聖4년 9월에 逃戶가 10년 이상이 지나서 歸業한 자는 3년간은 舊稅의 5分을 納하게 하였다가 다시 天聖7년에는 그래도 歸業하지 아니하는 逃戶田에 대한 대책을 다음과 같이 세우고 있다.164) 즉 耕作한 자에 대한 租稅措處로서는 同年 11월 23일 條에도 逃田 10년 이상은 本主가 歸業하거나 諸色人이 請田하는 것을 허락하였는데 그동안 이를 侵耕冒佃한 자로 自陳 申告한 자에 대해서는 本來의 稅額의 5分을 納하게 하였다. 백성들이 農地를 버리고 달아나서 流民이 되고 그의 廢田은 他人으로 하여금 耕作케 하여 3년 이후에 비로소 舊稅額의 半을 納하게 하였으니 이는 확실히 廢田에 대한 적극적인 開發政策으로서 이러한 詔勅이 내려지게 된 것으로 해석된다.165) 이에 대한 對策으로 3년 免稅後 舊租의 半이라고 하는 과감한 廢田耕作政策을 추진하였다.

그러나 皇祐年間에 이르면 이와 같은 免稅政策은 다시 바뀌게 되었다. 즉,

> 皇祐원년 6월에 河朔 流民의 復業者에게 詔하여 租賦 2년을 감해 주었다. 皇祐5년 윤 7월에 廣南의 蠻寇을 거쳐 踐한 바에 詔하여 逃民이 회복되지 못한 사람은 1년에 한하여 復業하게 하고 이에 兩科傳科를 면해 주고 差役은 3년을 면제해 주었다.166)

이라고 한 사실로서 逃戶의 적극적인 誘致策을 알 수가 있고 또

---

164) 『宋會要輯稿』 食貨 69, 逃移條
165) 『宋會要輯稿』 食貨 69, 逃移條
166) 『宋會要輯稿』 食貨 69, 逃移條

嘉祐 6년 7월에 詔하여 辰州의 地民이 귀성하고 溪洞에 들어가 復
歸하는 사람은 丁稅 3년을 면제해 주었다.[167]

이라고 한 내용도 모두가 逃戶의 招誘와 廢田에 대한 墾田對策에 노
력을 기울인 것이며 이는 국가가 經濟的 安定을 꾀하기 위한 일환이
라고 하겠다.

宋代에 있어서 逃戶에 의한 廢田의 數的인 統計는 정확히 파악할
수가 없지마는 仁宗의 明道2년(1033) 3월 14일, 知安州 劉楚는

本州에 가뭄이 3년 들어 流亡한 사람이 8천8백餘戶이다.[168]

라고 하였다. 一州의 逃亡者가 8千8百戶를 헤아린다면 이는 상당히 많
은 수로 보아야 하겠고 逃戶에 대한 앞서의 租稅減免은 社會政策的으
로 그들을 安定시키려는 것이며 經濟的으로는 廢田을 開墾하여 農業
生產力을 증가시키려는 政策으로 풀이해야 할 것이다.

農業經濟의 生產力 增大는 勞動力의 확보에 달려 있으며 流民의 發
生은 勞動力의 상실과 廢田問題의 發生이라는 二重的인 타격을 주고
그 위에 여러 가지 社會問題를 가져다주는 連鎖的인 難題를 일으키고
있다. 따라서 官僚體制의 經濟的 基盤 造成을 위하여 流民問題의 해결
이나 墾田의 開拓처럼 社會全般에 波及效果를 던져주는 社會政策도
드물며 따라서 逃戶에 대한 대책은 宋代의 爲政者들에게 관심의 초점
이 되어 왔다.

---

167) 『宋會要輯稿』食貨 69, 逃移條
168) 『宋會要輯稿』食貨 69, 逃移條

Ⅱ. 墾田의 內容과 墾田面積

일반적으로 墾田이란 새로 開墾을 한 田地를 의미한다. 그러나 中國의 土地制度上에서 볼 때 墾田이란 耕地의 意味를 지니고 있고 특히 『文獻通考』의 歷代田賦之制條에는 墾田을 耕作地로 사용하고 있으며 宋代의 土地制度史料에서도 간전은 耕地란 의미와 새로 開墾한 農地란 두 가지 뜻으로 混用하고 있다. 『設文新附』에서는 "墾은 耕也"라 하였으니 이러한 경우 墾田이란 耕地를 의미하는 것이고 여기에서 다루려는 墾田과는 의미가 다르다.

또한 宋代 墾田의 특징은 황무지를 새로 開墾하는 경우는 극히 드물고 대개가 過去에 농지로 사용되어 오던 田地가 唐末 五代를 거치는 동안에 황무지화하였거나 水利施設의 파괴로 인하여 버려진 田地 또는 逃移에 대한 廢田化한 可耕의 農地를 開墾하는 경우가 많다. 따라서 일반적으로 생각되는 황무지의 開墾이라고 하는 墾田의 뜻과는 상당히 거리가 있음을 알 수가 있다. 특히 宋初에 있어서는 五代以來의 無主의 田土를 開墾하여 農耕地化하는 일은 무엇보다도 시급한 문제로서 墾田은 國家의 基本政策으로 중요시되었다.

宋代의 實際 耕作面積을 數字上으로 파악하고 이를 그 以前代의 耕地面積과 比較한 후에 實際로 開墾한 田地를 地方別로 비교하여 보겠다.

宋代 耕地面積은 『宋史』 食貨地 農田과 『玉海』(권 176) 食貨 田制 至道 開公田·三品田·勸農使條 및 『文獻通考』(권 4) 田賦考 歷代 田賦之制에 비슷한 숫자가 나오고 있다. 그 內容을 보면 다음과 같다. 즉,

天下의 墾田은 景德 중에 丁謂가 지은 회계록을 보면 모두 186萬餘頃을 얻었다. 이 해의 戶는 722萬餘戶로서 4戶당 耕田이 1頃이다. 이로 말미암아 천하의 隱田이 많음을 알 수 있다.

景德中(1004~1007)에 天下耕地는 總 186萬 餘頃으로,[169] 丁謂가 지은 『景德會計錄』[170]에 표시되어 있는데 치 당시의 戶를 722萬餘로서 이를 나누면 4戶當耕田은 1頃이란 計算이 나오는데 이에 의하면 『景德會計錄』에 실리지 아니한 隱田이 많다고 지적하고 있다. 이어서

天聖 중에 國史에 보면 開寶末에 墾田이 295만 2320頃 60畝, 至道2년에 312만 5251頃 25畝, 天禧5년에 524만 7584頃 32畝였다.[171]

라고 구체적인 숫자를 제시하고 있다. 또

開寶의 숫자는 곧 景德보다 배가 된 즉 기록해 놓은 바는 진실로 사실과 맞지 않고 있다.

이라 하여 太祖의 開寶末(975)이 眞宗의 景德年間의 耕地面積에 比하여 倍가 되는 모순을 지니고 있으므로 사실상 『景德會計錄』에 나타나 있는 186萬餘頃은 실제의 액수를 정확하게 기록하지 않았기 때문에 사실보다는 거리가 먼 것이라고 지적하고 있다. 계속해서

---

169) 『元豊類藁』권 30, 元豊3년 11월 21일의 議經費條에는 景德의 戶730만, 墾田 170만 頃으로 약간의 차이가 있다.
170) 『玉海』卷 185, 食貨會計, 景德會計錄에 의하면 景德4年 8月 丁巳에 丁謂가 『景德會計錄』 6卷을 올렸는데 그 내용은 "一戶賦 二郡縣 三課入 四歲用 五祿食 六雜記"로 되어 있다.
171) 『위의 책』.

皇祐 治平에 三司가 모두 회계록이 있었으나 皇祐 중에 墾田 228萬
餘頃, 治平中에 440萬餘頃이다.[172]

이라고 治平年間과 皇祐年間의 墾田頃數를 표시하고 있다. 또한

그 사이에 시대 차이가 20년에 불과하나 墾田의 수는 배로 늘어나 治平
의 숫자로서 天禧를 보면 오히려 미치지 못한다.[173]

이라 하여 皇祐(1049~1053)와 治平年間(1064~1067)의 기간은 20년에
지나지 않는데 墾田의 數는 倍로 증가하였고 이와는 반대로 治平年間
의 墾田數 440萬頃을 天禧 5년(1021년)의 524萬7千584頃 32畝와 비교
하여 보면 오히려 숫자가 훨씬 떨어진다고 말하고 있다. 이상과 같은
皇祐·治平會計錄에[174] 나타난 숫자상의 모순은 어디에 원인을 하고
있는가. 이에 대해서는 『文獻通考』에서 다음과 같이 지적하고 있다. 즉,

治平의 기록을 기술한 사람이 말하길 이것은 그 賦租를 계산하여 頃
畝의 數를 알고자 한 것이다. 賦租를 가할 수 없는 것이 10에 7이다. 대
체로 계산하면 천하의 墾田은 무려 3천여만 頃이다. 대체로 祖宗은 擾民
을 중요하게 생각하나 자세히 살피지 않았다. 그런고로 그 실질을 알 수
없었다. 두드러지게 그 나타난 것이 이와 같다. 治平 중에 廢田은 籍에
보이는 것이 오히려 48餘頃이었다.[175]

---

172) 『위의 책』, 『元豊類薰』 卷 30 議經費條에 皇祐의 墾田 225萬頃, 治平의
墾田 430萬頃으로 기록하고 있다.

173) 『위의 책』.

174) 『玉海』 卷 185, 食貨 會計의 皇祐會計錄에 의하면 皇祐2年 田況이 皇祐
會計錄 6권을 지었고 皇祐4年 4月 丙辰에 王堯臣이 『皇祐會計錄』7卷을
편찬하였다. 田況이 편찬한 회계록은 戶賦 課入 經費 儲運 祿賜 雜記로
나누어져 있다. 또한 治平會計錄은 治平4年 9月 5日에 韓絳이 『治平會計
錄』6권을 편찬하고 蔡襄도 治平會計錄 6卷을 지었다고 한다.

『治平會計錄』에 나타나는 墾田의 實數가 이상과 같이 부정확한 원인은 "頃畝의 實數를 계산한 것이 아니라 오로지 賦租를 헤아려 역으로 頃畝의 수를 계산하였기 때문이다. 따라서 賦租를 賦加하지 못한 田이 10 중 7에 이르므로 대체로 이를 계산해 본다면 宋代天下耕地는 無慮 3千餘萬頃이 된다"고 그 원인을 예리하게 지적하고 있다. 실제로 治平中 廢田이 田籍에 나타나는 것은 단지 48만 경뿐이라 하였다. 또한 元豊年間의 耕地는,

> 천하는 4京 18路로 田은 461만 6556頃이다. 民田은 455만 3163頃 61畝이고 官田은 63396頃이다.[176]

라고 있다. 民田 455萬 3163頃 61畝 官田의 63396頃으로 이를 합하면 天下의 田은 모두 461만 6556경에 이른다. 그런데 이상과 같은 宋代의 耕作面積의 숫자는 宋以前의 그것과 비교하여 볼 때에 너무나 차이가 많이 나타나고 있음을 살필 수가 있다. 여기에 宋代의 耕地面積에 나타나고 있는 숫자상의 문제가 있는 것이다.

『文獻通考』(권2)의 田賦考, 歷代田賦之制에 의하면

後漢時代인 和帝의 永興元年(89)의 墾田은 732萬 170頃 80畝 40步이며,

安帝의 延光4년(125)의 墾田은 694萬 2,892頃 33畝 85步이고,

順帝의 建康元年(144)의 墾田은 689萬 6,271頃 56畝 194步이며 이 당시의 戶數는 994萬 6,990으로 每戶 田 70畝를 耕作하는 것으로 나타나 있다.

---

175) 『通考』 卷 2, 田賦考 歷代田賦之制.
176) 『通考』 卷 2, 田賦考 歷代田賦之制.

그 후 沖帝의 永嘉元年(145)의 墾田은 695만 5,676경 20무 108보로
되어 있다.

質帝의 本初元年(146)의 墾田은 693만 120경 38무로 기록되어 있다.
이로써 後漢 後期의 天下耕地는 700萬耕 정도가 된다. 宋代의 墾田數
에 비하면 상당히 많은 것으로 나타나 있다.

唐代에 들어오면 경지의 수는 이보다 훨씬 늘어나고 있다. 天寶 중에
균전농민이 受田한 경지는 1430萬 3862頃 13畝였다.[177] 이어 注文에

> 살펴보니 14년에 戶 890萬餘가 있었고 定墾의 수를 계산하면 每戶
> 마다 1頃 60餘畝를 얻을 수 있었다. 建中초에 黜陟使를 파견하여 墾田
> 의 田數를 按比하여 모두 110餘萬畝를 얻었다.[178]

라고 每戶의 耕作面積을 표시하고 있다. 그런데 後唐의 同光3년(925)
에 吏部尙書 李琪의 上疏文에는 盛唐時代인 貞觀・開元年間의 墾田
(耕地)에 대해서 다음과 같이 언급하고 있다. 즉,

> (前略) 貞觀으로부터 開元에 이르기까지 9百萬戶로에 人口는 5千3百
> 萬口이고 墾田은 1千4百萬頃으로 近古에 비해서 많이 증가하였다.[179]

이로 볼 때 均田制度가 실시되고 있던 唐代의 墾田(耕地) 총수는
약 1,400만 경 정도로 나타나고 있다.

이렇게 본다면 宋代의 墾田(耕地)이 가장 數的으로 많은 天禧5년의
524만 7,584경 32무는 唐代의 그것에 비하면 거의 3분의 1에 불과한

---

177) 『通考』 卷 2, 田賦考 歷代田賦之制.
178) 『通考』 卷 2, 田賦考 歷代田賦之制.
179) 『通考』 卷 3, 田賦考 歷代田賦之制.

것이다.[180] 이러한 숫자는 결코 耕地面積이 宋代에 와서 갑자기 축소
되었거나 荒蕪地化하였다고는 보기 어렵고 그 원인을 『文獻通考』에
나타난 대로, 墾田의 실제 면적을 계산한 것이 아니라 租稅上에 나타
난 數에 의하여 역으로 환산한 데 원인하는 것이다.

> 治平會計錄을 살펴보면 田數는 특별히 그 賦租를 계산하여 그 頃畝
> 를 알지만 賦租는 부가하지 않는 것이 10에 7이다. 대체로 계산해 보
> 면 천하의 墾田은 무려 3천여만 頃이다.[181]

이라고 한 내용을 수긍해야 할 것이며 이러한 주장을 따르게 되면 宋代
의 耕地는 그 이전에 비하여 증가된 3千餘萬頃으로 보는 것이 타당한
것으로 會計錄에 보이는 統計는 實際의 墾田(耕地)보다 數的인 거리가
있는 것이다. 되풀이하는 이야기이지만 이 점에 있어서 어떤 馬端臨 자
신도 『文獻通考』에서 두 번이나 다음과 같이 강조를 하고 있다. 즉,

> 前代들 살펴보면, 漢의 元始 때 墾田 827萬5千餘頃으로 정했다. 隋
> 開皇 연간에 墾田은 1千9百40萬4千餘頃이었다. 唐 天寶 때의 受田은 1
> 千430萬8千餘頃인데, 그 수는 宋朝에 비해서 혹 1배 혹 3배나 혹 4배
> 가 된다. 비록 宋의 土字가 북으로는 幽薊를 차지 못하고 西로는 靈夏
> 를 얻지 못하고 南으로는 交趾를 얻지 못했으나 三方의 版圖에 있어서
> 는 半은 邊障屯戌의 땅으로 墾田이 반드시 배가 되지 않은 것은 아니
> 다. 中州의 땅에 옮겼다면 그 까닭은 무엇인가. 治平의 會計錄을 살펴
> 보면 田數를 일러 특별히 그 賦租를 계산하여 그 頃畝를 알 수 있는데
> 賦租를 가하지 못한 것이 10에 7나 된다. 대체적으로 계산하면 천하의
> 墾田은 무려 3천여萬 頃이다.[182]

---

180) 『續文獻通考』卷 2, 田賦 2, 歷代 田賦之制.
181) 『通考』卷 4, 田賦 4, 歷代田賦之制.
182) 『通考』卷 4, 田賦 4, 歷代田賦之制.

라 하여 宋代의 耕地面積은 결코 그 以前代보다 적지 않으며 따라서 실제상의 宋代 耕地面積(墾田面積)은 三千餘萬頃이라 力說하고 있다.

宋代는 耕作地가 크게 확대되었고 農耕生産이 發展하여 農産物의 地方別分化가 이룩되어 이것이 상업발전을 가져와서 商業資本의 형성을 가져온 시대로 보고 있는데[183] 會計錄에 나타나 있는 숫자를 宋代 耕地面積으로는 볼 수는 없고 따라서 경지면적은 3천여만 경으로 보는 것이 타당한 견해라고 하겠다. 이렇게 본다면 宋代의 耕作地는 과거의 그 어느 시대보다도 확대된 것으로 볼 수가 있고 이러한 墾田의 확대는 五代以來의 황폐된 경지를 국가가 의욕적으로 勸農政策을 강화하여 唐末·五代의 정치적 혼란을 수습한 후 경제적 안정책을 꾀한 결과로 볼 수가 있다. 따라서 경지의 확대는 바로 墾田(開墾의 意味)을 적극 추진한 데 起因하며 이것이 바로 宋의 經濟的 發展과 밀접한 관련을 갖게 된 것으로 보아야 할 것이다.

Ⅲ. 墾田의 實態

宋代에 開墾되는 墾田은 몇 가지의 特徵을 지니고 있다. 먼저 墾田이라 하면 新地나 황무지를 開墾하는 것이 아니고 과거에 耕地로 사용되던 것이 廢田化한 것을 다시 開墾하여 農地로 만드는 것과 米稻作의 晋及으로 인한 水利田의 개발, 그리고 地方防備를 위한 屯田의 실시 등을 들 수 있겠다. 이 중 宋代의 墾田은 水利田의 經濟性 때문에 대부분 水利田을 목표로 하고 墾田을 하고 있다.

宋代의 水利田은 圩田·圍田·湖田 등 여러 가지 명칭으로 불리며

---

183) 河原由郎, 「北宋期·土地所有の問題と商業資本」참조.

이에 대한 해석도 약간씩 차이를 보이고 있다.[184] 또한 종래의 연구
는 주로 南宋時代의 江南地方을 중심으로 연구 대상이 집중된 감을
주고 있는데 北宋時代에 있어서도 국가정책적으로 水利墾田의 경제성
으로 인하여 의욕적으로 추진되었음을 살필 수가 있다.

　宋朝는 國初로부터 河北·河東地方에 대한 墾田推進에 상당한 의욕
을 보이고 있다. 그 원인은 이 지역이 唐末·五代의 主戰場化하여 廢
荒地가 他地域보다 深化된 데 있고 또한 이 지역이 對契丹 防備上에
있어서 要衝地帶가 되기 때문이다.

　河北地方의 墾田은 太宗의 端拱2년(989)에 左諫議大夫 陳恕를 河北
東路招置營田使(魏羽는 同副使)로, 右諫議大夫 樊知를 河北西路招置營
田使(索相은 同副使)로 임명하여[185] 開墾을 추진하게 되었는데 그 경
위에 대해서

---

184) 玉井是博, 「宋代水利田의 一特色」, 『支那社會經濟史硏究』126쪽에서 宋代
　　東南地方의 水利田에는 圍田·圩田·湖田·沙田·蘆場으로 불리는 것이
　　있는데 이는 송이전에는 전혀 없던 송대 특유의 것이다.
　　周藤吉之는 「宋元時代의 佃戶에 就이다」『史學雜誌』44-10·11에서 圍田
　　을 "河나 湖牛을 쌓아서 그 가운데를 田으로 하였다"라는 玉井의 주장에
　　이론을 제기하여 "圍田은 浙西路에, 圩田은 江東路·淮西路에, 湖田은 浙
　　東路에, 沙田과 蘆場은 浙西路·江東路·淮東路에 존재한 특수 水路田으
　　로 이들은 모두가 水邊에 구축되고 그 구조는 대동소이하며 堤岸으로써
　　水邊의 混地를 圍하여 그 안을 田으로 한 것이다" 하였다.
　　岡崎文夫·池田靜夫『江南文化開發史』에서 "圩田·圍田·湖田의 지역적
　　인 구별은 당시에 존재하지 않았다"고 했고 周藤吉之는 다시 「宋代의 圩田
　　과 莊園制 —特히 江南東路에 이다—」『宋代經濟史硏究』192쪽에서 "송대
　　江東路의 圩田은 江湖에 堤岸을 쌓아 그 가운데를 田으로 만들고 제방을
　　따라 斗門을 설치하고 물의 출입을 조절하였던 것으로 圩田은 당시 圍田
　　또는 湖田으로 불리기도 하였다"라고 종래의 자신의 설을 보완하였다.
185) 『通考』卷 7, 田賦考 7 屯田.

이에 앞서 雍熙3년에 岐溝關 君子館의 패배 후에 河朔의 땅은 農桑
의 실업자가 많았고 屯戍兵도 또한 지난날보다 배가 되었다. 그런고로
陳恕 등을 보내 方田을 만들어 粟을 심어 주변을 채우게 하였다.[186]

對契丹戰의 敗北에 의한 失業者의 救濟와 實邊을 위하여 營田使를
설치하고 적극적으로 墾田을 추진한 목적을 찾을 수 있다. 河北路의
墾田의 경제적인 면은 물론이고 사회정책적인 의의와 군사적인 중요
성이 있는 것으로 眞宗 咸平4년에 陝西轉運使 劉綜의 말을 빌리면,

臣이 지난날 鎭戎軍을 살펴보니 川原廣衍의 땅이 비옥하였으며 屯
田을 설치하여 그 이익이 많았다. 지금 鎭戎軍은 해마다 芻糧이 약 45
萬餘石인데 茶鹽交引錢은 50餘萬이거늘 다시 백성들로 하여금 멀리 있
는 창고로 수송하게 하면 그 비용이 또 배가 될 것이다.[187]

라 한 사실로서 이는 비단 鎭戎軍에 한하는 것은 아니고 北方沿邊의
軍事地에 있어서의 水利屯田의 필요성을 一般論的으로 언급한 것이다.
北宋代 水利田이 지니는 利點에 관해서는 太宗의 至道元年 正月 5
일에 度支判官 梁縣·陣堯叟의 말에서 자세한 내용을 숫자로 파악할
수가 있다. 즉 이에 의하면

(前略) 灌漑는 水利를 통하는 것이다. 江淮에서 시작하여 下軍하고
官錢과 市牛 및 耕具를 주고 인도하여 溝瀆에 도달하여 防堰을 증축하
는데 매번 천명을 투입하고 이들에게 소 1마리를 주고 田 5萬畝를 경
작케 한다. 每畝에 3斛의 수확을 얻게 되니 해마다 15萬斛을 거둘 수
있다. 무릇 7州 27곳의 屯을 두니 해마다 3百萬斛을 얻을 수 있다. 행

---

186) 『宋會要輯稿』 食貨 63, 營田雜錄
187) 『宋會要輯稿』 食貨 63, 屯田雜錄

한지 2, 3년에 倉廩을 채울 수 있고 江淮의 漕運과 閑田이 墾田을 더
해주고 백성들은 더욱 풍요롭게 된다.[188]

란 한 사실로 살필 수 있다. 仁宗代의 參知政事인 范仲淹도 이 圩田에
대해서 깊은 관심을 보이고 水利田의 開墾을 적극 주장하고 있다. 즉,

> 五代에 군웅들이 쟁패할 때 本國이 해마다 隣國에서 쌀을 수입해오
> 니 인국에 農利가 興하였다. 강남에는 옛날에 圩田이 있었다. 매양 1圩
> 의 둘레 수십 리가 마치 큰 성과 같았다. 그 안에 河渠가 있고 밖에는
> 門閘이 있어 가물면 閘을 열어 江水를 끌어들이고 장마철에는 閘을 닫
> 아 江水의 害를 막는다. 가물거나 장마가 들거나 농사를 짓는 데 크게
> 상관이 없다. 皇朝가 통일을 하고 나서 江南에 풍년이 들지 않아 浙右
> 를 취하면 浙右가 곡식이 익지 않고 淮南을 취하면 農政에 태만한 까
> 닭에 다시 배우려하지 않는다. 江南의 圩田은 浙西河塘의 태반이 근면
> 하지 않아서 東南의 큰 이익을 잃는다.[189]

라 하여 江南地方에는 五代에 이미 圩田으로 불리는 特殊水利를 이용
하여 農業에 厚利를 얻고 각국이 경쟁적으로 농업을 장려하였는데 宋
의 통일 이후에는 이를 개발하지 아니한 결과 東南地方에 있어서의
농업경제의 발전을 상실하게 되었다고 論하고 水利를 이용하여 圩田
을 적극적으로 개발해야 한다고 주장하고 있다.

水利營田은 河北路와 함께 河東路에도 추진하였으니 太宗의 端拱2
년 2월에, 河東轉運使臧內와 副使孔憲을 이 지방의 招置營田使副로 임
명하여 농지의 개간과 水利施設의 부흥에 힘쓰게 하였다. 이들에 의한
水利營田은 河北에 있어서의 方田의 推進과 비슷하게 진행되었으니

---

188) 『宋會要輯稿』 食貨 7, 水利上
189) 『范文正公政府奏議』 上 治體 答手詔陳十事 六曰厚農桑

端拱2년에 屯田을 설치하고 知代州張齊賢으로 하여금 河東制置方田都部署를 겸하게 하였다는 사실과[190] 또한 雍熙4년에 守素는 知潞州로서 代北方田 都部署가 되어 古道를 참고로 方田을 이룩하여 修備耕田하였다[191]는 사실로 파악된다. 또한 慶曆元年 8월에는 東頭供奉官閤門祗候 任黃裳을 파견하여 嵐·石·隰州 中의 保德·火山·岢嵐軍의 平潤한 지대에 溝塹을 뚫고 水利田을 개발하였는데[192] 이는 규모로 보아 상당히 큰 것으로서 그 목적하는 바는 耕地의 확대와 함께 河北地方과 같이 騎兵에 대한 制戎馬라는 國防上의 의미도 포함되어 있다.

河東地方의 營田(屯田)[193]의 설치 그리고 方田의 실시는 西夏防備의 직접적 필요로 河北路와 같이 추진되고, 方田의 경우는 河北에서와 같이 처음에는 邊防의 필요로 후에는 均稅의 요청으로 시행되었다. 淳化4년(993)에 知雄州何承矩와 臨濟令黃懋가 河北諸州에 水利田을 설치하고 堰을 쌓아 6百里에 이르는 지역에 斗門을 만들어 灌漑施設을 하였다. 實施動機에 대해서 보면[194] 滄州臨津令인 黃懋가 상소하기를

> 河北 여러 州에 水利田을 만들 것을 청하면서 이르기를 閩人의 閩地에는 水田과 統山에 샘을 끌어서 비용은 두 배나 된다. 지금 河北의 州軍에는 陋塘이 아주 많다. 물을 끓여 漑田하는 어려움을 줄이면 3, 5년 내에 公私가 반드시 큰 이익을 얻을 것 입니다.[195]

190) 『宋史』卷 265, 張齊賢 列傳.
191) 『宋史』卷 274, 翟守素.
192) 『長編』卷 133, 慶曆元年 8월 辛亥條
193) 周藤吉之,「南宋に於ける屯田·營田·官莊の經營」,『中國土地制度史研究』362-385쪽에서 주로 南宋時代의 屯田·營田에 대해서 논하면서 "北宋의 屯田은 河北·河東·陝西·荊湖北路의 沅州 등지에서 실시되고 營田도 河北·河東·陝西·熙河路 등지에서 행해졌는데 河東·陝西·熙河路에서는 弓箭手를 모집하여 營田을 행하였고 屯田은 軍人으로 營田은 민간인으로 경작하였으나 그의 구별은 점차로 희박해졌다"고 간단히 언급하였다.
194) 『宋會要輯稿』食貨 7, 水利上에도 같은 내용이 있다.

라 하여 水利田開發의 利點을 주장한 데서 비롯된다.

이에 何承矩에게 詔하여 河北 諸州의 물이 쌓인 곳의 大墾田을 관리하기 위해 承矩를 制置河北沿邊 屯田使로 삼았다. 그는 判官으로 하여금 諸州鎭의 병사 만 8천 명을 통솔하여 그 役을 맡겼다. 무릇 雄·莫·覇州平戎·破虜·順安軍·興堰 6백 리에 斗門을 두어 淀水를 끌어들여 관개하였다. 초년에 벼를 심었으나 서리와 가뭄을 만나 수확할 수 없었다. 그러나 다음해에 바야흐로 수확이 있었다.[196]

하여 屯田成功에 대하여 言及하고, 屯田이 성공하면 그에 대한 利益은 農業에만 있는 것은 아니다. 즉,

처음에 承矩가 건의하자 이를 저지하는 사람이 많았다. 또 武臣들이 攻戰에 익숙하나 지붕을 잇고 벼를 심는 것을 부끄러워하였다. 또한 여러 사람들의 의논이 심하였으나 이에 이르러 의논하는 사람들이 그쳤다. 그것은 莞蒲蚌蛤의 饒民들이 그 이로움을 신뢰하기 때문이다.[197]

이리하여 宋初에 河北沿邊의 墾田策은 屯田(營田)을 일으키는 방향으로 추진되었으니 眞宗의 咸平2년 5월에 京西轉運使 耿望[198]의 말에 의하면

襄州襄陽縣에는 淳河가 있다. 제방을 만들어 물을 막아서 官渠로 들어가게 하니 民田을 개간한 것이 3千頃이다.[199]

---

196) 『通考』卷 7, 田賦 7, 屯田.
197) 『通考』卷 7, 田賦 7, 屯田.
198) 耿望은 『宋會要輯稿』食貨 2, 營田雜錄을 이용하여 咸平2年 4月 24日에 京西轉運使가 되고 朱台符를 京西路制置營田使로 임명하였다.
199) 『宋會要輯稿』食貨 63, 屯田雜錄

宜城縣에 蠻河가 있는데 漑田은 7百頃이다. 또 屯田 3百餘頃이 있다. 청컨대 農隙으로써 夫 5百을 조달하여 堤堰을 쌓고 莉湖市牛 7百마리로서 이를 개간케 하였다.[200]

또한 咸平5년 正月 順安軍兵馬都監인 馬濟의 건의에 대하여[201]

詔하기를 鎭戎軍의 東으로부터 擁鮑河 開渠가 모두 順安·威虜 두 軍에 들어가는데 거기에 水陸營田을 두었으니 可하다고 하였다.[202]

鎭戎軍의 東方에 水陸營田을 설치하였고, 또 咸平6년 9월 13일에 草州總管 石普 등의 의견에 따라서,

浚靜戎·順安軍界에 조하여 營田河道는 공로가 끝나자 石普 등을 장려하는 詔를 내렸고 將士에게는 縉帛을 사하는 데 차등이 있었다.[203]

하여 墾田의 노력을 장려 보상하였다. 이러한 政府의 墾田 推進 效果를 조사하기 위하여 景德元年(1004) 4월 6일에 閣門祗候 郭威 등을 鎭戎·順安軍에 파견하여 河淶을 보살핌과 아울러 지방의 長吏들의 營田經營을 답사하여 보고케 하였다.[204] 또한 同年 4월 辛未 靜戎軍 王能의 의견에 따라서 靜戎軍으로부터 順安軍에 이르는 古河道를 開導하기 위해서, 閣門祗候敦盛을 파견하여 이를 經度하여 이에 대한 자세한 내용을 검토하게 하였다.[205] 이의 경계성은 충분히 인정되어서

---

200) 『宋會要輯稿』 食貨 63, 屯田雜錄.
201) 『宋會要輯稿』 食貨 63, 屯田雜錄에 咸平5年 3月 3日에 襄州蠻河營田務는 罷하였다.
202) 『宋會要輯稿』 食貨 63, 屯田雜錄.
203) 『宋會要輯稿』 食貨 63, 屯田雜錄.
204) 『宋會要輯稿』 食貨 63, 屯田雜錄.

同年 4월 14일에 北面鈐轄閣承翰의 주장에 의하여 이를 실시하게 되었다. 즉,

> 嘉山으로부터 천천히 河水를 끌어들여 定州를 거쳐 동으로 沙河에 들어간다. 새로 연 河北의 官司는 이미 開田하여 벼를 심었고 그 곁의 빈곳에는 사람들을 모아 耕墾하고 있다.[206]

이란 사실로 알 수 있다. 그런데 保州地域의 屯田을 보다 효과적으로 추진하기 위해서 景德元年 4월 18일에 轉運使가 兵籍을 장악하도록 하였으며[207] 이어 景德2년 正月에는 定·保·雄·莫·覇州와 順安·平戎·保安 등의 諸軍의 知州와 知軍으로 하여금 制置本州(軍)屯田事를 겸하게 하여 屯田을 강력히 추진하였다.[208] 또한 景德3년 12월 11일에 知保州 趙彬이 郡城의 東北에 屯田을 넓히고 그 상세한 田圖를 조정에 바치어 實態를 보고하였다.[209] 保州를 중심으로 한 그 주변지역의 屯田에 의한 墾田은 對北方防備를 고려하여 이후에도 계속 추진되어 나갔다.

> 大中祥符5년 9월에 황제께서 말하길 保州에 稻田을 興置하였는데 지리가 점차 확대되었고 知州 高尹이 책임을 당하니 興修를 점차 갖추어 아뢰지 않아서이다.[210]

---

205) 『長編』卷 56, 景德원년 4월 辛未條
206) 『宋會要輯稿』食貨 7, 水利上
207) 『宋會要輯稿』食貨 7, 水利上
208) 『宋會要輯稿』食貨 7, 水利上에 의하면 大中祥符9年 3月 條에 "改定保州順安軍營田務爲屯田務"라 하였다.
209) 『宋會要輯稿』食貨 7, 水利上
210) 『宋會要輯稿』食貨 7, 水利上

또한 天禧4년의 盧鑑의 말을 빌리면

> 天禧4년 4월에 內殿崇班閤門祇候 盧鑑이 말하길 保州에서 屯田에
> 힘써 예부터 해마다 水陸田 80頃을 얻었다. 臣이 3년 임기 동안 開展
> 하여 백여頃에 이르렀다. 해마다 粳糯稻 만 8천 내지 2만 石을 거두었
> 다. 본래 兵士 370여명으로 河北의 沿邊 順安 · 乾寧 등의 州軍이 屯田
> 에 힘썼으나 保州의 十分中에 비해 다만 2, 3分에 미쳤다. 이후로 保州
> 의 屯田에 힘쓰는 것은 兵士들이 잠시도 휴식하지 않고 더욱 辛苦하여
> 軍頭司가 내려올 것을 희망하였다. 지금부터 河北의 屯田에 힘쓰는 兵
> 士 10명 중 4명은 保州에 配하고 6명은 餘慶에 配하도록 주장하니 이
> 를 따랐다.211)

라 하였다. 이에 의하여 다음과 같은 몇 가지 사실을 알 수가 있다.
즉 保州는 河北地方에서 屯田의 규모가 가장 큰 지역으로 盧鑑이 부
임하기 이전에는 水陸田 80頃 규모이었으나 그의 在任 3년 동안에
100頃으로 확대하여 이 100頃의 수확량은 粳稻(메벼)와 糯稻(찰벼)
합하여 萬 8千에서 2萬石을 거두어 들였다. 100頃에 2萬石收穫高라면
1畝當 2石으로 이는 상당히 좋은 수확량으로 볼 수가 있다. 또한 100
頃의 耕地를 兵士 370인으로 耕作하였으니 1인당 약 27畝 정도를 경
작하였고 이는 사실상 兵士들에게 辛苦를 주어 거의 休息을 주지 못
하는 重勞動임을 알 수가 있다. 河北沿邊의 州와 順安軍 · 乾寧軍의 屯
田比率을 보면 10분의 2 · 3에 지나지 않는다고 하였으니 保州以外의
屯田의 규모는 크지 않았던 것을 알 수가 있다. 실제로 屯田面積에 대
하여 보면

---

211) 『宋會要輯稿』 食貨 63, 屯田雜錄

> 天禧 말에 諸州의 屯田은 총 4천2백여 頃인데 河北의 屯田은 해마다
> 2만 9천5백여 石을 더 수확하여 保州는 많을 때 그 반을 넘는다.[212]

라 하여 天禧末(1021)의 全國諸州의 屯田總面積을 4,200餘頃으로 보았
고, 河北地方全體의 屯田面積은 밝혀지지 않고 있으나 歲收를 2萬 9千
餘石으로 보고 保州가 河北地方의 반을 넘는다고 하였으므로 河北地方
屯田에 있어서 保州가 차지하는 地位는 매우 중요한 것으로 볼 수 있
다. 또한 順安·安肅(靜戎)·保定軍의 水利開墾은 특히 對契丹 防禦에
중요성을 지니고 있어서 이 지역 墾田을 추진하였으니 明道2년(1033)
3월에 知成德軍 劉平의 말에 따라 順安·安肅·保定의 境界를 좇아서
邊吳淀에서부터 長城 入口에 이르는 契丹兵出入 要地에 溝渠를 쌓고
曹河·鮑河·徐河와 雞距泉을 인수하여 규모가 큰 水利田을 만들었는
데 이는 軍事的으로 효과가 있으며 아울러 經濟的인 의의도 인정되고
있다.[213] 이 주변의 水利墾田은 慶曆5년 7월에도 추진하였다.
　北宋時代의 河北地方의 屯田은 經濟的인 면과 軍事的인 면을 충분
히 고려하면서 추진되어 나갔으며 그 규모는 水利田을 주로 개간하였
다.[214] 그 규모에 대해서는

> 治平3년에 河北의 屯田에는 田 367頃이 있었고 穀 3만 5천4백68石
> 을 얻었다.[215]

라 하여 英宗時代의 河北地方의 屯田은 367頃으로 여기에서 35468석
의 곡식을 수확하였다고 하니 규모는 크지 못하였음을 알 수 있다. 神

---

212) 『通考』 卷 7, 田賦考 7, 屯田.
213) 『長編』 卷 112, 明道2年 3月 壬午條
214) 『宋會要輯稿』 食貨 63, 屯田雜錄條
215) 『宋會要輯稿』 食貨 63, 屯田雜錄條

宗時代에도 屯田을 적극적으로 추진하였으니 熙寧4년에는 知雄州와 知對·安撫都監으로 하여금 制置屯田事로 겸하게 하고[216] 이어 同 8년에 보면

熙寧8년 정월 17일에 河北의 提點制置屯田使事 閻士良에게 詔하여 五路都鈐轄資序를 회복시켜 오랫동안 屯田의 임무를 중히 하게 하였다. 그런고로 그 임무에 오래있어야 성과를 거둘 수 있다.[217]

라 하여 屯田의 任務를 重視하여 이를 자주 바꾸지 않도록 하였다. 神宗時代에는 水利田의 開墾을 더욱 중요하게 보고 이를 추진하였는데 水利田의 開墾을 중시한 원인에 대해서 熙寧9년 權判都水監程師孟은 다음과 같이 논하고 있다. 즉,

臣이 옛날에 提點河東刑獄兼河渠事를 겸했는데 本路에 土山이 많고 곁에는 川谷이 있어 매번 春夏에 큰 비가 내리면 물이 흐르기가 황하와 같고 礬山水俗이 天河水라고 이를 만하여 淤田할 수 있었다. 絳州의 正平縣 南董村 곁에 馬壁谷水가 있어 백성들을 권유하여 錢 천8백緡을 가지고 땅을 사고 渠洑滑出 5백여경을 개설하였다. 州縣에 大河水 및 泉源處가 있어 제방을 開築하여 모두 옥토로 만들었다. 무릇 9州 26縣으로 興修田은 4천2百餘頃이었고 아울러 舊田을 수복한 것이 5천백여경으로 계산하면 만 8천여경입니다. 지금 17년간 董村田畝는 옛날의 수확은 2·3천이고 穀은 57斗에 불과하나 지금은 그 가치가 3배이니 거두는 바가 三兩石에 이른다.[218]

이라 하였으니, 이를 요약하면 絳州 正平縣의 董村의 水利田 工事를

---

216) 『宋會要輯稿』食貨 63, 屯田雜錄條
217) 『宋會要輯稿』食貨 63, 屯田雜錄條
218) 『宋會要輯稿』食貨 7, 水利上

馬壁谷으로부터 渠를 파서 瘠土 5百餘頃을 肥沃한 水利田으로 만들어
그 결과 옛날 收穫高인 5~7斗에서 지금은 2~3石으로 거의 4배에 가
까운 收穫高를 올리게 되었고,[219] 地價 또한 3배의 上昇을 가져왔다
고 지적하고 있다. 이는 宋代 水利田開發을 주장하는 사람들의 생각을
대변한 것으로 볼 수 있다. 그리하여 宋初에서 嘉祐3년까지 天河水가
흐르는 곳과 泉原이 있는 곳에다 渠堰을 開修하여 새로 水利田을 만
든 것이 4,200餘頃, 舊水利田을 復修한 것이 5,800餘頃을 水利田化하였
음을 살필 수가 있다.

神宗의 熙寧年間에는 王安石의 新法實施로 水利田 開發이 활발히
추진되었다. 이에 대해서는

> 熙寧3년부터 9년에 이르기까지 府界 및 諸路는 무릇 1만 7백 93곳
> 에 田을 만들기를 36만 1천1백78頃이다. 神宗 元豊원년에 조서를 내려
> 廢田의 水利를 개발함에 백성이 役을 질수 없는 사람은 常平錢穀으로
> 서 대신하게 하였다. 京西南路의 유민 중에서 耕牛를 매수하는 사람은
> 세금을 면제해 주었다.[220]

고 하여 熙寧3년에서 9년까지 府界 및 諸路의 10,793處에서 水利田을

---

219) 宋代 농산물의 畝當 수확량에 관해서는 柳田節子 「宋代 鄕村의 下等戶に
ついて」『東洋學報』40-42에서 "당시 전국적으로 1畝 1石의 수확은 가장
일반적인 보통수확량이다"라 하였고, 河上光一氏는 「宋元の村落生活」『
歷史敎育』14-18에서 "양절지방은 3石-2石, 江南東路는 2石-1石 5斗,
荊湖는 1石 5斗-1石, 福建은 兩熟의 경우 2石, 麥은 每畝 1石1斗에서 5
斗"로 보고 있다. 范仲淹도 이와 비슷하게 畝當 米의 수확고(『政府奏議』
六日 厚農桑條)를 언급하였다. 또한 周藤吉之「南宋に 於ける 麥作の 獎
勵と二毛作」『宋代經濟史硏究』에서 麥의 畝當收穫量은 "上等地는 1石8升,
中等地는 6斗 1升 4合, 下等地는 4升 6升 8合으로 이 당시(남송) 麥의
수확은 每畝 1石 1斗 이하 5斗이다"라 하였다.
220) 『宋史』食貨志 農田.

開發하여 都合 36萬 1,178頃餘를 開墾地로 만들었음을 알 수가 있다.
이에 대한 구체적인 內譯을 『宋會要輯稿』食貨 7, 水利上에 의하여 보
면 兩浙路 1,980處에 10萬 4,848頃, 淮南東로 523處에 3萬 1,160頃으로
서 合計 36萬 1,178頃으로 되어 있다. 그런데 이러한 水利墾田의 확대
에는 沿邊屯田이 經營費가 尨大하고 이에 따르는 收支上의 문제가 있
음을 다음과 같이 지적하고 있다. 즉,

　　작년에 세 번 출병 함에 木瓜源 등의 屯田경영은 무릇 장병 1만 8
　천5백45, 말 2천36필을 써서 그 비용은 錢 7천3백65緡에 穀 8천81石이
　며 糗糒 4만 7천斤, 草 1만 4천8백束이다. 또 保甲守禦는 무릇 2천6백
　37명이고, 그 비용은 錢 1천3백緡, 米 3천2백石, 役耕民은 천5백, 顧牛
　는 千具이다. 이는 모두 백성들이 원해서 거둔 바는 아니다. 禾粟蕎麥
　은 만 8천 석, 草 10만 2천으로 비용이 든 것을 갚아주지 않았다. 또
　本司의 예비 錢穀은 종자로 하고 지금도 배상하지 않고 馬防托의 비용
　이 증가하였다. 이것은 해마다 계산하는 것에 포함되지 않는다.[221]

라 하여 本瓜源의 屯田經營은 全般的으로 收支不均衡임을 말하고 있다.
　그러나 이러한 收支計算은 앞서 살핀 바와 같이 邊地의 軍糧米輸送
이나 軍人의 維持費에 所要되는 軍事費를 전혀 顧慮에 넣지 않은 것
으로 宋初로부터 北宋末까지 계속해서 沿邊地에 屯田(營田)의 經營이
계속된 것은 군사상 邊防에 屯田의 설치가 절대로 필요하고 經濟的인
면에 있어서도 전혀 收支가 맞지 않는 것은 아니다.
　宋代의 墾田策은 王朝의 基盤을 확립하고 中央集權體制의 强化라고
하는 면에서 그 意義는 중요하다 하겠다. 특히 華北地方에 있어서 墾
田策은 經濟的인 면이 강조되었으니 唐末·五代의 兵亂에 의한 農地

---

221) 『宋會要輯稿』食貨 63, 屯田雜錄.

의 황폐를 再建하고 宋王朝의 경제적 기반을 마련하려는 데 力點을 두어서 墾田問題를 論하고 있으며 社會的인 면에서는 流民의 生活安定을 꾀하기 위하여 墾田을 적극적으로 권장하고 逃戶의 誘致를 위해서 租稅의 減免과 農器具와 種子의 貸與, 富豪로부터의 貧農의 保護를 政策的으로 실시하였다. 또한 軍事的인 입장에서는 墾田을 통하여 邊方의 農地를 開墾함으로써 契丹과 西夏에 대항할 수 있는 實邊의 效果를 거두려 하였다.

宋代는 農業經濟面에서 볼 때 비약적인 발전을 이룩한 시대로 이와 같은 農業經濟의 발전은 農地의 開墾과 直結된다고 보아야 하겠고 따라서 唐末·五代의 兵亂의 상처를 墾田問題와 결부시켜 볼 때 송대의 간전정책은 성공적이라고 할 수 있다. 특히 華北地方은 오랜 동안 戰亂으로 시달린 지역으로서 北宋時代의 墾田의 重要關心은 華北地域의 황폐화를 再建하는 데 있으며 따라서 宋代의 墾田은 荒蕪地를 새로 開墾하는 것이 아니라 廢田의 修復이나 水利施設이 改修에 그 主眼點이 있었던 것이다.

제 8 장

결 론

-宋代관료제의 역사성-

I. 중국사에서 송대관료제의 의미

中國社會의 구조적인 성격을 이해하는데 官僚制가 지니는 意義는 매우 중요하다고 하겠다. 그것은 中國社會를 거대한 조직사회로 간주할 때에 이와 같은 조직을 유지하고 움직여 나간 中心的인 체제가 바로 官僚制이며 官僚들에 의하여 社會集團이 운영되어 내려왔기 때문이다. 이와 아울러 中國의 官僚體制는 장기간에 걸친 지속적인 연속성으로 해서 더한층 그 중요성이 부각되어 왔다. 이와 같은 持續性은 분명히 中國史에 內在하고 있는 特殊性에 속하며 아울러 中國史를 通覽할 때에 共通的으로 나타나는 普遍性이기도 하다. 따라서 中國 社會를 恒久的인 관료제사회로 보는 경우 관료체제를 기반으로 한 皇帝의 專制體制는 秦의 成立以後 淸朝의 붕괴에 이르기까지 계속되어 내려왔고 그것은 東아시아 諸國에도 영향을 주고 있다. 따라서 이러한 官僚制에 관해서는 그 특징과 성립경위와 역사적 배경 등이 항상 연구의 중심 주제가 되어 왔다.

中國社會가 官僚體制로 구성되어 있다고 하는 것은 이 사회의 構造가 피라미드式으로 조직되어 있는 데서 찾을 수 있다. 즉 광범한 農民層을 基盤으로 하고 그 위에 數的으로는 아주 적고 自律性이 欠如되어 있으면서 身分的으로도 낮은 商人과 手工業者를 中間階層으로 하고 그 위에 있는 官人層에 의하여 支配되는 社會構造를 지니고 있다.

일반적으로 官僚라고 하지만 中國의 社會를 支配하고 行政을 운영한 것은 文臣官僚로서 各 王朝의 創業者가 예외 없이 武人出身인 데반하여 行政을 운영한 중추세력은 文官이었다고 하는 사실도 中國官僚制의 特色이다. 文臣官僚의 능력과 사회에 대한 영향력 및 地位는 거의 절대적이라 할 수가 있겠고 이러한 힘은 정치권력에 의하여 보장되었다.

그런데 中國 역사상 官僚制를 論함에 있어서 宋代가 注目의 대상이
되는 것은 이 시대가 唐末·五代의 武人支配體制를 극복하고 文臣官
僚體制를 구축하였으며, 따라서 唐代의 貴族的인 官僚體制가 唐末·五
代의 武人支配體制를 거치는 과정에서 완전히 사라지고 宋代의 士大
夫文臣官僚社會를 形成하였다는 데 있다. 따라서 家門이나 門閥에 의
하여 지위가 보장되는 宋以前의 官僚는 出身成分에 의하여 官人의 身
分이 보장을 받는 것이지만 宋以後의 社會에는 官僚가 되는 것은 전
적으로 本人의 능력에 좌우되는 것이다. 그러므로 個人의 능력에 의하
여 支配階層이 될 수 있는 能力主義社會가 宋代에서 비롯되었기 때문
에 宋代의 官僚制는 더한층 중요한 의미를 갖게 되는 것이다. 그런데
唐末·五代의 武人體制가 스스로의 武人지배체제를 구축하지 못하고
宋의 文治主義 官僚體制로 전환된 역사적인 變革過程을 올바르게 이
해하기 위해서는 五代武人體制의 구조적 성격과 宋代文臣官僚와의 相
關性을 파악하여야 한다. 아울러 宋初 士大夫官僚體制가 형성된 역사
적 배경을 살피고 나아가 文臣官僚體制가 宋代에 다시 계속될 수 있
는 여러 가지 要因을 구명하는 작업이 중요하며 이와 아울러 宋代文
臣官僚制가 지니는 矛盾性을 추구하여 보았다.

Ⅱ. 宋代 관료사회의 성립과 관료의 신분

일반적으로 五代와 宋代는 단절된 시대로 파악되어 왔다. 그러나
本人의 연구 결과로 五代의 武人體制에서 宋의 文臣官僚體制로 넘어
오는 과정은 결코 단절된 시기로 볼 수 없다. 왜냐하면 五代와 宋代는

時間·空間·人間이 밀접한 연계성을 가지고 있기 때문이다. 10세기 중기를 전후로 한 이 時代의 歷史를 담당한 人的 구성을 분석하여 보면 서로 긴밀한 관련성을 지니고 있음을 파악하게 된다. 따라서 宋代는 五代史의 否定的 立場에서 출발하였다기 보다는 五代의 모순을 극복하는 發展的인 시대로 해석되어야 된다.

五代의 武人은 社會支配의 原理로 자신의 倫理性을 갖지 못하고 방황하다가 결국에 宋代의 文臣官僚體制로 방향전환을 하지 않을 수 없었다. 이는 五代에 자행된 下剋上的인 皇帝擁立이 儒敎主義原理를 기반으로 한 大義名分이나 漢民族의 受難을 극복하기 위한 民族의 統一念願을 전혀 度外視하였고 다만 私的인 혈연관계를 기반으로 성립된 主從關係에 의하여 一貫되어 왔기 때문에 사회적 안정과 主權의 지속성을 지니지 못한데 원인한다. 그런데 唐末·五代가 비록 武人의 支配下에 있었다고는 하지만 이 시대에도 文臣官僚는 착실히 그들의 社會的 地位를 확보하면서 성장하여 왔다. 이와 같은 배경에는 武人支配體制下에서도 文臣官僚의 行政能力이 필요하였기 때문이다. 이와 함께 武人도 스스로의 敎養을 쌓고 君子의 풍모를 갖추려고 노력하고 있었으니 이러한 경향이 宋代 文臣官僚體制를 가져오게 되는 역사적 배경이다. 따라서 文治主義 中央集權體制는 宋代에 들어와서 돌연히 나타난 것이 아니라 그 기원은 五代에 이미 胚胎되었으며 이러한 경향은 특히 皇帝權을 중심으로 한 文武臣關係에서 두드러지게 나타나고 있다. 즉 皇帝에 대한 武臣의 입장은 遠心的 경향이 강하게 작용하여 地方分權性을 지니고 있는 데 반하여 文臣의 입장은 求心的 경향을 보여 中央集權性을 나타내고 있고, 이러한 면에서 皇帝와 文臣은 서로 利害를 같이하고 있었다.

宋이 건국하게 되는 陣橋驛政變은 五代에 흔히 있던 軍事구테타의 성격을 지니고 있다. 하지만 이 政變이 새로운 時代를 창출한 계기가 되었다는 점에서는 다른 政變과 그 성격이 근본적으로 다르다. 여기에 政變의 革命性을 인정할 수가 있다. 그런데 陳橋驛政變의 展開過程이나 이에 대한 後世史家의 서술 내용에는 여러 가지 疑案이 남아 있고 그러한 疑案은 政變이 主體가 된 太祖나 太祖集團에 의하여 意圖的으로 自身에게 유리한 方向으로 기술된 흔적이 있다.

또한 宋太祖의 文治主義政策은 재상 趙普에 의하여 추진된 것으로 인식되어 왔으나 사실은 그렇지 않다. 그것은 趙匡胤(太祖) 자신이 節度使時節에 讀書愛好家이며 많은 藏書를 所持하고 있었고 그는 武人이면서도 武人體制에 批判的인 입장을 취하고 있었으며 建國과 同時에 武人除去에 적극성을 보인데서 알 수 있다. 따라서 지금까지 일반적으로 알려진 바와 같은 太祖의 文治主義政策이 建隆2년(961)에 있었던 趙普의 獻策에 의하여 단행된 것이 아니라 그 이전에 이미 추진되었다. 따라서 讀書人으로 宰相을 삼고 士大夫官僚體制를 國是로 한 것은 太祖의 오랜 생각이 실천에 옮겨진 基本政策이라고 보아야 하겠다.

宋初(太祖·太宗)의 高位官僚에 대하여 『宋史』의 列傳을 통하여 그들의 주요 經歷과 出身地·家系·出仕經緯를 분석하여 본 결과 太祖·太宗代의 高位官僚는 모두가 五代에서 仕官하여 官僚로서의 경력을 지니고 있고 다시 太祖代에 들어와서도 高位官僚로 활약하고 있음을 알 수가 있다. 그런데 이와 같은 사실은 비단 宋初의 高位官僚에만 국한되는 것은 아니고 『宋史』列傳의 前半部에 실려 있는 宋初의 일반관료의 대부분이 五代에서 官職을 지니고 다시 宋代에 그대로 내려오고 있음을 알 수가 있다. 이로써 官僚의 構成으로 볼 때에 宋代는 五代와 밀접한 연속성을 지니고 있음을 파악할 수가 있다.

또한 太祖, 太宗代 高位官僚의 出身地域을 보면 華北五代地方의 出身者가 多數를 차지하고 있다는 사실도 주목이 간다. 이는 宋이 五代의 後周를 계승하였기 때문에 나타나는 자연적인 귀결이라 생각된다. 또한 官僚의 家系에 보이는 뚜렷한 현상은 進士科出身者는 거의가 五代의 文臣官僚家系이며 따라서 宋初의 文臣官僚들도 그들의 家門은 五代에 武臣이 아닌 文臣家系임이 뚜렷하다. 이로 미루어 볼 때에 宋初에 국정을 담당한 文臣官僚의 起源은 五代에서 찾을 수 있다.

Ⅲ. 宋代 관료 조직과 관료의 성격

宋代官僚組織에서 나타나는 특징은 중앙집권적 군주독재체제의 성립이 宋代에 와서 확립되고 中國의 전통적인 정치형태로 완성되었다는 사실이다. 이와 같은 체제는 中央 및 地方官制에서 나타나고 있으며 특히 讀書人을 科擧에 의하여 起用함으로써 文臣體制를 제자리에 다시 올려놓게 되었다.

唐代의 三省六部體制는 宋初에 오면 거의 形態만 남아 있을 뿐 內容 면을 보면 아무런 實體가 없을 뿐만 아니라 官과 職, 그리고 差遣이 구분되어 皇帝의 任意로운 人事管理가 가능하게 되었다. 이와 같은 官僚組織은 神宗代에 이르러 元豊의 官制改革으로 唐代의 三省六部體制로 환원되었으나 운영상에는 여러 가지 문제가 남게 되고, 이후 계속적인 官制의 改廢가 南宋代에까지 지속되었다.

이와 아울러 官僚에 대한 인사기구도 官制의 변천과 함께 변형되었으니 宋初에서 英宗代까지 그리고 北宋末에서 南宋까지의 시기에 變遷되었다. 宋代의 官制上에서는 班制에 대하여 간간히 나타나고 있다. 그런데 宋代의 班制는 韓國의 兩班制와는 전혀 성격이 다른 東·西·南·北·橫班이 있었으며 東班·西班·橫班은 모두 武官을 지칭하는 것이고, 北班은 內侍省의 宦官을 이르며 南班은 宗室에게 授與한 것이다.

이와 같은 官僚組織 속에서 官僚의 陞進과 黜降은 대단히 중요한 의미를 지닌다. 즉 일반민이 관료가 되는 방법은 科擧, 蔭補, 攝署, 軍旅, 流外銓 등 五等入官法을 통하여 되는데 이 중에서 科擧의 進士科에 합격하는 것이 관료의 승진에 절대로 유리하다는 사실이 進士及第者의 初任例에서 알 수가 있다. 특히 進士科成績이 우수한 자는 京官으로, 그렇지 못한 자는 選人으로 初任되어 官僚 생활을 시작하게 된다. 選人의 身分은 準品官으로서 완전한 品官은 아니며 選人 7階를 승진하는 과정에서 京官으로 나아가 品官이 된다. 이들 選人이 京官으로 승진하거나 選人 7階를 循資함에 있어서 上官의 推薦과 保任을 필요로 하며 이 保任制는 官僚의 陞進에 있어서뿐만 아니라 官僚相互間의 人脈關係를 形成하는 데 중요한 작용을 하였다.

家門이나 門閥과 같은 전통적인 社會階層이 존재하지 않는 宋代에는 保任制는 바로 官人의 官界에서의 활동을 뒷받침하여 주는 배경이되었고, 宋代의 官僚體制를 從橫으로 연결하는 神經과 같은 역할을 하였다. 官僚의 陞進과 관료조직은 상호 밀접한 관련을 지니고 있다. 宋代의 官僚組織의 특징은 官과 職이 區分되고 差遣이 또한 중요한 의미를 갖는다. 官은 品階와 俸祿을 표시하는 寄祿官의 성격을 갖기 때문에 그리 중요하지 않다. 이에 비해 職과 差遣은 實職으로서 중요시되었으니 이는 官僚의 승진에 있어서도 그대로 반영되고 있다. 즉 宋代官僚의 陞進은 官의 敍遷을 品階에 따라 秩序있게 한단계 한단계 올라가나 實職이나 差遣은 뚜렷한 基準이 없고 高位職에 이르면 皇帝의 재량에 따라 승진되는 경우가 많다. 이는 宋代의 皇帝權이 강화되어 관료의 인사권을 皇帝가 임의로 專斷할 수 있는 制度的 길을 터놓은 것으로 皇帝權의 臣權에 대한 막강한 영향력을 관료의 人事에 그대로 반영할 수 있는 장치를 마련 한 것이다. 이점에 있어 宋代의 皇帝는 그 이전의 황제와는 다른 권한을 제도적으로 정비한 것이다.

『宋史』의 列傳은 官僚의 陞進內容으로 가득 차 있다. 列傳의 分析을 통하여 官僚의 승진과정과 승진할 때에 추천인이 어떤 인물인가를 알 수 있고 宋代官僚의 친분관계도 파악할 수 있다. 그런데 宋代官僚의 陞進에 있어서 주의하여야 할 문제는 職官志나 選擧志에 기록된 제도의 內容과 列傳이나 文集에 보이는 사실과 많은 차이가 있다는 점이다. 이는 宋代의 官制에 보이는 一般的인 현상으로서 특히 制度史研究에 주의를 요하는 일이다.

宋代는 官僚의 승진과 함께 黜降에 대한 제도적 장치가 엄격하다. 이는 官僚의 能力을 평가함에 있어서 중요한 작용을 하였을 뿐만 아니라 文臣관료체제를 역동적으로 유지하기 위해 이를 충분히 잘 활용하고 있다.

宋代의 蔭補制度는 官僚社會를 維持하는 데 매우 중요한 작용을 하고 있다. 中國 歷史上 宋代처럼 蔭補가 濫用된 時代는 없다. 특히 唐代의 貴族社會에는 門閥이 家門을 유지하였기 때문에 貴族子弟의 官界進出이 容易하였고 이에 따라서 蔭補는 별로 중요성이 인정되지 않았다. 그러나 宋代에 오면 門閥이 없어지고 個人의 能力이 중시되었기 때문에 科擧에 의하여 官人이 된 官戶는 다시 恩蔭에 의하여 그들의 家系를 계속 유지할 수가 있었다. 宋代의 蔭補時期는 改元蔭補를 비롯하여 皇帝卽位, 誕聖節, 南郊大祀蔭補가 있고 功臣蔭補로는 宋初의 開國功臣蔭補 이외에 致仕, 遺表, 轉品, 戰歿, 卒錄蔭補 등을 들 수가 있다. 蔭補의 數는 太宗의 淳化初에 점차 확대되고 이후 眞宗代를 거치면서 증가되었고 이와 같은 현상은 北宋末에까지 계속되고 있다.

南宋의 初期에는 制限하였으나 역시 시대가 내려감에 따라 증가되었다. 그 결과 冗官問題가 큰 社會弊端으로 나타나게 되니 蔭補制度의 改革이 여러 차례 행하여졌다. 즉 大中祥符의 制限令과 慶曆의 改革, 嘉祐의 改定, 그리고 熙寧의 裁損奏蔭法 등이 北宋代이 改革이다. 南宋代에도 建炎의 重定蔭補法과 紹興의 改革, 隆興·淳熙의 改革, 그리고 慶元의 蔭補新格 등을 들 수가 있다. 宋代 여러 차례에 걸친 이와 같은 蔭補制度에 대한 改革이 斷行되었으나 근본적인 해결이라기보다는 일시적인 彌縫策에 불과하였으니 이는 宋代의 官僚社會를 維持하는 데 이 제도가 절대로 필요하였기 때문에 쉽사리 고쳐지지 않았다. 蔭補를 이용하여 宋代의 官僚들이 그 家系를 유지한 대표적인 예를 蘇洵, 韓琦, 杜鎬, 何敏中, 王詔, 字文粹中, 朱熹에서 구체적으로 밝힐 수 있으며 이와 함께 『宋史』의 列傳에 登載되어 있는 蔭補官의 實態를 찾아보았는데 의외로 다수의 인물이 음보에 의하여 관계에서 활동하고 있음을 알 수가 있다.

즉 『宋史』列傳에 실려 있는 다수의 蔭補官의 실태를 보면 蔭補官의 수가 많이 보이고 있다. 이는 『宋史』列傳의 전체 인원에 비교해도 적은 수는 아니고 이로써 『宋史』列傳에는 다수의 蔭補官이 登載되고 있다는 사실을 알 수가 있다. 이에 따라 科擧가 발달한 宋代에 도 蔭補를 통하여 官界에 진출한 人物이 列傳에 登載될 수 있는 地位에까지 올라갈 수 있었음을 확인할 수가 있다. 또한 科擧에 의하거나 蔭補를 통하였거나 高位官職에 오른 자들은 다시 그들의 子弟와 親族을 蔭補하였고 실제 列傳 가운데는 2代 3代에 걸쳐 門蔭을 이용하여 官途에 나아간 예를 흔히 볼 수가 있다. 이로써 蔭補制度는 宋代의 官僚의 家系를 유지하는 데 중요한 작용을 하였음을 알 수가 있다.

Ⅳ. 宋代 官僚體制의 여러 가지 문제

五代의 武人體制를 극복하고 成立된 宋의 文臣官僚體制는 그 체제 속에 상당한 自己矛盾을 내포하고 있었다. 그것은 방대한 文臣官僚의 供給源이 되고 있는 科擧制의 확대에 따르는 學校敎育의 變態的인 운영에서 두드러지게 나타나고 있다. 따라서 이러한 科擧制의 모순을 해결하기 위한 學校敎育의 강화가 改革의 中心的인 問題點으로 대두되었다. 仁宗代 范仲淹에 의하여 실시된 文敎改革의 내용은 學校敎育의 强化를 위하여 中央의 太學을 확장하고 地方의 州縣에 學敎를 設立하고, 敎育의 內容도 從來의 詩賦中心敎育에서 實用性이 있는 論策과 經義를 重視할 것을 강조하고 있다. 또한 科擧制 自體도 改革하려 하였으니 學校가 科擧試驗準備를 위한 준비교육에서 벗어나 완전히 독자적인 기능을 발휘할 수 있게 하기 위한 방안으로 一定한 期間을 학교에서 敎育을 마친 후에야 科擧試驗資格을 부여하게 하였다. 그리고 科擧의 시험과목에도 試賦中心에서 經義와 論策 등 實用科目을 부과하였다. 이러한 范仲淹의 改革은 그 후 神宗代에 王安石과 司馬光에 의한 改革 內容과 매우 類似하다.

宋代는 文治主義的 集權體制를 유지하기 위하여 國防에서는 募兵主義를 실시한 결과 다수의 傭兵을 유지하게 되었다. 이는 國家財政을 궁지로 몰아넣는 결과를 초래하게 되었으니, 이에 대한 改革論議는 일찍부터 冗兵·冗官論으로 전개되어 仁宗代의 財政改革과 神宗代의 革新政治로 나타나게 되었다.

또한 唐末·五代의 長期間에 걸친 戰爭으로 인하여 農地의 황폐화와 流民의 증가가 극심하였으며 이를 해결하기 위하여 墾田政策을 의욕적으로 추진하였고, 이는 宋代의 中央集權的 官僚體制의 經濟的 基

盤造成을 위하여 중요한 작용을 하였다.

　宋代 官僚制의 研究는 많은 學者에 의하여 추진되어 왔다. 그러나 한국에서는 이 方面에 대한 연구는 저조함을 면치 못할 형편이다. 宋代 官僚의 構造的인 性格과 함께 士大夫階層의 問題, 官僚의 人脈關係, 宋代官制의 特殊性問題, 皇帝權과 官僚와의 相互關係, 國家權力의 地方浸透 등 論究되어야 할 문제들이 많이 남아 있다. 이와 같은 問題들은 앞으로 계속하여 研究가 進行되어야 한다.

參考文獻

Ⅰ. 史 料

宋史 (元, 脫脫)

宋史新編 (明, 何維騏)

東都事略 (宋, 王禹稱)

文獻通考 (元, 馬端臨)

通典 (唐, 杜佑)

宋會要輯稿 (淸, 徐松)

續資治通鑑長編 (宋, 李燾)

山堂先生群書考索 前集, 後集, 續集 (宋, 章如愚)

建炎以來朝野雜記 (宋, 李心傳)

建炎以來繫年要錄 (宋, 李心傳)

容齋隨筆 (宋, 洪邁)

職官分紀 (宋, 孫逢吉)

皇宋十朝綱要 (宋, 李埴)

職源撮要 (宋, 王益之)

皇朝編年綱目備要 (宋, 陳均)

玉海 (宋, 王應麟)

司馬溫公文集 (宋, 司馬光)

王臨川文集 (宋, 王安石)

元豐類藁 (宋, 曾鞏)

歐陽文忠公全集 (宋, 歐陽修)

范文正公全集 (宋, 范仲淹)

新箋決科古今源流至論 (宋, 林駉)

宋宰輔編年錄 (宋, 徐自明)

宋代詔令集 (宋, 宋綬, 宋敏求)

二十五史補編 (淸, 萬斯同)

二十二史箚記 (淸, 趙翼)

慶元條法事類 (新文豐公司)

諸臣奏議 (宋, 趙汝愚)

宋元學案 (淸, 黃宗羲)

朱子語類 (宋, 黎靖德)

夢溪筆談 (宋, 沈括)

宋史紀事本末 (元, 馮琦)

通鑑紀事本末 (宋, 袁樞)

宋史全文續資治通鑑 (撰人不明)

新五代史 (宋, 歐陽修 등)

舊五代史 (宋, 薛居正 등)

册府元龜 (宋, 王欽若)

宋朝事實 (宋, 李攸)

涷水記聞 (宋, 司馬光)

燕翼貽謀錄 (宋, 王栐)

日知錄 (淸, 顧炎武)

歷代職官表 (淸, 永瑢)

樂全集 (宋, 張方平)

齊東野語 (宋, 周密)

宋吏部條法 (永樂大全本)

II. 論文・著書

楊樹藩 著,『中國文官制度史』, 三民書局, 1976.

宋 晞 著,『宋史研究論叢』, 國防研究院, 1962.

張金鑑 著,『中國文官制度史』, 中華文化出版事業委員會, 1955.

曹興仁 編著, 『宋代文官制度之研究』(上)(下), 國立政治大學, 1976.

宋史研究集, 第 1 ～ 第 10, 中華叢書委員會 1958 ～ 1978.

黃本驥 編, 『歷代職官表』, 國史研究室, 1969.

劉子健 著, 『歐陽修的治學與從政』, 新亞研究所, 1963.

侯紹文 編著, 『唐宋考試制度史』, 臺灣商務印書館, 1973.

鄧嗣禹 纂著, 『中國考試制度史』, 學生書局, 1967.

王建秋 著, 『宋代太學與太學生』, 臺灣商務印書館, 1965.

劉伯驥 著, 『宋代政教史』(上 ・下), 中華書局, 1971.

王德毅 著, 『宋史研究論集』2, 鼎文書局, 1972.

湯承業 著, 『范仲淹的修養與作風』, 商務印書館, 1977.

陳義彥 著, 『北宋統治階層社會流動之研究』, 嘉新水泥公司, 1977.

佐伯富 編, 『宋史職官志索引』, 京都大學 東洋史研究會, 1963.

佐伯富 編, 『宋代文集索引』, 東洋史研究會, 1970.

佐伯富 編, 『中國史研究』1~2, 東洋史研究會, 1969 ～ 1971.

曾我部靜雄 著, 『宋代政經史の研究』, 吉川弘文館, 1974.

曾我部靜雄 著, 『中國社會經濟史の研究』, 吉川弘文館, 1976.

荒木敏一 著, 『宋代科舉制度研究』, 東洋史研究會, 1971.

宮崎市定 著, 『九品官人法の研究』, 同朋舍, 1956.

宮崎市定 著, 『アヅア史研究』1 ～ 5, 同朋舍, 東洋史研究, 1957 ～ 1978.

宮崎市定 著, 『アヅア史論考』上・中・下, 朝日新聞社, 1971.

宮崎市定 著, 『科舉』, 秋田屋, 1946.

和田清 編著, 『支那官制發達史』, 汲古書院, 1942.

和田清 編著, 『中國地方自治發達史』, 汲古書院, 1939.

山本隆義 著, 『中國政治制度の研究』, 東洋史研究會, 1968.

寺田剛 著, 『宋代教育史概說』, 博文社, 1968.

青山博士古稀紀念, 『宋代史論叢』, 省心書房, 1974.

內藤虎次郎 著, 『支那史學史』, 清水弘文堂, 1967.

周藤吉之 著, 『宋代史研究』, 東洋文庫, 1969.

吉田寅, 棚田直言 編, 『宋人文集目錄』, 汲古書院, 1972.

梅原郁 編,『續資治通鑑長編人名索引』, 同朋舍, 1978.

王德毅 編,『宋會要輯稿人名索引』, 新文豊出版公司, 1979.

王德毅 等編,『宋人傳記資料索引』, 鼎文書局, 1975.

|색 인|

· 저자 ·

신채식   · 약 력 ·
        서울대학교 사범대학 역사과졸업
        서울대학교 대학원 동양사학과 석사
        일본 東京대학교 대학원 연구
        동국대학교 대학원 문학박사
        공주대학교 교수
        성신여자대학교 교수, 대학인장
        단국대학교 초빙교수
        한국 동양사학회 회장

        · 주요논저 ·
        「宋代文臣官僚의 陞進」
        『宋代官僚制研究』(三英社)
        『文化史槪論』(法文社)
        『中國과 東아시아世界』(국학자료원)
        『東亞史上의 王權』(한울아카데미)
        외 다수

신채식 저작집 I
宋代官僚制研究

· 초판 인쇄	2008년 1월 5일
· 초판 발행	2008년 1월 15일
· 지 은 이	신채식
· 펴 낸 이	채종준
· 펴 낸 곳	한국학술정보㈜
	경기도 파주시 교하읍 문발리 513-5
	파주출판문화정보산업단지
	전화 031) 908-3181(대표) · 팩스 031) 908-3189
	홈페이지 http://www.kstudy.com
	e-mail(출판사업부) publish@kstudy.com
· 등 록	제일산-115호(2000. 6. 19)
· 가 격	39,000원

ISBN   978-89-534-7924-1 94910 (Paper Book)
       978-89-534-7925-8 98910 (e-Book)
ISBN   978-89-534-7922-7 94910 (Paper Book set)
       978-89-534-7923-4 98910 (e-Book set)